国家社科基金后期资助项目

清至民国婺源县村落契约文书辑录

Contracts and Other Documents in Wuyuan County: Qing Dynasty and Beyond

玖

江湾镇（三）

荷田村·晓容村·大潋村·胡溪村·下金田·下晓起村汪姓

黄志繁 邵 鸿 彭志军 编

商务印书馆
创于1897 The Commercial Press
2014年·北京

江湾镇荷田村 1—55

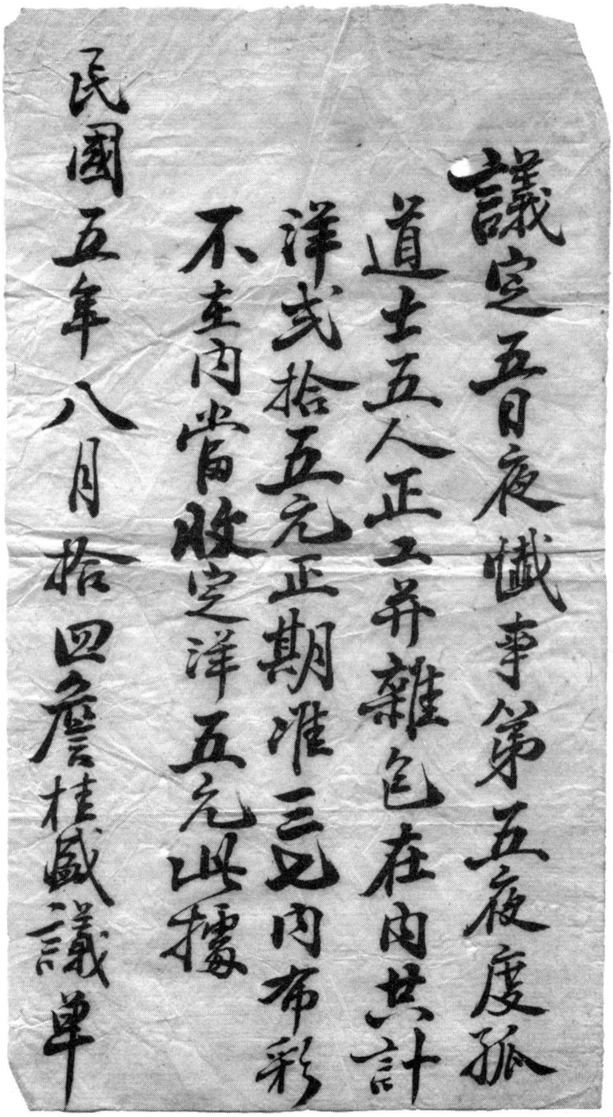
議定五日夜懺事第五夜度孤
道士五人正工并雜包在內共計
洋弍拾五元正期准三足內布彩
不在內當收定洋五元此據
民國五年八月拾四詹桂盛議單

江湾镇荷田村 46 · 民国五年 · 议单 · 詹桂盛

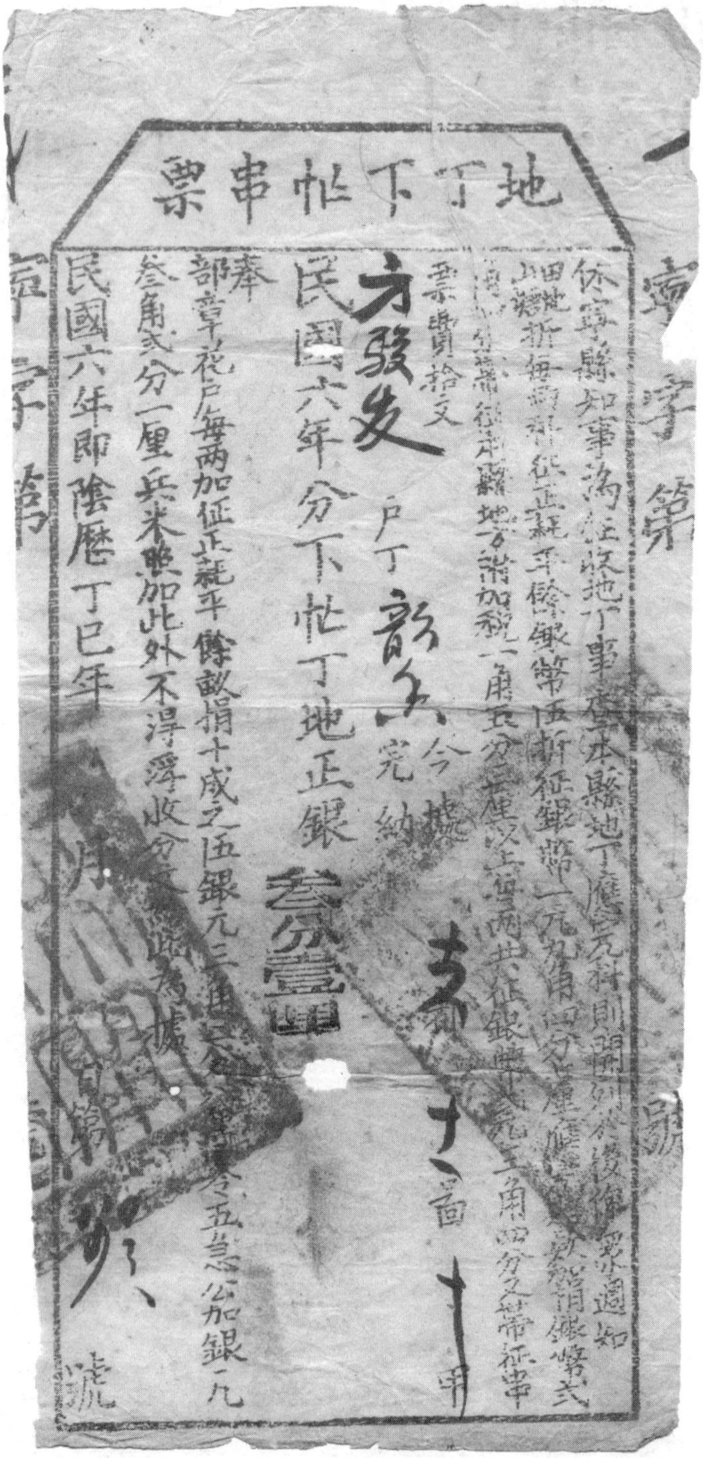

江湾镇荷田村 4 · 民国六年 · 地丁下忙串票 · 方骏发户丁韵香

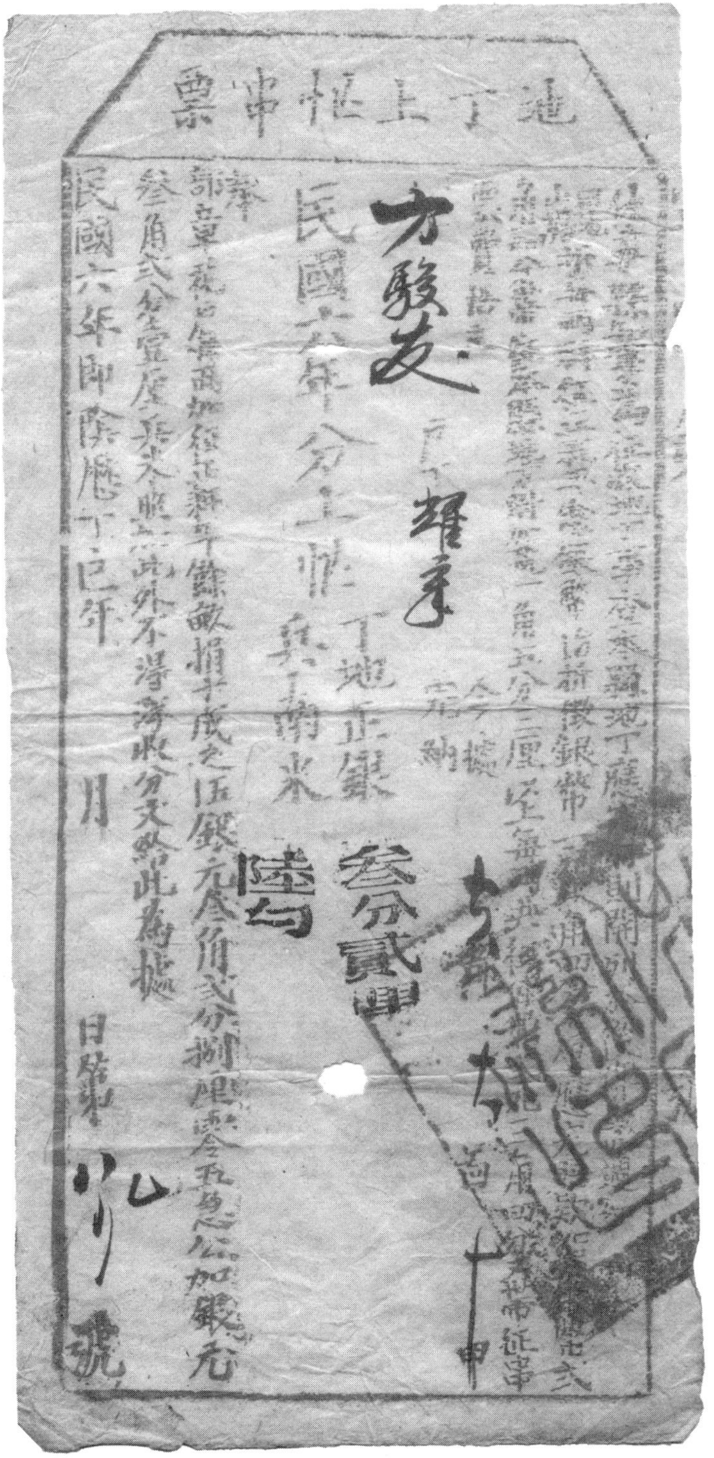

江湾镇荷田村 6 · 民国六年 · 地丁上忙串票 · 方骏发户丁耀章

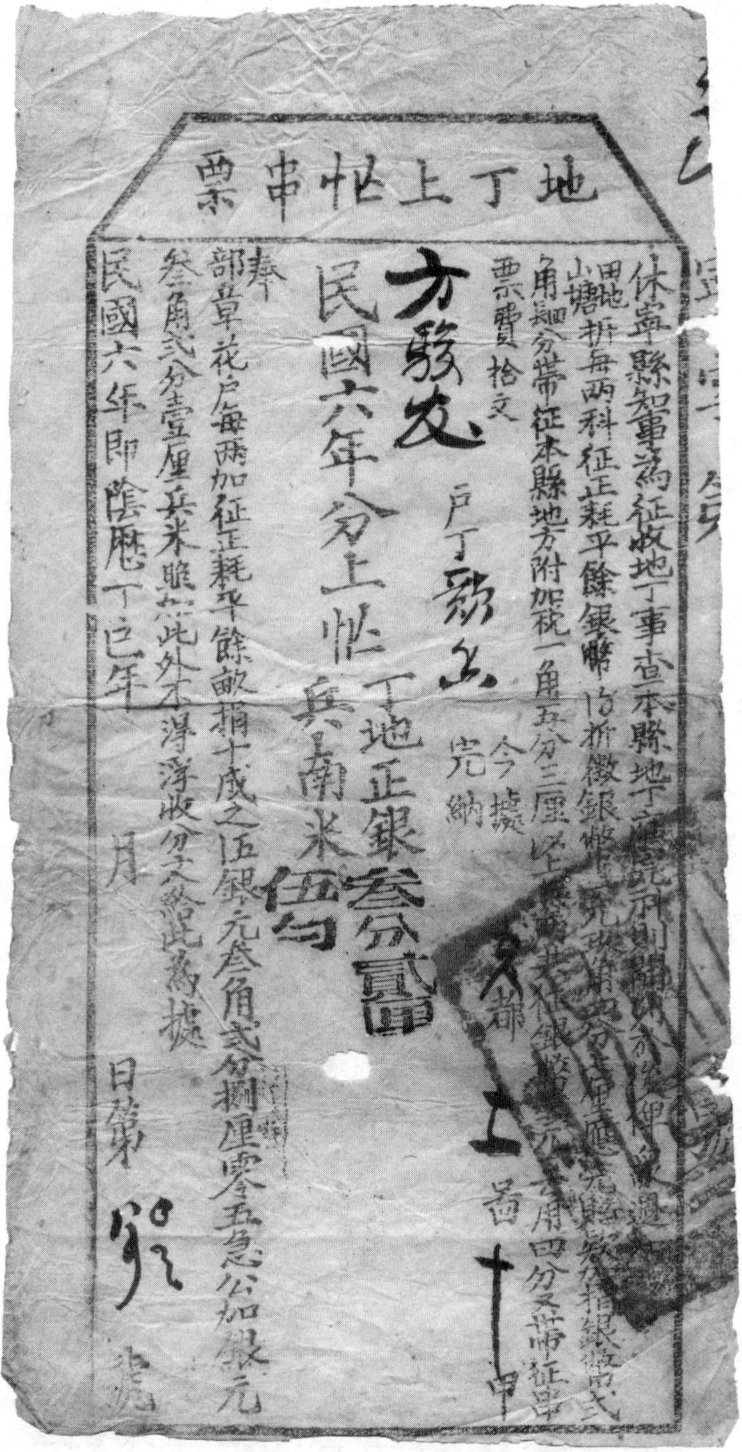

地丁上忙串票

休寧縣知事為征收地丁事查本縣地丁[illegible]

田地山塘折每兩科征正耗平餘銀幣[illegible]折徵銀[illegible]

角捌分帶征本縣地方附加稅一角五分三厘[illegible]四分又帶征學

票費拾文

今據 [illegible]都 [illegible] 啚 十 甲

方駿發 户丁 韻香 完納

民國六年分上忙丁地正銀叁分貳厘 兵南米伍勺

奉部章花户每兩加征正耗平餘畝捐十成之伍銀元叁角弍分捌厘零五毫公加銀元

叁角弍分壹厘兵米照此外不得浮收分文給此為據

民國六年即陰歷丁巳年 月 日第 號

江湾镇荷田村 7 · 民国六年 · 地丁上忙串票 · 方骏发户丁韵香

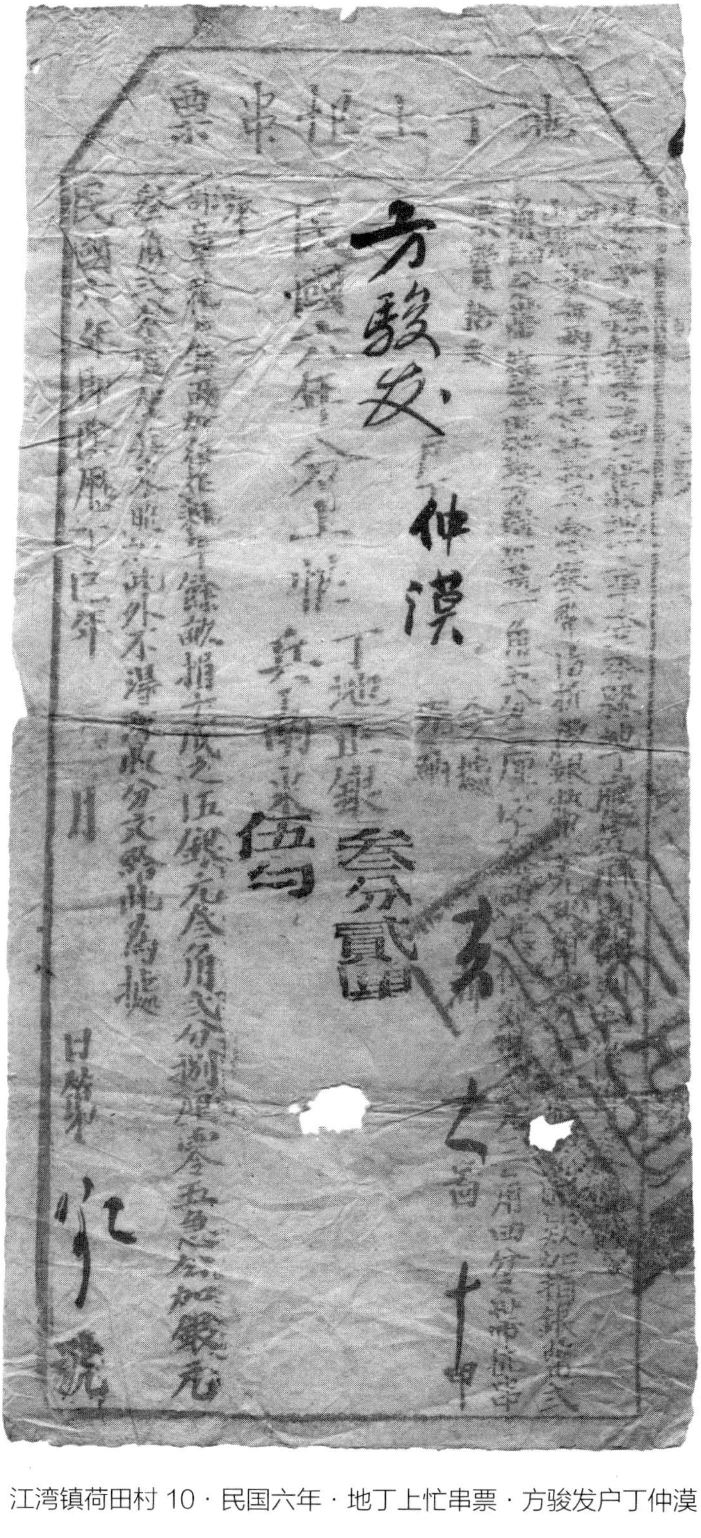

江湾镇荷田村 10 · 民国六年 · 地丁上忙串票 · 方骏发户丁仲漠

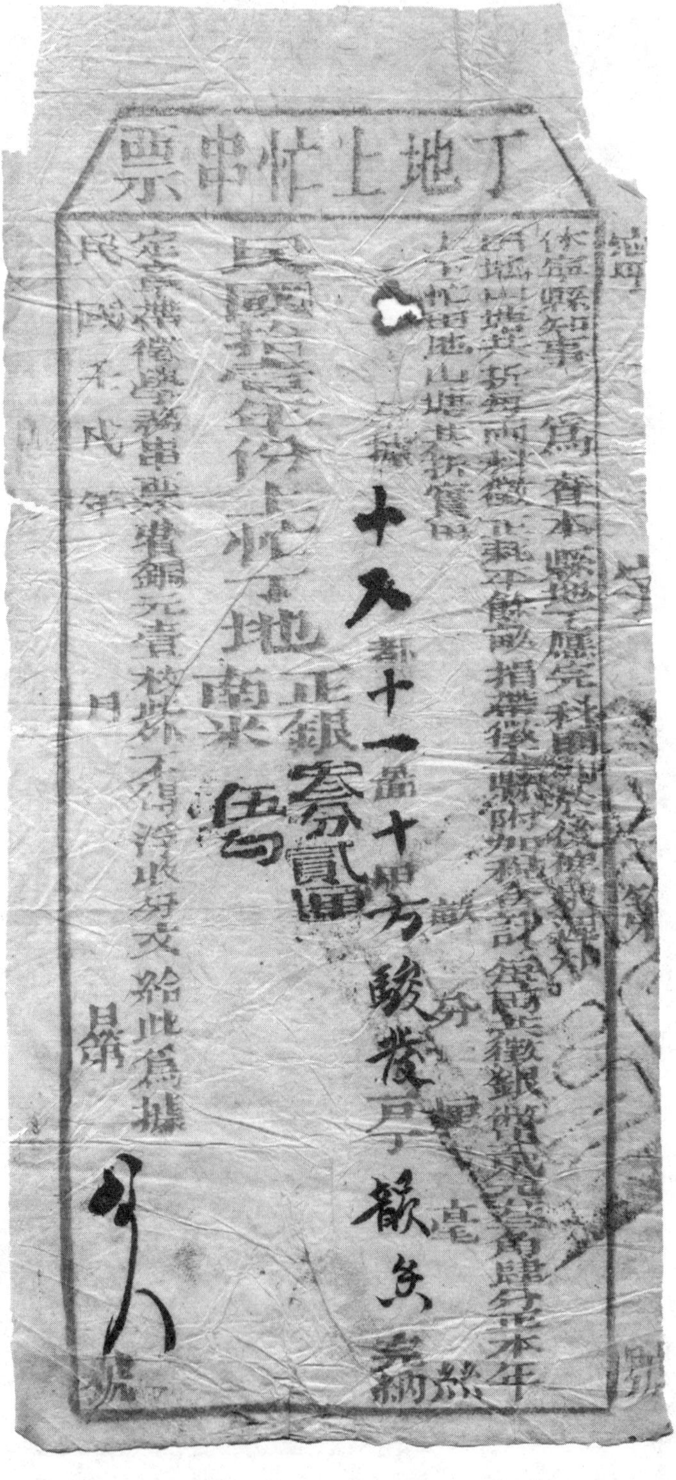

丁地上忙串票

民國拾壹年份上忙地丁正銀

十八都十一啚十甲方駿發戶

民國十一年　月　日　縣給

江湾镇荷田村 5 · 民国十一年 · 丁地上忙串票 · 方骏发户丁韵香

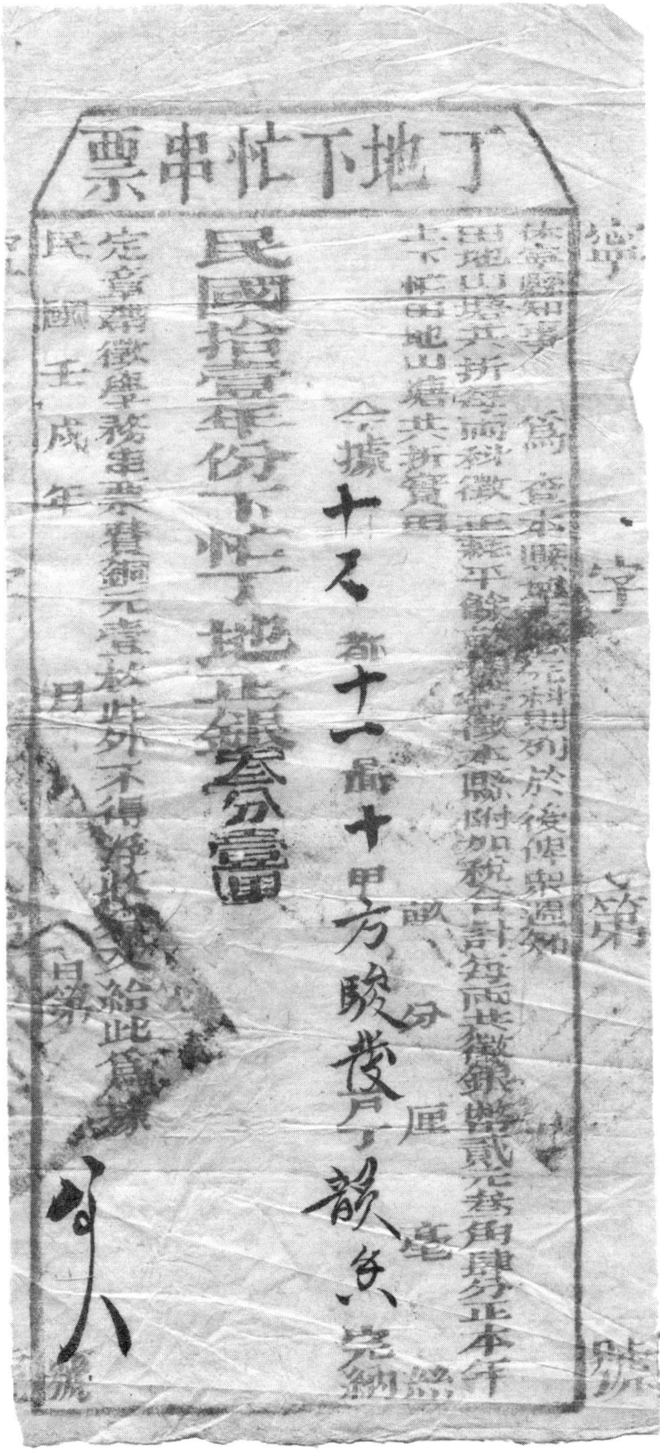

丁地下忙串票

字 第 號

休寧縣知事 為 查本縣[illegible]科則列於後俾衆遵照
田地山塘共折[illegible]畝科徵[illegible][illegible]徵本縣附加稅合計每兩共徵銀幣貳元叁角肆分正本年
上忙田地山塘共折實田 畝 分 厘 毫 絲
今據 十八 都 十一 圖 十 甲 方駿發戶丁韻香 完納
民國拾壹年份下忙丁地正銀叁分壹
定章將徵學務串票費銅元壹枚外不得浮收[illegible]給此爲據
民國壬戌年 月 日第 八 號

江湾镇荷田村 8 · 民国十一年 · 丁地下忙串票 · 方骏发户丁韵香

江湾镇荷田村 1-1 · 流水账

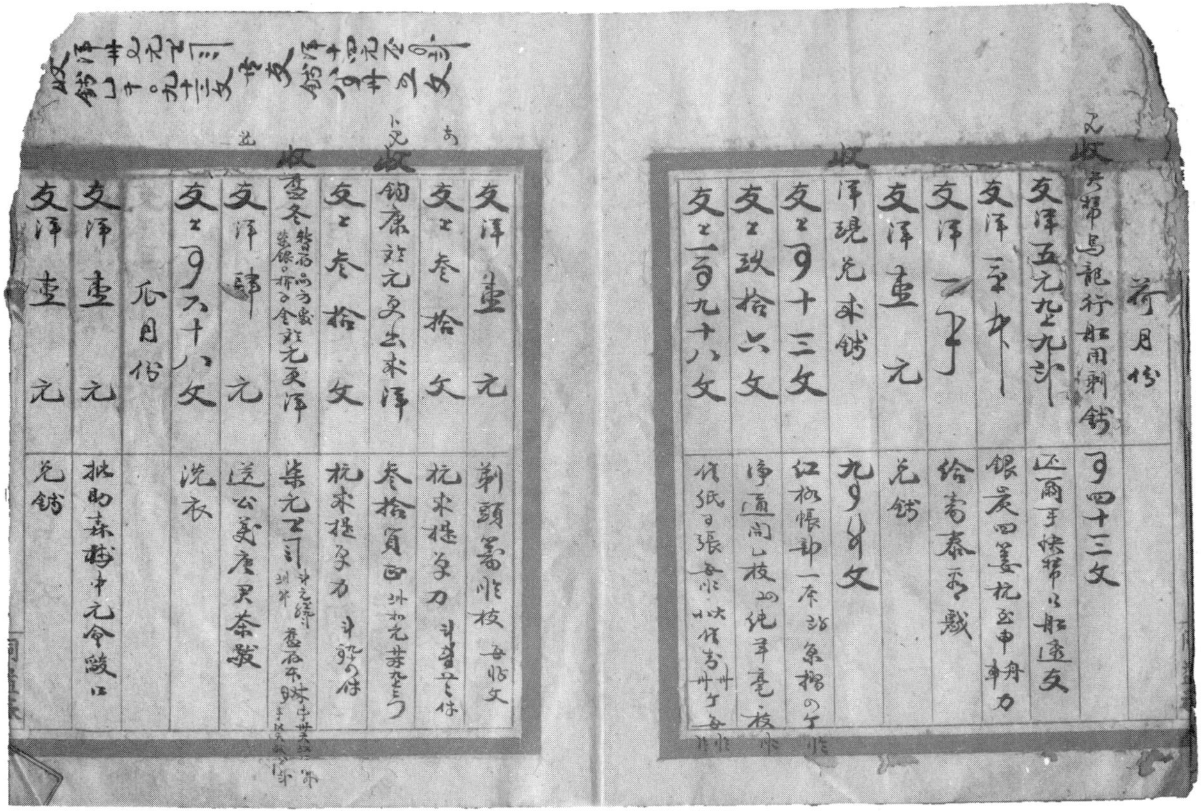

荷月份	
又收 兴帮馬龍行船用剩錢	〡四十三文
支洋五元九角九分	还兩手续帮小船运支
支洋一元〡角	銀炭四簍杭斗申舟力
支洋一元〡角	给高泰酒戲
支洋壹元	光錢
收 洋現兑來錢	九〡廿文
支ヒ〡十三文	红格帳部一本 [illegible]
支ヒ玖拾六文	淨通用山枝 [illegible]
支ヒ一百九十八文	信紙 [illegible]
支洋壹元	剃頭蓄作枝 [illegible]
支ヒ叁拾文	杭來挑夫力 [illegible]
收 錮康兑元及出來洋	叁拾角 [illegible]
支ヒ叁拾文	杭來挑夫力 [illegible]
收 [illegible]	柴元 [illegible]
支洋肆元	送公義康貝茶敬
支ヒ〡〡十八文	洗衣
瓜月份	
支洋壹元	批助森林中元會敬
支洋壹元	光錢

江湾镇荷田村 1-2 · 流水账

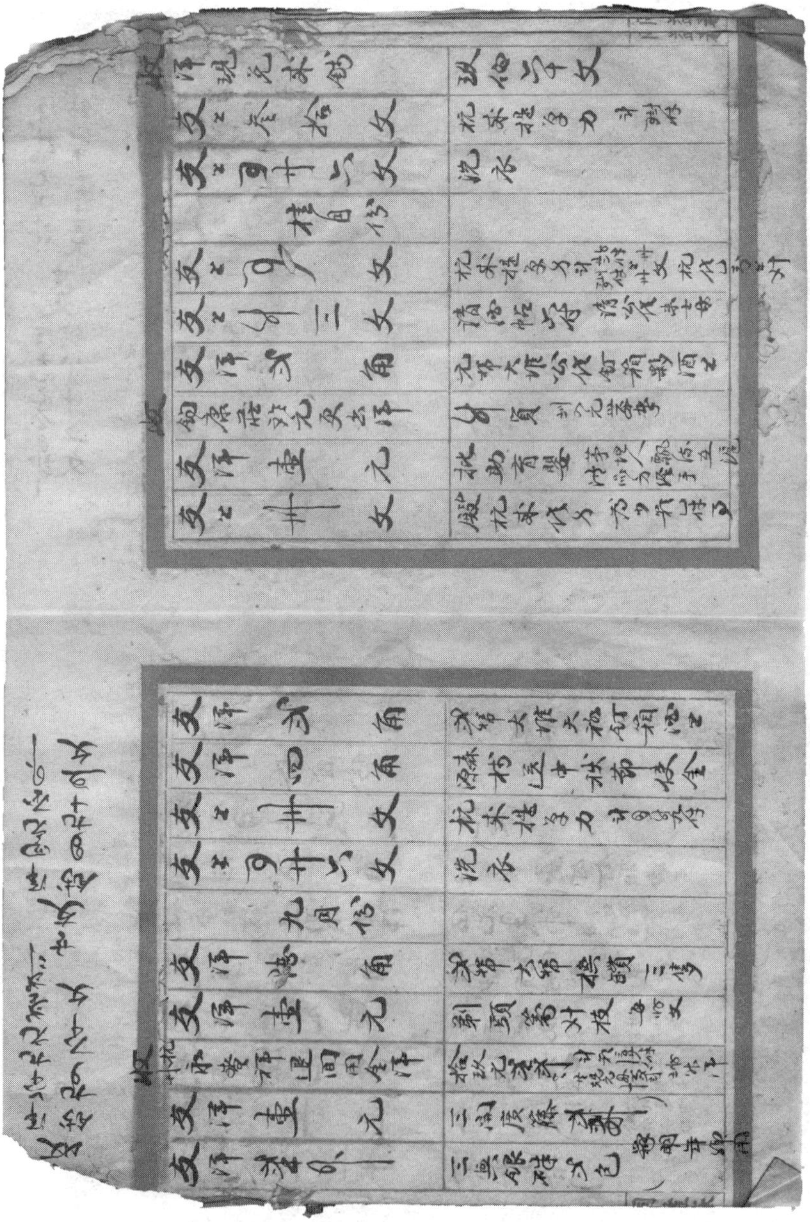

江湾镇荷田村 1-3 · 流水账

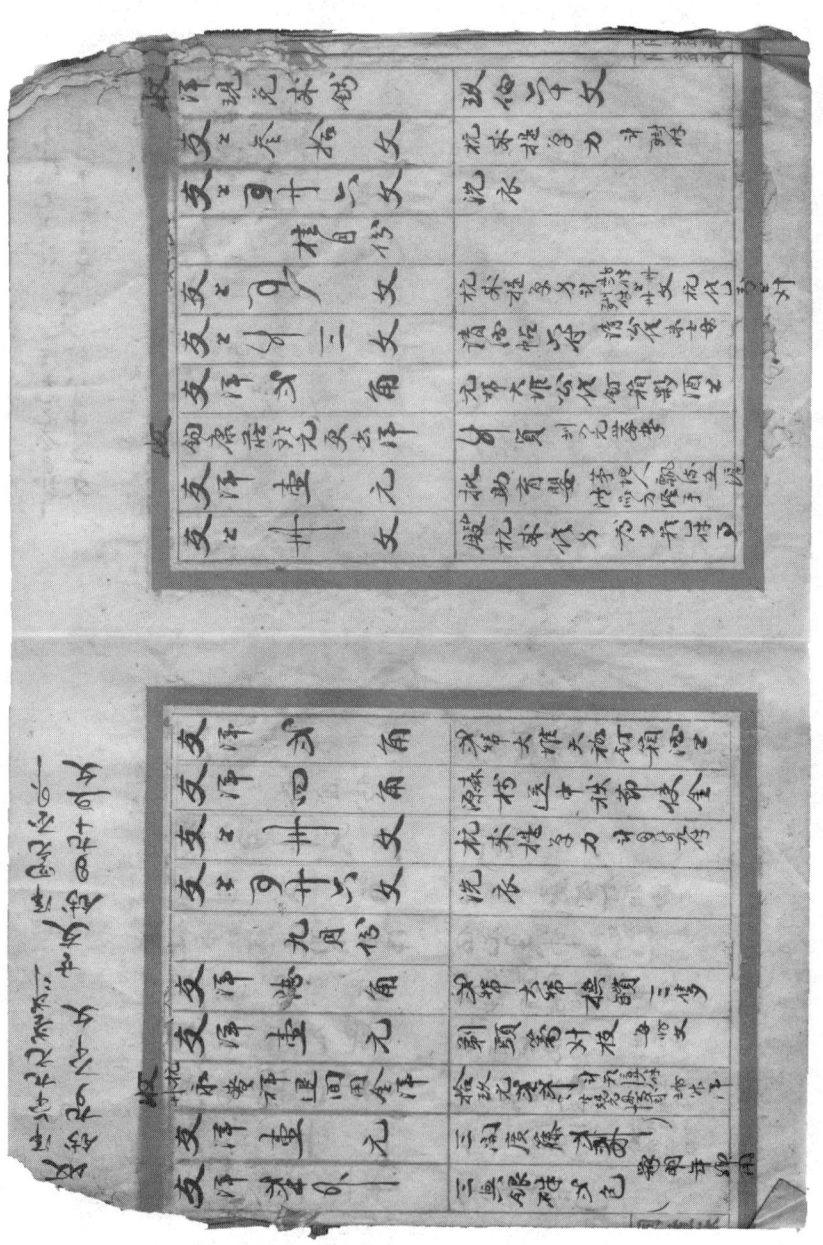

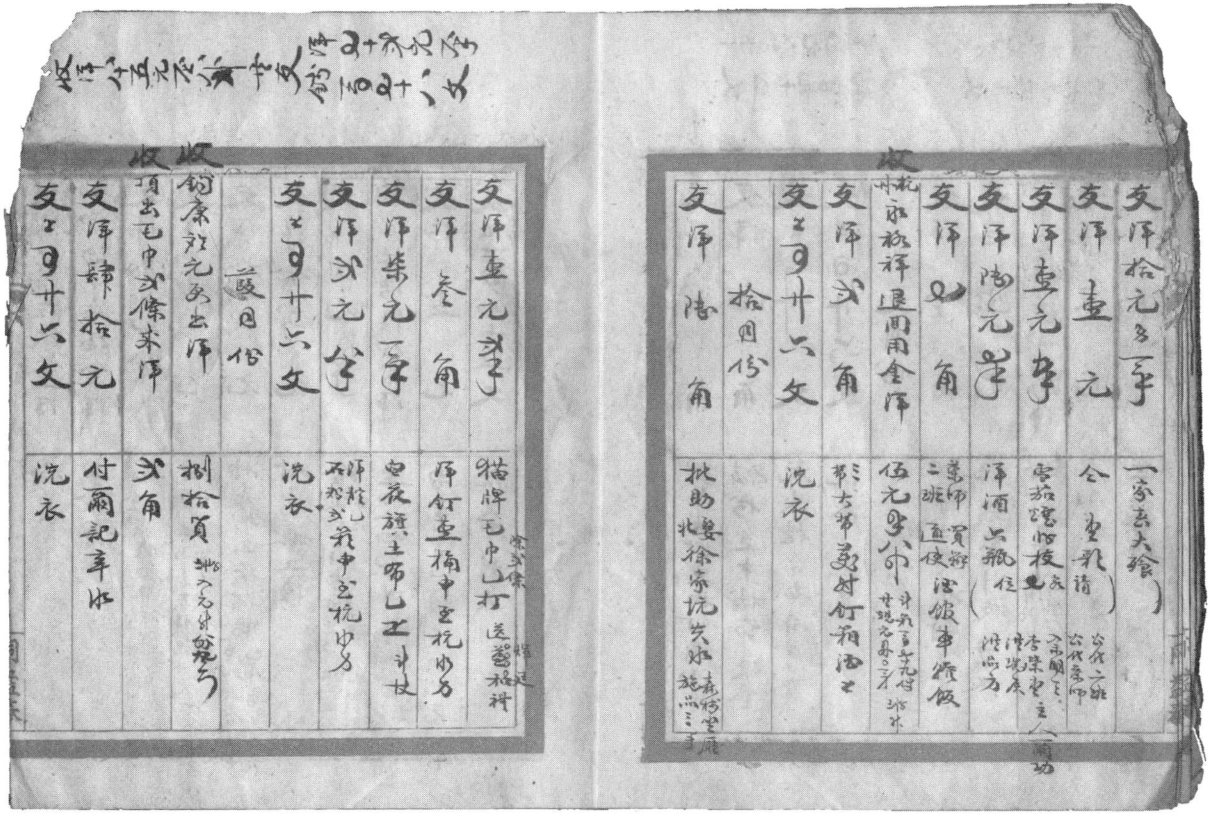

江湾镇荷田村 1-4 · 流水账

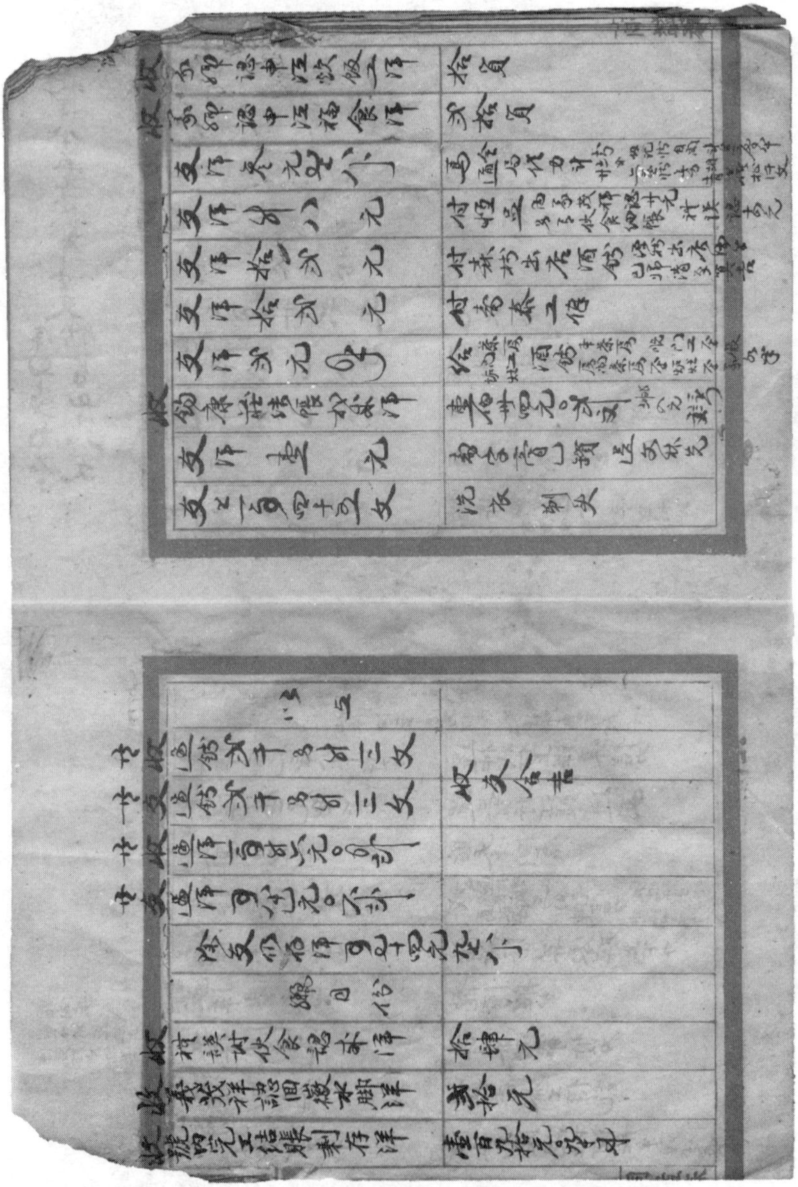

江湾镇荷田村 1-5 · 流水账

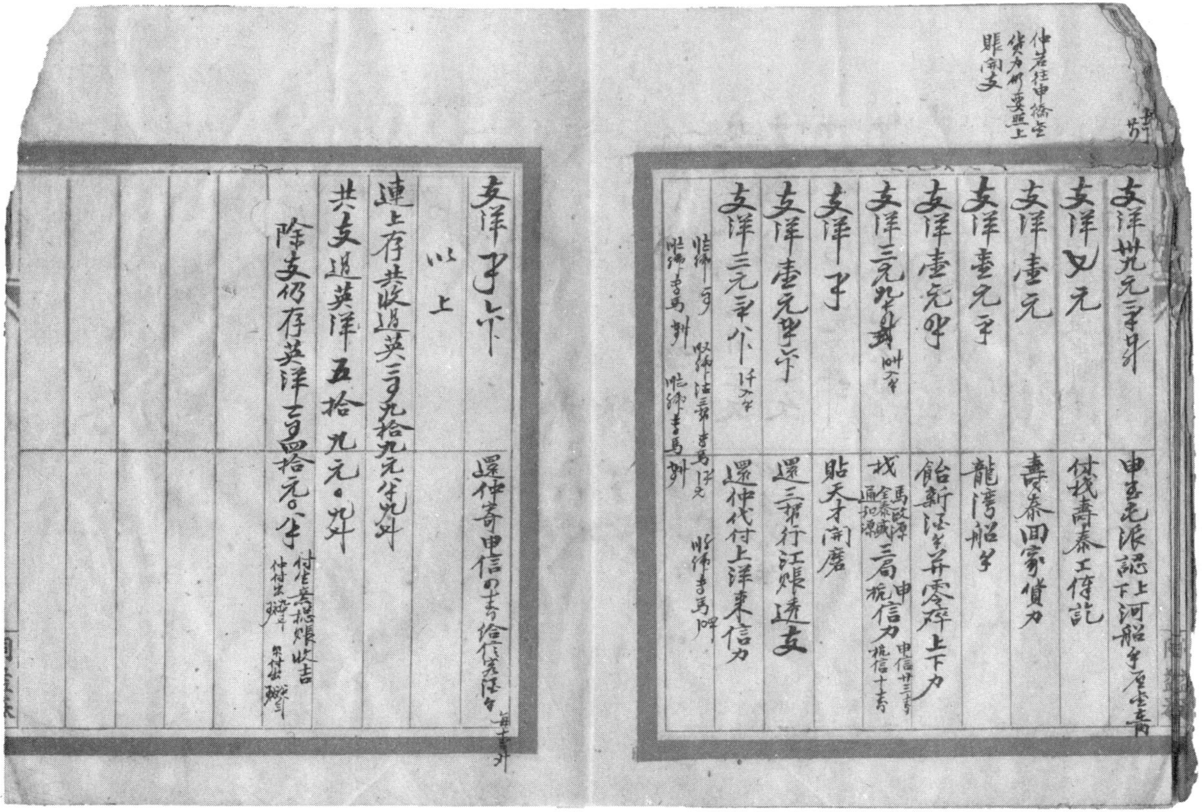

支洋廿九元[illegible] 申屯派認上下河船[illegible]
支洋又元 付找壽泰工傳訖
支洋壹元 壽泰田家貨力
支洋壹元[illegible] 龍灣船[illegible]
支洋壹元[illegible] 飴新[illegible]并零碎上下力
支洋三元[illegible] 找[illegible]三局申信力[illegible]
支洋[illegible] 貼天才閑磨
支洋壹元[illegible] 還三埠行江賬透支
支洋三元[illegible] 還仲代付上洋東信力
仲岩往申[illegible]貨力所要照上賬開支
支洋[illegible] 還仲寄申信[illegible]
以上
連上存共收過英洋三百九拾九元[illegible]
共支過英洋五拾九元[illegible]
除支仍存英洋三百四拾元[illegible]

江湾镇荷田村 1-6 · 流水账

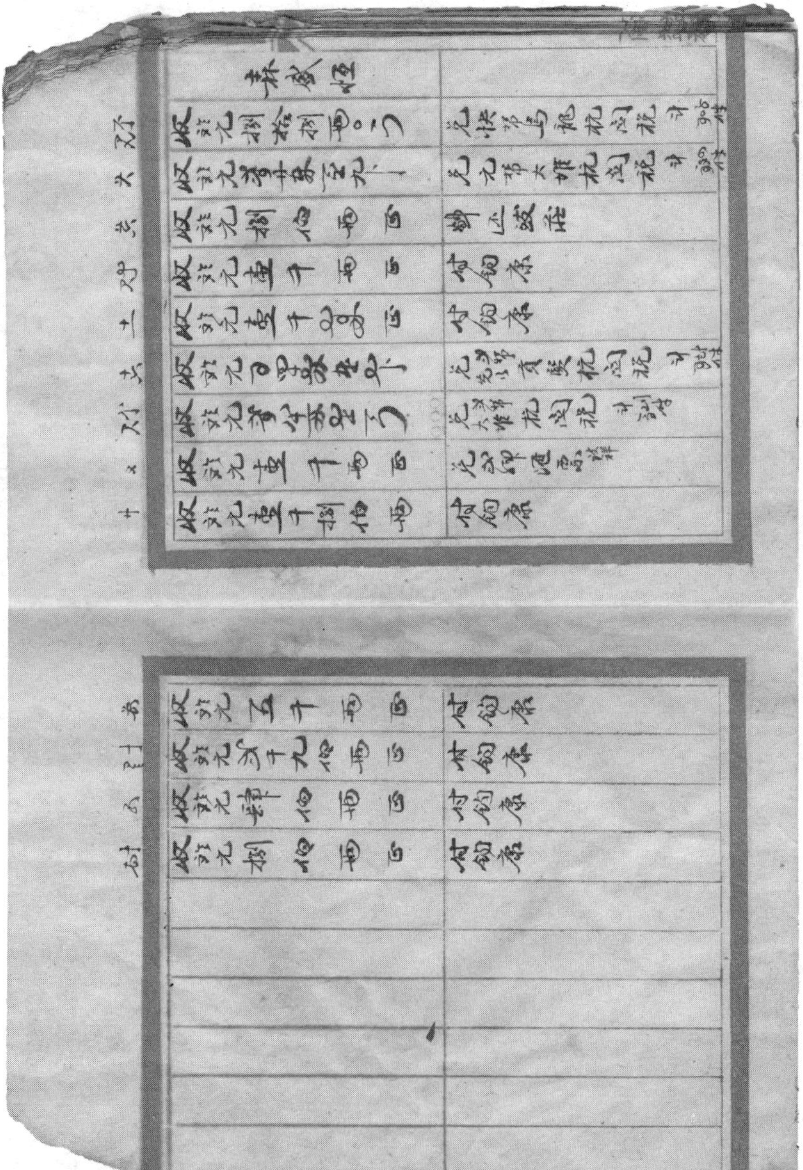

江湾镇荷田村 1-7 · 流水账

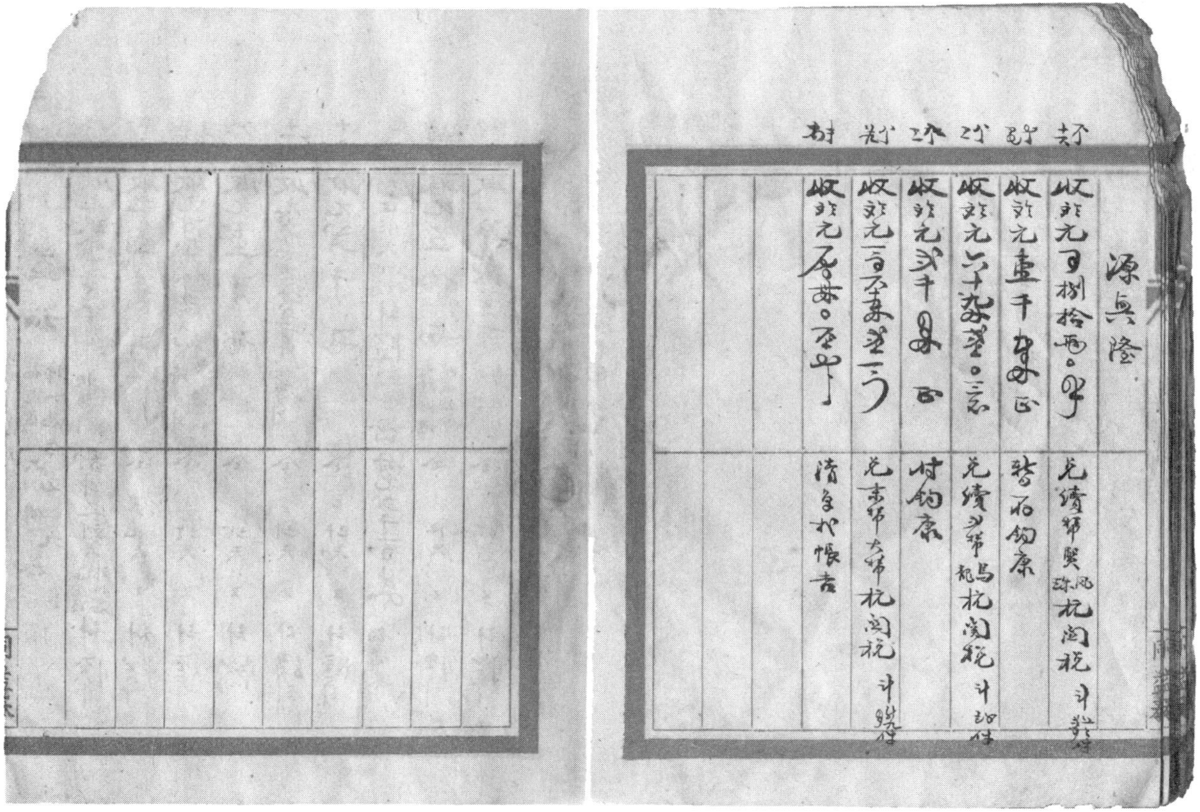

江湾镇荷田村 1-8 · 流水账

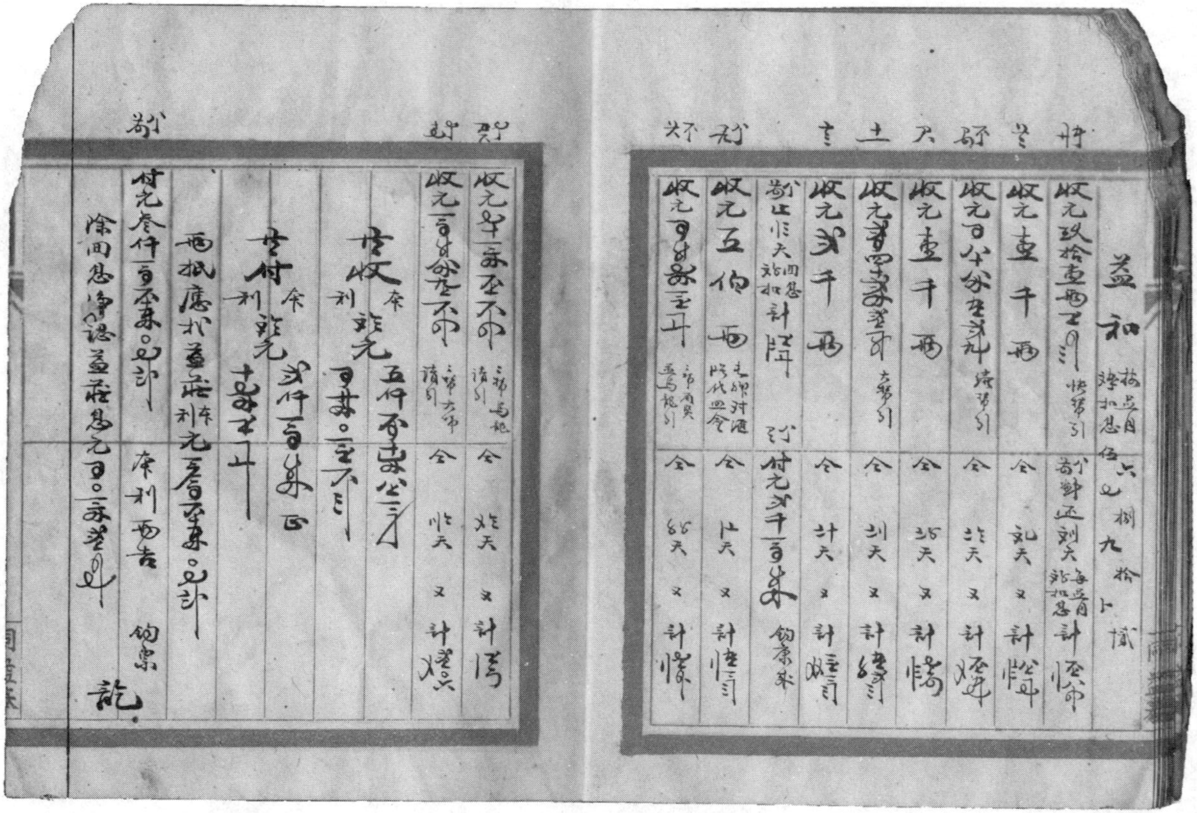

江湾镇荷田村 1-9 · 流水账

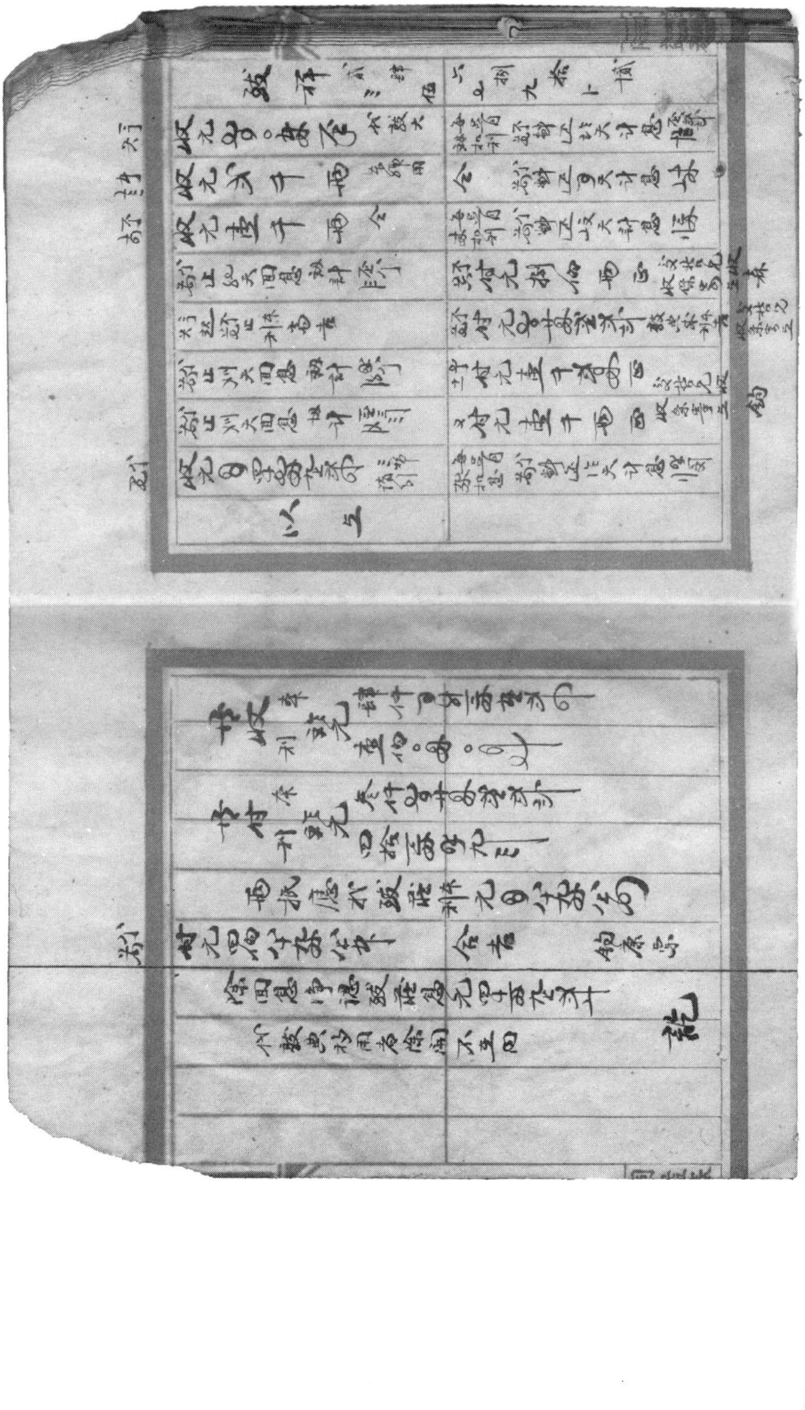

江湾镇荷田村 1-10 · 流水账

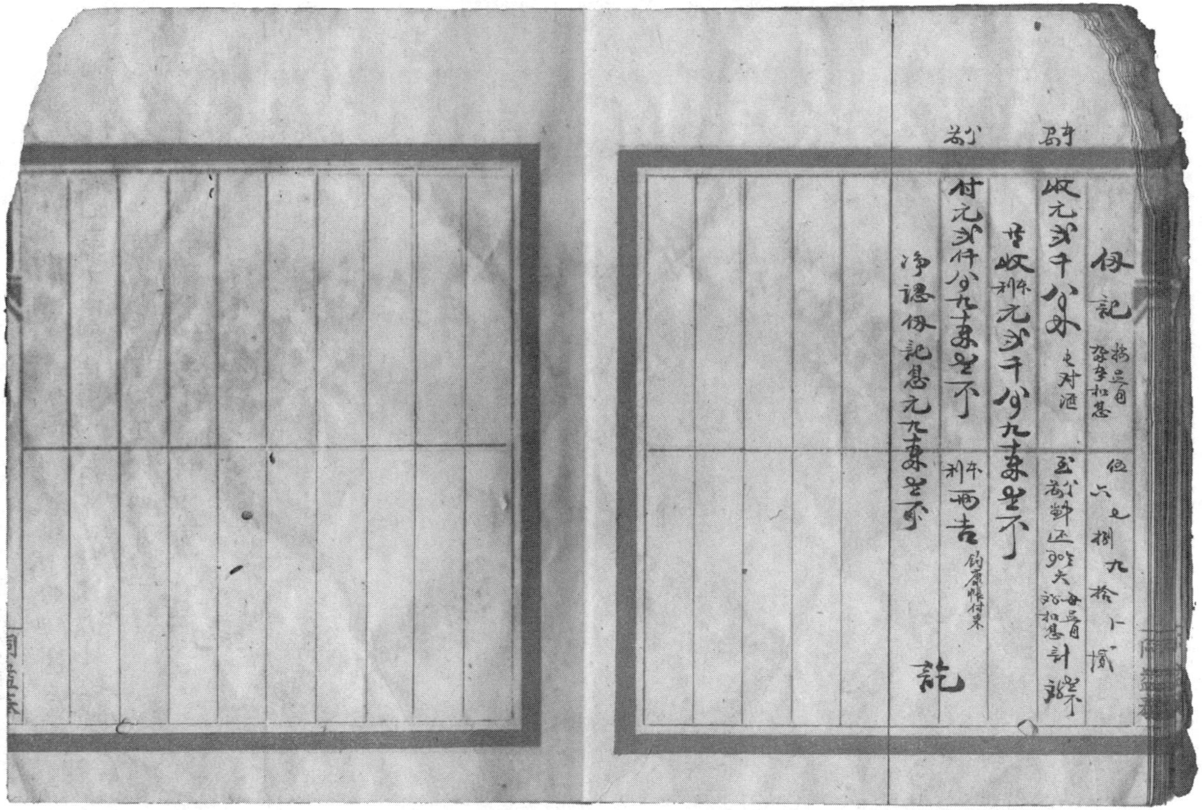

江湾镇荷田村 1-11 · 流水账

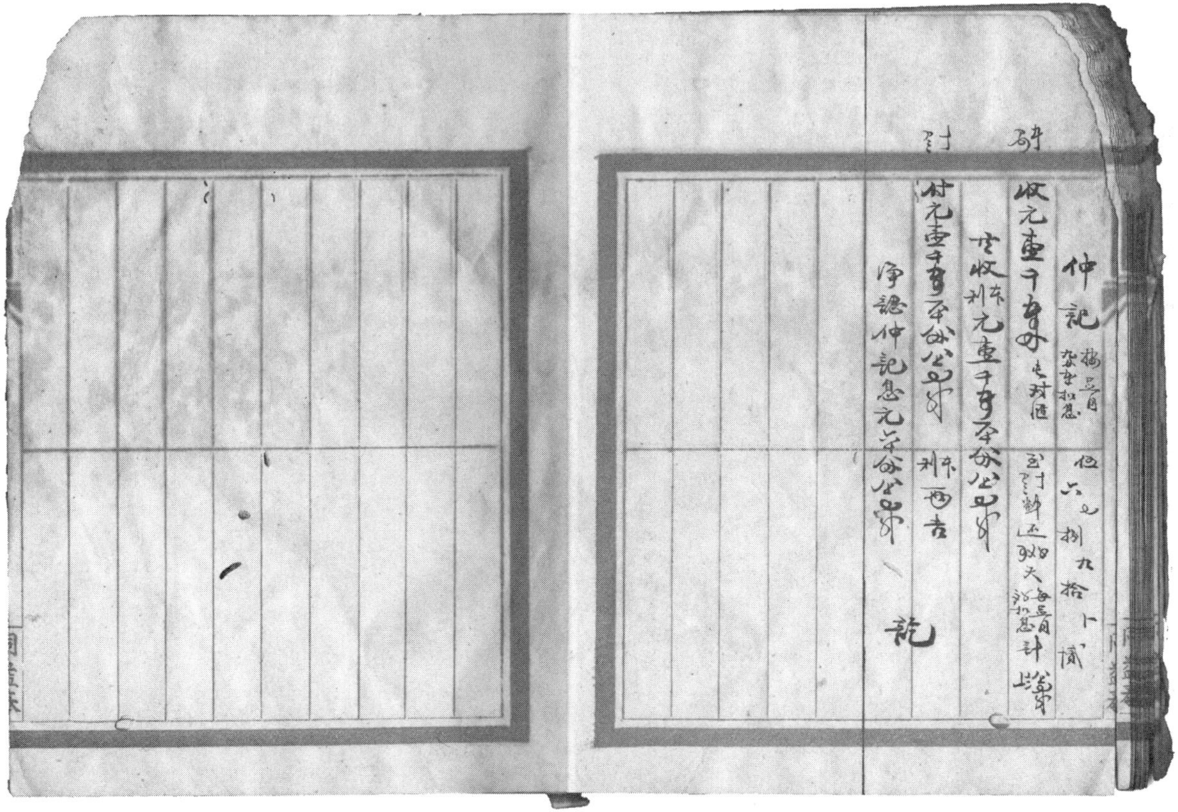

江湾镇荷田村 1-12・流水账

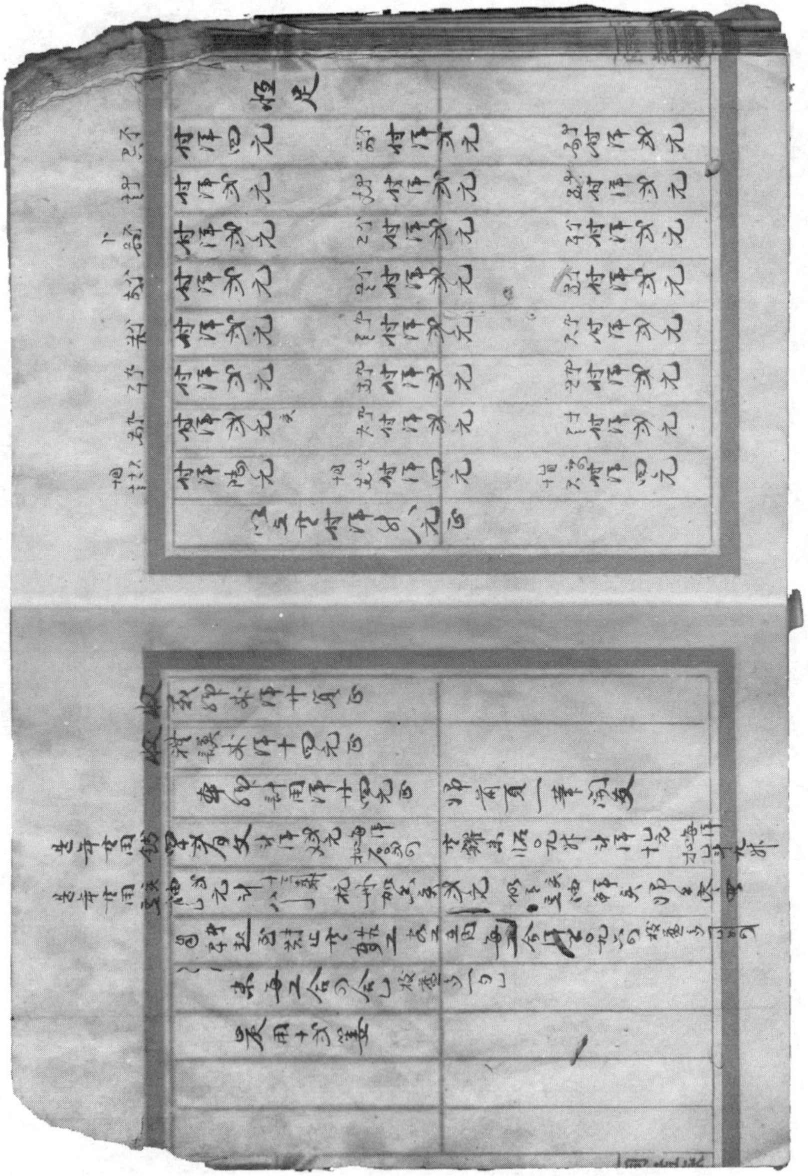

江湾镇荷田村 1-13 · 流水账

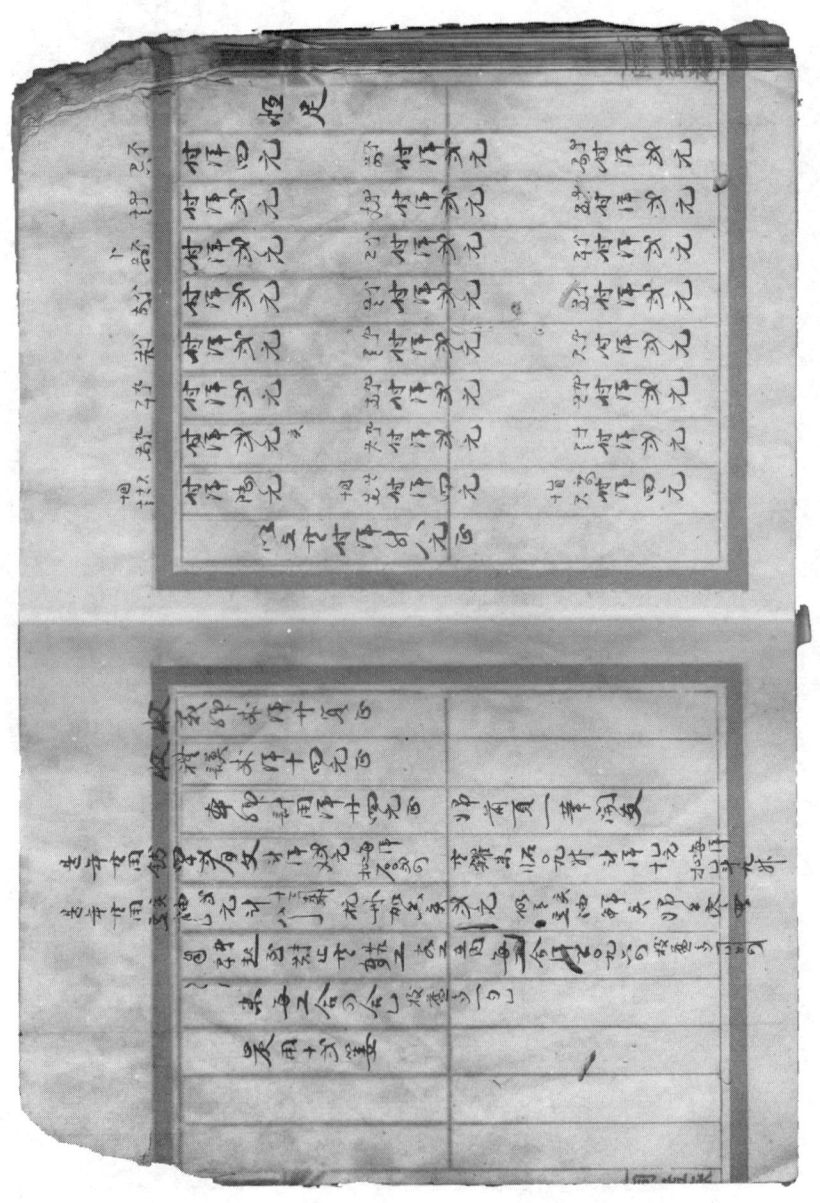

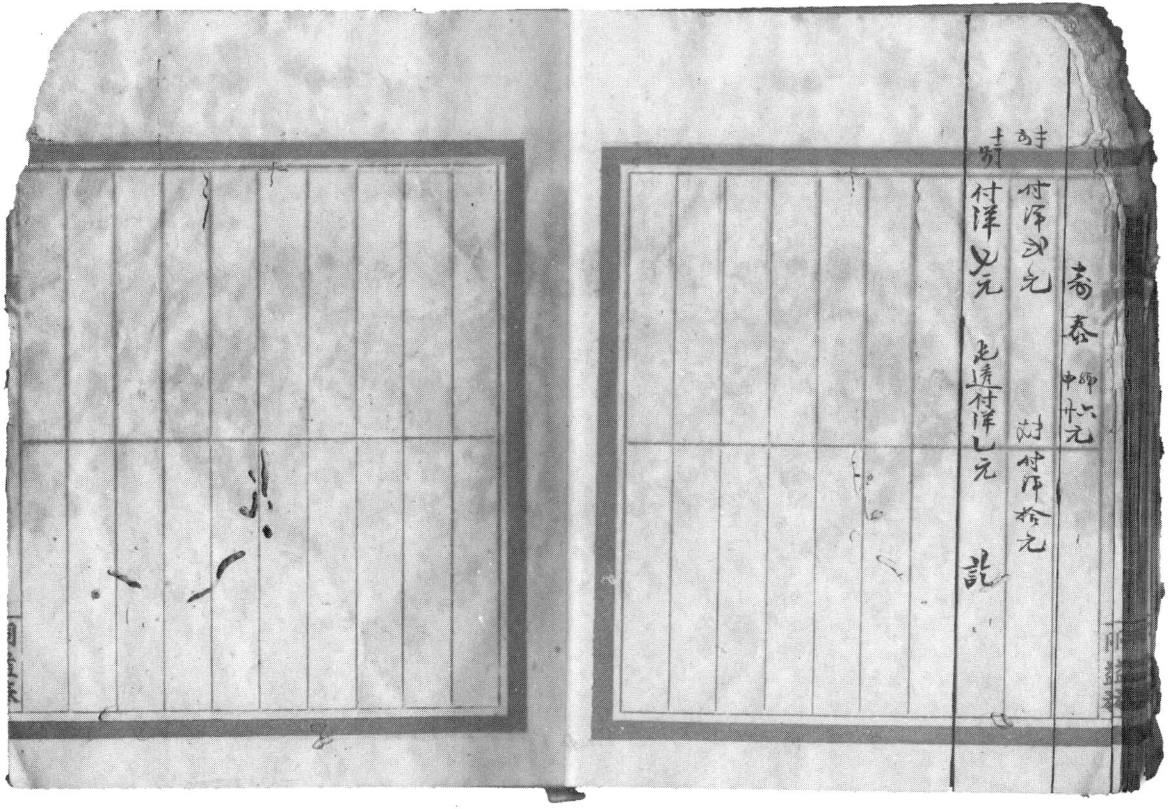

江湾镇荷田村 1-14 · 流水账

鸿来

接通和源来第元號

接全泰发来第弍號　花色字山只 [illegible]

接仝来第三號　仝 [illegible]

接仝来第四號

接仝来第五號　银帐字山只

接马正源来第六號

接益和庄来第七號　[illegible]

接通和源来第八號　[illegible]

接全泰发来第九號　[illegible]

接马正源来第拾號　三号桌摇字

接全泰发来第〡〡號　续弍号马袍色字

接马正源来第〡〢號

接全泰发来第〡〣號　[illegible]

接马正源来第〡〤號　[illegible]

接仝来第〡〥號　[illegible]

接益和来第〡〦號　[illegible]

接全泰发来第〡〧號

接仝来第〡〨號　[illegible]

接马正源来第〡〩號　[illegible]银帐字

江湾镇荷田村 1-15 · 流水账

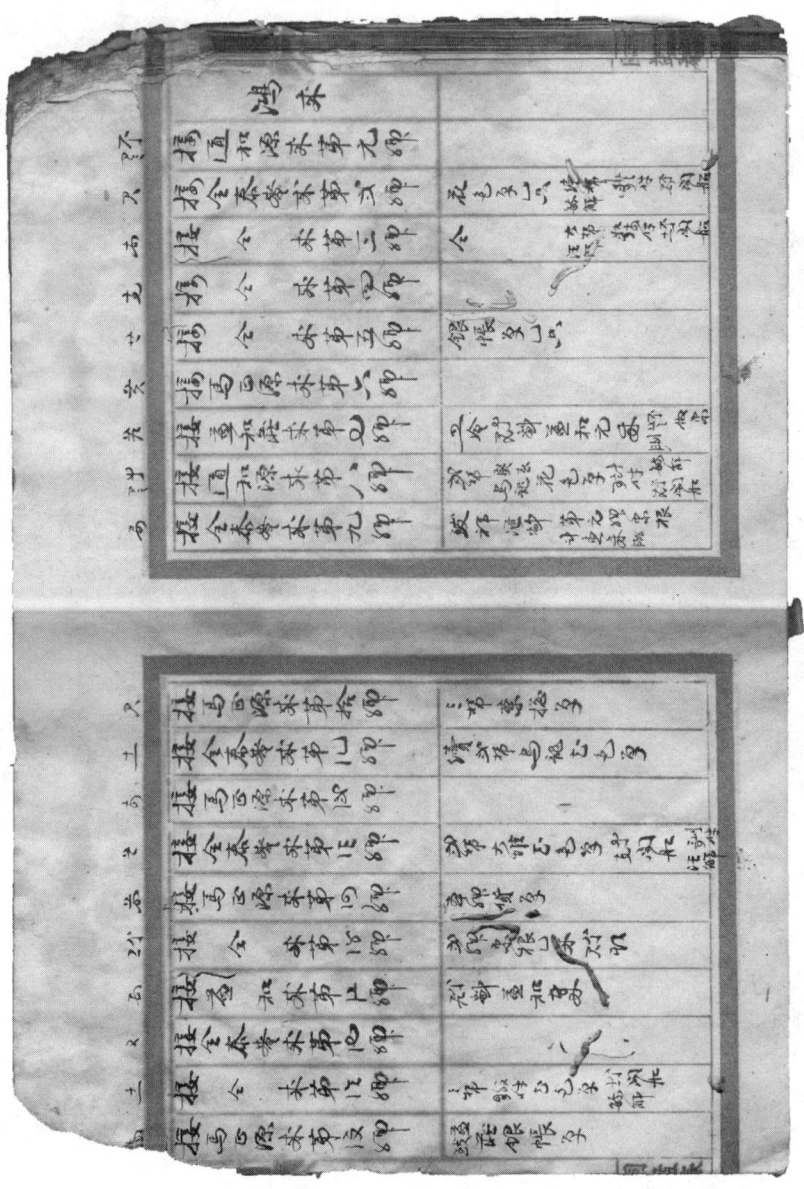

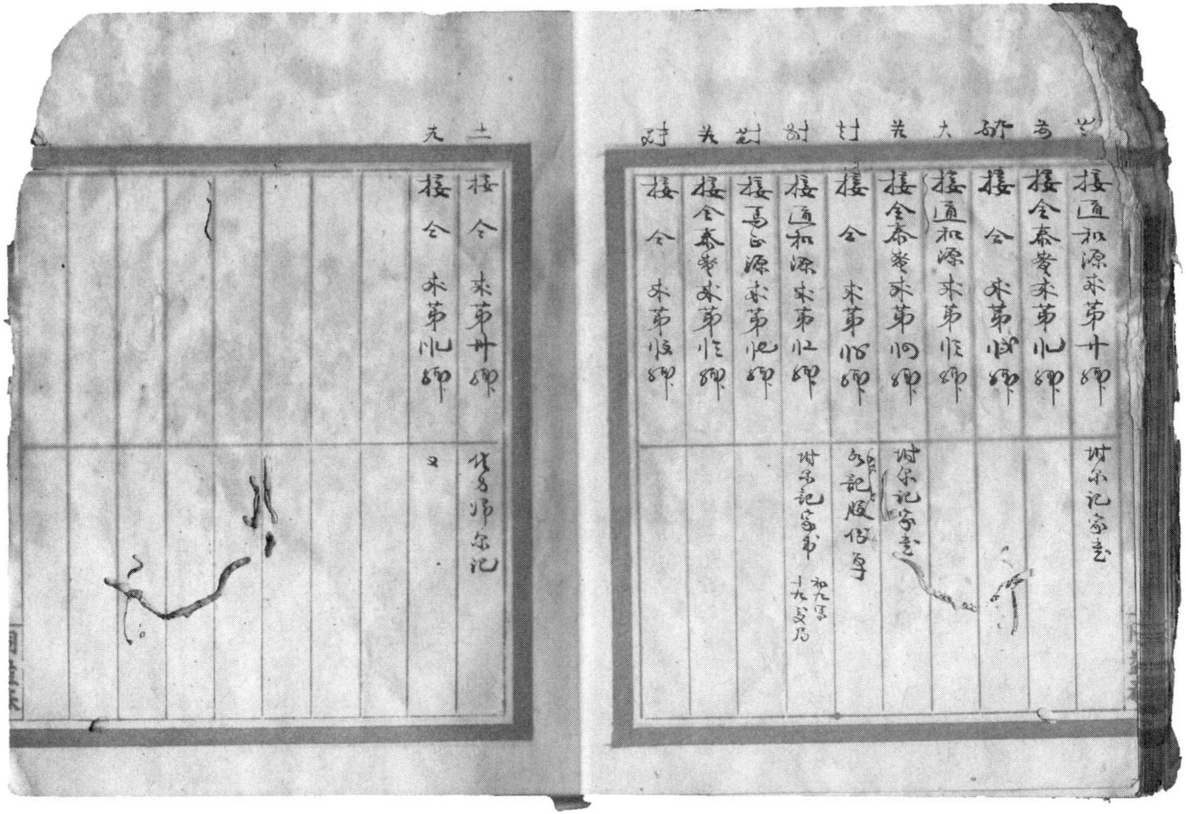

江湾镇荷田村 1-16 · 流水账

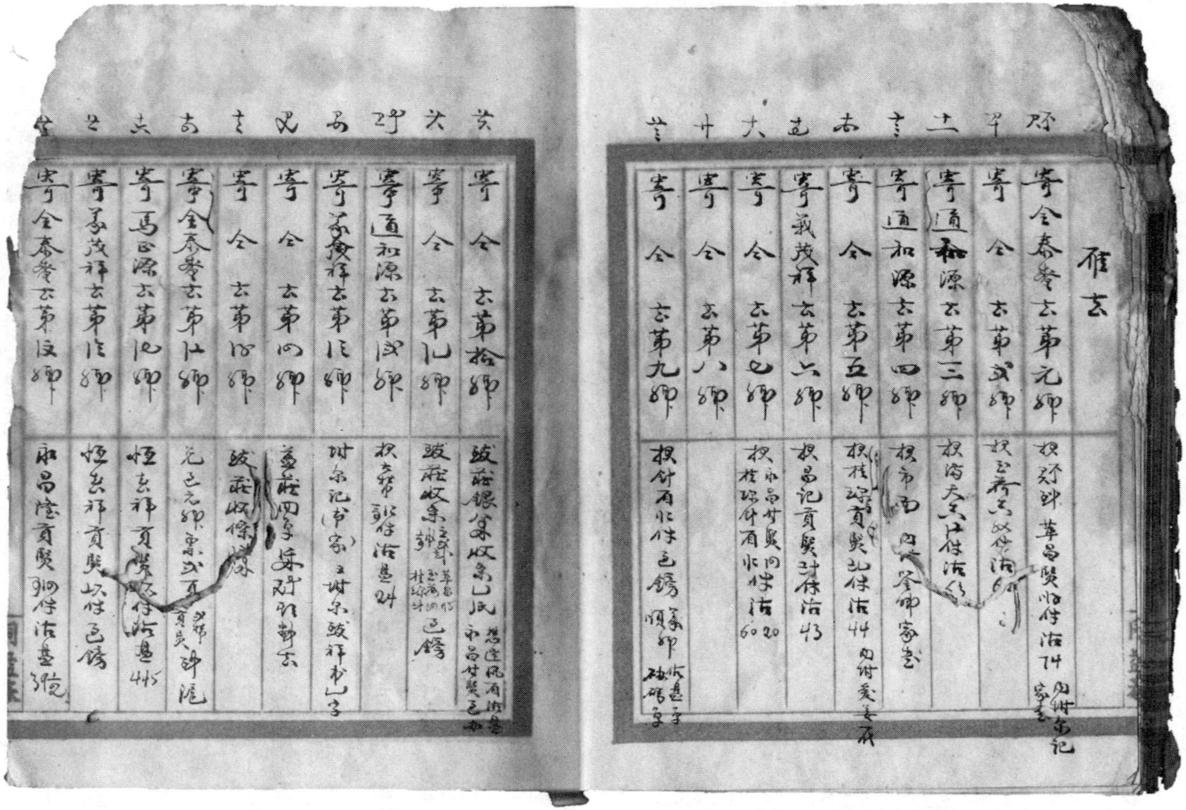

江湾镇荷田村 1-17 · 流水账

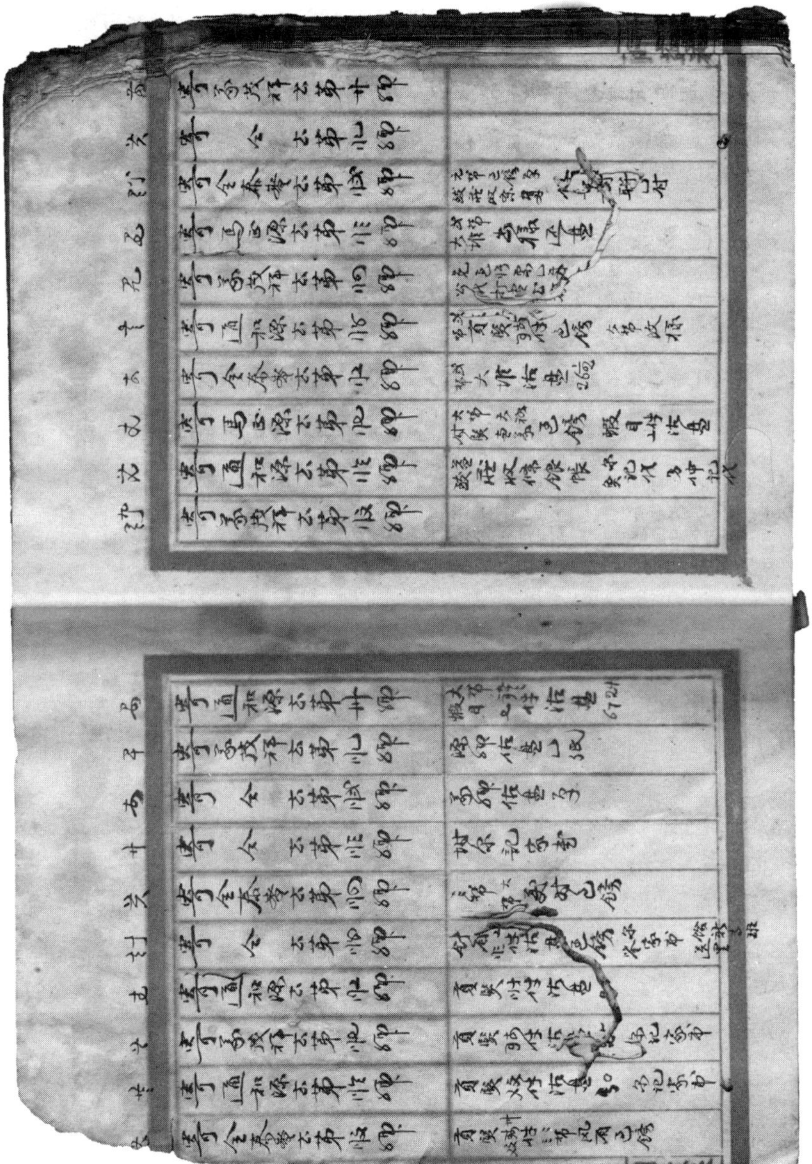

江湾镇荷田村 1-18 · 流水账

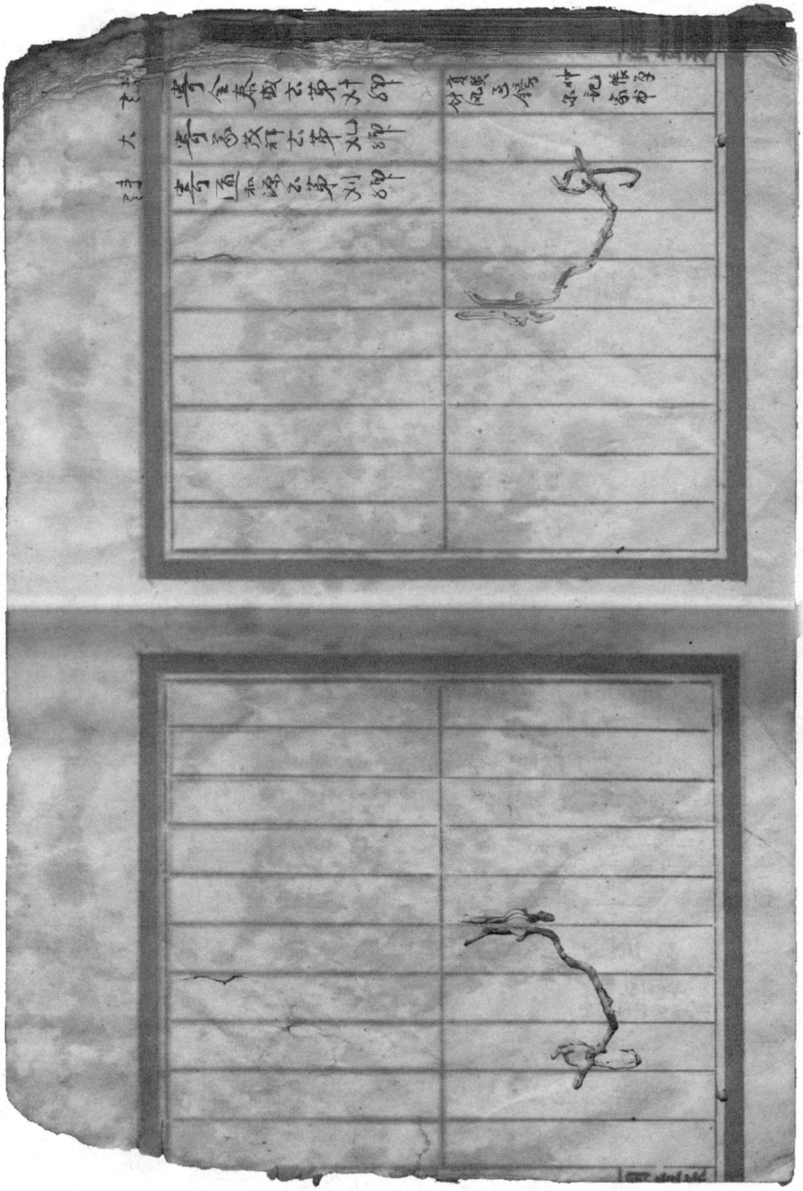

江湾镇荷田村 1-19 · 流水账

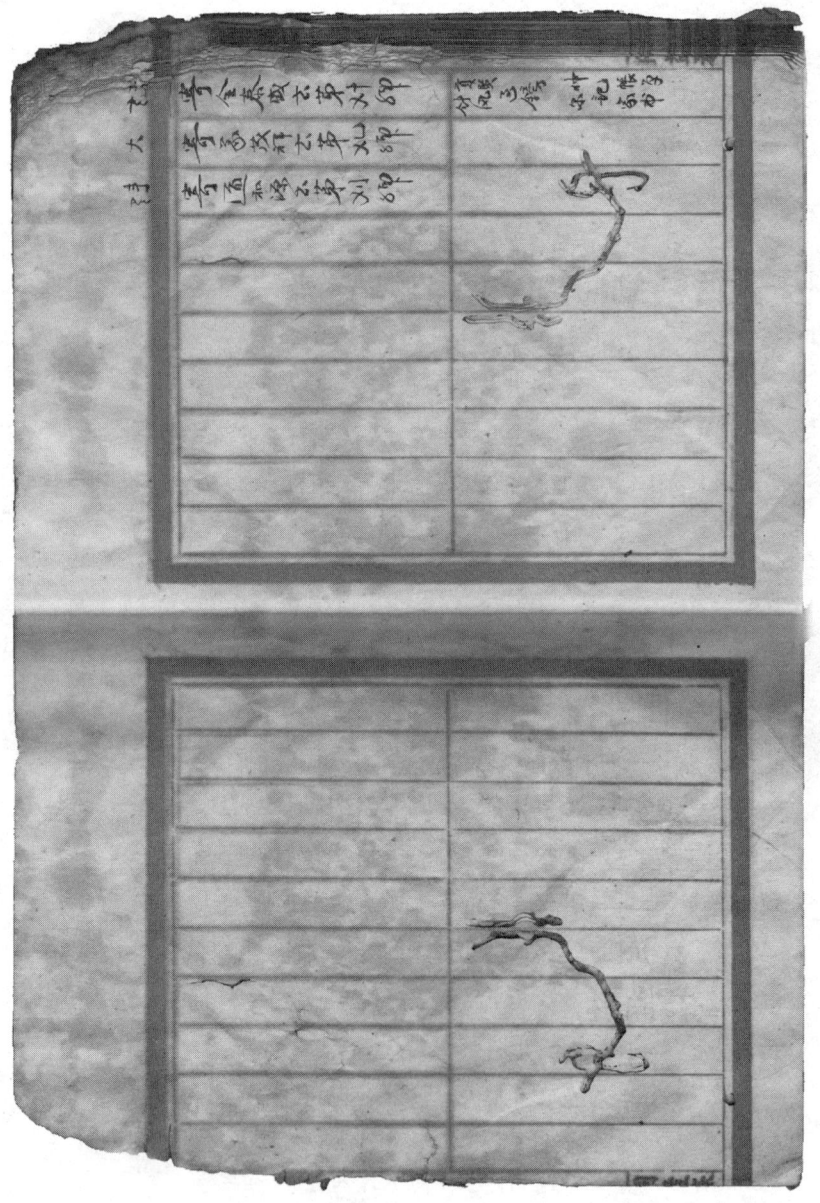

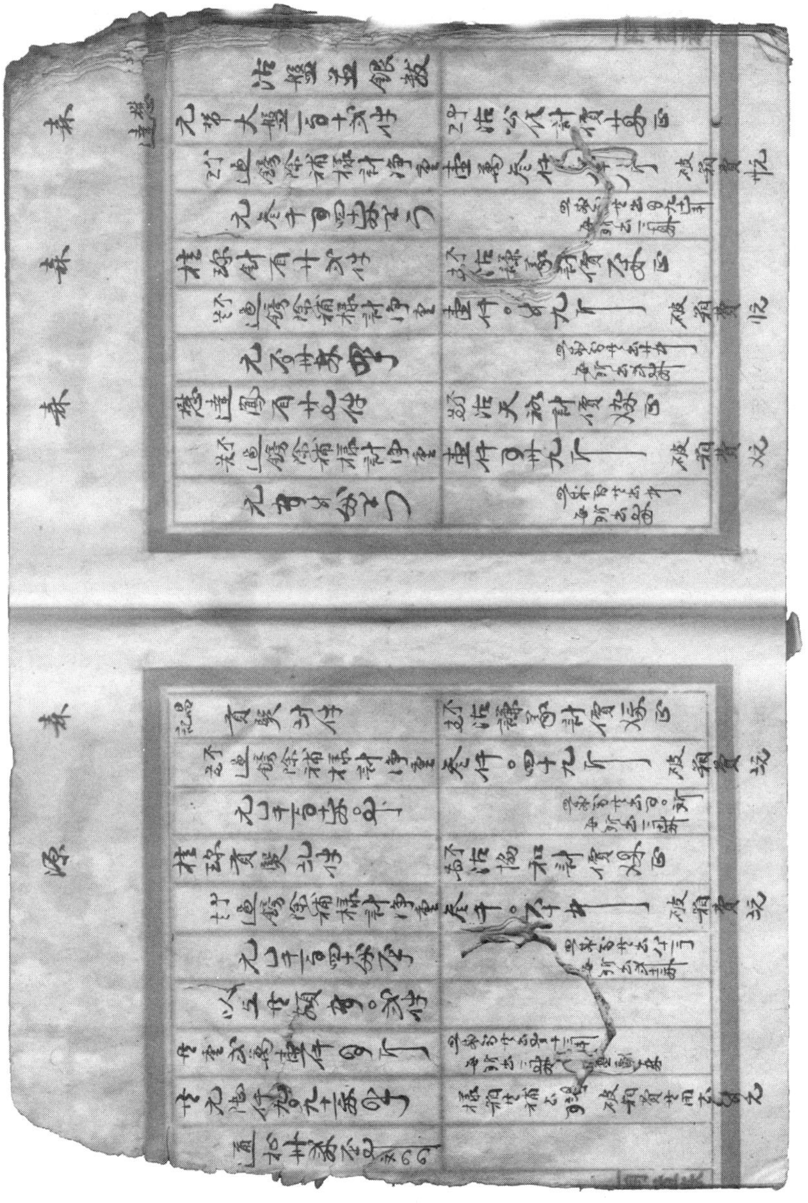

江湾镇荷田村 1-20・流水账

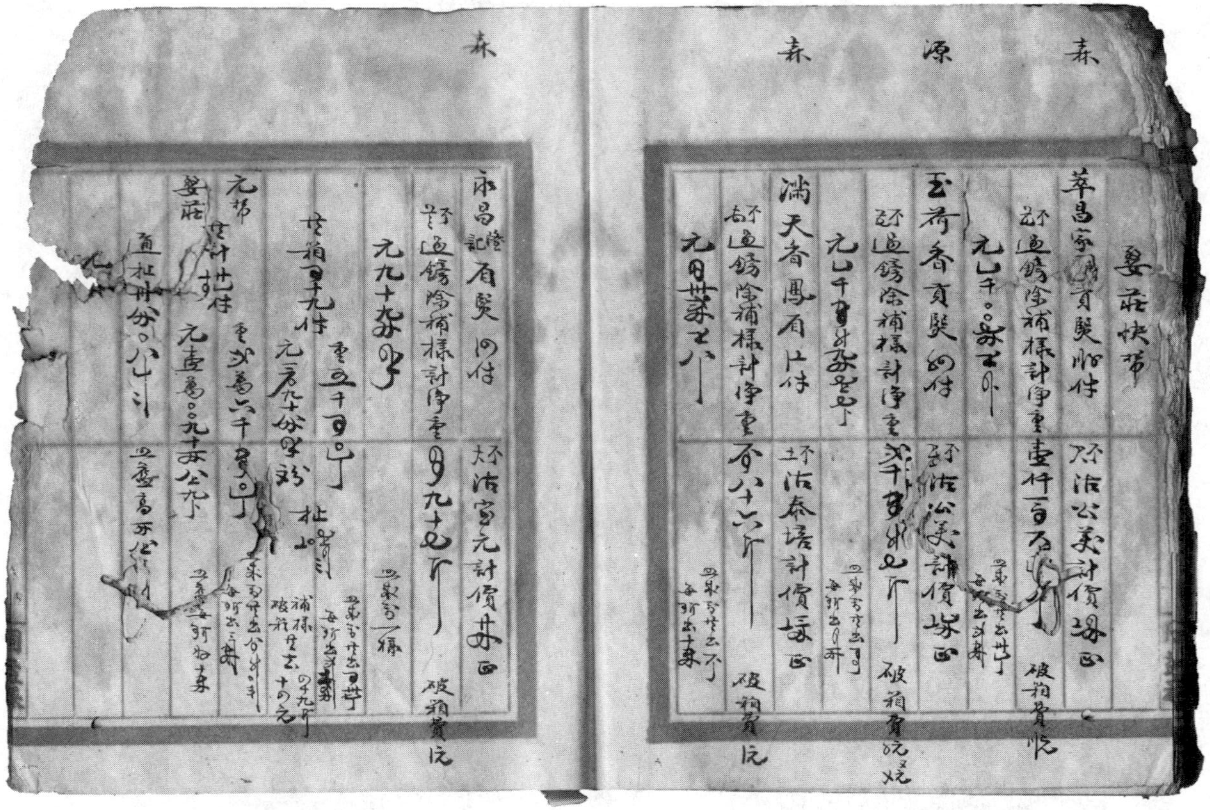

江湾镇荷田村 1-21 · 流水账

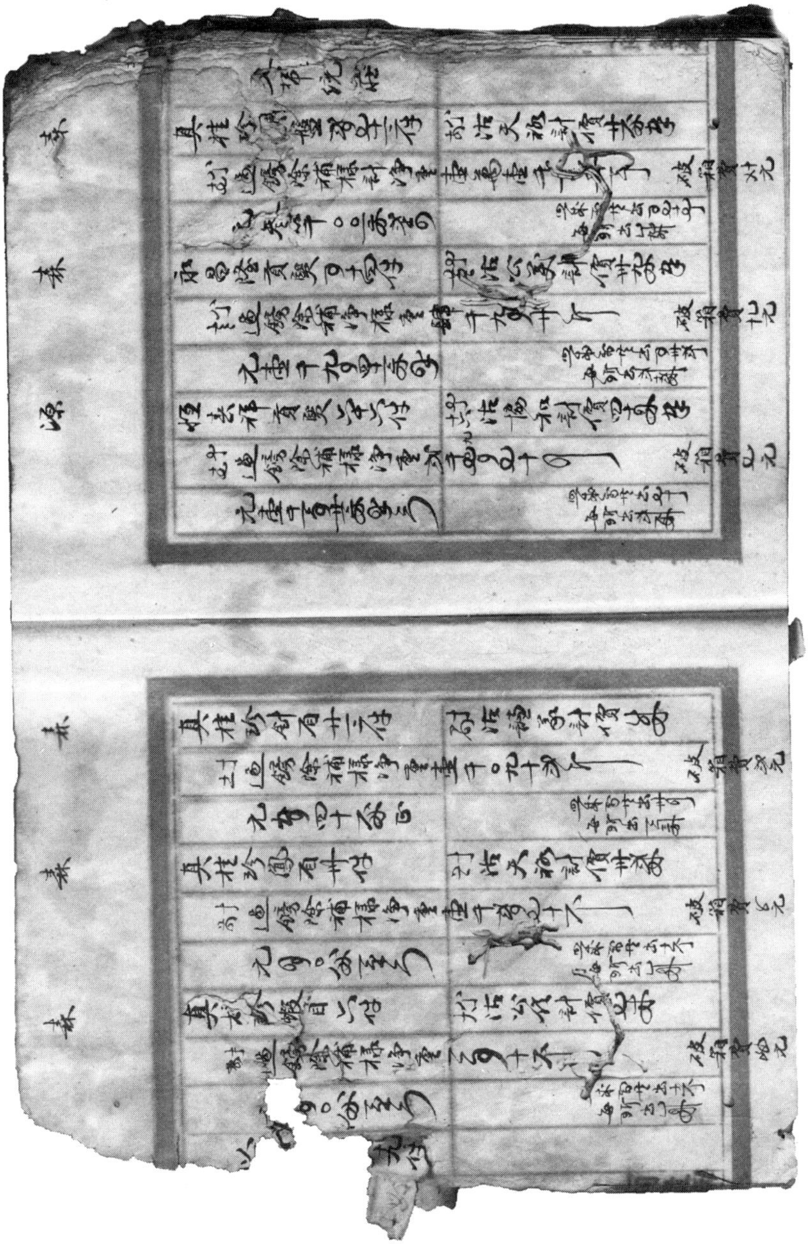

江湾镇荷田村 1-22・流水账

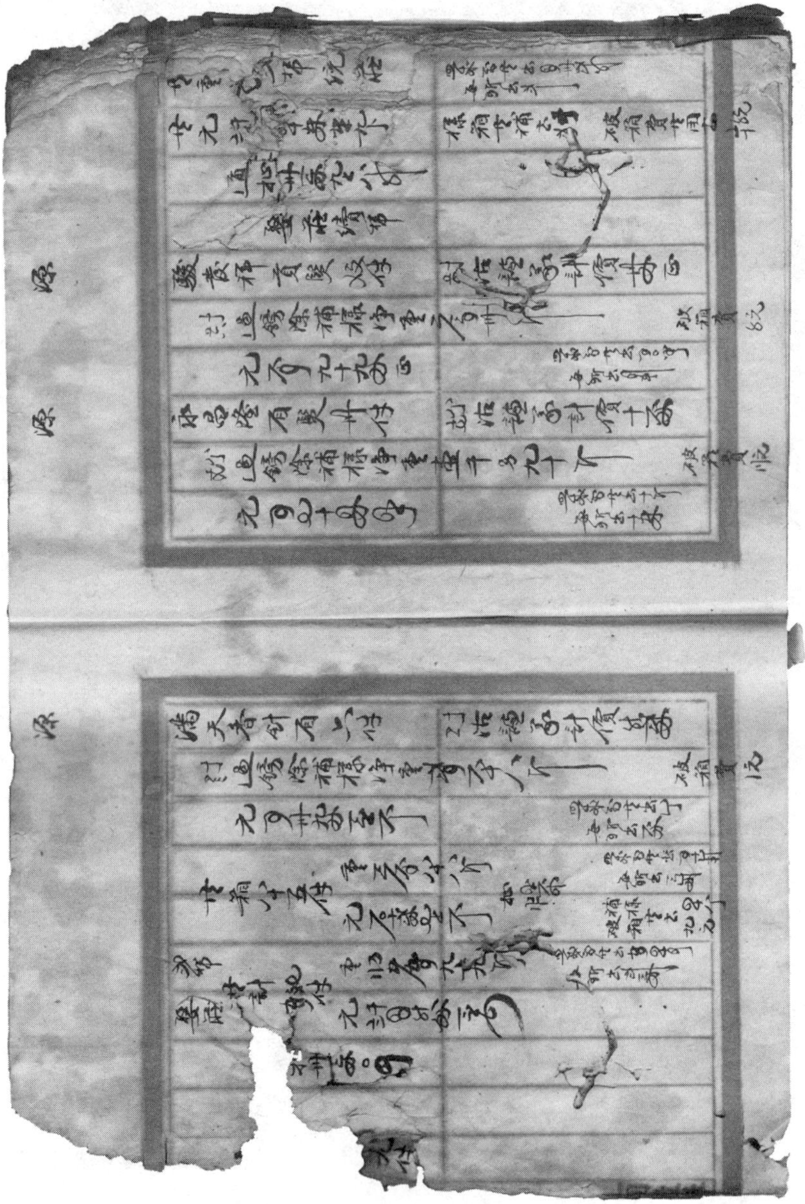

江湾镇荷田村 1–23 · 流水账

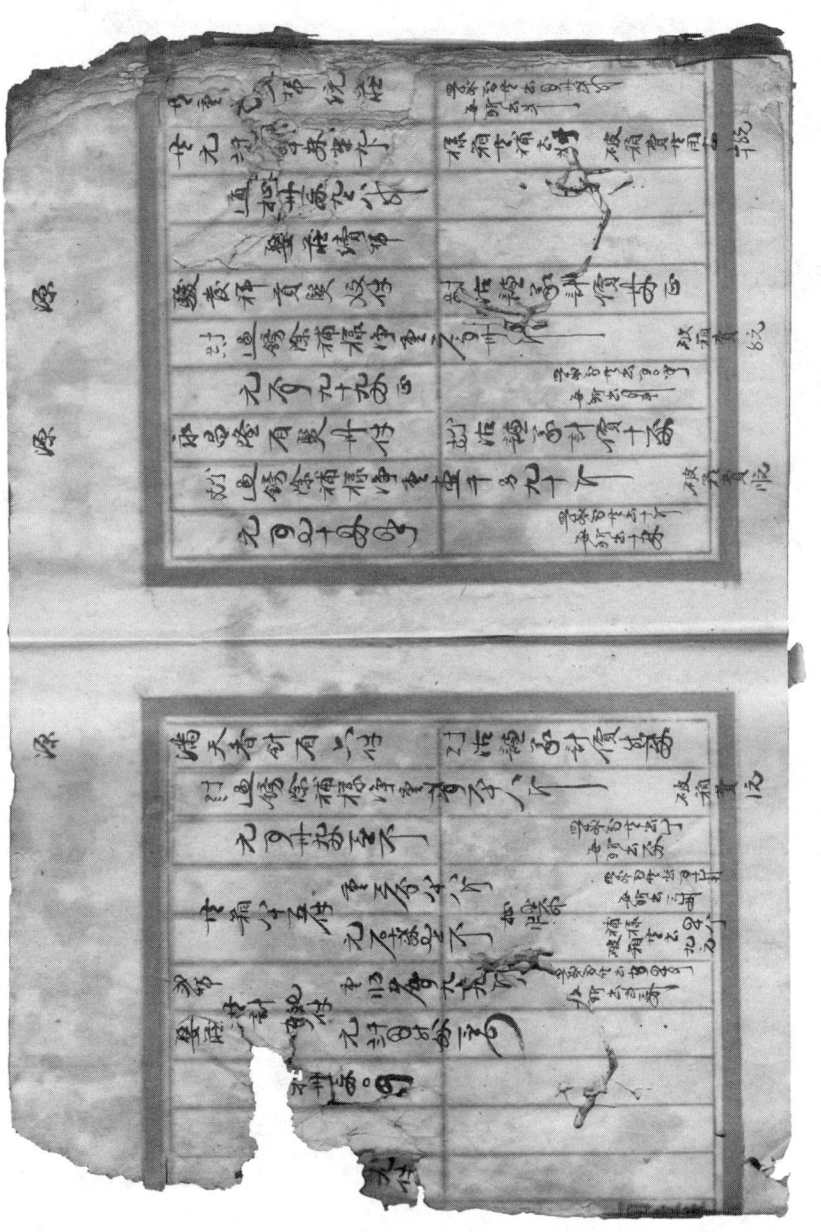

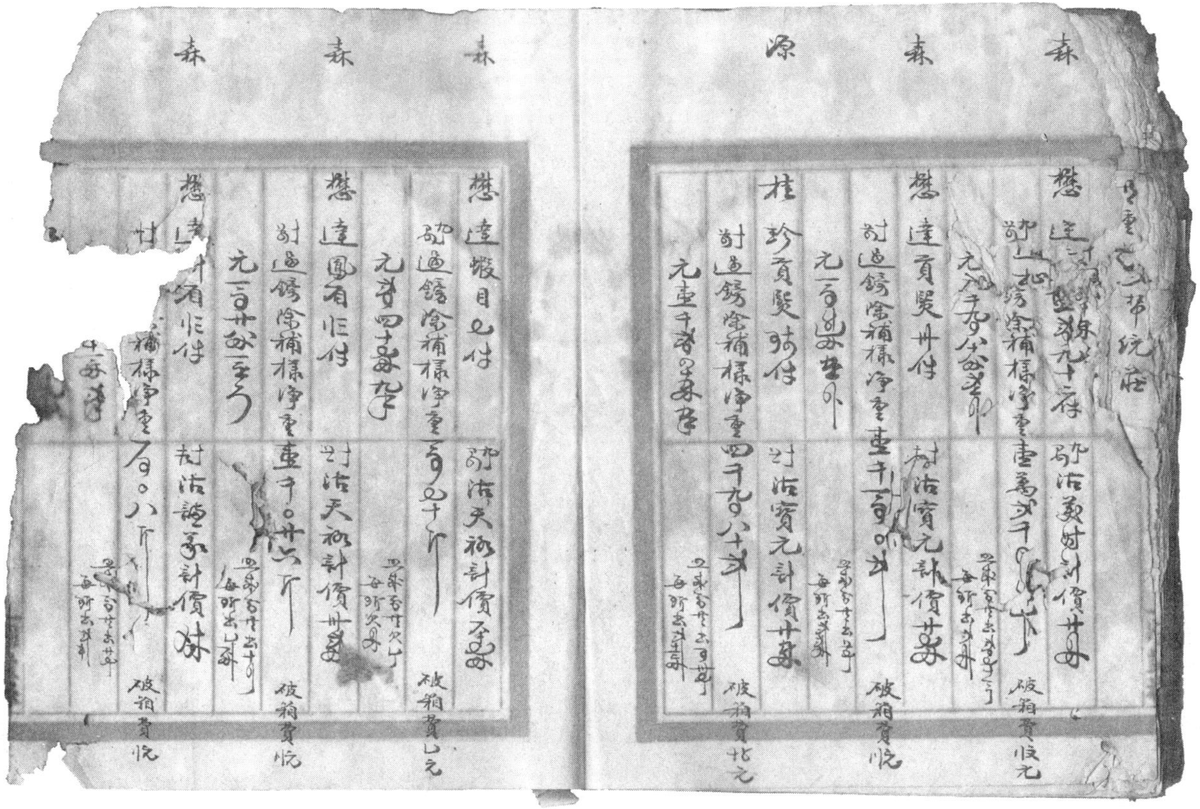

江湾镇荷田村 1-24・流水账

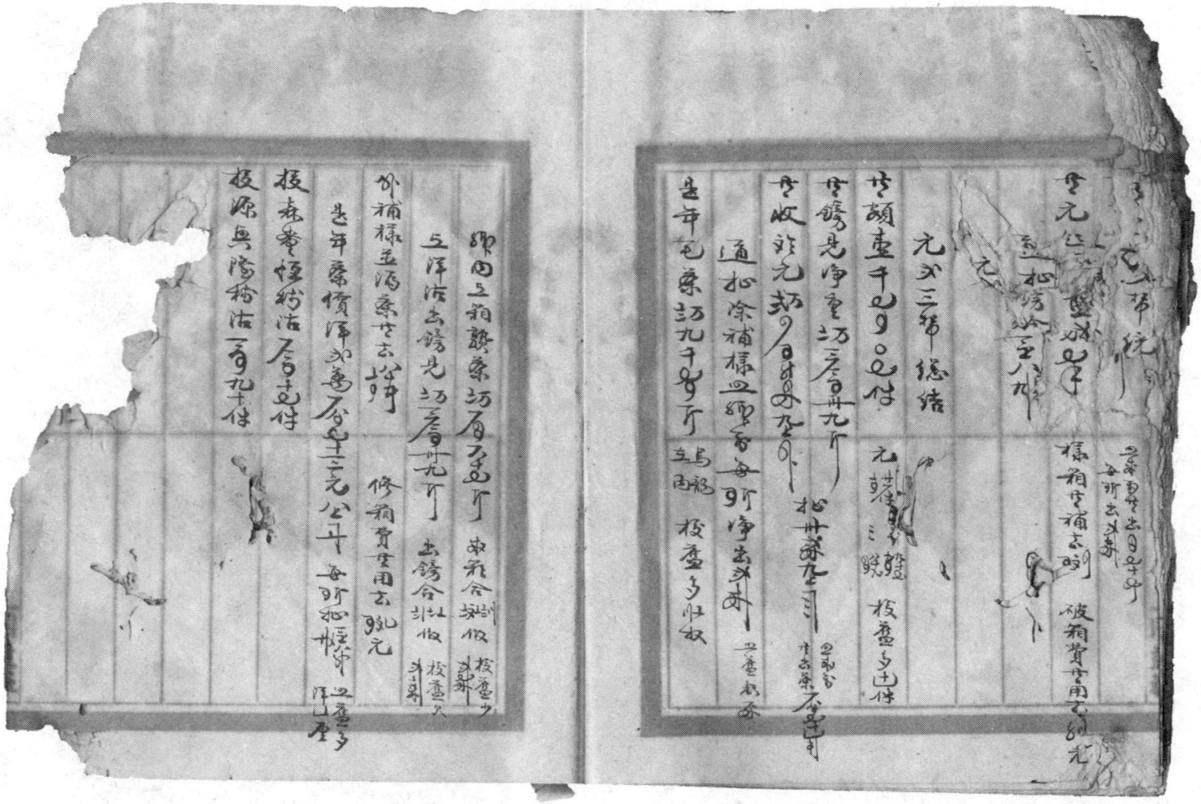

江湾镇荷田村 1-25 · 流水账

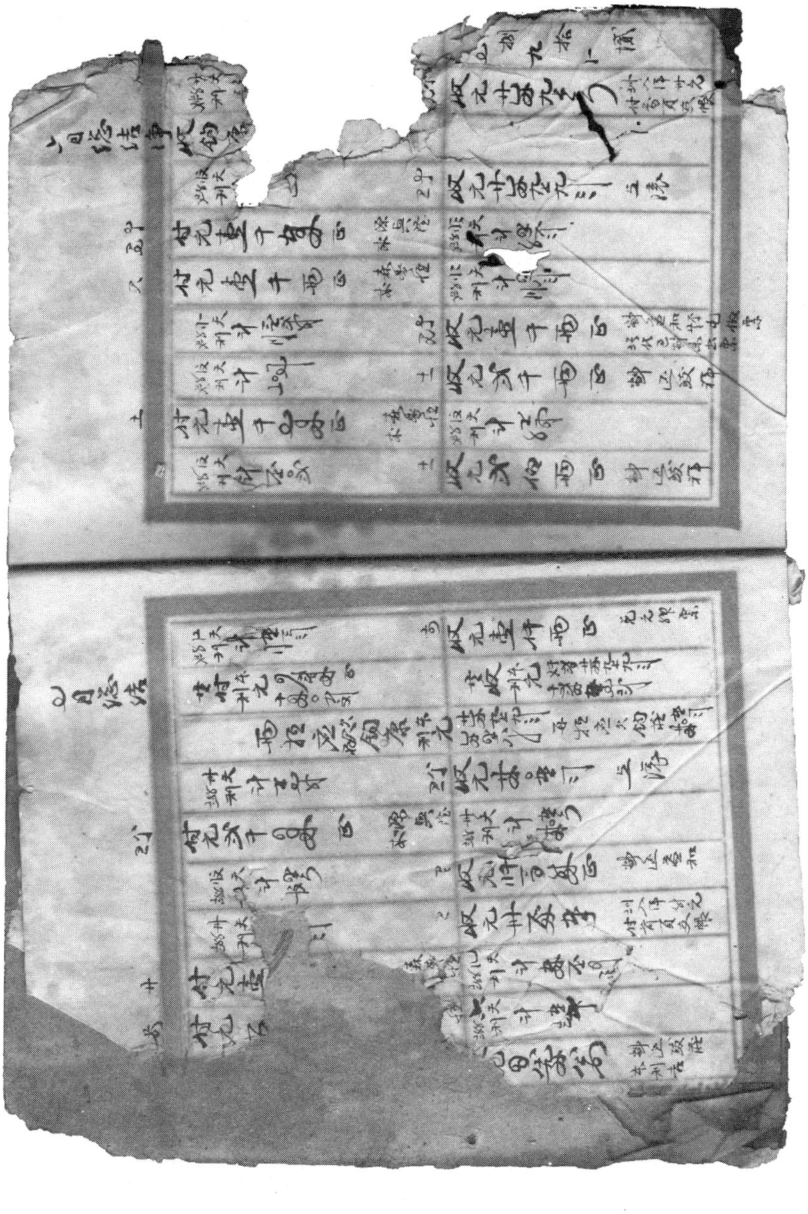

江湾镇荷田村 1-26 · 流水账

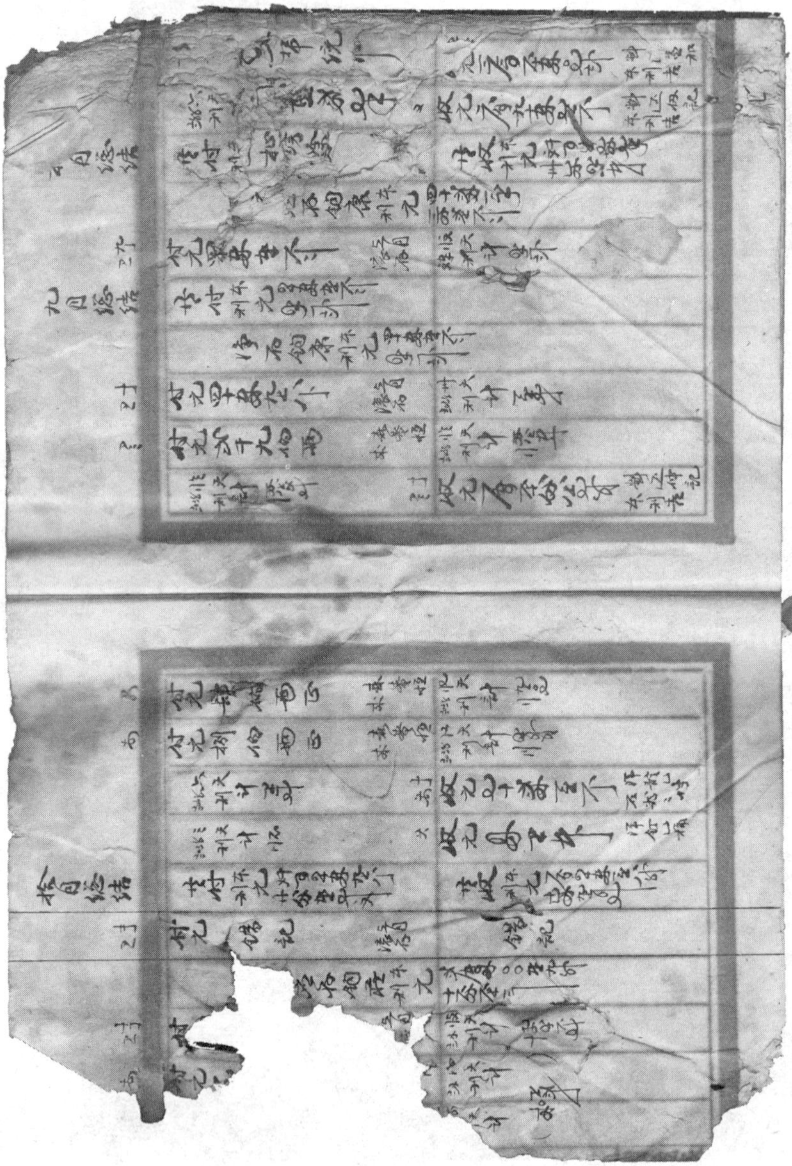

江湾镇荷田村 1-27 · 流水账

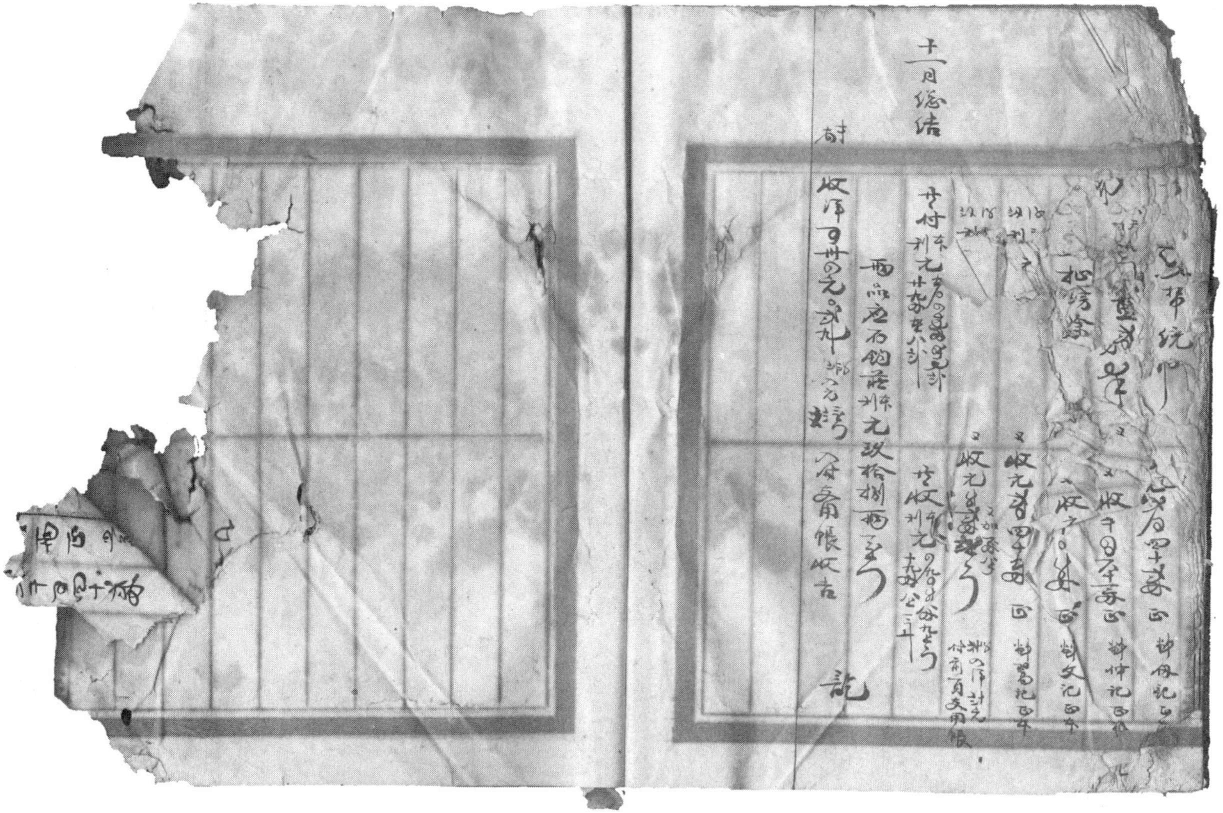

江湾镇荷田村 1-28 · 流水账

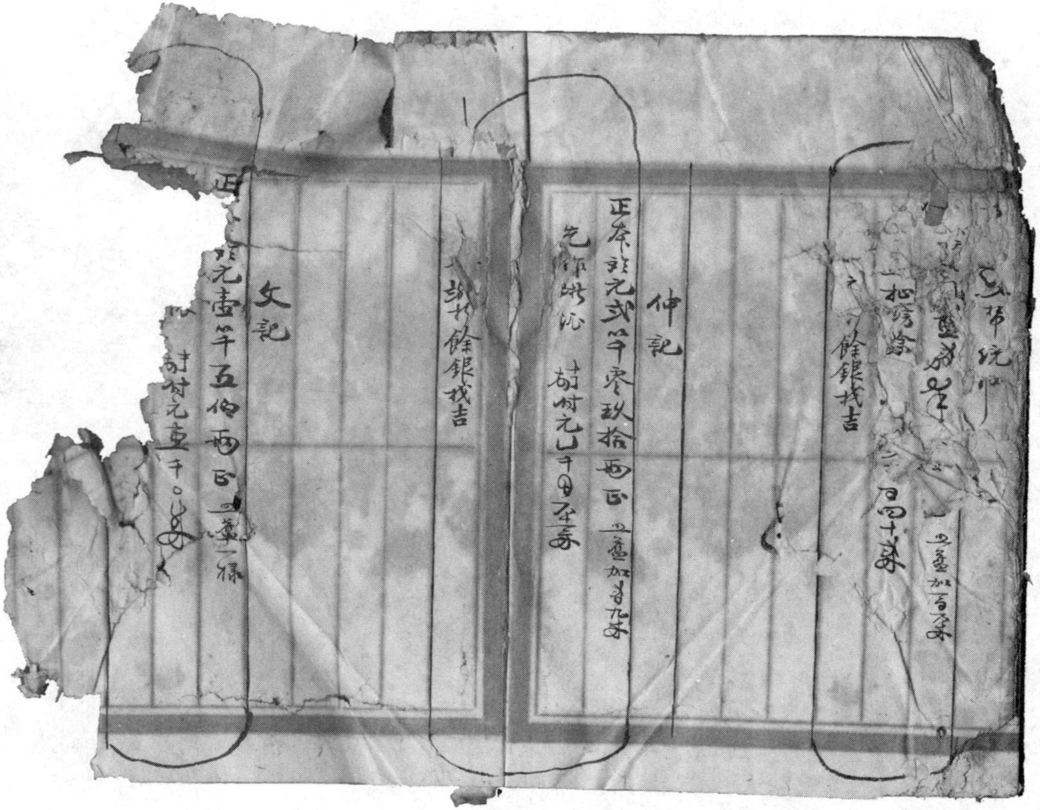

江湾镇荷田村 1-29 · 流水账

江湾镇荷田村 1-30 · 流水账

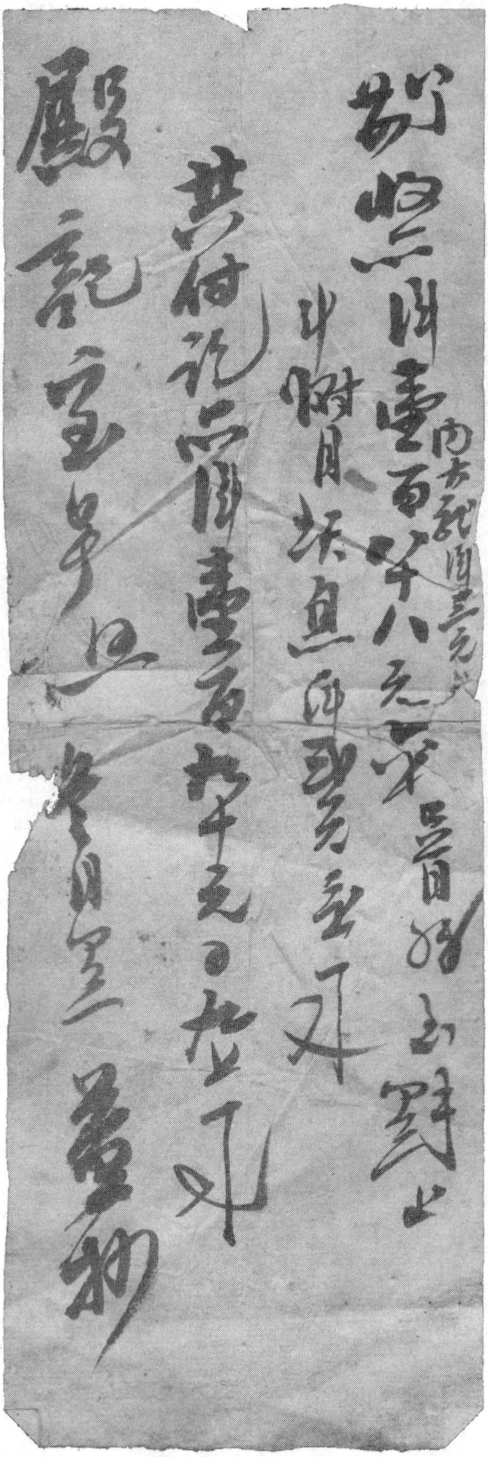

江湾镇荷田村 1 附 · 流水账

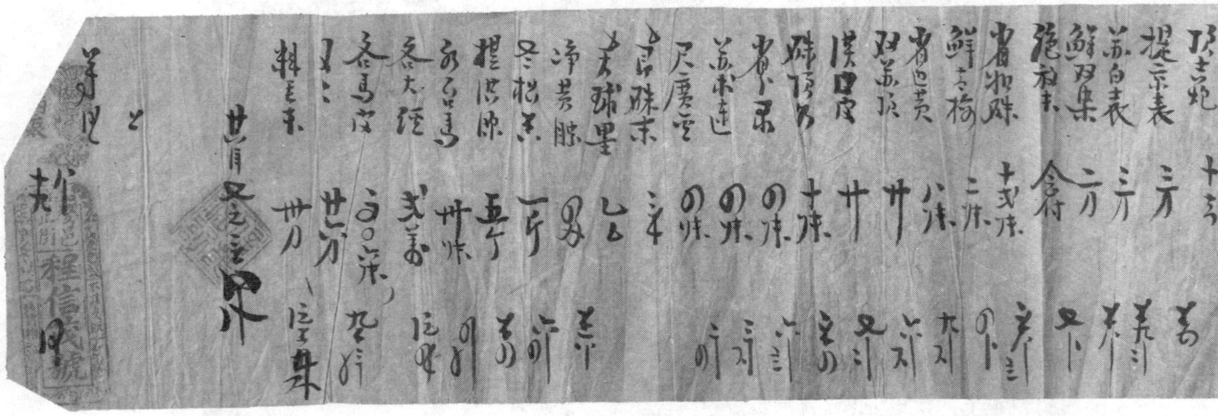

江湾镇荷田村 11 · 账单

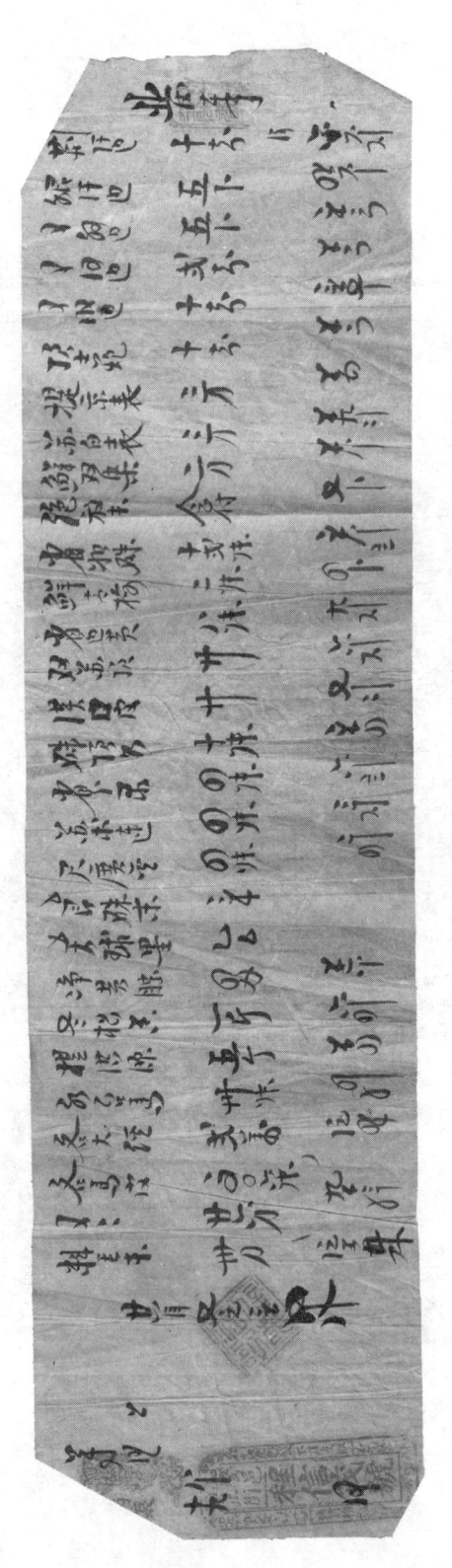

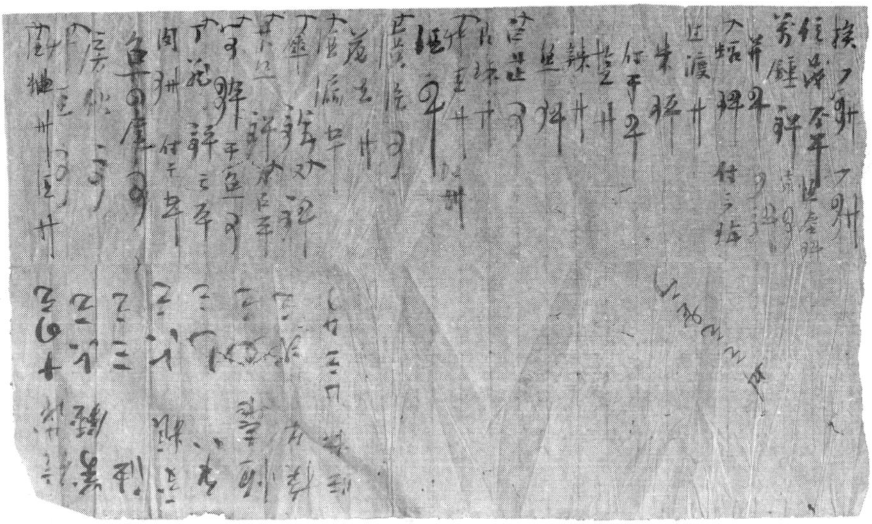

江湾镇荷田村 14 · 账单

益记总单
禠闺洋 四元三毛五廿
锡湄洋 卅元
海必軍洋 共元柒
共洋六十三元四毛山

江湾镇荷田村 15·账单（益记总单）

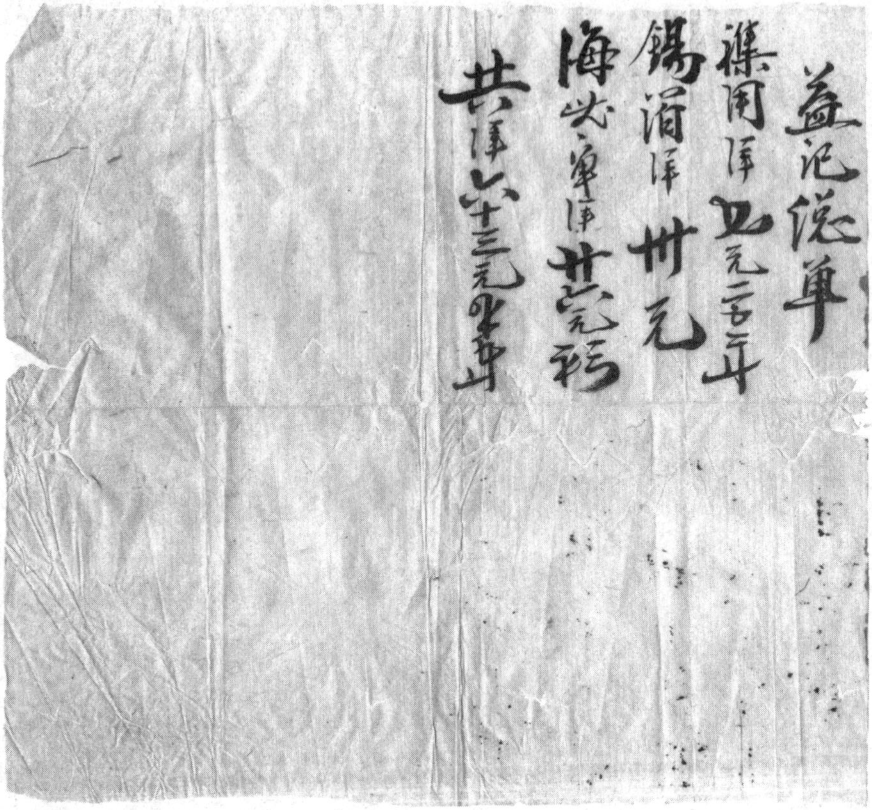

付〻[illegible]八十文　官進工[illegible]多種莧菜并調理茶叢
付〻[illegible]文　酬勞初叄坐夜三夜
付〻[illegible]文　酬勞林賓仝
付〻[illegible]文　酬勞[illegible]流[illegible]包穀官進不計細論
付〻[illegible]文　酬勞官進背進出房
付〻[illegible]文　酬勞林姜上半年做事八工
付英洋[illegible]　還時道[illegible]斤判
付英洋壹元　酬勞初秋[illegible]收稱
廿〻[illegible]文以[illegible]元[illegible]斗
收〻英洋叁元[illegible]文

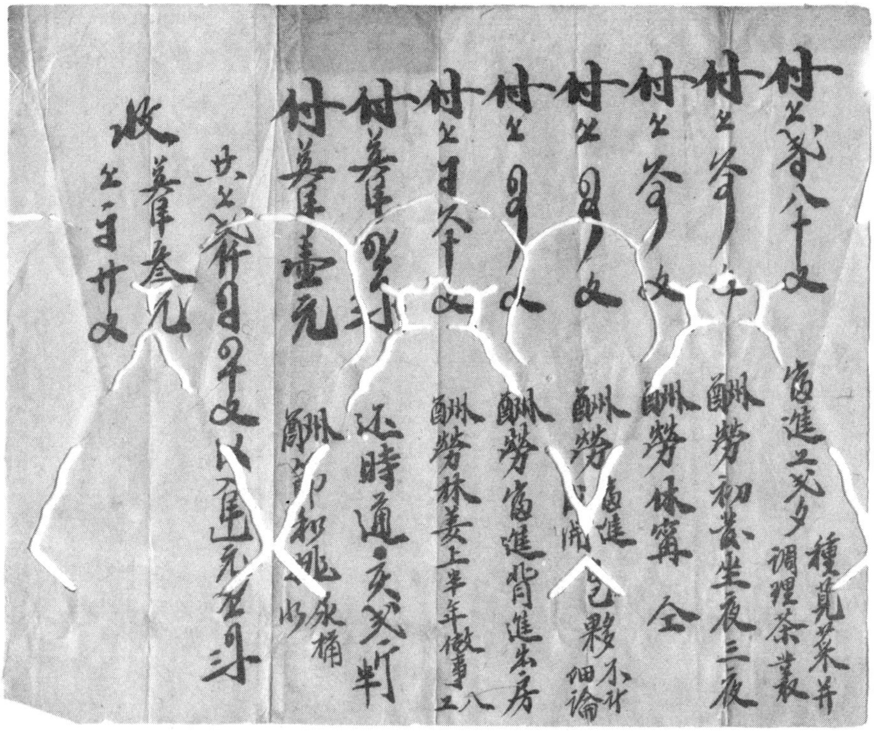

江湾镇荷田村 16 · 账单

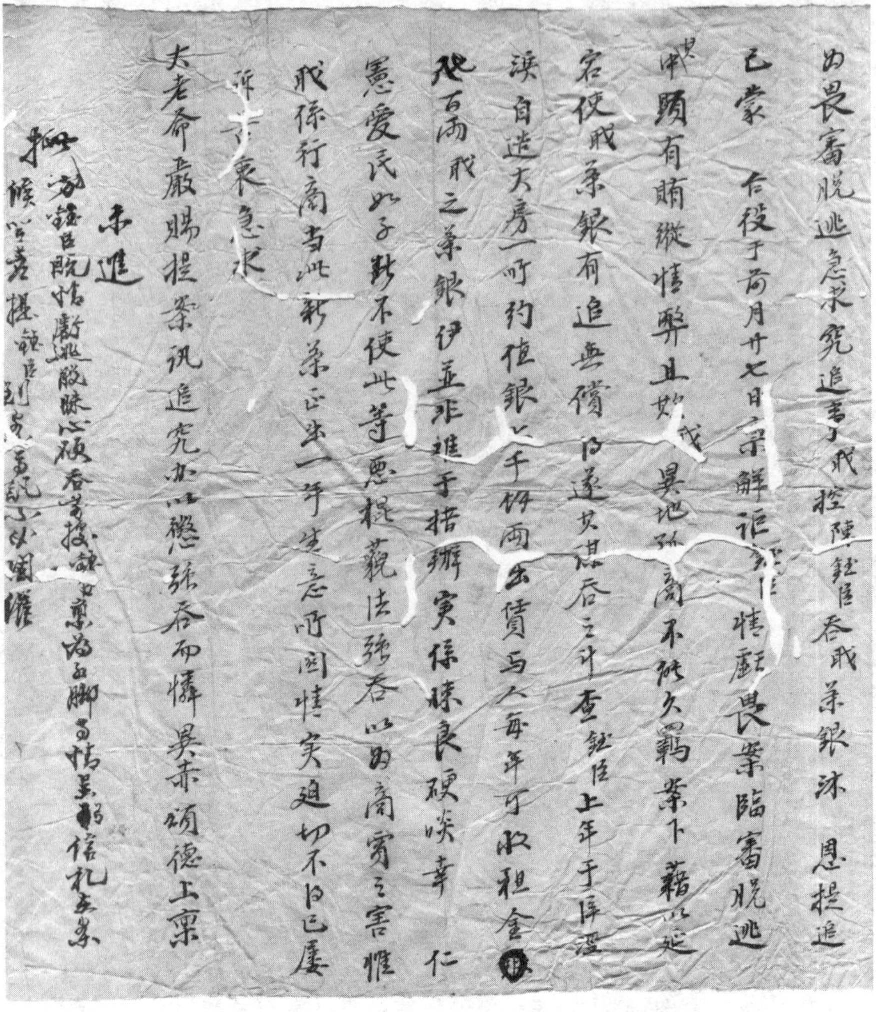

为畏审脱逃急求究追事。身控陈钰臣吞身茶银，沐 恩提追，
已蒙 台役于前月廿七日拿解，讵钰臣情虚，畏案临审脱逃，
其中显有贿纵情弊。且如身异地孤商，不能久羁案下，藉以延
宕，使身茶银有追无偿，乃遂其甚吞之计。查钰臣上年于[illegible]澄
溪自造大房一所，约值银七千余两，出赁与人，每年可收租金
数百两，身之茶银伊并非难于措办，实系昧良硬吞。幸 仁
宪爱民如子，断不使此等恶棍藐法强吞，以为商旅之害。惟
身系行商，由此新茶正出，一年生意所关，情实迫切，不能已，屡
[illegible]急求
大老爷严赐提案讯追，究办以惩强吞而儆异来，顶德上禀
未進
批：[illegible]钰臣既情虚脱逃，殊属顽吞，著[illegible]
候[illegible]提[illegible]钰臣到案[illegible]以[illegible]

江湾镇荷田村 17 · 具状词 · □告陈钰臣

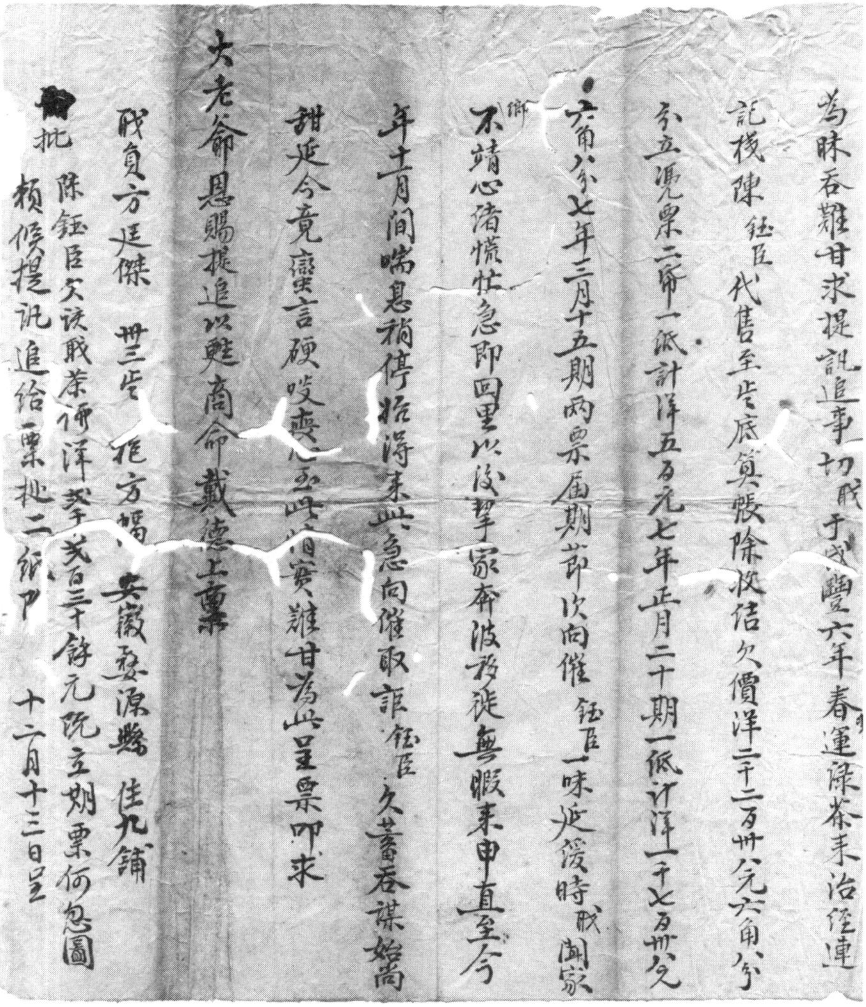
為昧吞難甘求提訊追事切职于咸豐六年春運綠茶來治經連
記棧陳鈺臣代售至冬底算賬除收結欠價洋二千二百卅八元六角八分
分五憑票二紙一紙計洋五百元七年正月二十期一紙計洋一千七百卅八元
六角八分七年三月十五期兩票屆期節次向催鈺臣一味延緩時职閤家
不靖心緒慌忙急即回里以致挈家奔波移徙無暇來申直至今
年十月間喘息稍停始得來此急向催取詎鈺臣久蓄吞謀始尚
甜延今竟靈言硬吱喪心至此寔難甘為此呈票叩求
大老爺恩賜提追以甦商命戴德上稟
职負方廷傑　卅三歲　住方塌　安徽婺源縣　住九鋪
批　陳鈺臣欠該职茶價洋二千二百三十餘元既立期票何忽圖
賴候提訊追給票批二紙印　十二月十三日呈

江湾镇荷田村 18 · 具状词 · 方廷杰告陈钰臣

江湾镇荷田村 19 · 发票

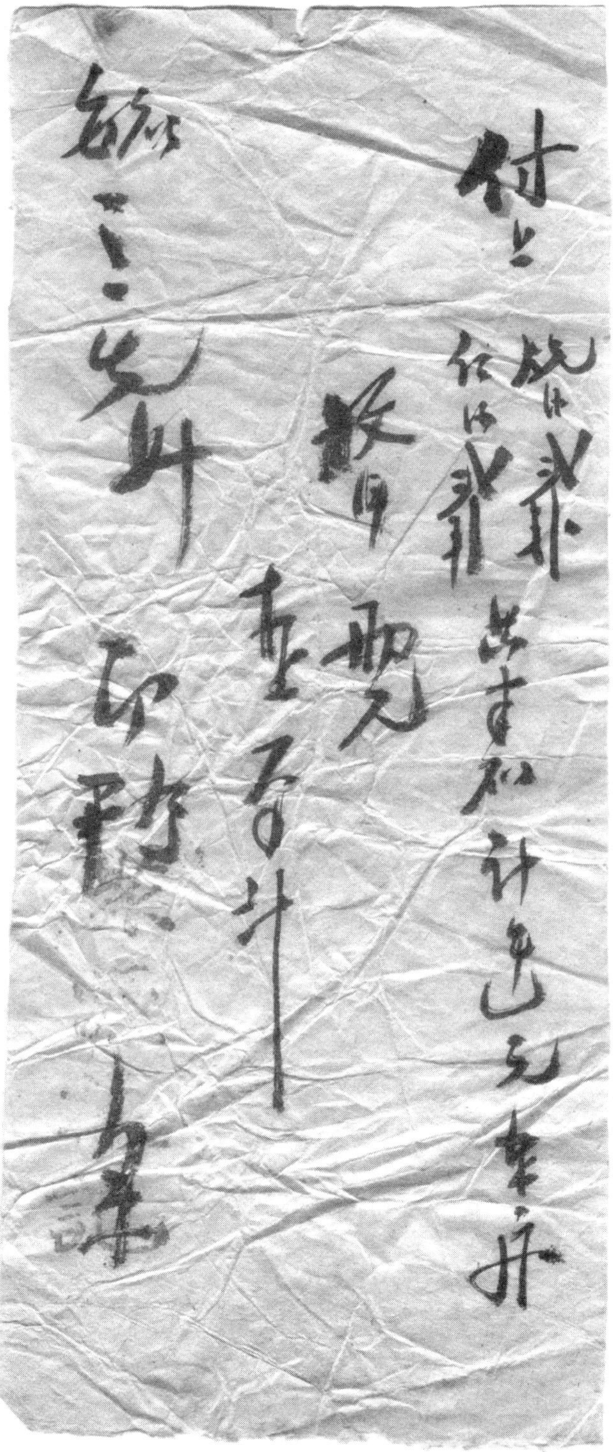

江湾镇荷田村 20 · 账单

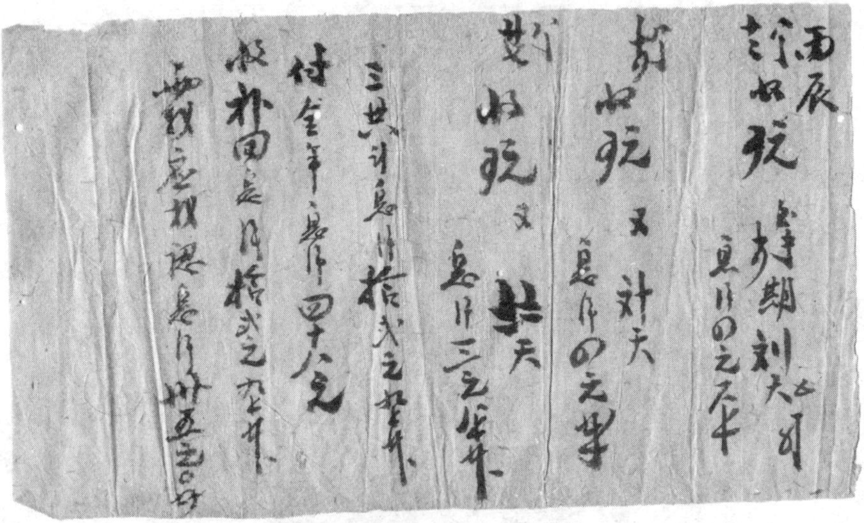

江湾镇荷田村 21 · 账单

長圩塝十六都十一圖十甲 業主 方戊 比二戶

方駿發戶

耀章 比上 不叩 兵米六分

仲謨 比上 不叩 兵米五合

韻香 比下 不叩 兵米五合

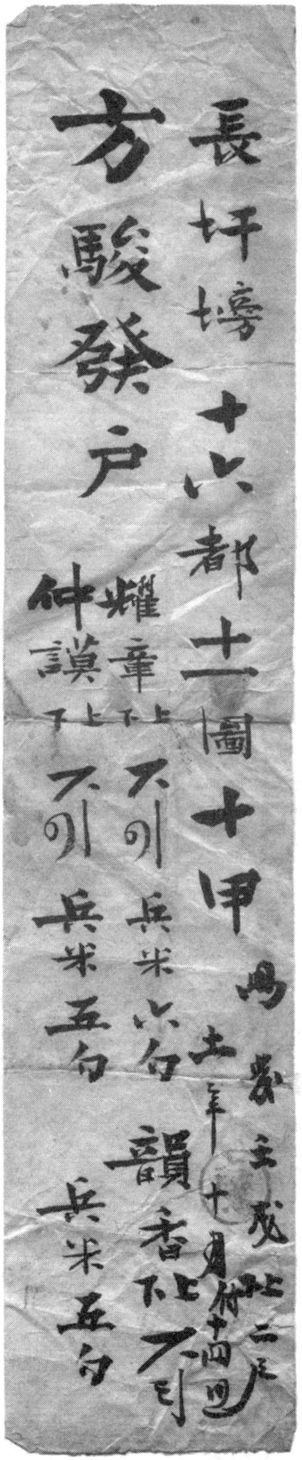

江湾镇荷田村22·税单·方骏发户

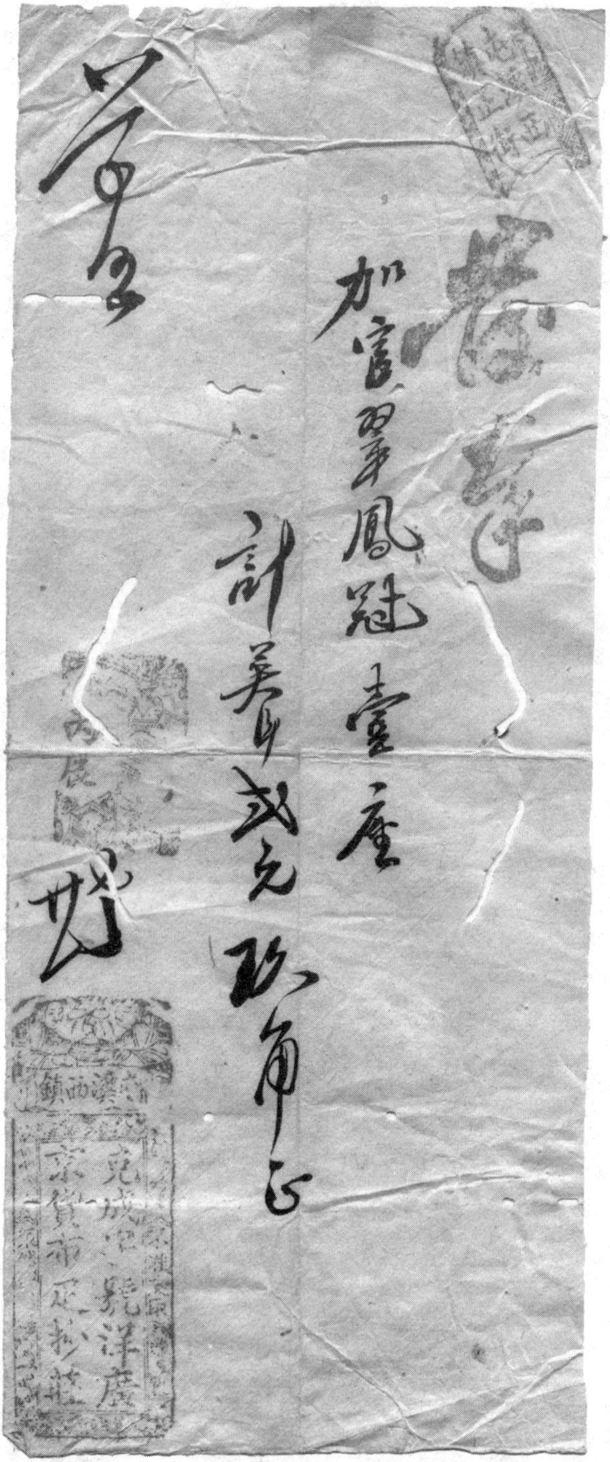
加官罩鳳冠壹座
計英洋弍元玖角正

江湾镇荷田村 23 · 发票

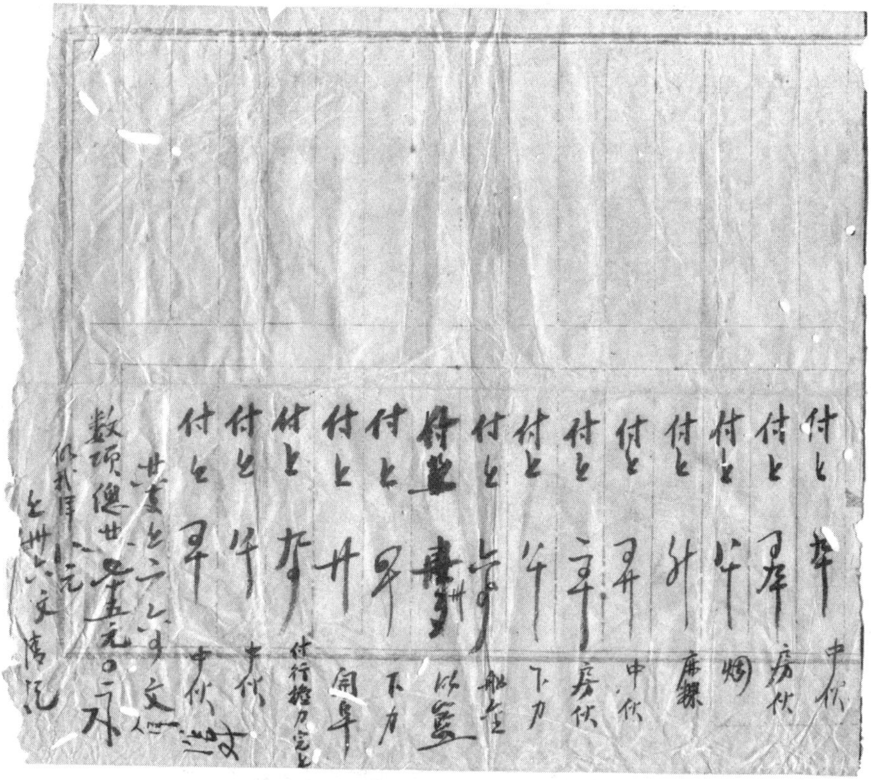

江湾镇荷田村 24 · 流水账

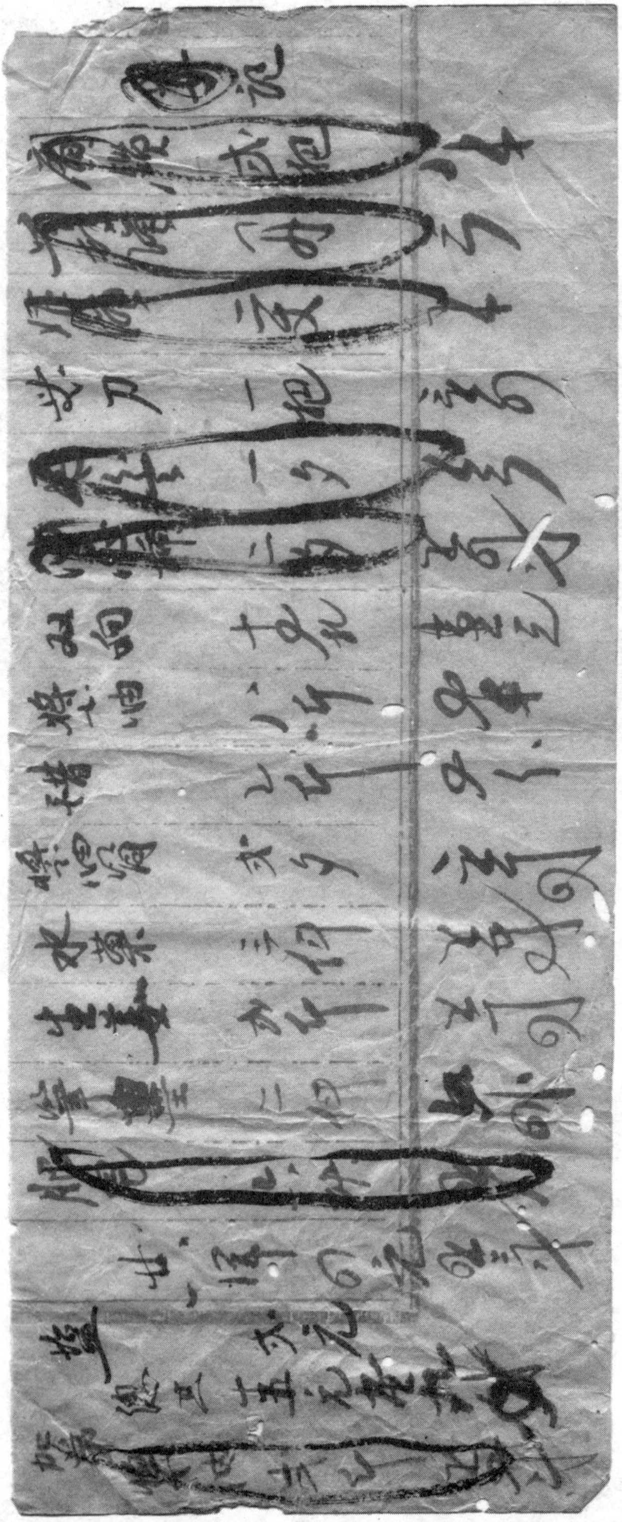

江湾镇荷田村 25 · 流水账

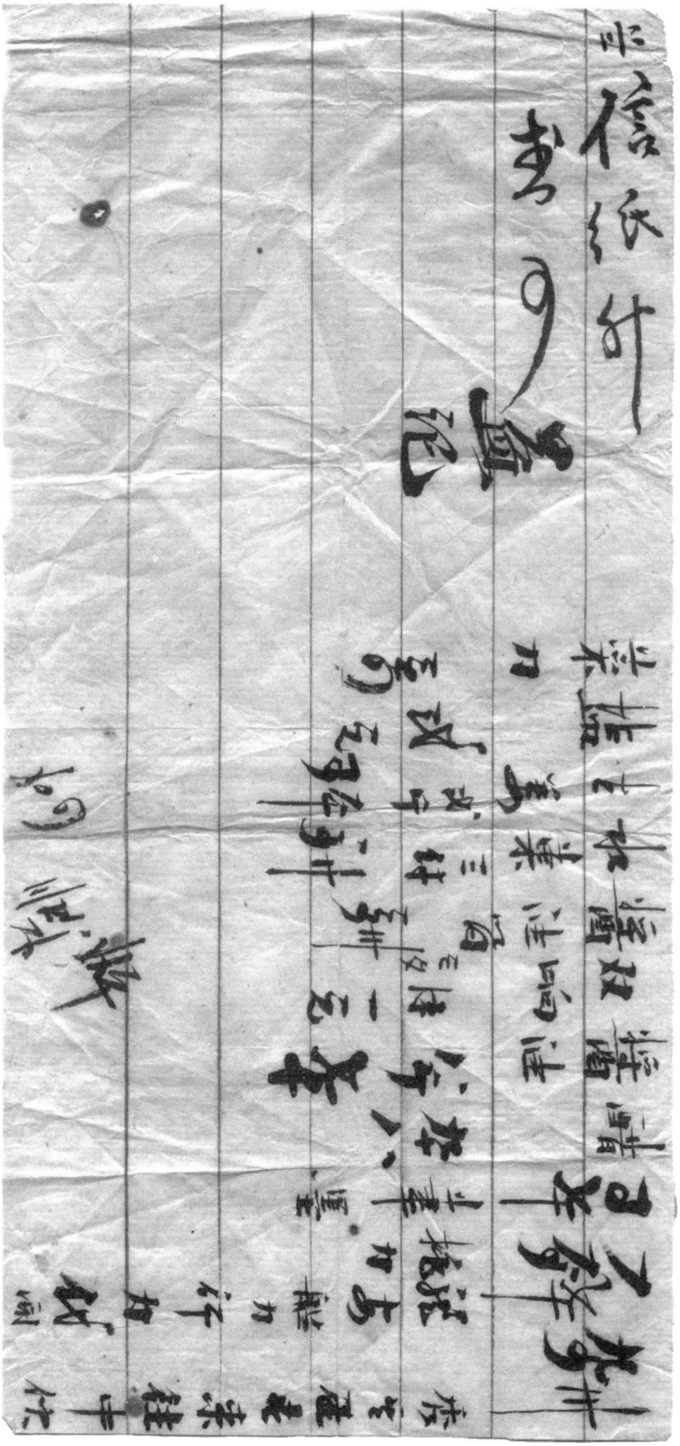

江湾镇荷田村 26 · 杂文

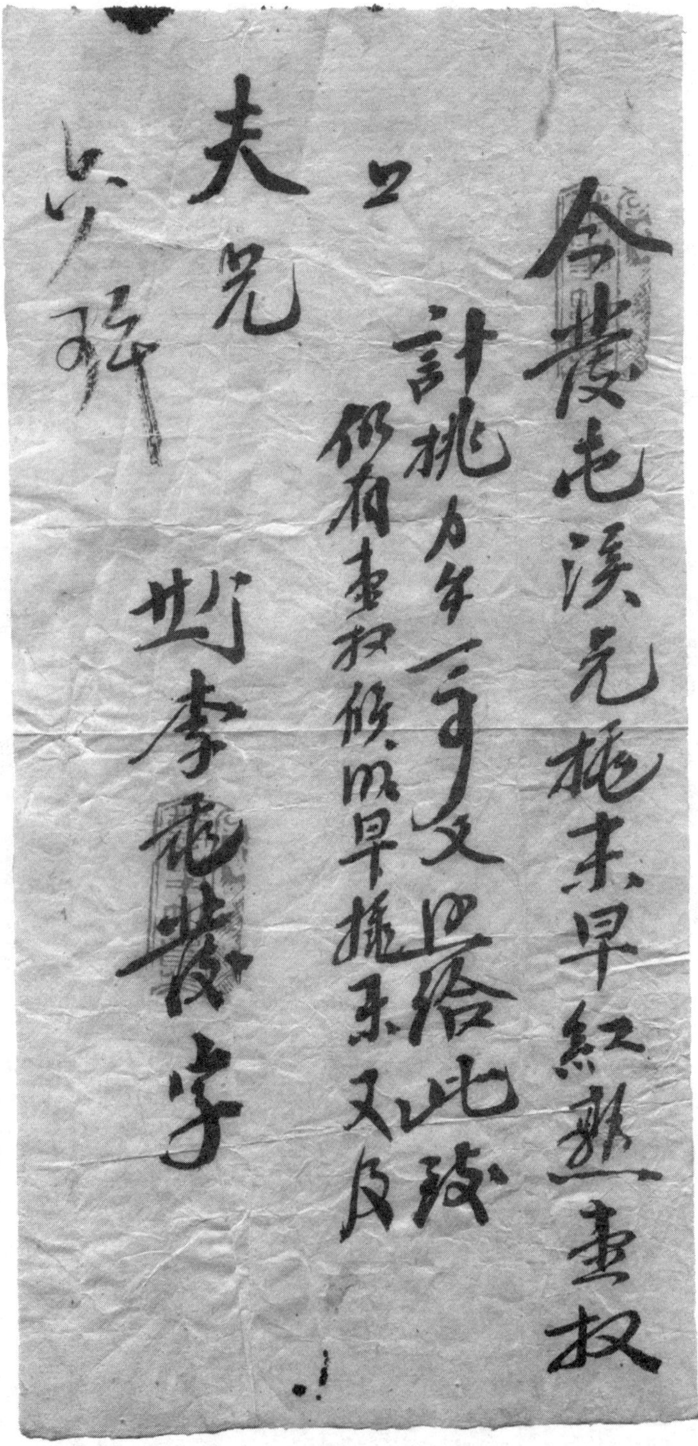

江湾镇荷田村 27 · 发货单 · 李兆发

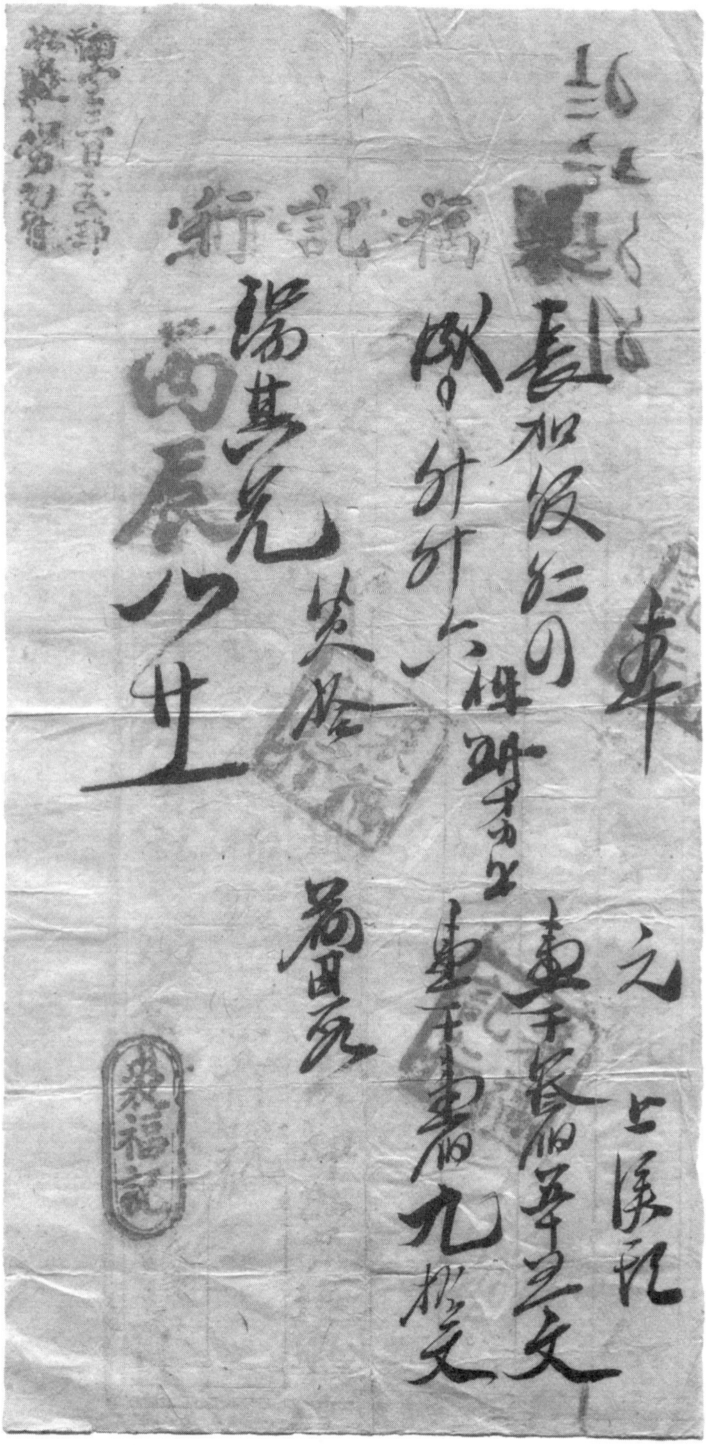

江湾镇荷田村 28 · 账单 · 裘福记行

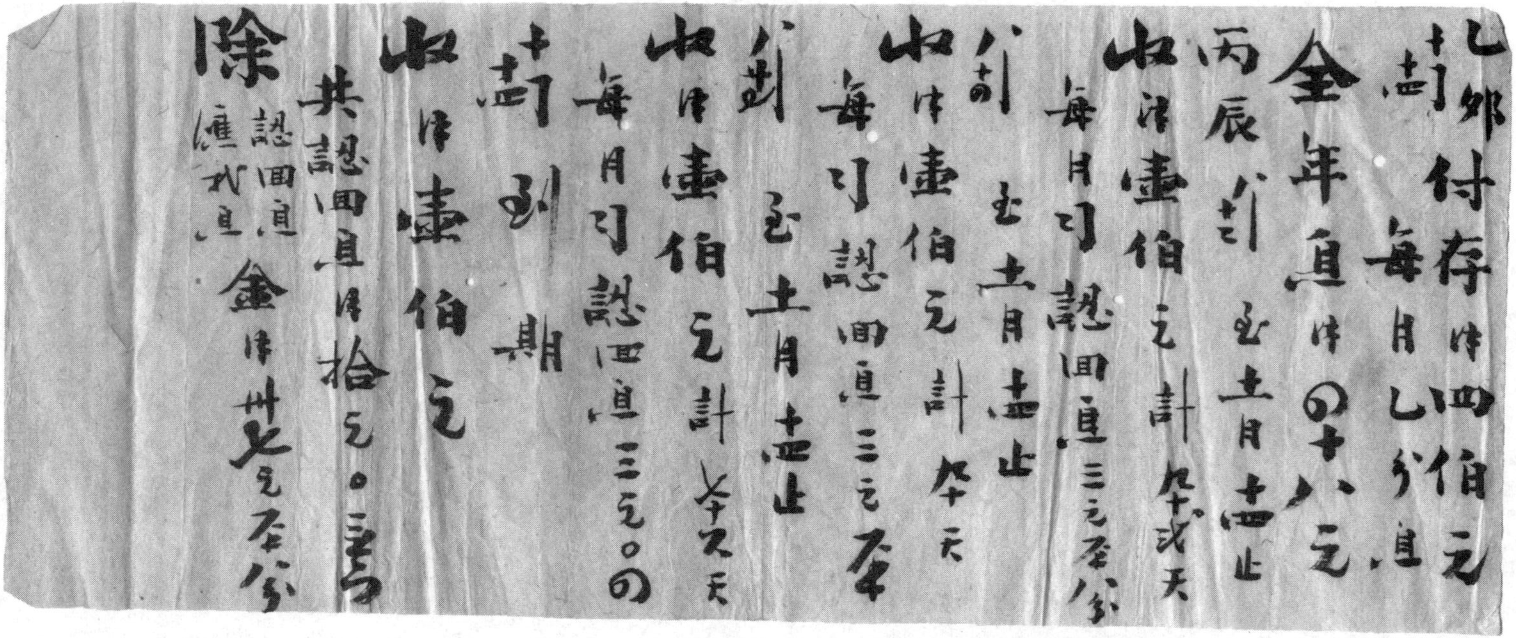

江湾镇荷田村 29 · 民国三十七年 · 流水账

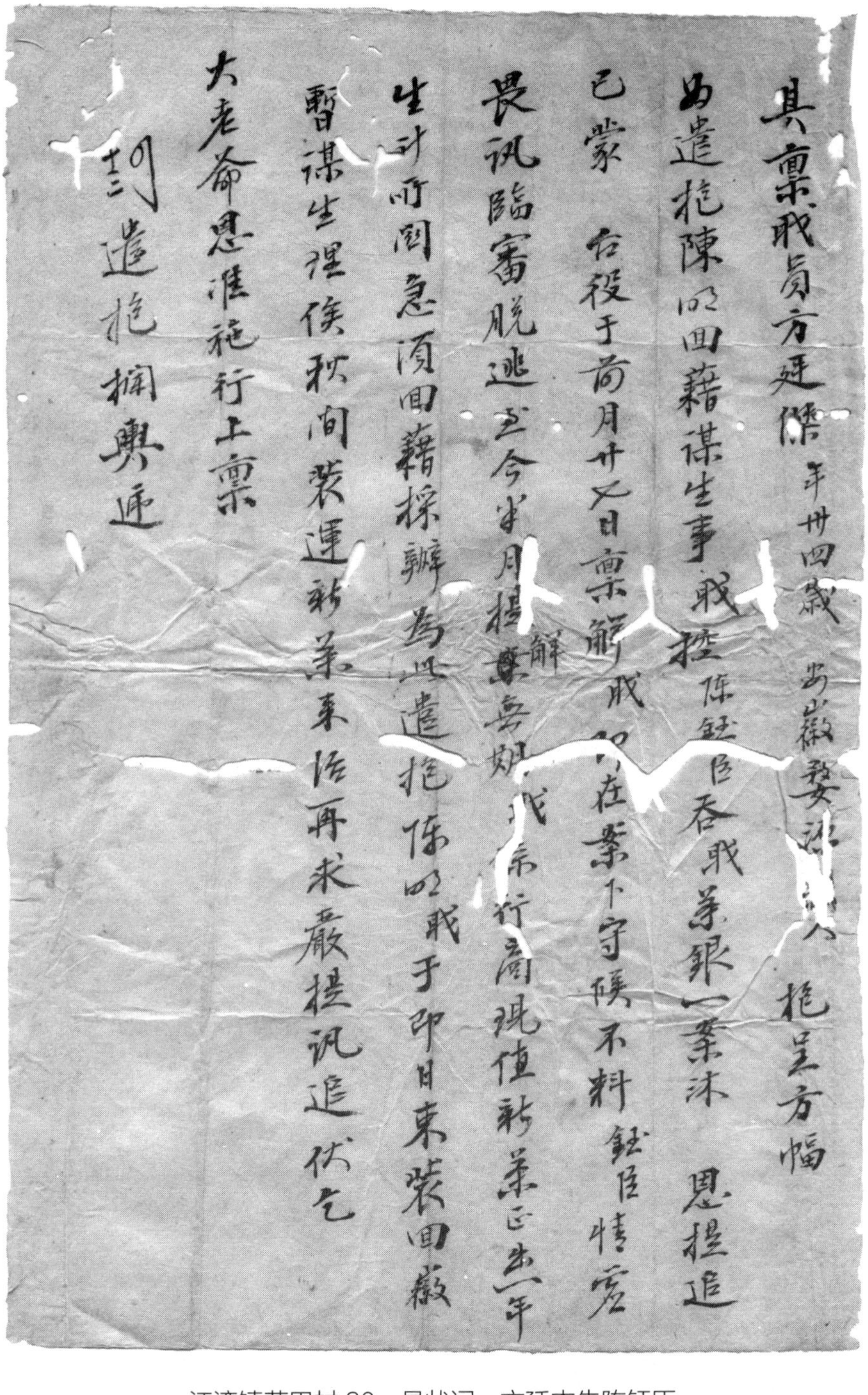
具禀民人方廷傑 年卅四歲 安徽婺源人 抱呈方幅
為遣抱陳昭田籍謀生事民控陳鈺臣吞民茶銀一案沐 恩提追
已蒙 台役于前月廿又日禀解民即在案下守候不料鈺臣情虚
畏訊臨審脫逃至今半月提解無影蹤民系行商現值新茶正出之年
生計所關急須回籍採辦為此遣抱陳昭民于即日束裝回籍
暫謀生理俟秋間裝運新茶來省再求嚴提訊追 伏乞
大老爺恩准施行上禀
計遣抱擱輿遞

江湾镇荷田村 30 · 具状词 · 方廷杰告陈钰臣

江湾镇荷田村 31 · 账单

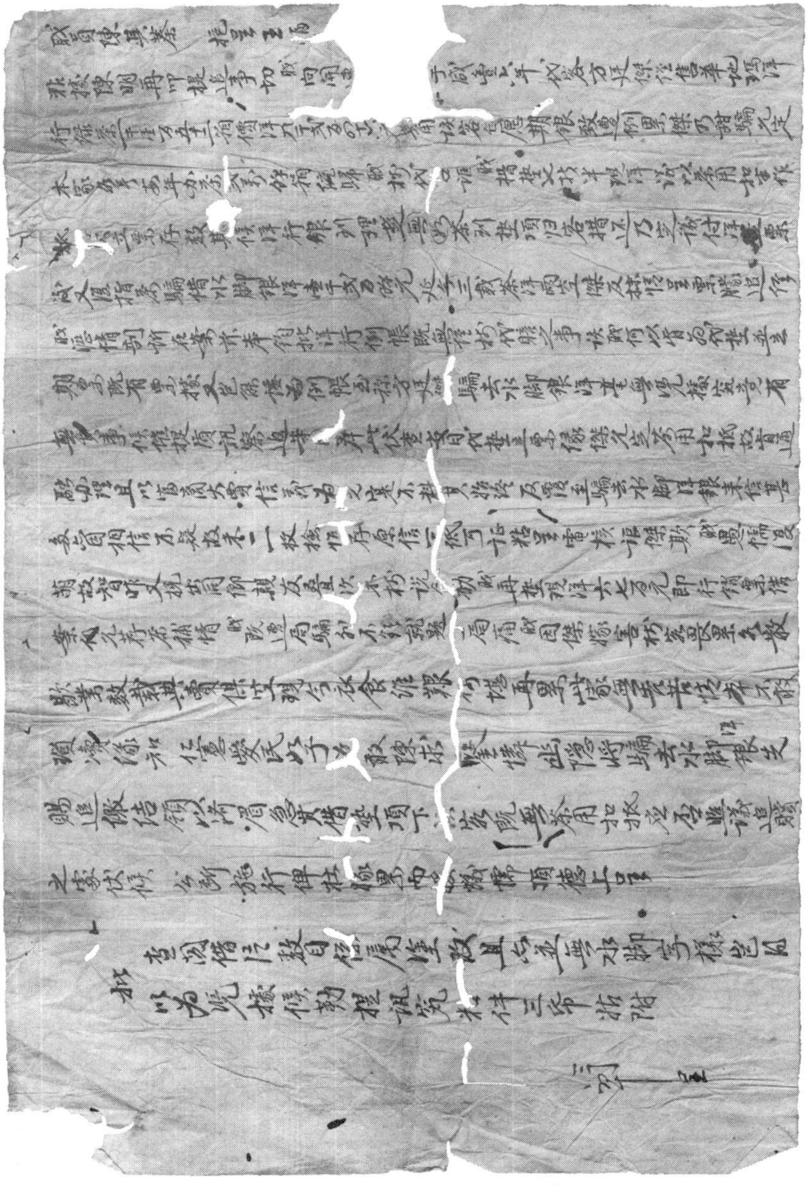

江湾镇荷田村 32 · 具状词 · 陈其蓁告方廷杰

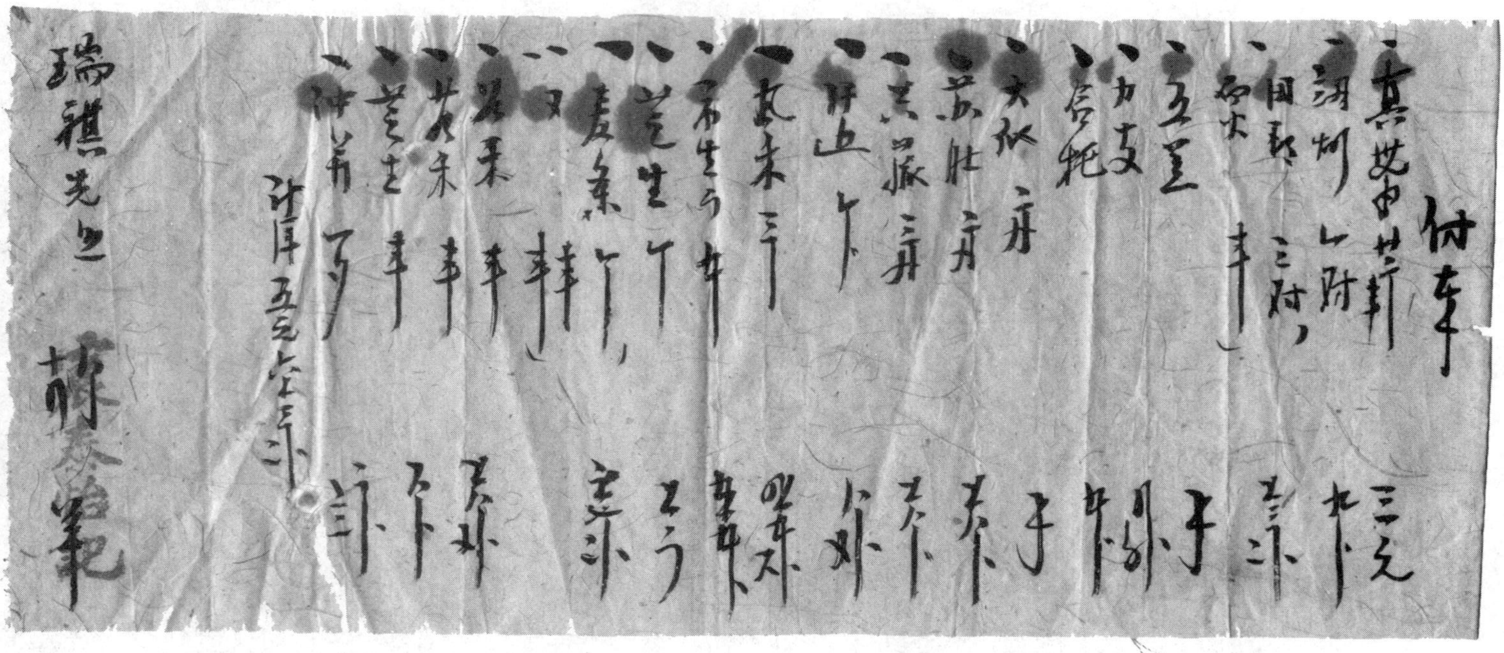

江湾镇荷田村 33 · 流水账

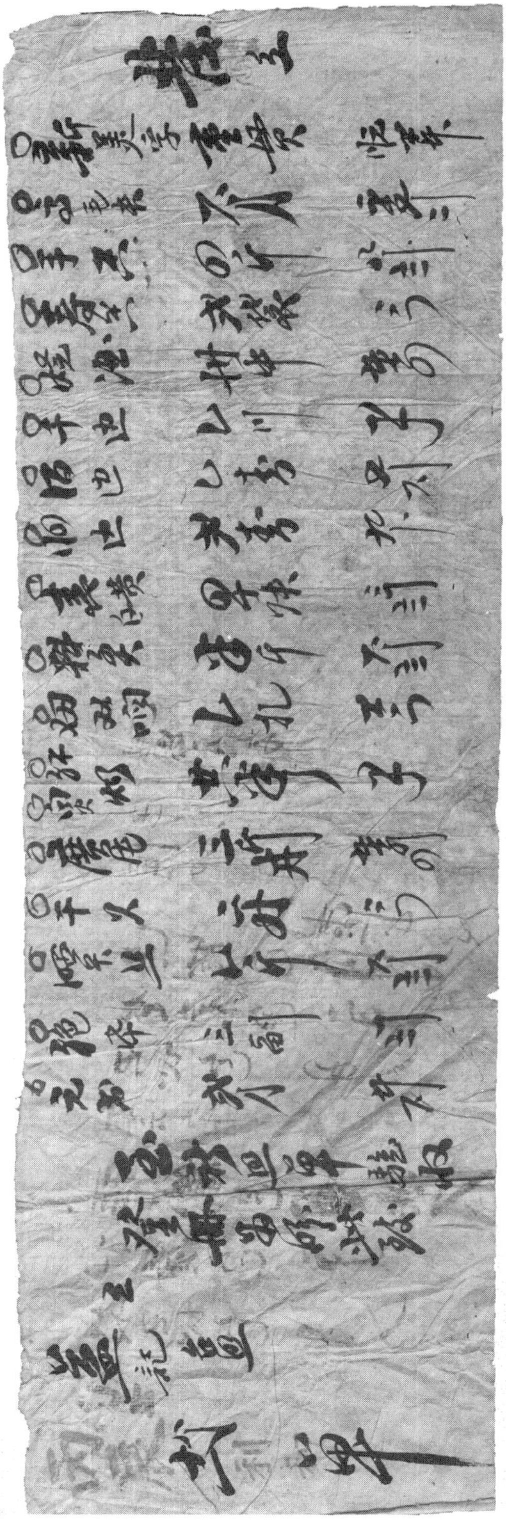

江湾镇荷田村 34-i · 账单（第一面）

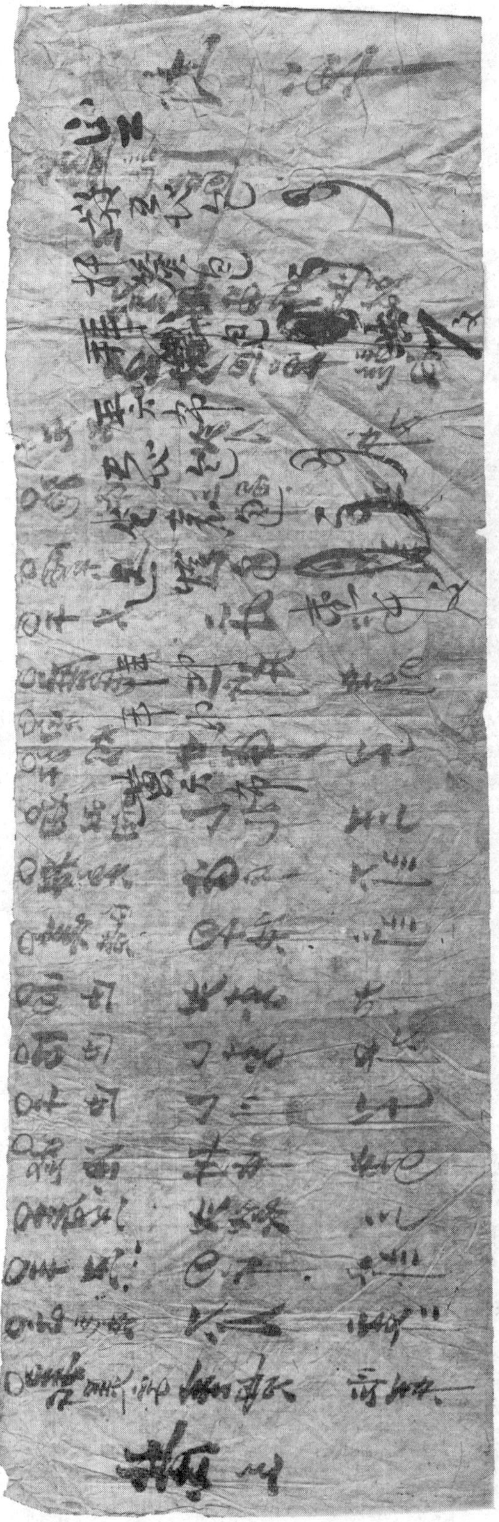

江湾镇荷田村 34-ii · 账单（第二面）

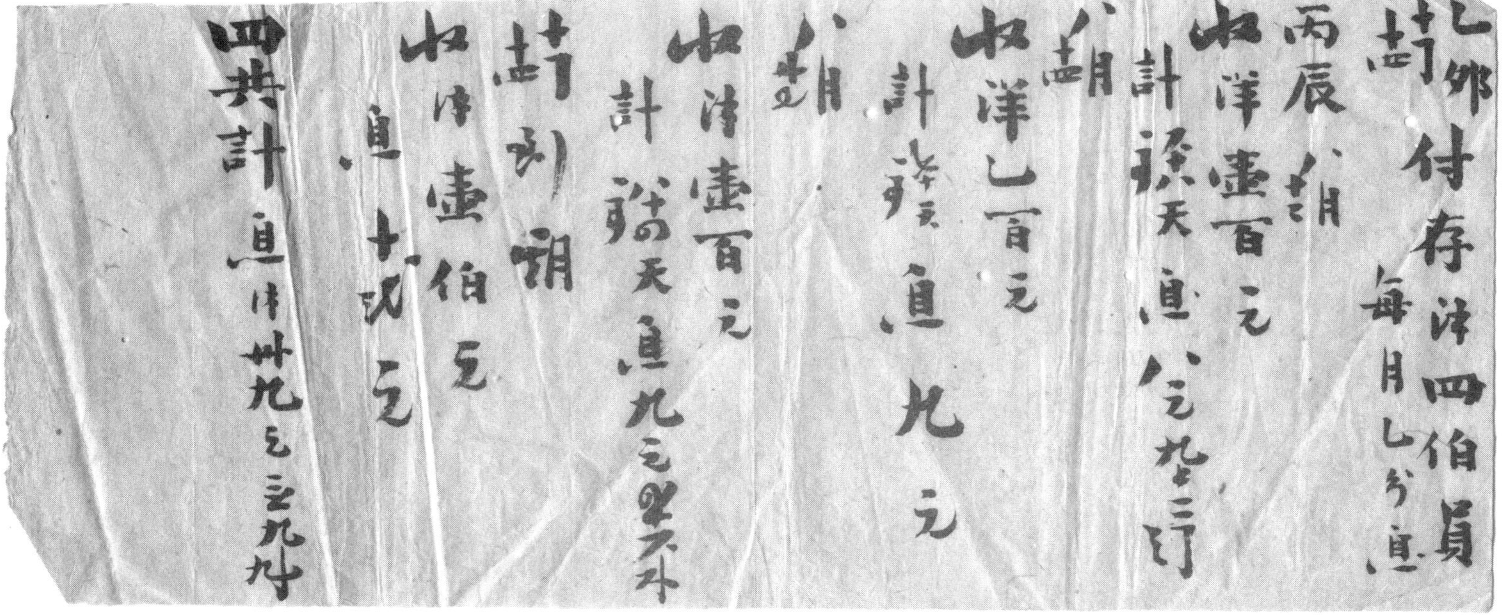

乙卯封付存洋四伯員
每月乙分息
丙辰八月
收洋壹百元
計孫天息八元九角三分
八月
收洋乙百元
計孫天息九元
八月
收洋壹百元
計孫天息九元四角不計
封到期
收洋壹伯元
息十八元
四共計息洋卅九元三角九分

江湾镇荷田村 35 · 账单

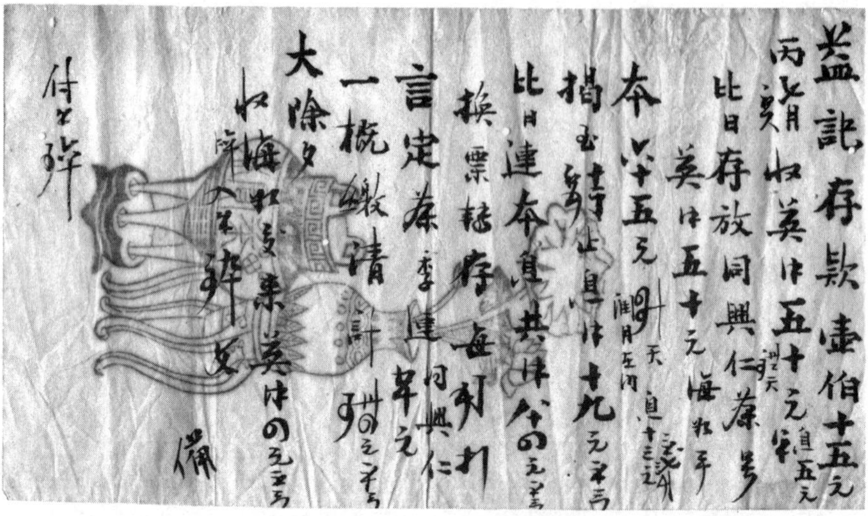

江湾镇荷田村 36 · 账单 · 益记

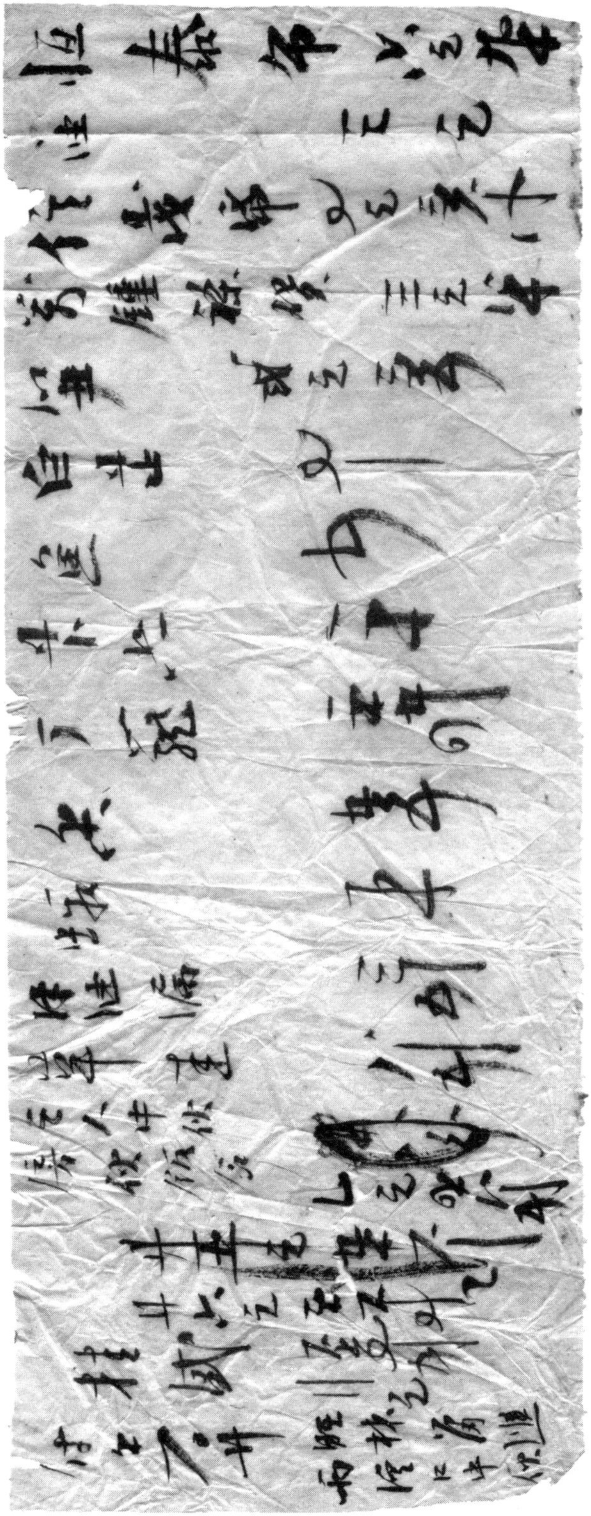

江湾镇荷田村 37 · 账单

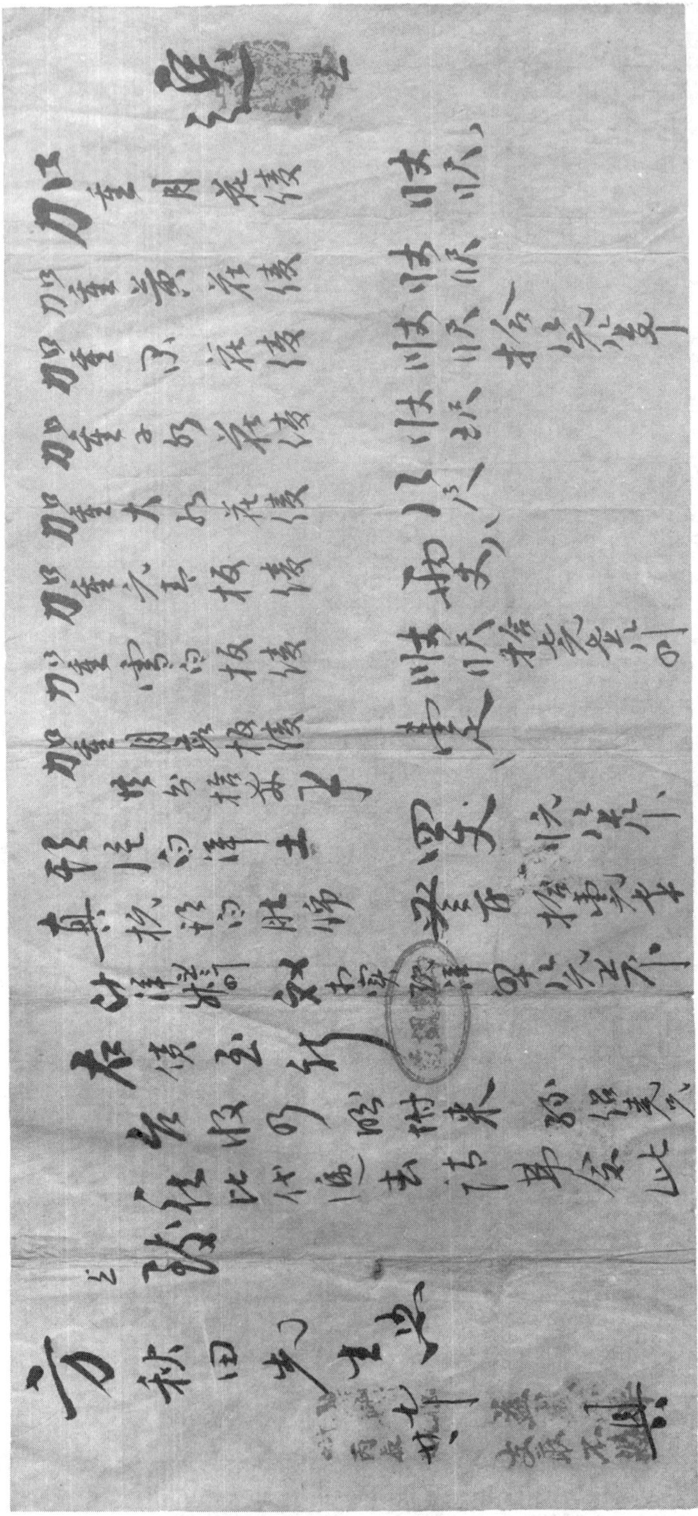

江湾镇荷田村 38 · 账单

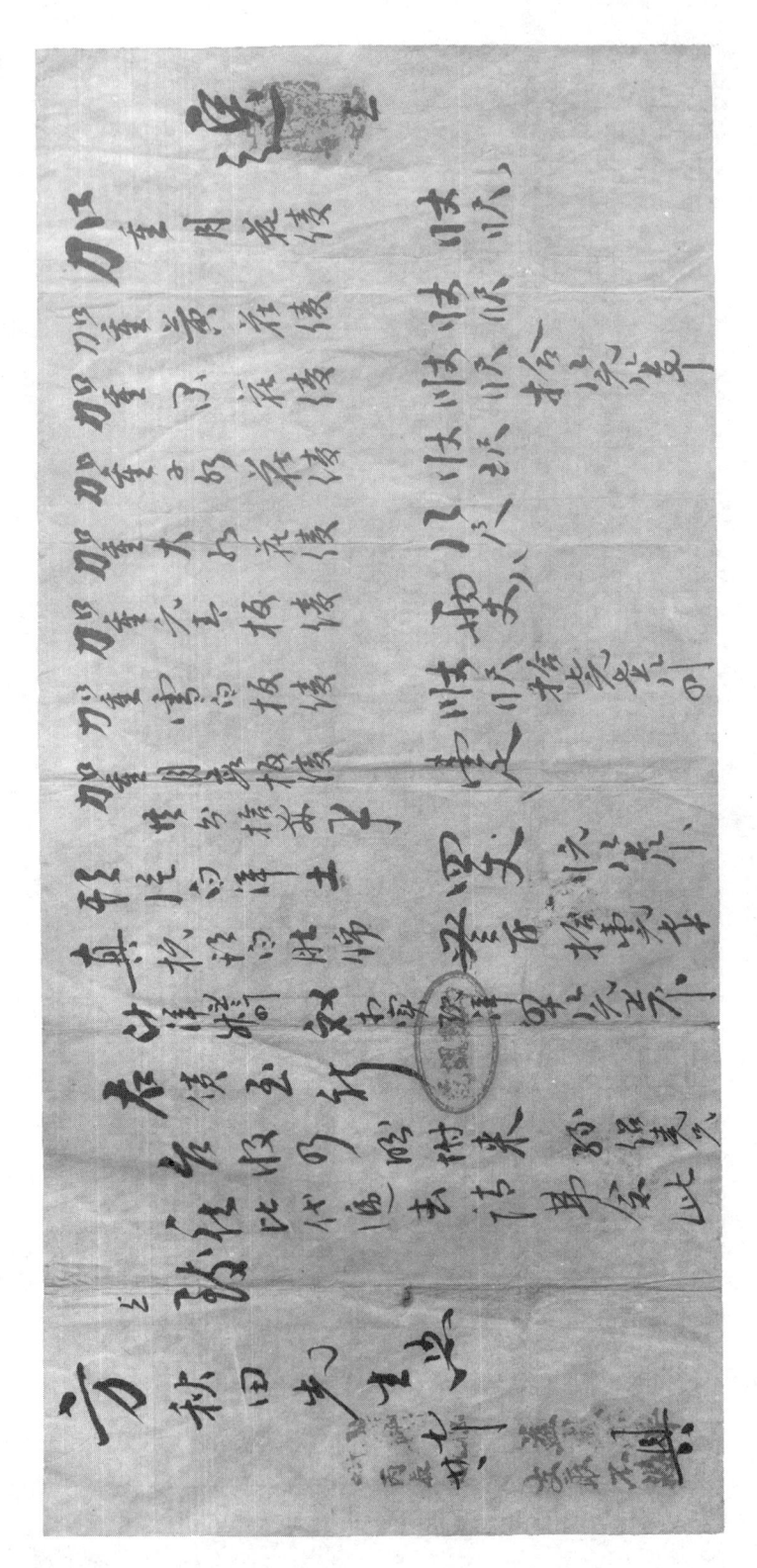

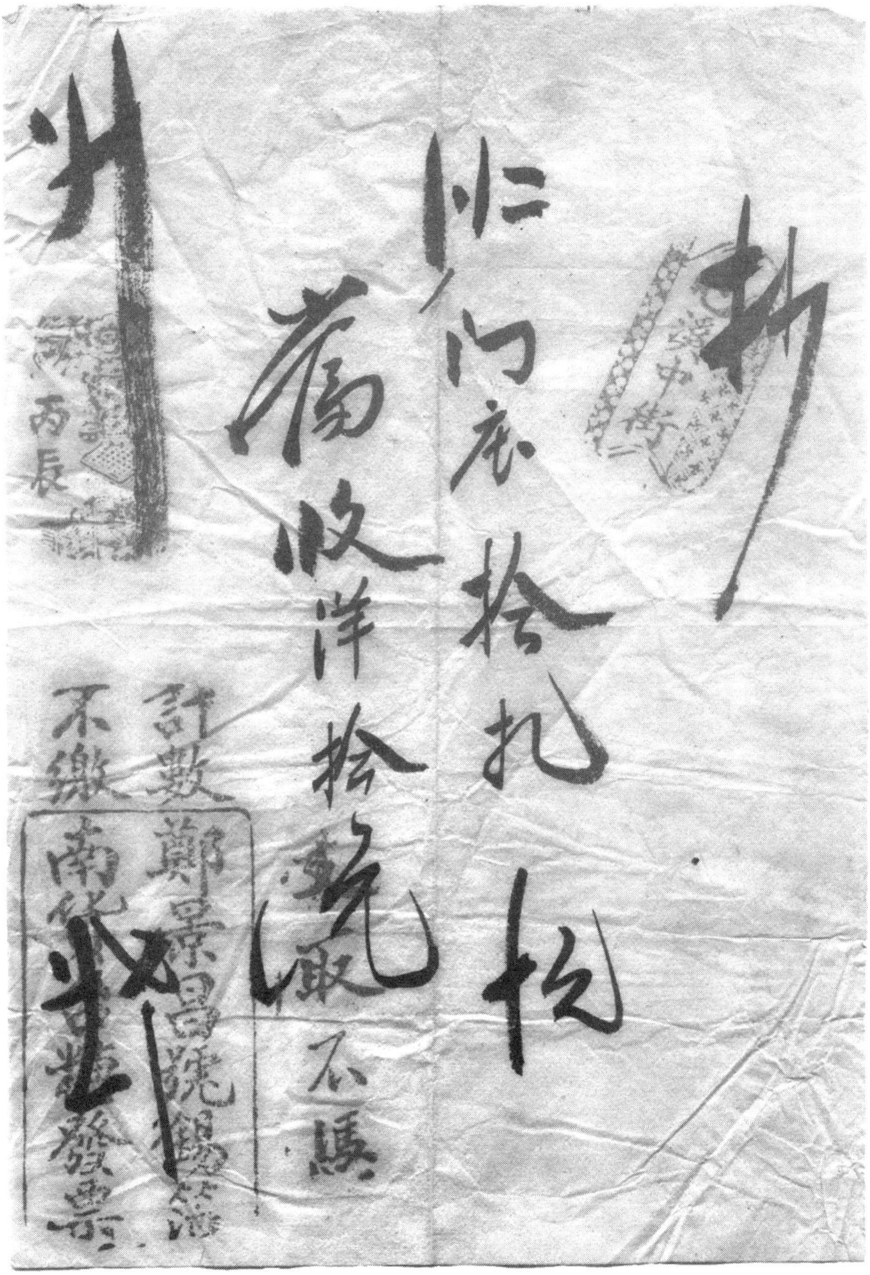

江湾镇荷田村 39 · 发票

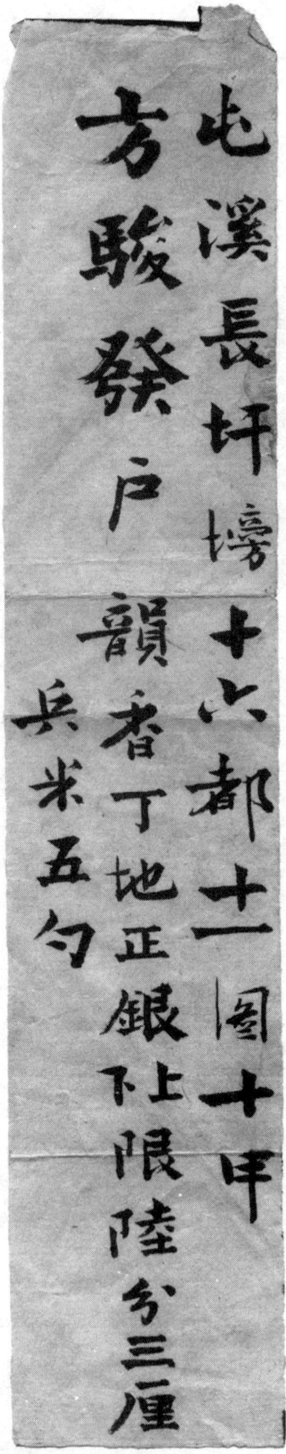

屯溪長圩壋十六都十一啚十甲
方駿發戶
韻香丁地正銀上下限陸分三厘
兵米五勺

江湾镇荷田村 40 · 税单 · 方骏发户

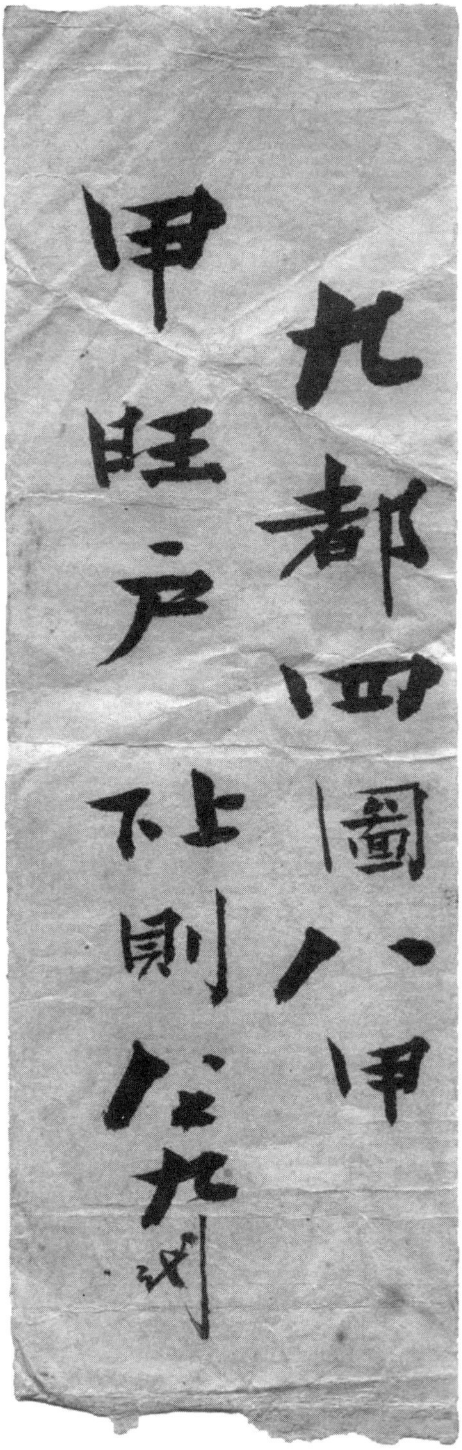
九都四圖八甲
甲旺户
下上則八九

江湾镇荷田村 41 · 税单 · 甲旺户

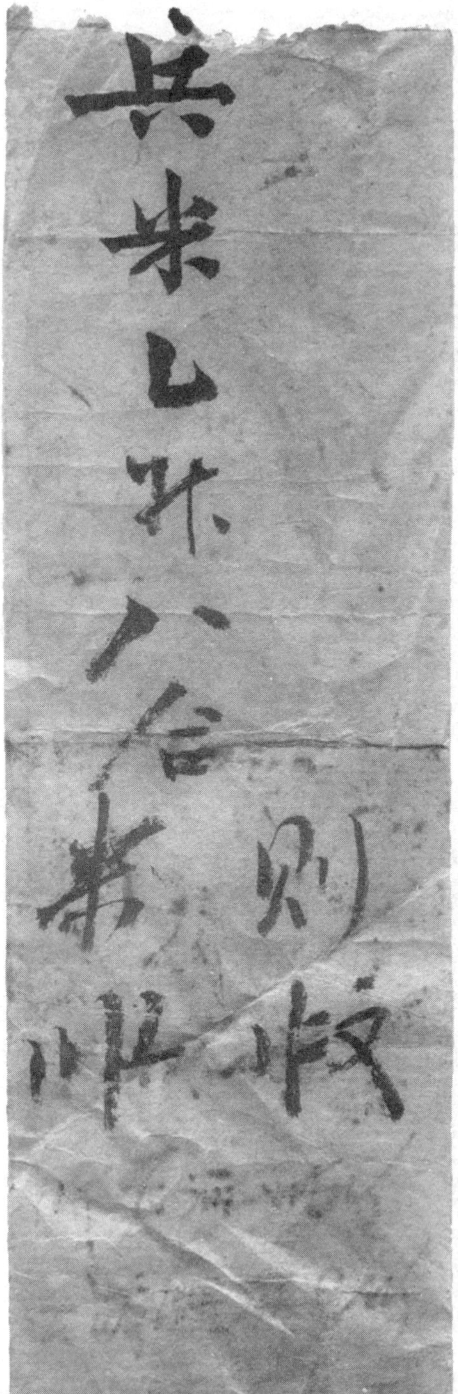
兵米乙斤八合

江湾镇荷田村 42-i · 账单（第一面）

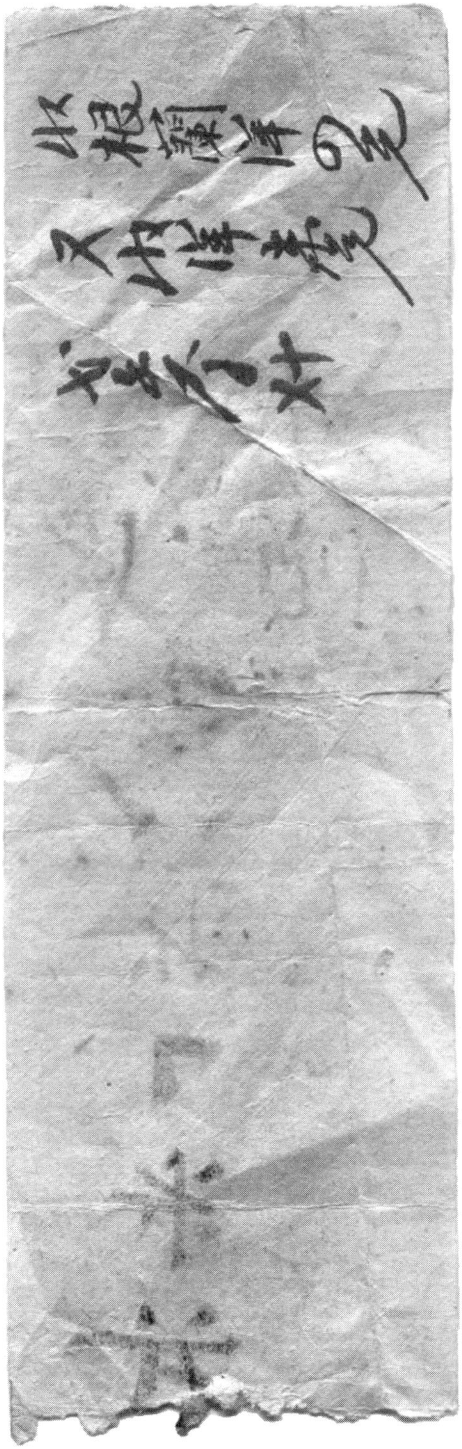

江湾镇荷田村 42-ii · 账单（第二面）

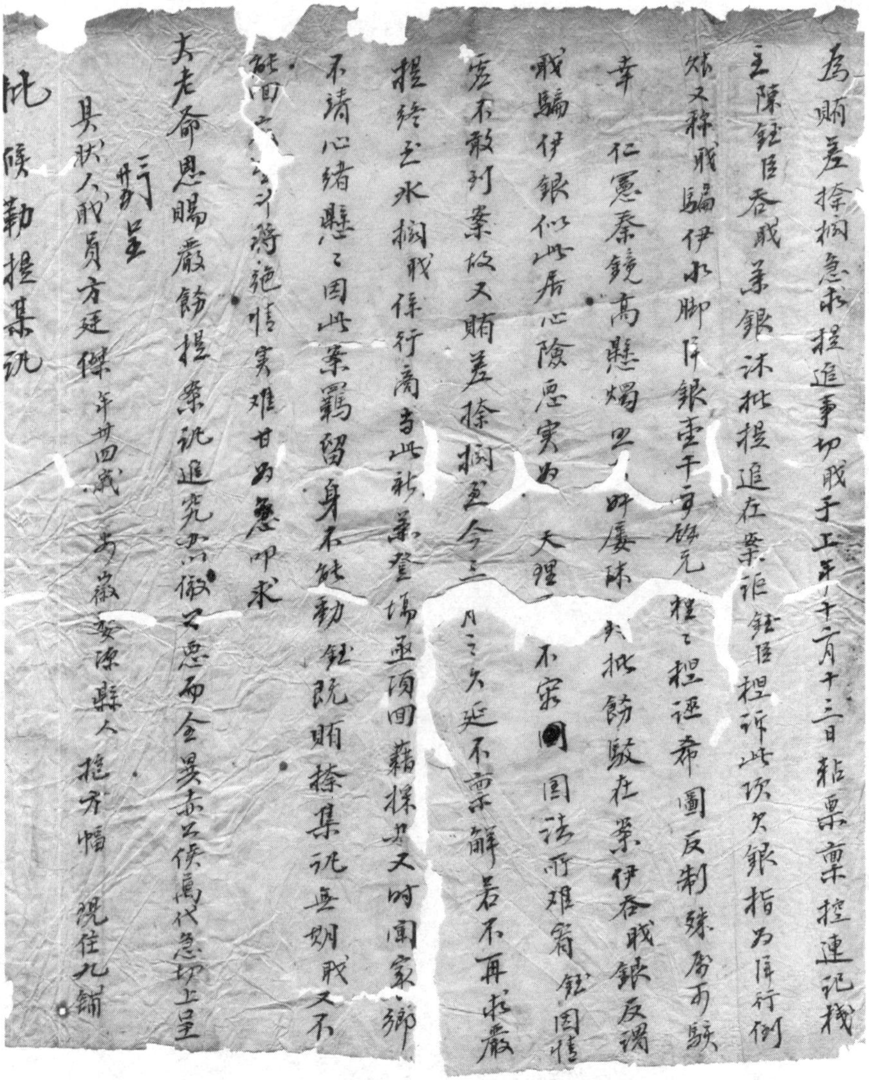

為賄差捺捆急求提追事切民于上年十二月十三日粘粟稟控連記棧

主陳鈺臣吞民等銀沐批提追在案詎鈺臣捏訴此項欠銀指為保行倒

爐又稱民騙伊水脚保銀壹千一百餘元捏捏誣希圖反制殊蒙前縣

主仁憲秦鏡高懸燭照奸屢昧批飭駁在案伊吞民銀反謂

民騙伊銀似此居心險惡實為天理不容國法所難宥鈺因情

虛不敢到案故又賄差捺捆至今三月之久延不稟解若不再求嚴

提終至水捆民係行商之此新茶登場亟須回籍採買又時闈家鄉

不靖心緒懸懸因此案羈留身不能動鈺既賄捺集訊無期民又不

能回[illegible]待絕情實難甘為急叩求

大老爺恩賜嚴飭提案訊追究[illegible]做惡而全[illegible]公侯萬代急切上呈

三月 日呈

具狀人職員方廷傑 年卅四歲 安徽婺源縣人 抱方幅 現住九鋪

批 候勒提集訊

江湾镇荷田村 43 · 具状词 · 方廷杰等告陈钰臣

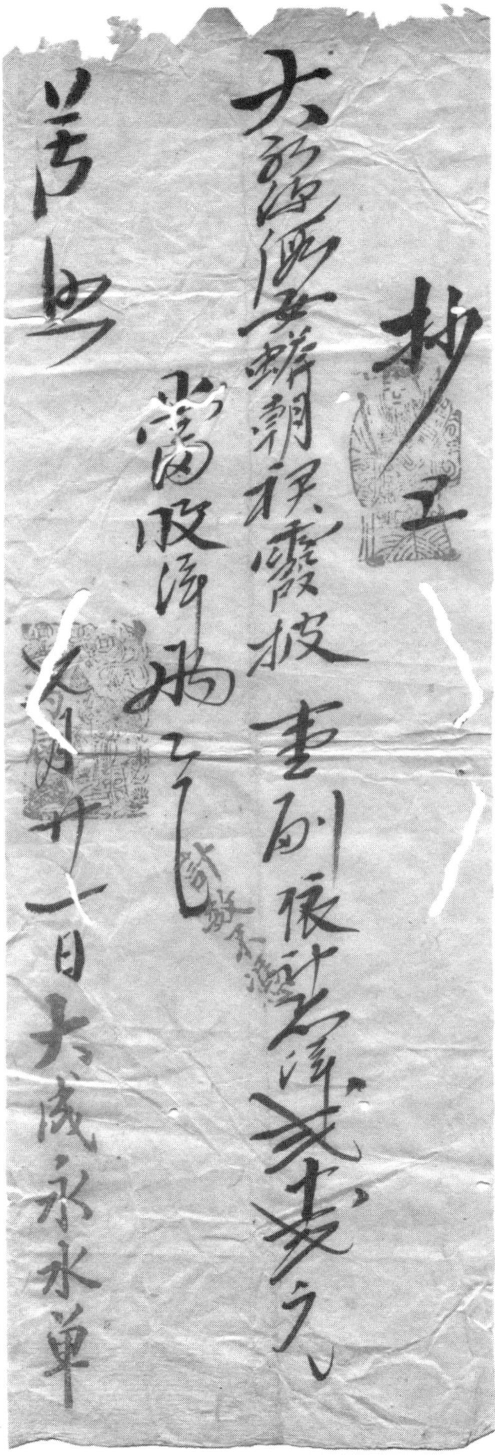

江湾镇荷田村 44 · 账单（大成永水单）

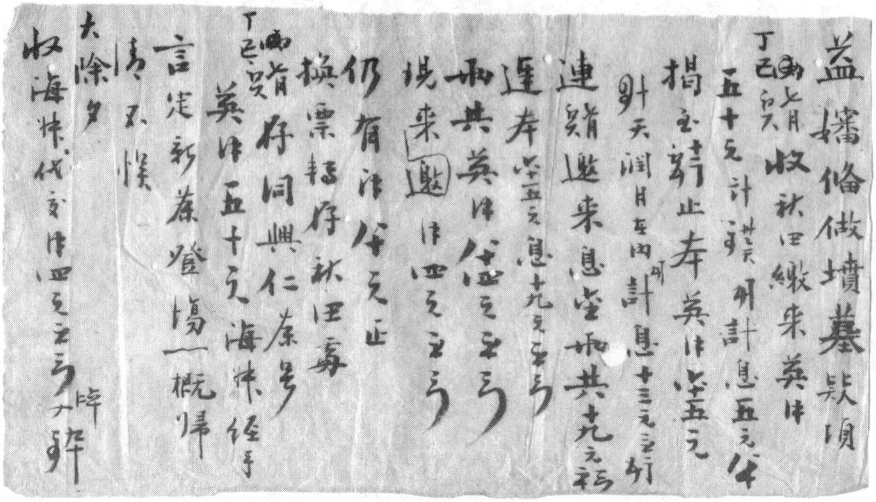

益嬸備做墳墓賬項
丁巳年七月收秋田繳來英洋
五十元計錢卅計息五元作
揭去錢止存英洋四十五元
卅天閏月在內計息十三元五角
連錢邀來息洋共五十八元五角
連存四十五元息十九元五角
兩共英洋六十四元五角
現來邀洋四十元五角
仍有洋廿四元正
換票轉存秋田寡
丁巳年兩錢存同興仁康號
英洋五十元海林經手
言定新蘇燈場一概歸
清不誤
大除夕
收海林代支洋四十元五角

江湾镇荷田村 47 · 益婶备做坟墓账单

廣信收數

酒乙斤半

於心堂

上該四

江湾镇荷田村 48 · 账单

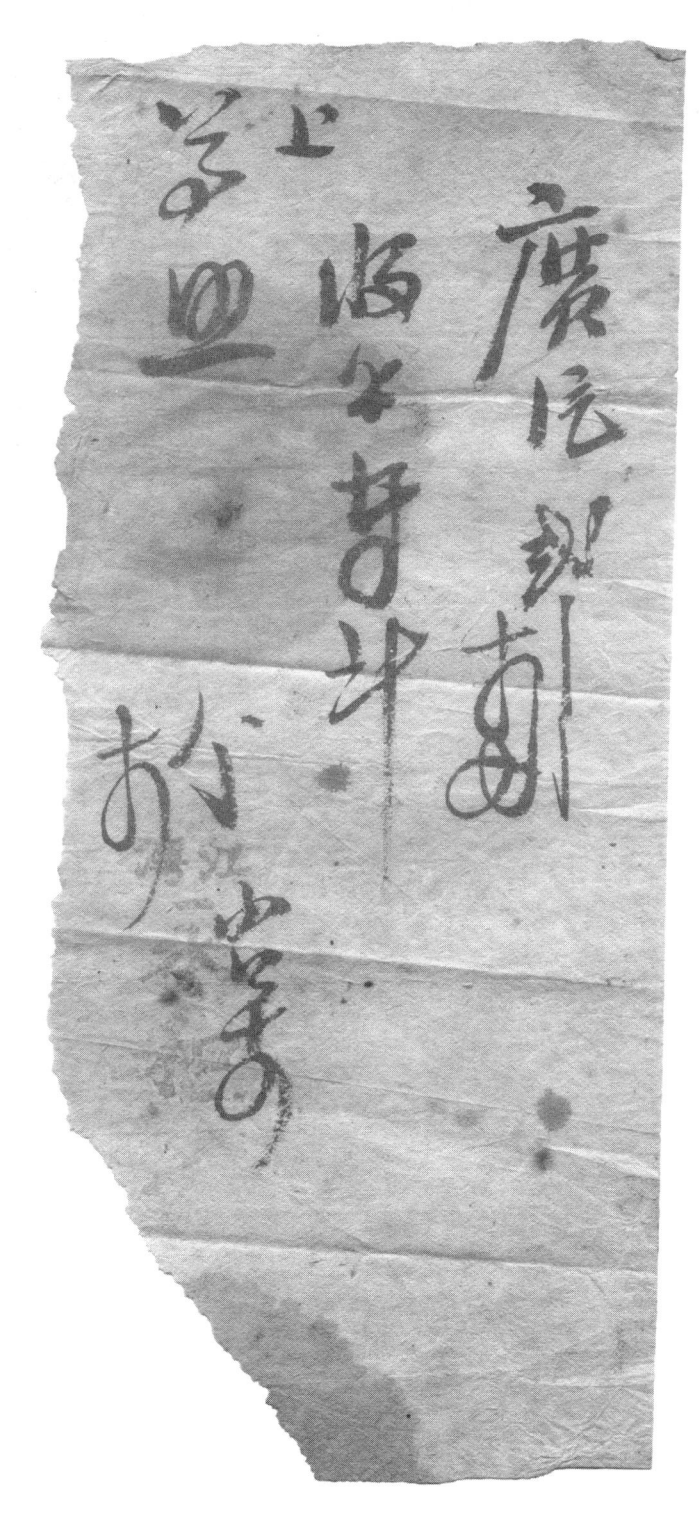

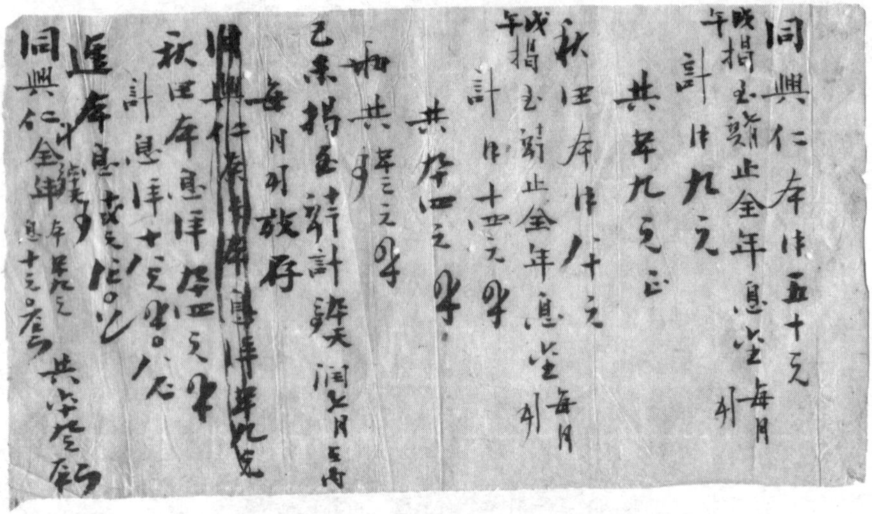

江湾镇荷田村 49 · 账单 · 同兴仁

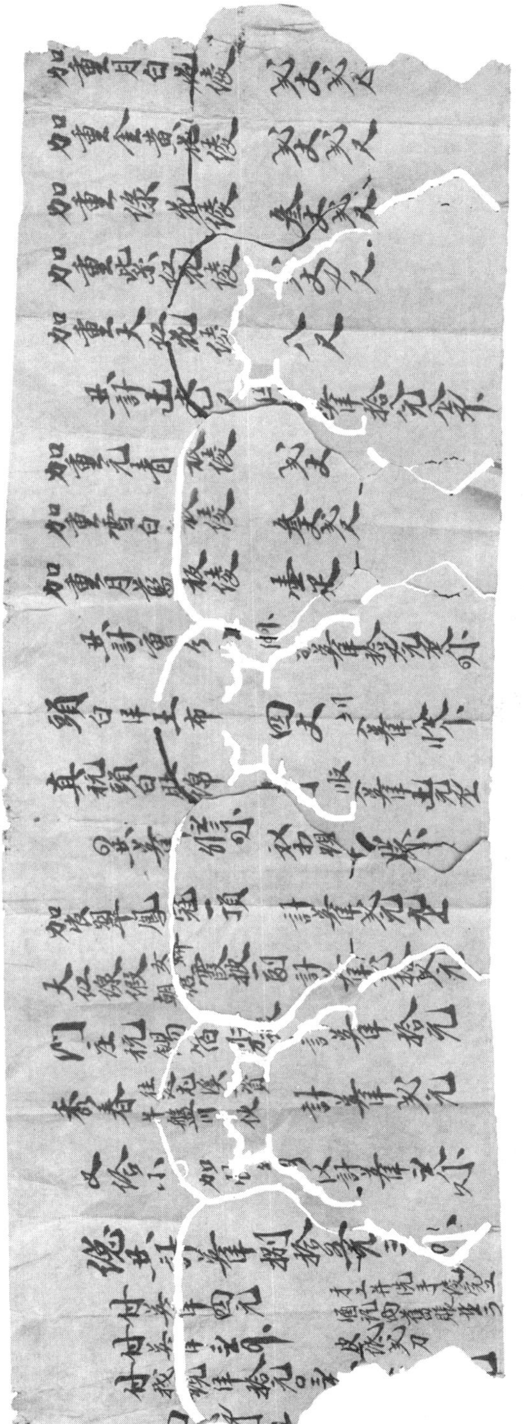

江湾镇荷田村 50・账单

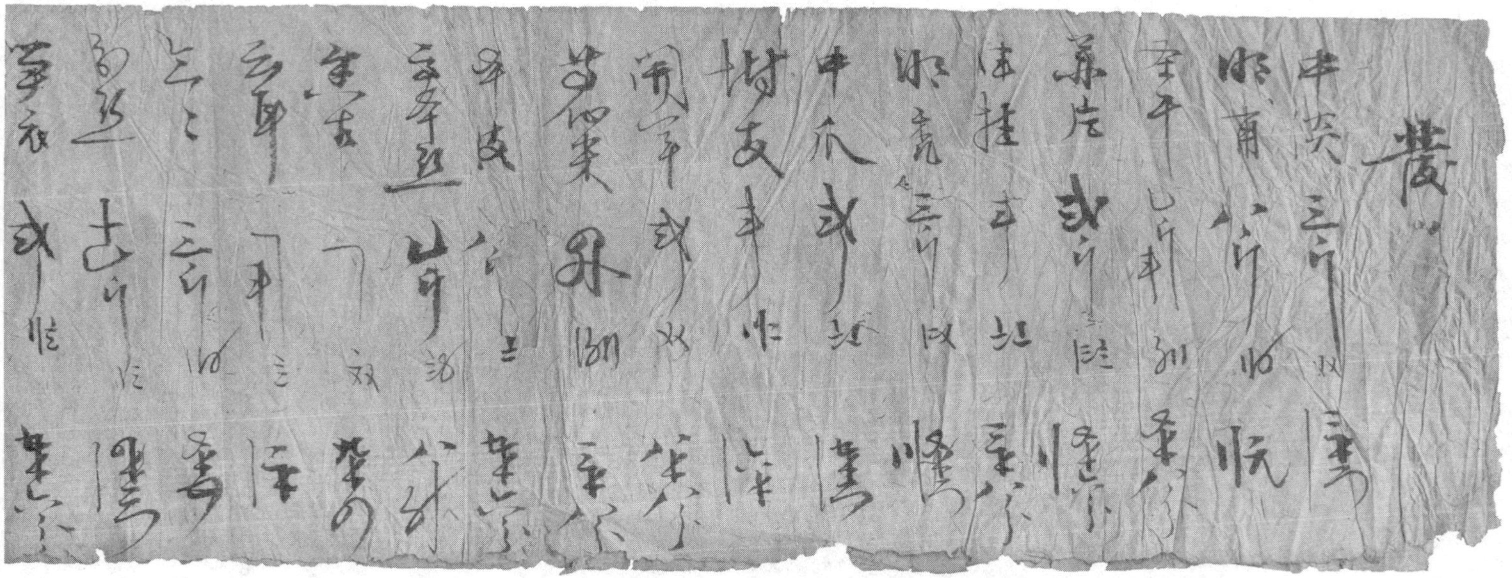

江湾镇荷田村 51-i · 流水账（右半部分）

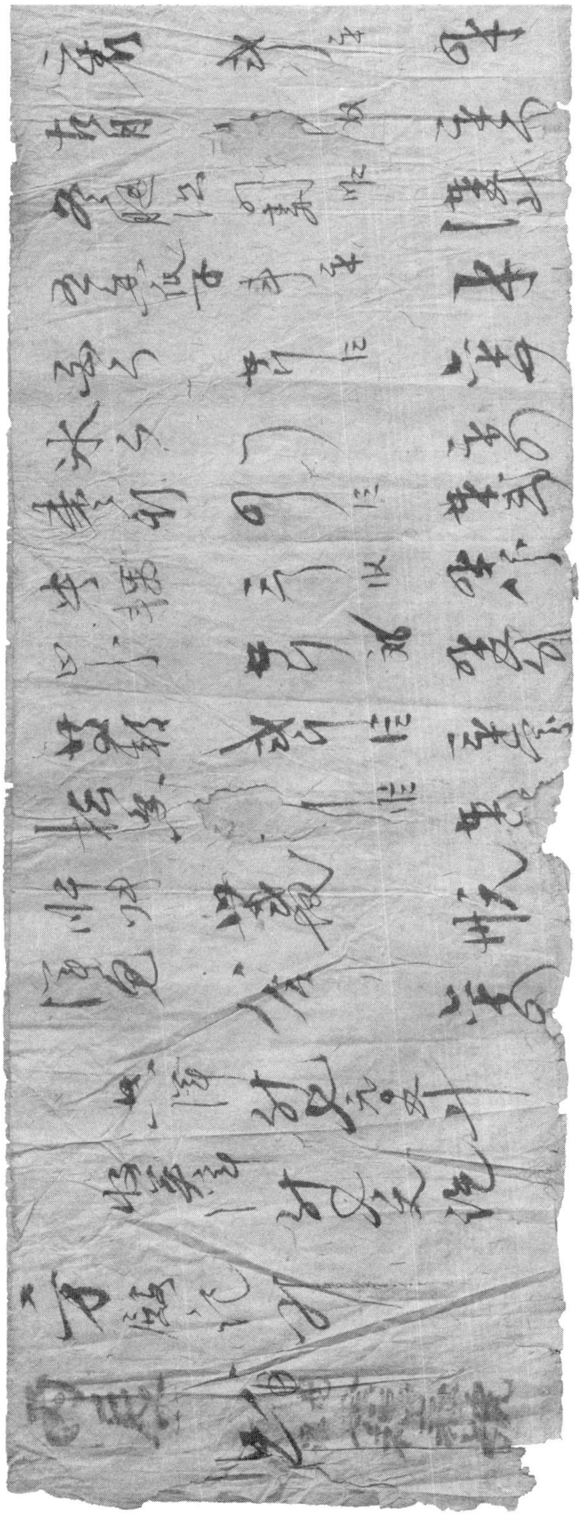

江湾镇荷田村 51-ii · 流水账（左半部分）

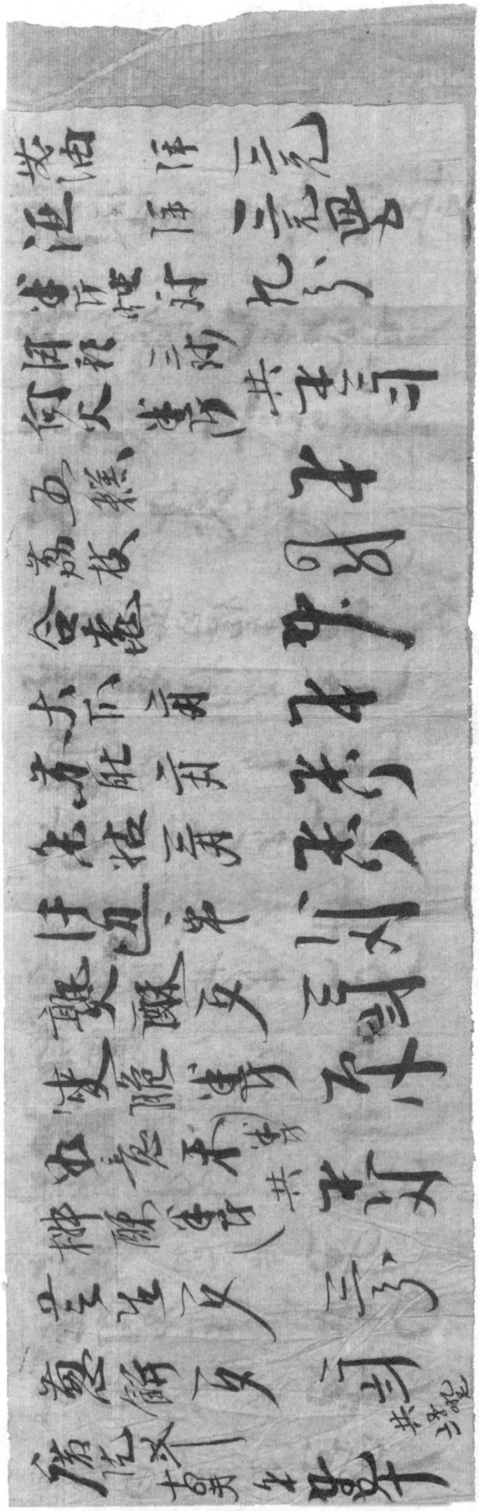

江湾镇荷田村 52-i · 流水账（右半部分）

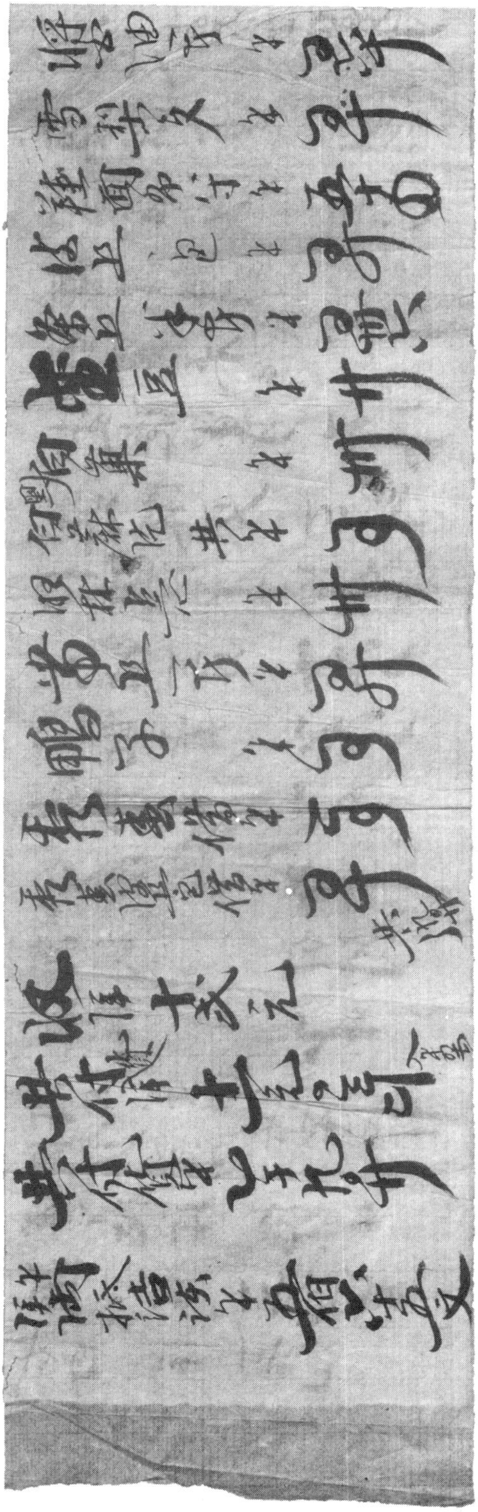

江湾镇荷田村 52-ii · 流水账（左半部分）

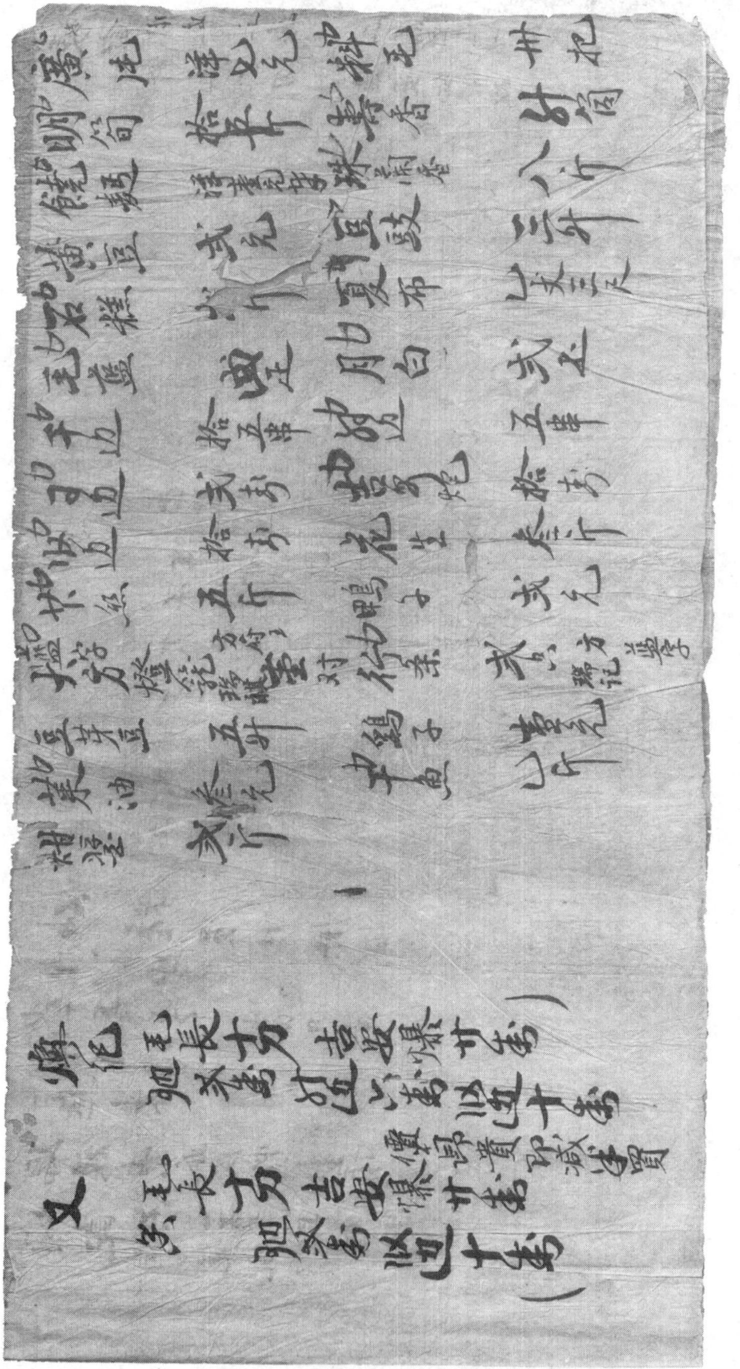

江湾镇荷田村 53-i · 账单（右半部分）

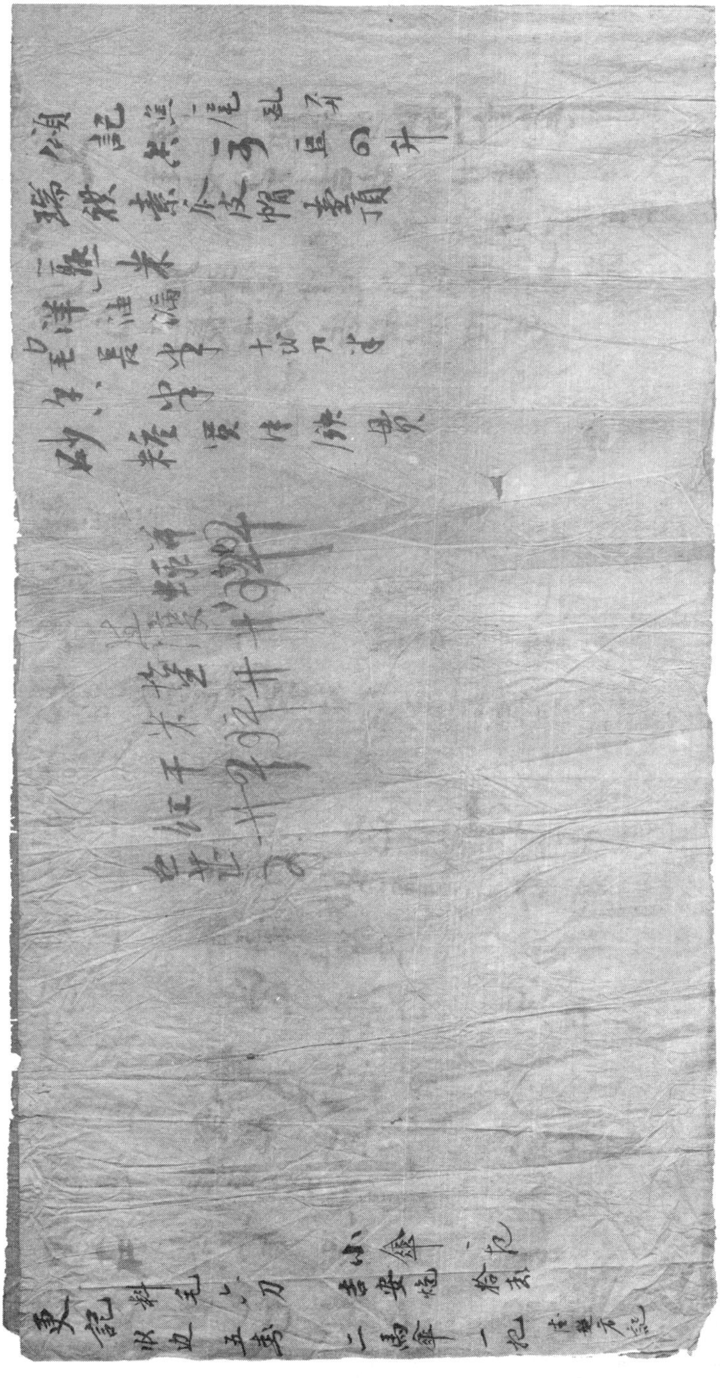

江湾镇荷田村 53-ii · 账单（左半部分）

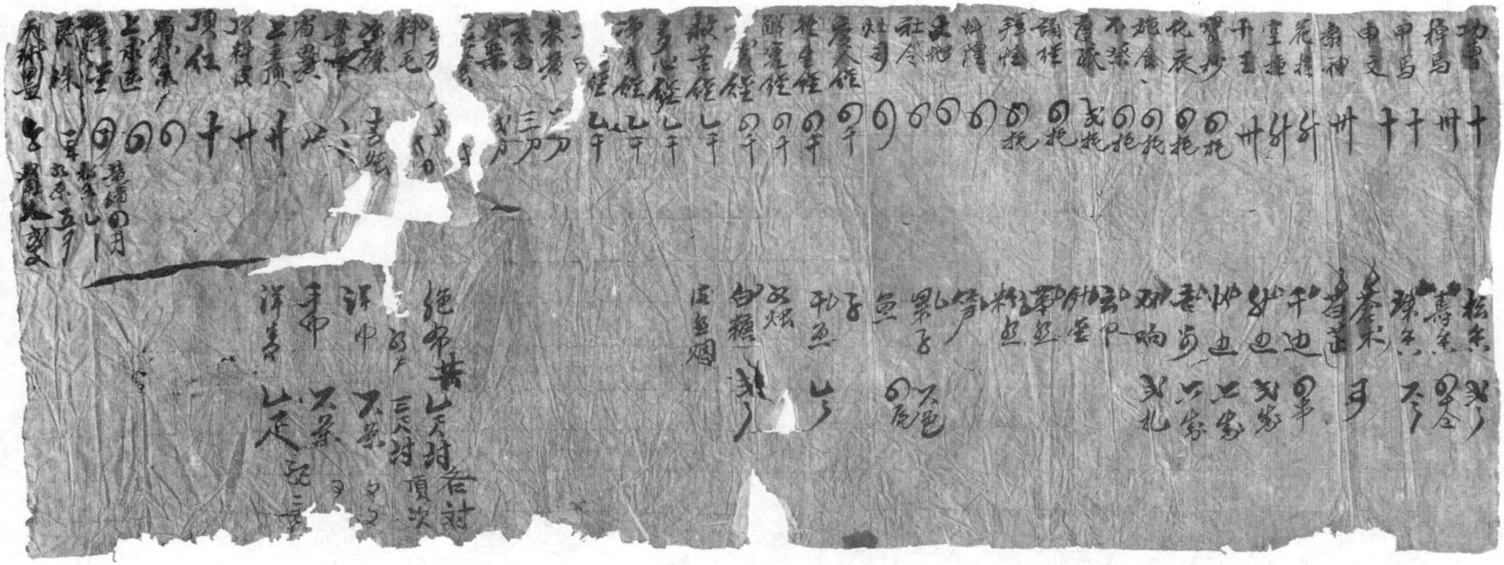

江湾镇荷田村 54 · 账单

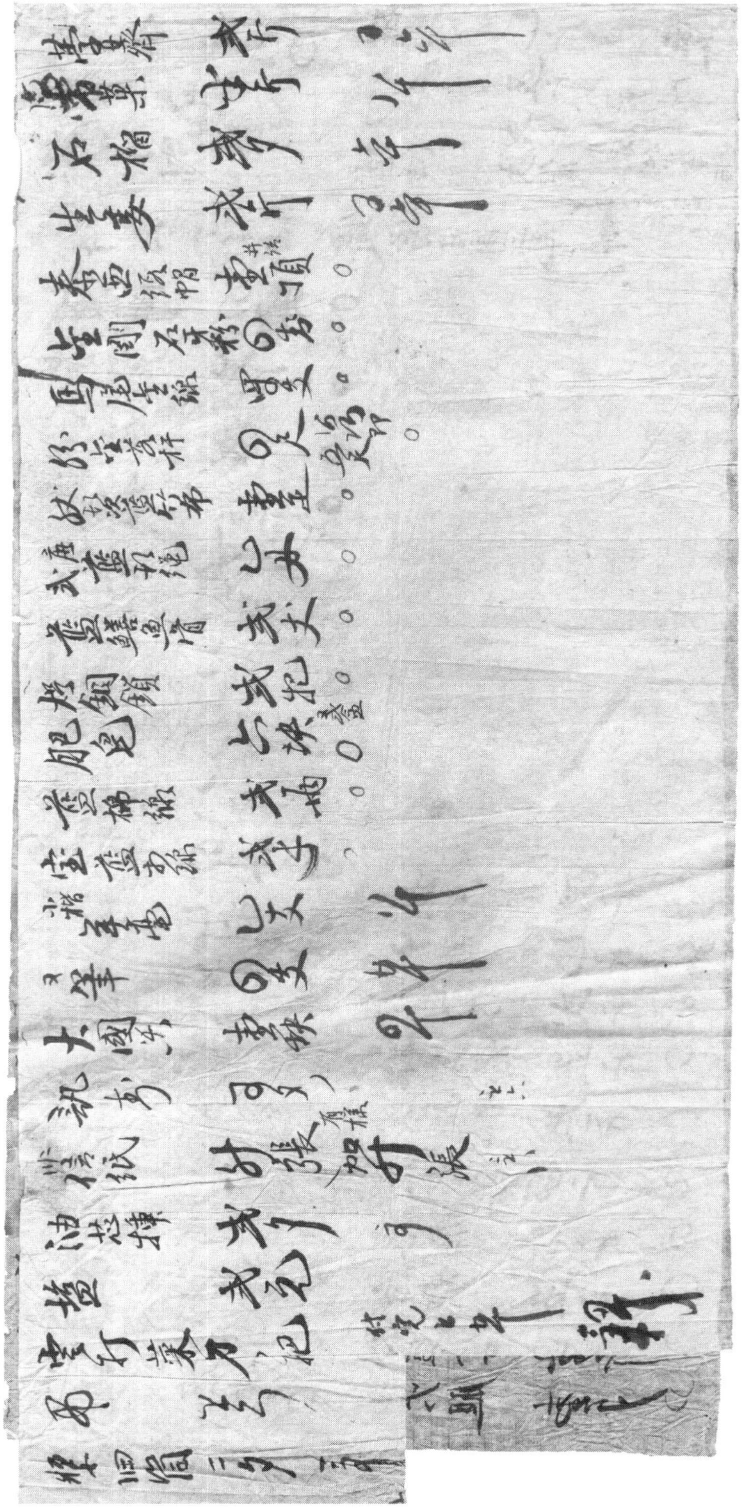

江湾镇荷田村 55-i · 账单（第一面）

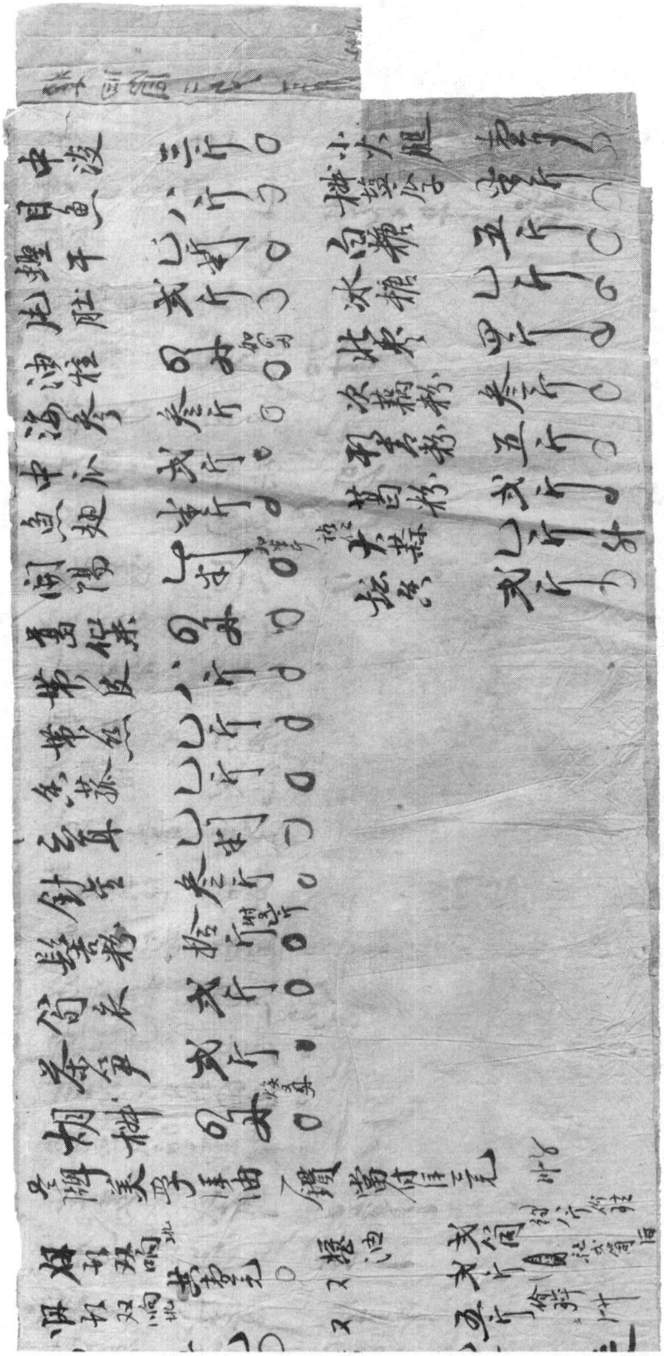

江湾镇荷田村 55-ii · 账单（第二面）

江湾镇晓容村 1—118

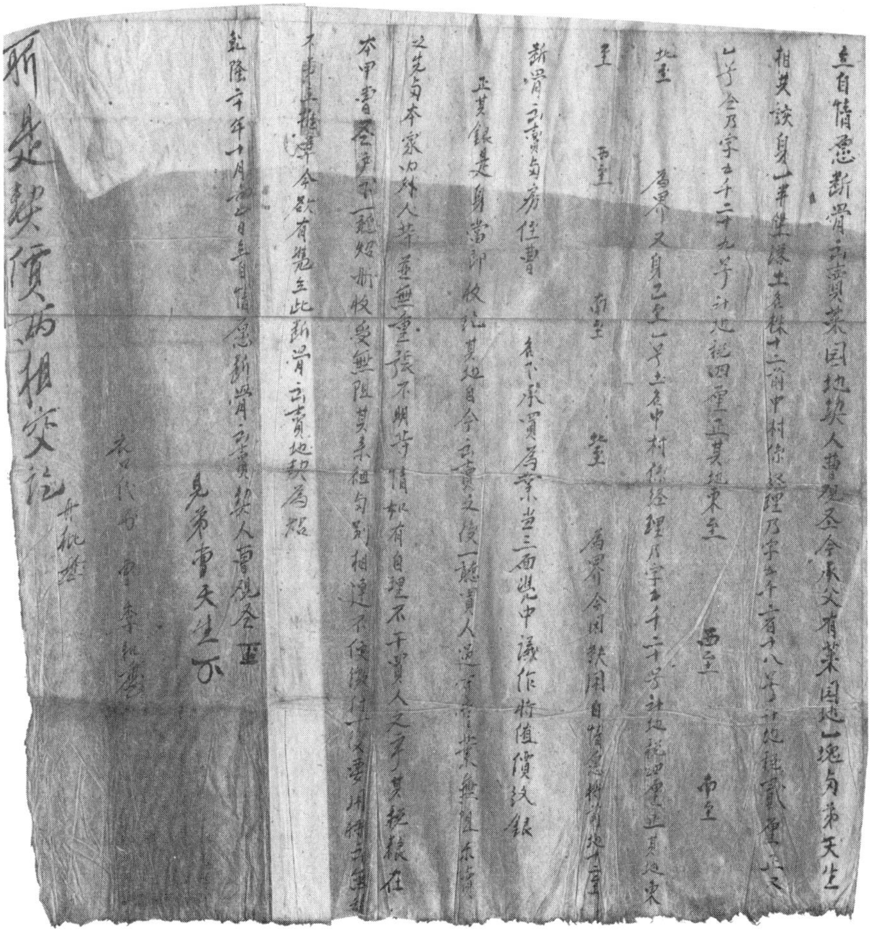

江湾镇晓容村 98 · 乾隆二十年 · 断骨出卖菜园地契 ·
曹观圣卖与房侄曹☐

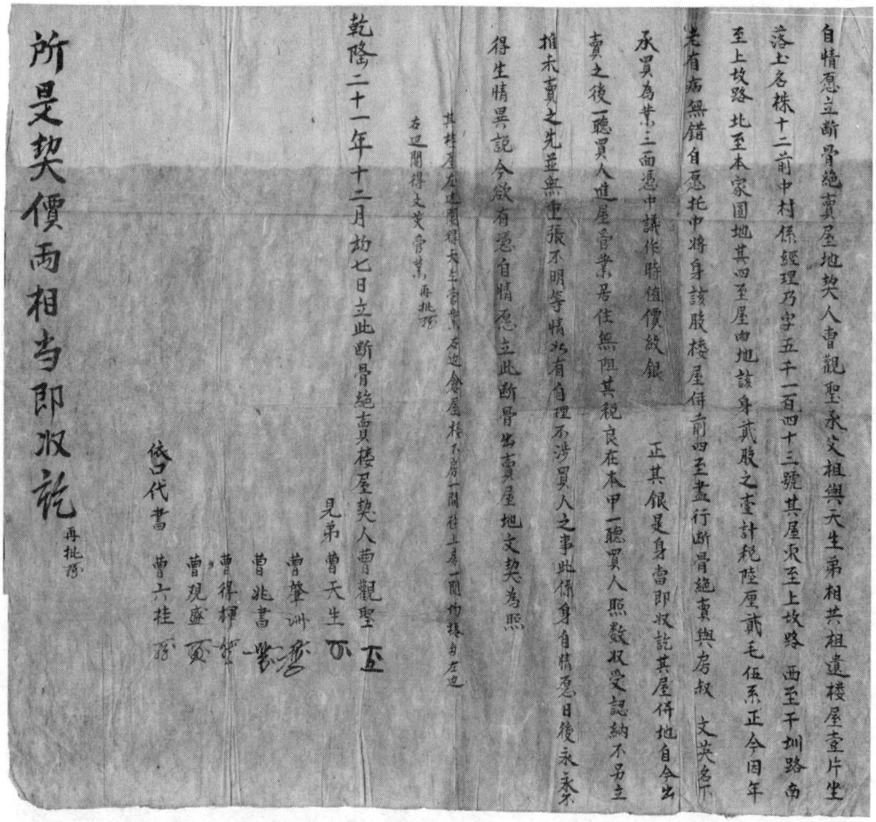
自情愿立斷骨絕賣屋地契人曹觀聖承父祖與天生弟相共祖遺樓屋壹片坐
落土名株十二前中村係經理乃字五千一百四十三號其屋東至上坟路　西至千圳路南
至上坟路　北至本家園地其四至屋內地該身貳股之壹計稅陸厘貳毛伍系正今因年
老有病無錯自愿托中將身該股樓屋併前四至盡行斷骨絕賣與房叔　文英名下
承買為業三面憑中議作時值價紋銀　正其銀是身當即收訖其屋併地自今出
賣之後一聽買人進屋管業居住無阻其稅良在本甲一聽買人照數收受認納不另立
推未賣之先並無重張不明等情如有自理不涉買人之事此係身自情愿日後永不
得生情異說今欲有憑自情愿立此斷骨出賣屋地文契為照
其樓屋左邊閣得天生當業，右邊會屋樓下房一間樓上房一間均棲身左邊
右邊閣得文英管業，再批
乾隆二十一年十二月初七日立此斷骨絕賣樓屋契人曹觀聖
見弟　曹天生
曹肇洲
曹兆書
曹得輝
曹觀盛
依口代書　曹六桂
所是契價兩相當即收訖　再批

江湾镇晓容村 92 · 乾隆二十一年 · 断骨绝卖屋地契 · 曹观圣卖与房叔文英

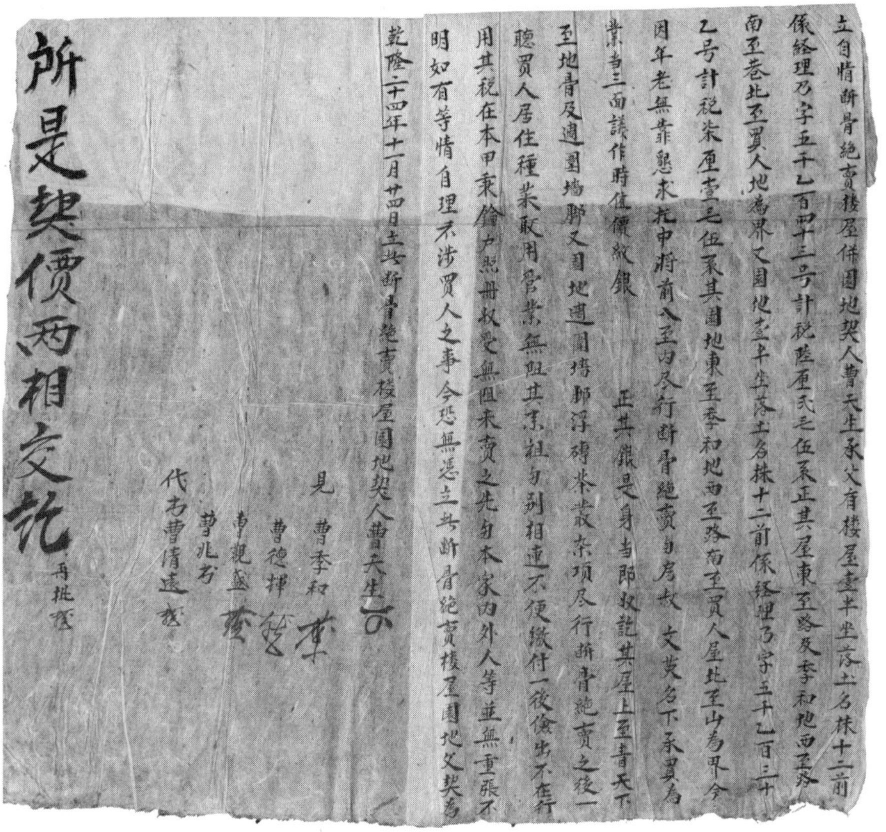
立自情斷骨絕賣楼屋併園地契人曹天生承父有楼屋壹半坐落土名株十二前
係經理乃字五千乙百四十三号計稅陸厘弍毛伍系正其屋東至路及季和地西至路
南至巷北至買人地為界又園地壹半坐落土名株十二前係經理乃字五千乙百三十
乙号計稅柒厘壹毛伍系其園地東至季和地西至路南至買人屋北至山為界今
因年老無靠懇求托中將前入至内侄行斷骨絕賣与房叔　文英名下承買為
業当三面議作時值價紋銀　　　正其銀是身当即收訖其屋上至青天下
至地骨及週圍墻脚又園地週圍墻脚浮磚茶叢杂項尽行斷骨絕賣之後一
聽買人居住種菜取用管業無阻其來祖与别相連不便繳付一後倘出不在行
用其稅在本甲秉錀户照册收受無阻未賣之先与本家内外人等並無重張不
明如有等情自理不涉買人之事今恐無憑立此斷骨絕賣楼屋園地文契為
乾隆二十四年十一月廿四日立此斷骨絕賣楼屋園地契人曹天生
見　曹季和
曹德樺
曹親盛
曹兆岁
代书曹清遠
所是契價兩相交訖
再批

江湾镇晓容村 107 · 乾隆二十四年 · 断骨绝卖楼屋并园地契 ·
曹天生卖与房叔文英

立自情愿斷骨絕賣屋地契人曹文英原已置有樓屋壹所坐落土名林拾二
前係經理乃字五千一佰四十三號計地稅壹分貳厘伍毫又五千二十八號計地稅壹
厘肆毫又五千二十九號計地稅捌厘叁毫又五千三十號計地稅貳厘伍毫同土名中村其
屋并地東至季和地及路西至乾圳南至巷路北至坟塝為界今因正用自情愿央中将
前屋上至青天下至地骨週圍墻脚石枝并屋外十二至餘地盡行斷骨出賣與堂兄
文奇名下承買為業當三面憑中議作時值價紋銀　　正其銀是身當即收訖
其屋地自今出賣之後一聽買人進屋居住種業管業無阻未賣之先與本家內外人
等並無重張不明等情如有自理不干買人之事其稅在本甲秉錦户下一聽照数
過割交納無阻不另立推其未稅當即繳付今恐無憑立此斷骨出賣文契為照

乾隆二十七年十月初二日立自情愿斷骨出賣屋地契人曹文英

合肥兄 見 趙青戍
曹八生
曹硯盤
曹青遠
曹步雲
曹國衍
曹兆書
曹德輝
曹陽松
依口代書 曹壽百

此是契價當相交訖 再批

江湾镇晓容村 90 · 乾隆二十七年 · 断骨绝卖屋地契 · 曹文英卖与堂兄文奇

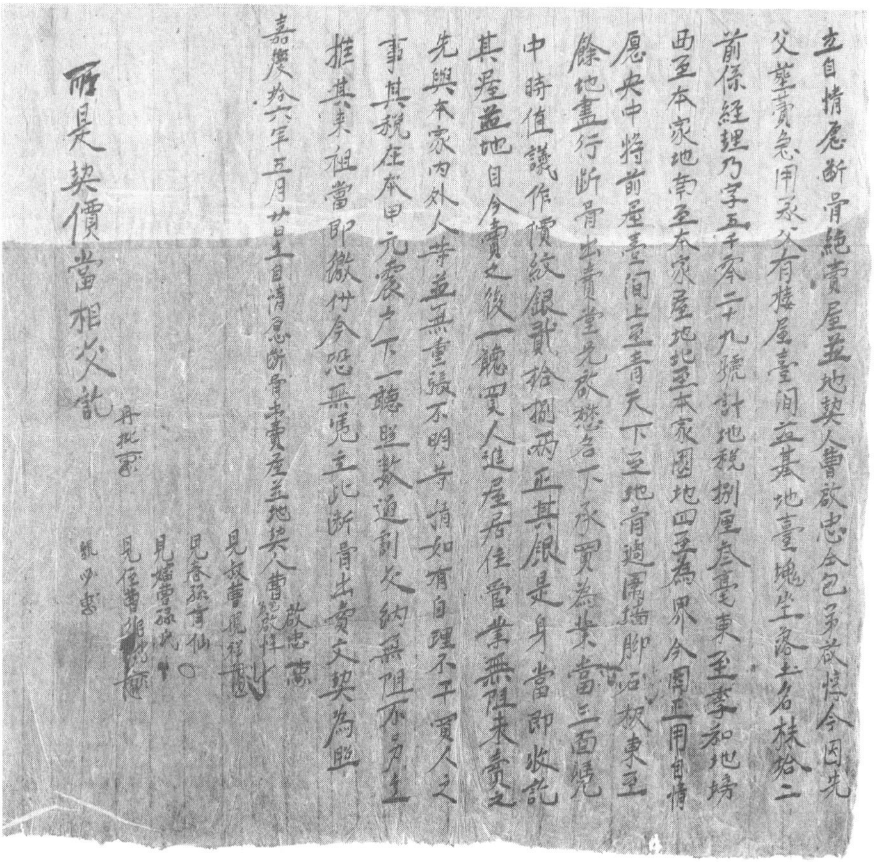

立自情愿斷骨絶賣屋並地契人曹啓忠仝包弟啓悌，今因先
父葬費急用，承父有樓屋壹間並基地壹塊，坐落土名株拾二
前係經理乃字五千零二十九號，計地稅捌厘叁毫，東至李和地坊，
西至本家地，南至本家屋地，北至本家園地，四至爲界。今因正用，自情
愿央中將前屋壹間，上至青天，下至地骨，過滴牆脚石板，東至
餘地，盡行斷骨出賣堂兄啓懋名下承買爲業，當三面憑
中時值議作價紋銀貳拾捌兩正，其銀是身當即收訖。
其屋並地自今賣之後，一聽買人進屋居住管業，無阻。未賣之
先，與本家內外人等並無重張不明等情，如有，自理，不干買人之
事。其稅在本甲元震户下，一聽照數過割交納，無阻，不另立
推。其來祖當即繳付。今恐無憑，立此斷骨出賣文契爲照。

嘉慶拾六年五月廿日立自情愿斷骨出賣屋並地契人曹啓忠（押）
仝包弟啓悌（押）
見叔曹鳳祥（押）
見眷孫青仙（押）
見嬸曹孫氏（押）
見侄曹維[illegible]（押）

再批（押）：
所是契價當相交訖

親筆（押）

江湾镇晓容村 103 · 嘉庆十六年 · 断骨绝卖屋并地契 · 曹启忠等卖与堂兄启懋

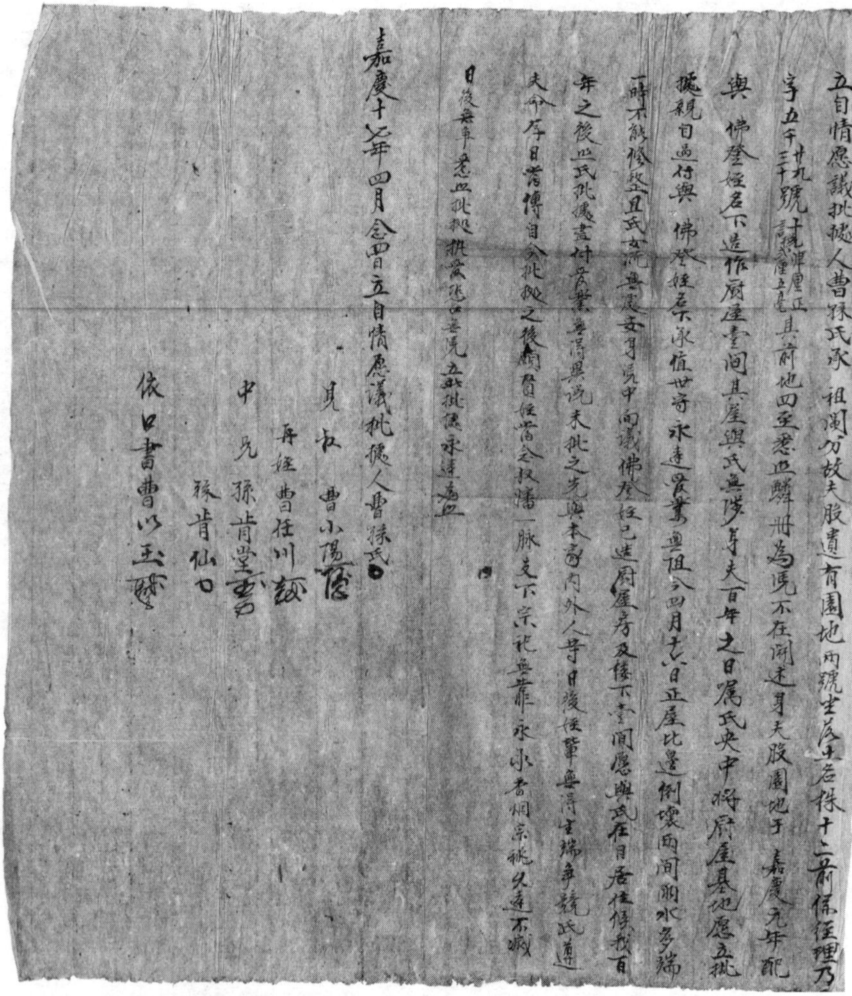

立自情愿议批据人曹孙氏承祖阄分故夫股遗有园地丙號土名乌石株十二前保径理乃
字五千卅九號 三十號（計税伸屋正 計税屋五毫）其前地四至悉照鳞册为凭不在开述身夫股园地于嘉庆元年配
与佛登侄名下造作厨屋壹间其屋与氏無涉身夫百年之日属氏央中将厨屋基地愿立批
据亲目画付与佛登侄应承值世奇永远管业無阻今四月十六日正屋比邊倒壞两间雨水多端
一时不能修整且氏女流無處安身凴中向議佛登侄已造厨屋房及楼下壹间愿与氏在日居住俟我百
年之後凭氏批据尽付管業無得異説未批之先與本家内外人等日後侄輩無得生端争競氏遵
夫命存日當傳自今批据之後侑實侄當全权播一脉支下宗祀無靠永承香烟宗祧久遠不滅
日後無年悉照批据执業恐口無凭立此批据永遠為照

嘉庆十七年四月念四日立自情愿議批据人曹孫氏○

見叔 曹小陽
再侄 曹任川
中見 孫肯堂
孫肯仙
依口書 曹以玉

江湾镇晓容村 114 · 嘉庆十七年 · 议批据 · 曹孙氏付与佛登侄

仁閣啟貴

江湾镇晓容村 9-1 · 道光六年 · 分关文书（仁阁启贵收执）· 曹观祥

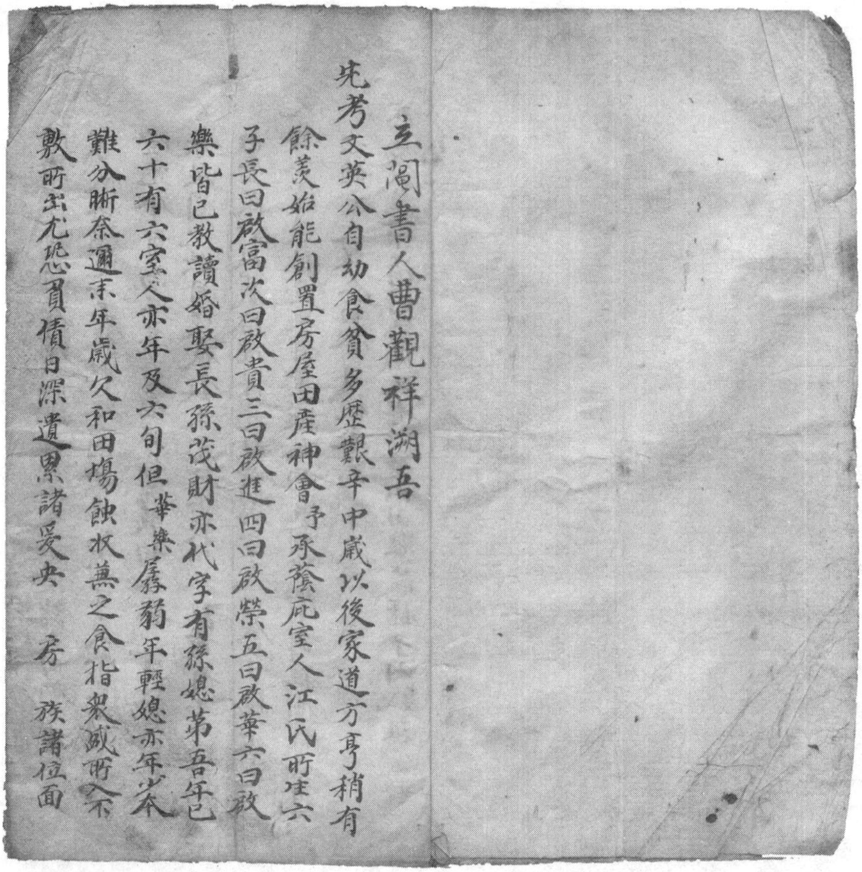

立閹書人曹觀祥溯吾
先考文英公自幼食貧多歷艱辛中歲以後家道方亨稍有
餘羨始能創置房屋田産神會予承蔭庇室人江氏所生六
子長曰啟富次曰啟貴三曰啟進四曰啟榮五曰啟華六曰啟
樂皆已教讀婚娶長孫茂財亦代字有孫媳弟吾年已
六十有六室人亦年及六旬但華樂孱弱年輕媳亦年少本
難分晰柰邇來年歲欠和田塲蝕收蕪之食指衆戚所入不
敷所出尤恐負債日深遺累諸爰央　房　族諸位面

江湾镇晓容村 9-2 · 道光六年 · 分关文书（仁阄启贵收执）· 曹观祥

同諸子媳將房屋园地神會及承種諸人田畝以及賬目
家伙各項逐一品搭肥瘠閹分其第四子啟榮已出繼與
堂兄肇賀為子其房屋只作五股均分與榮無分及田畝及
承祖園地賬目家伙飯本悉作六股均分認所有土名蜈蚣坳
田壹段計租貳拾陸秤此租存與室人口食日後永遠
文英公清明祀産又有董家段两邊溪荒田計租捌秤其租
亦聽室人収存口食日後永為
應聚公支下清明祀産又有石壁山田租陸秤于內扒租貳秤
輸入起群會為業仍租肆秤與茂財長孫田自今分晰之後諸
子悉照閹書各管各業不得反覆争端爾兄弟等當遵
予言事雖分晰義本同胞務體手足之誼親親式好更當克
勤克儉裕後光前亦吾夫婦之所厚望也是為序

江湾镇晓容村 9-3 · 道光六年 · 分关文书（仁阄启贵收执） · 曹观祥

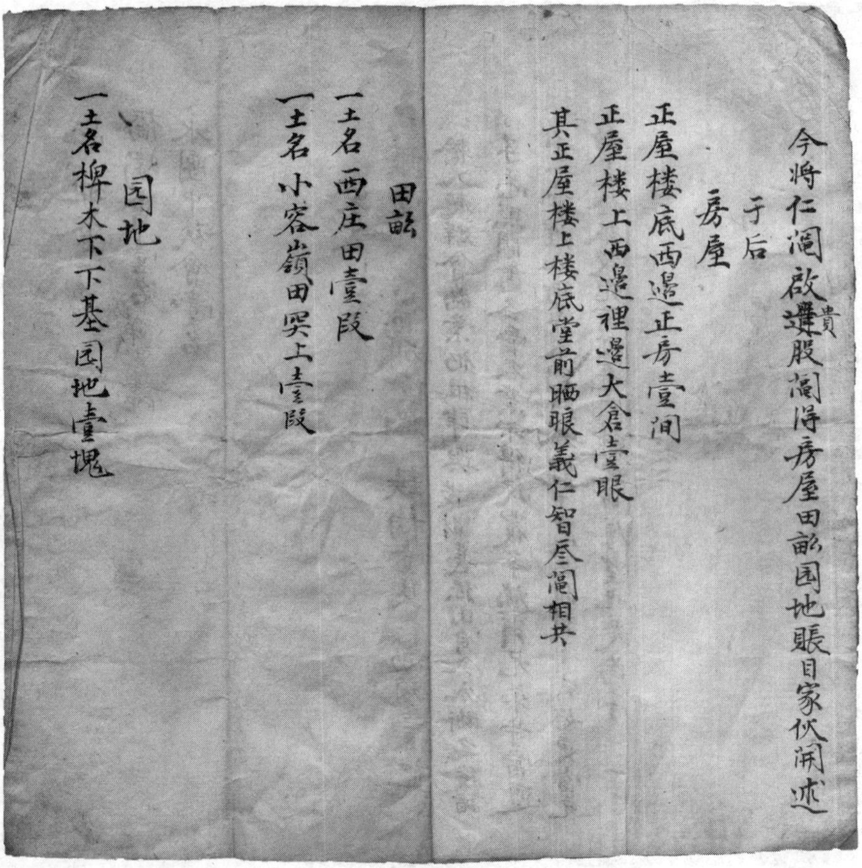
今将仁阄啟貴股阄得房屋田畝园地賬目家伙開述
于后
房屋
正屋楼底西邊正房壹間
正屋楼上西邊裡邊大倉壹眼
其正屋楼上楼底堂前晒眼義仁智叁阄相共
田畝
一土名西庄田壹段
一土名小客嶺田哭上壹段
园地
一土名樟木下下基园地壹塊

江湾镇晓容村 9-4 · 道光六年 · 分关文书（仁阄启贵收执）· 曹观祥

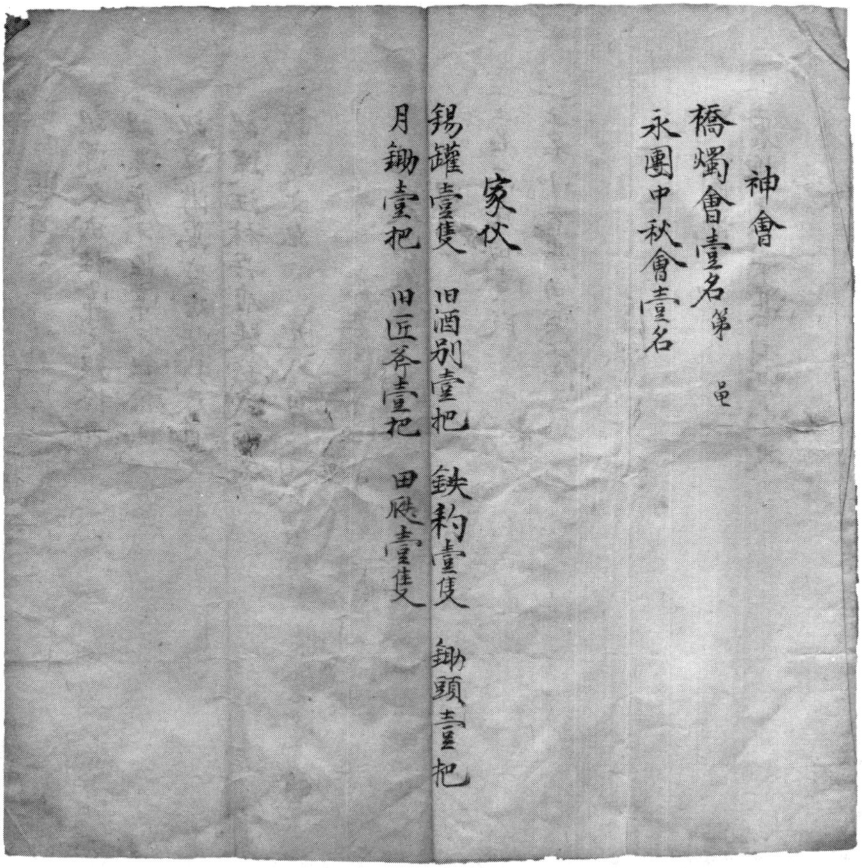

神會
橋燭會壹名第　邑
永團中秋會壹名

家伙
錫罐壹隻　旧酒別壹把　鉄杓壹隻　鋤頭壹把
月鋤壹把　旧匠斧壹把　田㡳壹隻

江湾镇晓容村 9-5 · 道光六年 · 分关文书（仁阄启贵收执）· 曹观祥

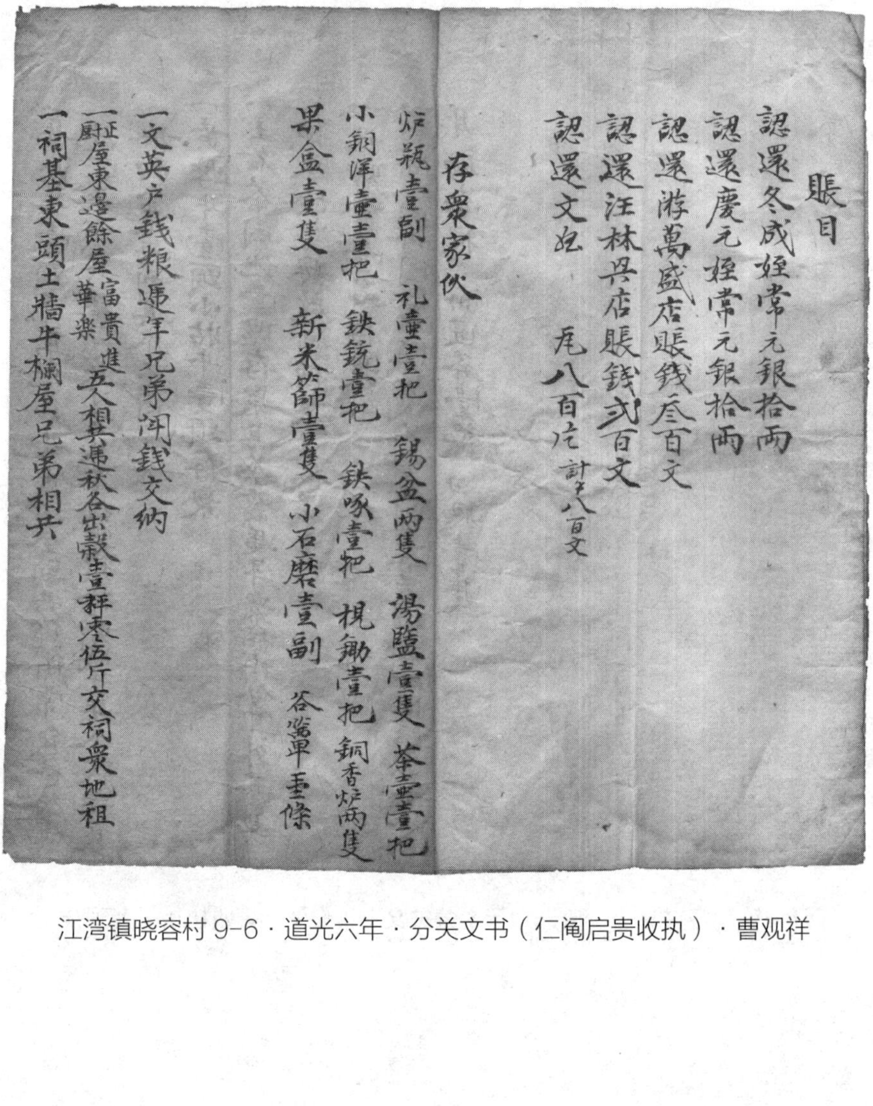

賬目
認還冬成姪常元銀拾两
認還慶元姪常元銀拾两
認還游萬盛店賬錢叁百文
認還汪林兴店賬錢弍百文
認還文姐　尾八百㐂　計千八百文

存衆家伙
炉瓶壹副　礼壺壹把　錫盆两隻　湯籃壹隻　茶壺壹把
小銅洋壺壹把　鉄銃壹把　鉄啄壹把　梘鍬壹把　銅香炉两隻
果盒壹隻　新米篩壹隻　小石磨壹副　谷簞壹條

一文英户錢粮逓年兄弟闲錢交纳
一正廚屋東邊餘屋富貴進華樂　五人相共遞秋各出穀壹秤零伍斤交祠衆地租
一祠基東頭土牆牛欄屋兄弟相共

江湾镇晓容村 9-6 · 道光六年 · 分关文书（仁阄启贵收执）· 曹观祥

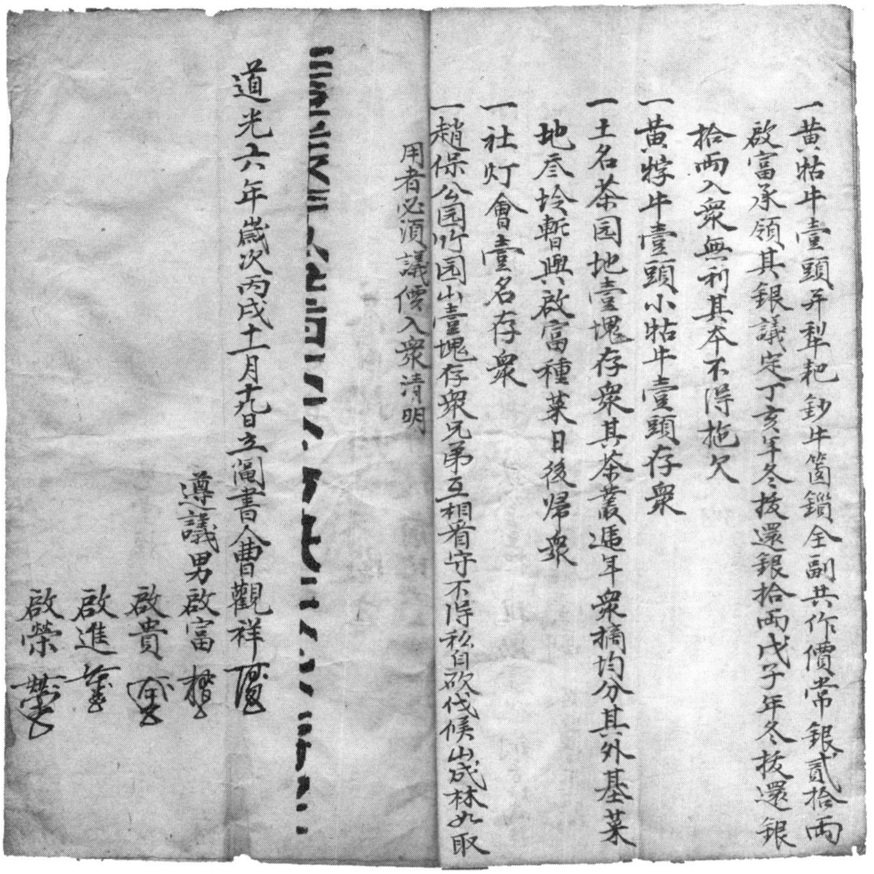

一黄牯牛壹頭并犁耙鈔牛箇鎖全副共作價常銀貳拾兩
啟富承領其銀議定丁亥年冬找還銀拾兩戊子年冬找還銀
拾兩入衆無利其本不得拖欠
一黄牸牛壹頭小牯牛壹頭存衆
一土名茶园地壹塊存衆其茶叢遞年衆摘均分其外基菜
地叁坵暫與啟富種菜日後帰衆
一社灯會壹名存衆
一趙保公园竹园山壹塊存衆兄弟互相看守不得私自砍伐候出賣林木取
用者必須議價入衆清明

道光六年歲次丙戌十一月廿九日立阄書曹觀祥（押）
遵議男啟富（押）
啟貴（押）
啟進（押）
啟榮（押）

江湾镇晓容村 9-7 · 道光六年 · 分关文书（仁阄启贵收执）· 曹观祥

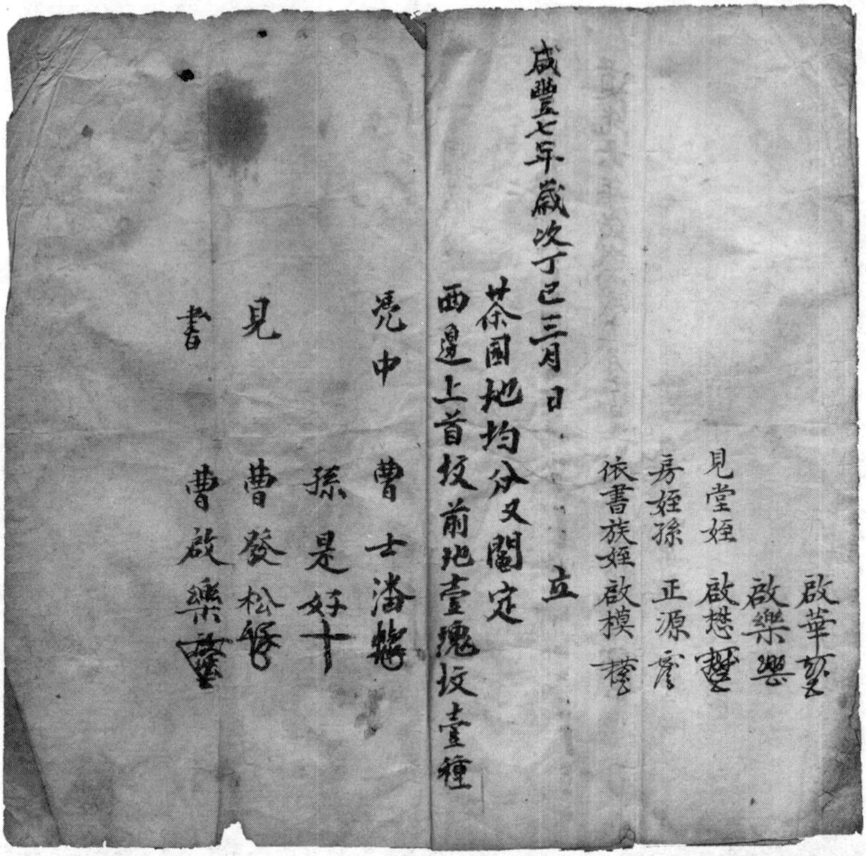

咸豐七年歲次丁巳三月日　立
茶園地均分又鬮定
西邊上首坟前地壹塊坟壹種
見堂姪　啟華
啟樂
啟懋
房姪孫　正源
依書族姪　啟模
憑中　曹士潘
孫是好
見　曹發松
書　曹啟樂

江湾镇晓容村 9-8 · 道光六年 · 分关文书（仁阄启贵收执）· 曹观祥

七甲云寿户增旺承

江湾镇晓容村 1-1 · 道光九年 · 税粮实征册 · 云寿户增旺股

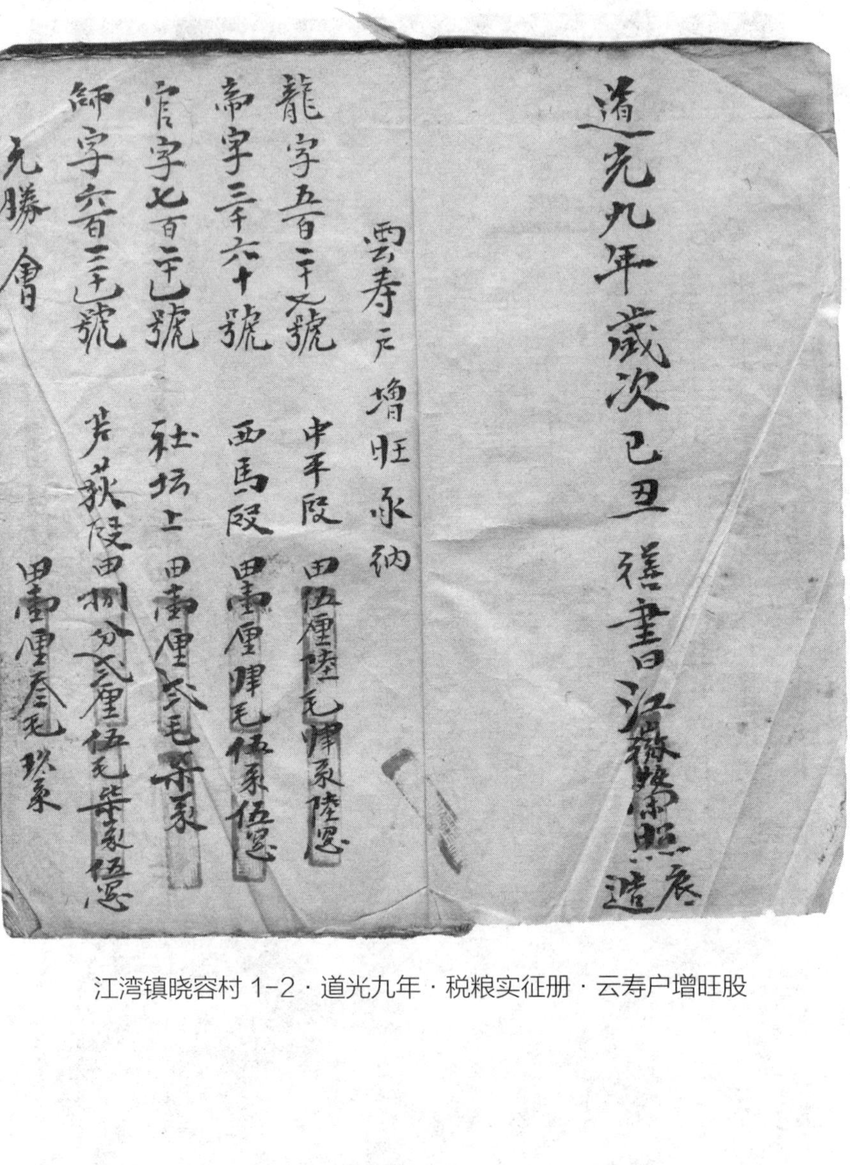

道光九年歲次己丑 謄書江[illegible]照底遺

雲寿户 增旺承納

龍字五百二十九號 中平段 田伍厘陸毛肆系陸忽

帝字三千六十號 西馬段 田壹厘肆毛伍系伍忽

官字七百二十七號 社坛上 田壹厘弍毛柒系

師字六百二十九號 若荻段田捌分弍厘伍毛柒系伍忽

九勝會 田壹厘叁毛玖系

江湾镇晓容村 1-2 · 道光九年 · 税粮实征册 · 云寿户增旺股

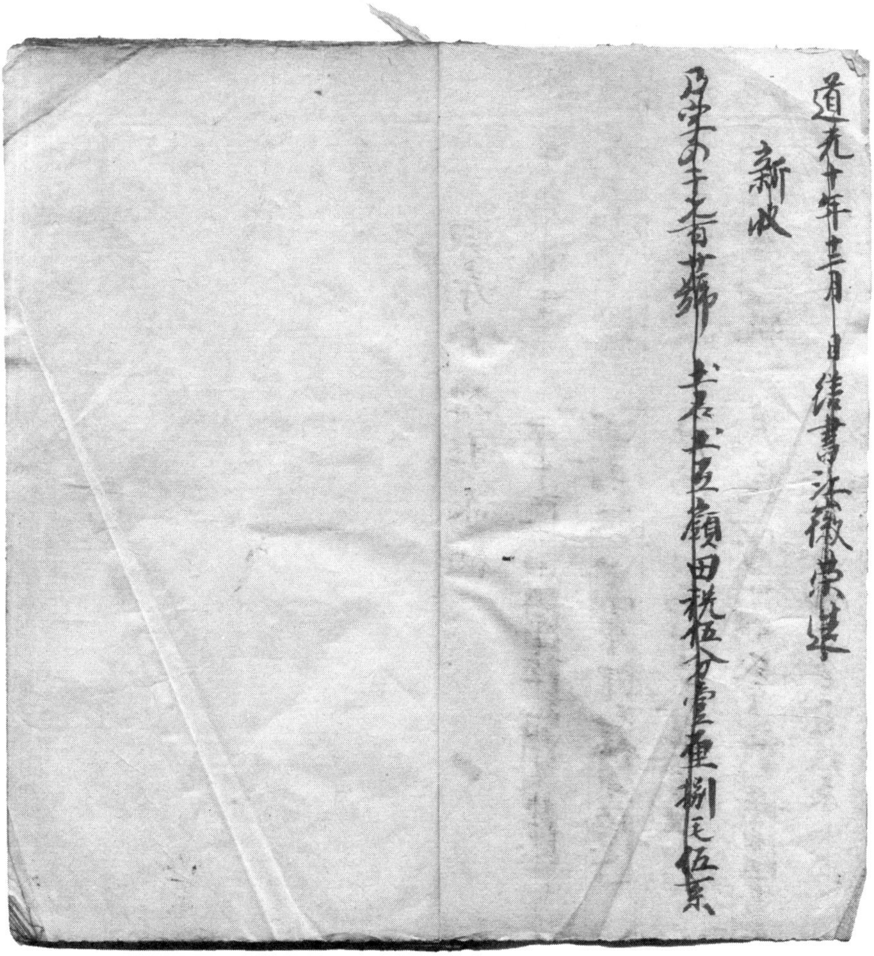

江湾镇晓容村 1-3 · 道光九年 · 税粮实征册 · 云寿户增旺股

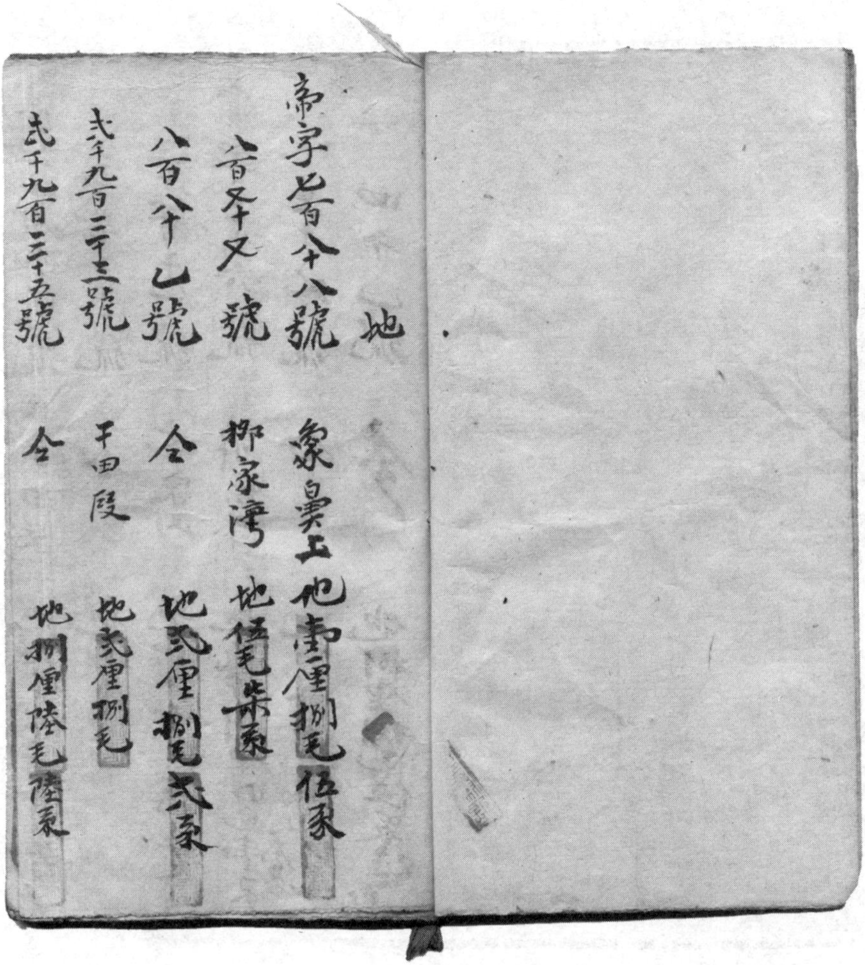

地

帝字七百八十八號　象鼻上　地壹厘捌毛伍系

八百冬十又號　柳家灣　地伍毛柒系

八百八十乙號　仝　地弍厘捌毛弍系

弍千九百二十三號　干田段　地弍厘捌毛

弍千九百二十五號　仝　地捌厘陸毛陸系

江湾镇晓容村 1-4 · 道光九年 · 税粮实征册 · 云寿户增旺股

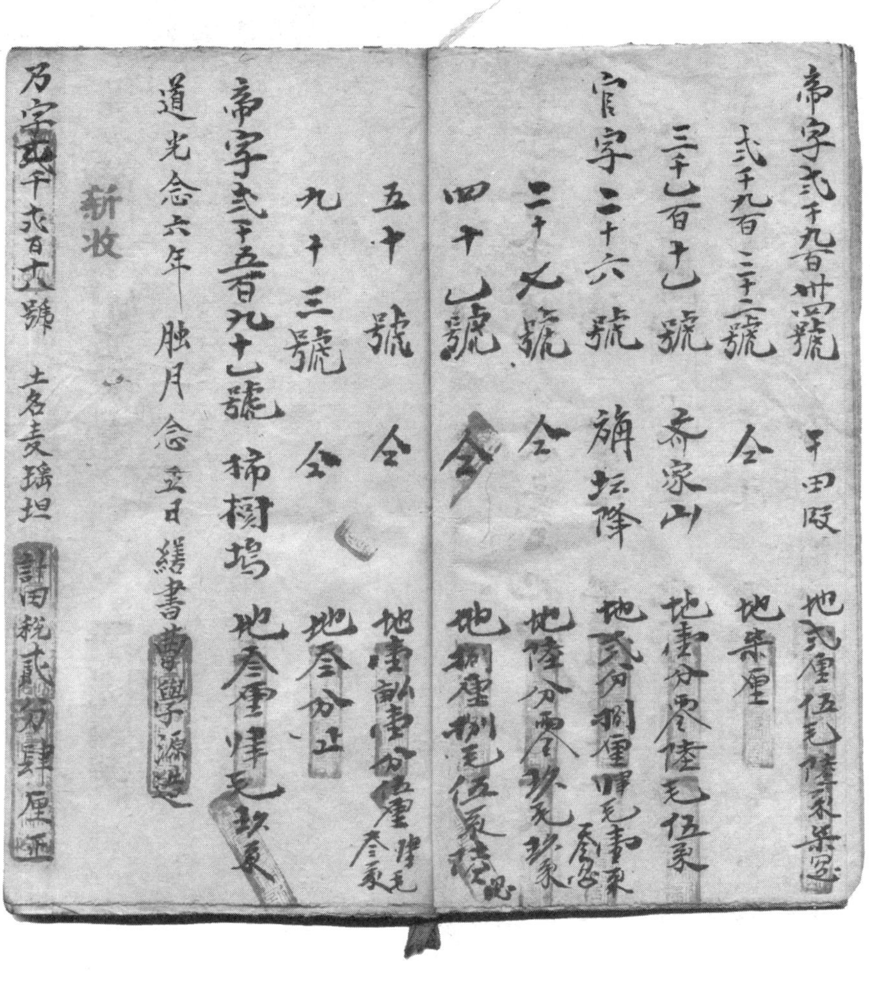
帝字弍千九百卅四號　干田　地弍厘伍毛陆系柒忽

弍千九百三十二號　仝　地柒厘

三千七百十七號　齐家山　地壹分零陆毛伍系

官字二十六號　旗坛降　地弍分捌厘肆毛壹系叁忽

二十七號　仝　地陆分零叁毛玖系

四十七號　仝　地捌厘捌毛伍系陆忽

五十號　仝　地壹亩壹分伍厘肆毛叁系

九十三號　仝　地叁分正

帝字弍千五百九十七號　柿树坞　地叁厘肆毛玖系

道光念六年　腊月念五日　缮书曹学源造

新收

乃字弍千弍百十八號　土名麦瑶坦　计田税弍分肆厘正

江湾镇晓容村 1-5 · 道光九年 · 税粮实征册 · 云寿户增旺股

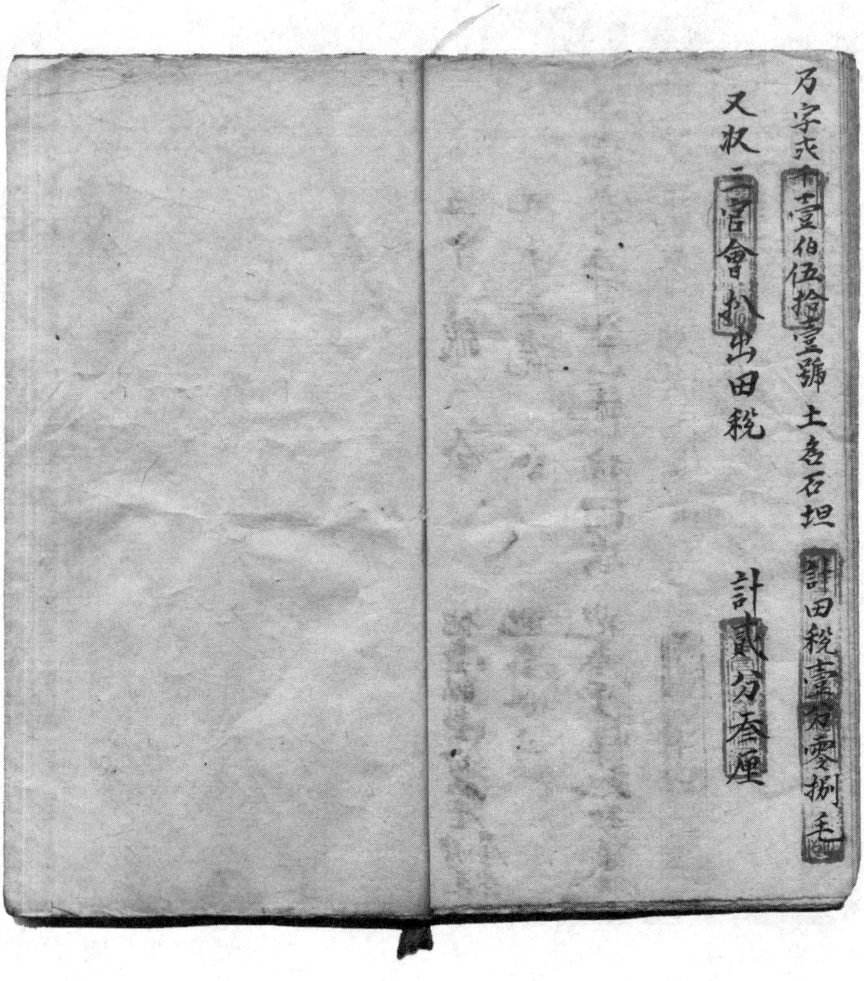
万字弍千壹伯伍拾壹號 土名石坦 計田稅壹分零捌毛
又收二啚會撥出田稅 計貳分叁厘

江湾镇晓容村 1-6 · 道光九年 · 税粮实征册 · 云寿户增旺股

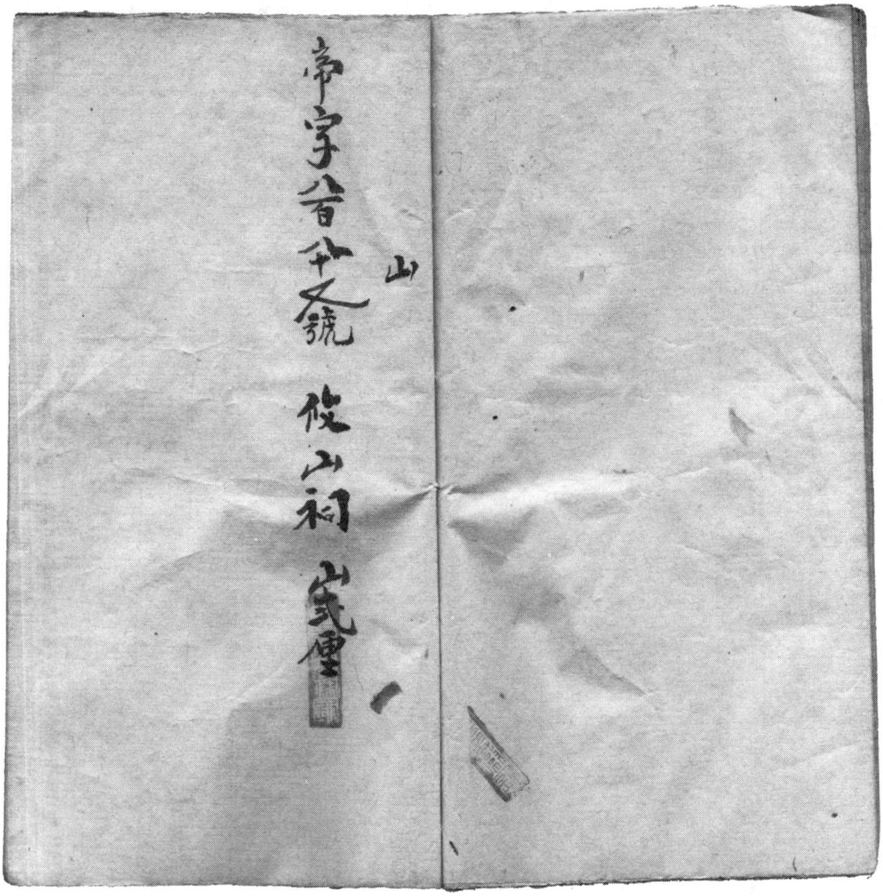

江湾镇晓容村 1-7 · 道光九年 · 税粮实征册 · 云寿户增旺股

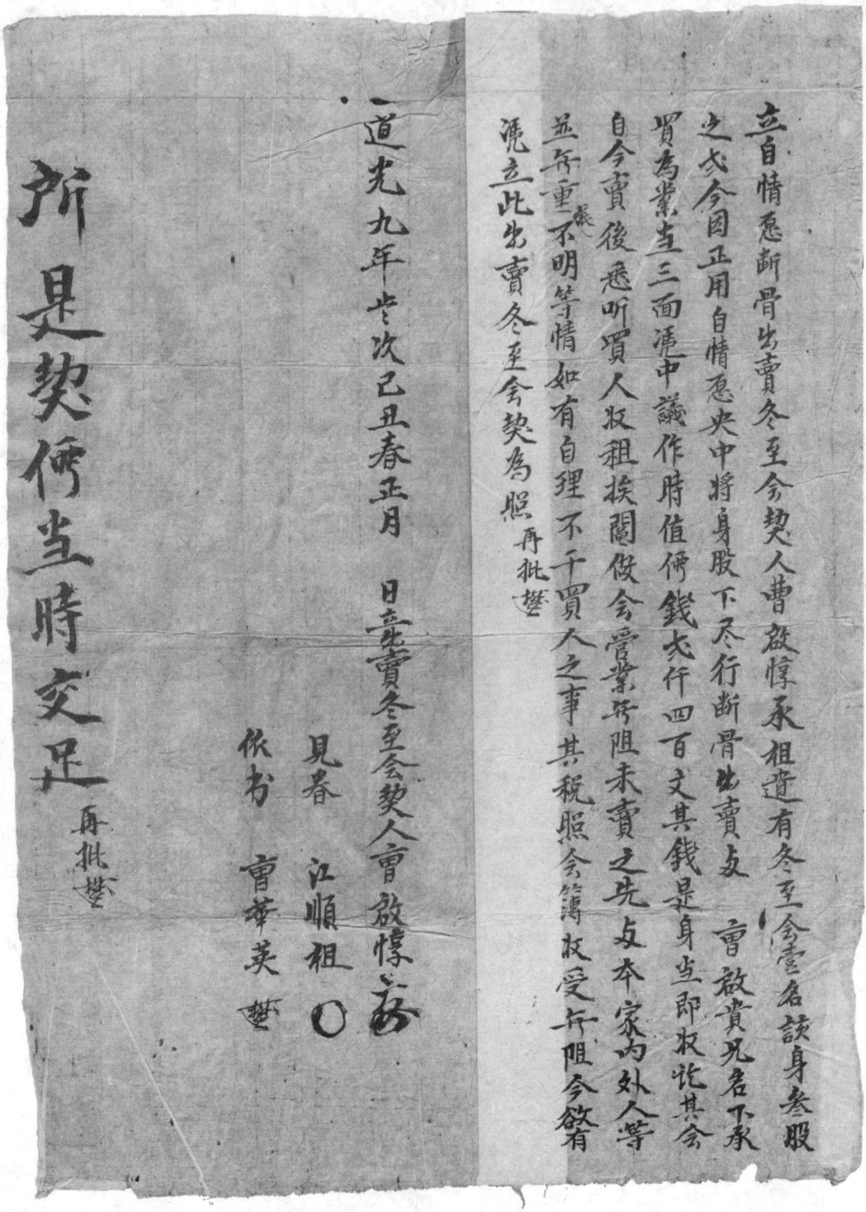

立自情愿断骨出賣冬至会契人曹啟惇承祖遺有冬至会壹名該身叁股之弌今因正用自情愿央中將身股下尽行断骨出賣与 曾啟貴兄名下承買為業當三面憑中議作時值價錢弍仟四百文其錢是身當即收讫其会自今賣後悉听買人收租挨閣做会管業毋阻未賣之先与本家內外人等並無重張不明等情如有自理不干買人之事其稅照会簿收受毋阻今欲有憑立此出賣冬至会契為照 再批（押）

道光九年岁次己丑春正月 日立出賣冬至会契人曾啟惇（押）

見眷 江順祖 ○

依书 曾華英（押）

所是契價当時交足 再批（押）

江湾镇晓容村 88 · 道光九年 · 断骨出卖冬至会契 · 曹启惇卖与曹启贵

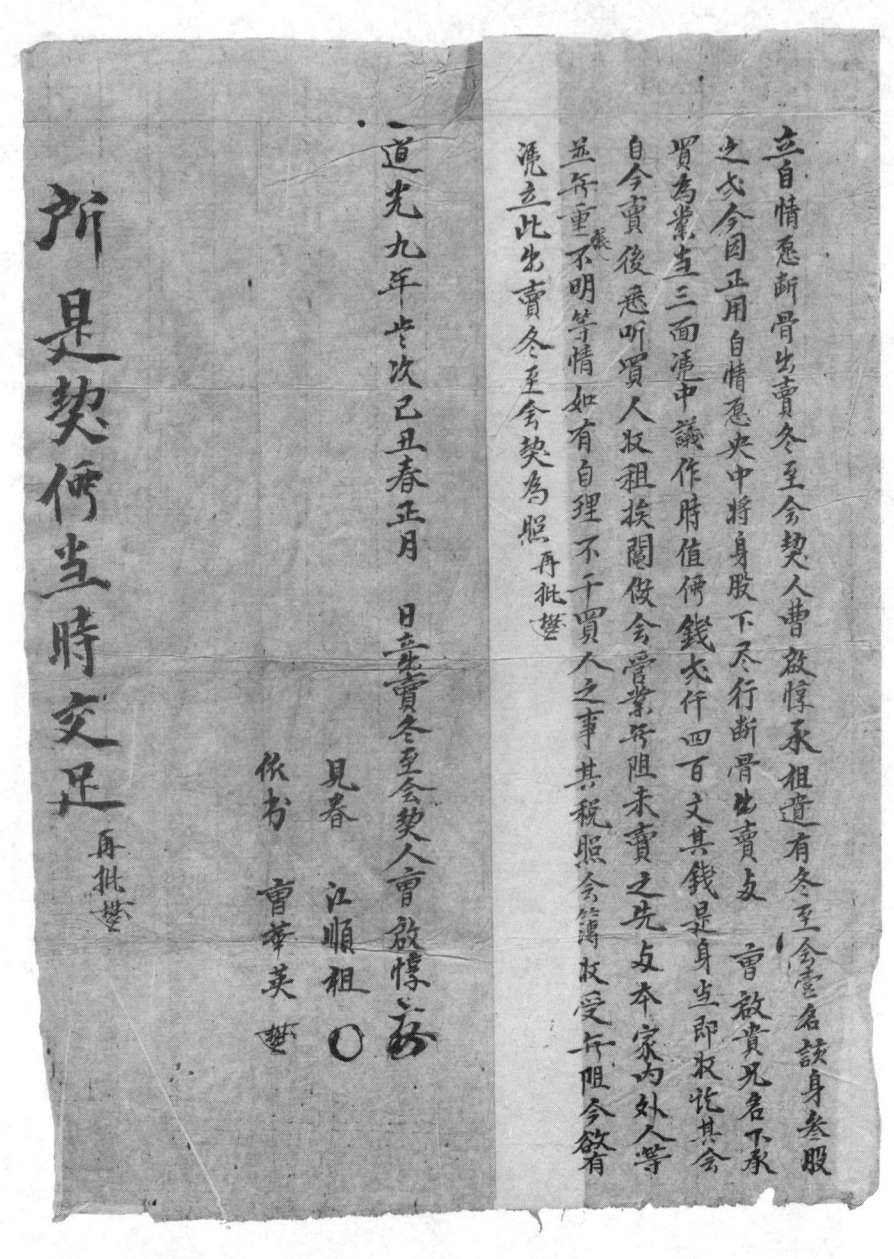

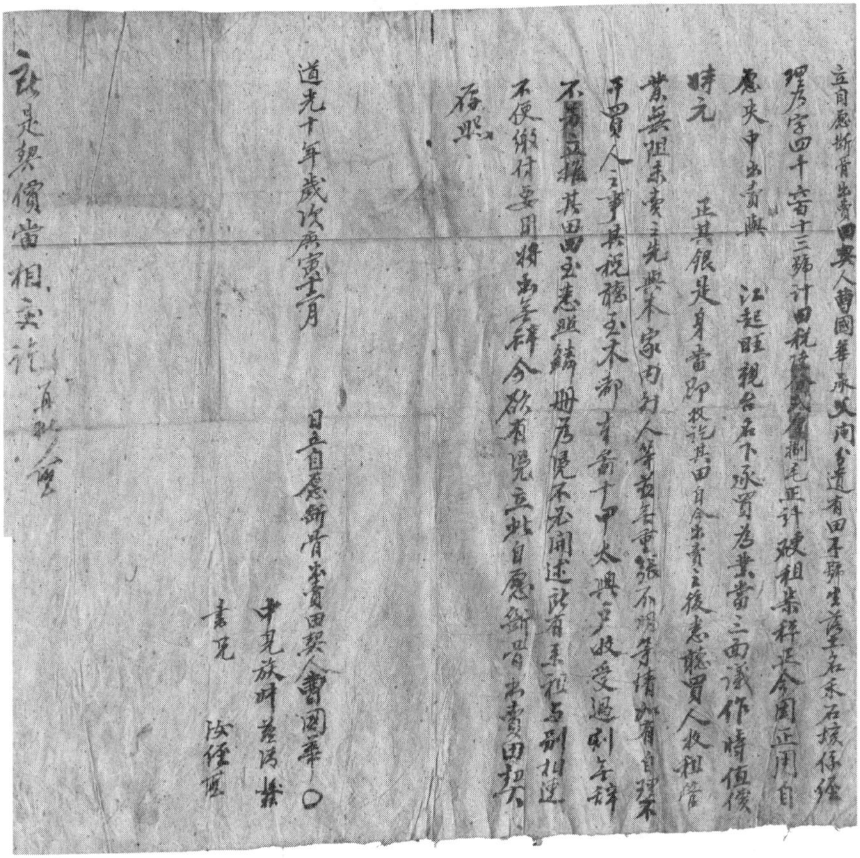

立自愿断骨出卖田契人曹國華承父阄分遺有田壹號坐落土名禾石垅保經理夜字四千六百十三號計田稅[illegible]捌毛正計硬租柒秤正今因正用自愿央中出賣與 江起旺親台名下承買為業當三面議作時值價

時元 正其銀是身當即收訖其田自今出賣之後悉聽買人收租管業無阻未賣之先與本家內外人等並無重張不明等情如有自理不干買人之事其稅糧至本都 本圖十甲太興戶收受過割無辭不另立推其田至悉照鱗冊為憑不必開述所有來租與副相連不便繳付要用將出無辭今欲有憑立此自愿斷骨出賣田契

存照

道光十年歲次庚寅十二月 日立自愿斷骨出賣田契人曹國華〇

中見族叔 荃湧 押

書見 胞侄 [illegible]

前是契價當相交訖 再批人 [illegible]

江湾镇晓容村 91 · 道光十年 · 断骨出卖田契 · 曹国华卖与江起旺亲台

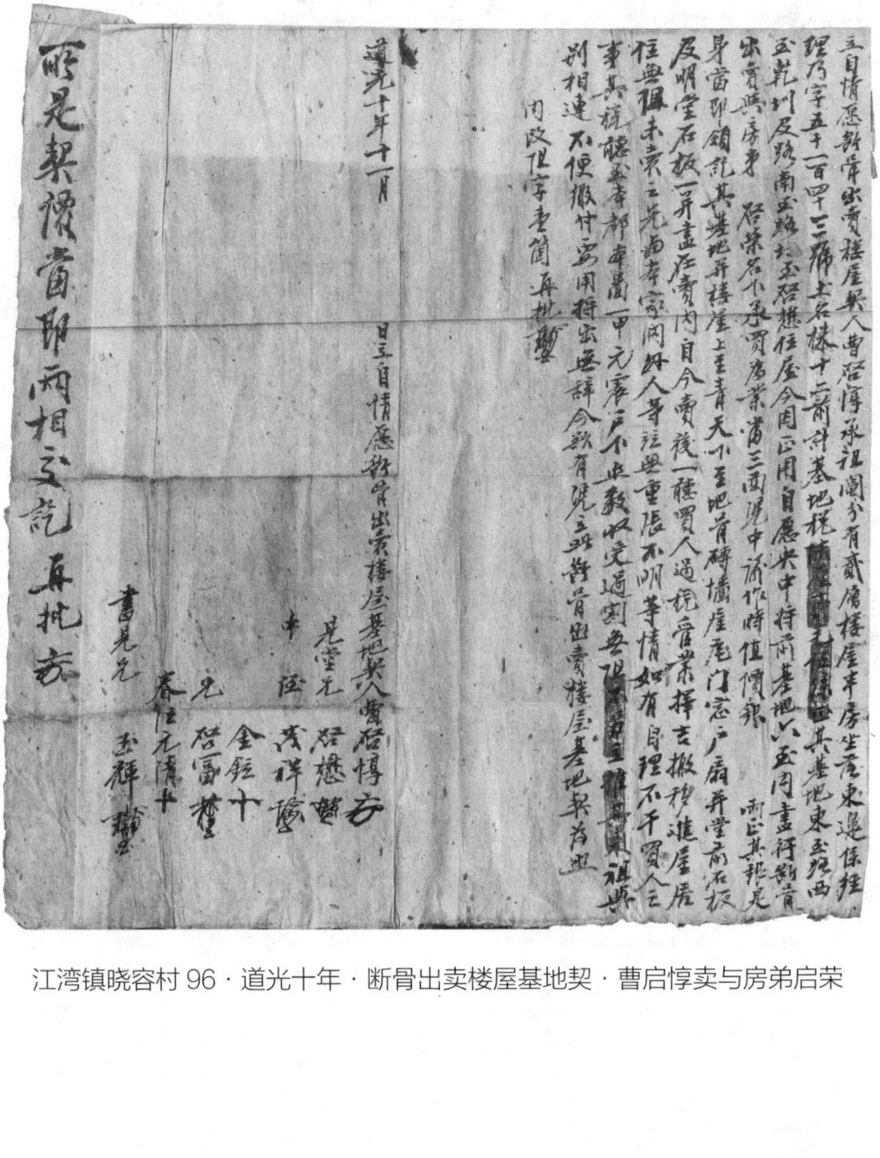

立自情愿断骨出卖楼屋契人曹启惇承祖阄分有贰层楼屋半房坐落东边保程
理乃字五千一百四十三号土名株十二前计基地税[redacted]其基地东至路西
至乾圳及路南至路北至启懋住屋今因正用自愿央中将前基地以至内尽行断骨
出卖与房弟启荣名下承买为业当三面凭中议作时值价银　两正其银是
身当即领讫其基地并楼屋上至青天下至地骨砖墙屋庵门窗户扇并堂前石板
及明堂石板一并尽在卖内自今卖后一听买人过税管业择吉搬移进屋居
住无阻未卖之先与本家内外人等并无重张不明等情如有自理不干买人之
事其税听至本都本图一甲元宝户下起割收受过割无阻[redacted]祖契
别相连不便缴付要用将出无辞今欲有凭立此断骨出卖楼屋基地契为照
内改作字壹个再批（押）

道光十年十一月　日立自情愿断骨出卖楼屋基地契人曹启惇（押）
见堂兄　启懋（押）
中　证　茂祥（押）
金铉　十
兄　启富（押）
春任　元清　十
书见兄　玉群（押）
所是契价当即两相交讫再批（押）

江湾镇晓容村 96 · 道光十年 · 断骨出卖楼屋基地契 · 曹启惇卖与房弟启荣

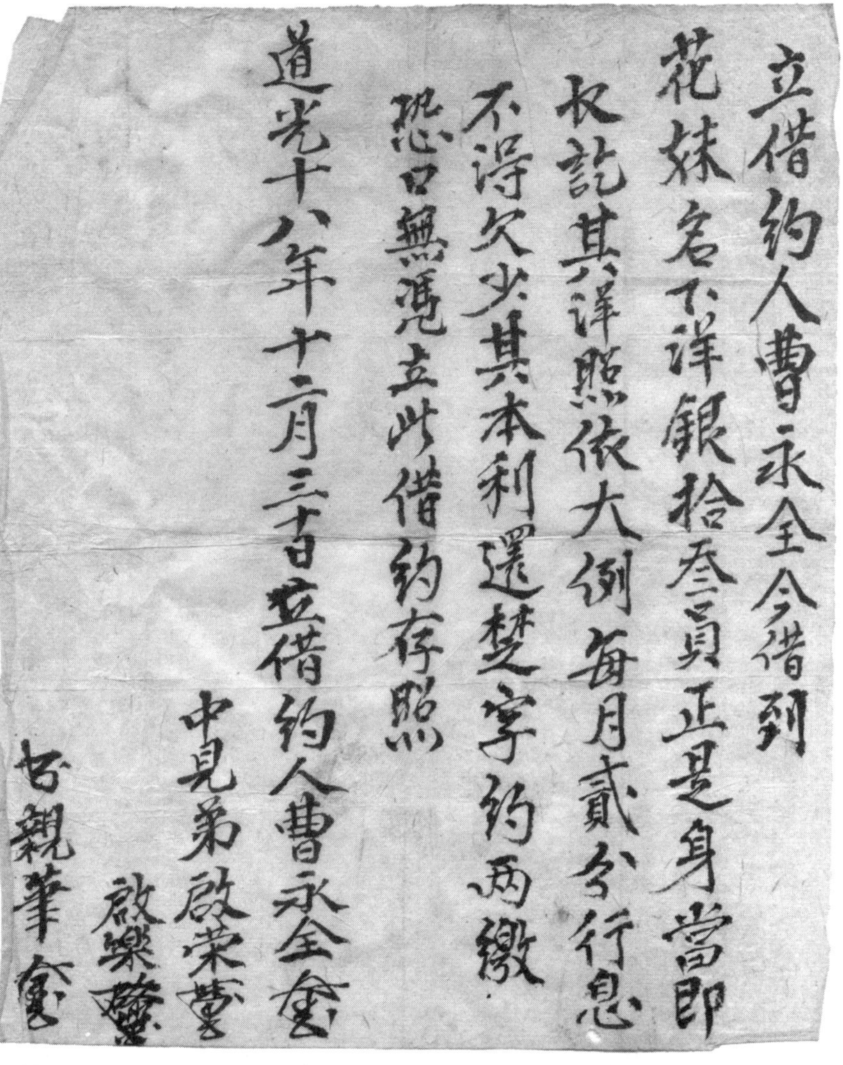

立借約人曹永全今借到
花妹名下洋銀拾叁員正是身當即
收訖其洋照依大例每月貳分行息
不得欠少其本利還楚字約兩繳
恐口無憑立此借約存照
道光十八年十二月三十日立借約人曹永全
中見弟啟榮
啟樂
古親筆

江湾镇晓容村 72 · 道光十八年 · 借约 · 曹永全借到花妹

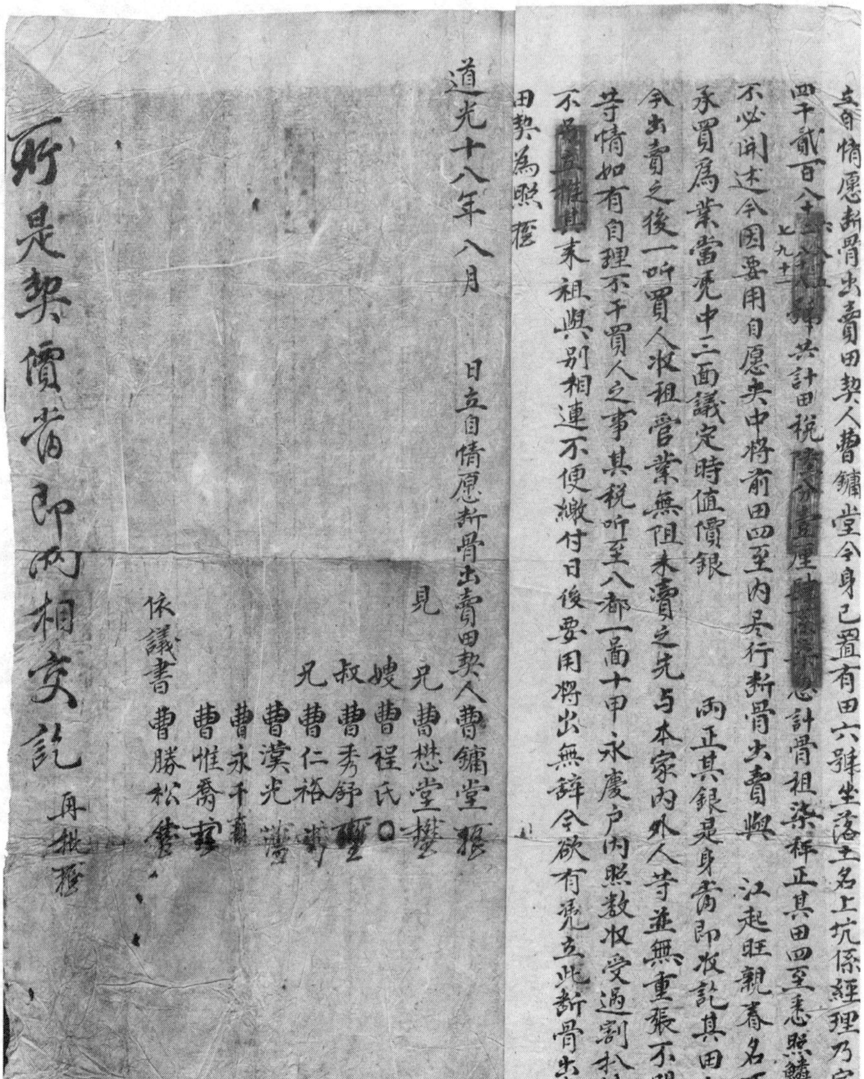
立自情愿断骨出賣田契人曹鏞堂，今身己置有田六號，坐落土名上坑，係經理乃字
四千貳百八十[illegible]號，共計田稅[illegible]計骨租柒秤正。其田四至悉照鱗册
不必開述。今因要用，自愿央中將前田四至内尽行断骨出賣與　江起旺親眷名下
承買爲業。當凭中三面議定時值價銀　兩正，其銀是身當即收訖。其田自
今出賣之後，一听買人收租管業無阻。未賣之先，与本家内外人等並無重張不明
等情，如有，自理，不干買人之事。其稅听至八都一啚十甲永慶户内照數收受過割扒納，
不另立推單。其來祖與別相連，不便繳付，日後要用，將出無辭。今欲有凭，立此断骨出賣
田契爲照。

道光十八年八月　日立自情愿断骨出賣田契人曹鏞堂

見　兄曹懋堂
　　嫂曹程氏
　　叔曹秀舒
　　兄曹仁裕
　　　曹漢光
　　　曹永千
　　　曹惟喬
依議書　曹勝松

所是契價當即兩相交訖。再批。

江湾镇晓容村 83 · 道光十八年 · 断骨出卖田契 · 曹镛堂卖与江起旺亲眷

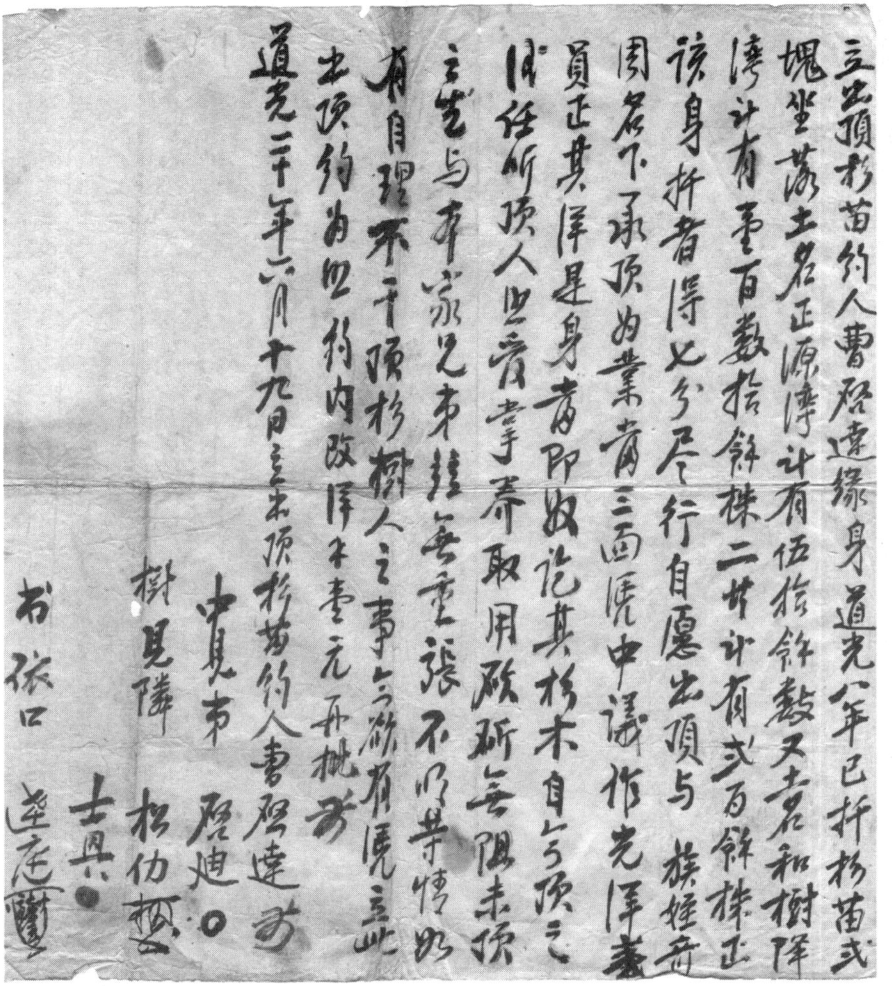

立出頂杉苗約人曹啓達緣身道光八年已扦杉苗弍
塊坐落土名正源灣計有伍拾餘數又土名和樹降
灣計有壹百數拾餘株二共計有弍百餘株正
該身扦者得七分尽行自愿出頂與 族侄奇
周名下承頂爲業當三面憑中議作光洋叁
員正其洋是身當即收訖其杉木自今頂之
後任所頂人出賣長養取用厥所無阻未頂
之先與本家兄弟並無重張不明等情如
有自理不干頂杉樹人之事今欲有憑立此
出頂約爲照約內改洋木壹元再批（押）
道光二十年六月十九日立出頂杉苗約人曹啓達（押）
中見弟 啓迪〇
樹見隣 松仂（押）
士興
書依口 逢庭（押）

江湾镇晓容村 73 · 道光二十年 · 出顶杉苗约 · 曹启达顶与族侄奇周

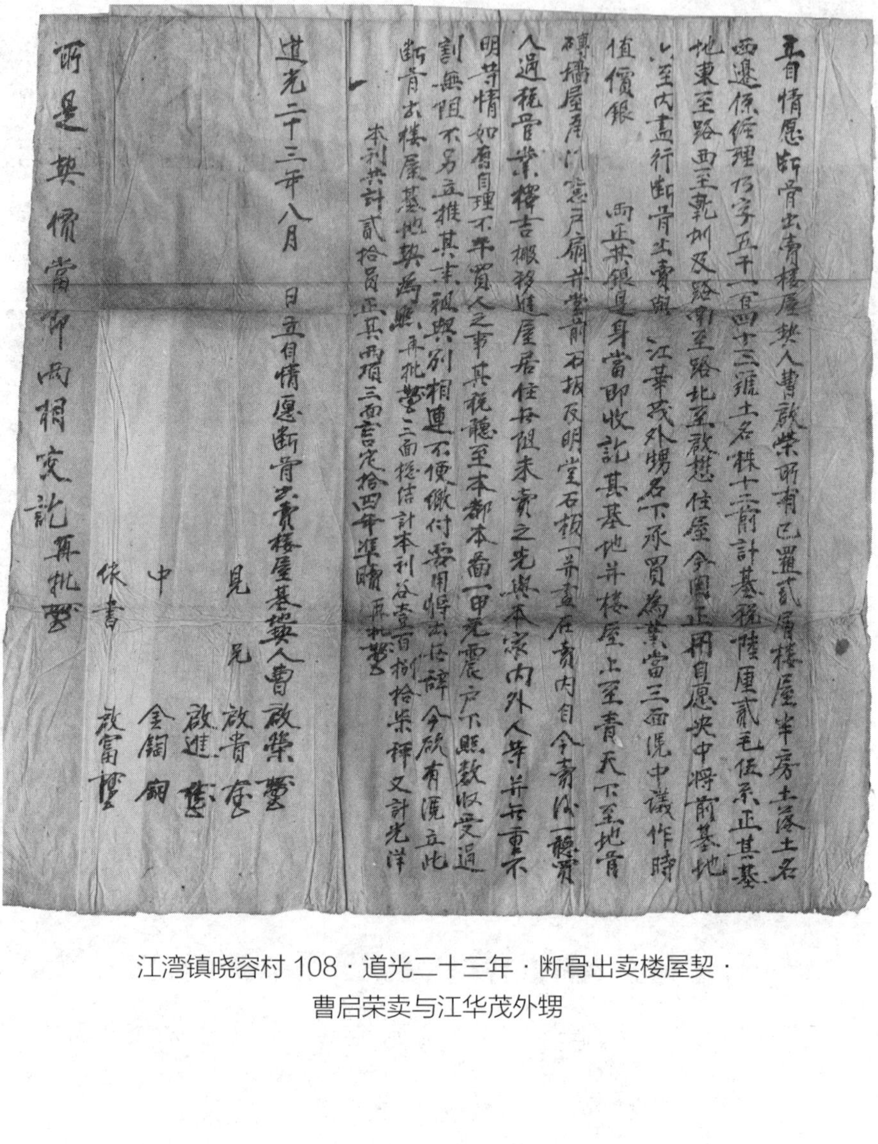

江湾镇晓容村 108 · 道光二十三年 · 断骨出卖楼屋契 ·

曹启荣卖与江华茂外甥

立租房屋约人曹启进今租到
江佛胜外锡名下土名栋十二青中村三层楼屋壹
全壹眠甲三面言定进年秋冬交祖谷拾祥正
粒谷送门交纳不得欠少订定祖住三年为則其
屋外平槛併夹祖内具屋将正屋东邊半壹調
換居住正屋祖钱拟去佛胜权受身具交祖谷伍祥
有倡異先今此有見主並祖約為炤

道光貳五年十二月 日立租房屋曹启进 押
中見 曹寶鳥 押
立中龍 押
眷江寶林謹 押
代書 重圍 押

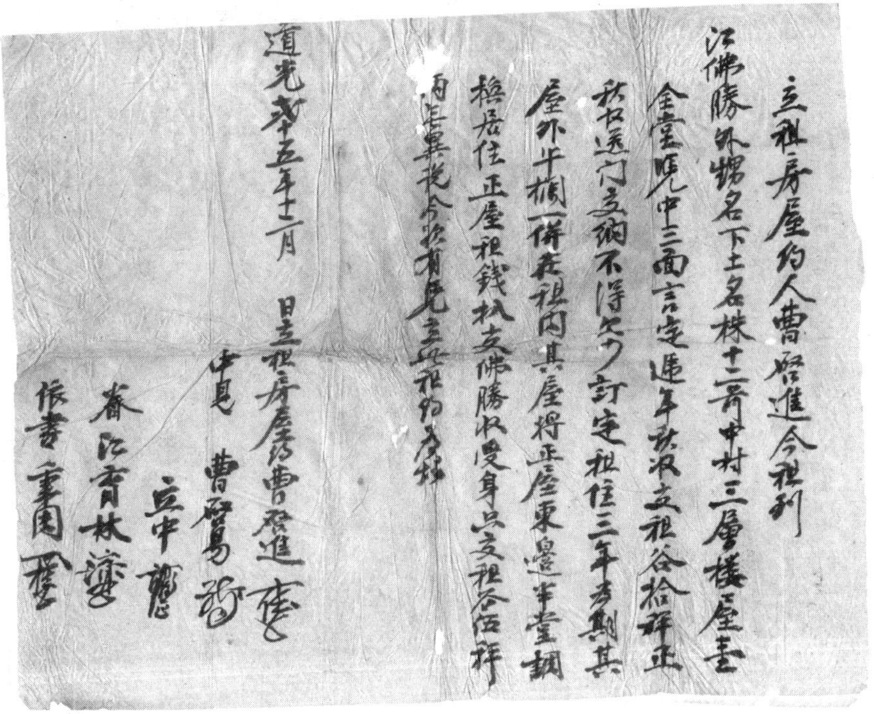

江湾镇晓容村57·道光二十五年·租房屋约·曹启进租到江佛胜

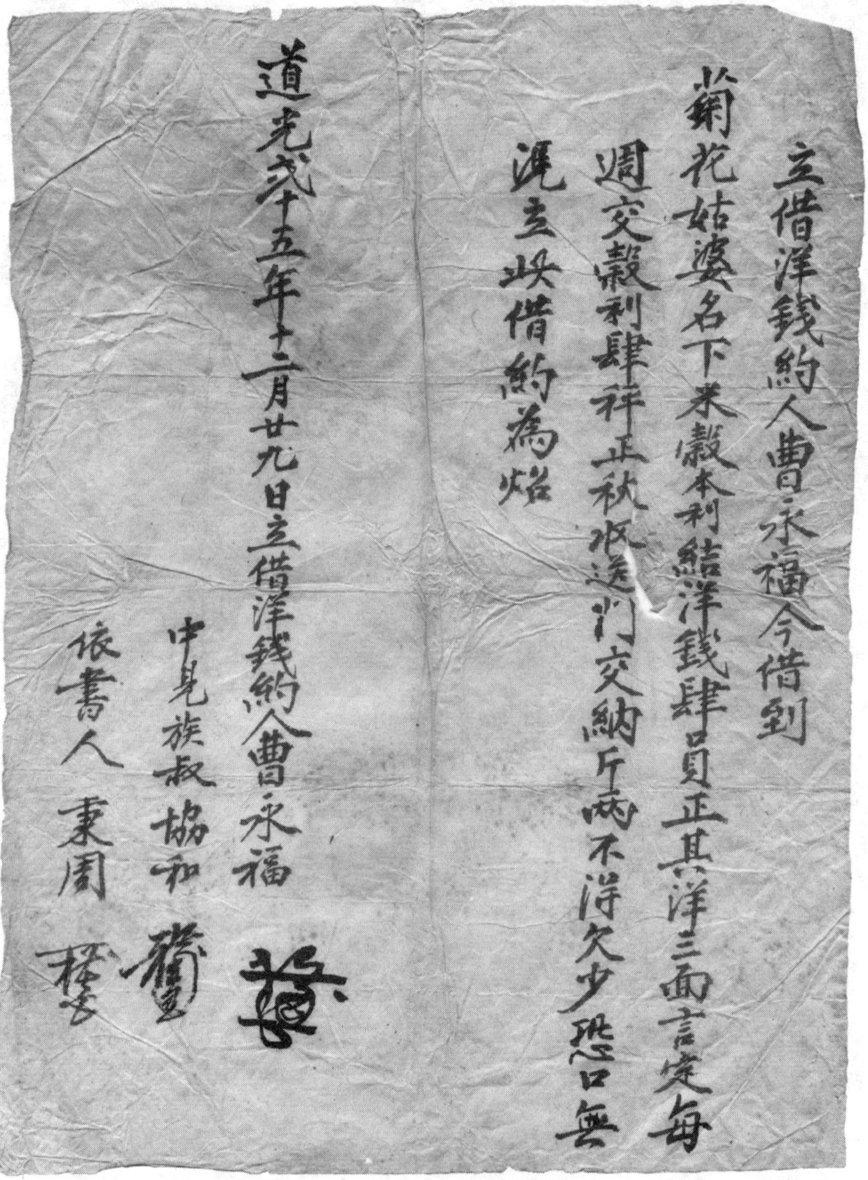

立借洋錢約人曹永福今借到
菊花姑婆名下米穀本利結洋錢肆员正其洋三面言定每
週交穀利肆秤正秋收送門交納斤兩不得欠少恐口無
憑立此借約為照
道光弍十五年十二月廿九日立借洋錢約人曹永福
中見族叔協和
依書人秉周

江湾镇晓容村 63 · 道光二十五年 · 借洋钱约 · 曹永福借到菊花姑婆

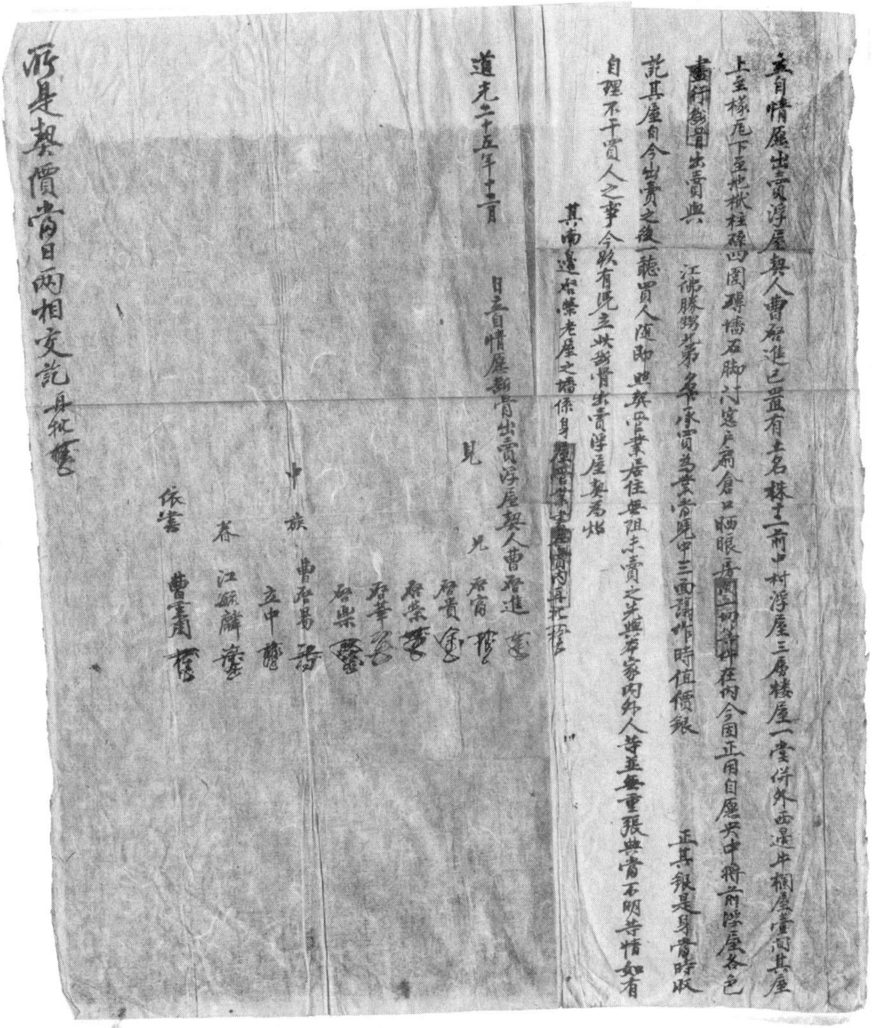

立自情愿出卖浮屋契人曹启进，已置有土名[illegible]前中村浮屋三层楼屋一堂，并外西边牛栏屋壹间，其屋上至椽瓦，下至地栿柱磉，四围砖墙石脚，门窗户扇，仓口晒眼，[illegible]在内，今因正用，自愿央中将前浮屋各色尽行断骨出卖与江佛胜甥兄弟名下承买为业，当凭中三面议作时值价银[illegible]正，其银是身当时收讫，其屋自今出卖之后，一听买人随即照契管业居住，无阻，未卖之先，与本家内外人等并无重张典卖不明等情，如有自理，不干买人之事，今欲有凭，立此断骨出卖浮屋契为照。

其[illegible]老屋之墙系身[illegible]再批。

道光二十五年十二月　日立自情愿断骨出卖浮屋契人曹启进

见　兄　启富　启贵　启荣　启华　启崇

中　族　曹启易　立中

春　江[illegible]麟

依书　曹[illegible]周

所是契价当日两相交讫，再批。

江湾镇晓容村 94 · 道光二十五年 · 出卖浮屋契 · 曹启进卖与江佛胜甥兄弟

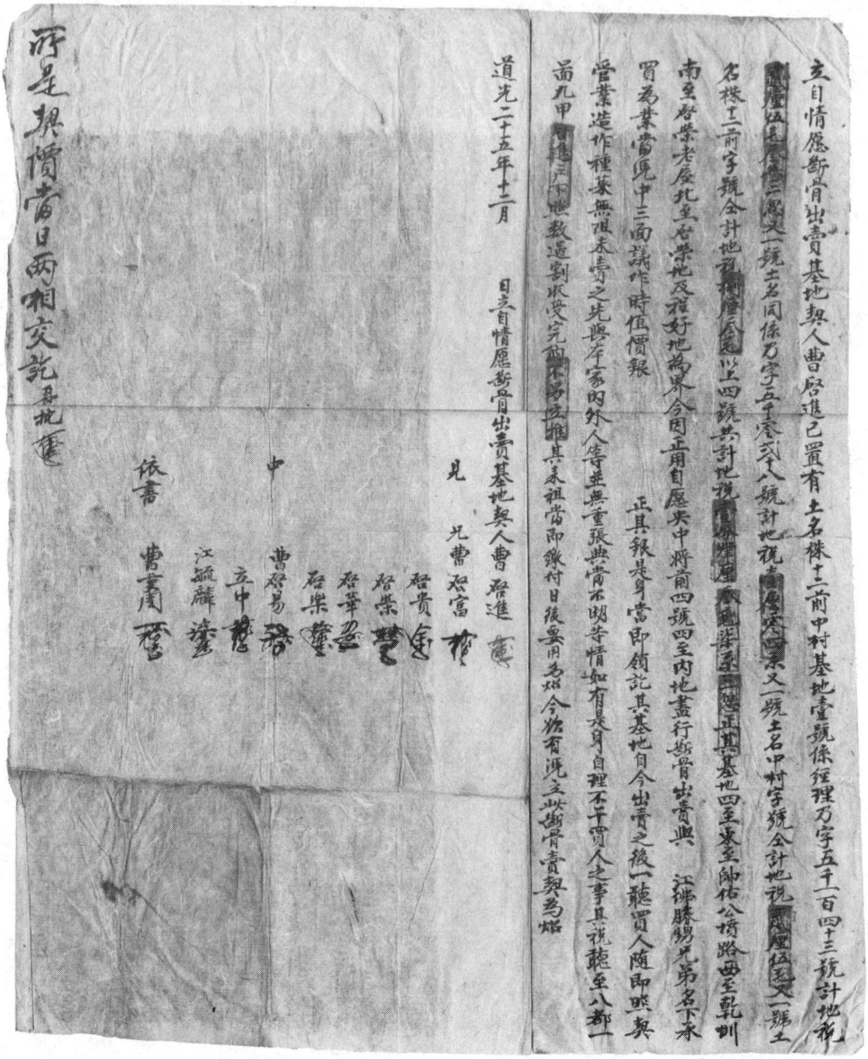

立自情愿断骨出賣基地契人曹啓進，已置有土名株十二前中村基地壹號，係經理万字五千一百四十三號，計地稅[illegible]

[illegible]又一號土名同，係万字五千零弍十八號，計地稅[illegible]又一號土名中村字號，全計地稅[illegible]又一號土

名株十二前字號，全計地稅[illegible]以上四號共計地稅[illegible]正，其基地四至：東至師佑公墳路，西至乾訓，

南至啓榮老屋，北至啓榮地及程姓地為界。今因正用，自愿央中將前四號四至內地盡行断骨出賣與　江佛勝甥兄弟名下承

買為業，當憑中三面議作時值價銀　正。其銀是身當即領訖，其基地自今出賣之後，一聽買人隨即照契

管業造作種葬無阻。未賣之先，與本家內外人等並無重張典當不明等情，如有，是身自理，不干買人之事。其稅聽至八都一

啚九甲[illegible]户下照数過割收受完[illegible]，其来祖當即繳付，日後要用另焰。今欲有憑，立此断骨賣契為照。

道光二十五年十二月　日立自情愿断骨出賣基地契人曹啓進（押）

見　兄曹啓富（押）

啓貴（押）

啓榮（押）

啓華（押）

啓樂（押）

中　曹啓昜（押）

立中（押）

江毓麟（押）

依書　曹書周（押）

所是契價當日兩相交訖　再批（押）

江湾镇晓容村 97 · 道光二十五年 · 断骨出卖基地契 · 曹启进卖与江佛胜甥兄弟

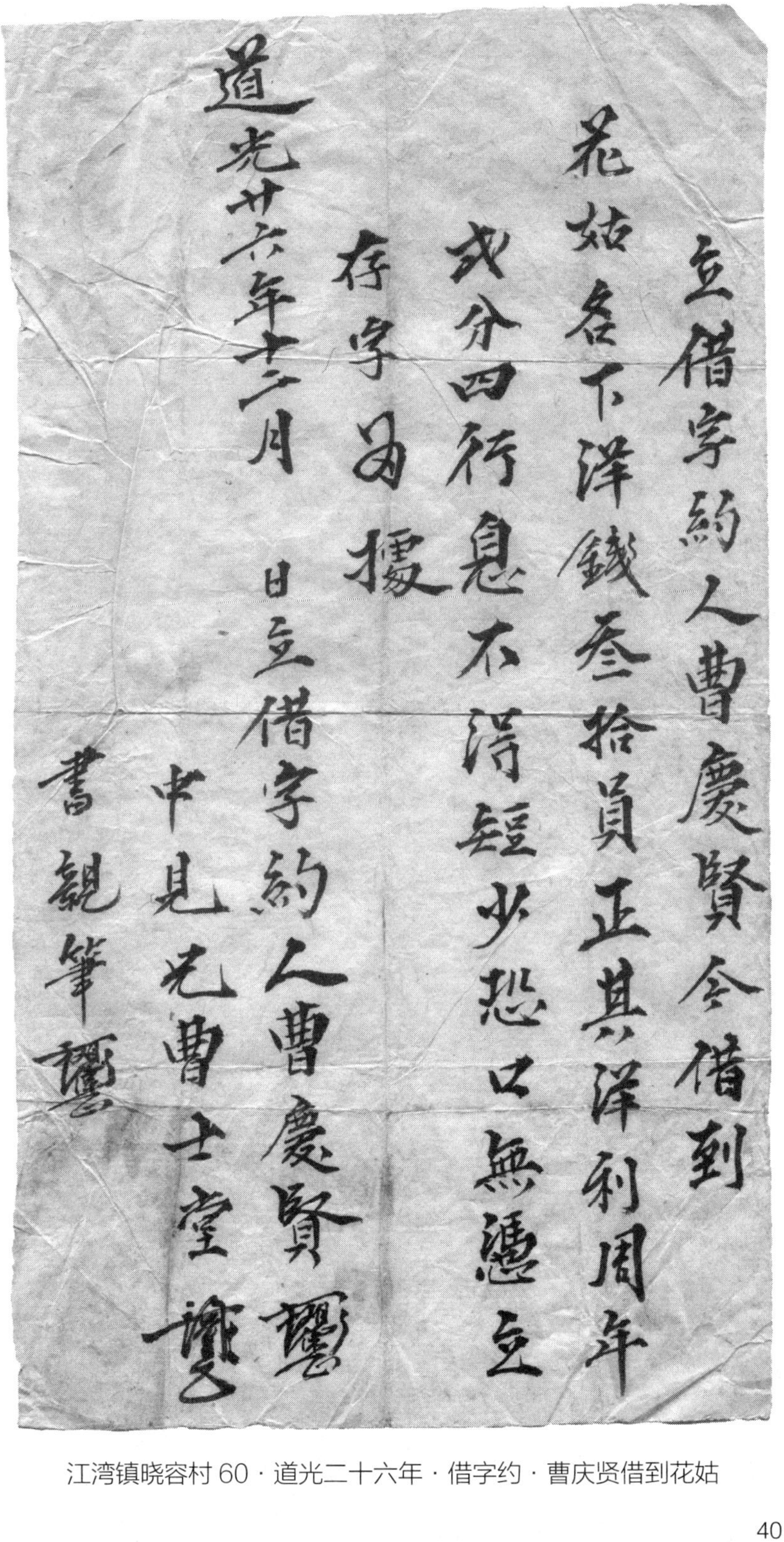

立借字約人曹慶賢今借到
花姑名下洋錢叁拾員正其洋利周年
弍分四行息不得短少恐口無憑立
存字為據
道光廿六年十二月　日立借字約人曹慶賢（押）
中見兄曹士堂（押）
書親筆（押）

江湾镇晓容村 60 · 道光二十六年 · 借字约 · 曹庆贤借到花姑

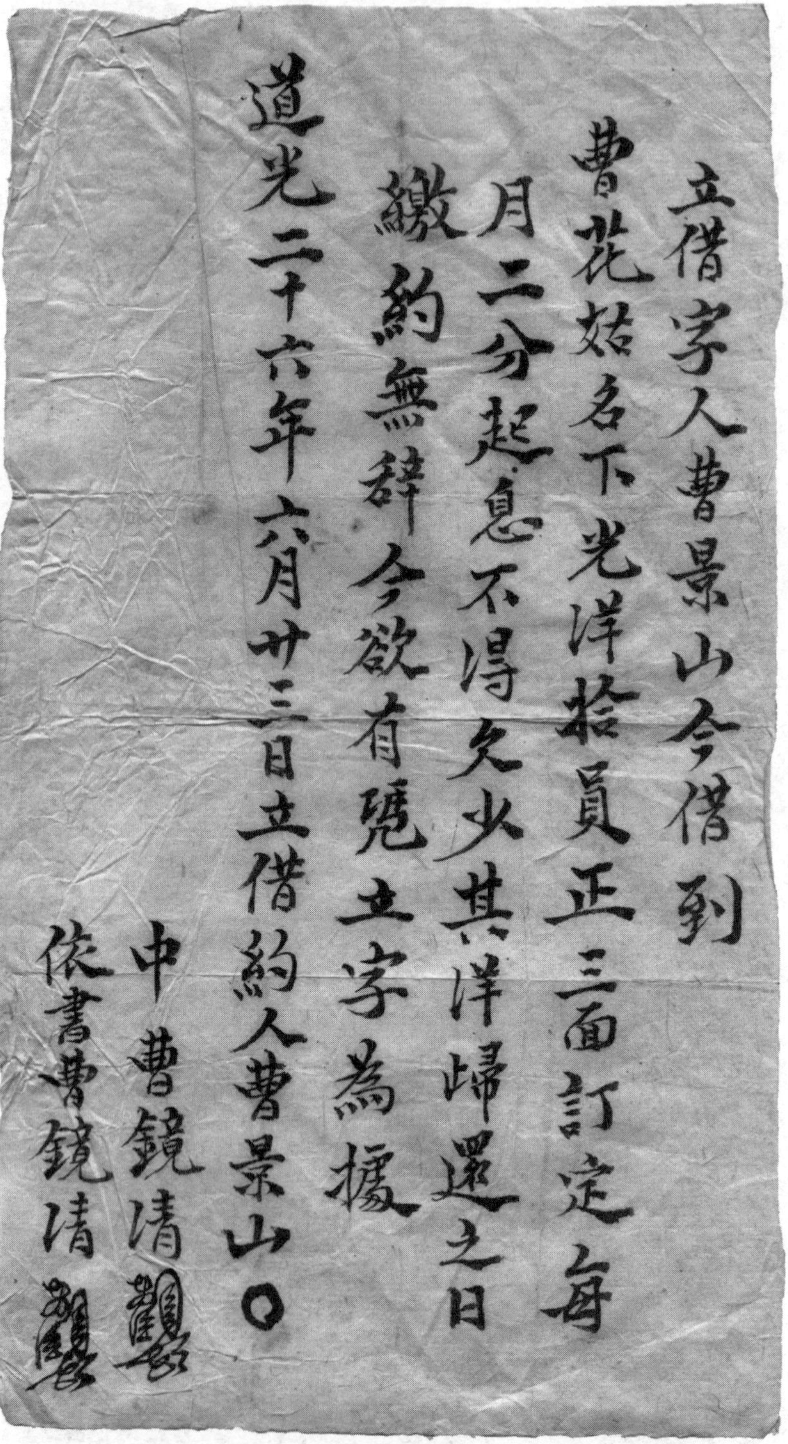

立借字人曹景山今借到
曹花姑名下光洋拾員正三面訂定每
月二分起息不得欠少其洋歸還之日
繳約無辞今欲有憑立字為據
道光二十六年六月廿三日立借約人曹景山
中曹鏡清
依書曹鏡清

江湾镇晓容村 74 · 道光二十六年 · 借字 · 曹景山借到曹花姑

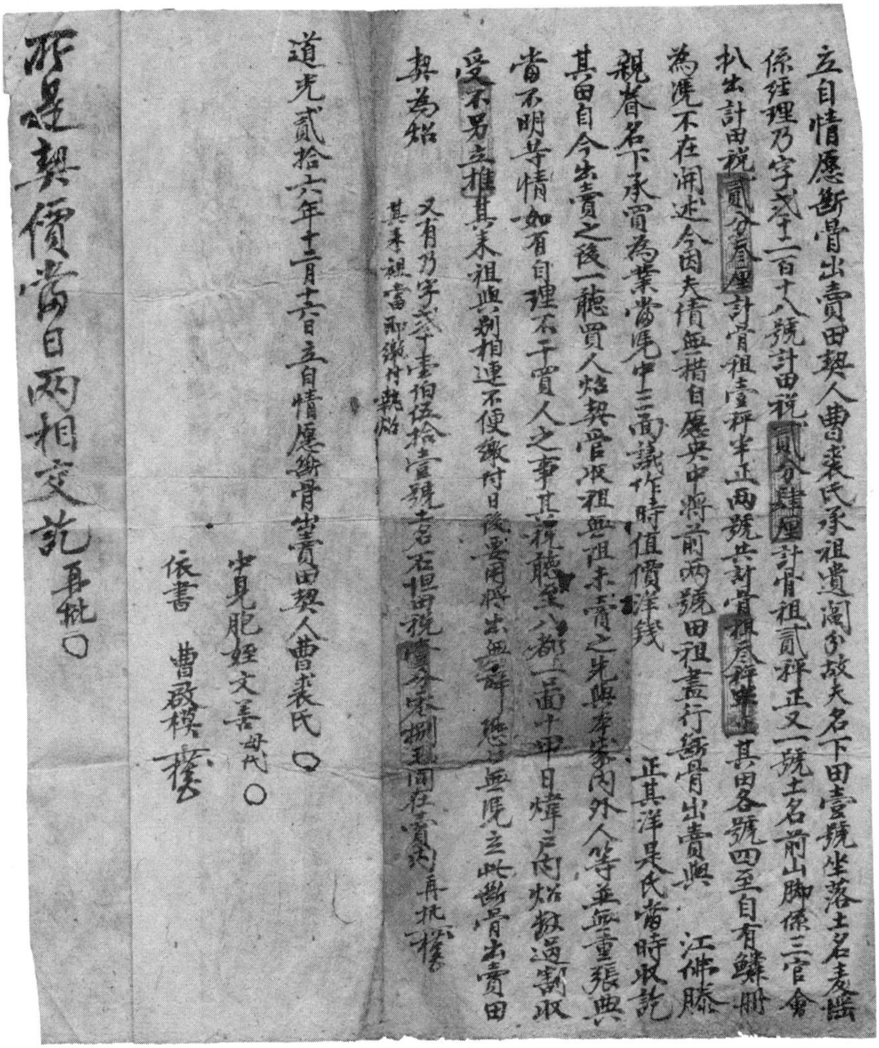
立自情愿断骨出賣田契人曹裘氏承祖遺阄分故夫名下田壹號坐落土名麦陇
係经理乃字弍千一百十八號計田税貳分肆厘計骨祖貳秤正又一號土名前山脚係三官會
扒出計田税貳分叁厘計骨祖壹秤半正兩號共計骨祖叁秤半正其田各號四至自有鱗册
為凴不在開述今因夫債無措自愿央中將前兩號田祖盡行断骨出賣與　江佛滕
親眷名下承買為業當凴中三面議作時值價洋錢　正其洋是氏當時收訖
其田自今出賣之後一聽買人收契管收祖無阻未賣之先與本家内外人等並無重張典
當不明等情如有自理不干買人之事其祖聽至八都一啚十甲日煒户内收敨過割取
受不另立推其來祖與别相連不便缴付日後要用將出無辞　聽照無凴立此断骨出賣田
契為照
又有乃字弍千壹伯伍拾壹號土名石坦田税壹分叁厘五固在賣契内　再批　啓模
其來祖當即缴付執照
道光貳拾六年十二月十六日立自情愿断骨出賣田契人曹裘氏 ○
中見胞侄文善 母代 ○
依書　曹啓模
所是契價當日兩相交訖　再批 ○

江湾镇晓容村 84 · 道光二十六年 · 断骨出卖田契 · 曹裘氏卖与江佛滕亲眷

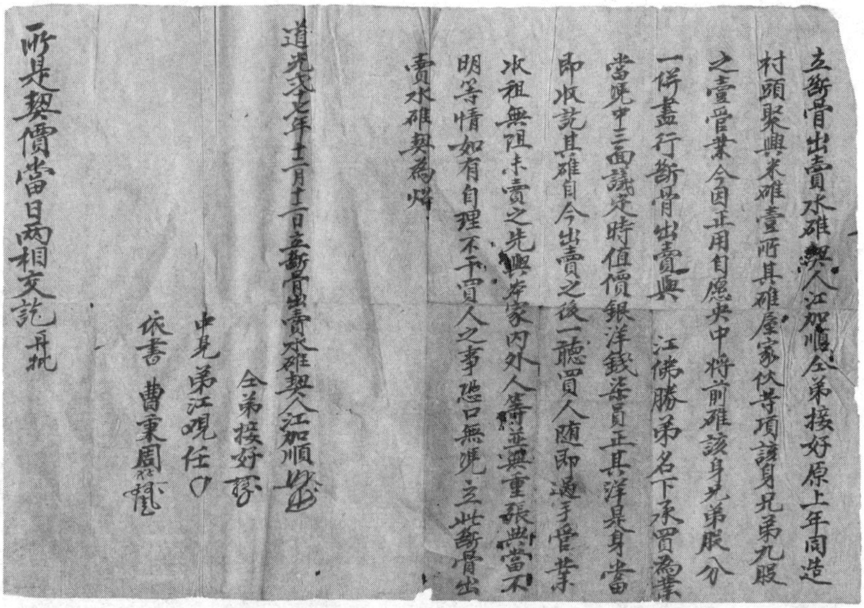
立断骨出賣水碓契人江加順仝弟接好原上年同造
村頭聚興茶碓壹所其碓屋家伙等項該身兄弟九股
之壹管業今因正用自愿央中將前碓該身兄弟股分
一併盡行断骨出賣與
江佛勝弟名下承買為業
當憑中三面議定時值價銀洋錢叁員正其洋是身當
即收訖其碓自今出賣之後一聽買人隨即過手管業
水租無阻未賣之先與本家內外人等並無重張典當不
明等情如有自理不干買人之事恐口無憑立此断骨出
賣水碓契為照
道光二十七年十一月十二日立断骨出賣水碓契人江加順（押）
仝弟接好（押）
中見弟江晛任（押）
依書　曹秉周（押）
所是契價當日兩相交訖　再批

江湾镇晓容村 79 · 道光二十七年 · 断骨出卖水碓契 ·
江加顺同弟接好卖与江佛胜弟

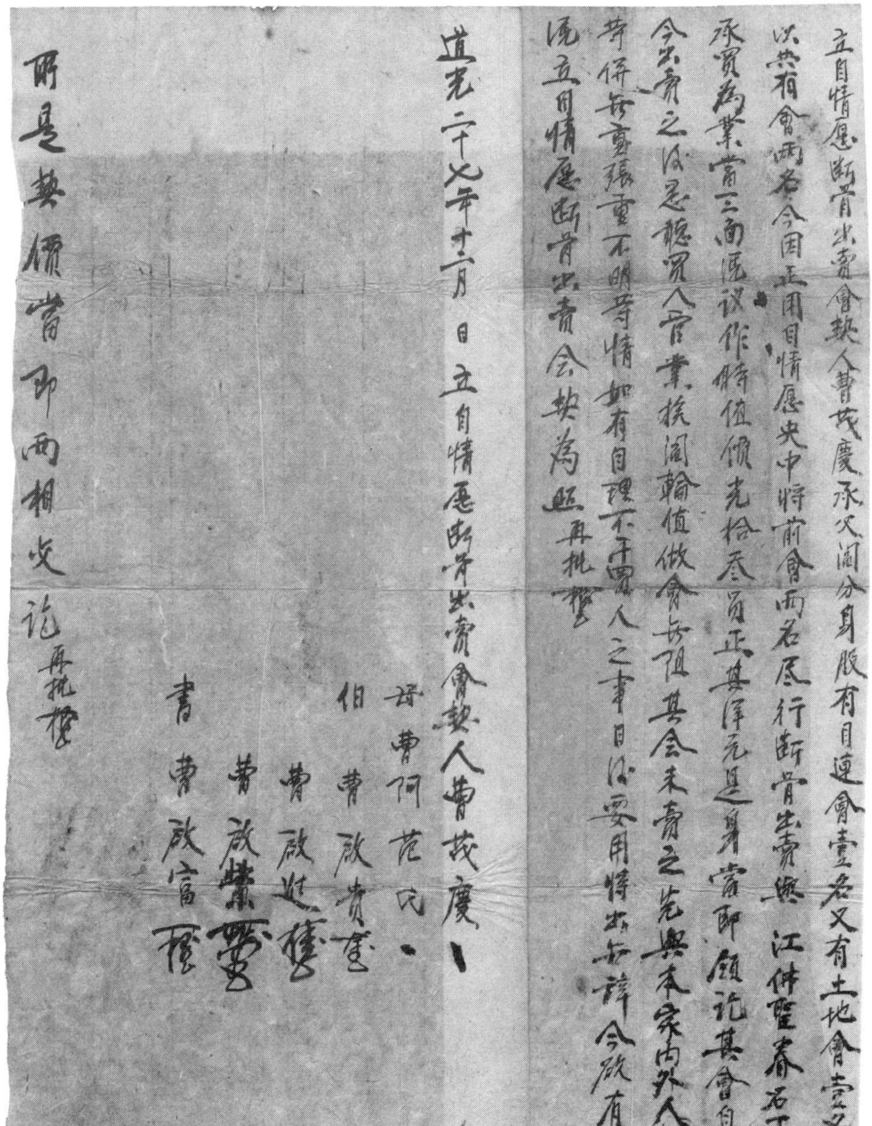

立自情愿断骨出賣會契人曹茂慶，承父阄分身股有目連會壹名，又有土地會壹名，

以共有會兩名。今因正用，自情愿央中將前會兩名盡行断骨出賣與江佛聖名下

承買為業，當三面凴議作時值價光拾叁員正，其洋元是身當即領訖。其會自

今出賣之後，悉聽買人管業，挨阄輪值做會無阻。其會未賣之先，與本家內外人

等併無重張不明等情，如有，自理，不干買人之事。自後要用，情出無辭。今欲有

凴，立自情愿断骨出賣會契為照。再批。（押）

道光二十七年十二月　日　立自情愿断骨出賣會契人曹茂慶（押）

母　曹阿范氏（押）

伯　曹啟貴（押）

曹啟進（押）

曹啟□（押）

書　曹啟富（押）

所是契價當即兩相交訖。再批。（押）

江湾镇晓容村 101 · 道光二十七年 · 断骨出卖会契 · 曹茂庆卖与江佛圣

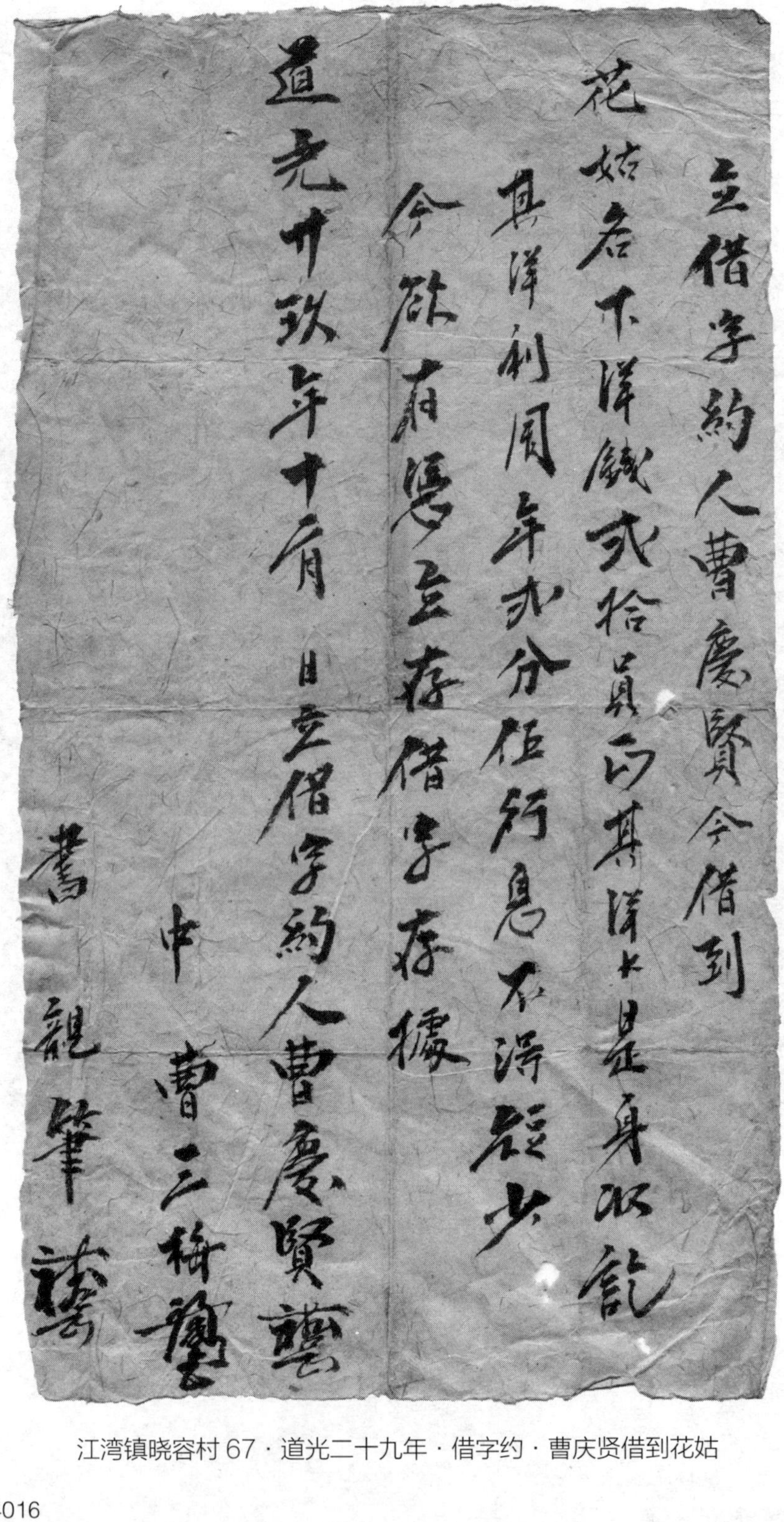

立借字約人曹慶賢今借到
花姑名下洋銀弍拾員正其洋即日是身收訖
其洋利周年弍分伍行息不淂短少
今欲有憑立存借字存據
道光廿玖年十月　日立借字約人曹慶賢（押）
中　曹二梅（押）
書　親筆（押）

江湾镇晓容村 67 · 道光二十九年 · 借字约 · 曹庆贤借到花姑

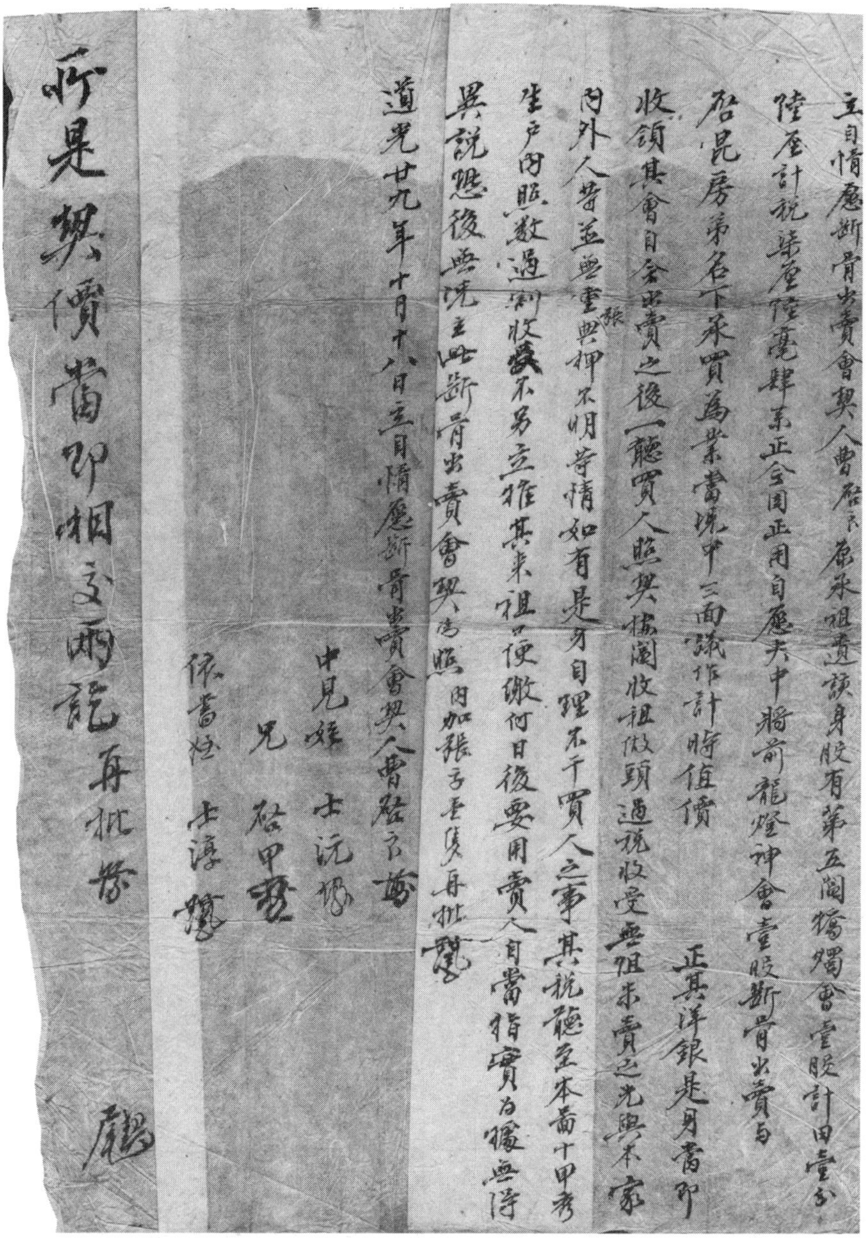

立自情愿斷骨出賣會契人曹啟良，原承祖遺該身股有第五閹蠟燭會壹股，計田壹分陸厘，計稅柒厘陸毫肆絲正。今因正用，自愿央中將前龍燈神會壹股斷骨出賣與啟昆房弟名下承買為業。當塲中三面議作計時值價正，其洋銀是身當即收領。其會自今出賣之後，一聽買人照契據閹收租做頭，過稅收受無阻。未賣之先與本家內外人等並無重張典押不明等情，如有，是身自理，不干買人之事。其稅聽至本圖十甲曹生户內照數過割收，不另立推。其來祖日便繳付，日後要用，賫出當指實為據，無得異說。恐後無憑，立此斷骨出賣會契為照。內加張字壹隻。再批。(押)

道光廿九年十月十八日立自情愿斷骨出賣會契人曹啟良(押)

中見 姪 士沅(押)

兄 啟甲(押)

依書 姪 士淳(押)

所是契價當即相交兩訖。再批。(押)

江湾镇晓容村 95 · 道光二十九年 · 断骨出卖会契 · 曹启良卖与启昆房弟

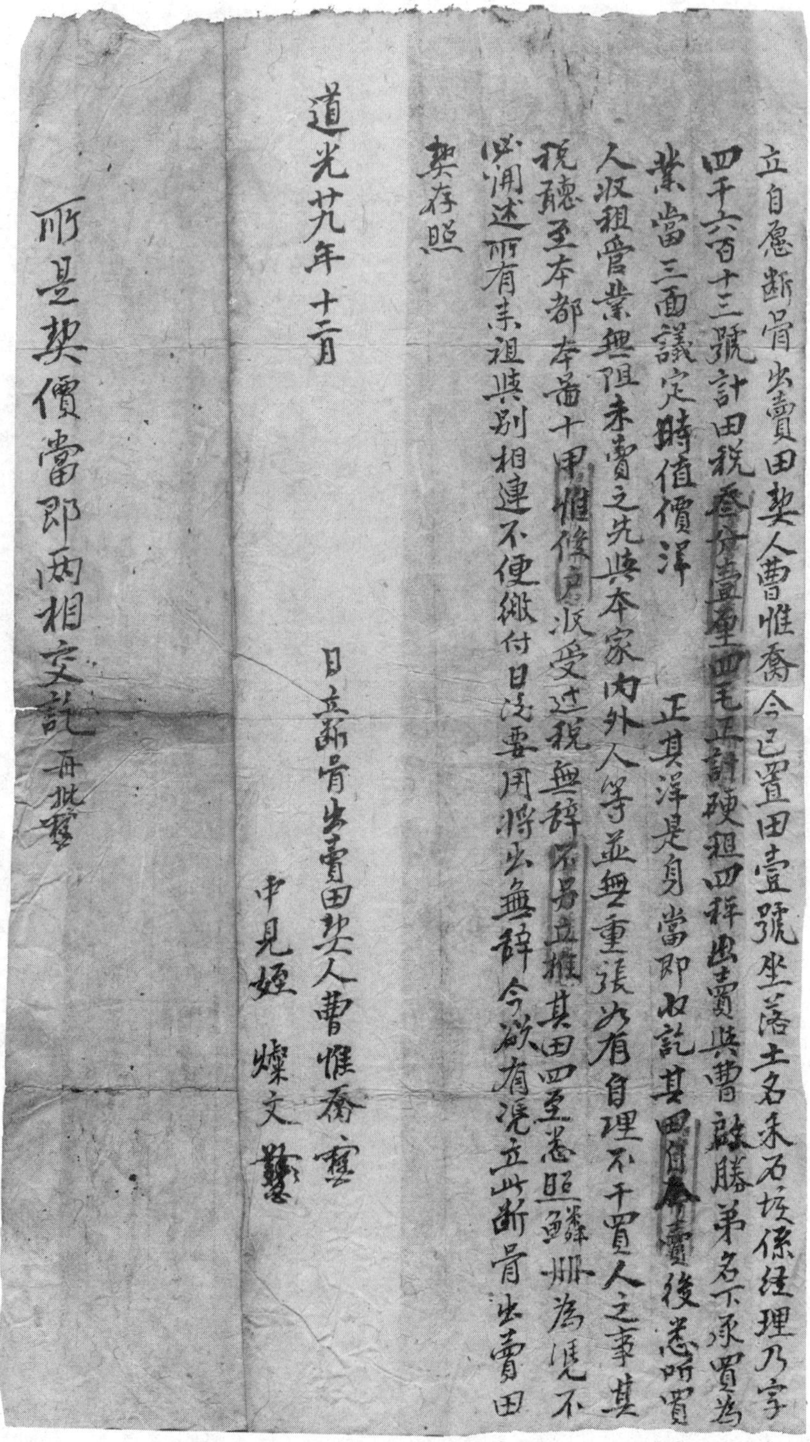
立自愿断骨出賣田契人曹惟喬今已置田壹號坐落土名禾石坡係经理乃字四千六百十三號計田税叁分壹厘四毛正計硬租四秤出賣與曹啟勝弟名下承買為業當三面議定時值價洋　正其洋是身當即收訖其田自今賣後悉聽買人收租管業無阻未賣之先與本家內外人等並無重張此有自理不干買人之事其税聽至本都本啚十甲惟俊户收受过税無辞不另立推其田四至悉照鱗册為凭不必開述所有来祖與别相連不便繳付日後要用將出無辞今欲有凭立此断骨出賣田契存照

道光廿九年十二月　日立断骨出賣田契人曹惟喬（押）

中見姪　爍文（押）

所是契價當即兩相交訖　再批（押）

江湾镇晓容村 100 · 道光二十九年 · 断骨出卖田契 · 曹惟乔卖与曹启胜弟

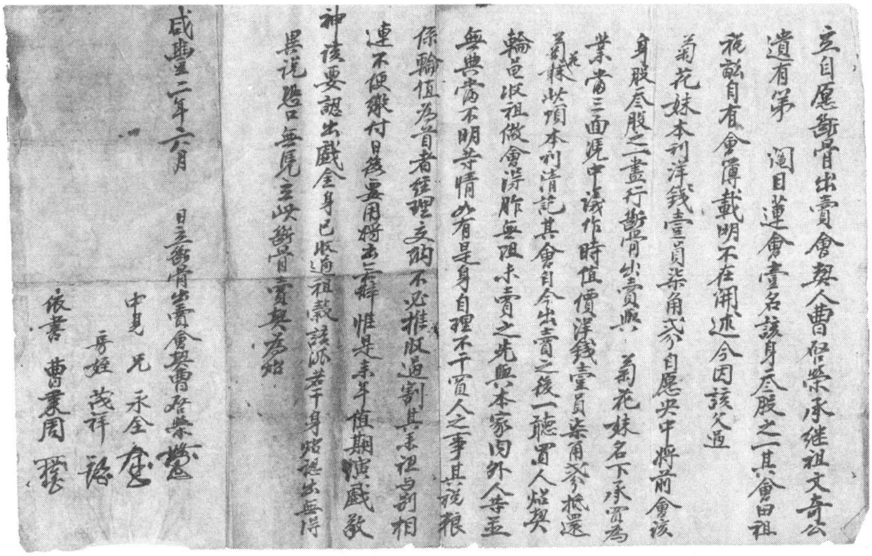
立自願斷骨出賣會契人曹啓榮承繼祖文奇公
遺有第 鬮目蓮會壹名該身叁股之一其會田祖
稅自有會簿載明不在開述今因該父置
菊花妹本利洋錢壹員柒角弍分自願央中將前會該
身股叁股之一盡行斷骨出賣與 菊花妹名下承買為
業當三面憑中議作時值價洋錢壹員柒角弍分抵還
菊花妹此項本利清訖其會自今出賣之後一聽買人收契
輪管收祖做會濟胙無阻未賣之先與本家內外人等並
無典當不明等情如有是身自理不干買人之事其祀粮
係輪值為首者經理交納不必推故逼割其來租如有相
連不便繳付日後要用將出無辭惟是來年值期演戲敬
神該要認出戲金身已收過祖穀該派若干身照認出無得
異說恐口無憑立此斷骨賣契為照
咸豐二年六月　日立斷骨出賣會契曹啓榮（押）
中見　兄　永全（押）
房侄　茂祥（押）
依書　曹秉周（押）

江湾镇晓容村 80 · 咸丰二年 · 断骨出卖会契 · 曹启荣卖与菊花妹

江湾镇晓容村 3–1 · 咸丰六年 · 分家文书 · 江曹氏

引言

立阄书人江曹氏命生不辰髮夫江起旺本旗坑人氏随母带
至晓鏞家义父曹天赐公扶养婚娶赐公故後同叔廷烱公爨
氏夫妇巢棲無所出嶺脚祖屋居住幸生两子長名佛勝次名社
子並在年輕氏夫不幸早世氏同子仍歸晓鏞托賴天庇同子勤儉
勞苦稍餘積貲創置房屋田產園地神會各項奈命途多舛 財
輾叔重徃来生息脱空實多氏 父犖智公兄弟三房並無後嗣

江湾镇晓容村 3-2 · 咸丰六年 · 分家文书 · 江曹氏

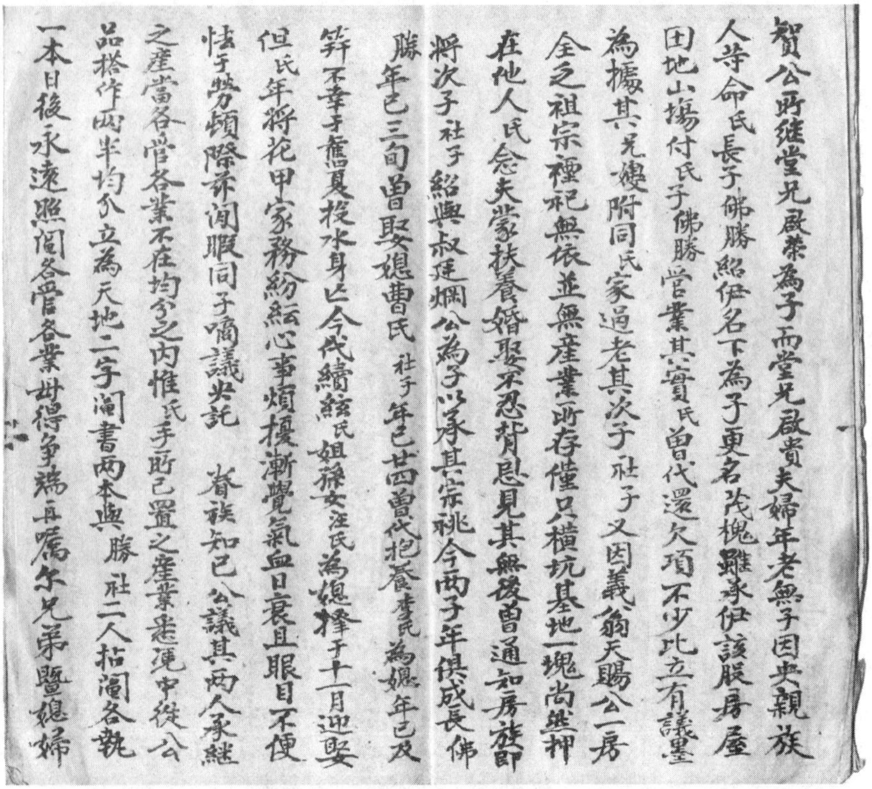
智公所繼堂兄啟榮為子而堂兄啟貴夫婦年老無子因央親族
人等命氏長子佛勝紹伊名下為子更名茂槐雖承伊該股房屋
田地山塲付氏子佛勝管業其實氏曾代還欠項不少比立有議墨
為據其兄嫂附同氏家過老其次子社子又因義翁天賜公一房
全乏祖宗禋祀無依並無產業所存僅只橫坑基地一塊尚然押
在他人氏念夫當扶養婚娶不忍背恩見其無後曾通知房族即
將次子社子紹與叔廷燗公為子以承其宗祧今兩子年俱成長佛
勝年已三旬曾娶媳曹氏社子年已廿四曾代抱養李氏為媳年已及
笄不幸于舊夏投水身亡今代續絃氏姐孫女汪氏為媳擇于十一月迎娶
但氏年將花甲家務紛紜心事煩擾漸覺氣血日衰且眼目不便
怯于勞頓際齊閹服同子嫡議央託 眷族知已公議其兩人承繼
之產當各管各業不在均分之內惟氏手所已置之產業悉從中從公
品搭作兩半均分立為天地二字閹書兩本與 勝 社二人拈閹各執
一本日後永遠照閹各管各業毋得爭端再囑尔兄弟暨媳婦

江湾镇晓容村 3-3 · 咸丰六年 · 分家文书 · 江曹氏

等當思同氣連枝，今雖各爨，務當和氣，緩急相顧，勿分尔我，方
為孝友。更當勤儉卓志，以圖增進，切勿慵惰偷安，空費我一生辛苦，
即為肖子賢孫。至于氏身伙食，兩房輪供，隨家豐儉，只要略有
敬意，我心自安。其嫂江氏勝既承紹，生養死葬，勿得推諉。嫂之棺衾
俱已办楚，惟其伙食念勝力薄难支，遞年氏另貼穀叁拾秤，帮貼添湊，
俟嫂百年之後就止。今氏並無債負遺累尔等，除所給田租之外，尚
有浮洋貳百餘員，俱在人頭上，並有借約押契可查，日後歸来，逐
宗兩半均分，無一異。惟願兩人財丁興旺，裕後光前，是我之所望
也。吾子其勉之哉。謹序

江湾镇晓容村 3-4 · 咸丰六年 · 分家文书 · 江曹氏

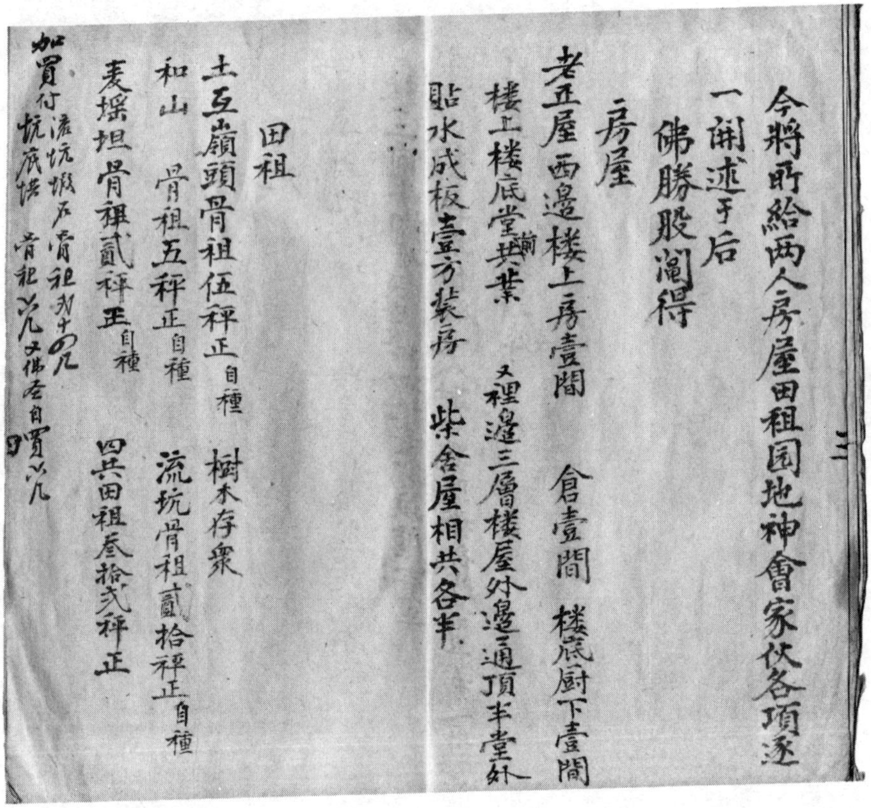

今將所給兩人房屋田租園地神會家伙各項逐
一開述于后
佛勝股阄得
房屋
老五屋西邊樓上房壹間　倉壹間　樓底廚下壹間
樓上樓底堂前共業　又裡邊三層樓屋外邊通頂半堂外
貼水成板壹方裝房　柴舍屋相共各半
田租
土互嶺頭骨租伍秤正自種　樹木存衆
和山　骨租五秤正自種　流坑骨租貳拾秤正自種
麦塢坦骨租貳秤正自種　四共田租叁拾弍秤正
加買付流坑塅瓦骨租廿四几
坑底塝　骨租六几　又佛應自買六几

江湾镇晓容村 3-5 · 咸丰六年 · 分家文书 · 江曹氏

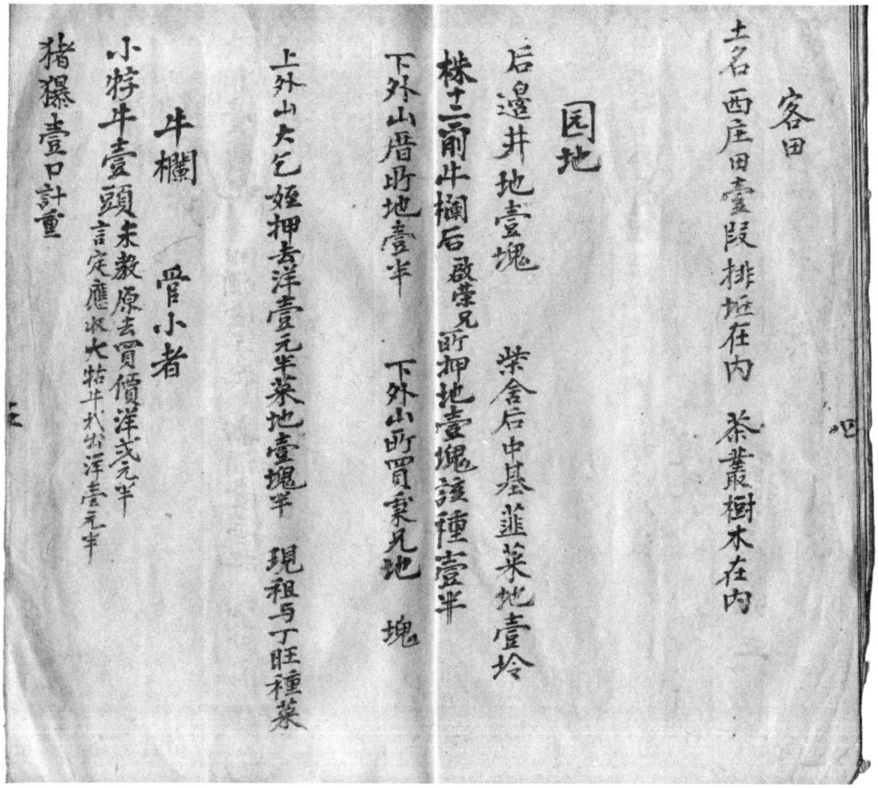

客田

土名西庄田壹段排堀在内　茶叢樹木在内

囩地

后邊井地壹塊　紫舍后中基韮菜地壹坽

株十二前牛欄后啟棠兄所押地壹塊議種壹半

下外山厝坜地壹半　下外山所買秉兄地　塊

上外山大乞姪押去洋壹元半菜地壹塊半　現祖与丁旺種菜

牛欄　管小者

小牸牛壹頭未殺原去買價洋贰元半　言定應收大牯牛弍份洋壹元半

猪猡壹口計重

江湾镇晓容村 3-6 · 咸丰六年 · 分家文书 · 江曹氏

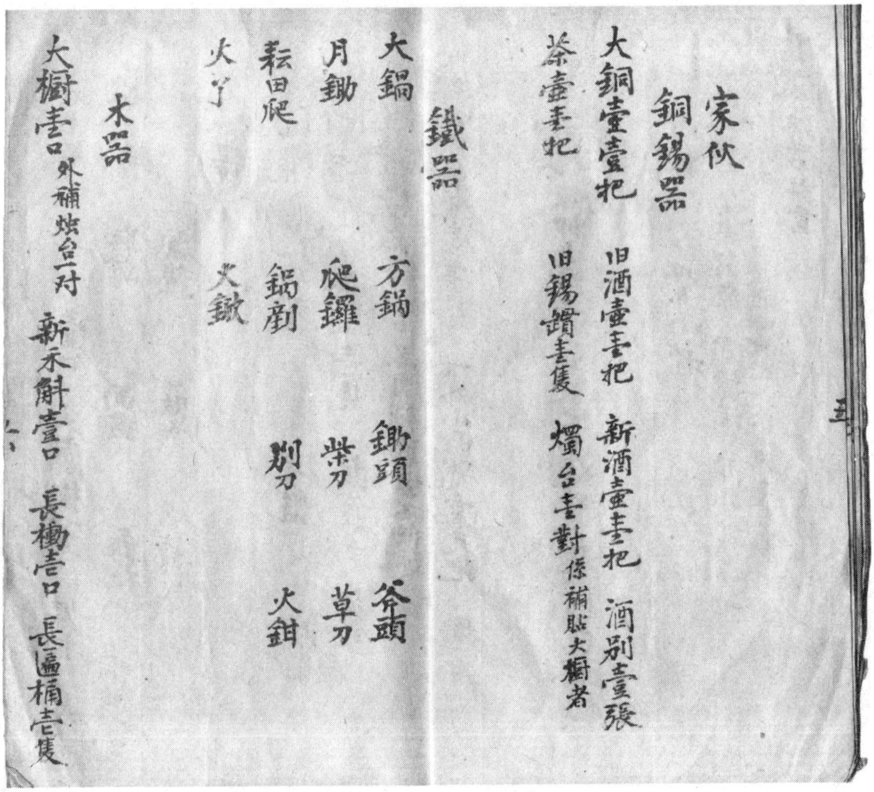
家伙
銅錫器
大銅壺壹把　旧酒壺壹把　新酒壺壹把　酒別壹張
茶壺壹把　旧錫鏆壹隻　燭台壹對係補貼大櫥者
鐵器
大鍋　方鍋　鋤頭　斧頭
月鋤　爬鑼　柴刀　草刀
耘田爬　鍋剷　別刀　火鉗
火丫　大鍬
木器
大櫥壹口外補烛台对　新禾斛壹口　長櫥壹口　長匾桶壹隻

江湾镇晓容村 3-7 · 咸丰六年 · 分家文书 · 江曹氏

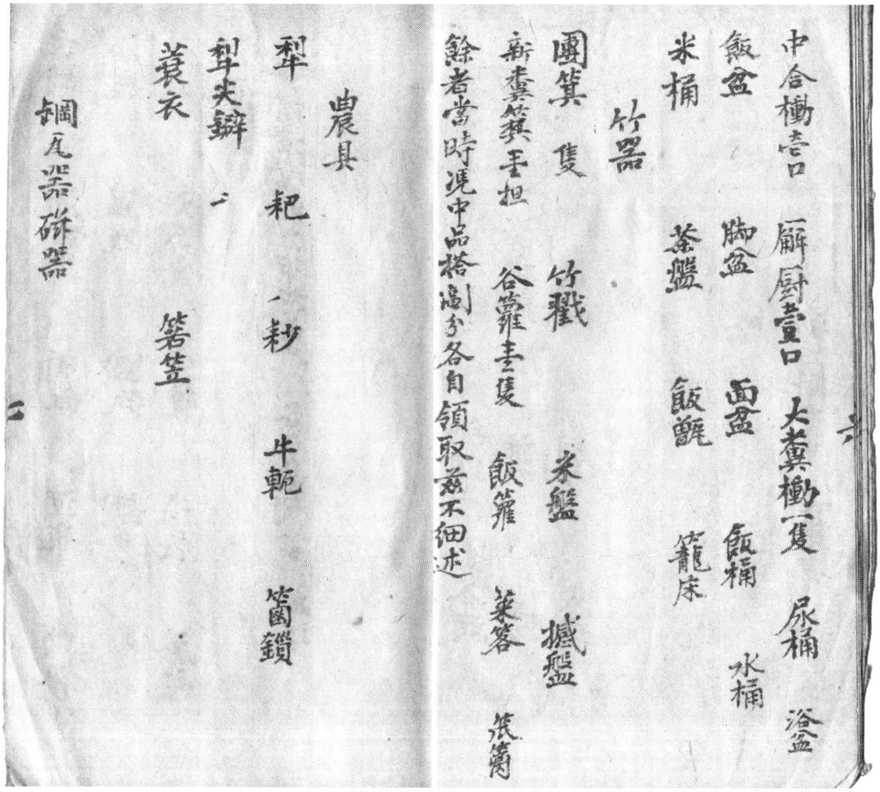
中合櫥壹口 一厢厨壹口 大糞擔一隻 尿桶 浴盆
飯盒 脚盆 面盆 飯桶 水桶
米桶 茶盤 飯甑 籠床
竹器
團箕 隻 竹籤 米盤 摵盤
新糞箕壹担 谷籮壹隻 飯籮 菜箬 筷筒
餘者當時憑中品搭阄分各自領取兹不细述
農具
犁 耙 一杪 牛軛 箇鎖
犁头鐴 一
蓑衣 箬笠
鍋瓦器硑器
二

江湾镇晓容村 3-8 · 咸丰六年 · 分家文书 · 江曹氏

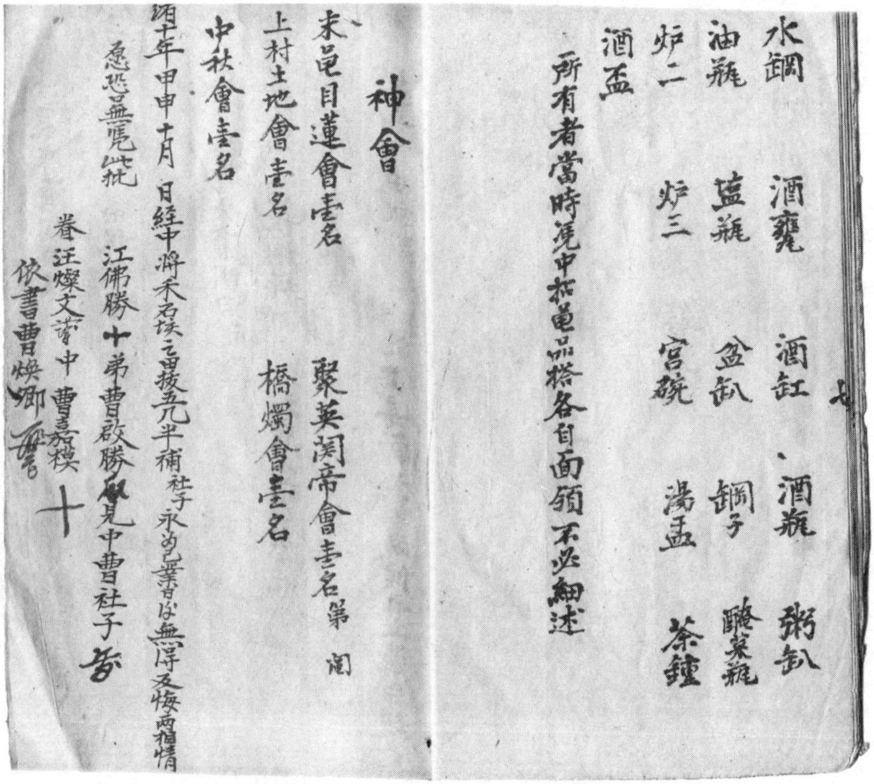

水鐧　酒甕　酒缸　、酒瓶　粥釟
油瓶　塩瓶　盆釟　銅子　醃菜瓶
炉二　炉三　宮碗　湯盂　茶鍾
酒盂
所有者當時憑中拈鬮品搭各自面領不必細述

神會
末邑目蓮會壹名　聚英關帝會壹名第　鬮
上村土地會壹名　橋燭會壹名
中秋會壹名

緒十年甲申十月　日經中將禾名垻二畝撥五分半補社子永為己業各無異及悔兩相情
愿恐口無憑此批
江佛勝　十　弟曹啟勝（押）　見中曹社子（押）
眷汪燦文　憑中　曹嘉模　十
依書曹煥卿（押）

江湾镇晓容村 3-9 · 咸丰六年 · 分家文书 · 江曹氏

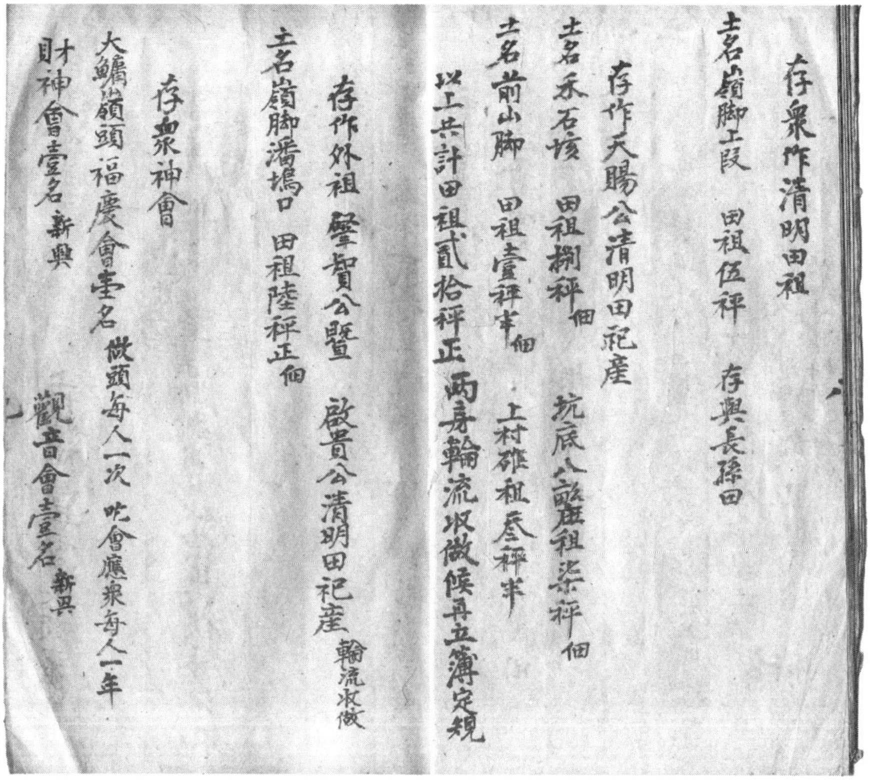

存衆作清明田祖
土名嶺脚上段　田祖伍秤　存與長孫田
存作天賜公清明田祀產
土名禾石坑　田祖捌秤佃　抗底八畝座祖柒秤佃
土名前山脚　田祖壹秤半佃　上村雅祖叁秤半
以上共計田祖貳拾秤正　兩房輪流收做候再立簿定規
存作外祖　肇貴公暨　啟貴公清明田祀產　輪流收做
土名嶺脚潘塢口　田祖陸秤正佃
存衆神會
大鱅嶺頭福慶會壹名　做頭每人一次　吃會應衆每人一年
財神會壹名新與　觀音會壹名新與

江湾镇晓容村 3-10 · 咸丰六年 · 分家文书 · 江曹氏

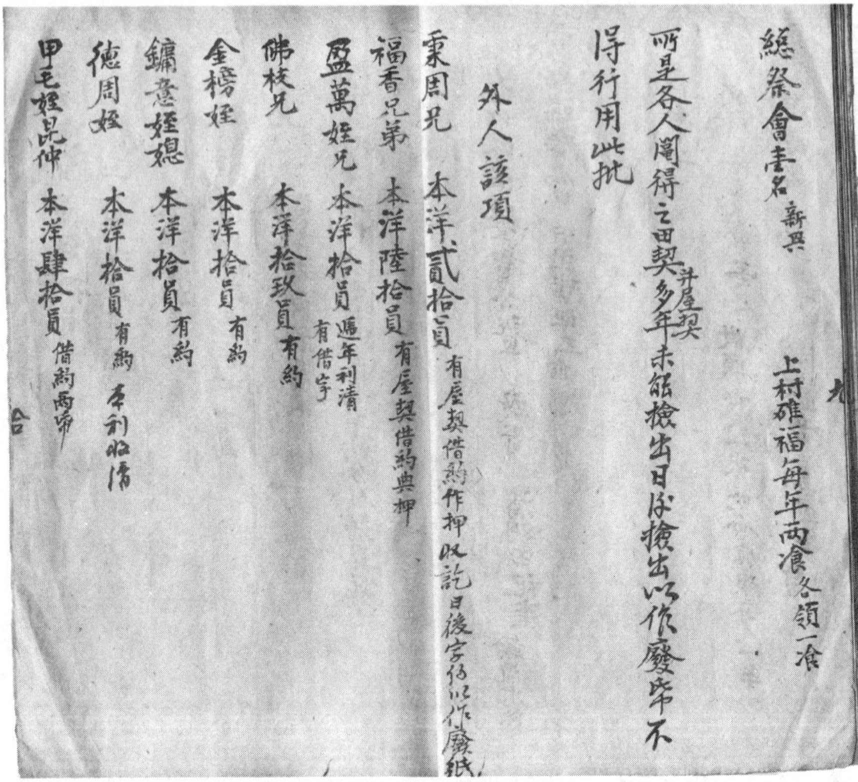
九
總祭會壹名 新興 上村雅福每年兩淪各領一淪
所是各人鬮得之田契并屋契多年未能撿出日后撿出以作廢帋不
得行用此批
外人該項
秉周兄 本洋貳拾員 有屋契借約作押收訖日後字仍以作廢紙
福香兄弟 本洋陸拾員 有屋契借約典押
盈萬姪兄 本洋拾員 遞年利清 有借字
佛枝兄 本洋拾玖員 有約
金橋姪 本洋拾員 有約
鏞意姪媳 本洋拾員 有約
德周姪 本洋拾員 有約 本利收清
甲乇姪昆仲 本洋肆拾員 借約兩帋
合

江湾镇晓容村 3-11 · 咸丰六年 · 分家文书 · 江曹氏

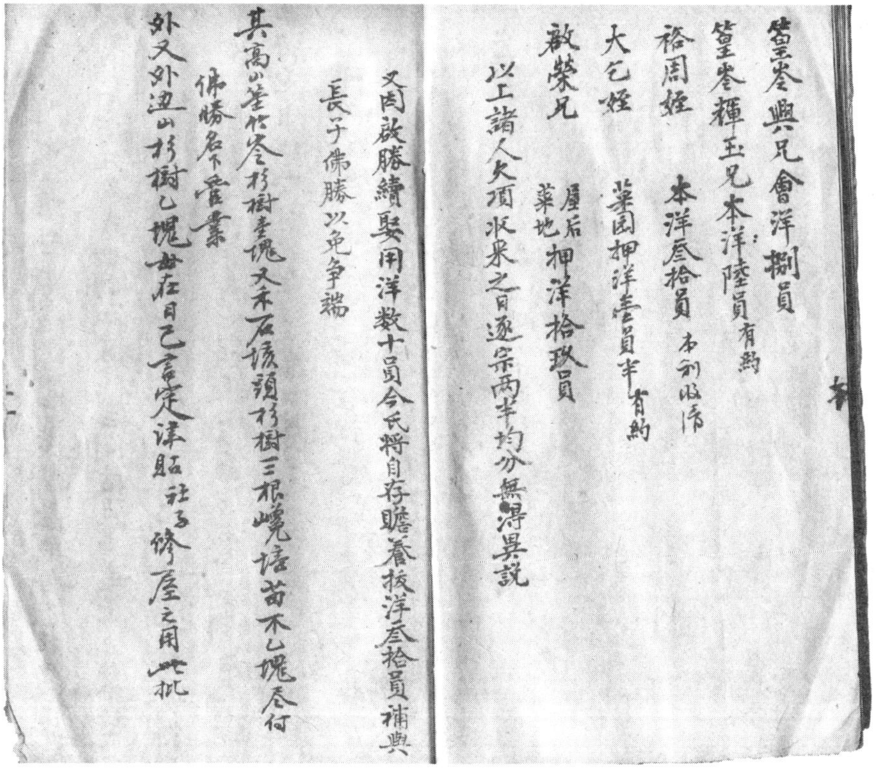
筀坵與兄會洋捌員
筀坵輝玉兄本洋陸員 有約
裕周姪 本洋叁拾員 本利收清
大乞姪 菜园押洋叁員半 有約
啟榮兄 屋后菜地押洋拾玖員
以上諸人欠項收來之日遞宗兩半均分無得異說
又因啟勝續娶用洋數十員今氏將自存贍養抜洋叁拾員補與
長子佛勝以免爭端
其高山筀竹坵杉樹壹塊又禾石壇頭杉樹三根嶢見塆苗木乙塊叁付
佛勝名下管業
外又外边山杉樹乙塊坐在目乙言定津貼社子修屋之用 此批

江湾镇晓容村 3-12 · 咸丰六年 · 分家文书 · 江曹氏

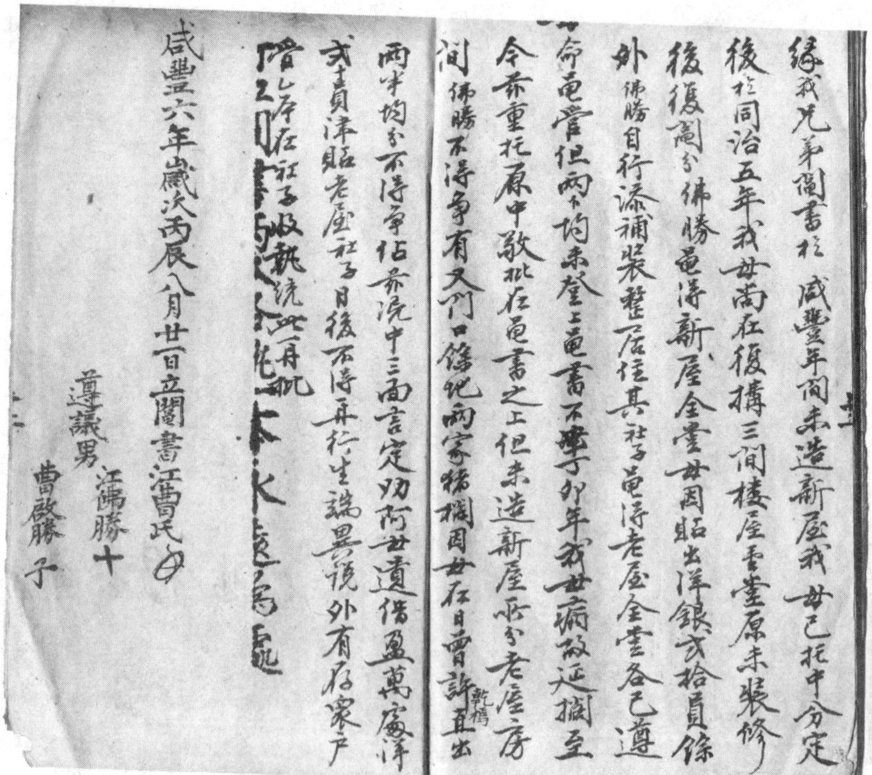

緣我兄弟鬮書於 咸豐年間未造新屋我 母已托中分定
後於同治五年我母尚在復搆三間樓屋壹堂原未裝修
後復鬮分佛勝邊得新屋全堂母因貼出洋銀貳拾員餘
外佛勝自行添補裝整居住其社子邊得老屋全堂各已遵
命邊管但兩下均未登上邊書不覺于卯年我母病故延擱至
今亦重托原中敬批在邊書之上但未造新屋所分老屋房
間佛勝不得爭有又門口餘地兩家樑欄因母在日曾許乾榾直出
兩半均分不得爭佔亦說中三面言定叨荷母遺債盈萬處洋
貳百員津貼老屋社子日後不得再行生端異說外有存眾戶
谷七斗在社子收執洗此存批
[illegible]
咸豐六年歲次丙辰八月廿一日立鬮書江曹氏（押）
遵議男 江佛勝 十
曹啟勝 子

江湾镇晓容村 3-13 · 咸丰六年 · 分家文书 · 江曹氏

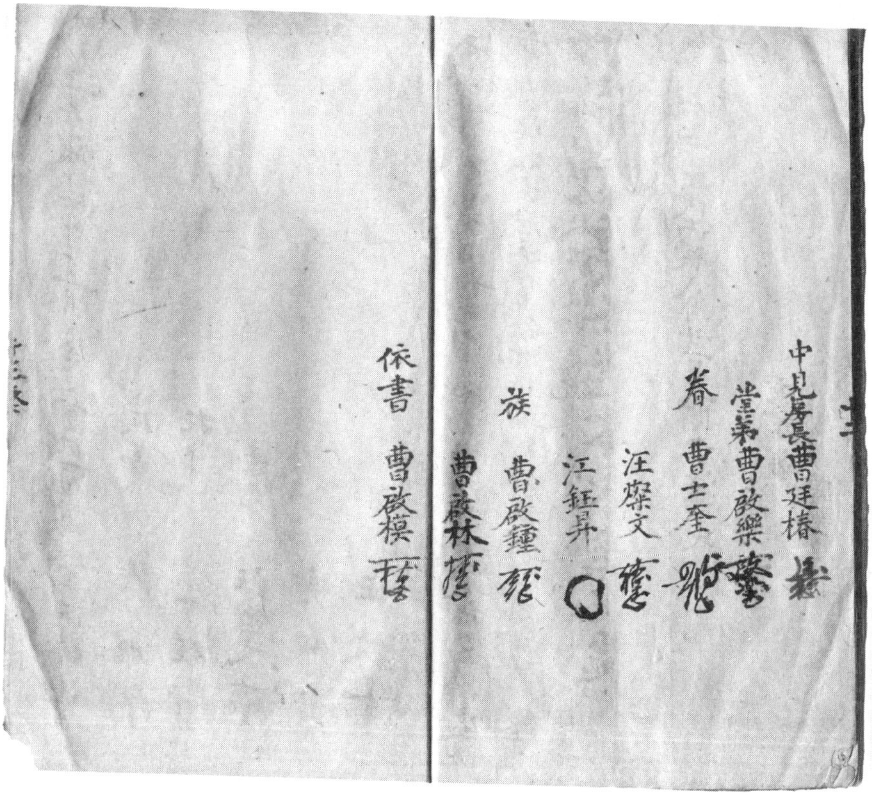
中見房長曹廷椿
堂弟曹啟樂
眷 曹士奎
汪粲文
江鈺昇
族 曹啟鍾
曹啟林
依書 曹啟模

江湾镇晓容村 3-14 · 咸丰六年 · 分家文书 · 江曹氏

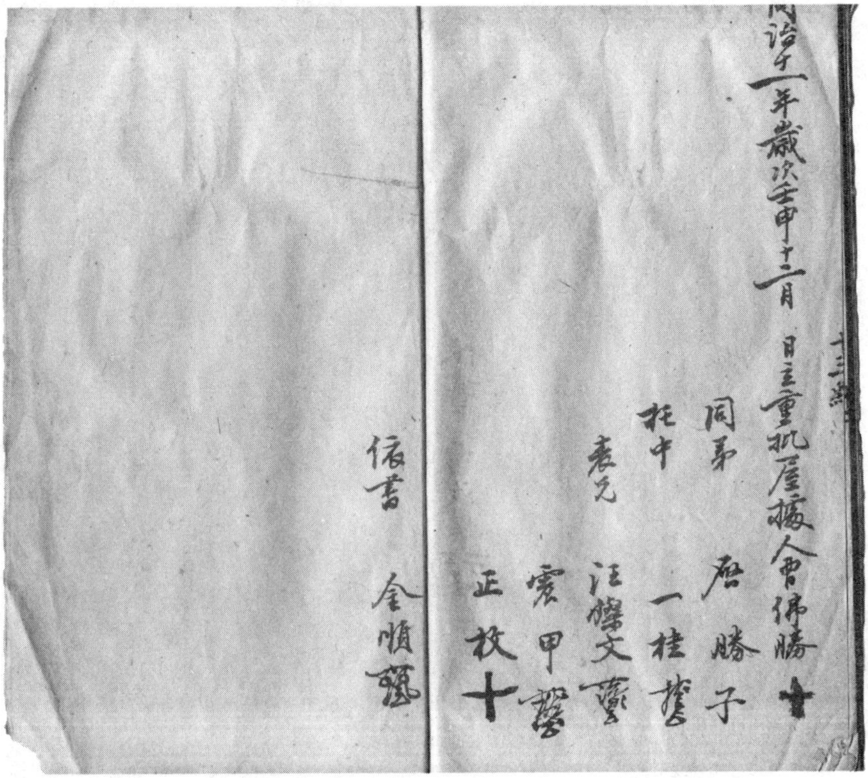
同治十一年歲次壬申十二月 日立重批屋據人曹佛勝 十
同弟 啟勝 子
托中 一桂
表兄 汪燮文
震甲
正枚 十
依書 金順

江湾镇晓容村 3-15 · 咸丰六年 · 分家文书 · 江曹氏

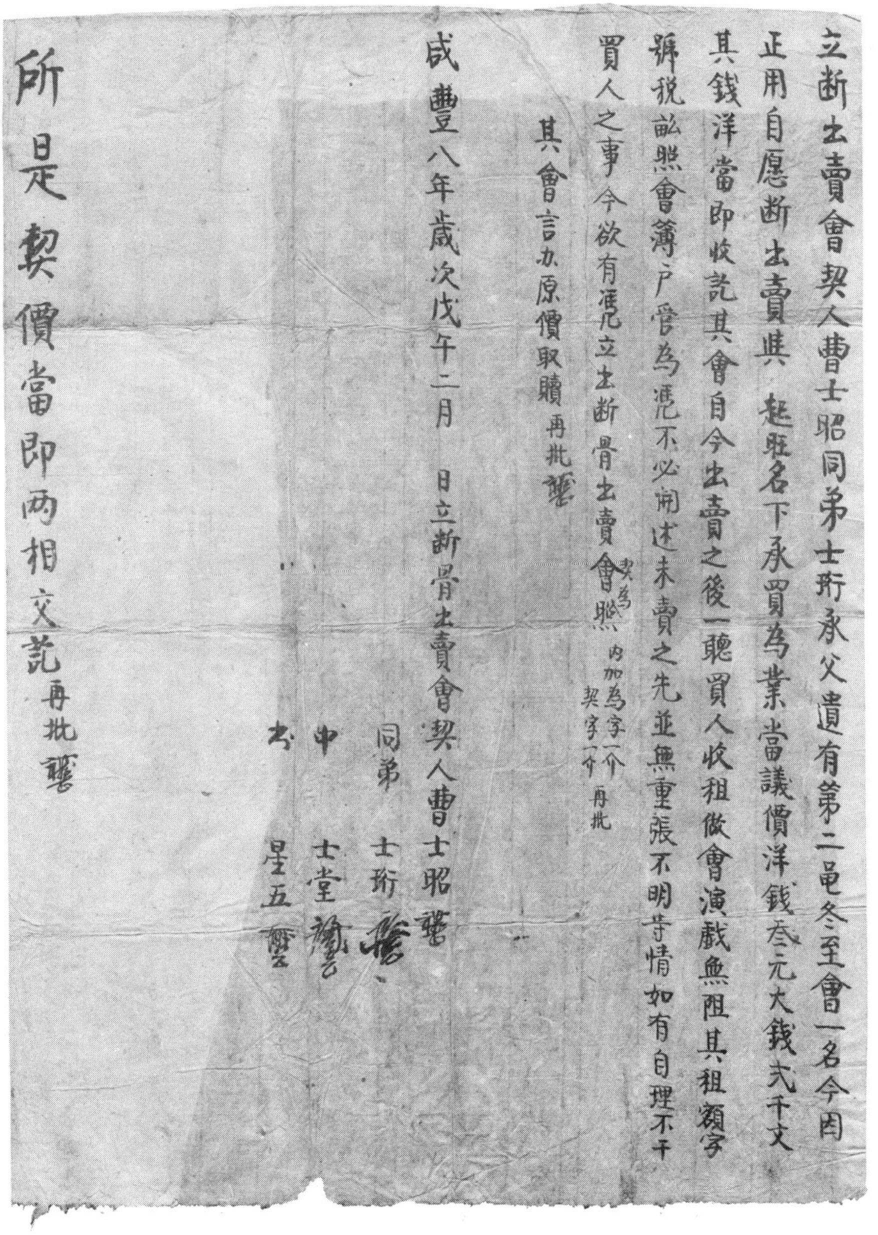
立断出賣會契人曹士昭同弟士珩承父遺有第二邑冬至會一名今因
正用自愿断出賣與 起旺名下承買為業當議價洋錢叁元大錢弍千文
其錢洋當即收訖其會自今出賣之後一聽買人收祖做會演戲無阻其祖額字
号税畝照會簿户管為憑不必開述未賣之先並無重張不明等情如有自理不干
買人之事今欲有憑立出断骨出賣會契為照 內加為字一个 契字一个 再批
其會言加原價取贖 再批（押）
咸豐八年歲次戊午二月 日立断骨出賣會契人曹士昭（押）
同弟 士珩（押）
中 士堂（押）
書 星五（押）
所是契價當即兩相交訖 再批（押）

江湾镇晓容村 89 · 咸丰八年 · 断骨出卖会契 · 曹士昭同弟士珩卖与起旺

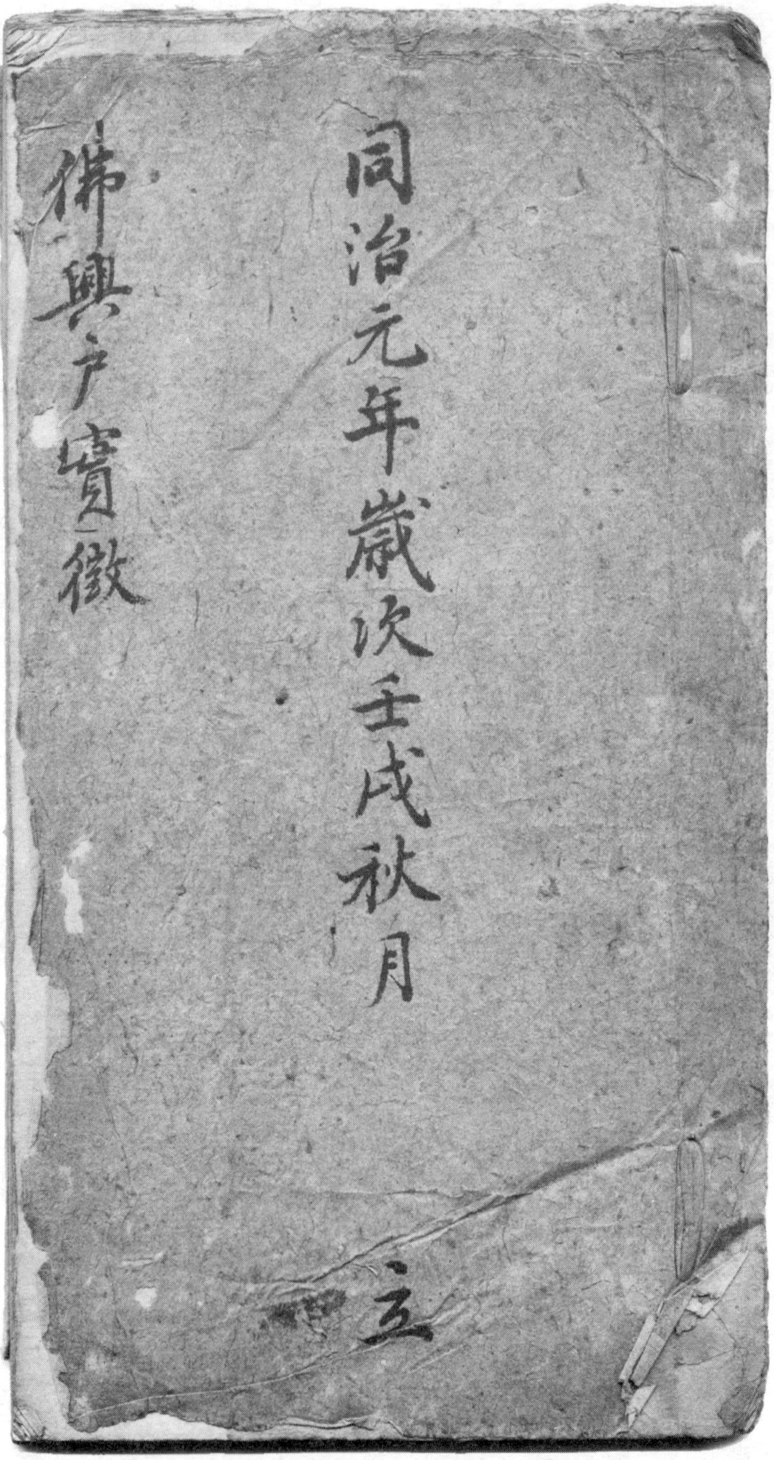

江湾镇晓容村 2-1 · 同治元年 · 税粮实征册 · 佛兴户

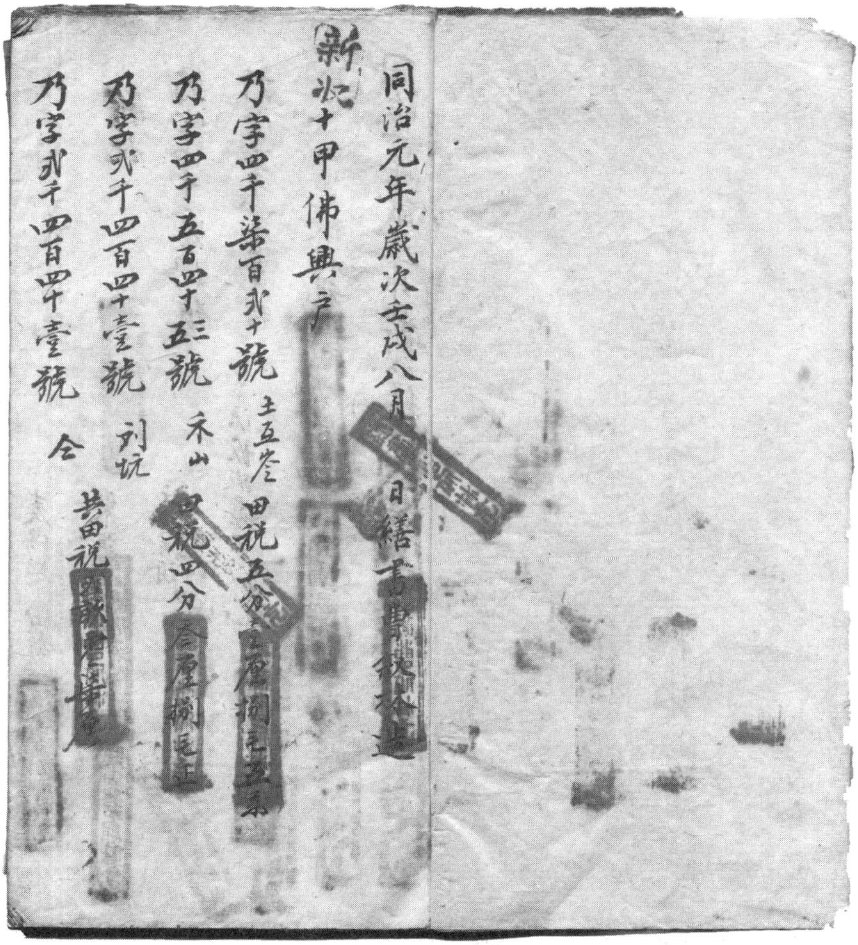
同治元年歲次壬戌八月　日

新收十甲佛興户

乃字四千柒百弍十號　田税五分

乃字四千五百四十三號　禾山　田税四分

乃字弍千四百四十壹號　列坑

乃字弍千四百四十壹號　仝　共田税

江湾镇晓容村 2-2 · 同治元年 · 税粮实征册 · 佛兴户

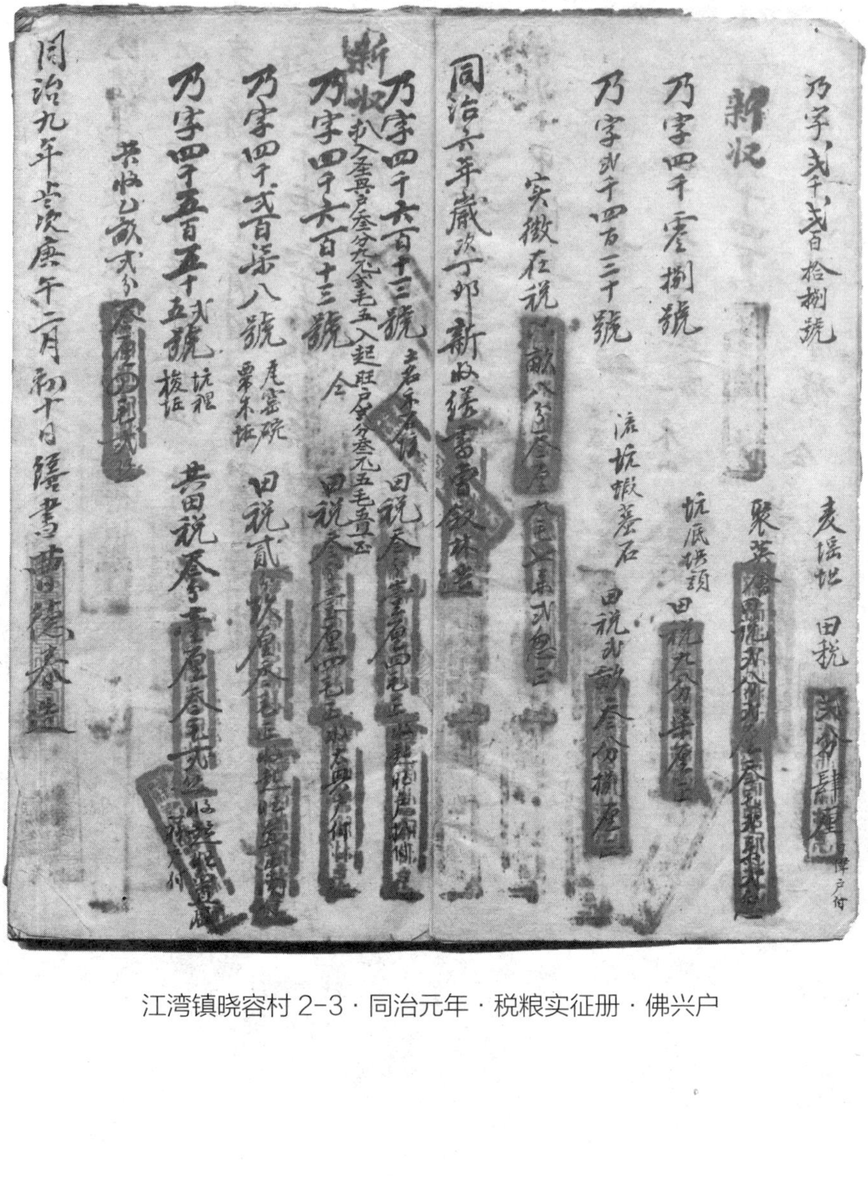
乃字弍千弍百拾捌號 麦塘圳 田税
新收
乃字四千零捌號
乃字弍千四百三十號 坑底坵頭 田
實徵在税 流坑蝦蟇石 田税弍畝叁分捌厘
同治六年歲次丁卯新收謄書曹敘林告
乃字四千六百十三號 田税叁分
新收 乃字四千六百十三號 田税叁分
乃字四千弍百柒八號 田税貳
乃字四千五百五十弍號 坑裡 共田税叁畝壹厘
共收乙畝弍分
同治九年歲次庚午二月初十日謄書曹德

江湾镇晓容村 2-3 · 同治元年 · 税粮实征册 · 佛兴户

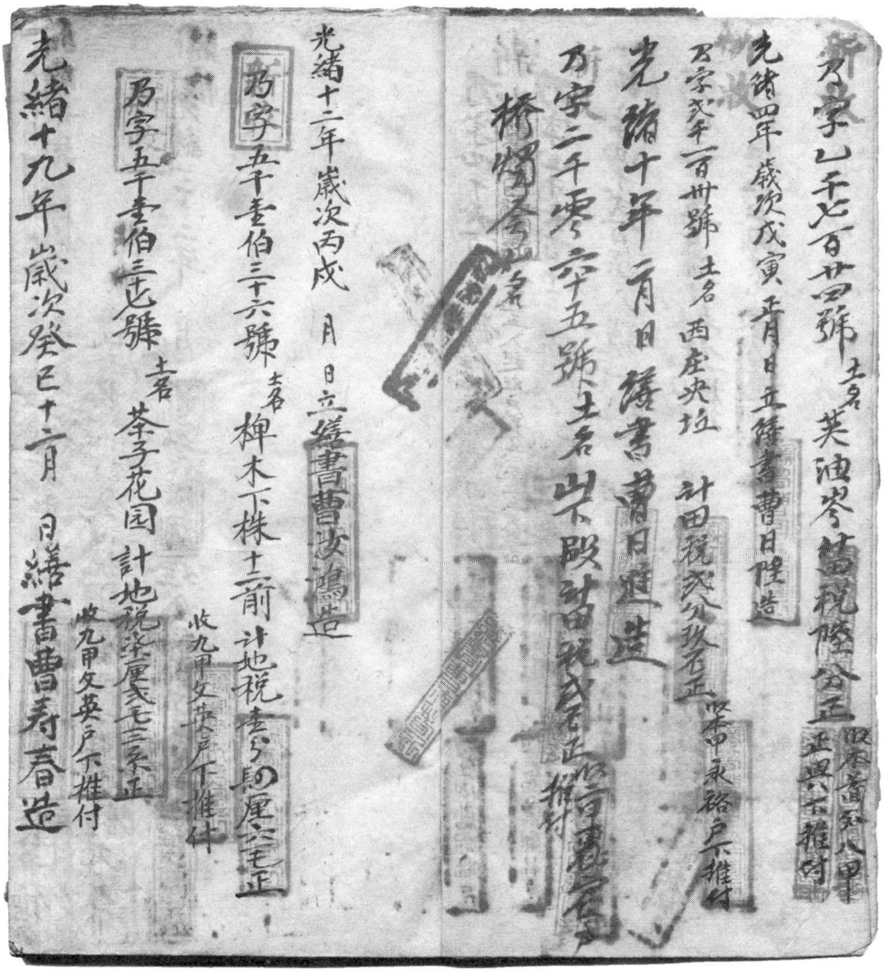

乃字山千七百卅四號 土名 芙油岑 計田稅陸分正

光緒四年歲次戊寅 正月 日立 繕書曹日陞造

乃字弍千一百卅號 土名 西庄央垃 計田稅弍分玖毛正 收本甲永裕户下推付

光緒十年 月 日 繕書曹日進造

乃字二千零六十五號 土名 山下段 計田稅弍分正

光緒十二年歲次丙戌 月 日立 繕書曹汝鴻造

乃字五千壹伯三十六號 土名 椑木下株十二前 计地稅壹分肆厘六毛正 收九甲文英户下推付

乃字五千壹伯三十七號 土名 茶子花园 計地稅伍厘弍毛三系正 收九甲文英户下推付

光緒十九年歲次癸巳十二月 日 繕書曹寿春造

江湾镇晓容村 2-4 · 同治元年 · 税粮实征册 · 佛兴户

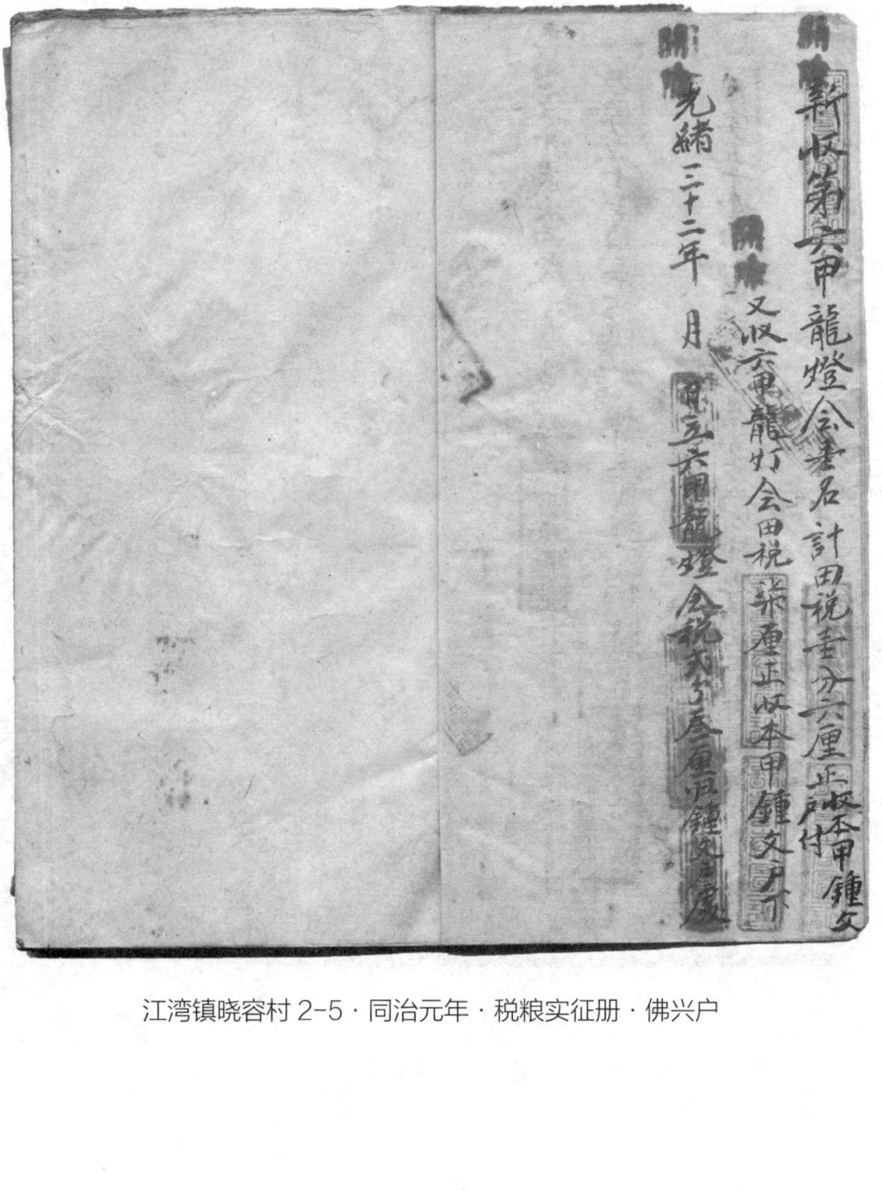

江湾镇晓容村 2-5 · 同治元年 · 税粮实征册 · 佛兴户

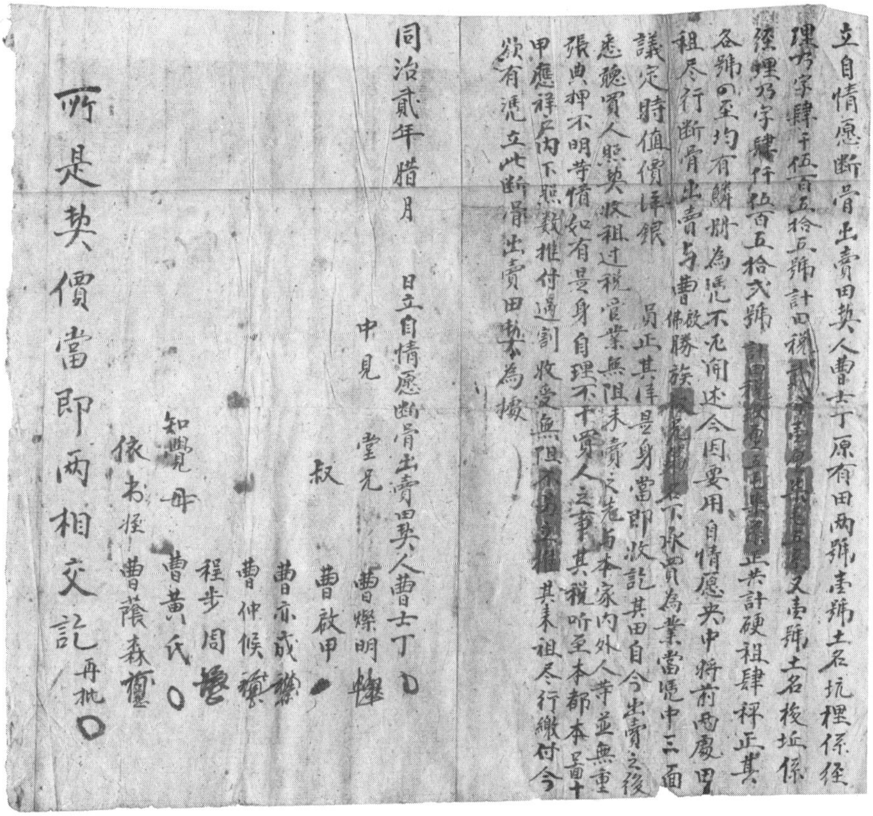

立自情愿断骨出賣田契人曹士丁原有田兩號壹號土名坑裡係徑
理乃字肆千伍百五拾五號計田稅[illegible]又壹號土名枝垅係
徑理乃字肆仟伍百五拾弍號計田稅[illegible]止共計硬租肆秤正其
各號四至均有鱗册為憑不必開述今因要用自情愿央中將前兩處田
租盡行断骨出賣与曹啟勝佛勝族[illegible]名下承買為業當憑中三面
議定時值價洋銀[illegible]員正其洋是身當即收訖其田自今出賣之後
悉聽買人照契收租过稅管業無阻未賣之先与本家内外人等並無重
張典押不明等情如有是身自理不干買人之事其稅听至本都本圖十
甲應祥戶内下照数推付過割收受無阻[illegible]其来祖盡行繳付今
欲有憑立此断骨出賣田契為據

同治貳年腊月　日立自情愿断骨出賣田契人曹士丁

中見　堂兄　曹燦明

叔　曹啟甲

曹亦戴

曹仲候

程步周

知覺　母　曹黄氏

依書姪　曹蔭森

所是契價當即兩相交訖　再批

江湾镇晓容村 86 · 同治二年 · 断骨出卖田契 ·
曹士丁卖与曹启胜、曹佛胜族叔、兄弟

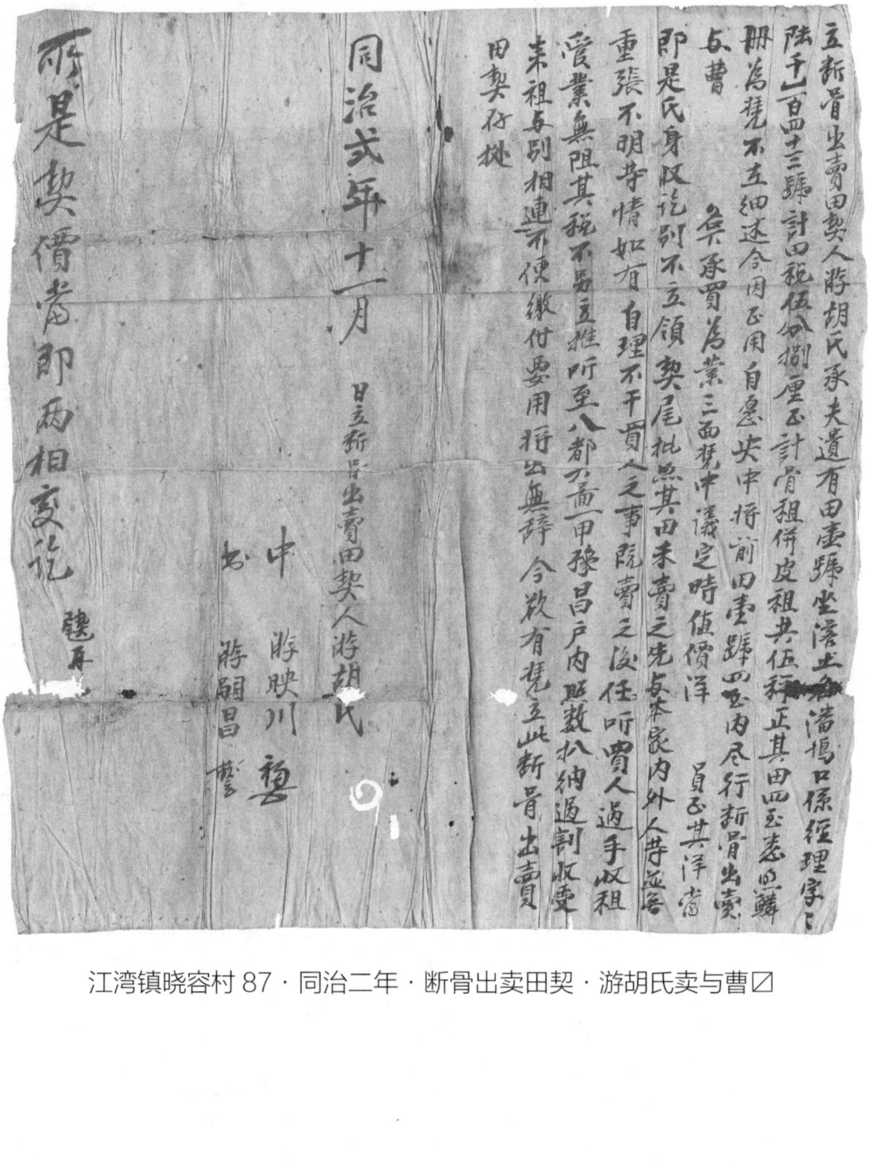
立斷骨出賣田契人游胡氏承夫遺有田壹號坐落土名潘塢口係經理字一
陆千山百四十三號計田稅伍分捌厘正計骨租併皮租共伍秤正其田四至悉照鱗
冊為憑不立細述今因正用自愿央中將前田壹號四至內盡行斷骨出賣
與曹　名下為業三面憑中議定時值價洋　員正其洋當
即是氏身収訖別不立領契尾批照其田未賣之先與本家內外人等並無
重張不明等情如有自理不干買人之事既賣之後任聽買人過手收租
管業無阻其稅不必立推聽至八都五啚一甲豫昌戶內照數扒納過割收受
来祖與別相連不便繳付要用將出無辭今欲有憑立此斷骨出賣
田契存據

同治弍年十一月　日立斷骨出賣田契人游胡氏

中　游映川

書　游嗣昌

所是契價當即兩相交訖

江湾镇晓容村 87 · 同治二年 · 断骨出卖田契 · 游胡氏卖与曹☐

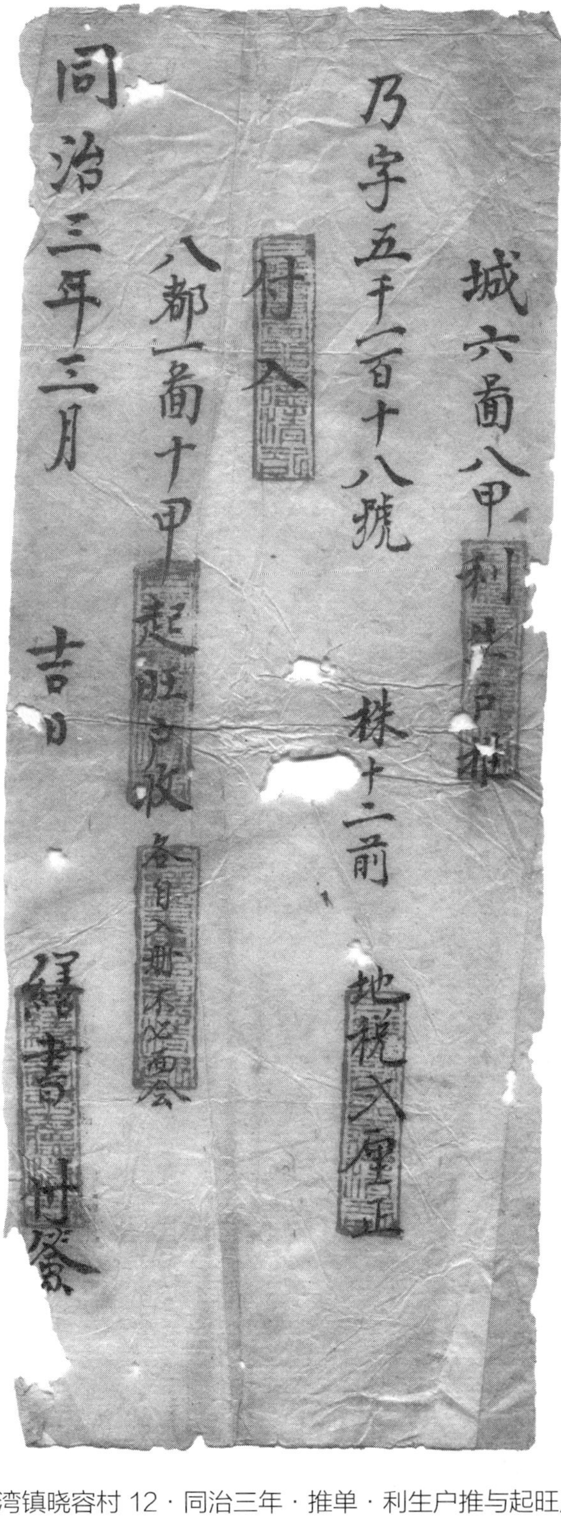

城六啚八甲利生户推

乃字五千一百十八號

株十二前

地税弍厘正

付入

八都一啚十甲起旺户收

各自入册不必過会

同治三年三月 吉日

繕書付簽

江湾镇晓容村 12 · 同治三年 · 推单 · 利生户推与起旺户

立自情愿断骨出賣園地契人程茂全承父置有園地壹塊土名株十二前係經理
乃字五千壹百十捌號計地稅壹畝正今因急用自愿央中將前地尽行断骨出賣與
曹佛聖啟聖兄弟二人名下承買為業當憑中三面議定時值價洋
正其地四至悉照鱗冊為憑不必開述其地自今出賣之後任听買人隨即过手管業
無阻其地未賣之先与本家内外人等並無重張典押不明等情如有是身自理
不干買人之事其來祖与别相連不便繳付日後要用將出無辭其稅粮听至城六番
八甲利生戶下過割收受無辭不另立推單今欲有憑立此断骨出賣地契存據
此契佛勝閣得手啟勝無分此批
同治三年歲次甲子正月　日立断骨出賣園地契人程茂全
見弟　茂炳
茂豐
中見　曹金榮
書　親筆
所是契價当即兩相交訖　再批

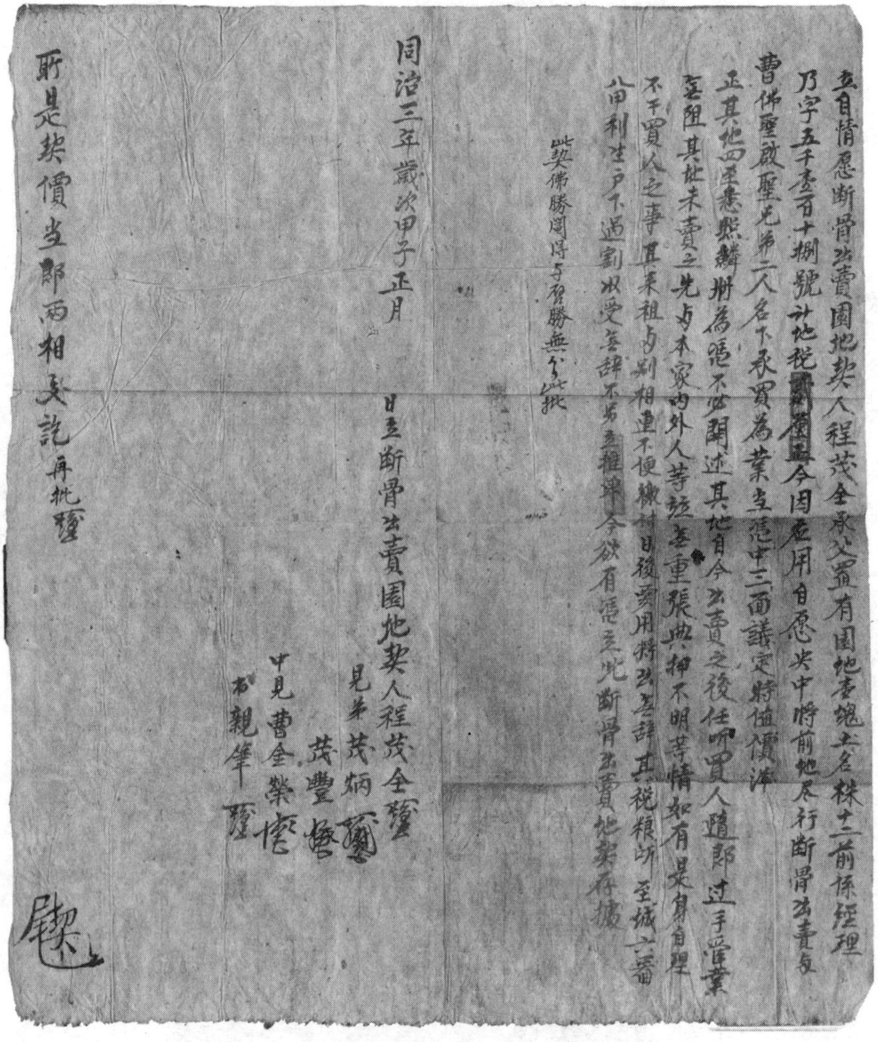

江湾镇晓容村 102 · 同治三年 · 断骨出卖园地契 ·
程茂全卖与曹佛圣、启胜兄弟

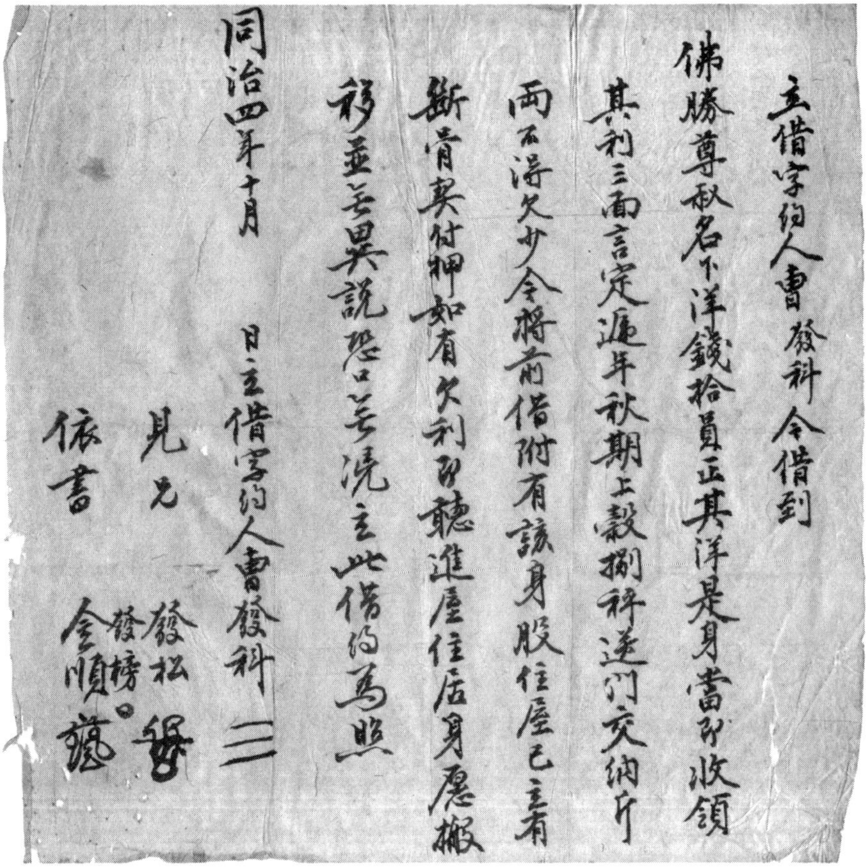
立借字約人曹發科今借到
佛勝尊叔名下洋錢拾員正其洋是身當即收領
其利三面言定逓年秋期上穀捌秤送門交納斤
兩不得欠少今將前借附有該身股住屋已立有
斷骨契付押如有欠利即聽進屋住居身應搬
移並無異說恐口無憑立此借約為照
同治四年十月　　日立借字約人曹發科
見兄　發松　發榜
依書　金順

江湾镇晓容村 75 · 同治四年 · 借字约 · 曹发科借到佛胜

蓋聞為人子者當思木本水源須重慎終追遠祢

三十四世祖考諱之墉曹公

妣俞氏桂粧孺人承先啓後積儲土名曉鏞嶺田

祖叁秤正為清明祭掃之費

三十五世祖考諱文英曹公

妣吳氏雙桂孺人復添置蜈蚣坵田祖伍秤正

三十六世祖觀祥公契友趙公諱應聚蓄存土名石枧塌底田租壹秤正

後將觀祥公之添燈會山名計骨租壹秤同附祭掃之用

江湾镇晓容村 6-1 · 光绪五年 · 先祖清明会簿 · 赵公启富等

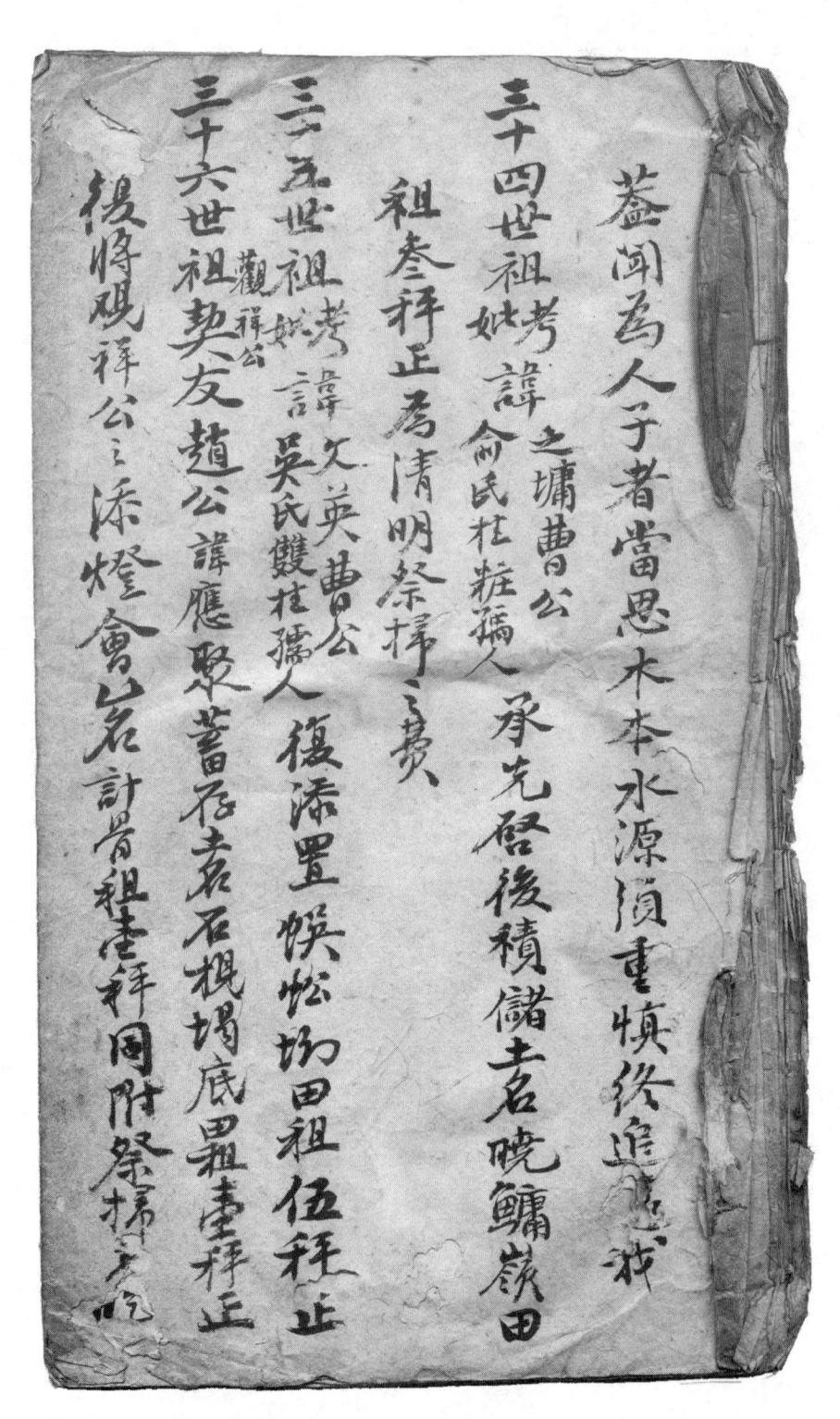

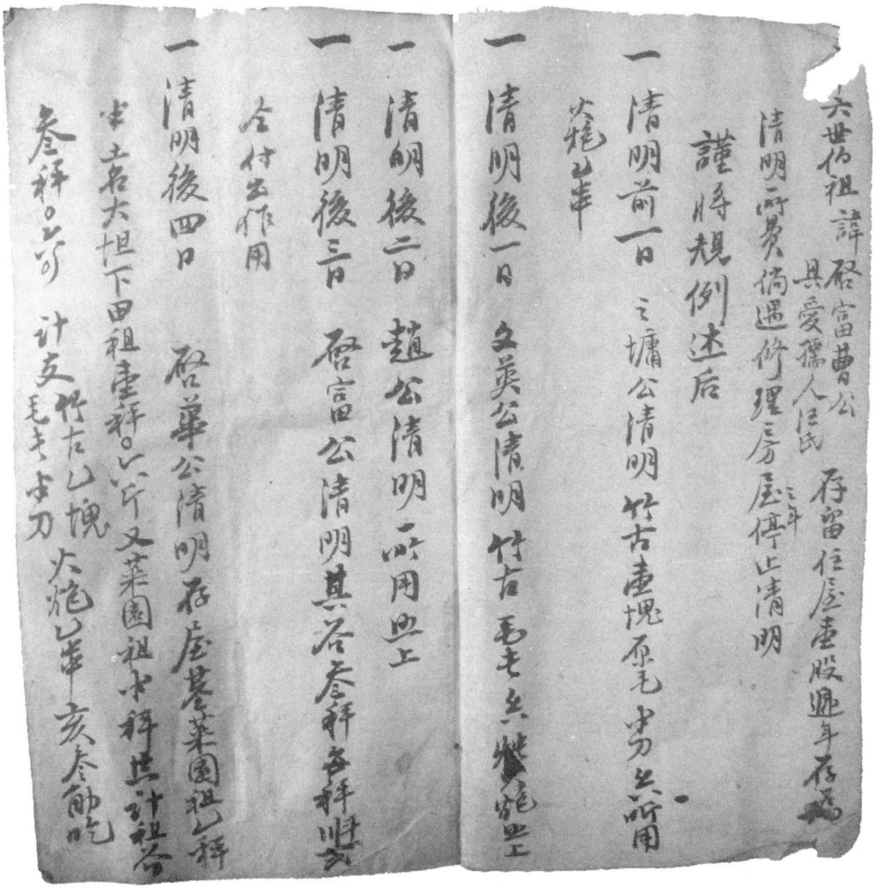
六世伯祖諱啓富曹公 具愛孺人汪氏 存留住屋壹股遞年存[illegible]
清明二房貴倘遇修理房屋三年停止清明
謹將規例述后
一 清明前一日 ⺀墉公清明 竹古壹塊原毛[illegible][illegible][illegible]所用
大炮山年
一 清明後一日 文英公清明 竹古[illegible]毛[illegible][illegible]炮照上
一 清明後二日 趙公清明二所用照上
一 清明後三日 啓富公清明 其谷叁拜[illegible]拜[illegible]
全付出作用
一 清明後四日 啓華公清明 存屋基菜園祖山拜
出土名大坦下田祖壹拜〇六斤又菜園祖木拜[illegible]計祖谷
叁拜〇六斤 計交竹古山塊 毛[illegible][illegible]力 大炮山年 交叁節吃

江湾镇晓容村 6-2 · 光绪五年 · 先祖清明会簿 · 赵公启富等

光绪十五年清明 之婿 文美 赵公 启富 轮值 茂槐两首

惟启華公清明輪值 元仙為首

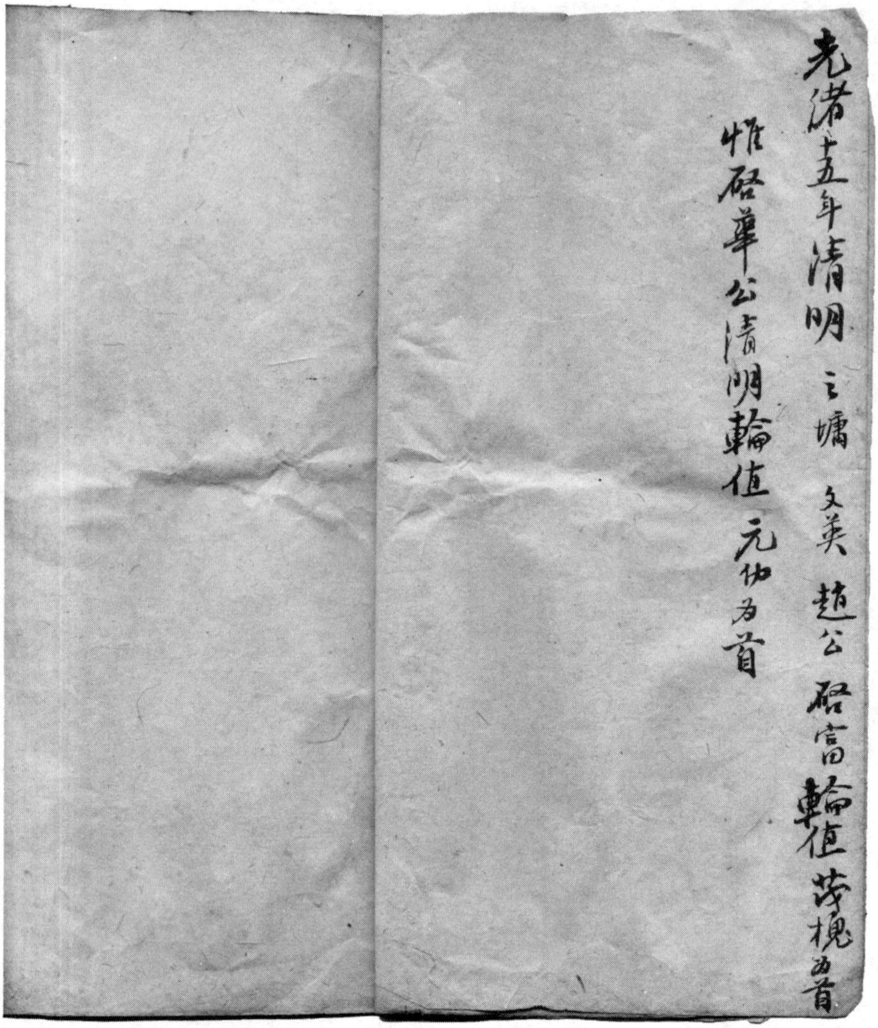

江湾镇晓容村6-3·光绪五年·先祖清明会簿·赵公启富等

謹具金銀錢財封包拜上冥中收納受[illegible]

拜清明佳節日謹封

江湾镇晓容村 7-1 · 光绪二十三年 · 家谱

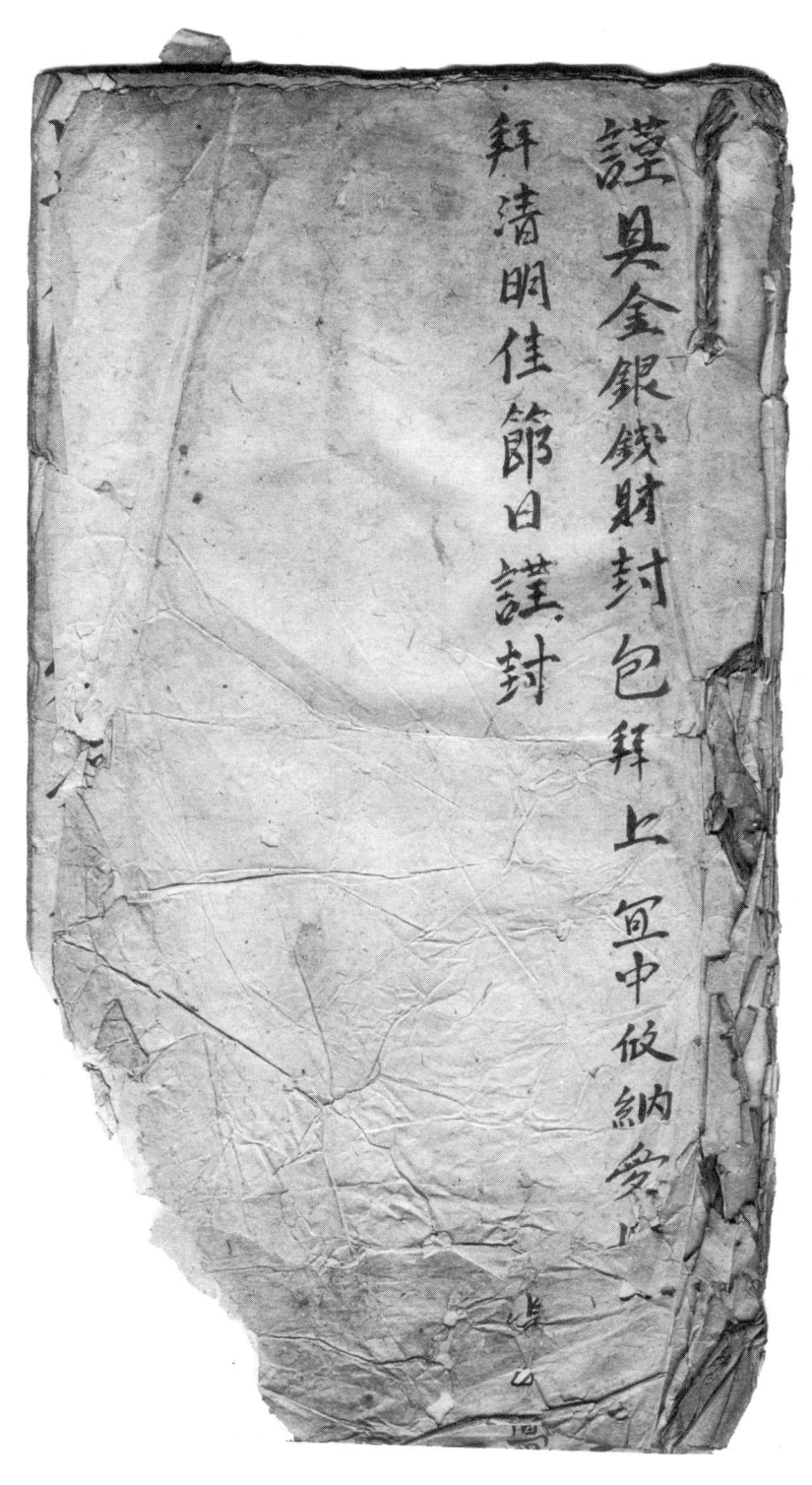

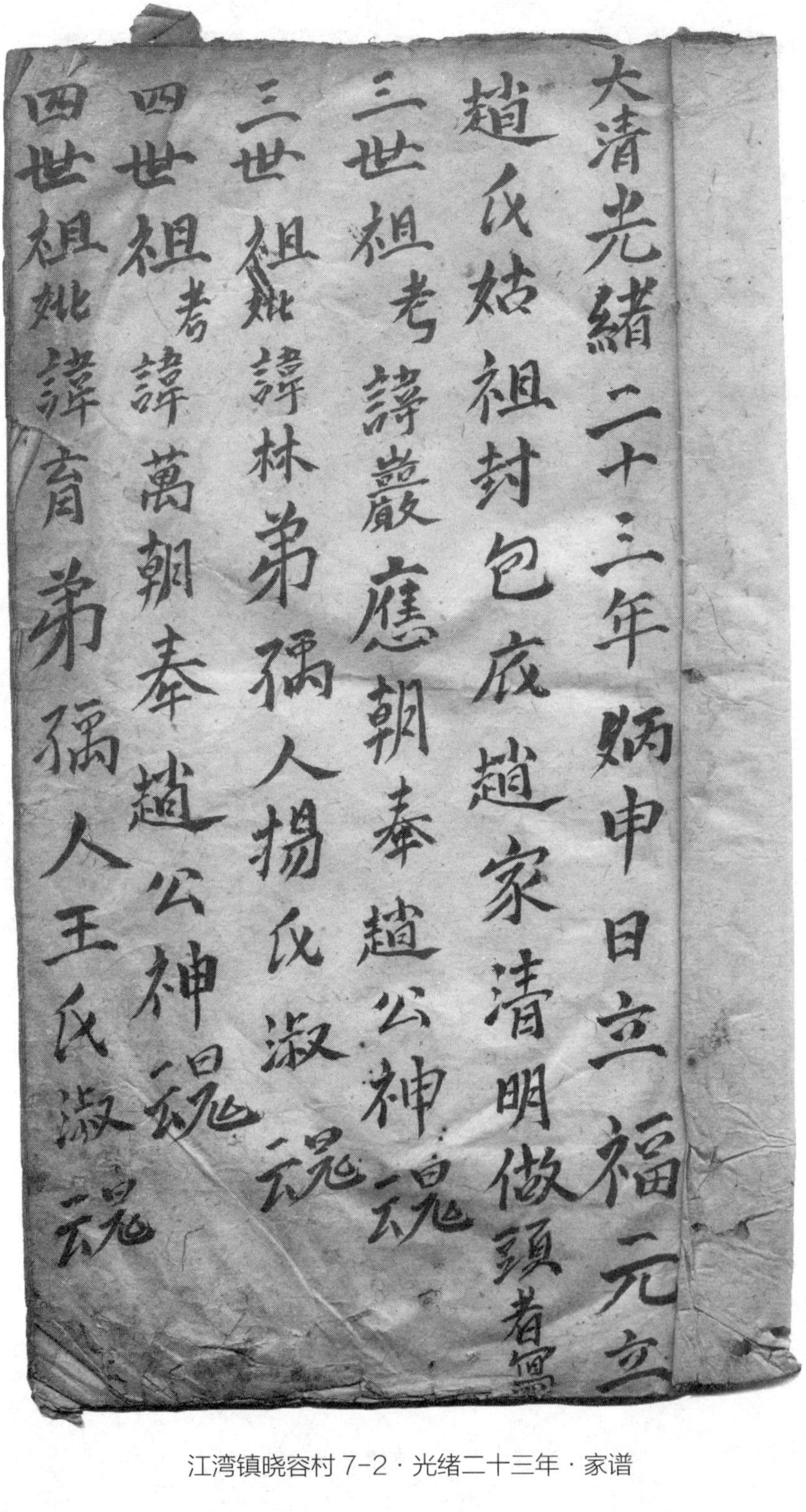
大清光緒二十三年炳申日立福元立
趙氏姑祖封包庇趙家清明做頭者寫
三世祖考諱巖應朝奉趙公神魂
三世祖妣諱林弟孺人揚氏淑魂
四世祖考諱萬朝奉趙公神魂
四世祖妣諱育弟孺人王氏淑魂

江湾镇晓容村 7-2 · 光绪二十三年 · 家谱

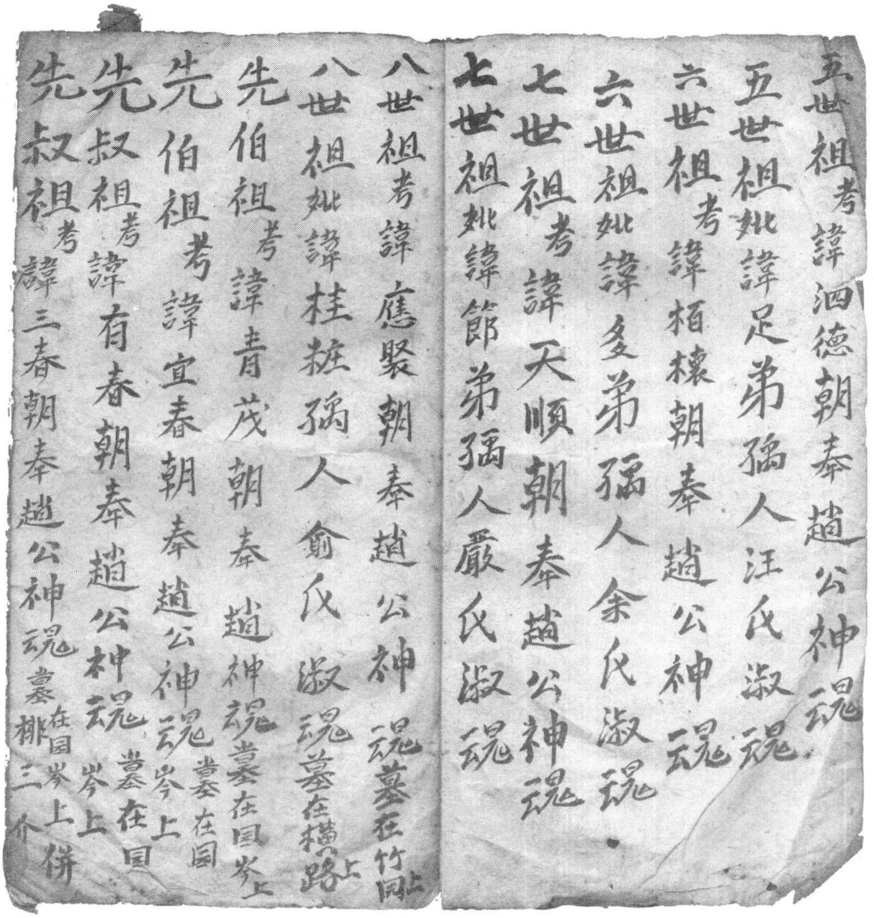

五世祖考諱洄德朝奉趙公神魂
五世祖妣諱足弟孺人汪氏淑魂
六世祖考諱栢[illegible]朝奉趙公神魂
六世祖妣諱多弟孺人余氏淑魂
七世祖考諱天順朝奉趙公神魂
七世祖妣諱節弟孺人嚴氏淑魂
八世祖考諱應賢朝奉趙公神魂墓在竹園上
八世祖妣諱桂[illegible]孺人俞氏淑魂墓在横路上
先伯祖考諱青茂朝奉趙神魂墓在园岑上
先伯祖考諱宜春朝奉趙公神魂墓在园岑上
先叔祖考諱有春朝奉趙公神魂墓在园岑上
先叔祖考諱三春朝奉趙公神魂墓在园岑上併排三个

江湾镇晓容村 7-3 · 光绪二十三年 · 家谱

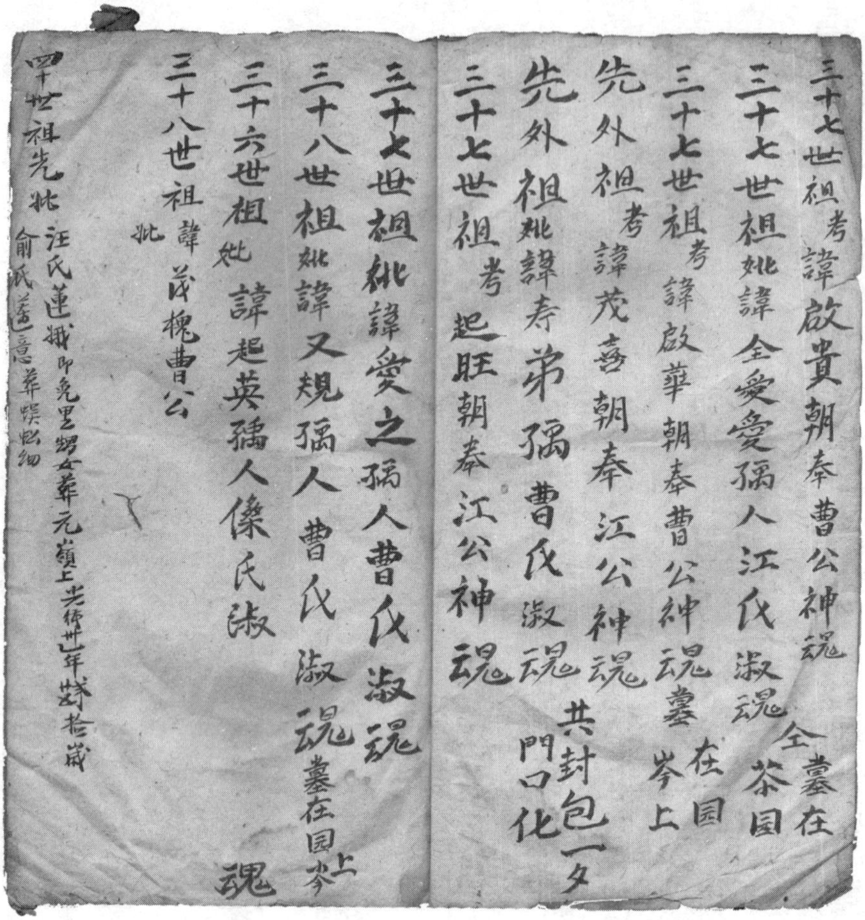

三十七世祖考諱啟貴朝奉曹公神魂　仝墓在
三十七世祖妣諱全愛愛孺人江氏淑魂　茶园
三十七世祖考諱啟華朝奉曹公神魂墓　在园
先外祖考諱茂喜朝奉江公神魂　岑上
先外祖妣諱寿弟孺人曹氏淑魂　共封包一夕
門口化
三十七世祖考起旺朝奉江公神魂
三十七世祖妣諱愛之孺人曹氏淑魂
三十八世祖妣諱又規孺人曹氏淑魂墓在园岑上
三十六世祖妣諱起英孺人像氏淑魂
三十八世祖諱茂槐曹公
妣
四十世祖先妣汪氏蓮娥即免里绸女葬元嶺上光绪廿三年　卅拾歲
俞氏菊意葬蜈蚣细

江湾镇晓容村 7-4 · 光绪二十三年 · 家谱

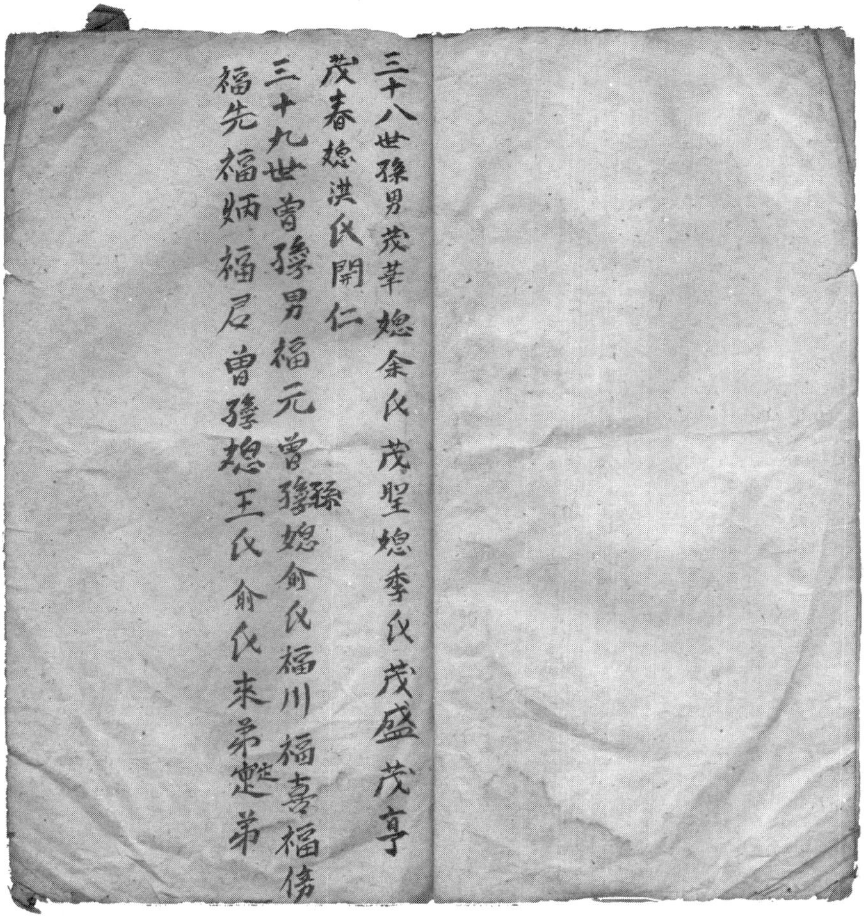
三十八世孫男茂華 媳余氏 茂聖 媳季氏 茂盛 茂亨
茂春 媳洪氏 開仁
三十九世曾孫男福元 曾孫 媳俞氏 福川 福喜 福傳
福先 福炳 福启 曾孫媳王氏 俞氏 来弟 連弟

江湾镇晓容村 7-5 · 光绪二十三年 · 家谱

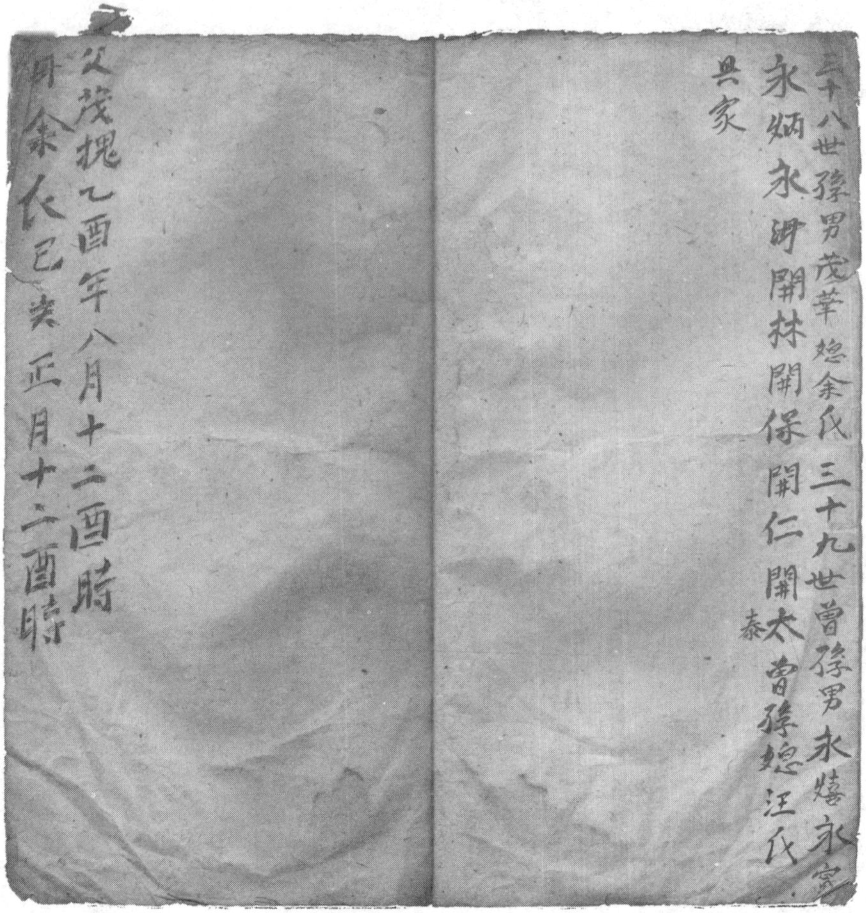

三十八世孫男茂芊媳余氏 三十九世曾孫男永嬉 永[illegible]

永炳 永淵 開林 開保 開仁 開太（泰） 曾孫媳汪氏

具家

父茂槐乙酉年八月十二酉時

母余氏己亥正月十二酉時

江湾镇晓容村 7-6 · 光绪二十三年 · 家谱

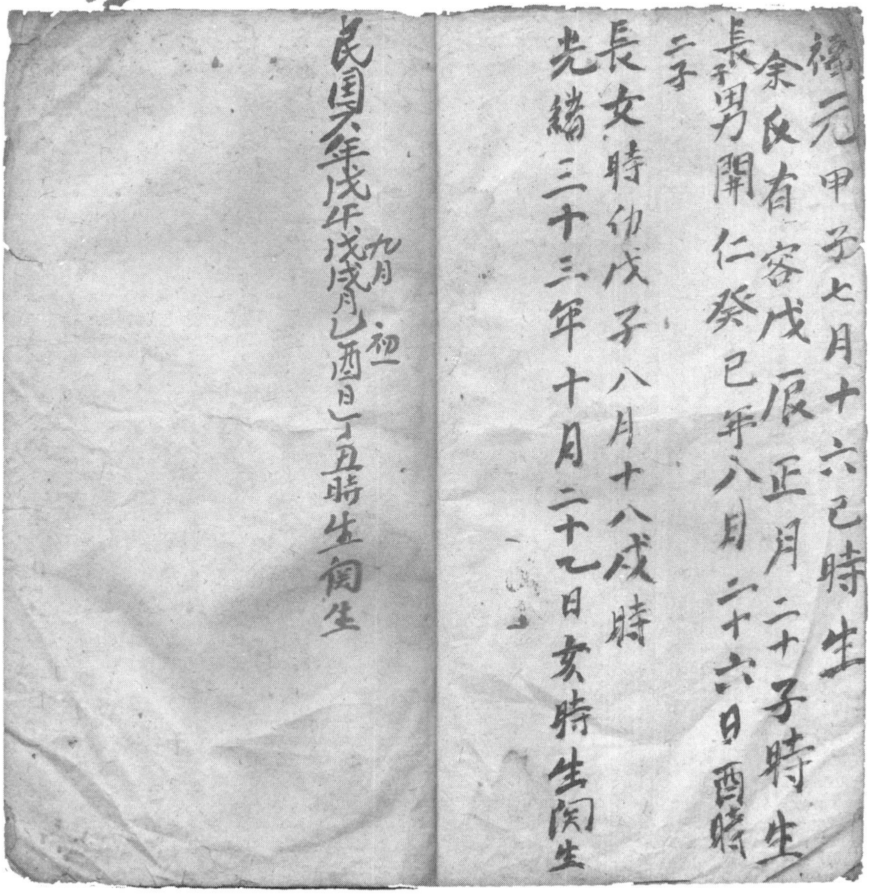
德元甲子七月十六巳時生
余氏有容戊辰正月二十子時生
長子男開仁癸巳年八月二十六日酉時
二子
長女時仂戊子八月十八戌時
光緒三十三年十月二十七日亥時生閔生
民国六年戊午九月戊戌月初一乙酉日丁丑時生閔生

江湾镇晓容村 7-7 · 光绪二十三年 · 家谱

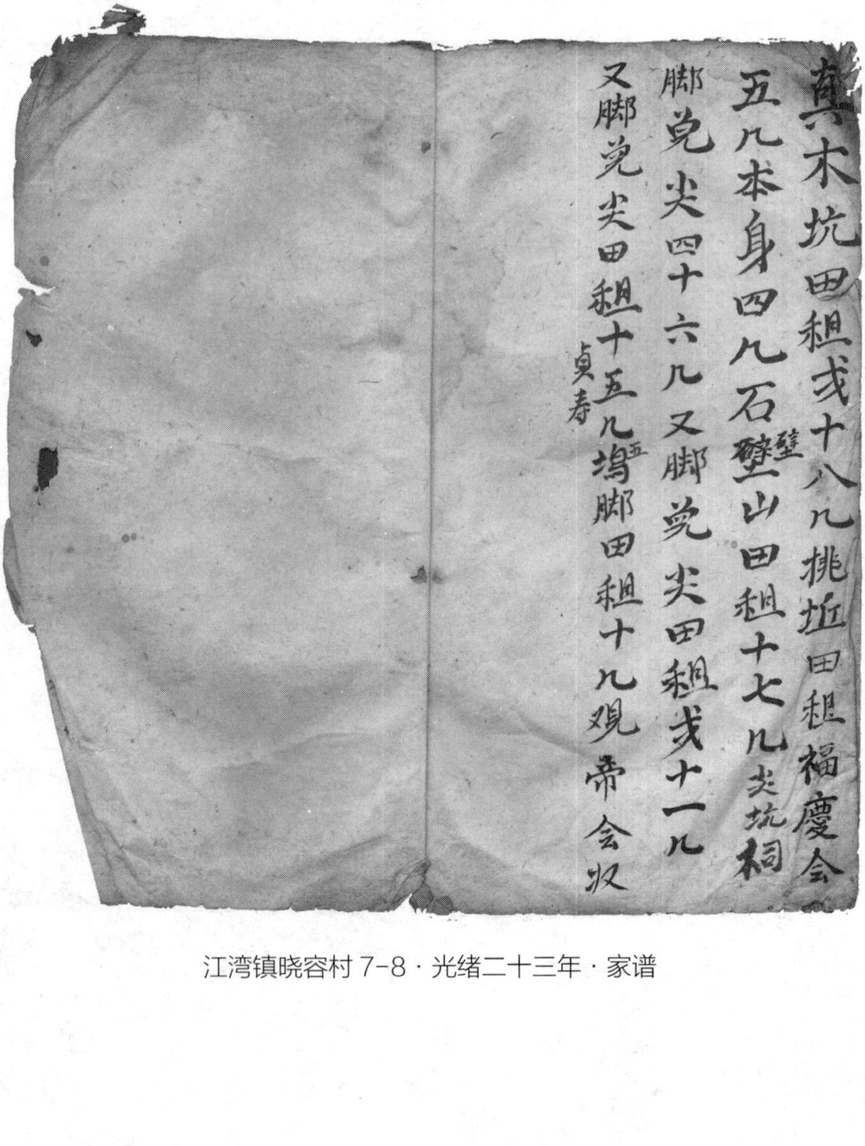
真木坑田租贰十八几挑垢田租福庆会
五几本身四几石壁山田租十七几尖坑祠
脚兑尖四十六几又脚兑尖田租贰十一几
又脚兑尖田租十五几五坞脚田租十几观帝会收
贞寿

江湾镇晓容村 7-8 · 光绪二十三年 · 家谱

立合議人曹昌錦承祖遺有地壹號坐落土名裡湾大嶺計地稅壹分五釐正
乃字叁仟玖佰零捌號其地四至悉照鄰册為憑今因正事要用將地換
地弍洋元正其洋是身付與符與侄收嶺其地換地之後各管各業
兩無異說今欲有憑立此合墨存據　所是菜园裡茶萪一并在内　再批　押

光緒念伍年八月　日立合墨人曹昌錦　押

書親筆　押

[illegible]

江湾镇晓容村 85 · 光绪二十五年 · 合议 · 曹昌锦

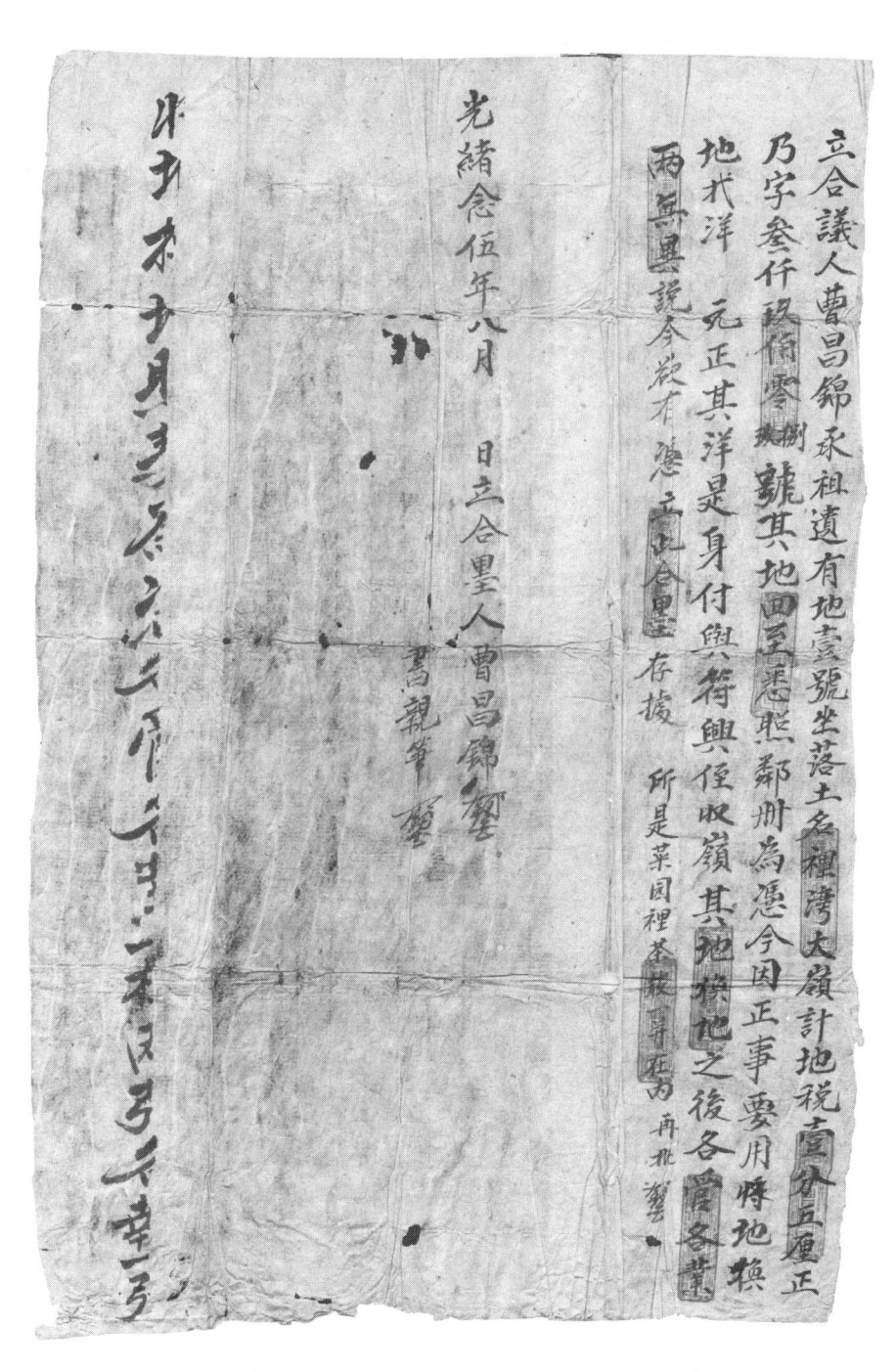

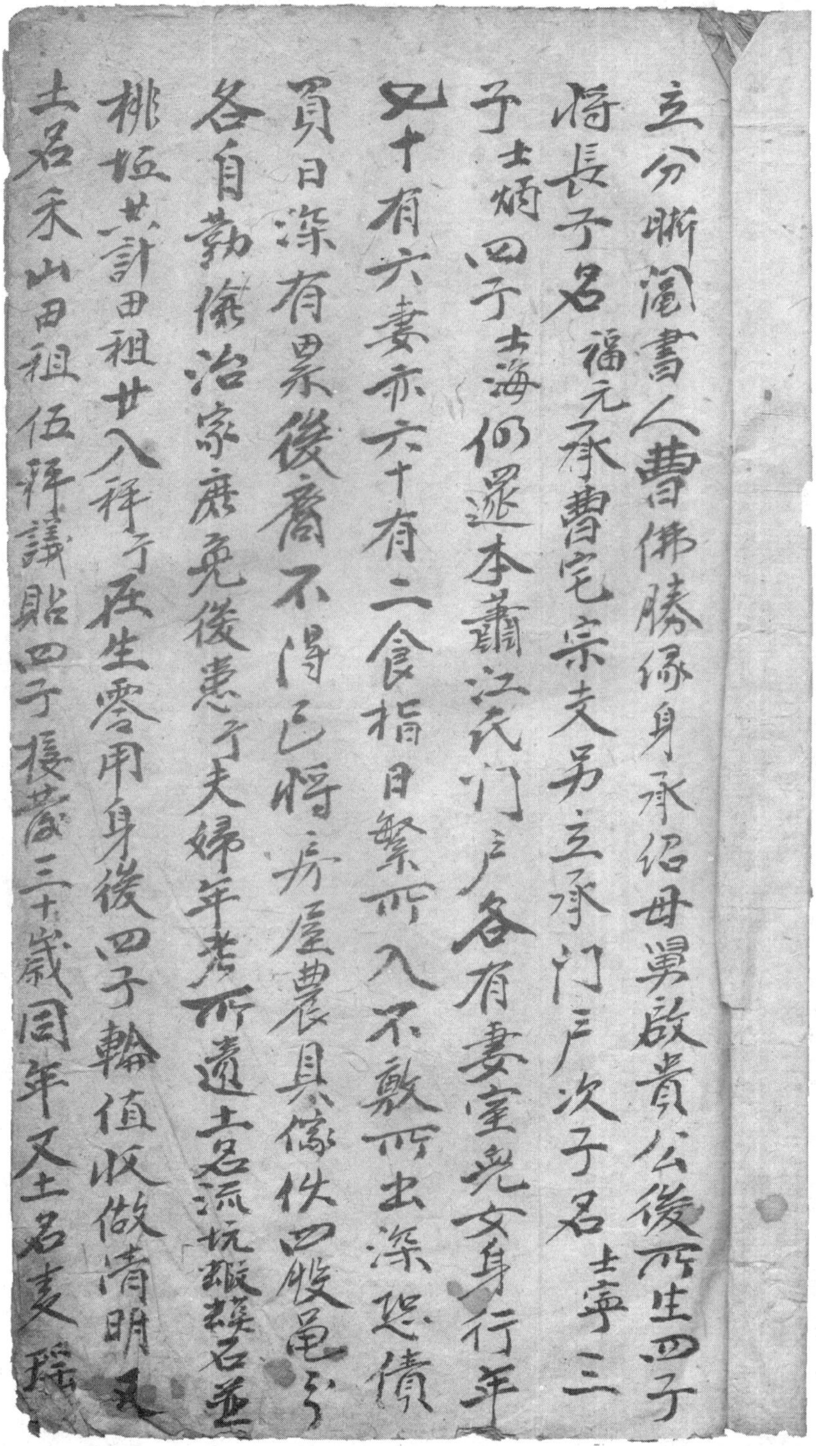
立分晰阄書人曹佛勝係身承紹母舅啟貴公後所生四子
將長子名福元承曹宅宗支另立承门户次子名士寧三
子士炳四子士海仍還本蕭江氏门户各有妻室免女身行年
又十有六妻亦六十有二食指日繁所入不敷所出深恐債
負日深有累後裔不得已將房屋農具傢伙四股品分
各自勤儉治家庶免後患予夫婦年老所遺土名流坑蜒蝾石並
桃坵共計田租廿八秤予在生零用身後四子輪值收做清明又
土名禾山田租伍秤議貼四子長孫三十歲同年又土名麦䟢

江湾镇晓容村 8-1 · 光绪二十七年 · 分家文书 · 曹佛胜

垇田租弍秤議貼長孫四子議定秋期每子交亍夫婦
食谷十五秤願尔兄弟和氣致祥所龜各件開述于右
各执存據

存衆

土名須坑蝦蟆田租廿四秤又排坵四行現前父母收用
新屋園圍内塝樀为衆相共廚屋屋基双堂大鍋風炉三股相共
大牯牛一頭並犁扒帰年上作議價英洋拾弍元其洋冬月の
股均派 本年兄弟種谷亦不納租

戊房士寧得禮龜

新造正屋東边正房一眼樓上東边谷倉一眼晒粮直出一路計三步
菜地龜得井塝上塝底一坵外山至外首一坵並牛欄上基一小坵
承種田中石磨一段又排坵一号脚兒尖塝寿田主一号牛角礌並硃頭
桱石樹井塝上一塊
上雅坐股

福慶會半名
目連會一名半
观音會半名

江湾镇晓容村 8-2 · 光绪二十七年 · 分家文书 · 曹佛胜

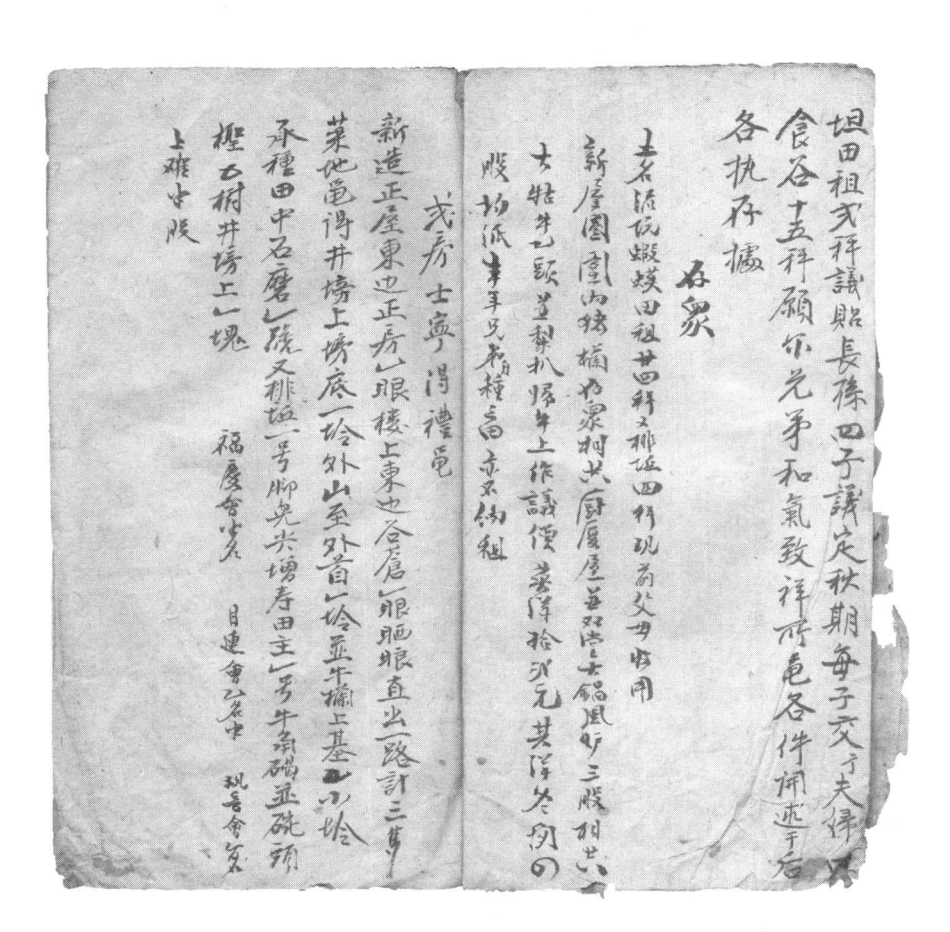

長房 福元得義鬮

株十二前啟貴公股老屋歸義鬮
茶園茶地 井塝上牛欄壹所並牛欄外茶地三垅又牛欄背後
地戈垅並棋盤樹一株 老楮燭會乙名 土地會乙名
承種田西庄並唐樹塝山疏

三房士炳得智鬮

新造正屋西邊正房乙眼樓上西邊各倉乙眼墻橺直出第一號二隻夂
茶地畳塝井塝上中夫山垅外山上基乙垅
承種會鷄戒夫山號松樹岕山號 關帝會乙名

四房士海得信鬮

新造正屋樓上東西二堵次眼 畲火荒山岕茶乙垅 墻櫳直出第三隻
茶地井塝上州言乙垅外山中夾山垅屋後尖凃不攔基地福山岕蒼
承種田石鷩山乙號坡底处頭乙號又坎底乙號

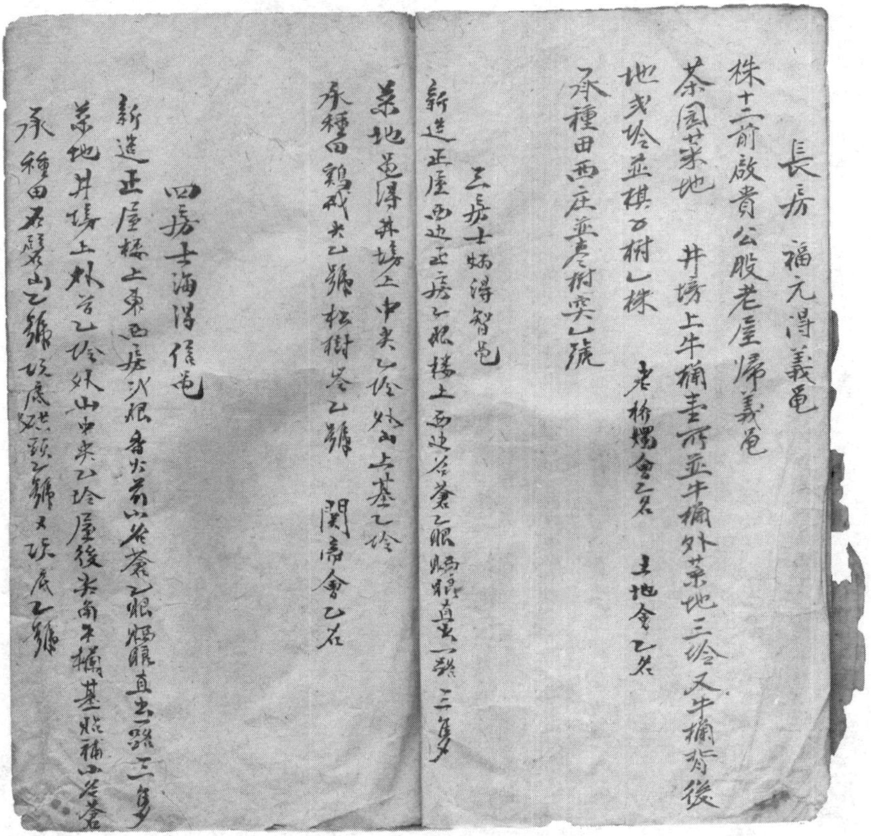

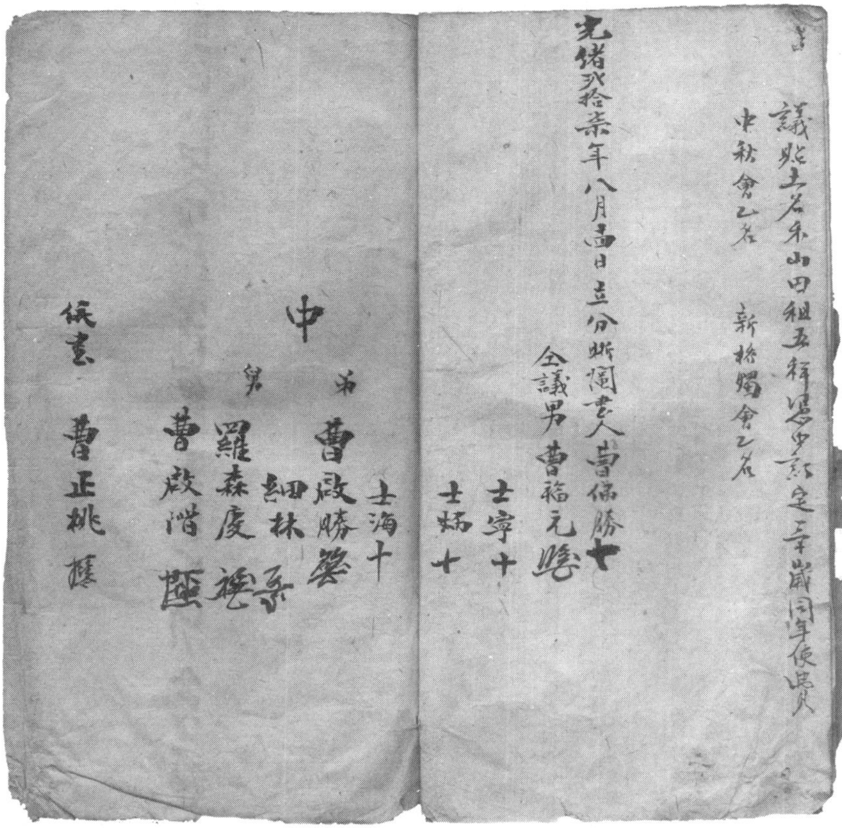
議貼上名禾山田租五籮遇少新定三年歲同年佰

中秋會一名　新橋燭會一名

光緒貳拾柒年八月吉日立分關書人曹佛勝 十

仝議男曹福元 士寧 十 士娇 十

中 弟曹啟勝 士海 十

男羅森慶 細林

曹啟階

依書 曹正桃

江湾镇晓容村 8-4 · 光绪二十七年 · 分家文书 · 曹佛胜

江湾镇晓容村 8-5 · 光绪二十七年 · 分家文书 · 曹佛胜

江湾镇晓容村 56 · 光绪二十九年 · 纳米执照 · 观音

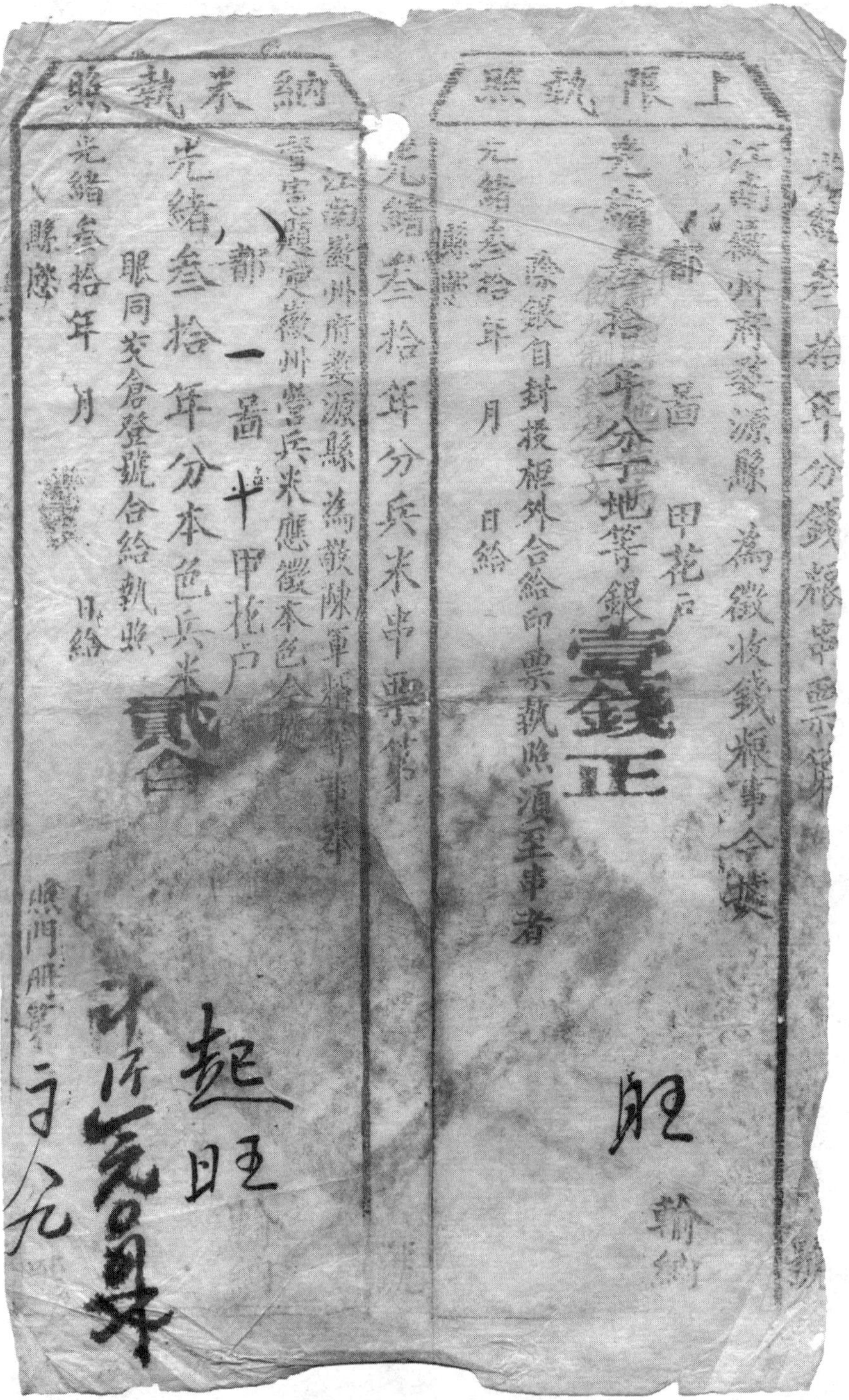

江湾镇晓容村 43 · 光绪三十年 · 纳米执照 · 起旺

光緒叁拾年分錢糧串票第

上限執照
江南徽州府婺源縣 為徵收錢糧事今據
都 圖 甲花戶
光緒叁拾年分地等銀 貳錢陸分正
除銀自封投櫃外合給印票執照
光緒叁拾年 月 日給
縣總
兴 輸納

光緒叁拾年分兵米串票第
納米執照
江南徽州府婺源縣 為徵
管憲題定徽州營兵米應徵本色合據
一都 一圖 十甲花戶
光緒叁拾年分本色兵米 伍合
照同交倉發號合給執照
光緒叁拾年 月 日給
縣總
佛兴 輸納

江湾镇晓容村 45 · 光绪三十年 · 纳米执照 · 佛兴

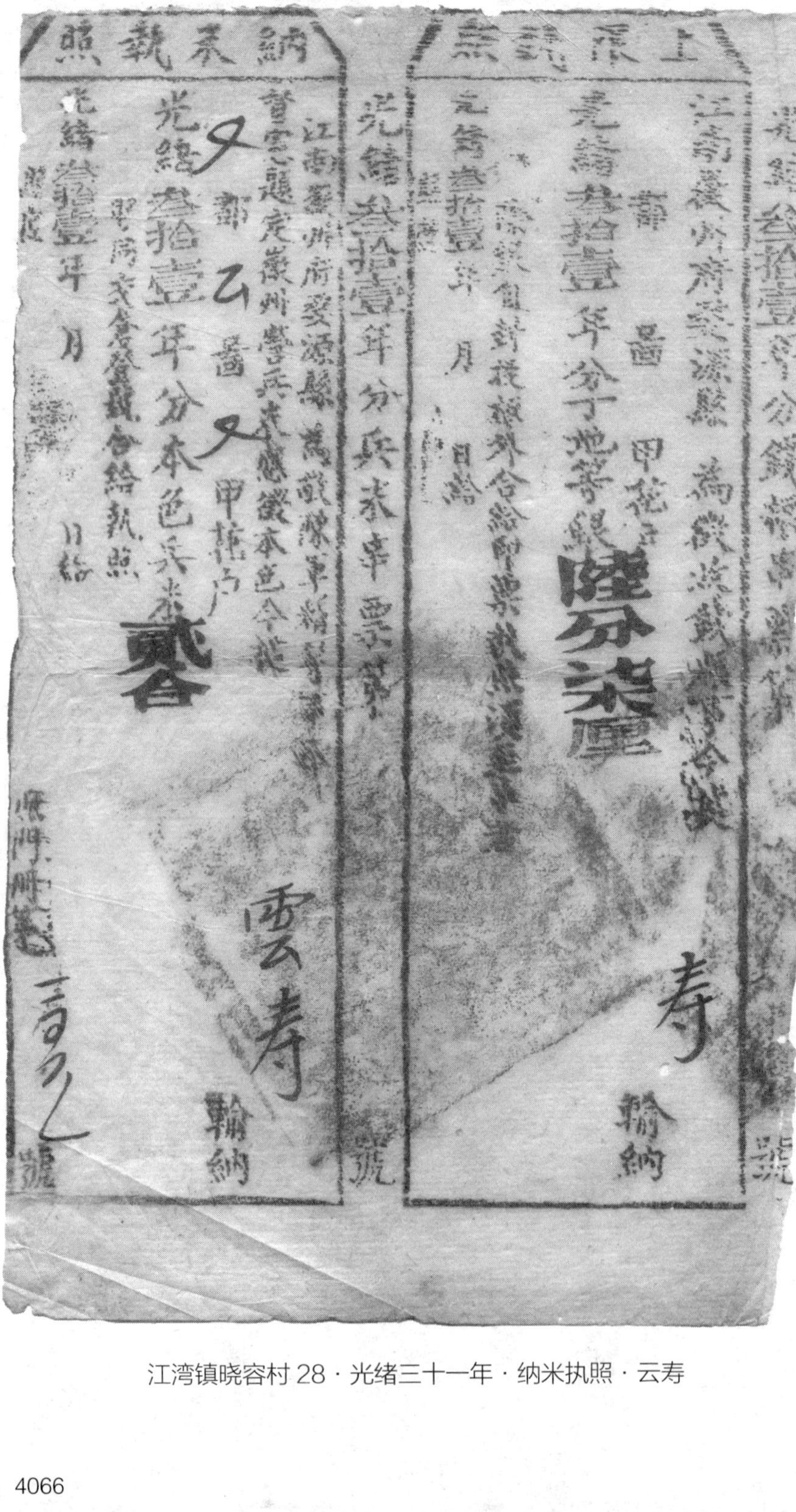

江湾镇晓容村 28 · 光绪三十一年 · 纳米执照 · 云寿

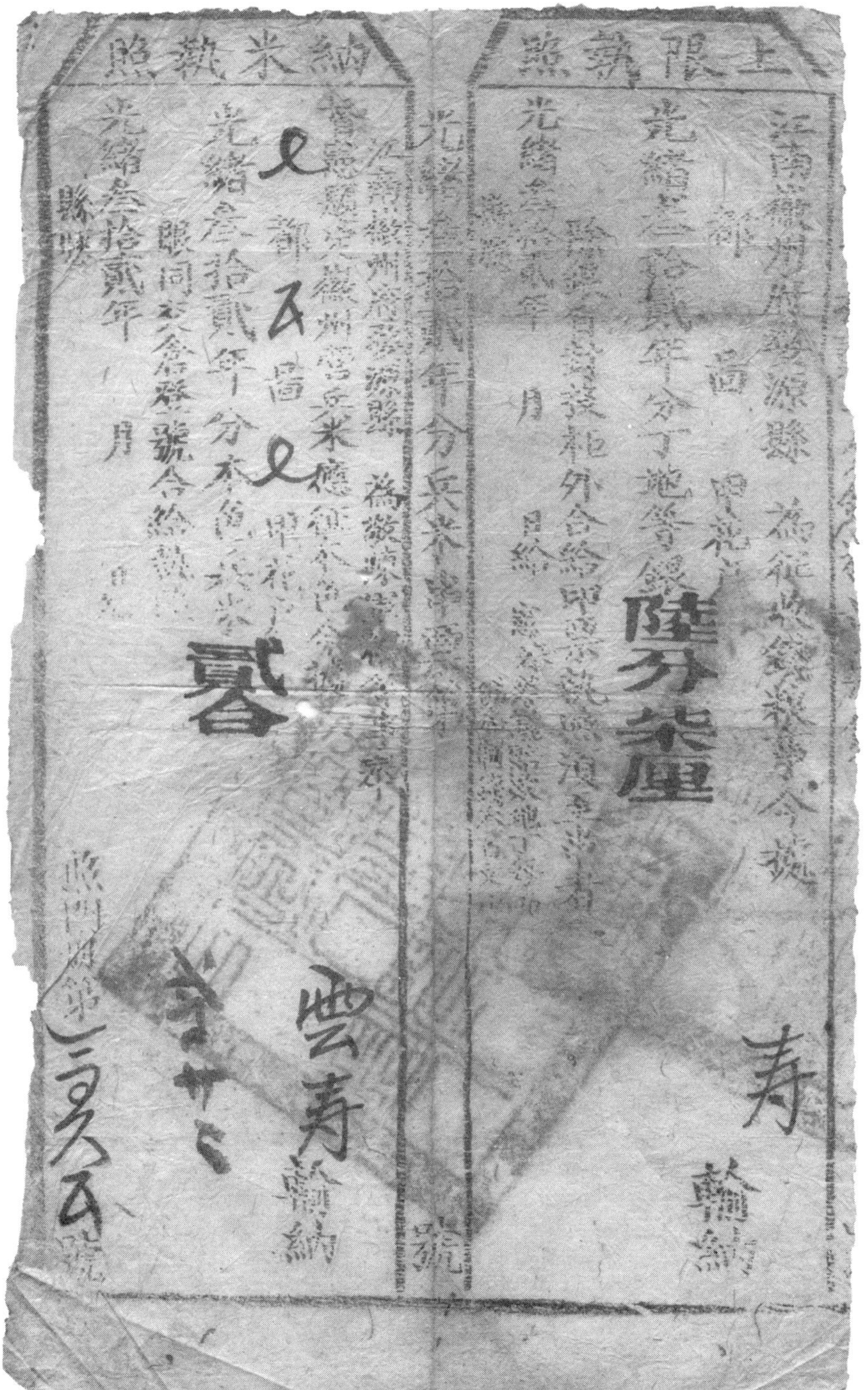

上限執照

江南徽州府婺源縣 為征收錢糧事今據

光緒叁拾貳年分丁地

陸分叁厘

壽

輸納

納米執照

江南徽州府婺源縣

七都五圖七甲

光緒叁拾貳年分

貳合

光緒叁拾貳年 月

雲壽

輸納

江湾镇晓容村 29 · 光绪三十二年 · 纳米执照 · 云寿

江湾镇晓容村 34 · 光绪三十三年 · 纳米执照 · 云寿

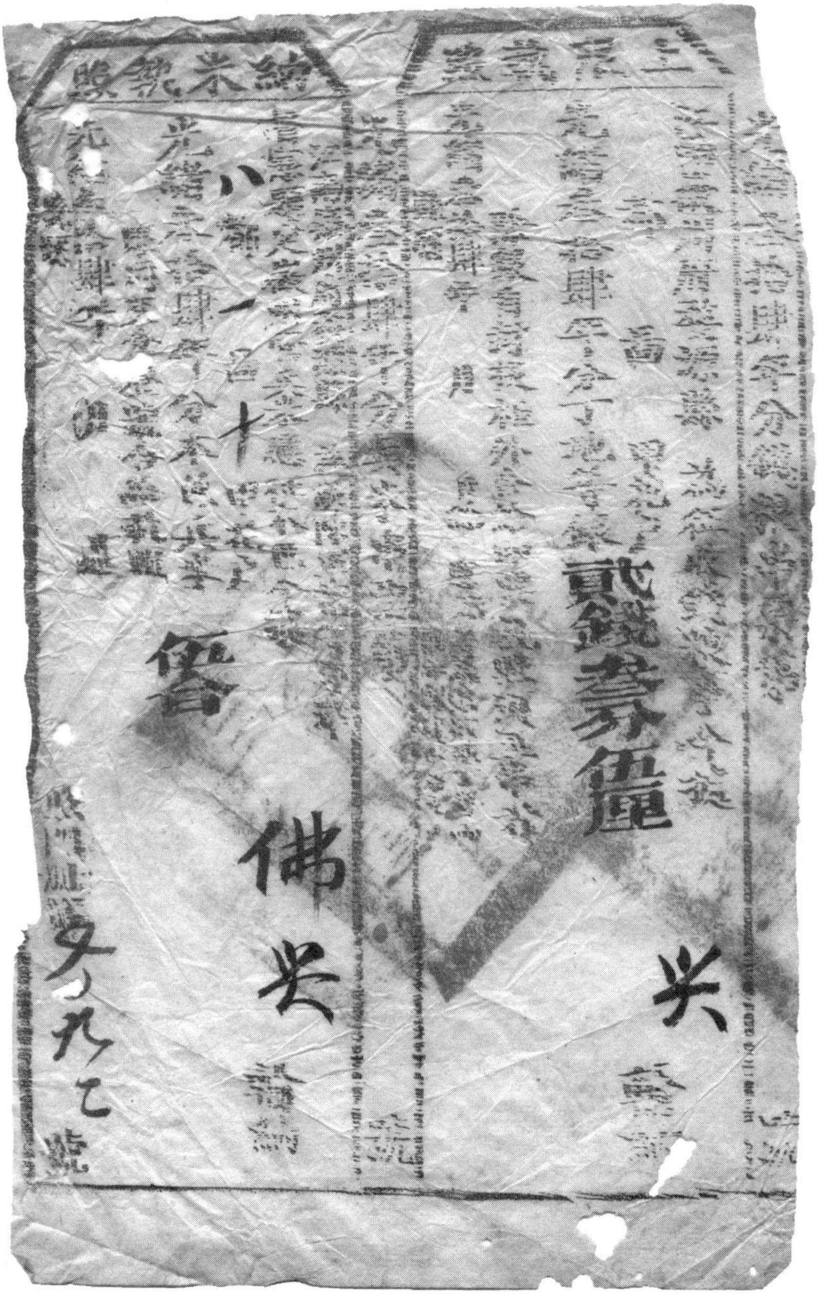
納米執照

佛兴

江湾镇晓容村 42 · 光绪三十四年 · 纳米执照 · 佛兴

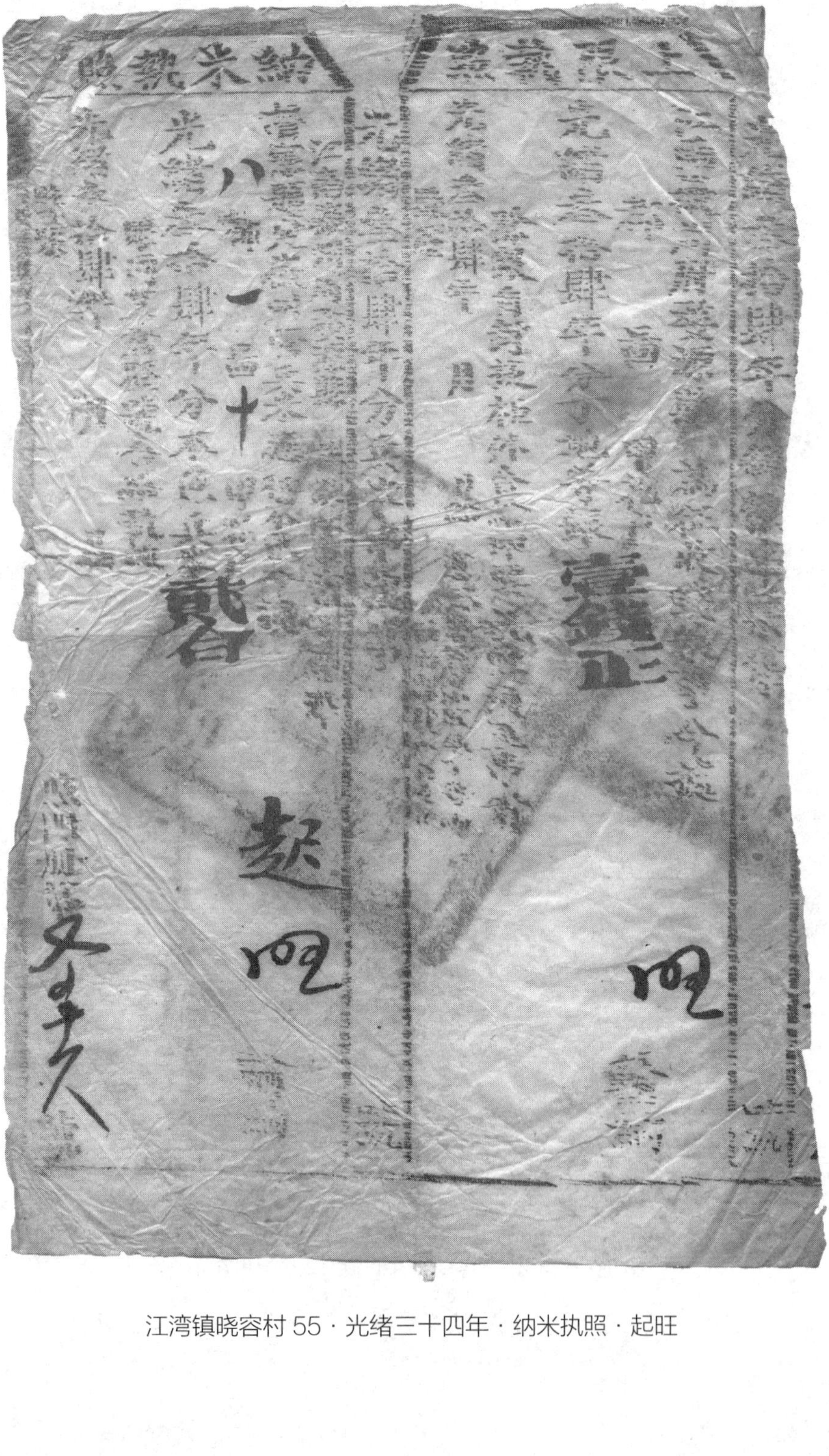

江湾镇晓容村 55 · 光绪三十四年 · 纳米执照 · 起旺

上限執照

安徽婺源縣為征收

都 圖 甲花户

中華民國元年分丁漕銀 伍分捌厘

除銀自封投櫃外合給印票執照

中華民國元年 月 號給

納米執照

安徽婺源縣為征收兵米

八都一圖二甲花户

中華民國元年分兵米 貳合

中華民國元年分兵米

合給印票執照

中華民國元年 月 號給

照門牌冊第七九號

觀音

音

輸納

江湾镇晓容村 31 · 民国元年 · 纳米执照 · 观音

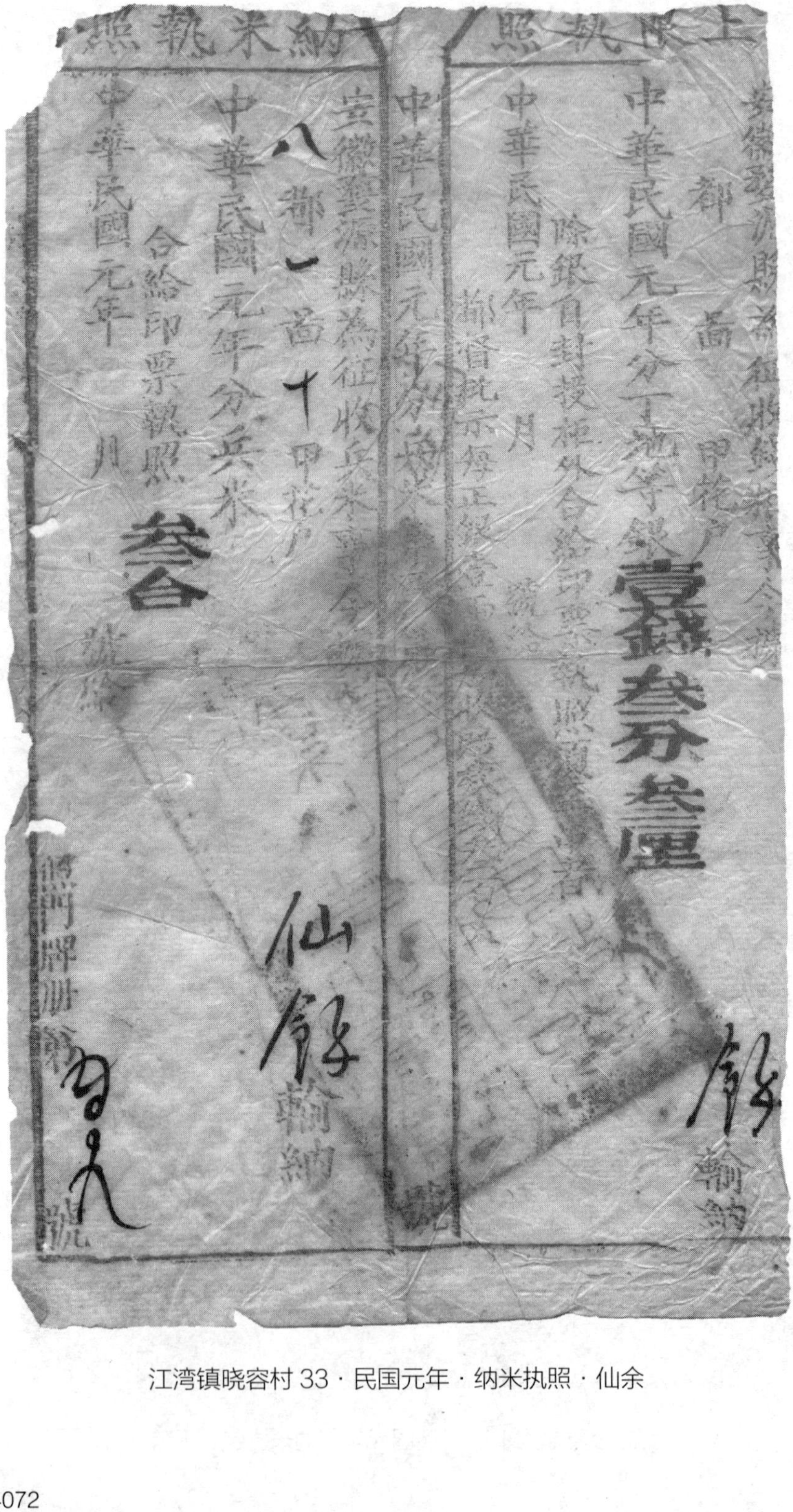
納米執照
安徽婺源縣為徵收兵米事
八都一啚十甲花戶
中華民國元年分兵米
合給印票執照
叁合
中華民國元年 月
仙余
輸納

江湾镇晓容村 33 · 民国元年 · 纳米执照 · 仙余

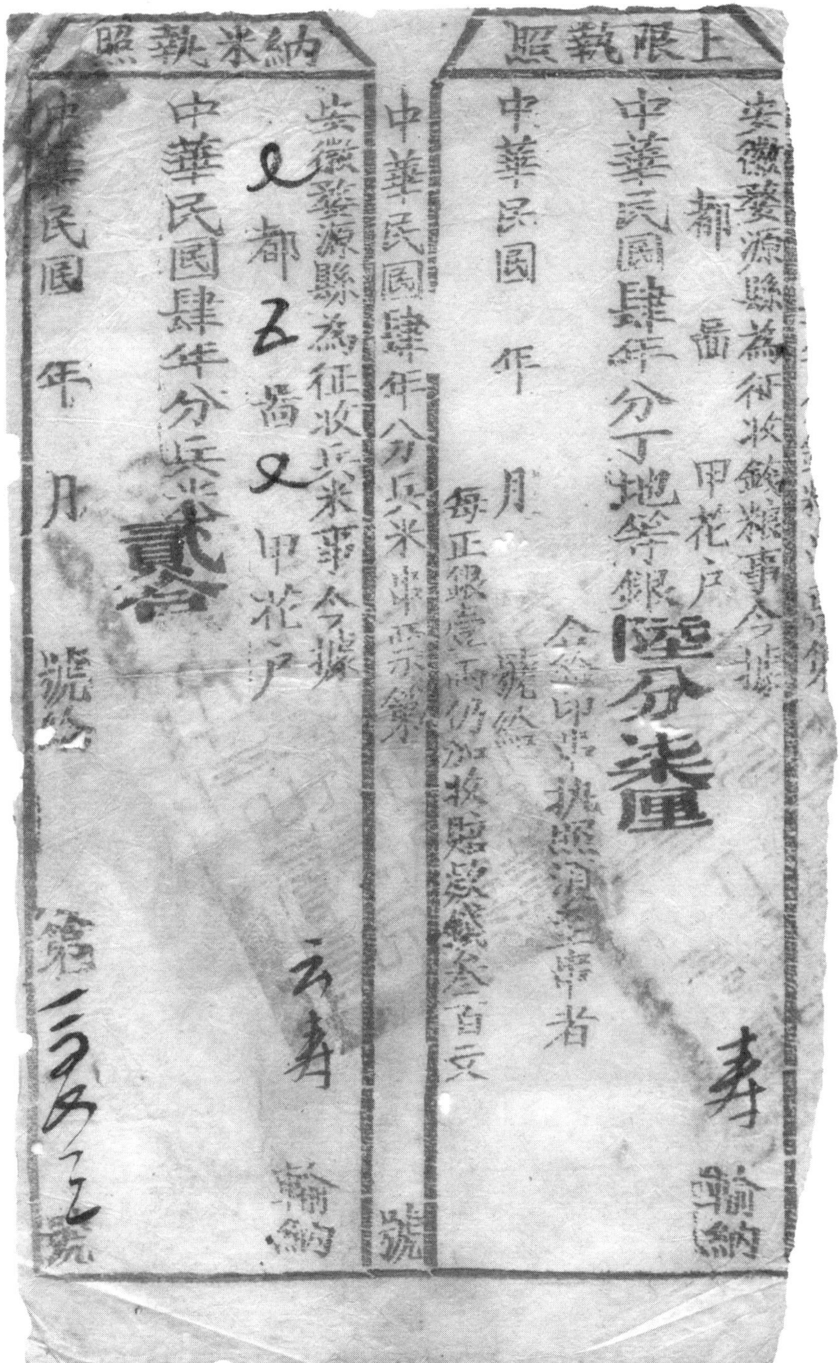
上限執照

安徽婺源縣為征收錢糧事今據

都 啚 甲花户

中華民國肆年分丁地等銀陸分叁釐

全完給印串執照須至串者

中華民國 年 月 號給

每正銀壹兩仍加收照錢叁百文

壽 輸納

中華民國肆年分兵米串票第 號

納米執照

安徽婺源縣為征收兵米事今據

乙都五啚又甲花户

中華民國肆年分兵米貳合

中華民國 年 月 號給

云壽 輸納

第一三又二號

江湾镇晓容村 30 · 民国四年 · 纳米执照 · 云寿

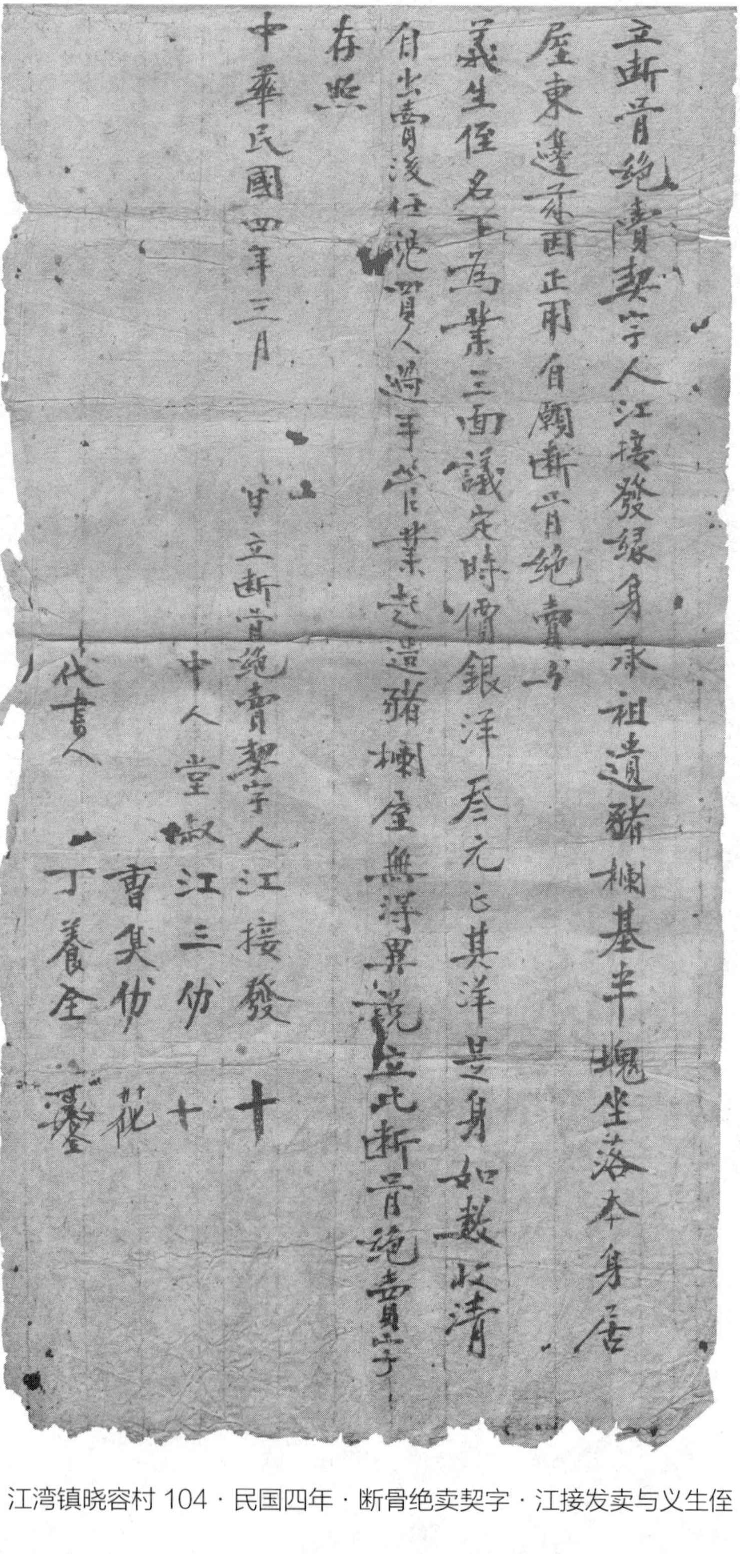
立断骨絕賣契字人江接發缘身承 祖遺豬欄基半塊坐落本身居
屋東邊今因正用自願断骨絕賣與
義生侄名下為業三面議定時價銀洋叁元正其洋是身如數收清
自出賣後任憑買人過手管業起造豬欄全無浔異說立此断骨絕賣字
存照
中華民國四年三月
廿 立断骨絕賣契字人 江接發 十
中人 堂叔 江三份 十
曹奠份 花
代書人 丁養全

江湾镇晓容村 104 · 民国四年 · 断骨绝卖契字 · 江接发卖与义生侄

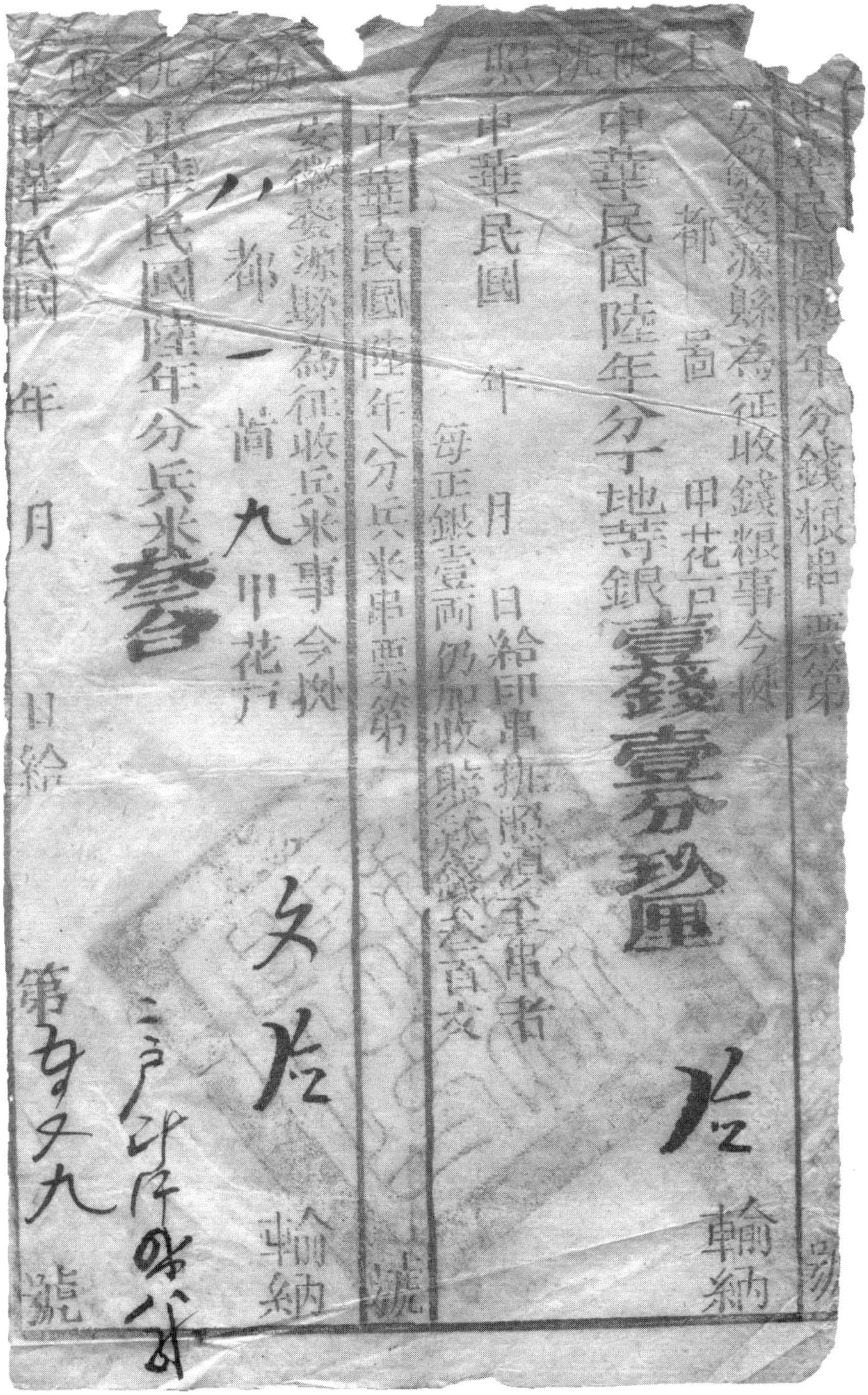

中華民國陸年分錢糧串票第 號

安徽婺源縣為征收錢糧事今據 都 啚 甲花戶 輸納

中華民國陸年分 地丁銀

中華民國 年 月 日給印串執照須至串者

每正銀壹兩仍加收縣公費錢叁百文

中華民國陸年分兵米串票第 號

安徽婺源縣為征收兵米事今據 八都 一啚 九甲花戶 文德 輸納

中華民國陸年分兵米

中華民國 年 月 日給 第 號

江湾镇晓容村 11 · 民国六年 · 纳米执照 · 文德

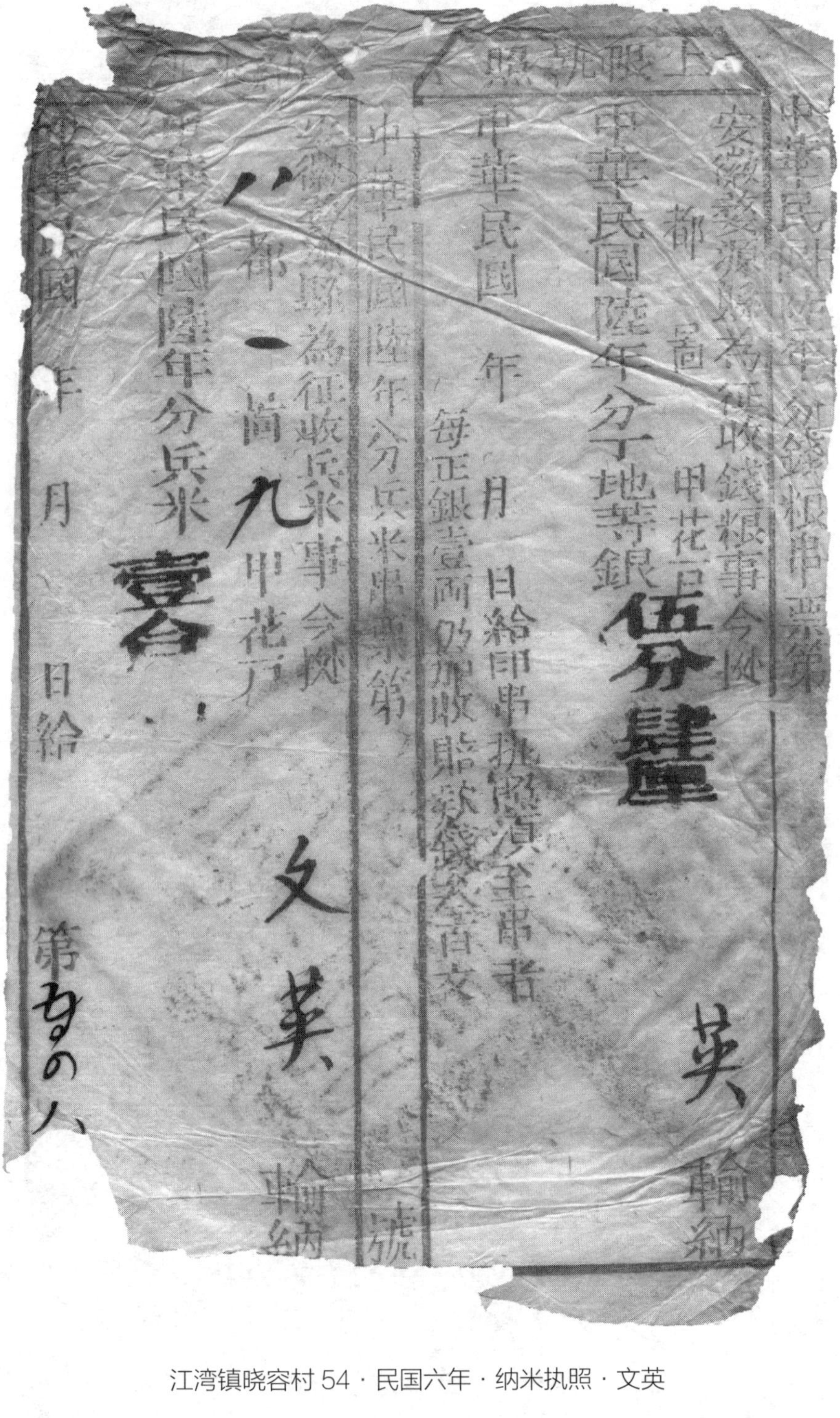

上限執照
中華民國陸年分丁地漕銀 伍分肆厘
安徽婺源縣為征收錢糧事今據 都 啚 甲花戶 英 輸納
中華民國 年 月 日給印串執照須至串者
每正銀壹兩帶徵賠款錢叁百文

中華民國陸年分兵米串票第 號
安徽婺源縣為征收兵米事今據 八都一啚九甲花戶 文英 輸納
中華民國陸年分兵米 壹合
中華民國 年 月 日給 第

江湾镇晓容村 54 · 民国六年 · 纳米执照 · 文英

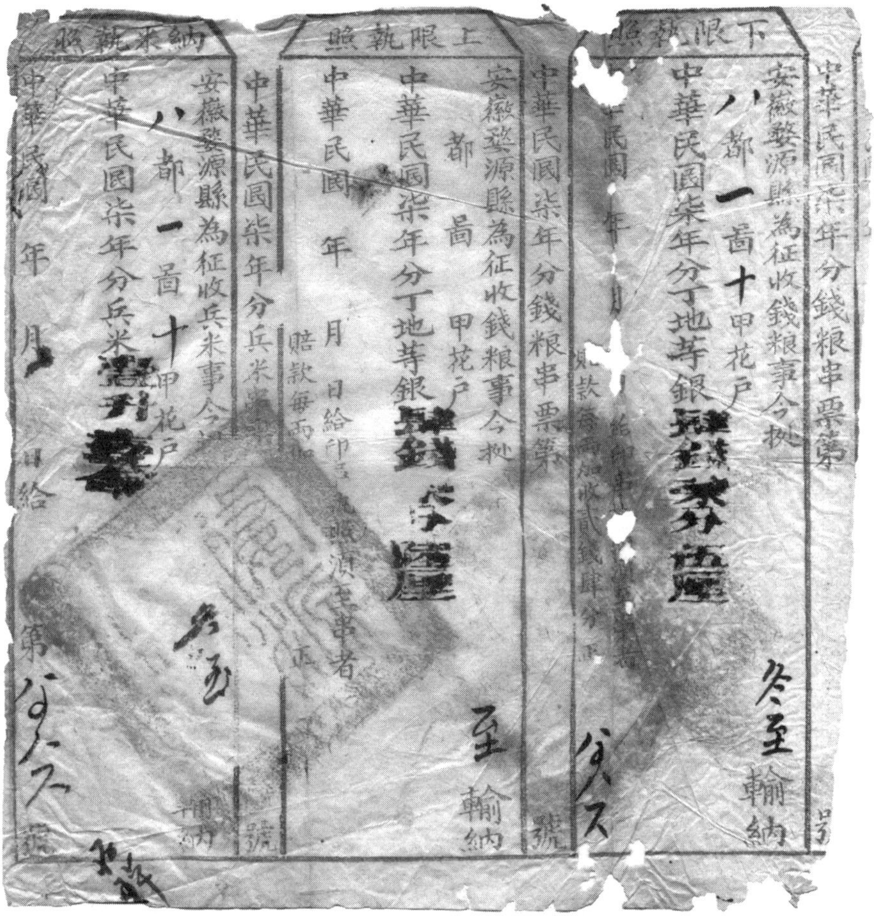
中華民國柒年分錢粮串票第　號

下限執照

安徽婺源縣為征收錢粮事今據

八都一啚十甲花戶

中華民國柒年分丁地等銀

冬至輸納

中華民國　年

中華民國柒年分錢粮串票第　號

上限執照

安徽婺源縣為征收錢粮事今據

都　啚　甲花戶

中華民國柒年分丁地等銀

至輸納

中華民國　年　月　日給

賠款每兩加

婺源縣……串者

中華民國柒年分兵米串票第

納米執照

安徽婺源縣為征收兵米事今據

八都一啚十甲花戶

中華民國柒年分兵米

冬至輸納

中華民國　年　月　日給

第　號

江湾镇晓容村 25 · 民国七年 · 纳米执照 · 冬至

江湾镇晓容村 41 · 民国七年 · 纳米执照 · 佛兴

上忙執照

安徽婺源縣為征收錢粮事今據 都 啚 甲花户

中華民國柒年分丁地葬銀

旺 輸納

中華民國 年 月 日給

號

中華民國柒年分兵米業票第 號

納米執照

安徽婺源縣為征收兵米事今據

八都 一啚 十甲花户

中華民國柒年分兵米

起旺 輸納

中華民國 年 月 日給

第 號

江湾镇晓容村 51 · 民国七年 · 纳米执照 · 起旺

立自情愿断骨出卖神会契人汪贞礼缘身承祖遗有福庆会主名其会祖字
弹祝酌段茂主名恶照合荫為凭不必涌述今因正事要用自情愿凭中将前神
会出卖与 曹士义 二位名下承买為業当三面凭中议作時值价美洋拾次元正
江士龄
其洋是身当即收讫其会自今出卖之後任听買人随即过戶更名做会無阻未卖
之先与在家内外人等並無重休典押不明等情如有異身目理不干買人之事
其来祖与别烦相連不便徹付日後要用将去無辞今欲有凭立此断骨出賣神会
契為按

民国七年歲次戊午十二月 日立自情愿断骨出賣神会契人汪貞礼 ㊞

中 汪啟勝 ㊞
曹國祿 ㊞
曹鶴雲 筆 ㊞

契價當即兩相交乾再批

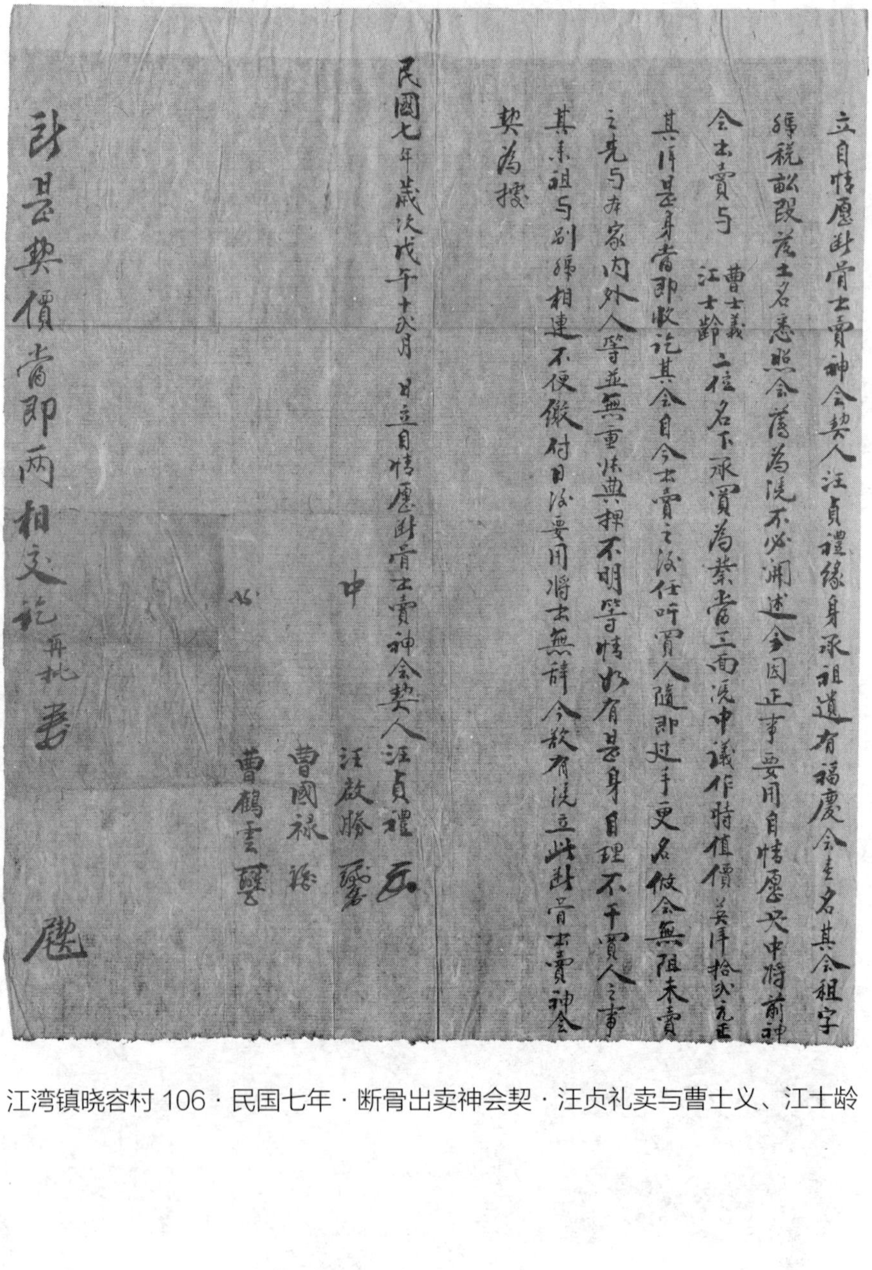

江湾镇晓容村106·民国七年·断骨出卖神会契·汪贞礼卖与曹士义、江士龄

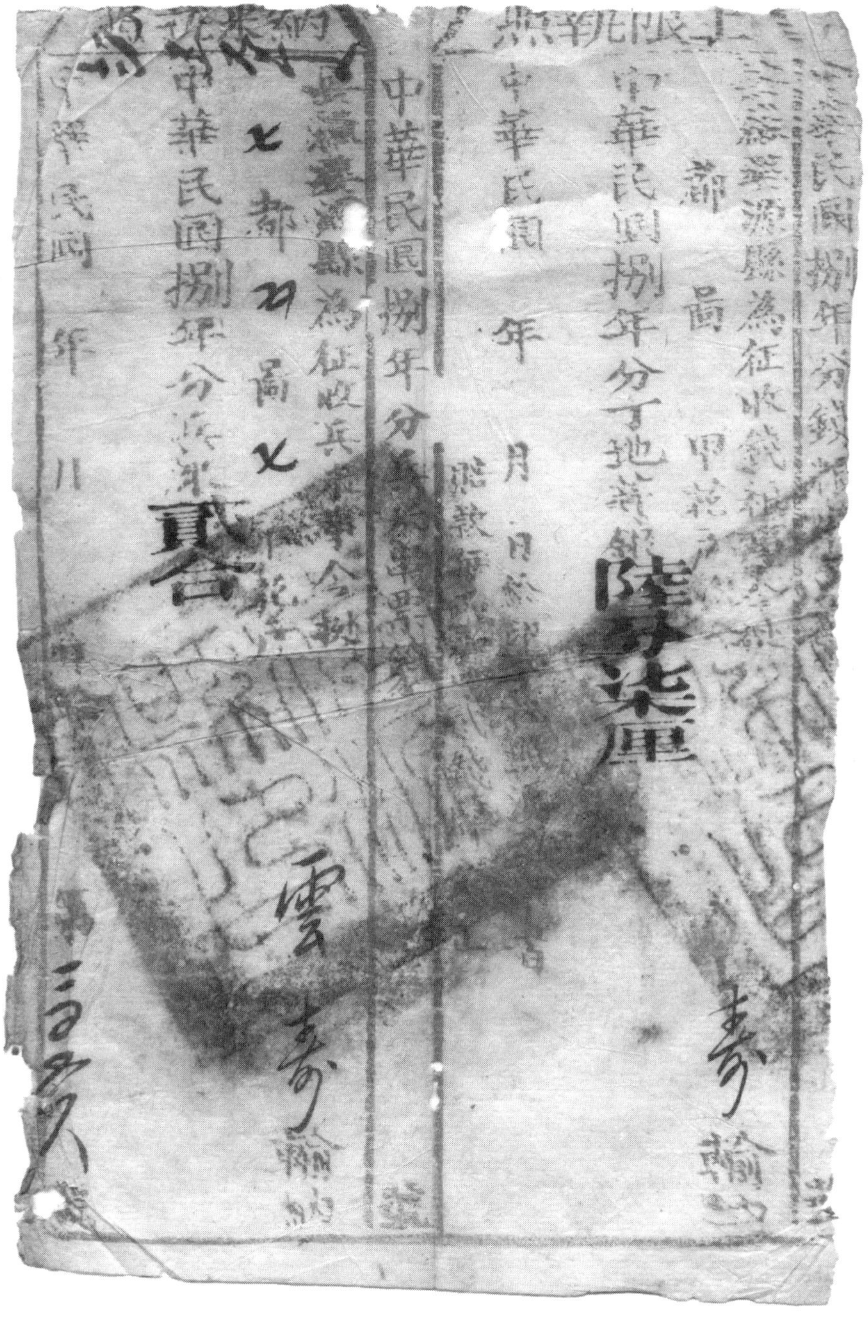

江湾镇晓容村 32 · 民国八年 · 纳米执照 · 云寿

立自情愿出典楼房屋契江接发，原承祖遗阄分楼房屋坐落土名株十二都
楼屋阄分正屋该身股之屋堂前三股之一，又逼厢厨屋楼上正房二眼小仓一
眼酒浪三股之一，尽在大门前余地二股之一，其屋尽在出典与胞兄观又三进二位名下
为业，三面凭中议作时值价洋〇拾贰元正，其洋是身当即收领，其屋自今出典
任听受业人股下该身所凭所凭二兄随即逐年长管住屋，日后身如出原价洋
取赎，其洋不得起利，其屋不得起租，其洋不加，其屋不加，有数日后身不能进屋居住，日后
不得反悔，与本家内外人等并无重张典押，今欲有凭，立此出典契存据
其屋二兄居楼取用，其洋二人均出，再批照

民国八年己未十一月　日立自情愿出典楼房屋契人江接发　押

堂兄　曹士義　押
　　　曹士芳　押
見中兄　曹喜元　十
　　　曹新元　十
依书　曹灶九　押

将是契价当即两相交讫　再批　押

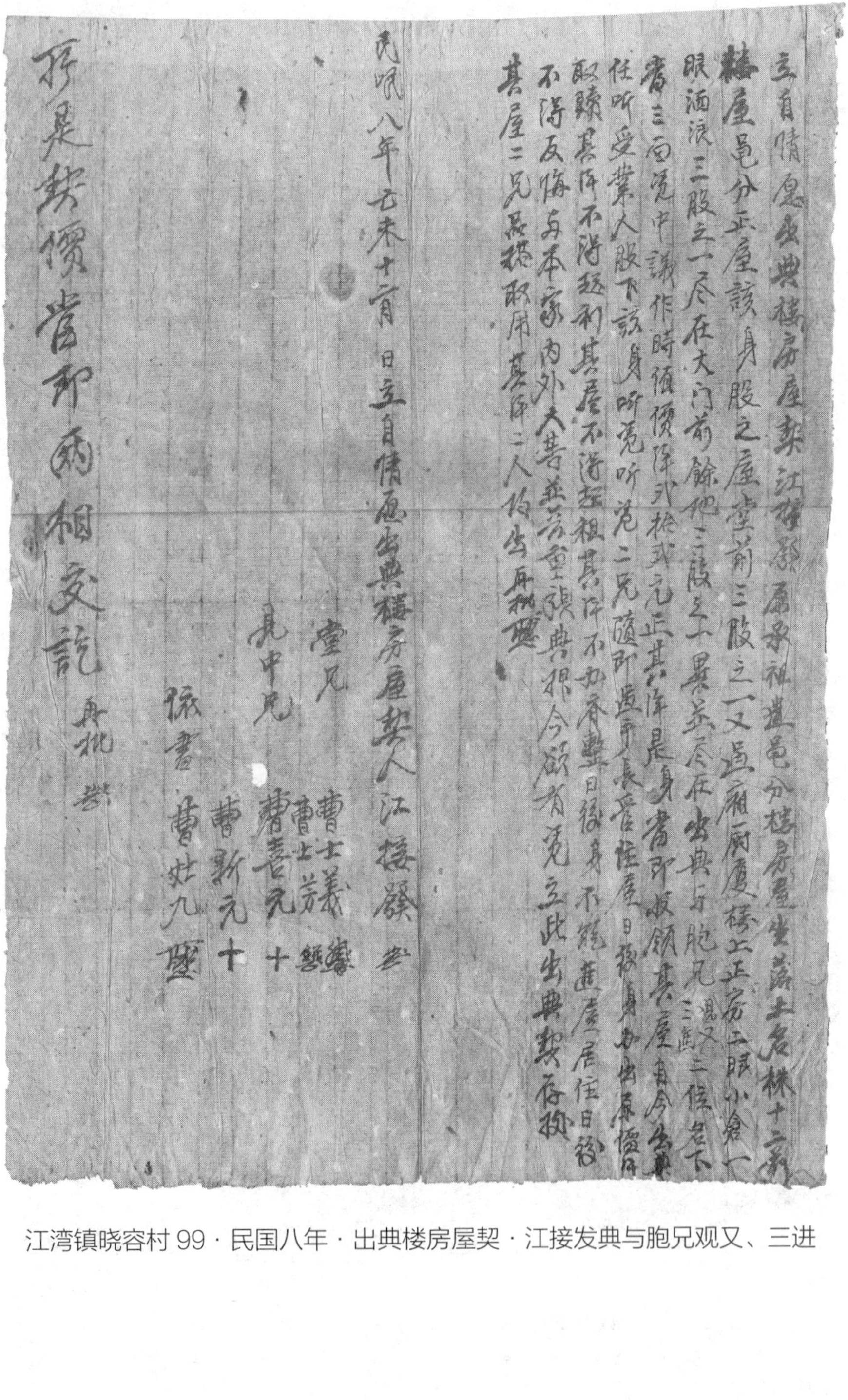

江湾镇晓容村 99 · 民国八年 · 出典楼房屋契 · 江接发典与胞兄观又、三进

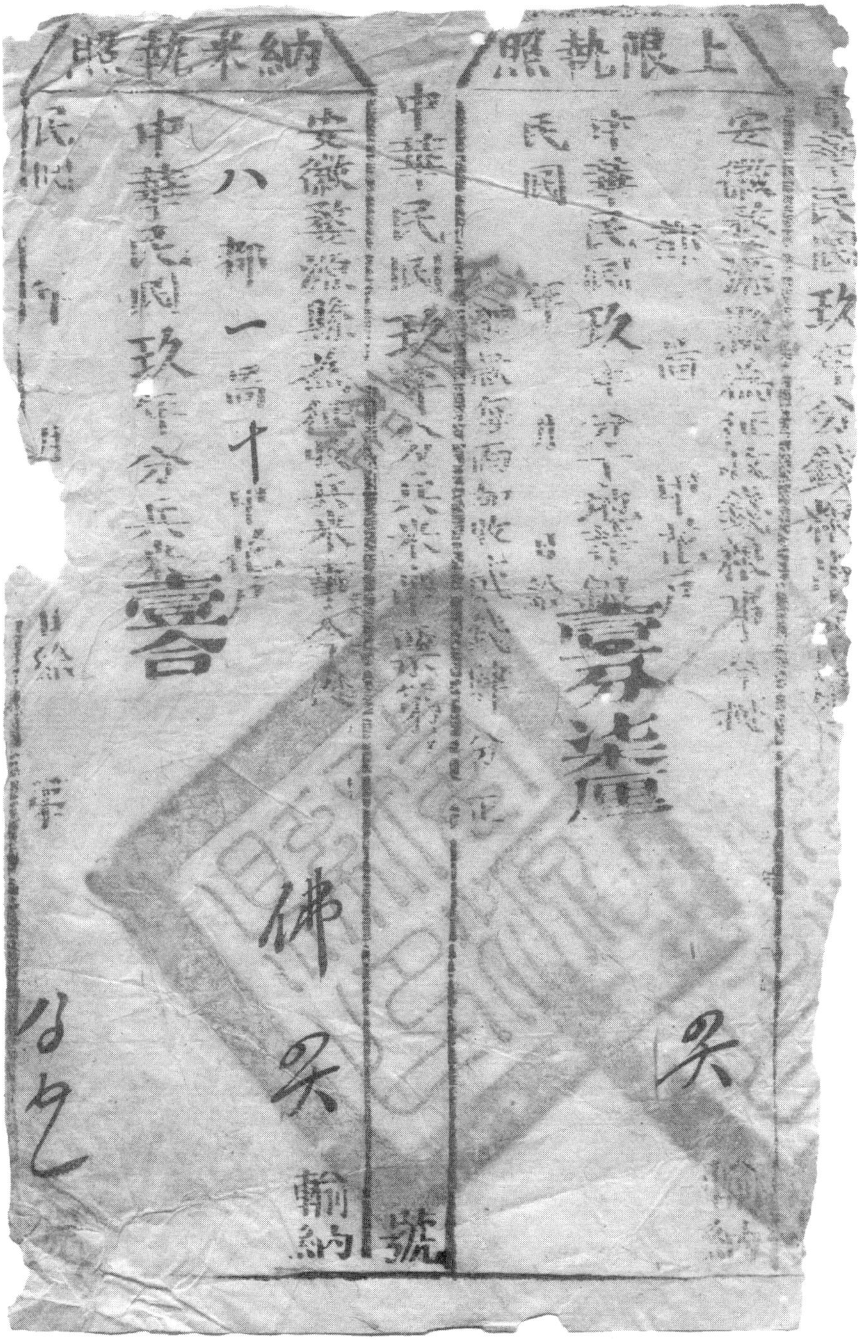

納米執照

安徽婺源縣

八都一圖十甲花戶

中華民國玖年分兵米壹合

佛 吳

輸納

號

上限執照

安徽婺源縣

中華民國玖年分

民國

吳

江湾镇晓容村 35 · 民国九年 · 纳米执照 · 佛兴

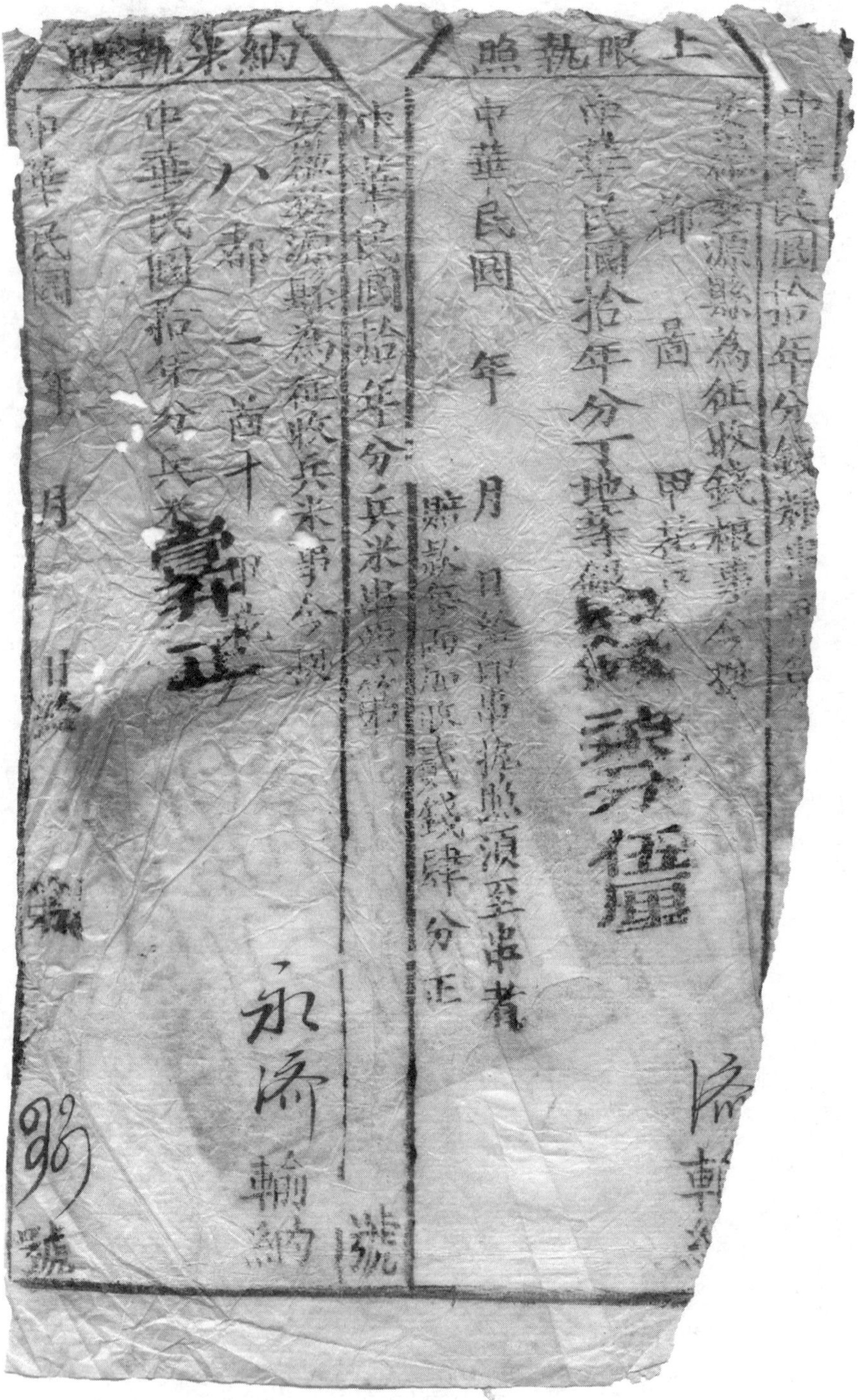
上限執照
中華民國拾年分錢糧串票
安徽婺源縣為征收錢糧事今據
都　啚　甲花戶
中華民國拾年分丁地等銀
賠款每兩加收貳錢肆分正
日給印串挨照須至串者
中華民國　年　月　日給
納米執照
中華民國拾年分兵米串票
安徽婺源縣為征收兵米事今據
八都一啚十甲花戶
中華民國拾年分兵米
永濟輸納
中華民國　年　月　日給
號

江湾镇晓容村 37 · 民国十年 · 纳米执照 · 永济

納米執照	上眼執照
中華民國　年　月　廿　日	中華民國　年　月　日
安徽婺源縣為催除錢米事	中華民國拾年分丁地等銀實徵
中華民國拾年分兵米	中華民國　年　月　日繳甲華芳敞須至壹者
八都一圖十甲	縣核程以便收紅收貳戔肆分正
中華民國拾年分兵米壹	
佛兴 翰納	翰納

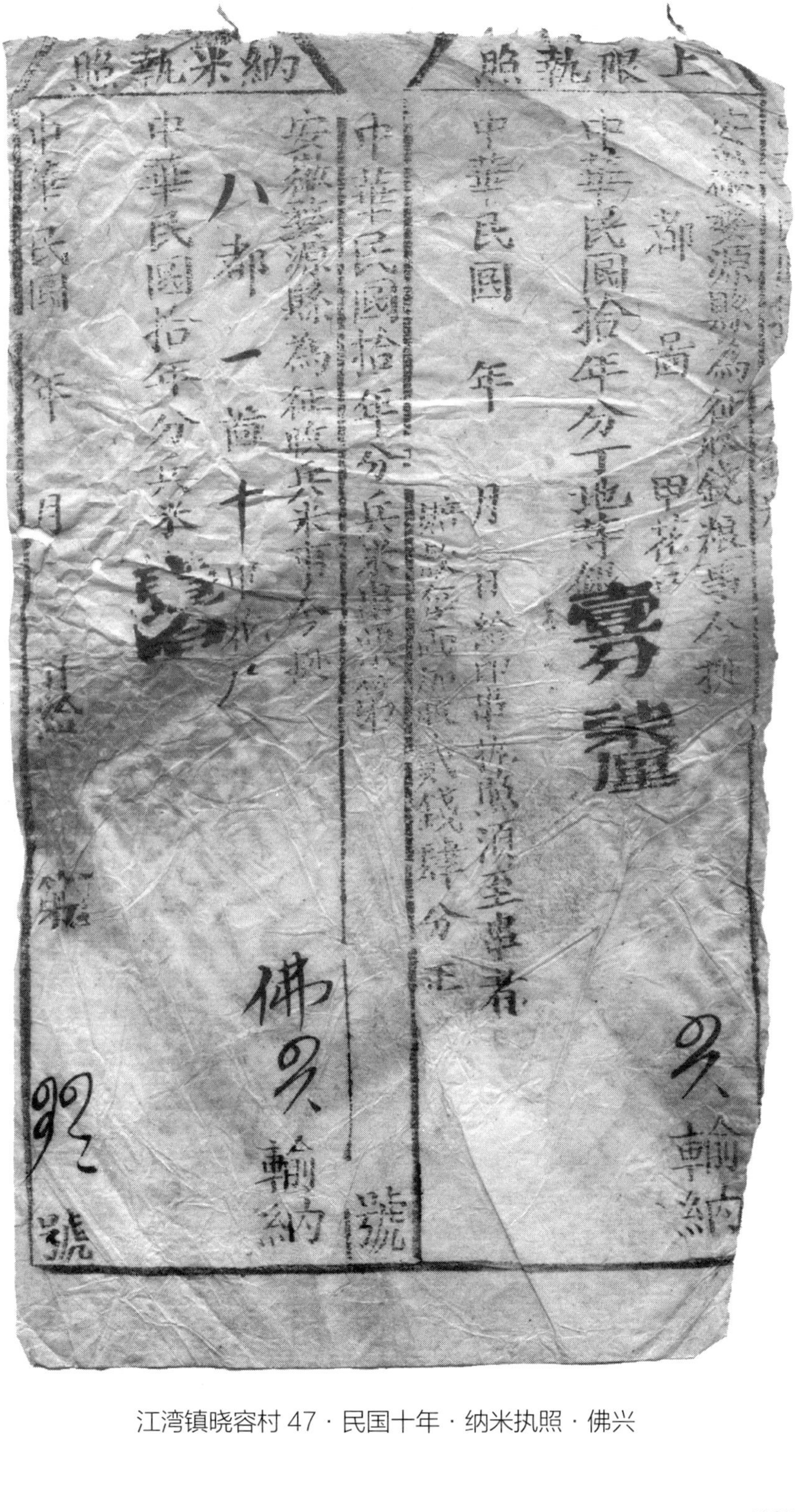

江湾镇晓容村 47 · 民国十年 · 纳米执照 · 佛兴

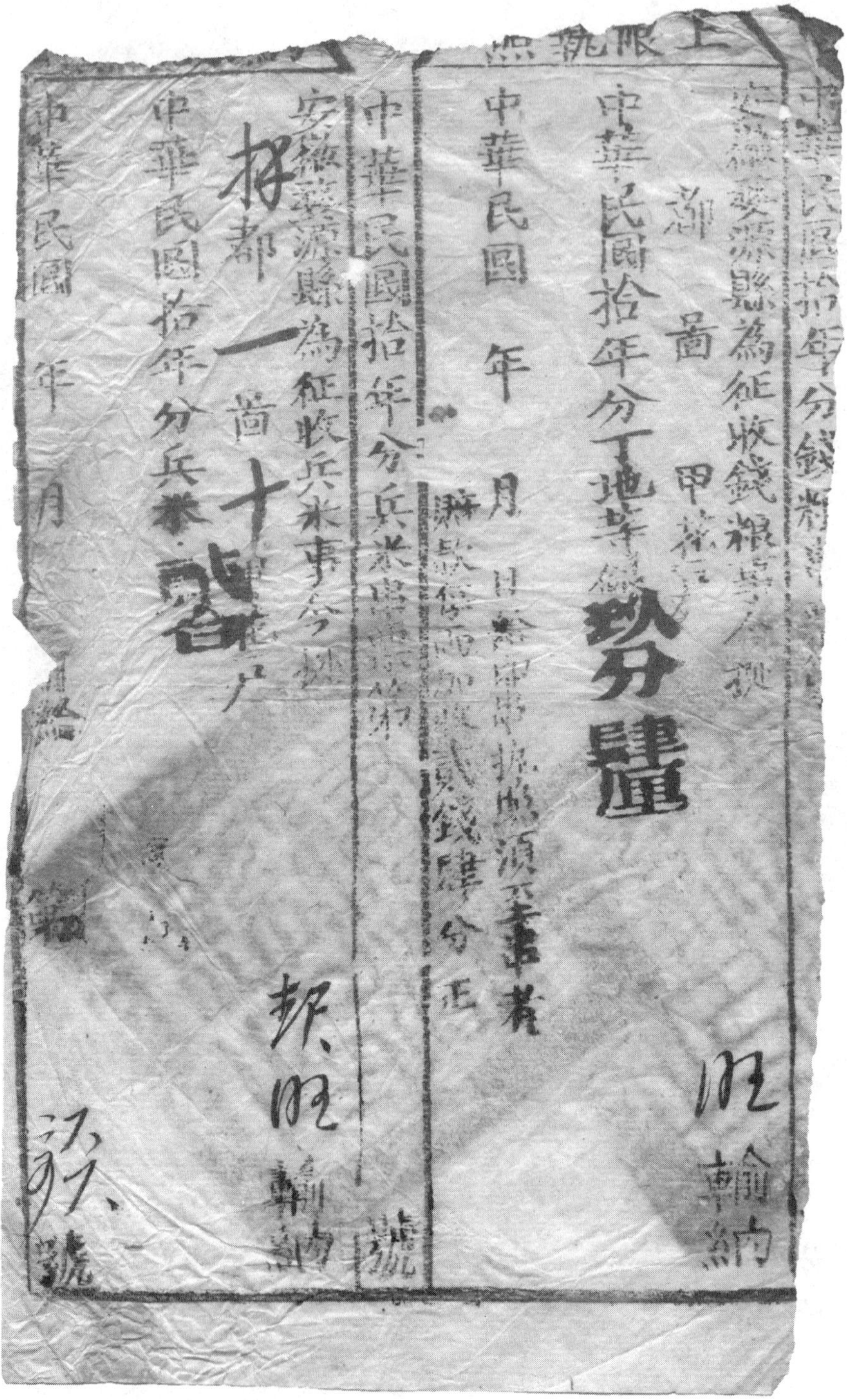
上限執照

中華民國拾年分錢糧……

安徽婺源縣為征收錢糧事今據

都 啚 甲 戶

中華民國拾年分丁地等銀 叁分肆厘

中華民國 年 月 日 給……須至書者

……每兩加收貳錢……分正

旺 輸納

中華民國拾年分兵米……

安徽婺源縣為征收兵米事今據

拾都 一啚 十甲 戶

中華民國拾年分兵米 壹合

起旺 輸納

中華民國 年 月

號

江湾镇晓容村 52 · 民国十年 · 纳米执照 · 起旺

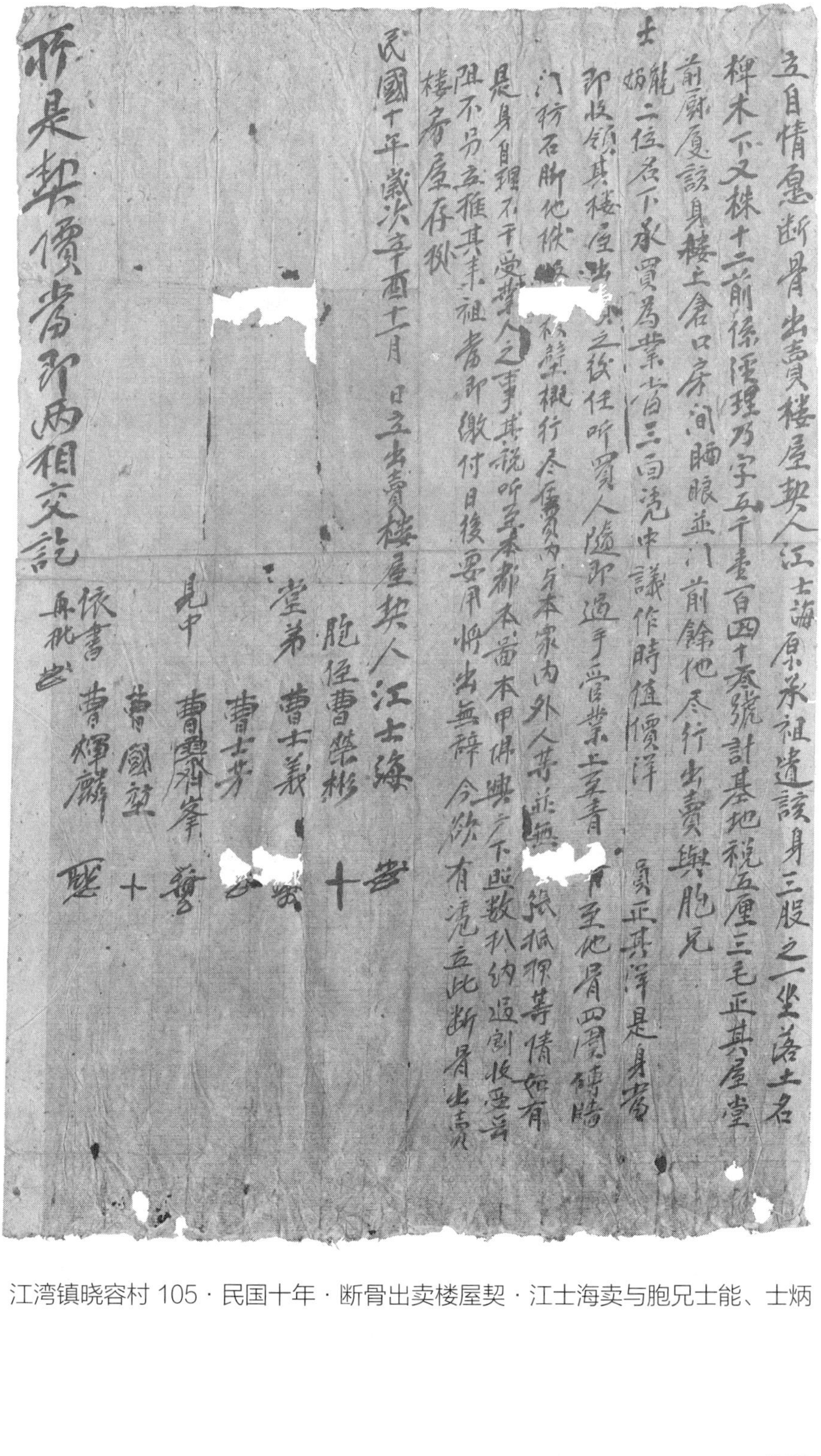
立自情愿断骨出賣樓屋契人江士海原承祖遺該身三股之一坐落土名
樟木下又株十二前係缠理乃字五千壹百四十叁號計基地税五厘三毛正其屋堂
前厨屋該身樓上倉口房间睏眼並门前餘地叁行出賣與胞兄
士能、士炳二位名下承買爲業當日三面凭中議作時值價洋　員正其洋是身當
即收領其樓屋出賣之後任听買人随即過手管業上至青天下至地骨四圍磚牆
门枋石脚他伙[illegible]税契樵行叁厘賣內与本家内外人等並無[illegible]張抵押等情如有
是身自理不干受業人之事其税听至本都本啚本甲保與户下照数扒納過割收要再
阻不另立推其來祖書即缴付日後要用將出無辞今欲有凭立此断骨出賣
樓屋存照
民國十年歲次辛酉十一月　日立出賣樓屋契人江士海（押）
胞侄曹榮彬　十
堂弟曹士義（押）
曹士芳（押）
見中　曹[illegible]峯（押）
曹國堃　十
依書　曹輝麟（押）
再批：所是契價當即兩相交訖

江湾镇晓容村 105 · 民国十年 · 断骨出卖楼屋契 · 江士海卖与胞兄士能、士炳

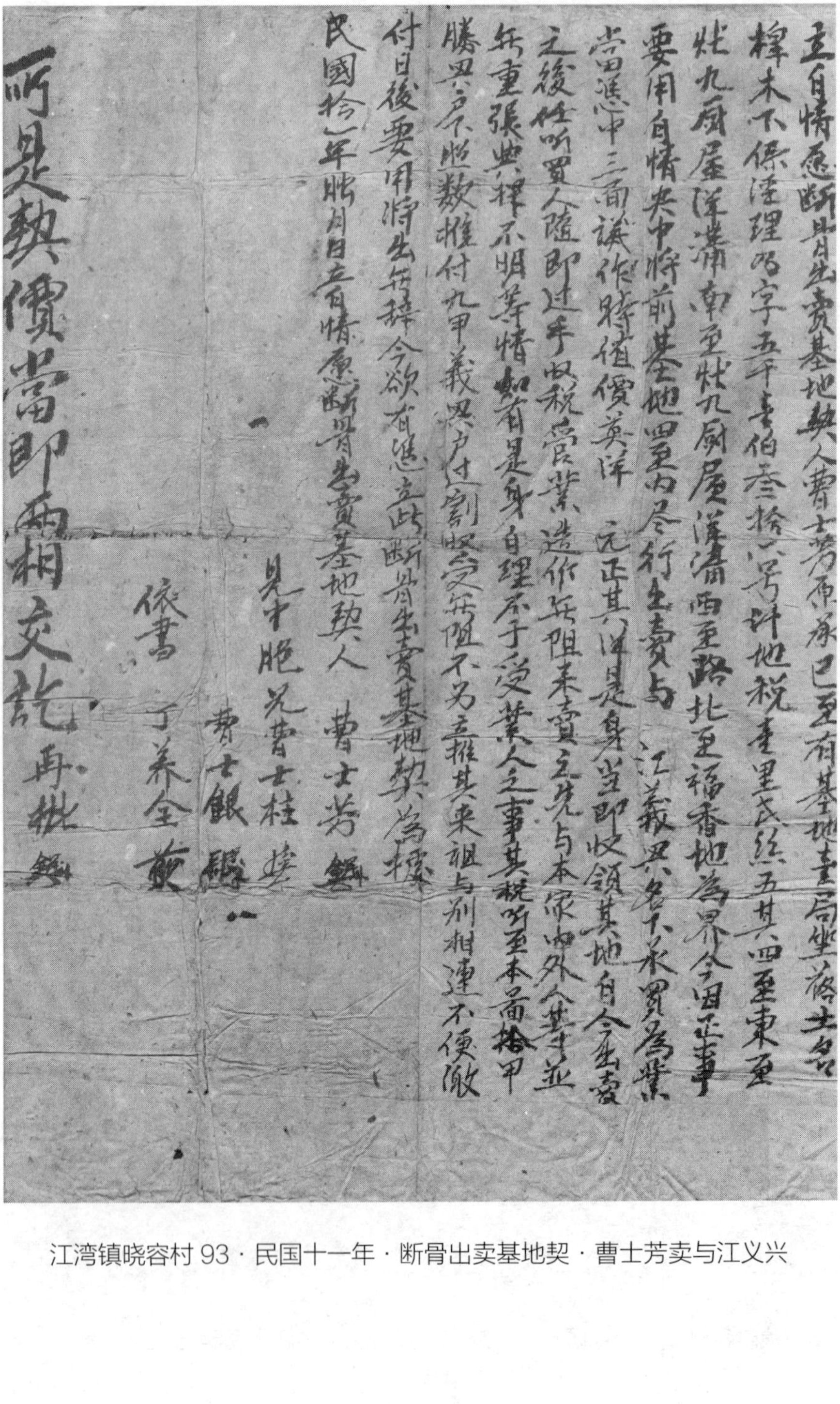

立自情愿断骨出賣基地契人曹士芳原承已至有基地壹号坐落土名
樟木下係浮理字五千壹伯叁拾号計地税壹厘弍丝五忽其四至東至
灶九廚屋滴漕南至灶九廚屋滴漕西至路北至福香地為界今因正事
要用自情央中將前基地四至内盡行出賣与 江義興名下承買為業
當日憑中三面議作時值價英洋 元正其洋是身當即收領其地自今出賣
之後任听買人随即过手收税管業造作無阻未賣之先与本家内外人等並
無重張典挡不明等情如有是身自理不干受業人之事其税听至本啚拾甲
騰興户下照数推付九甲義興户过割收受無阻不另立推其来祖与別相連不便繳
付日後要用將出無辞今欲有憑立此断骨出賣基地契為據
民國拾一年[illegible]月日立自情愿断骨出賣基地契人 曹士芳 押
見中胞兄 曹士桂 押
曹士銀 押
依書 子 養全 押
所是契價當即兩相交訖 再批 押

江湾镇晓容村 93 · 民国十一年 · 断骨出卖基地契 · 曹士芳卖与江义兴

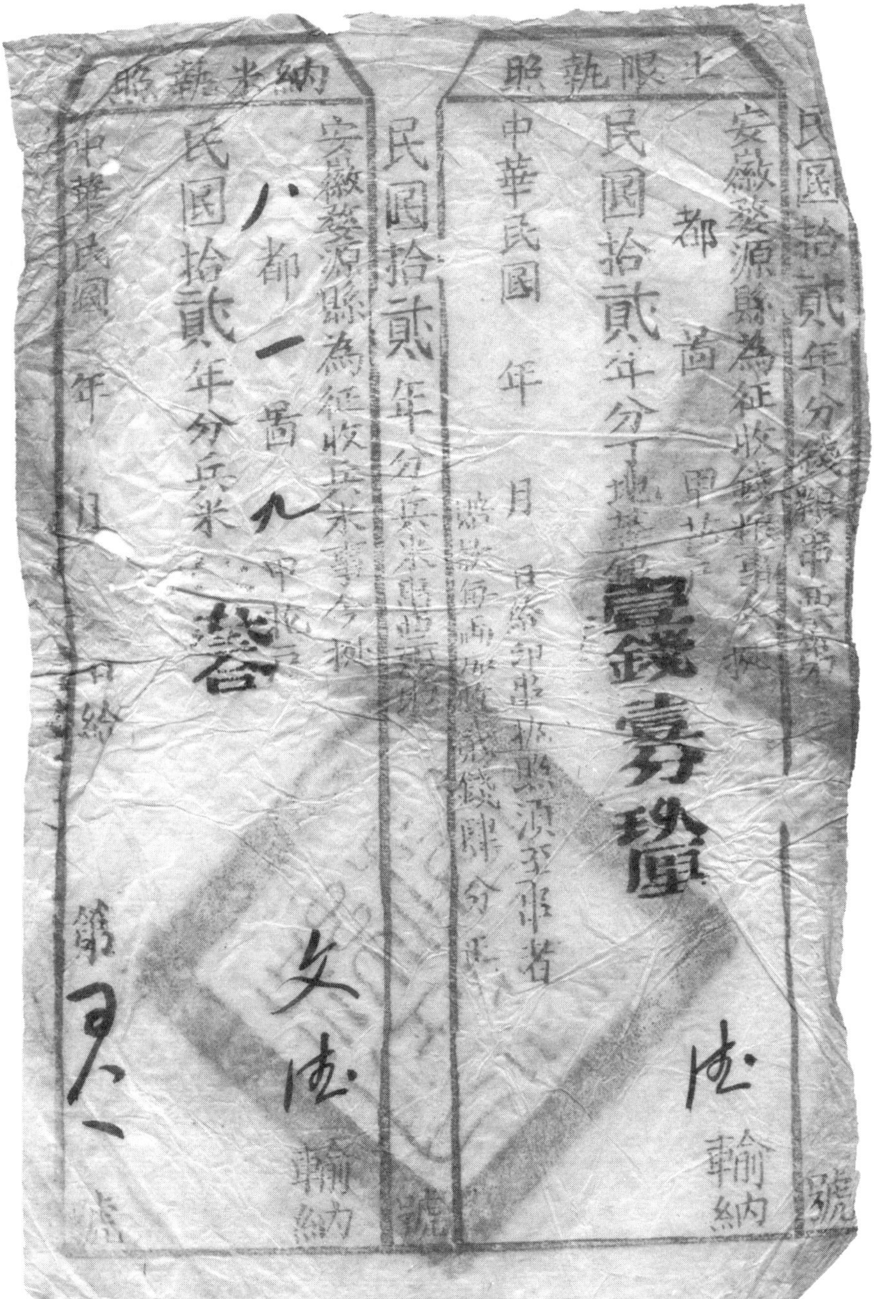

江湾镇晓容村 44 · 民国十二年 · 纳米执照 · 文德

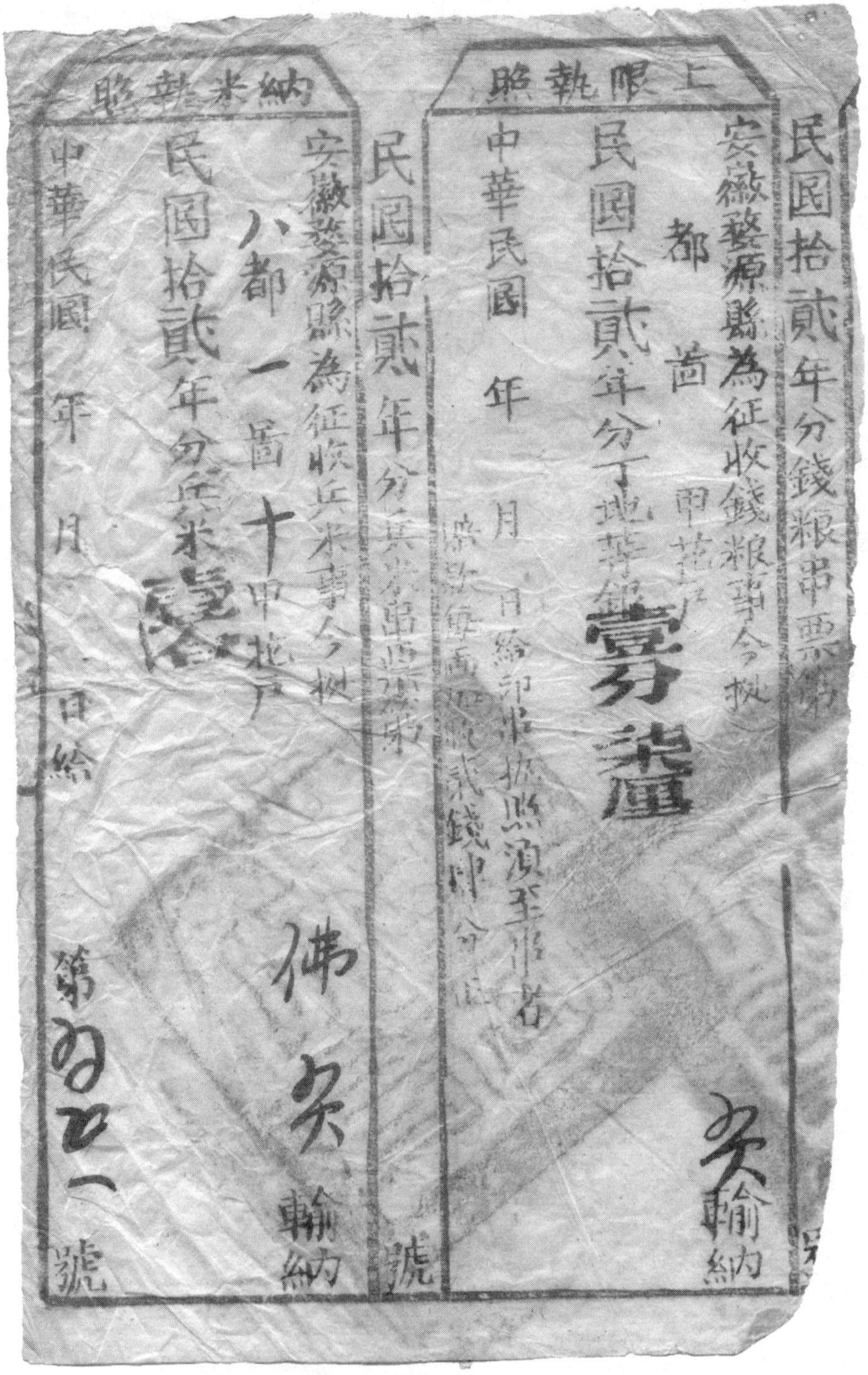

民国拾貳年分錢粮串票

上限執照

安徽婺源縣為征收錢粮事今據
都 啚 甲花戶
民國拾貳年分丁地等銀 壹分壹釐
中華民國 年 月 日給
兴 輸納

民國拾貳年分兵米串票
號

納米執照

安徽婺源縣為征收兵米事今據
八都 一啚 十甲花戶
民國拾貳年分兵米 壹合
中華民國 年 月 日給
佛兴 輸納
第 號

江湾镇晓容村 46 · 民国十二年 · 纳米执照 · 佛兴

江湾镇晓容村 48 · 民国十二年 · 纳米执照 · 文英

江湾镇晓容村 50 · 民国十二年 · 纳米执照 · 起旺

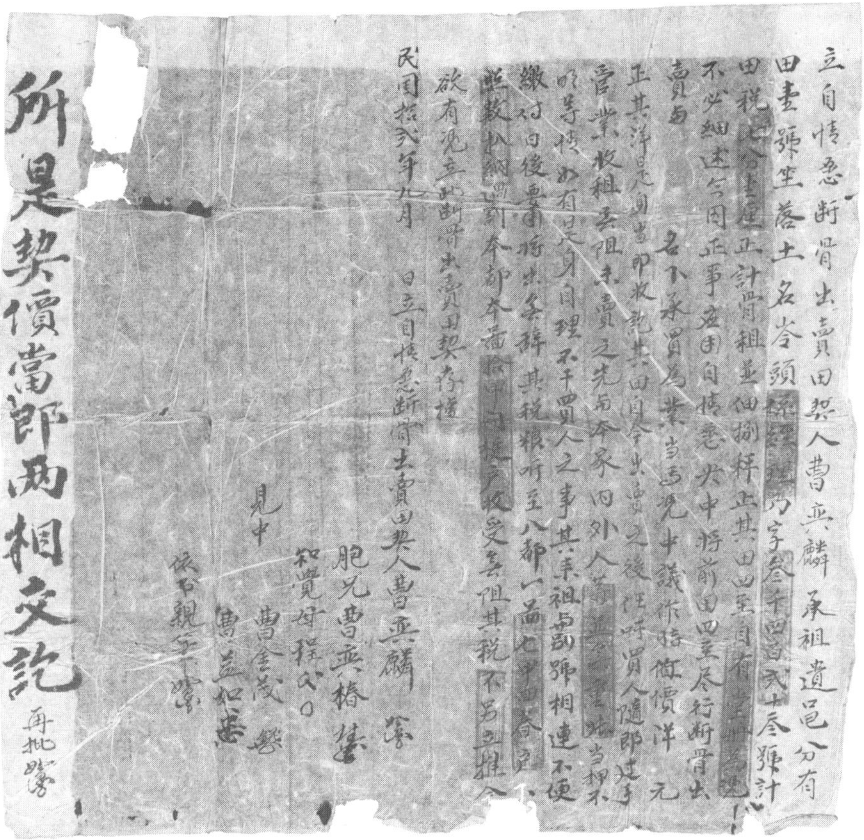
立自情愿断骨出賣田契人曹奕麟，承祖遺己分有
田壹號，坐落土名呑頭，係經理乃字叁千四百弍十叁號，計
田税[illegible]正，計田租[illegible]佃拗秤正，其田四至自有[illegible]，
不必細述。今因正事應用，自情愿央中將前田四至尽行断骨出
賣与　名下承買為業，当日憑中議作時值價洋　元
正，其洋是日当即收訖。其田自今出賣之後，任呼買人随即过手
管業收租無阻。未賣之先，与本家内外人等並無重張當押不
明等情，如有是身自理，不干買人之事。其來祖與號相連，不便
繳付，日後要用，將出無辞。其税粮听至八都一啚七甲[illegible]戶
照數扒納，無阻本都本啚□□□戶收受無阻。其税不另立推。今
欲有憑，立此断骨出賣田契存據。
民国拾弍年九月　日立自情愿断骨出賣田契人曹奕麟（押）
胞兄曹奕椿（押）
知覺母程氏（押）
見中　曹金茂（押）
曹益如（押）
依口親筆（押）
所是契價當即两相交訖　再批（押）

江湾镇晓容村 116 · 民国十二年 · 断骨出卖田契 · 曹奕麟卖与☐

江湾镇晓容村 49 · 民国十四年 · 纳米执照 · 佛兴

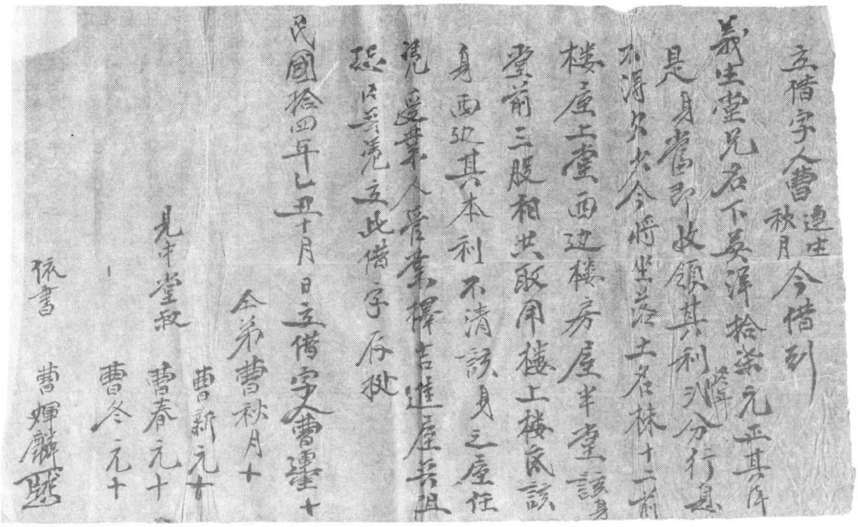
立借字人曹連生
秋月 今借到
義生堂兄名下英洋拾柒元正其洋
是身當即收領其利照洋二分行息
不得欠少今將坐落土名株十二前
樓座上堂西边樓房屋半堂該身
堂前三股相共取用樓上樓底該
身西边其本利不清該身之屋任
憑受業人管業擇吉進屋無阻
恐口無憑立此借字存據
民國拾四年乙丑十月 日 立借字人曹連生 十
仝弟曹秋月 十
曹新元 十
見中堂叔 曹春元 十
曹冬元 十
依書 曹輝麟

江湾镇晓容村 82 · 民国十四年 · 借字 · 曹连生、曹秋月借到义生堂兄

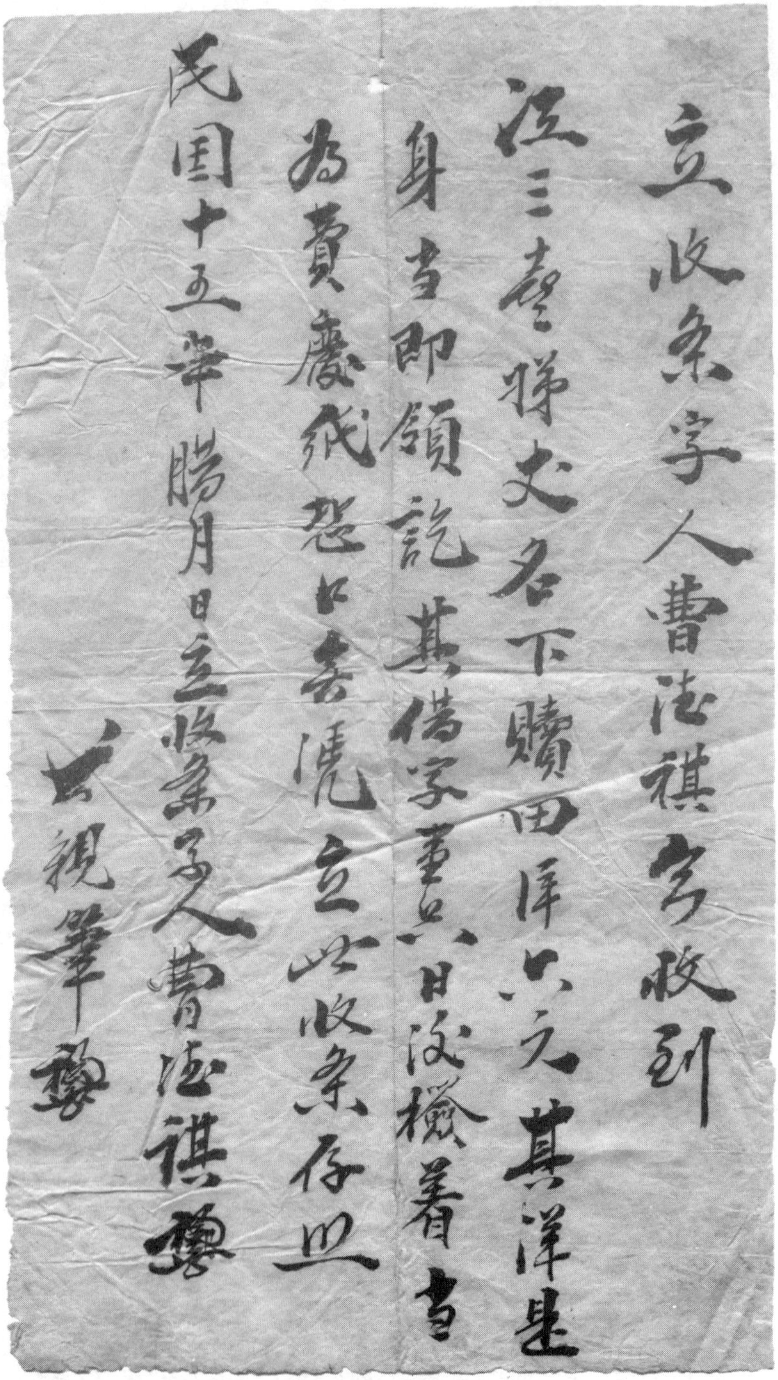
立收条字人曹德祺今收到
江三喜娣丈名下贖田洋六元其洋是
身當即領訖其借字董立日後檢着當
為費紙恐口無憑立此收条存照
民国十五年腊月日立收条字人曹德祺押
其親筆押

江湾镇晓容村 65 · 民国十五年 · 收条 · 曹德祺收到江三喜娣丈

立出賣梓子樹字人曹得光今賣到
曹義星名下有梓子樹晉石磐藥
土名四親今因要用自情出賣憑中
義定價洋八角正其洋當身當
即取嶺自今出賣之後任憑買人隨
即過手營業出賣梓子無阻未賣之
先本家內外人等並無一重張典押未
明等情如有等事俱自裡不干買人之
事懇口無憑立此賣字存據

民國二十年八月 日立出賣梓子字曹得光
書親筆禎

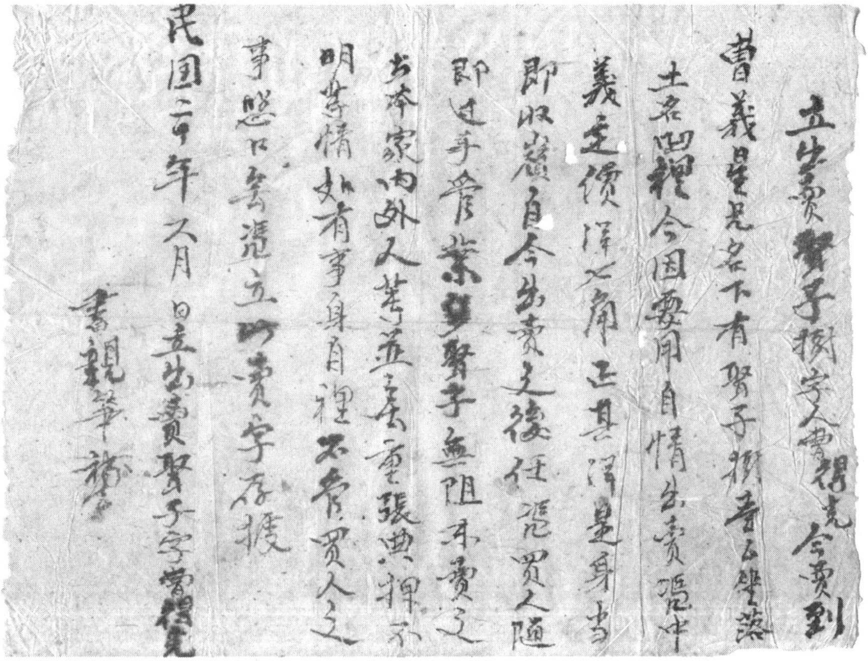

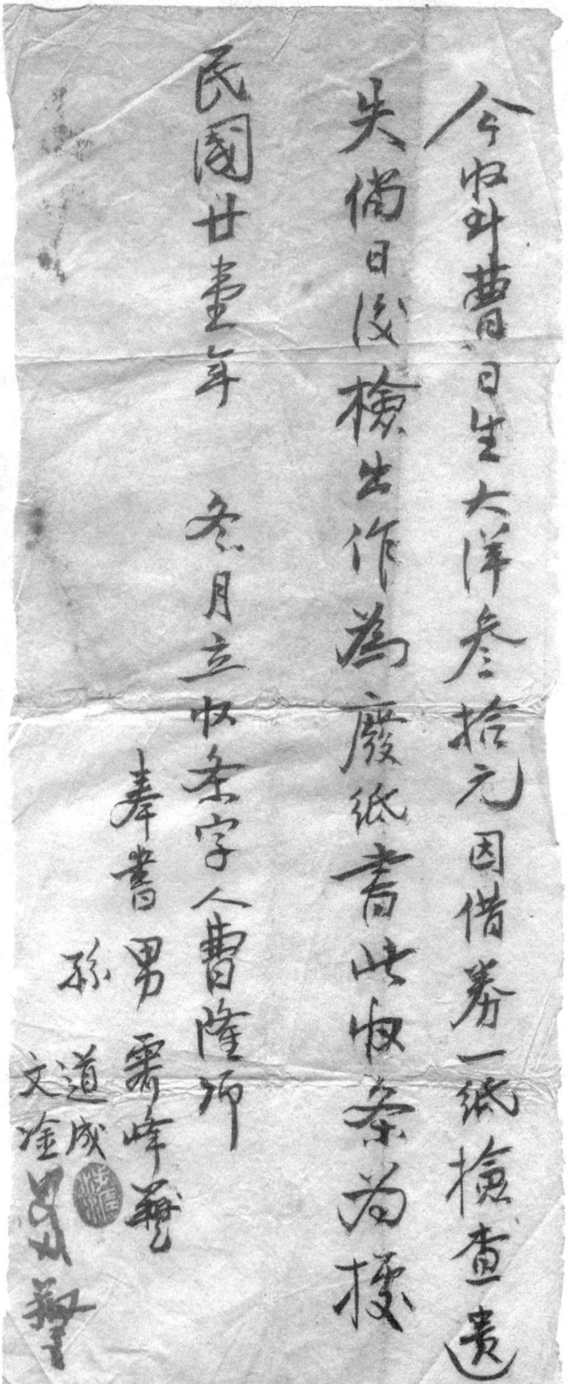

今收到曹日生大洋叁拾元因借券一紙檢查遺
失倘日後檢出作為廢紙書此收条為據
民國廿壹年　冬月立收条字人曹隆坤
奉書男霈峰
孫道成
文淦

江湾镇晓容村 58 · 民国二十一年 · 收条 · 曹隆收到曹日生

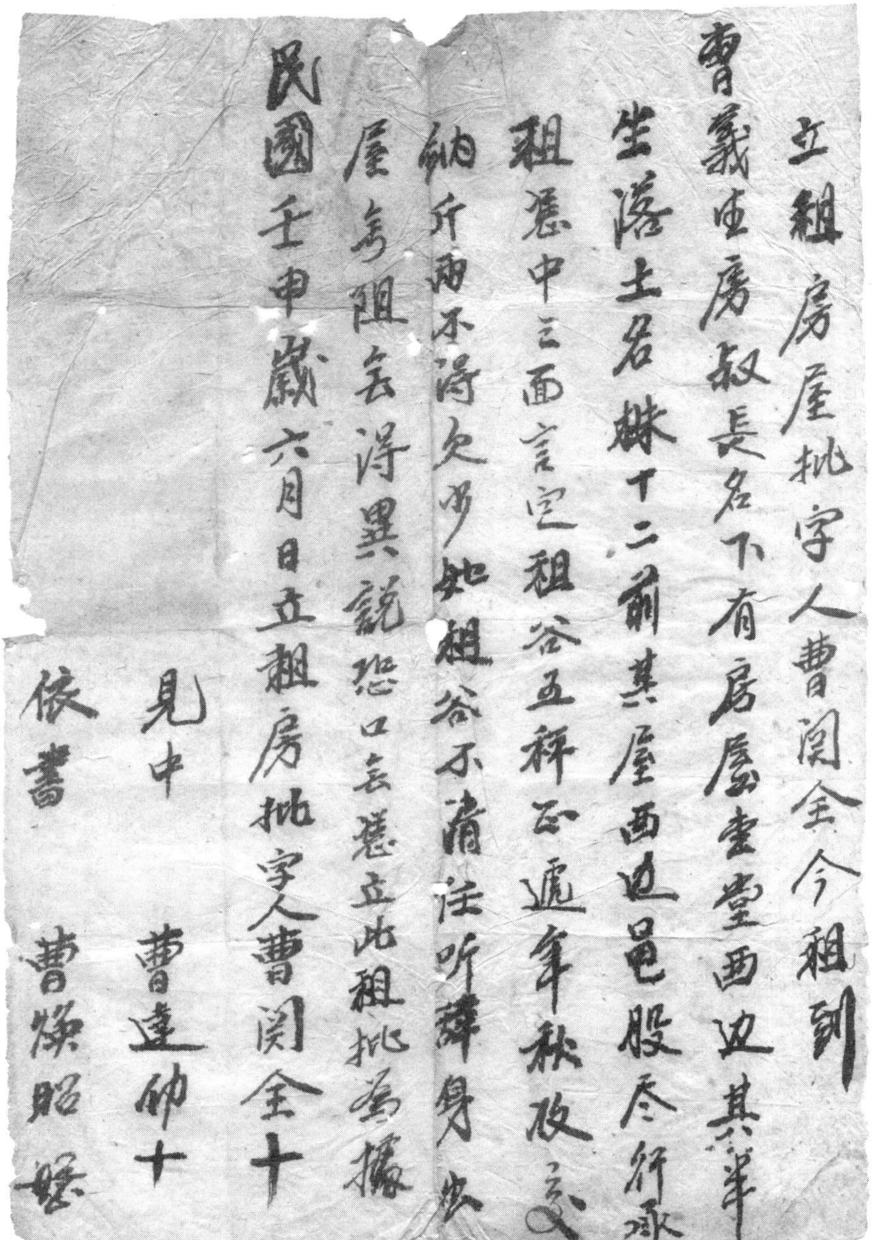

立租房屋批字人曹関全今租到
曹義生房叔長名下有房屋壹堂西边其半
坐落土名株十二前其屋西边邑股冬行承
租凭中三面言定租谷五秤正遞年秋收交
納斤两不得欠少如租谷不清任听辞身出
屋無阻去得異説恐口無憑立此租批為據
民國壬申歲六月日立租房批字人曹関全十
見中 曹達仰十
依書 曹煥昭筆

江湾镇晓容村 59 · 民国二十一年 · 租房屋批字 · 曹关全租到曹义生

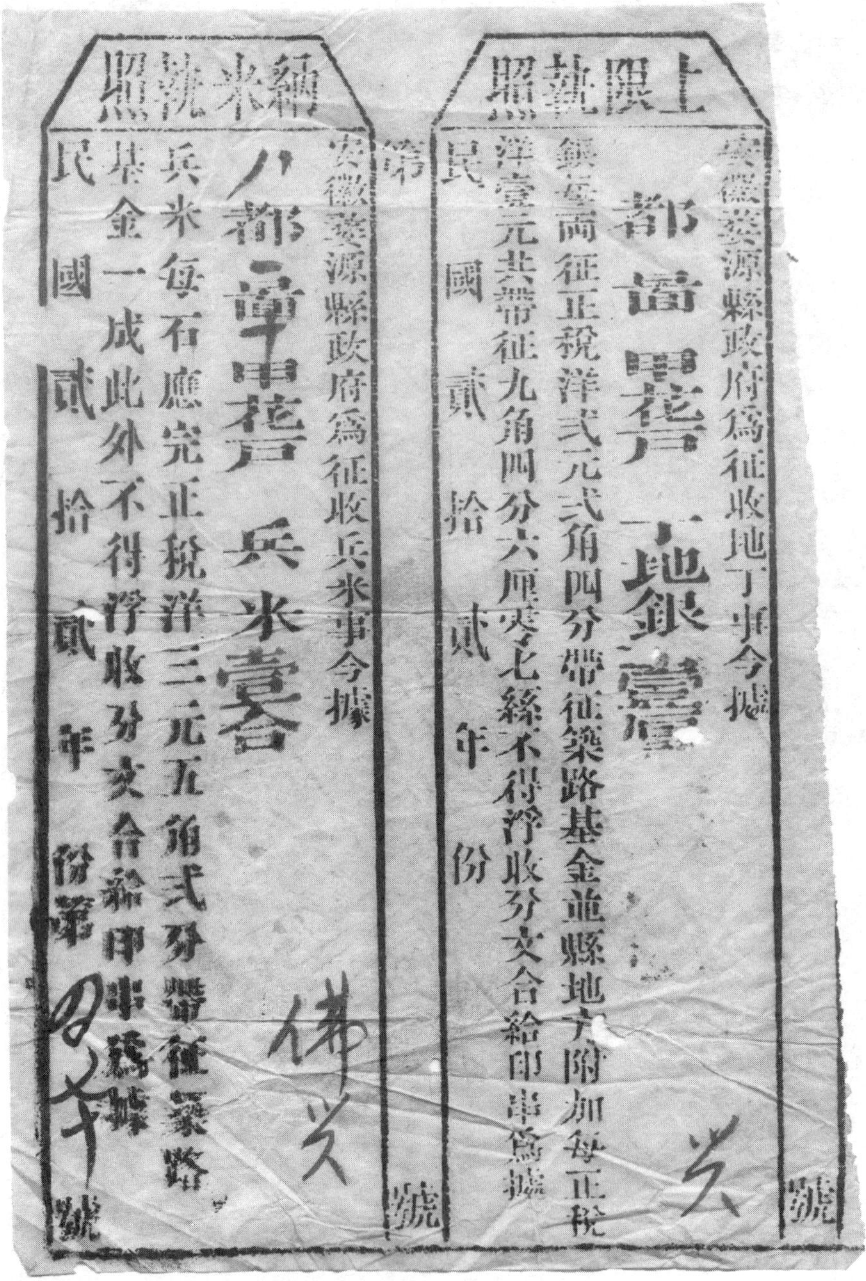

上限執照

安徽婺源縣政府為征收地丁事今據

都　啚　甲耆戶　一地銀壹

錢每兩征正稅洋弍元弍角四分帶征築路基金並縣地方附加每正稅

洋壹元共帶征九角四分六厘零七絲不得浮收分文合給印串為據

民國貳拾貳年份

兴

第　號

納米執照

安徽婺源縣政府為征收兵米事今據

八都一啚甲耆戶　兵米壹合

兵米每石應完正稅洋三元五角弍分帶征築路

基金一成此外不得浮收分文合給印串為據

民國貳拾貳年份第　號

佛兴

江湾镇晓容村 39 · 民国二十二年 · 纳米执照 · 佛兴

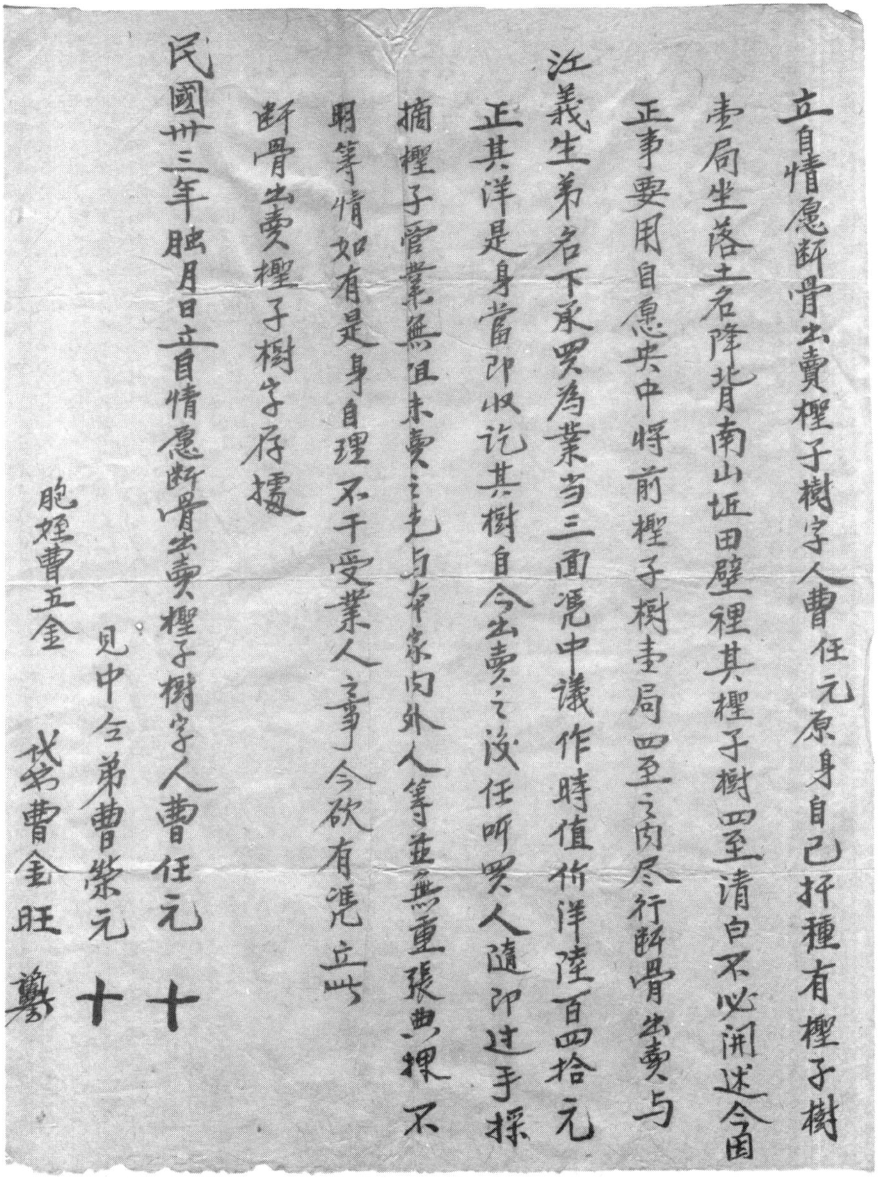

立自情愿断骨出賣樫子樹字人曹任元原身自己扦種有樫子樹
壹局坐落土名降背南山垣田壁裡其樫子樹四至清白不必開述今因
正事要用自愿央中將前樫子樹壹局四至之內尽行断骨出賣与
江義生弟名下承買為業当三面凭中議作時值价洋陸百四拾元
正其洋是身當即收訖其樹自今出賣之後任听買人隨即進手採
摘樫子管業無阻未賣之先与本家内外人等並無重張典挂不
明等情如有是身自理不干受業人之事今欲有凭立此
断骨出賣樫子樹字存據
民國卅三年胐月日立自情愿断骨出賣樫子樹字人曹任元 十
見中仝弟曹紫元 十
胞侄曹五金
代筆曹金旺

江湾镇晓容村 76 · 民国三十三年 · 断骨出卖樫子树字 · 曹任元卖与江义生

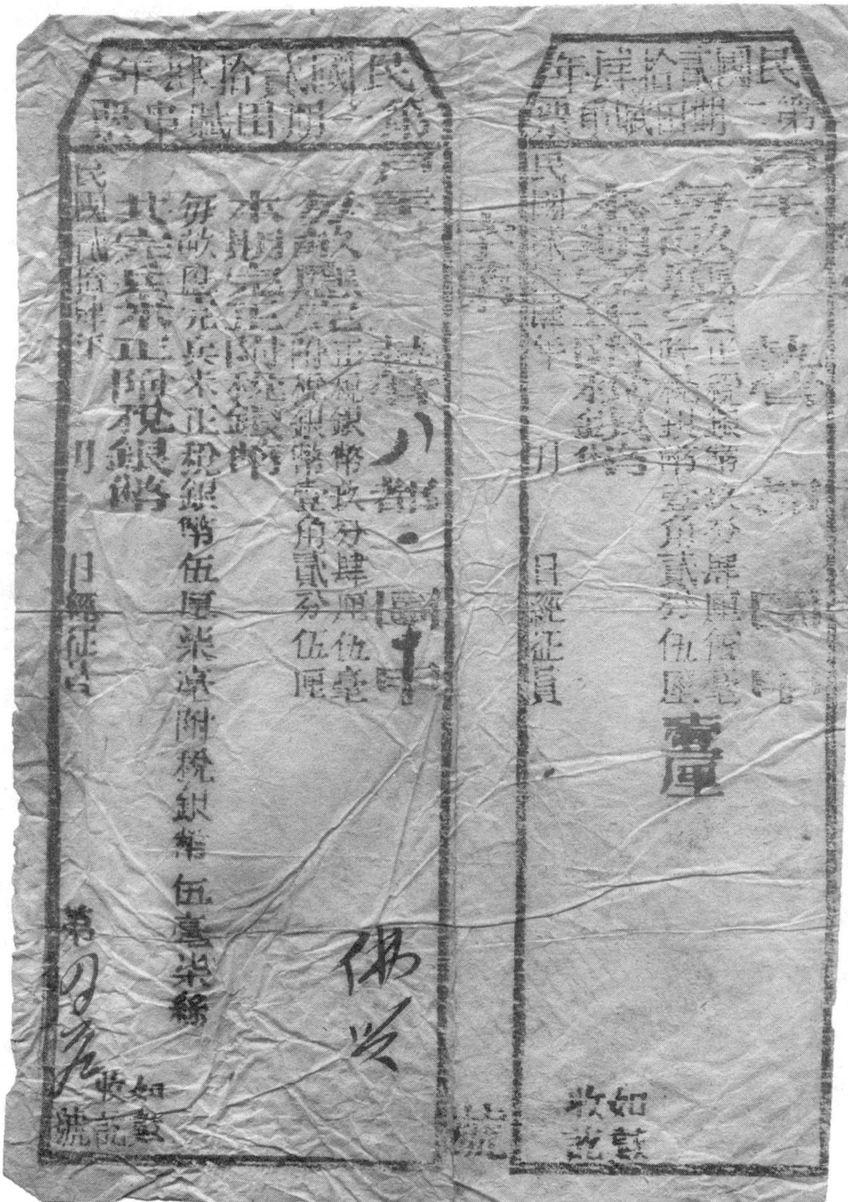

江湾镇晓容村 26 · 民国二十四年 · 田赋串票 · 佛兴

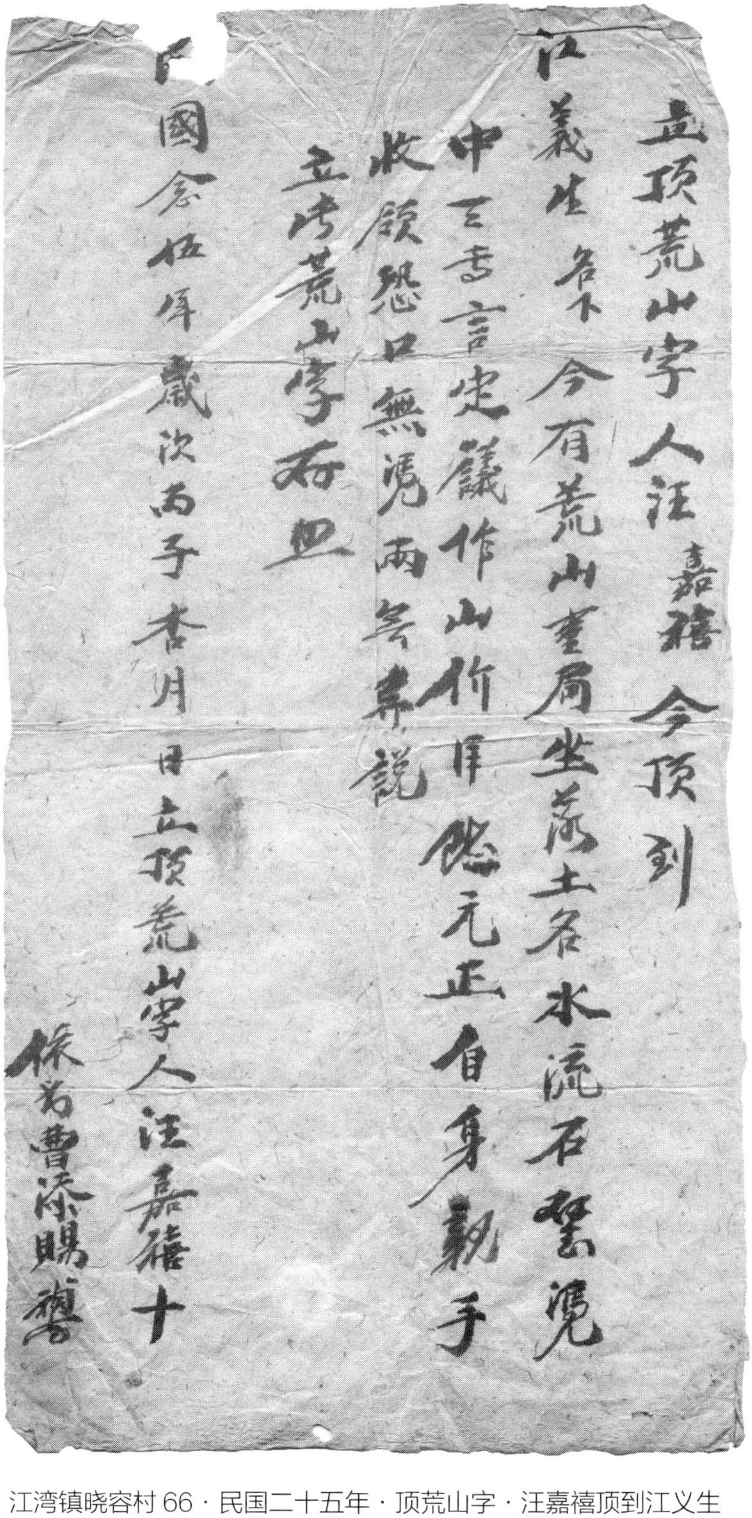

立顶荒山字人汪嘉禧，今顶到
江義生名下，今有荒山壹局，坐落土名水流石壑凴，
中三面言定，議作山价洋銀元正，自身親手
收領，恐口無憑，两無異說，
立此荒山字存照。
民國念伍年歲次丙子杏月日立頂荒山字人汪嘉禧十
依書曹添賜筆

江湾镇晓容村 66 · 民国二十五年 · 顶荒山字 · 汪嘉禧顶到江义生

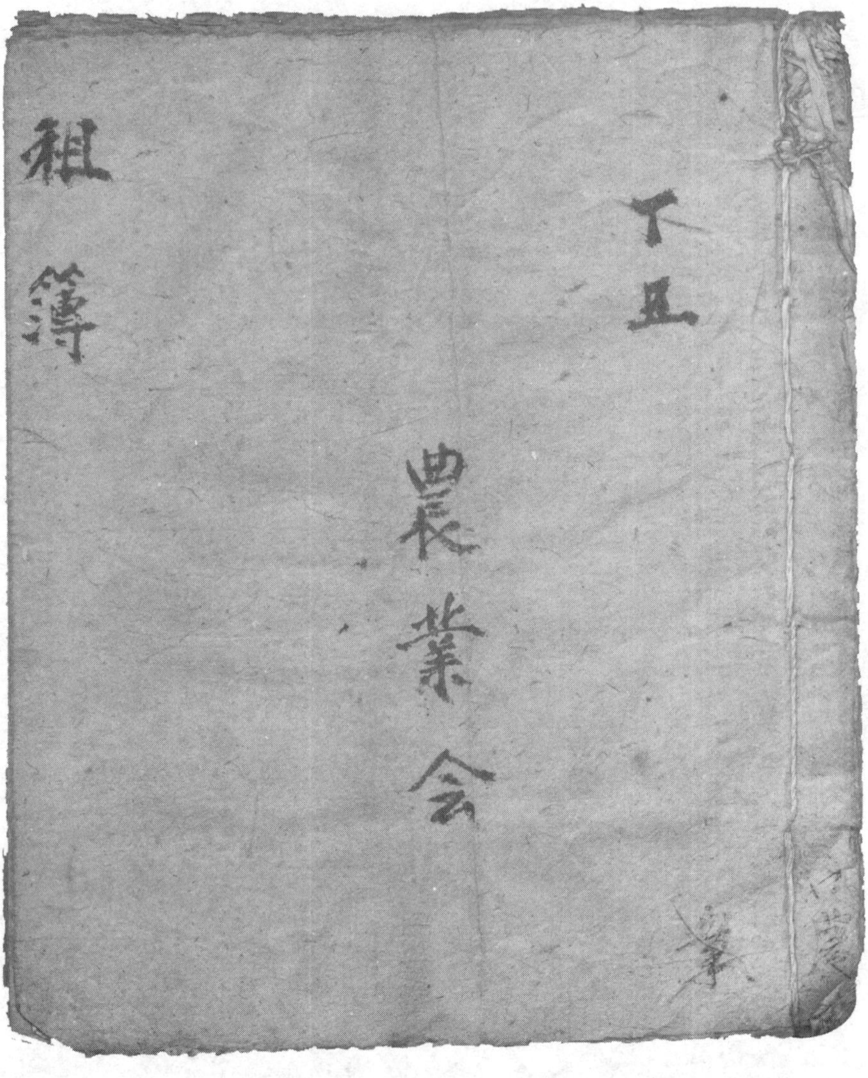

江湾镇晓容村 10-1 · 民国二十六年 · 农业会租簿

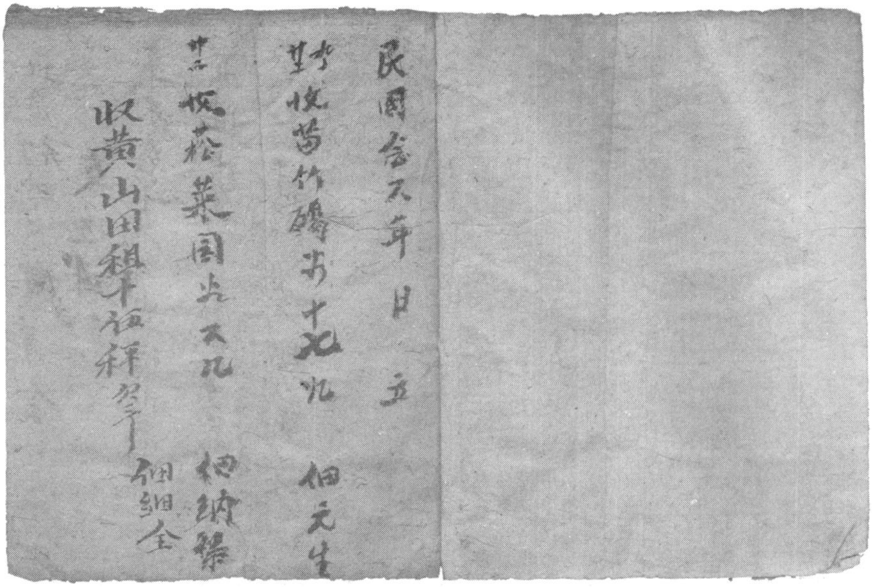

江湾镇晓容村 10-2 · 民国二十六年 · 农业会租簿

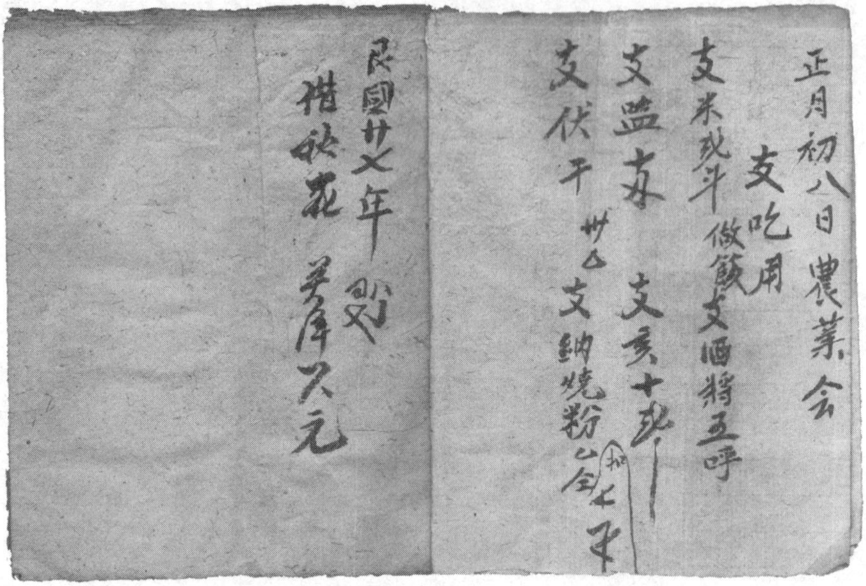
正月初八日農業会
支吃用
支米𢁒斗 做飯 支酒將五呼
支盐𡘙 支姜十𢁒
支伏干 廿五 支紬燒粉
民國廿六年
措秋花

江湾镇晓容村 10-3 · 民国二十六年 · 农业会租簿

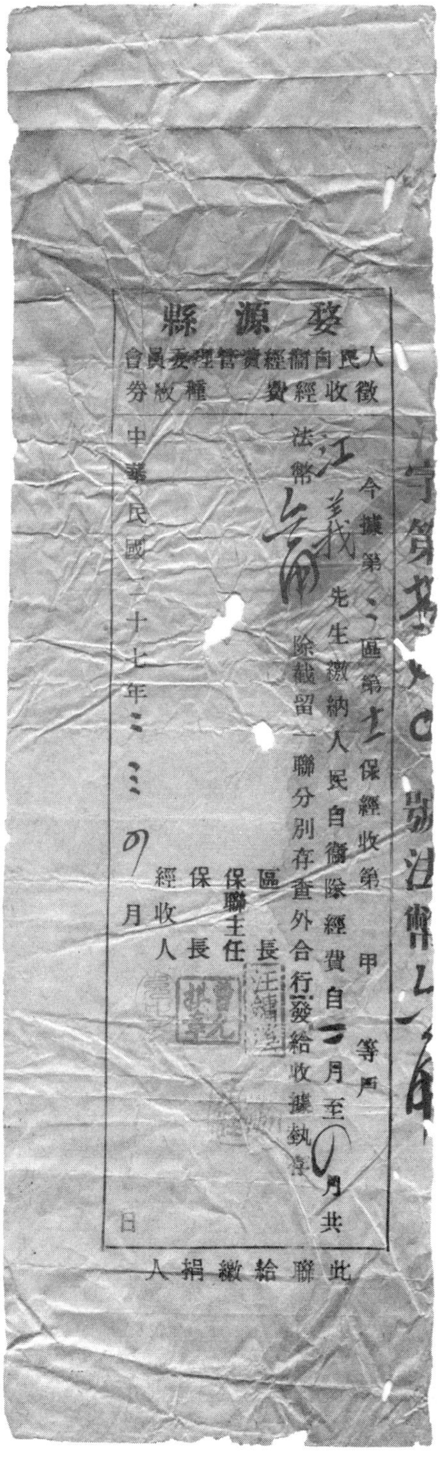

婺源縣
人民自衛經費管理委員會
徵收經費 種收券

今據第二區第十二保經收第 甲 等戶
江義 先生繳納人民自衛經費自二月至四月共
法幣六角 除截留一聯分別存查外合行發給收據執存
區長 汪鍾瀛
保聯主任
保長
經收人
中華民國二十七年二三四月 日

此聯給繳捐人

字第 〇 號法幣六角

江湾镇晓容村 22 · 民国二十七年 · 征收经费种版券 · 江义

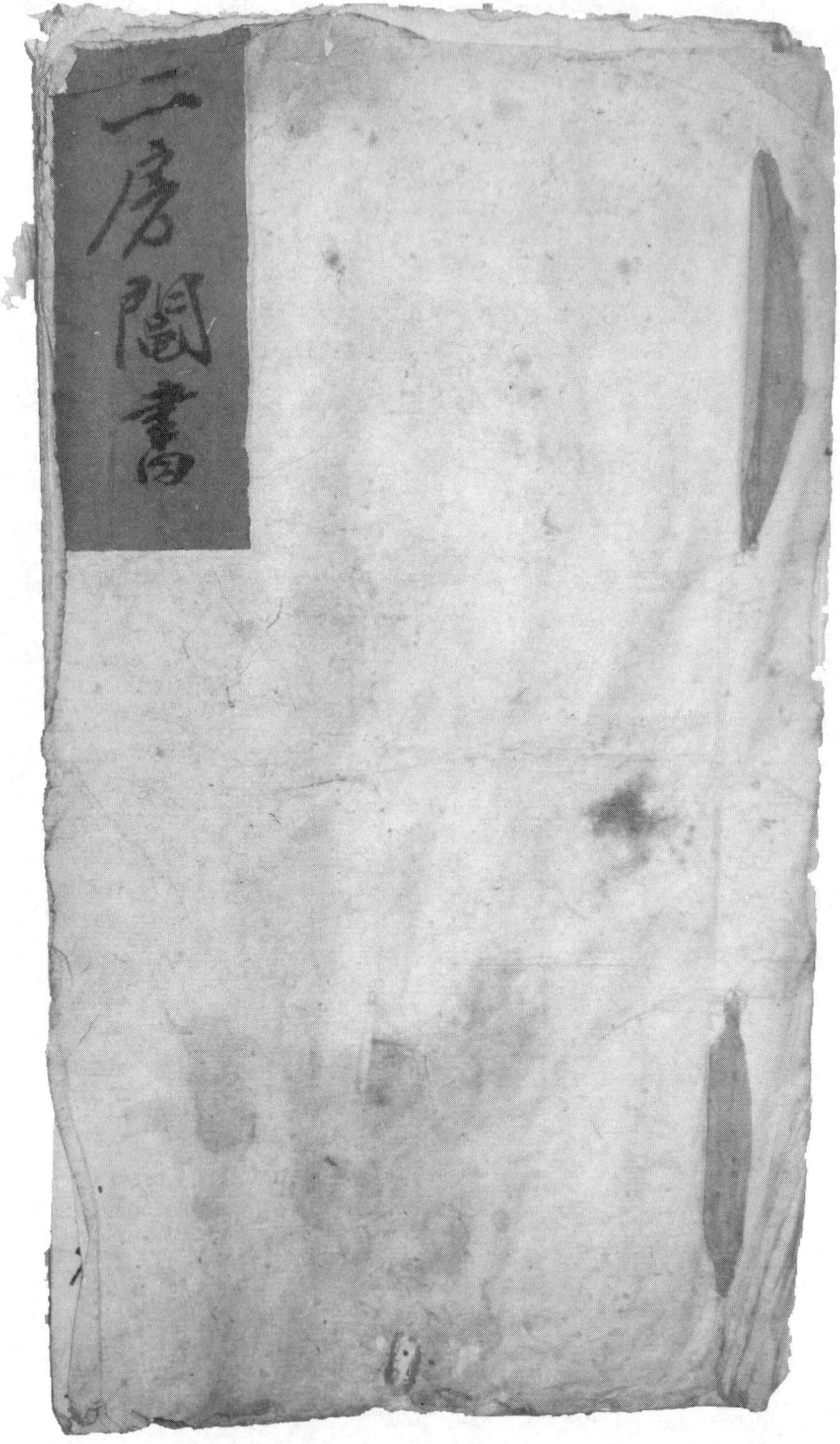

江湾镇晓容村 4-1 · 民国二十八年 · 分家文书（二房阄书）· 曹符兴

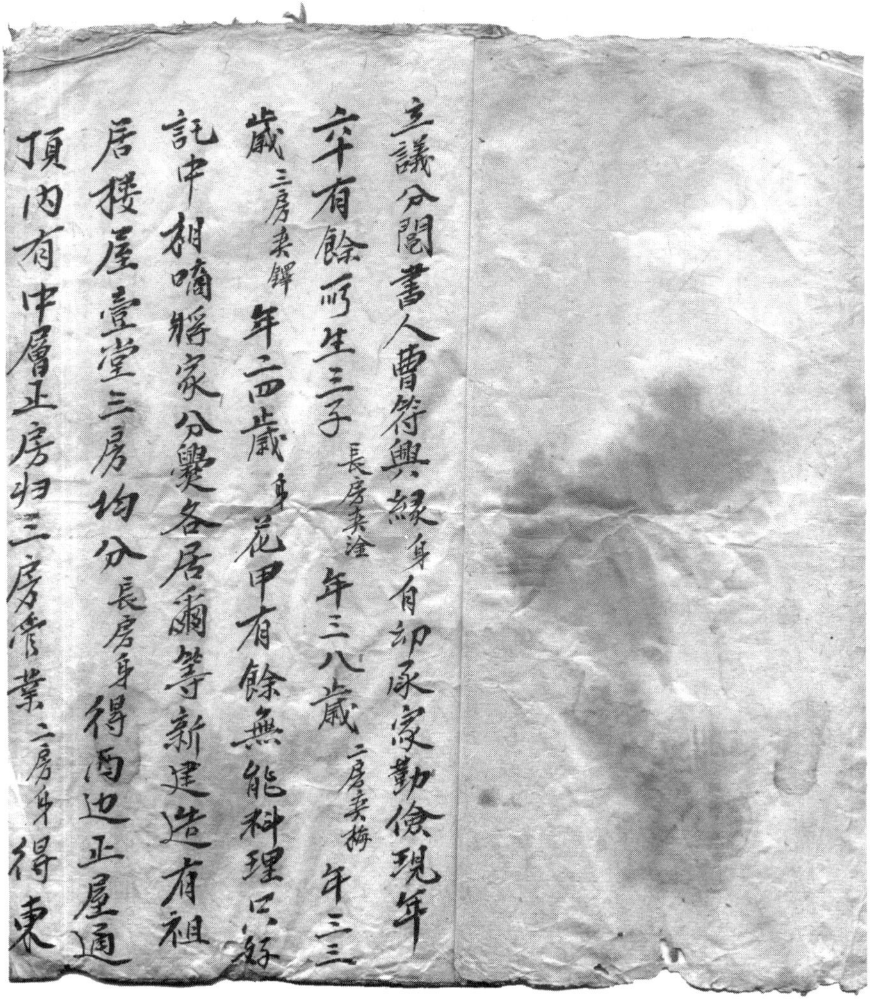
立議分閻書人曹符興緣身自幼承家勤儉現年
六十有餘所生三子 長房奕淦 年三八歲 二房奕梅 年三
歲 三房奕鐸 年二四歲 身花甲有餘無能料理只好
託中相啇將家分爨各居爾等新建造有祖
居樓屋壹堂三房均分 長房身得西边正屋通
頂內有中層正房归三房管業 二房身得東

江湾镇晓容村 4-2 · 民国二十八年 · 分家文书（二房阄书）· 曹符兴

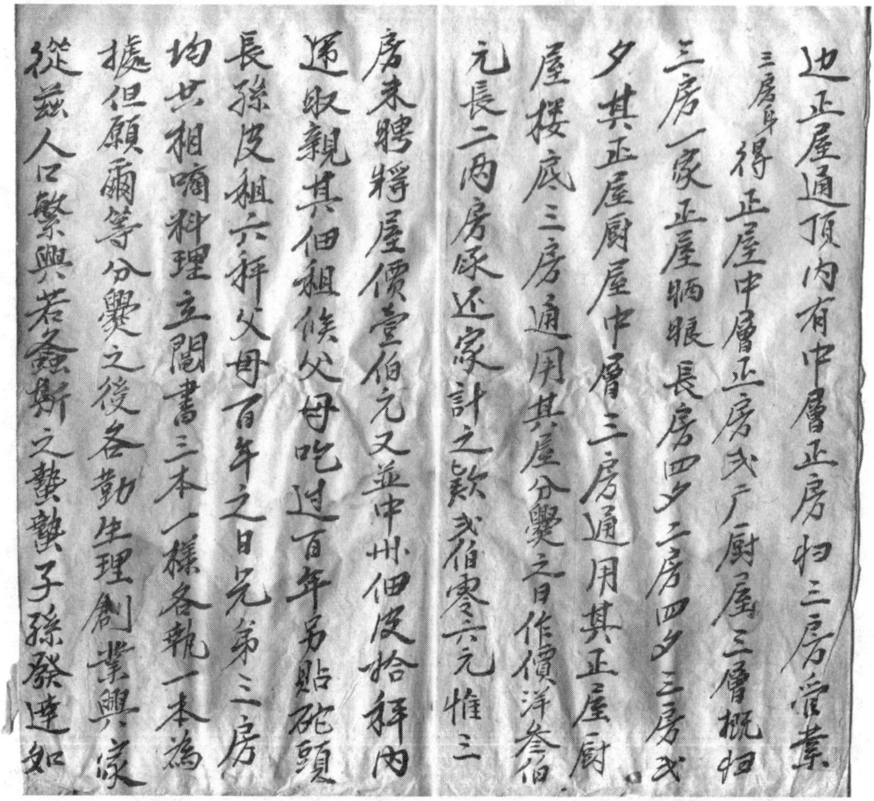
边正屋通顶内有中層正房归三房管業
三房身得正屋中層正房弍户厨屋三層概归
三房一家正屋牺眼長房四夕二房四夕三房弍
夕其正屋厨屋中層三房通用其正屋厨
屋楼底三房通用其屋分爨之日作價洋叁佰
元長二兩房除还家計之歉弍佰零六元惟三
房未聘將屋價壹佰元又並中州佃皮拾拜内
通取親其佃租俟父母吃过百年另貼砣頭
長孫皮租六拜父母百年之日兄弟三房
均共相商料理立閹書三本一樣各執一本為
據但願爾等分爨之後各勤生理創業興家
從茲人口繁興若螽斯之蟄蟄子孫發達如

江湾镇晓容村 4-3 · 民国二十八年 · 分家文书（二房阄书） · 曹符兴

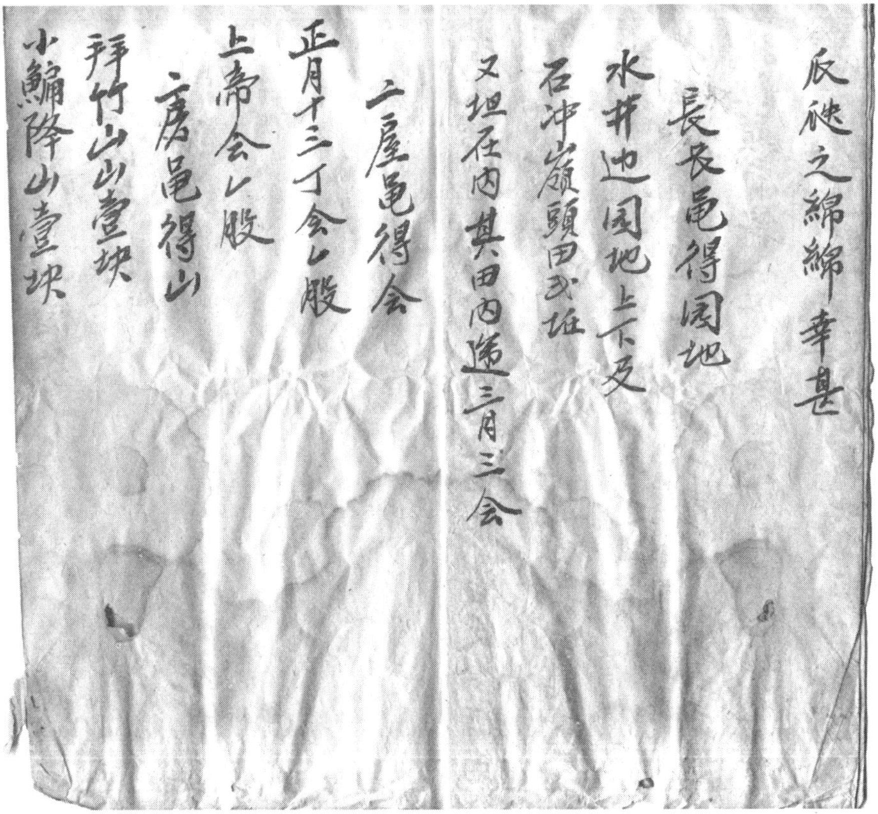
瓜瓞之綿綿　幸甚
長房邑得园地
水井边园地上下叚
石冲嶺頭田弍坵
又坦在内　其田内遞三月三会
二房邑得会
正月十三丁会乙股
上帝会乙股
房邑得山
拜竹山山壹块
小鳊降山壹块

江湾镇晓容村 4-4 · 民国二十八年 · 分家文书（二房阄书）· 曹符兴

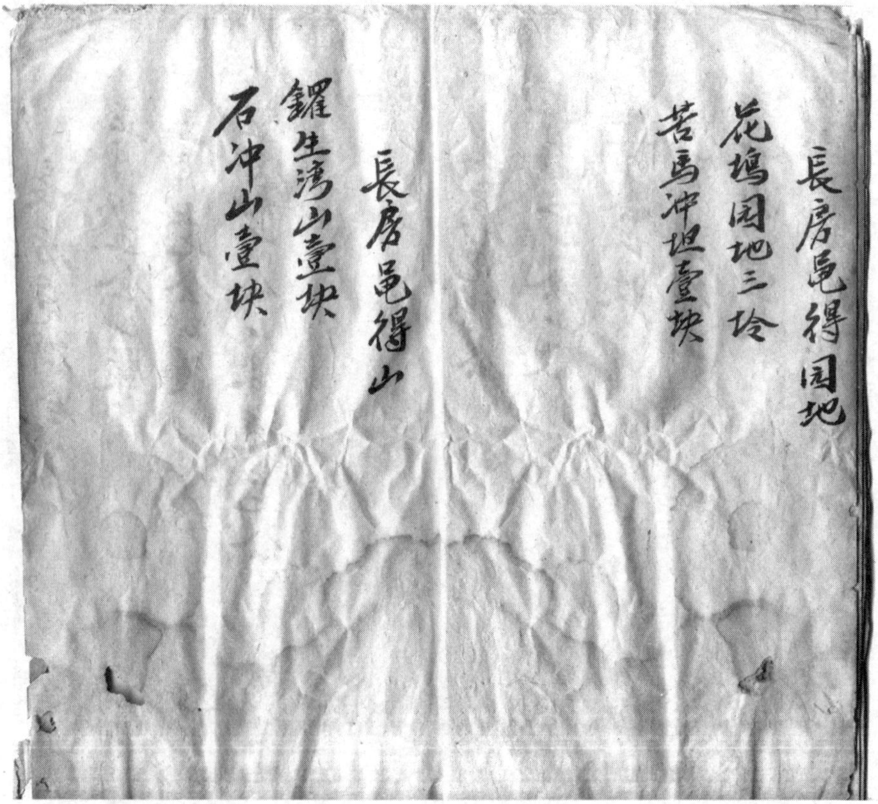
長房阄得园地
花塢园地三坵
苦馬冲坦壹块
長房阄得山
鑼生湾山壹块
石冲山壹块

江湾镇晓容村 4-5 · 民国二十八年 · 分家文书（二房阄书）· 曹符兴

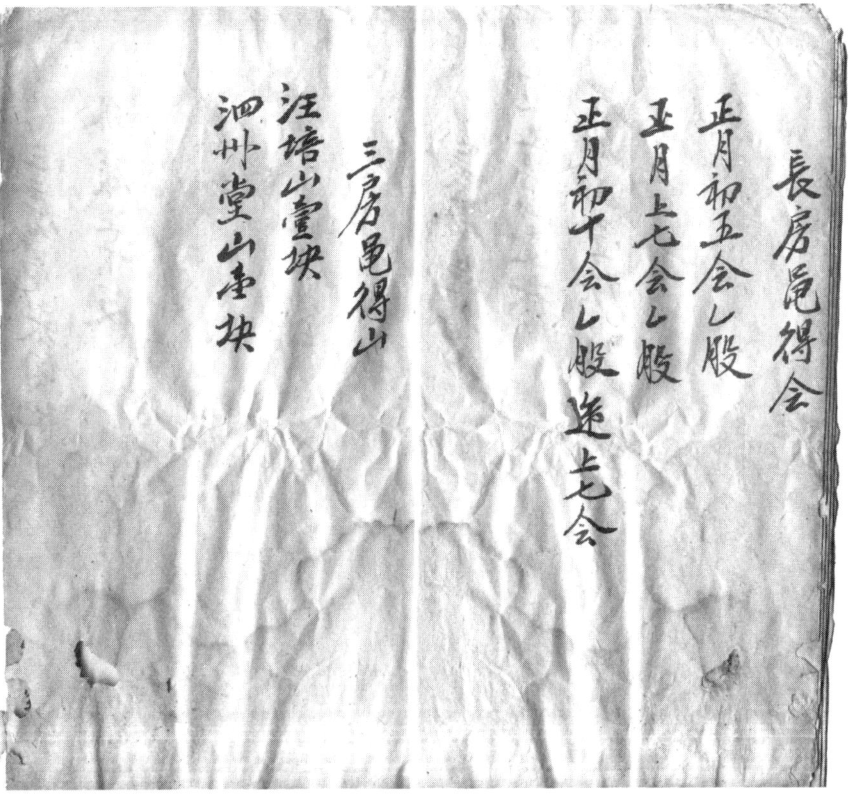
長房邑得会
正月初五会乙股
正月上七会乙股
正月初十会乙股逓上七会
三房邑得山
汪塘山壹块
泗州堂山壹块

江湾镇晓容村 4-6 · 民国二十八年 · 分家文书（二房阄书）· 曹符兴

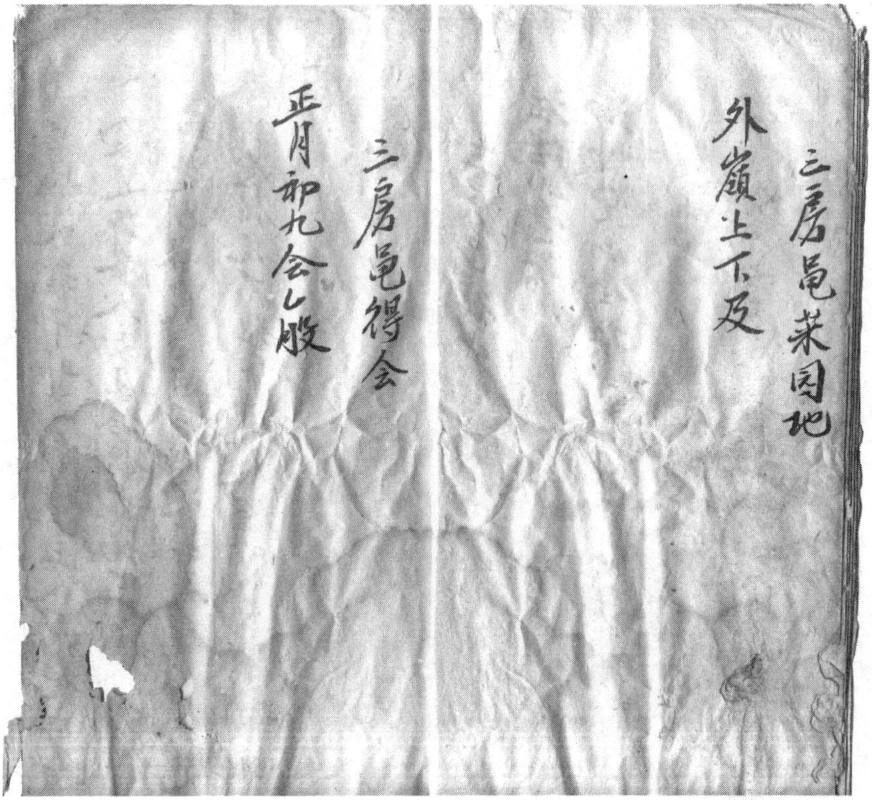

三房邑菜园地
外嶺上下反

三房邑得会
正月初九会七股

江湾镇晓容村 4-7 · 民国二十八年 · 分家文书（二房阄书）· 曹符兴

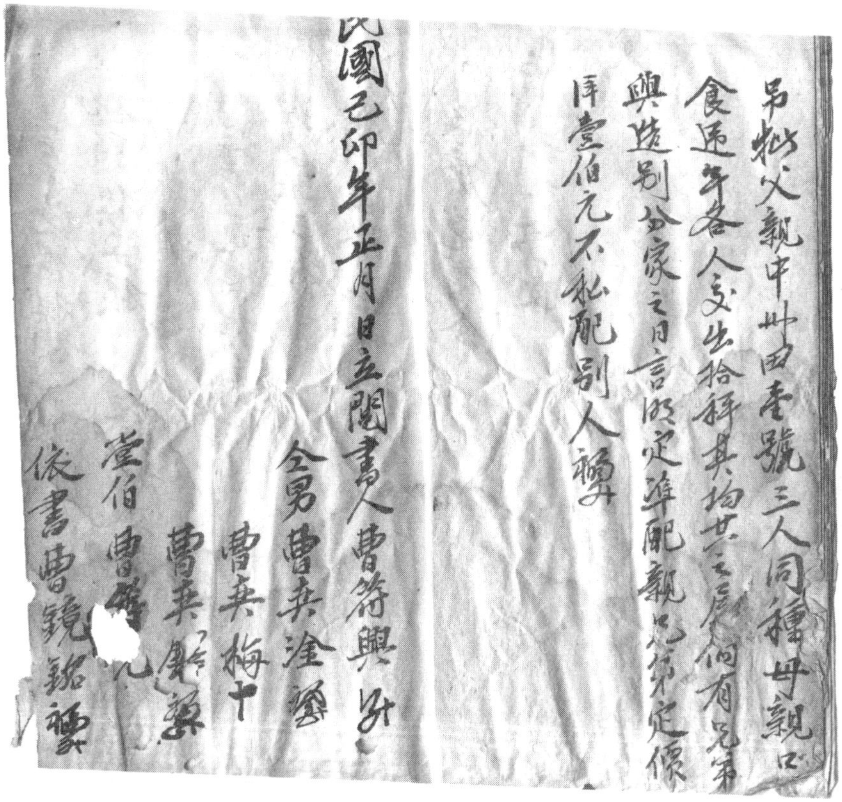

吊批父親中卅田壹號三人同種母親口
食逐年各人交出拾斤其均共之房倘有兄弟
與造別分家之日言斯定準配親兄弟定價
洋壹伯元不私配别人 押

民國己卯年正月　日立閲書人曹符興 押
仝男曹典淦 押
曹典梅 十
曹典鵬 押
堂伯曹[illegible]元
依書曹鏡銘 押

江湾镇晓容村 4-8 · 民国二十八年 · 分家文书（二房阄书）· 曹符兴

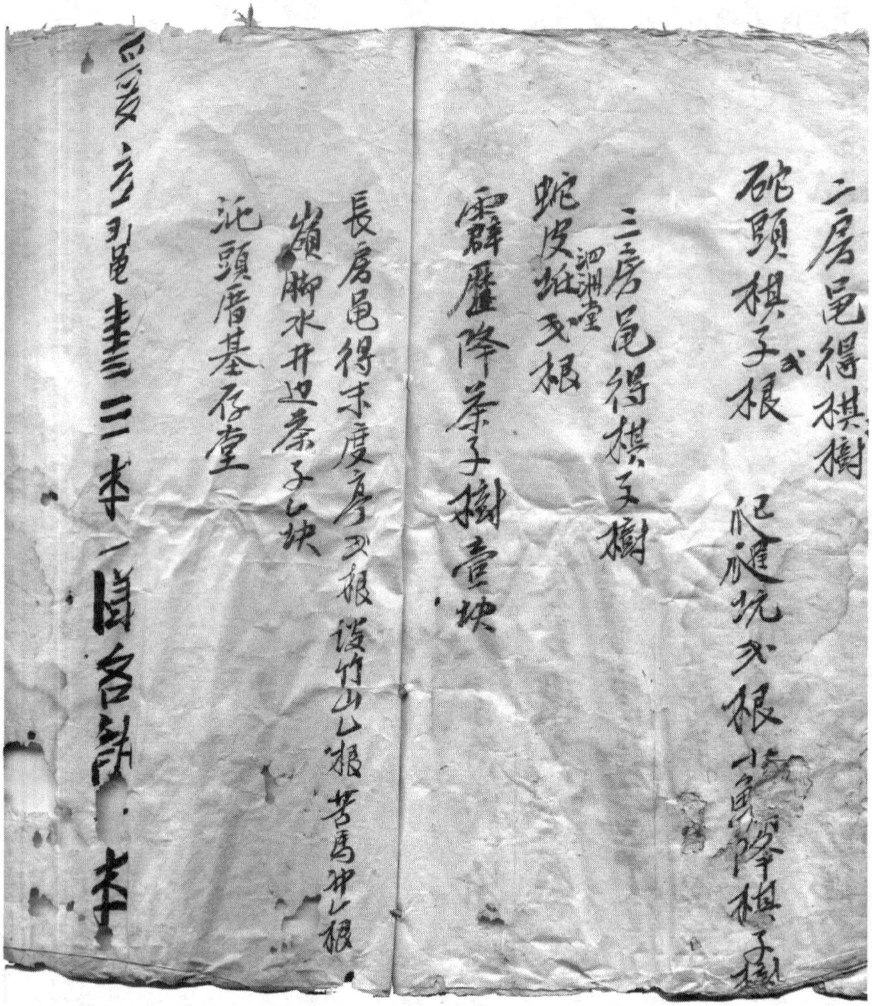

二房皂得棋樹
碓頭棋子根
饭碓坑弍根 小霹靂降棋子樹

三房皂得棋子樹
泗洲壋
蛇皮坵弍根
霹靂降茶子樹壹塊

長房皂得末度厚弍根 設竹山山根
嶺腳水井迚茶子乙塊 苦竹園坵山根
沱頭厝基存堂

巳殁彦引皂書三本一房各款一本

江湾镇晓容村4-9·民国二十八年·分家文书（二房阄书）·曹符兴

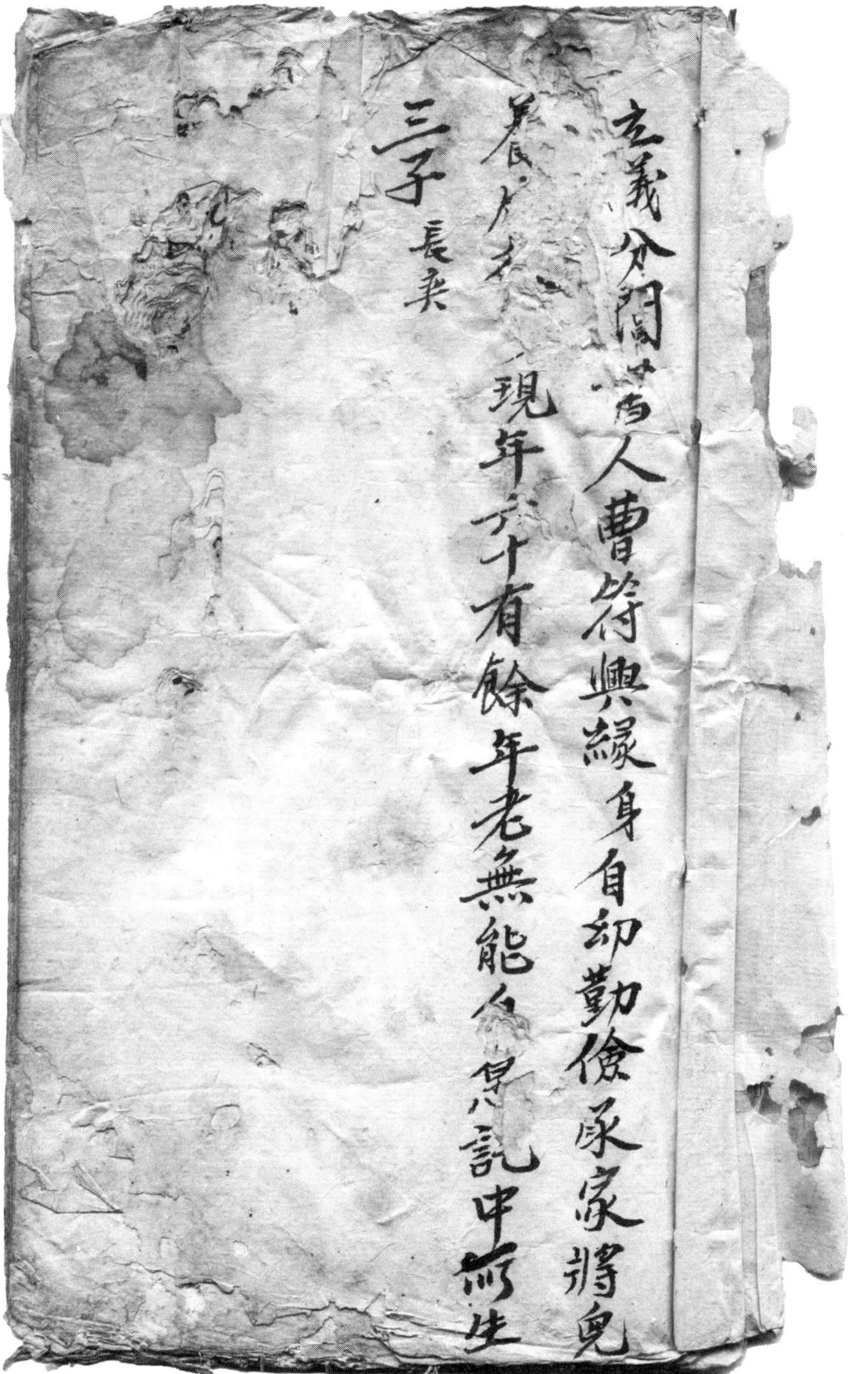

立義分閹書人曹符興緣身自幼勤儉承家將兒
養長大成人現年六十有餘年老無能自思記中所生
三子 長爽

江湾镇晓容村 4-10 · 民国二十八年 · 分家文书（二房阄书）· 曹符兴

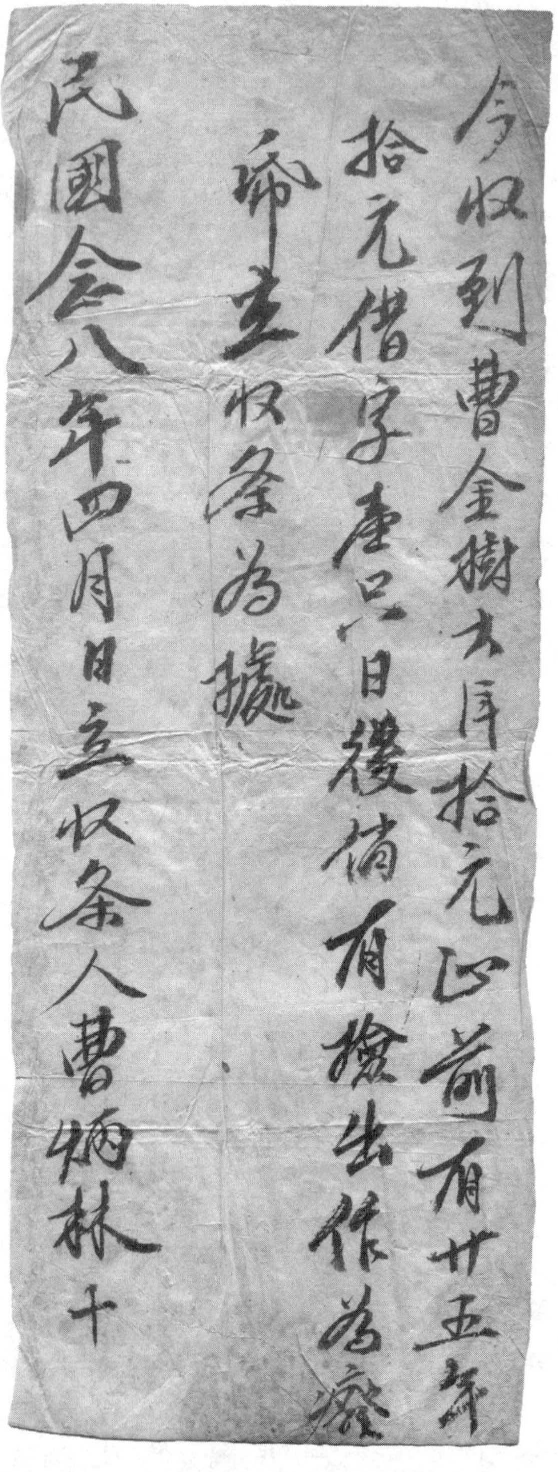

今收到曹金樹大洋拾元正前有廿五年
拾元借字壹只日後倘有檢出作為廢
紙 立收条為據
民國念八年四月日立收条人曹炳林十

江湾镇晓容村 61 · 民国二十八年 · 收条 · 曹炳林收到曹金树

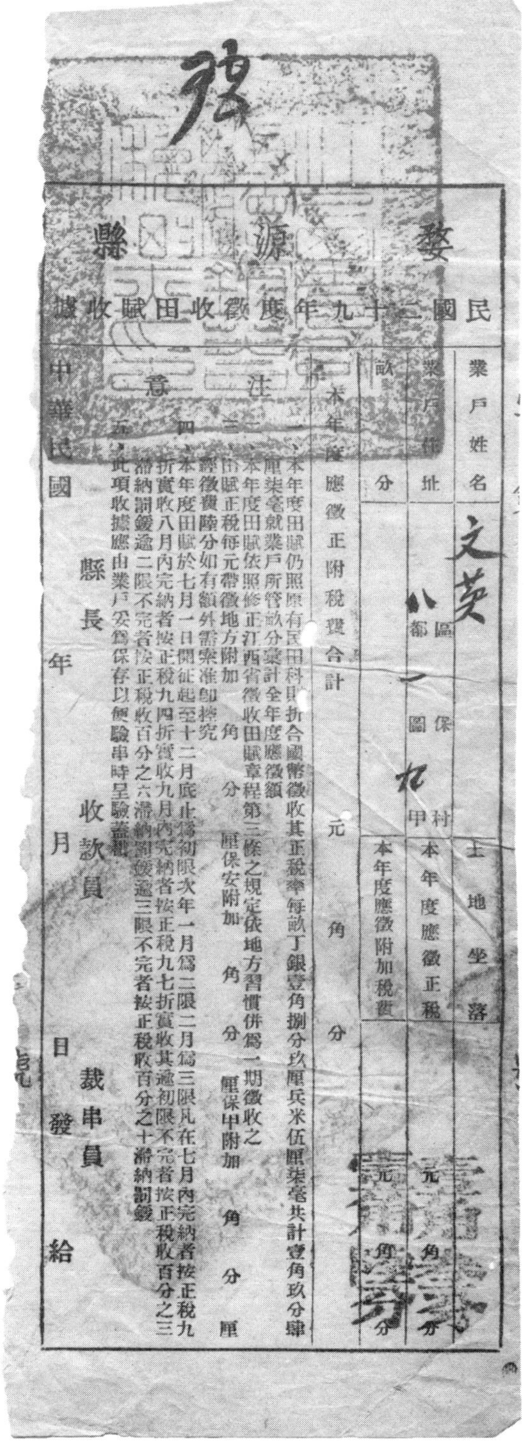

婺源縣

民國二十九年度徵收田賦收據

業戶姓名 文英

土地坐落 八區 一保 九村

業戶住址

畝分

本年度應徵正稅 元 角 分

本年度應徵附加稅費 元 角 分

本年度應徵正附稅費合計 元 角 分

注意

一、本年度田賦仍照原有民田科則折合國幣徵收其正稅率每畝丁銀壹角捌分玖厘兵米伍厘柒毫共計壹角玖分肆厘柒毫就業戶所管畝分彙計全年度應徵額

二、本年度田賦依照修正江西省徵收田賦章程第三條之規定依地方習慣併爲一期徵收之

三、田賦正稅每元帶徵地方附加 角 分 厘保安附加 角 分 厘保甲附加 角 分 厘經徵費陸分如有額外需索准即控究

四、本年度田賦於七月一日開征起至十二月底止爲初限次年一月爲二限二月爲三限凡在七月內完納者按正稅九折實收八月內完納者按正稅九四折實收九月內完納者按正稅九七折實收其逾初限不完者按正稅收百分之三滯納罰鍰逾二限不完者按正稅收百分之六滯納罰鍰逾三限不完者按正稅收百分之十滯納罰鍰

五、此項收據應由業戶妥爲保存以便驗串時呈驗蓋戳

縣長 收款員 裁串員

中華民國 年 月 日發給

江湾镇晓容村 15 · 民国二十九年 · 征收田赋收据 · 文英

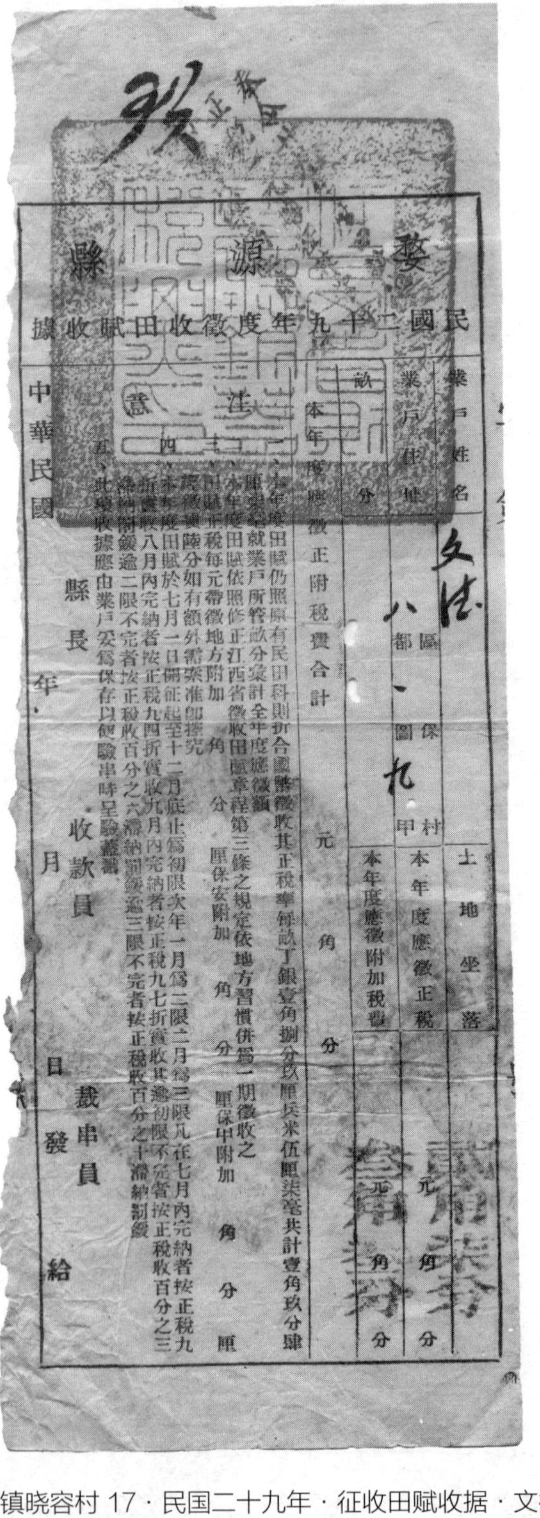
婺源縣

民國二十九年度徵收田賦收據

業戶姓名 文德

業戶住址 區 八 都 保 九 圖 村 甲

畝分

本年度應徵正附稅費合計 元 角 分

土地坐落

本年度應徵正稅 元 角 分

本年度應徵附加稅費 元 角 分

注意

一、本年度田賦仍照原有民田科則折合國幣徵收其正稅每畝丁銀壹角捌分玖厘兵米伍厘柒毫共計壹角玖分肆厘[illegible]就業戶所管畝分彙計全年度應徵額

二、本年度田賦依照修正江西省徵收田賦章程第三條之規定依地方習慣併為一期徵收之

三、田賦正稅每元帶徵地方附加 角 分 厘保安附加 角 分 厘保甲附加 角 分 厘[illegible]徵費陸分如有額外需索准即控究

四、本年度田賦於七月一日開征起至十二月底止為初限次年一月為二限二月為三限凡在七月內完納者按正稅九折實收八月內完納者按正稅九四折實收九月內完納者按正稅九七折實收其逾初限不完者按正稅收百分之三滯納罰鍰逾二限不完者按正稅收百分之六滯納罰鍰逾三限不完者按正稅收百分之十滯納罰鍰

五、此項收據應由業戶妥為保存以便驗串時呈驗蓋戳

縣長 收款員 裁串員

中華民國 年 月 日發給

江湾镇晓容村 17 · 民国二十九年 · 征收田赋收据 · 文德

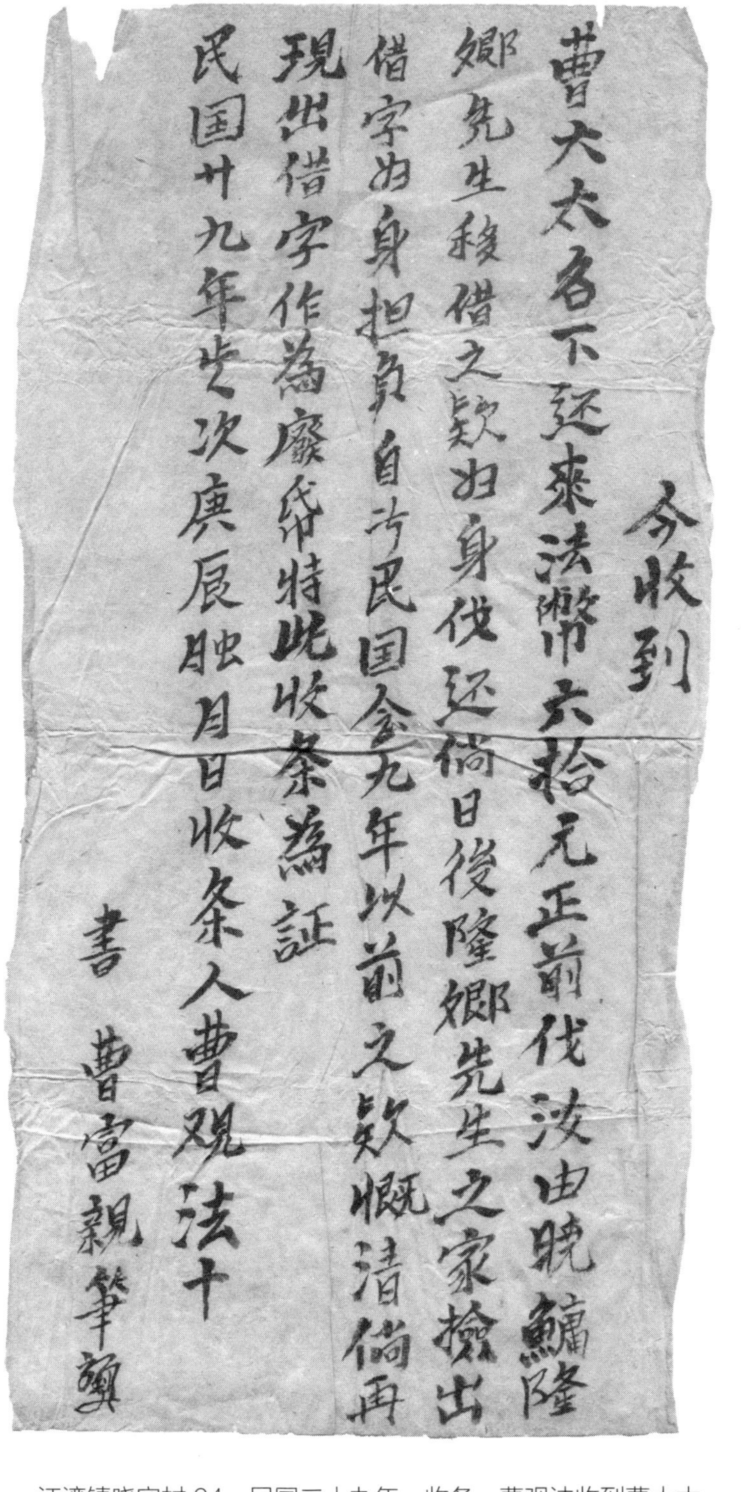

今收到
曹大太名下廷來法幣六拾元正前代汝由曉鱅隆
鄉先生移借之欵由身代廷倘日後隆鄉先生之家撿出
借字由身担負自诗民国念九年以前之欵概清倘再
現出借字作為廢紙特此收条為証
民国廿九年歲次庚辰腊月日收条人曹覌法十
書 曹富親筆題

江湾镇晓容村 64 · 民国二十九年 · 收条 · 曹观法收到曹大太

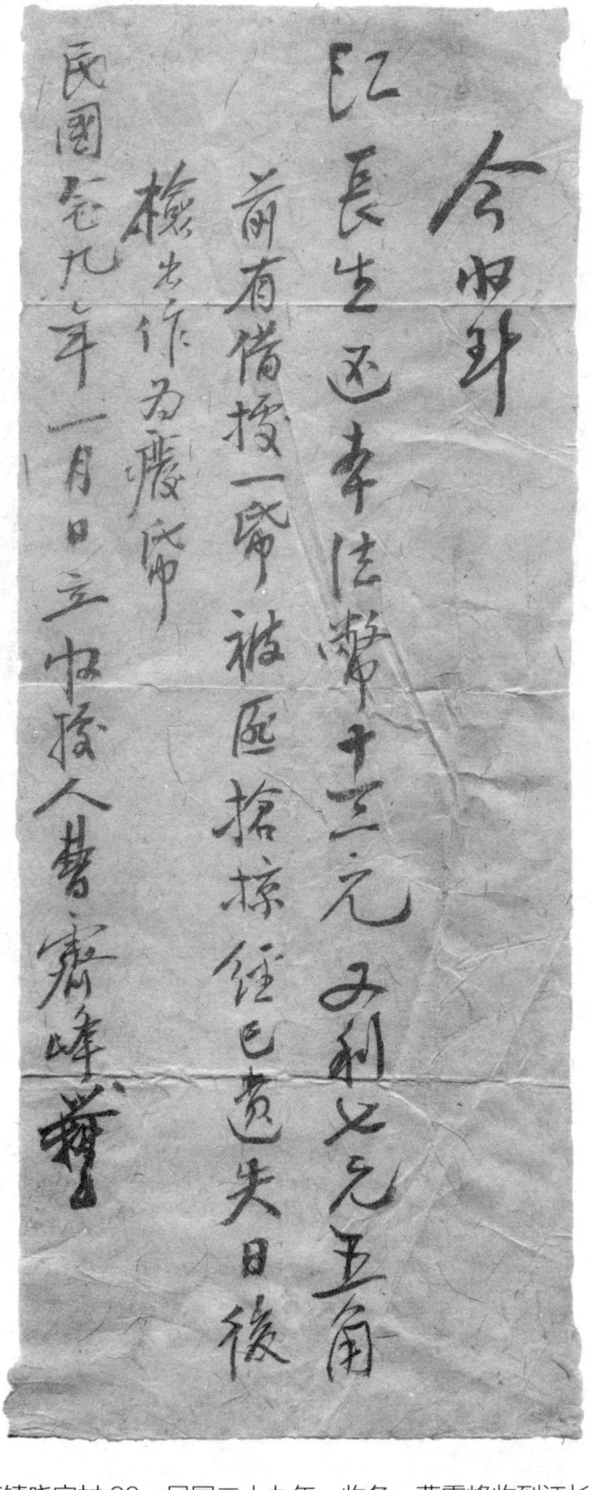
今收到
江長生还本法幣十三元 子利七元五角
前有借據一紙被匪搶掠經已遺失日後
檢出作為廢紙
民國廿九年一月日立收據人曹霽峰（押）

江湾镇晓容村 68 · 民国二十九年 · 收条 · 曹霁峰收到江长生

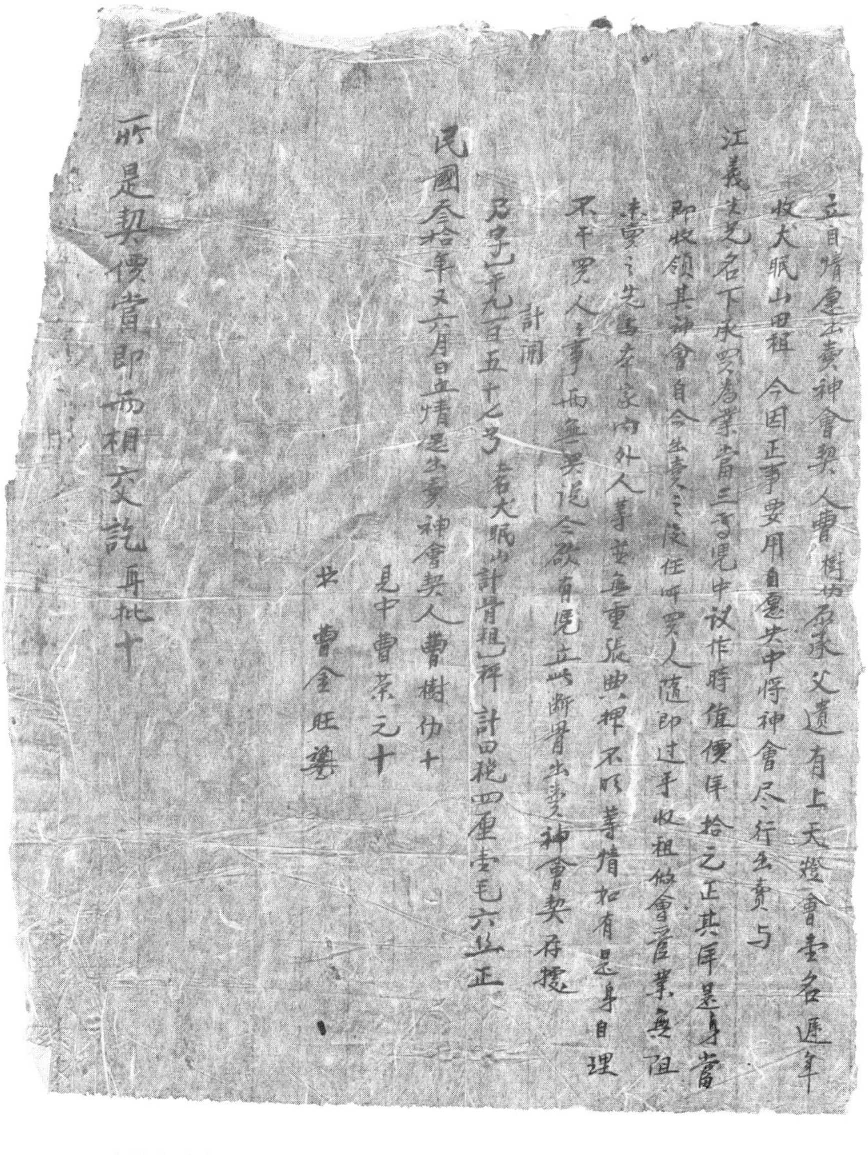

立自情愿出賣神會契人曹樹仂原承父遺有上天燈會壹名逐年
收大眠山田租　今因正事要用自愿央中将神會尽行出賣与
江義生兄名下承買為業當三面憑中议作時值價洋拾之正其洋是身當
即收領其神會自今出賣之後任听買人随即过手收租做會管業無阻
未賣之先與本家内外人等並無重張典押不明等情如有是身自理
不干買人之事　兩無異说　今欲有憑立此断骨出賣神會契存據
計開
兄字乙千九百五十七号　土名大眠山　計骨租乙秤　計田税四厘壹毛六丝正
民國叁拾年又六月日立情愿出賣神會契人曹樹仂十
見中曹荣之十
书　曹金旺押
所是契價當即兩相交訖再批十

江湾镇晓容村 81 · 民国三十年 · 出卖神会契 · 曹树仂卖与江义生

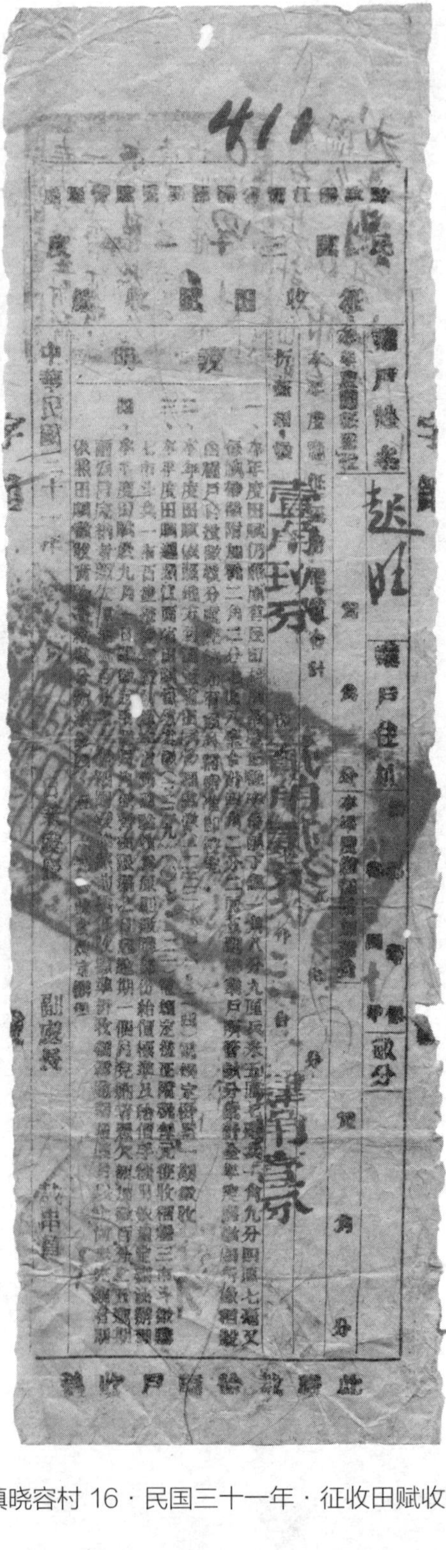

江湾镇晓容村 16 · 民国三十一年 · 征收田赋收据 · 起旺

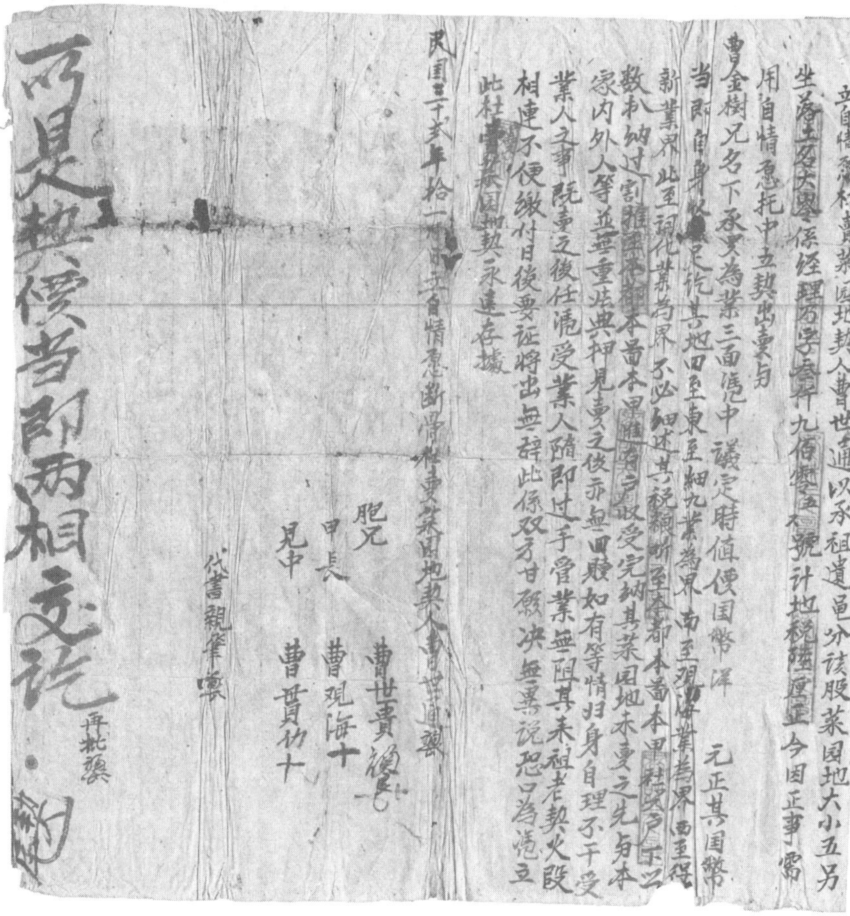
立自情愿杜卖菜园地契人曹世通，以承祖遗已分该股菜园地大小五另，坐落土名大园，係经理历字号九佰号，计地税厘正，今因正事需用，自情愿托中立契出卖与曹金树兄名下承买为業，三面凭中议定时值价国币洋 元正，其国币当即自身收足讫。其地四至：东至细九業为界，南至观海業为界，西至新業界，北至福化業为界，不必细述。其税額听至本都本图本甲户下数内纳过割，推收本都本图本甲户收受完纳。其菜园地未卖之先，与本家内外人等并無重迭典押，見卖之後亦無回赎。如有等情，归身自理，不干受業人之事。既卖之後，任凭受業人随即过手管業，無阻。其来祖老契火段相连不便缴付，日後要证，将出無辞。此係双方甘愿，决無異说，恐口無凭，立此杜卖菜园地契永远存據。

民国三十二年拾一月 日 立自情愿断骨杜卖菜园地契人曹世通

胞兄 曹世贵

甲長 曹观海 十

見中 曹贯 十

代書 親笔

所是契價当即两相交讫 再批

江湾镇晓容村 110 · 民国三十二年 · 杜卖菜园地契 · 曹世通卖与曹金树

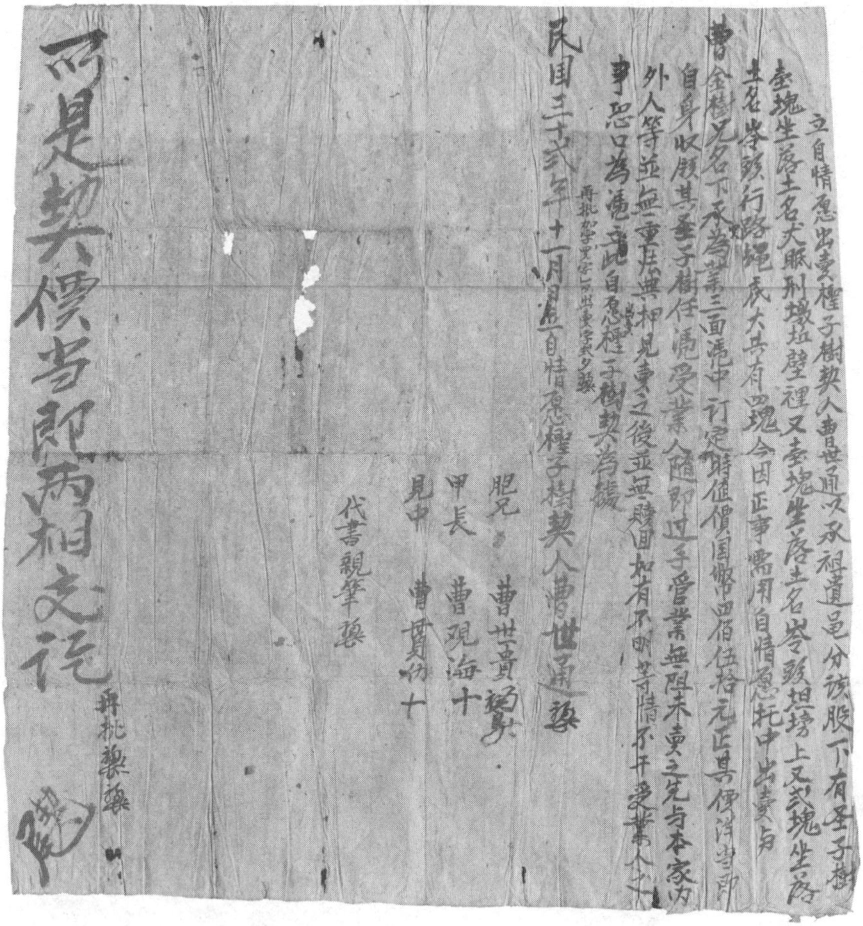
立自情愿出卖樫子树契人曹世通，以承祖遗县分该股下有樫子树壹块坐落土名大賍刑墈垴壁里，又壹块坐落土名岑头坦塝上，又贰块坐落土名岑头行路坳，底大共有四块。今因正事需用，自情愿托中出卖与曹金树兄名下承为业。三面凭中订定时值价国币四佰伍拾元正，其价洋当即自身收领，其樫子树任凭受业人随即过手管业无阻。未卖之先与本家内外人等并无重张典押，见卖之后并无赎回。如有不明等情，不干受业人之事。恐口无凭，立此自愿樫子树契为据。

再批加字□□□□□字共□ 亲押

民国三十贰年十一月日立自情愿樫子树契人曹世通 押

胞兄 曹世贵 押

甲长 曹观海 十

见中 曹贯仂 十

代书亲笔 押

所是契价当即两相交讫

再批 亲押

江湾镇晓容村 111 · 民国三十二年 · 出卖樫子树契 · 曹世通卖与曹金树

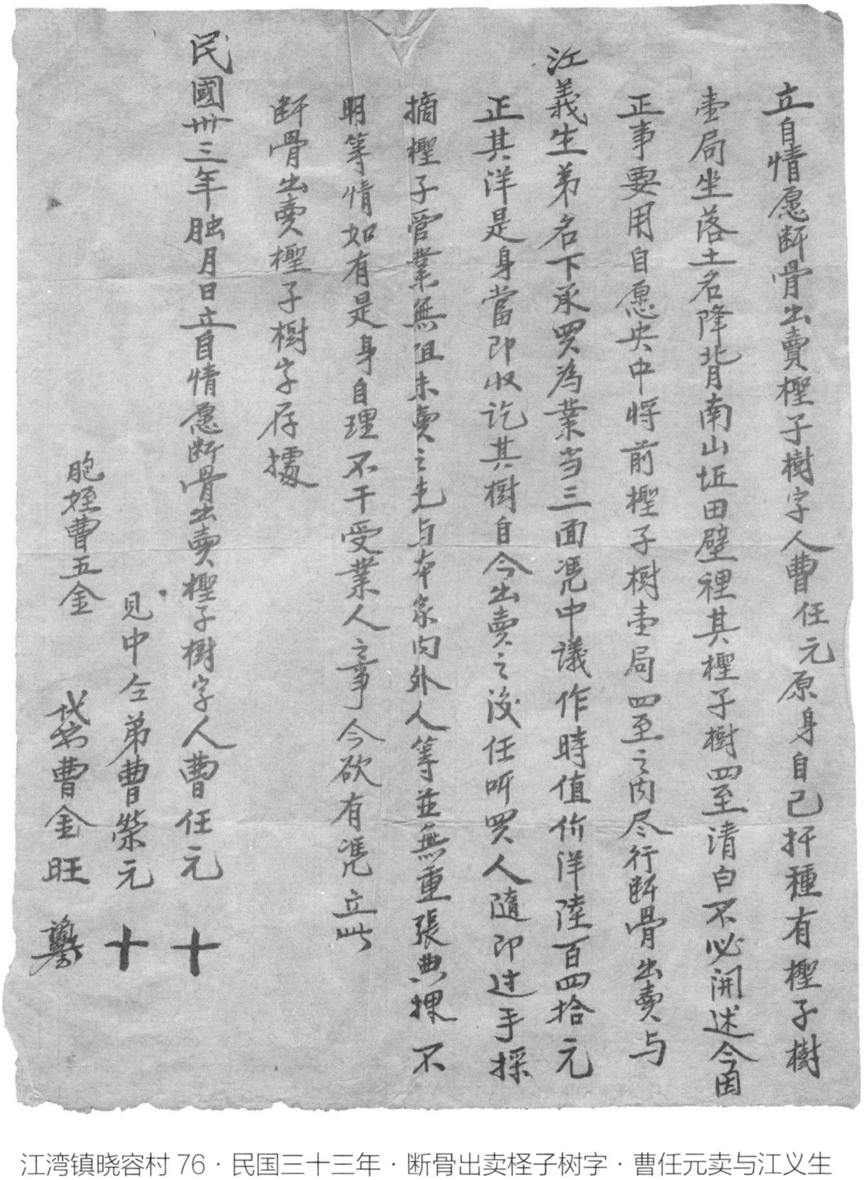
立自情愿断骨出賣樫子樹字人曹任元原身自己扦種有樫子樹
壹局坐落土名降北背南山坵田壁裡其樫子樹四至清白不必開述今因
正事要用自愿央中将前樫子樹壹局四至之内尽行断骨出卖与
江義生弟名下承买為業当三面凭中議作時值佑洋陸百四拾元
正其洋是身當即收訖其樹自今出卖之後任听买人随即过手採
摘樫子管業無阻未卖之先与本家内外人等並無重張典押不
明等情如有是身自理不干受業人之事今欲有凭立此
断骨出卖樫子樹字存據
民國卅三年腊月日立自情愿断骨出卖樫子樹字人曹任元 十
见中仝弟曹榮元 十
胞侄曹五金
代筆曹金旺

江湾镇晓容村 76 · 民国三十三年 · 断骨出卖柽子树字 · 曹任元卖与江义生

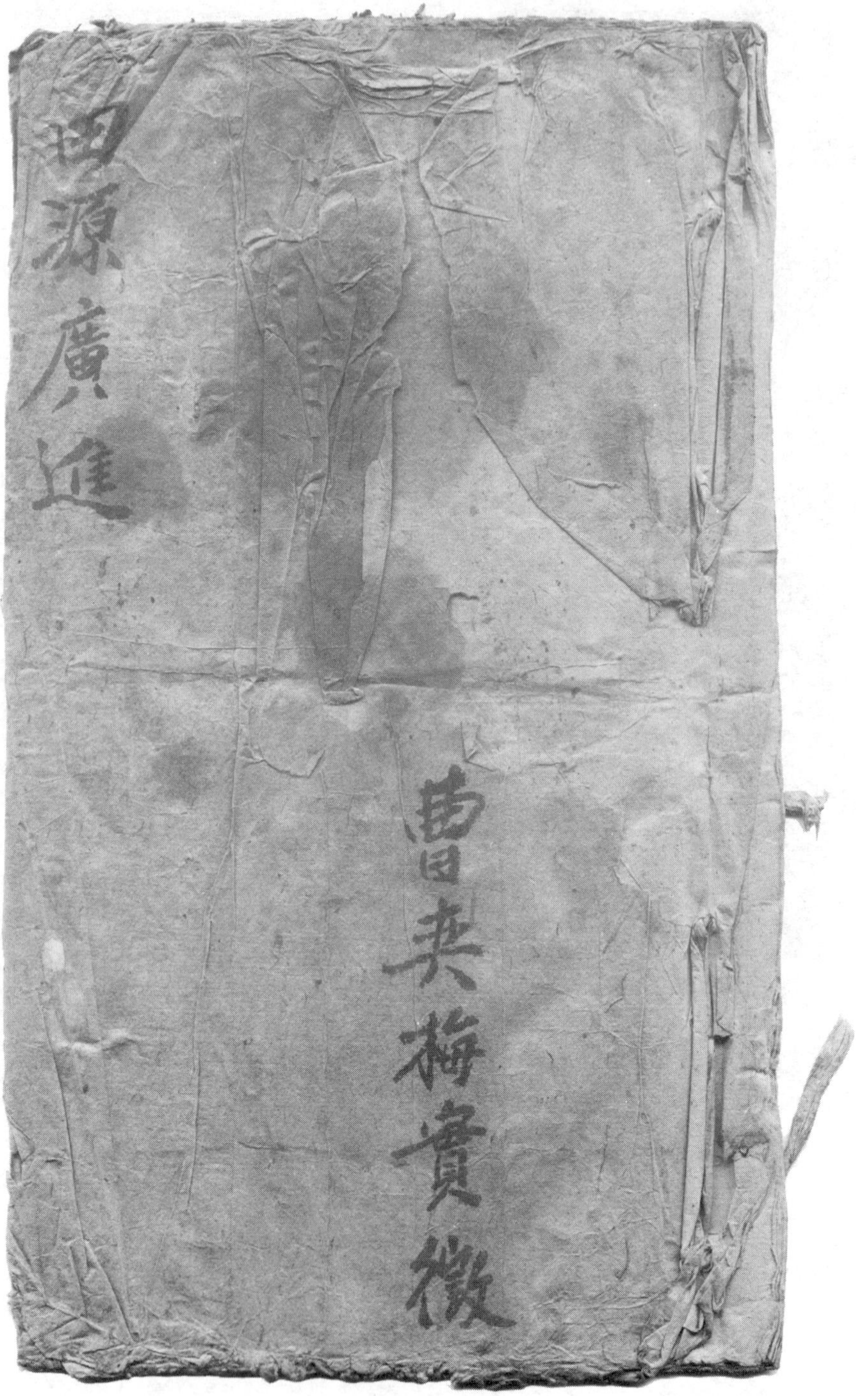

江湾镇晓容村 5-1 · 民国三十四年 · 税粮实征册 · 曹奕梅户

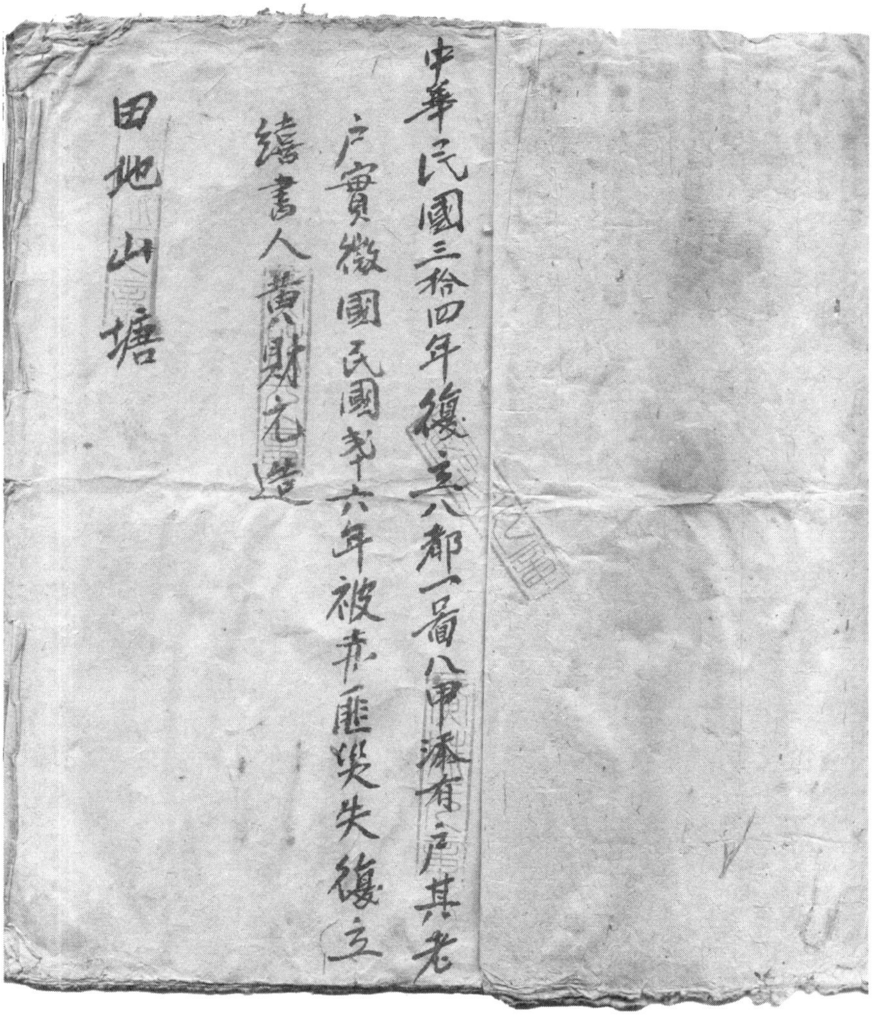
中華民國三拾四年復立八都一啚八甲潘有亣户其老
户實徵國民國卅六年被赤匪燬失復立
繕書人黄財元造
田地山塘

江湾镇晓容村 5-2 · 民国三十四年 · 税粮实征册 · 曹奕梅户

乃字山千零六拾六號 土名对村龍 計田税玖分乙厘正 收丞有戶下
字字六千山百四拾三號 土名潘塢口 計田税伍分八厘正 收孫燈戶下
民国三十六年 歲次二月日立 繕書曹多福造
乃字叁仟四佰弍拾叁號 土名嶺頭 計田税柒分叁厘正 八都本啚十甲河娃戶下
翔字乙十四號 土名滕家段 計田税壹畝八分八厘正 八都五啚八甲兆生戶下
民國叁十七年歲次戊子四月日立 繕書曹多福造
乃字山千四百六十八号 土名上段 計田税山畝弍分六厘叁毛正 收四甲淮典戶下

江湾镇晓容村 5-3 · 民国三十四年 · 税粮实征册 · 曹奕梅户

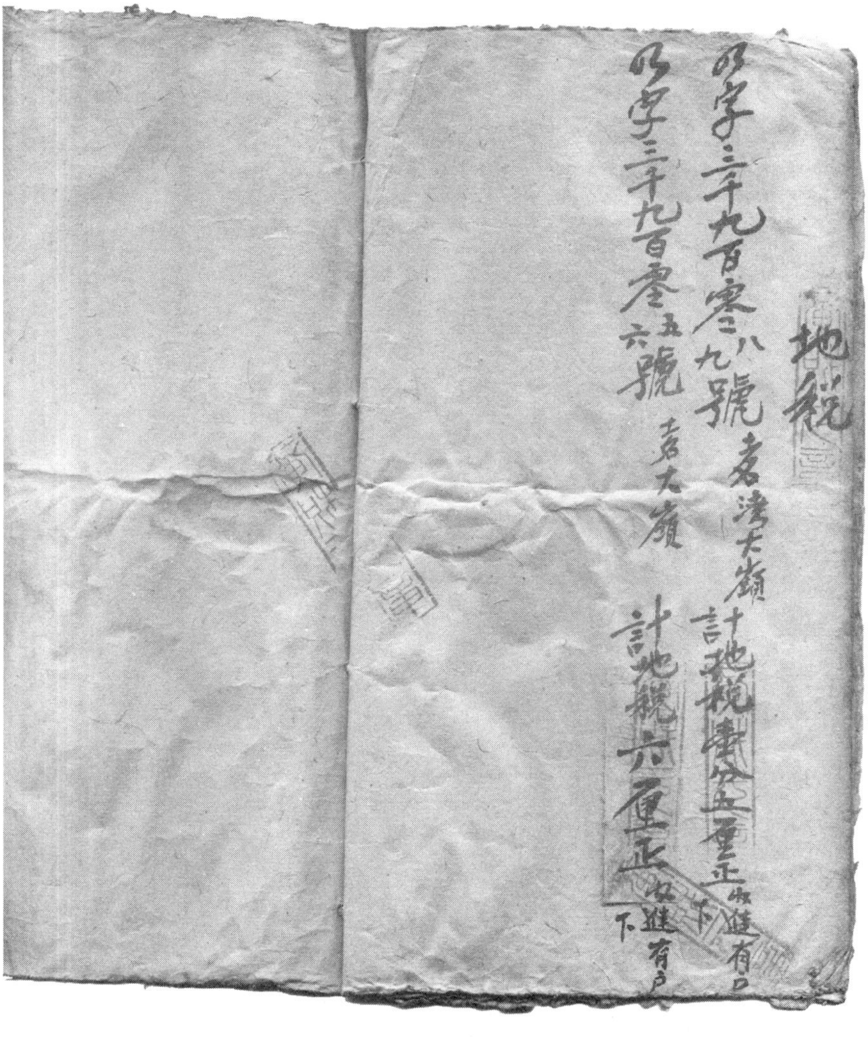
地稅
乃字三千九百零八九號 者湾大嶺
計地稅壹分五厘正 收進有戶 下
乃字三千九百零五六號 者大嶺
計地稅六厘正 收進有戶 下

江湾镇晓容村 5-4 · 民国三十四年 · 税粮实征册 · 曹奕梅户

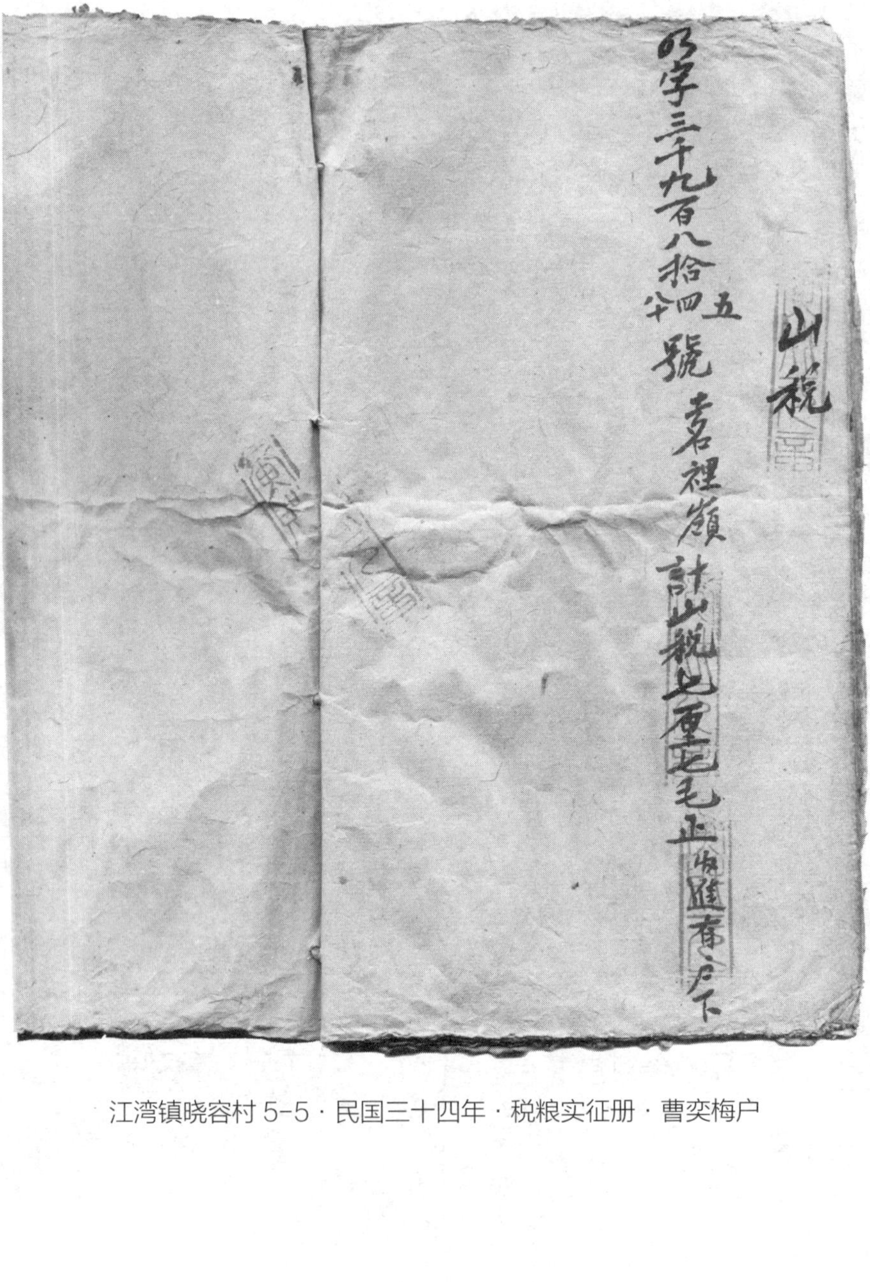

江湾镇晓容村 5-5 · 民国三十四年 · 税粮实征册 · 曹奕梅户

立自情愿断骨出卖田契人贤楠、懋胡公支孙曹秋花等，今承祖遗有田两号坐潜土名潜塝口係经理字字六千一百四十三号，计田税伍分八厘正；土字号名右刘村垄乃字山千零六号，计田税弍分七重正。其田四至之内尽行断骨出卖与元正芳弟各人名下承买为业。当三面凭中议作时直价法币□□□元正芳弟各人立即观勷收领其田自今出卖之后任听买人道即过手管业耕种无阻。未卖之先本家内外人等俱无重张典押不明等情，倘有各人自理不干买人之事。其手限未别相连，不必缴付。日后要用将坐无辞其税根听至本甲承户下过数扒调过户。盤受无阻不异立推凭今欲有凭立此断骨出卖田契为据。

契内加之字山夕据

中华民国三拾四年岁次三月　日立自情愿断骨出卖田契人　贤楠　懋胡支孙　曹金发　曹秋花　曹华伯　曹玄新　依书　曹敬明　笔

所是契便立即两相交花

再批：

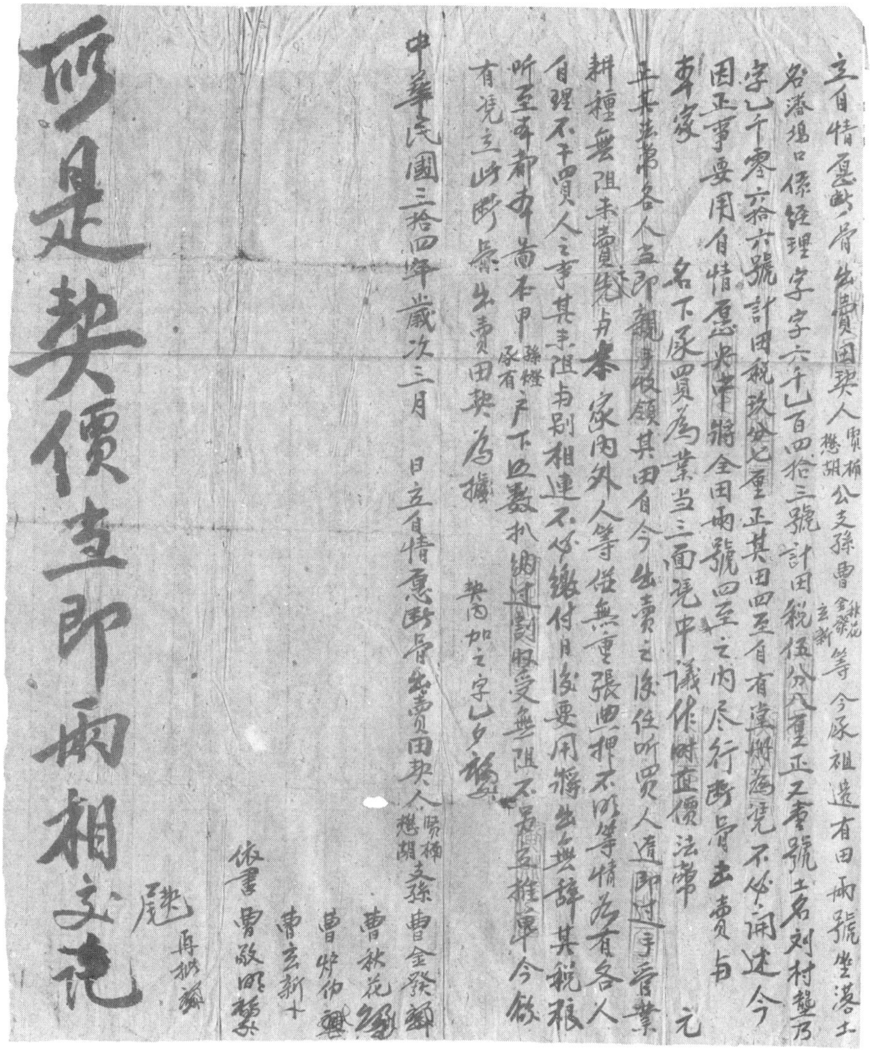

江湾镇晓容村113·民国三十四年·断骨出卖田契·贤楠、懋胡公支孙曹秋花等卖与本家□

八都一啚十甲開擬户推付
乃字叁千四百弍拾叁號 土名嶺頭 計田稅柒分壹厘正
扒与本啚八甲添有户收受
民國叁拾五年歲次丙戌四月日立 繕書曹 照契發簽
推磨入册
不必面会

江湾镇晓容村 21 · 民国三十五年 · 推单 · 开擬户推与添有户

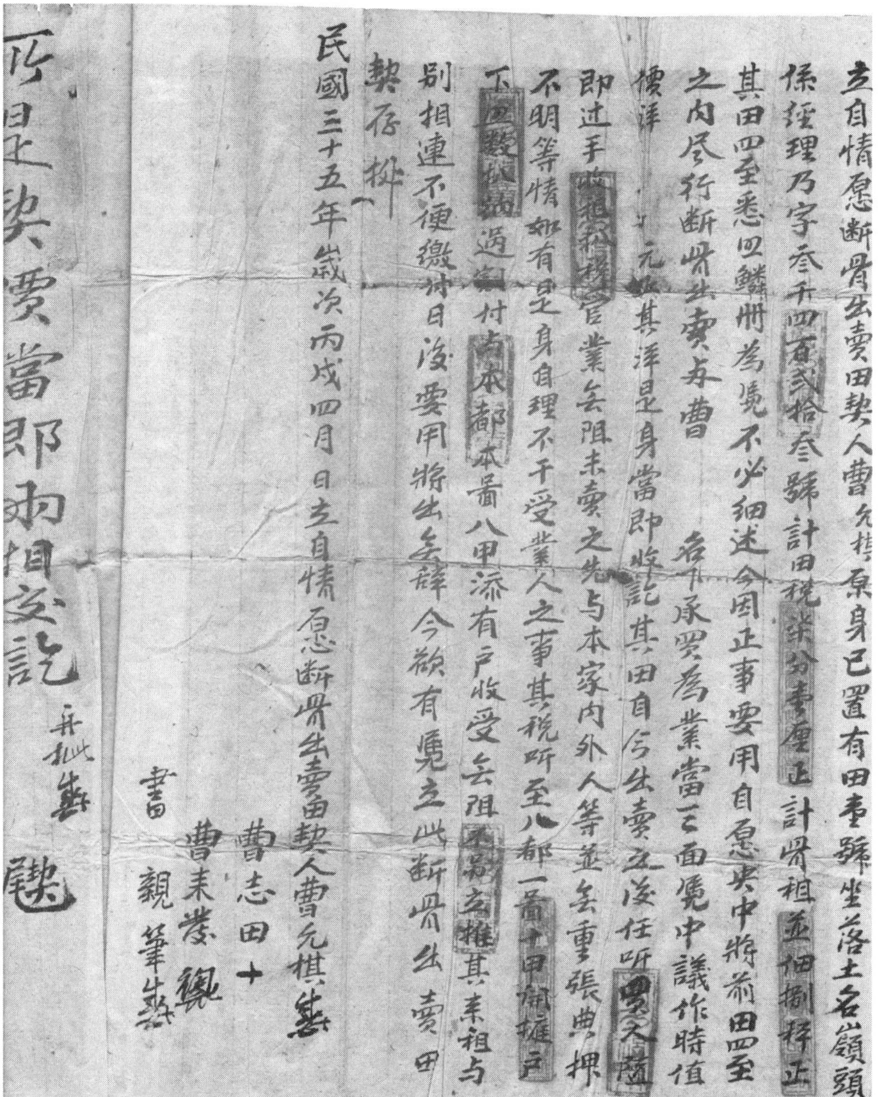

立自情愿断骨出賣田契人曹允棋原身已置有田壹號坐落土名嶺頭
係經理乃字叁千四百弍拾叁號計田稅柒分壹厘正計骨租並佃捌秤正
其田四至悉照鱗册為凭不必细述今因正事要用自愿央中將前田四至
之内尽行断骨出賣与曹　名下承買為業當三面凭中議作時值
價洋　元其洋是身當即收訖其田自今出賣之後任听買人随
即过手收租拾税管業无阻未賣之先与本家内外人等並无重張典押
不明等情如有是身自理不干受業人之事其稅听至八都一啚十甲曹[illegible]户
下回數扒過[illegible]村啚本都本啚八甲添有户收受无阻不另立推其來祖与
别相連不便繳付日後要用將出无辞今欲有凭立此断骨出賣田
契存拵
民國三十五年歲次丙戌四月　日立自情愿断骨出賣田契人曹允棋（押）
曹志田十
曹来發（押）
書　親筆（押）
所買契價當即兩相交訖（押）

江湾镇晓容村 115 · 民国三十五年 · 断骨出卖田契 · 曹允棋卖与曹☑

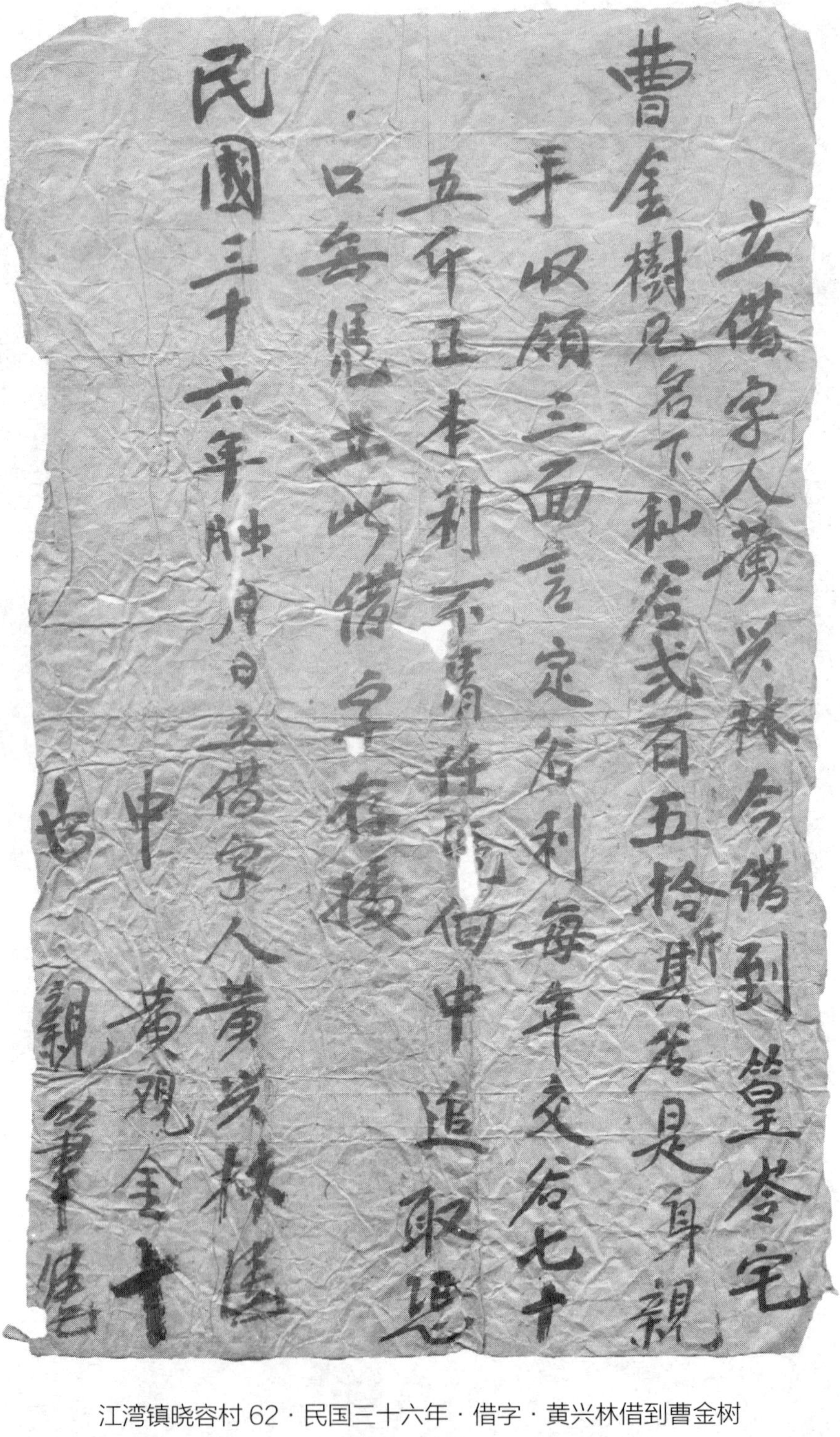

立借字人黄兴林今借到管皇岑宅
曹金樹兄名下私谷弍百五拾斤，其谷是身親
手收領，三面言定，谷利每年交谷七十
五斤正，本利不清，任從中追取。恐
口無凭，立此借字存據。
民國三十六年陸月日立借字人黄兴林凭
中　黄觀金　十
书　親筆凭

江湾镇晓容村 62 · 民国三十六年 · 借字 · 黄兴林借到曹金树

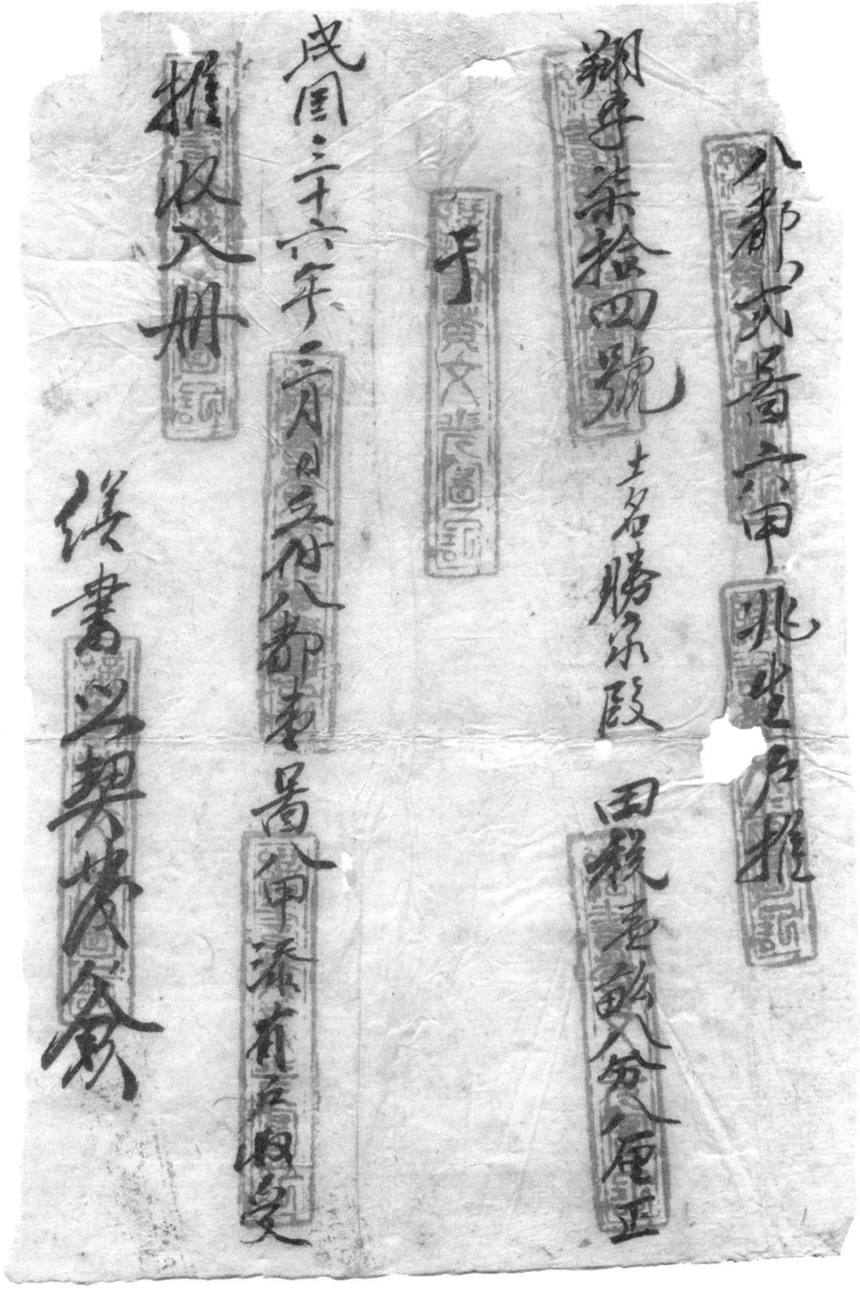

八都弍啚一甲兆生戶推

翔字柒拾四號　土名勝家段　田税壱畝八分八厘正

于

民國三十六年二月　日立付八都壹啚八甲添有戶收受

推收入冊

經書以契興僉

江湾镇晓容村 70 · 民国三十六年 · 推单 · 兆生户推与添有户

立自情愿断骨出卖椔子树字人汪芬林承母囱分遗有椔子树壹百坐落土名鸟见坑母旁上椔子树壹塊又壹塊坐落土名梢柴子上至大路下至田左至细里椔子树山右至路文壹塊坐落土名梢柴子上至大路下至田左至坐劝山[?]至细里椔子树山共計椔子树貳塊今因正業事[?]用自情愿托中將椔子树壹並在内尽行断骨出卖与曹金樹名下承買為業凭中三面言定時值邉八貳百六拾元正其价是身當頭收訖自今出卖之後任聽買人隨便手壹葉業無阻未卖之先不体像内外人等並無重張曲禊不明等情知有是身身理不愛買人立事今有憑立此断骨出卖椔子树字為據

民國叁拾六年冬月日立出賣椔子树字人汪芬林[押]
内加夫字[?]夹大然郎字乙箇憑
中 曹灶喜十
書觀筆[押]

所是契價當卽兩租交訖 再批[押]

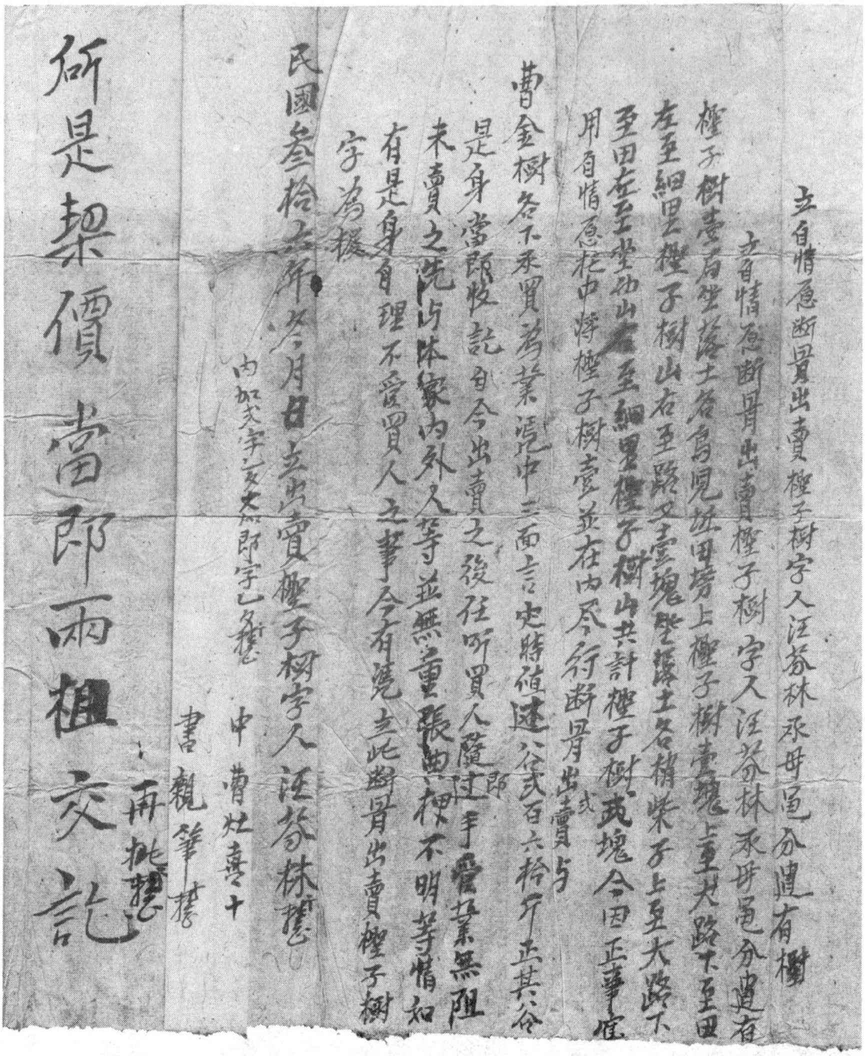

立有愿断骨出卖人黄观金全弟黄兴林像身承祖遗有田壹处坐落土名滕家殷係住理期字七十四讲田税壹硕八厘正计骨租壹回其次我稍正其田四至照鳞册為俛不以但述今田正手應用自情愿将前田四至之内足行断骨出卖与堇峇宅曹名下承买為業当三面惡中言定時値價法幣是身吉卽仝中領訖其田自今出卖之後任凴買人隨卽過手收租管業毋阻未賣文先与本家内外人等益各重張典押不明等情子有是身自現不干買人之事其来祖与別相迋不便徼付日後要用將出吞辯其税
劃付与本都壹萬八
出賣田契存據

民國三十六年歲次丁亥三月日立自情愿断骨出賣田契人黄觀金十
　　　　　　　　　　　胞弟　黃興林匡
　　　　　　　　　　　胞姪　黃漆寶上
　　　　　　　　　　　媒　　李凡壽佥
　　　　　　　　　　　見中　黃牡香舊
　　　　　　　　　　　　　　曹安正十
　　　　　　　　　　　代書　黃六林匡

可是契價當卽兩相交訖　再批佲

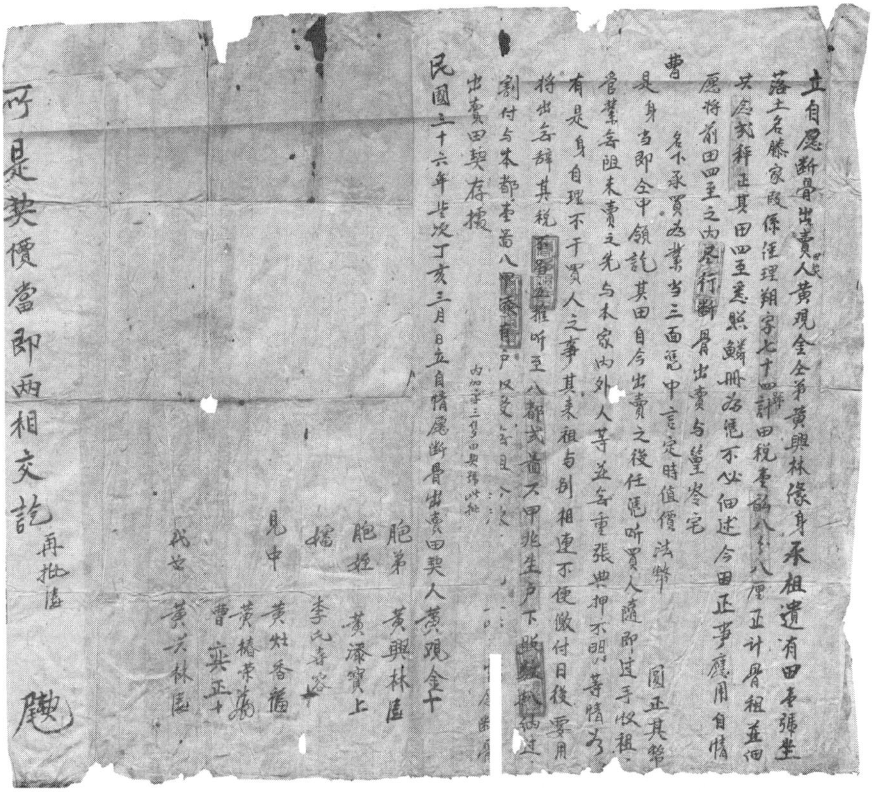

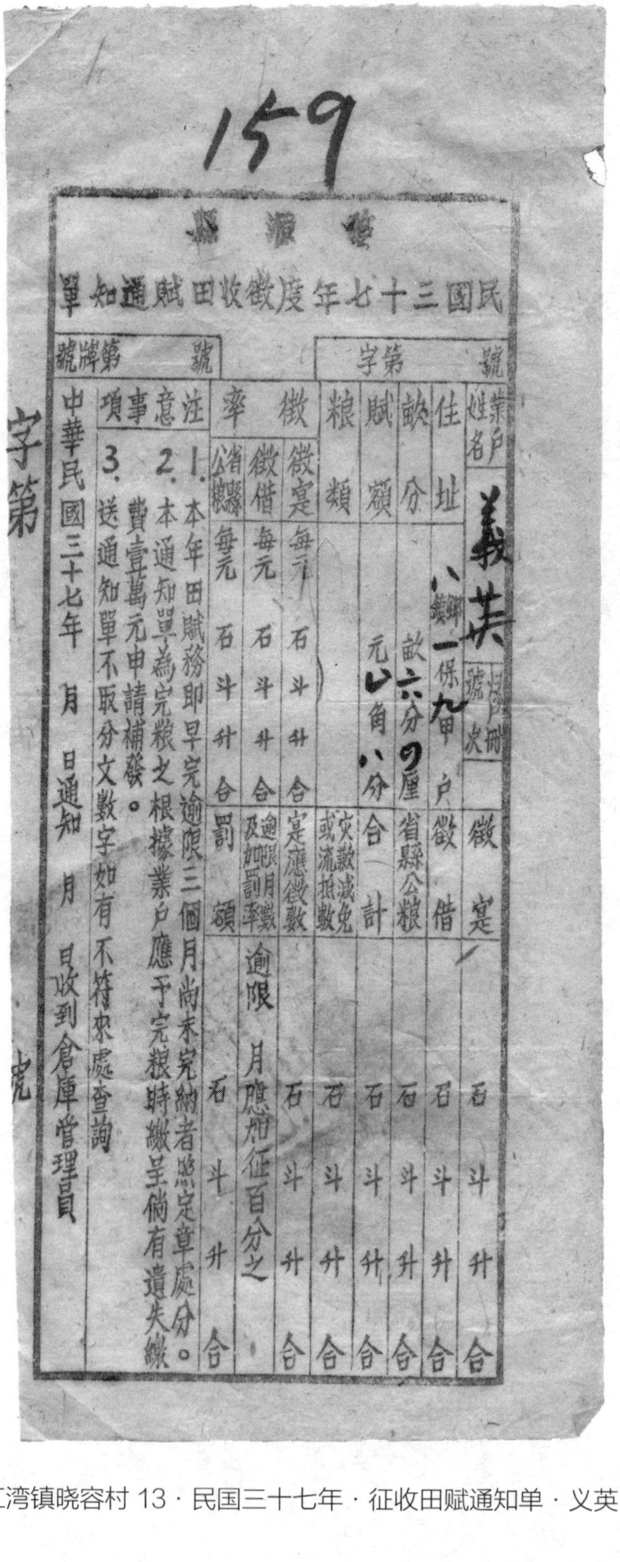

159

民國三十七年度徵收田賦通知單

字第 號　　牌第 號

業戶姓名：義英

冊次 號次

住址：八鄉一保九甲戶

畝分：畝六分四厘

賦額：元四角八分

糧類

徵實：每元 石 斗 升 合

徵借：每元 石 斗 升 合

省縣公糧：每元 石 斗 升 合

徵實 石 斗 升 合

徵借 石 斗 升 合

省縣公糧 石 斗 升 合

合計 石 斗 升 合

災歉減免或流抵數 石 斗 升 合

實應徵數 石 斗 升 合

逾限月數及加罰率：逾限 月應加征百分之

罰額 石 斗 升 合

注意事項：

1. 本年田賦務即早完，逾限三個月尚未完納者照定章處分。

2. 本通知單為完糧之根據，業戶應于完糧時繳呈，倘有遺失，繳費壹萬元申請補發。

3. 送通知單不取分文，數字如有不符來處查詢。

中華民國三十七年 月 日通知 月 日收到倉庫管理員

字第 號

江湾镇晓容村 13 · 民国三十七年 · 征收田赋通知单 · 义英

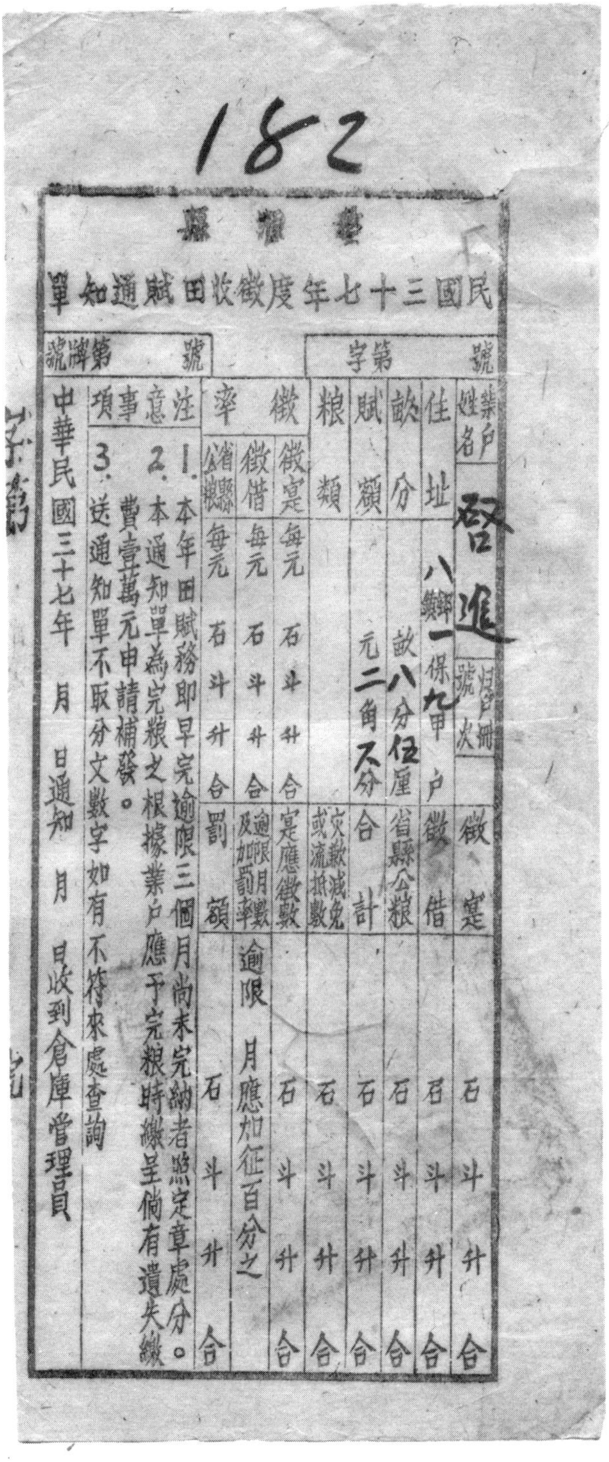

182

臺山縣

民國三十七年度徵收田賦通知單

字第　號　　廠第　號

業戶姓名	啓進		
住址	八鄉鎮一保九甲戶	業戶冊號次	
畝分	八畝八分伍厘	徵實	石　斗　升　合
賦額	二元二角不分	徵借	石　斗　升　合
糧類		省縣公糧	石　斗　升　合
徵率 徵實	每元　石　斗　升　合	合計	石　斗　升　合
徵率 徵借	每元　石　斗　升　合	災歉減免或流抵數	石　斗　升　合
徵率 省縣公糧	每元　石　斗　升　合	實應徵數	石　斗　升　合
		逾限月數及加罰率	逾限　月應加征百分之
		罰額	石　斗　升　合

注意事項

1. 本年田賦務即早完逾限三個月尚未完納者照定章處分。
2. 本通知單為完糧之根據業戶應于完糧時繳呈倘有遺失繳費壹萬元申請補發。
3. 送通知單不取分文數字如有不符來處查詢

中華民國三十七年　月　日通知　月　日收到倉庫管理員

江湾镇晓容村 14 · 民国三十七年 · 征收田赋通知单 · 启进

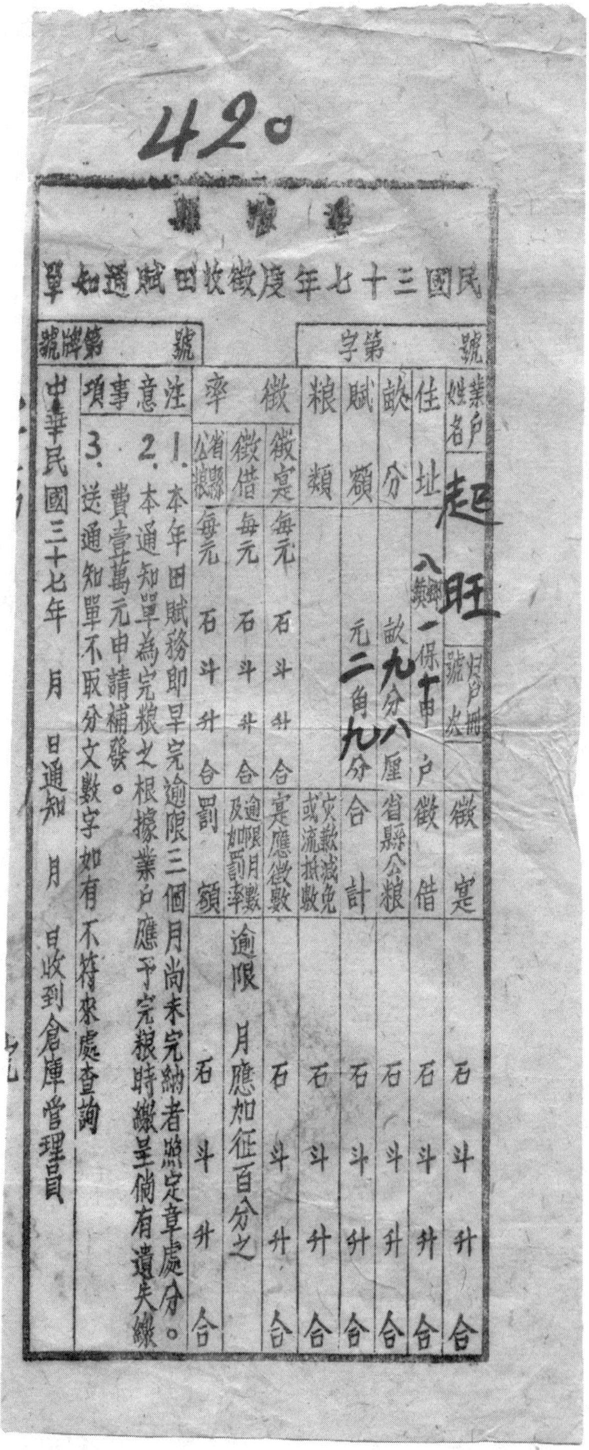

420

民國三十七年度徵收田賦通知單

字第　　號　　　號牌第　　號

項目	內容
業戶姓名	起旺
住址	八[illegible]鄉一保十甲　戶冊號次
畝分	畝九分八厘
賦額	元二角九分
糧類	
徵率：徵實	每元　石　斗　升　合
徵率：徵借	每元　石　斗　升　合
徵率：省縣公糧	每元　石　斗　升　合
徵實	石　斗　升　合
徵借	石　斗　升　合
省縣公糧	石　斗　升　合
合計	石　斗　升　合
災歉減免或流抵數	石　斗　升　合
實應徵數	石　斗　升　合
逾限月數及加罰率	逾限　月應加征百分之
罰額	石　斗　升　合

注意事項

1. 本年田賦務即早完逾限三個月尚未完納者照定章處分。
2. 本通知單為完糧之根據業戶應予完糧時繳呈倘有遺失繳費壹萬元申請補發。
3. 送通知單不取分文數字如有不符來處查詢

中華民國三十七年　月　日通知　　月　日收到倉庫管理員

江湾镇晓容村 19 · 民国三十七年 · 征收田赋通知单 · 起旺

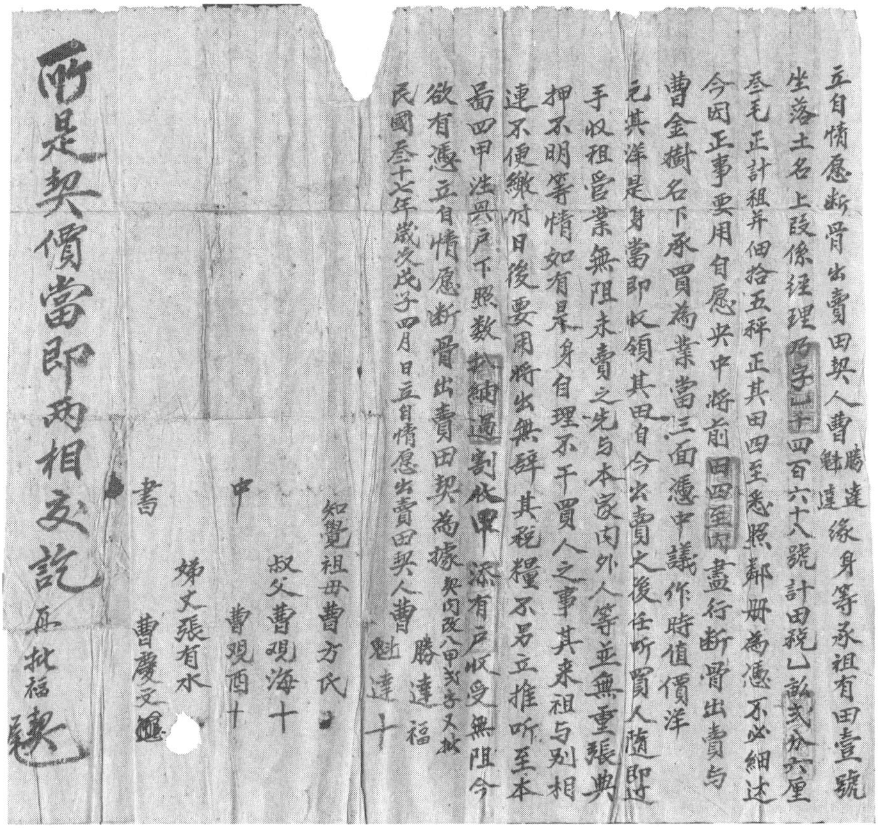

立自情愿断骨出賣田契人曹勝達、魁達，緣身等承祖有田壹號，坐落土名上段，係經理石字二千四百六十八號，計田税山畝弍分六厘叁毛正，計租并佃拾五秤正。其田四至悉照鄰冊為憑，不必細述。今因正事要用，自愿央中将前田四至內盡行断骨出賣与曹金樹名下承買為業。當三面憑中議作時值價洋元，其洋是身當即收領。其田自今出賣之後，任听買人隨即過手收租管業無阻。未賣之先与本家內外人等並無重張典押不明等情，如有是身自理，不干買人之事。其来祖与別相連，不便繳付，日後要用，將出無辞。其税糧不易立推，听至本啚四甲浩興戶下照数扒納過割，收單添有戶收受無阻。今欲有憑，立自情愿断骨出賣田契為據。契內改八甲弍字又批

民國叁十七年歲次戊子四月日立自情愿出賣田契人曹勝達 福

魁達 十

知覺祖母曹方氏

中 叔父曹观海 十

曹观酉 十

書 姊丈張有水

曹慶文

所是契價當即兩相交訖 再批 福

江湾镇晓容村 117 · 民国三十七年 · 断骨出卖田契 ·

曹胜达、曹魁达卖与曹金树

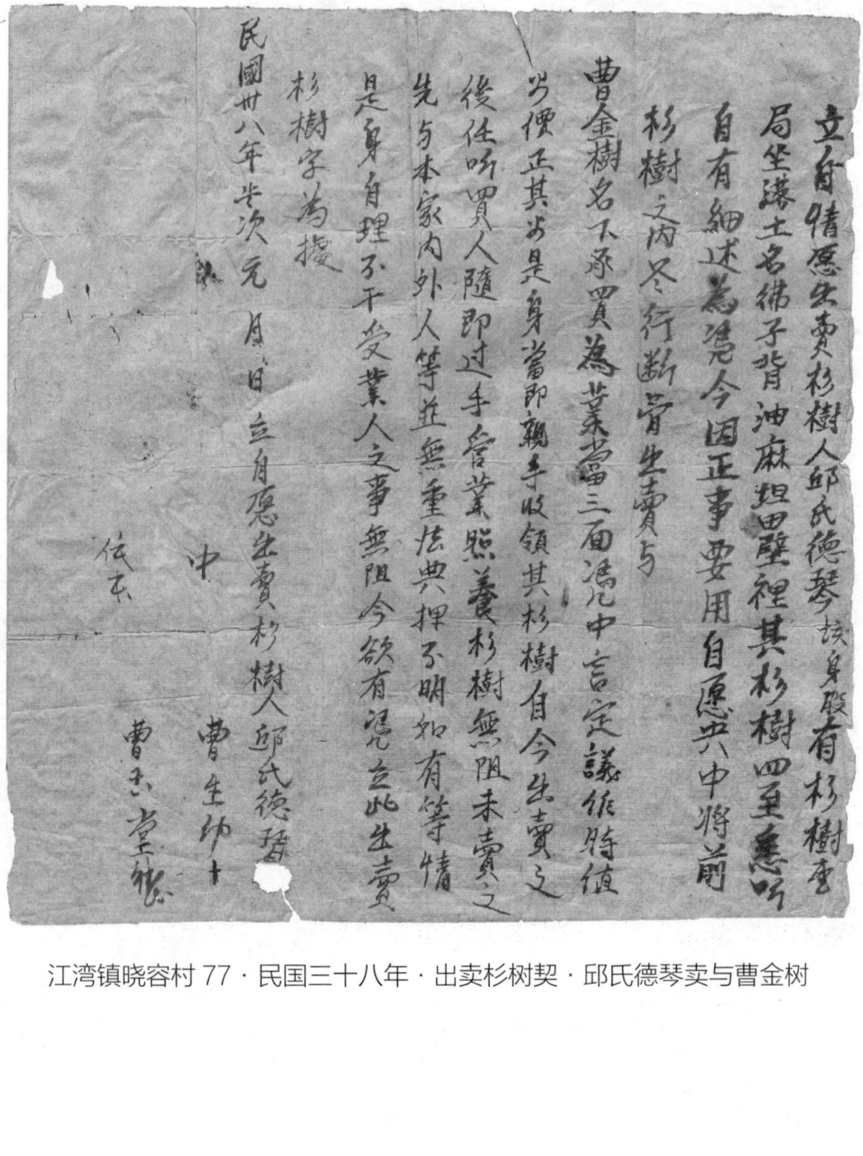

立自情愿出卖杉樹人邱氏德琴該身股有杉樹壹
局坐落土名佛子背油麻坦田壁裡其杉樹四至悉聽
自有細述為憑今因正事要用自愿出八中將前
杉樹之内尽行斷骨出賣与
曹金樹名下承買為業當三面憑八中言定議作時值
价便正其价是身當即親手收領其杉樹自今出賣之
後任听買人隨即过手管業照養杉樹無阻未賣之
先与本家内外人等並無重張典押不明如有等情
是身自理不干受業人之事無阻今欲有憑立此出賣
杉樹字為據
民國卅八年岁次元月　日　立自愿出賣杉樹人邱氏德琴
中　曹生帅十
依书　曹志堂筆

江湾镇晓容村 77 · 民国三十八年 · 出卖杉树契 · 邱氏德琴卖与曹金树

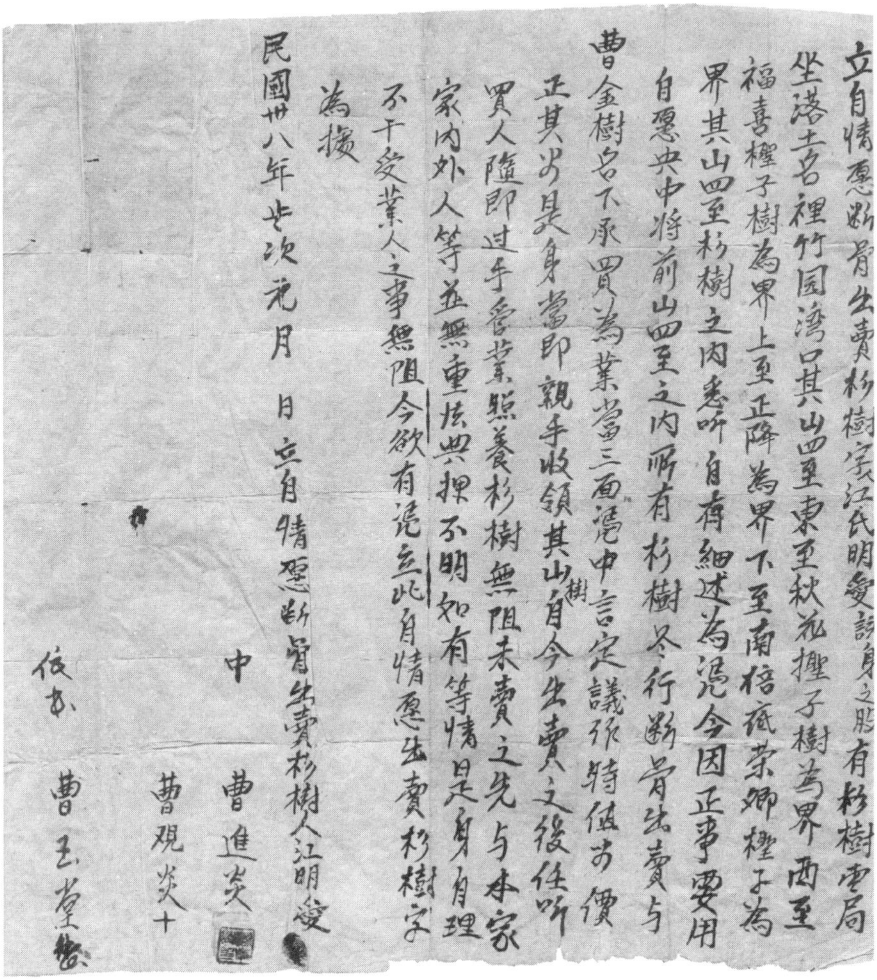
立自情愿断骨出賣杉樹字人江氏明愛，該身之股有杉樹壹局
坐落土名裡竹園湾口，其山四至：東至秋花樫子樹為界，西至
福喜樫子樹為界，上至正降為界，下至南稿荣卿樫子為
界，其山四至杉樹立内悉听自有細述為凭。今因正事要用，
自愿央中將前山四至之内所有杉樹尽行断骨出賣与
曹金樹名下承買為業。當三面憑中言定議作時價
正其價具身當即親手收領，其山樹自今出賣之後，任听
買人隨即过手管業照養杉樹無阻。未賣之先与本家
家内外人等並無重张典押不明。如有等情，是身自理，
不干受業人之事無阻。今欲有凭，立此自情愿出賣杉樹字
為據
民國卅八年廿次花月　日　立自情愿断骨出賣杉樹人江明愛
中　曹進炎　曹观炎十
依书　曹玉堂

江湾镇晓容村 78 · 民国三十八年 · 断骨出卖杉树字 · 江氏明爱卖与曹金树

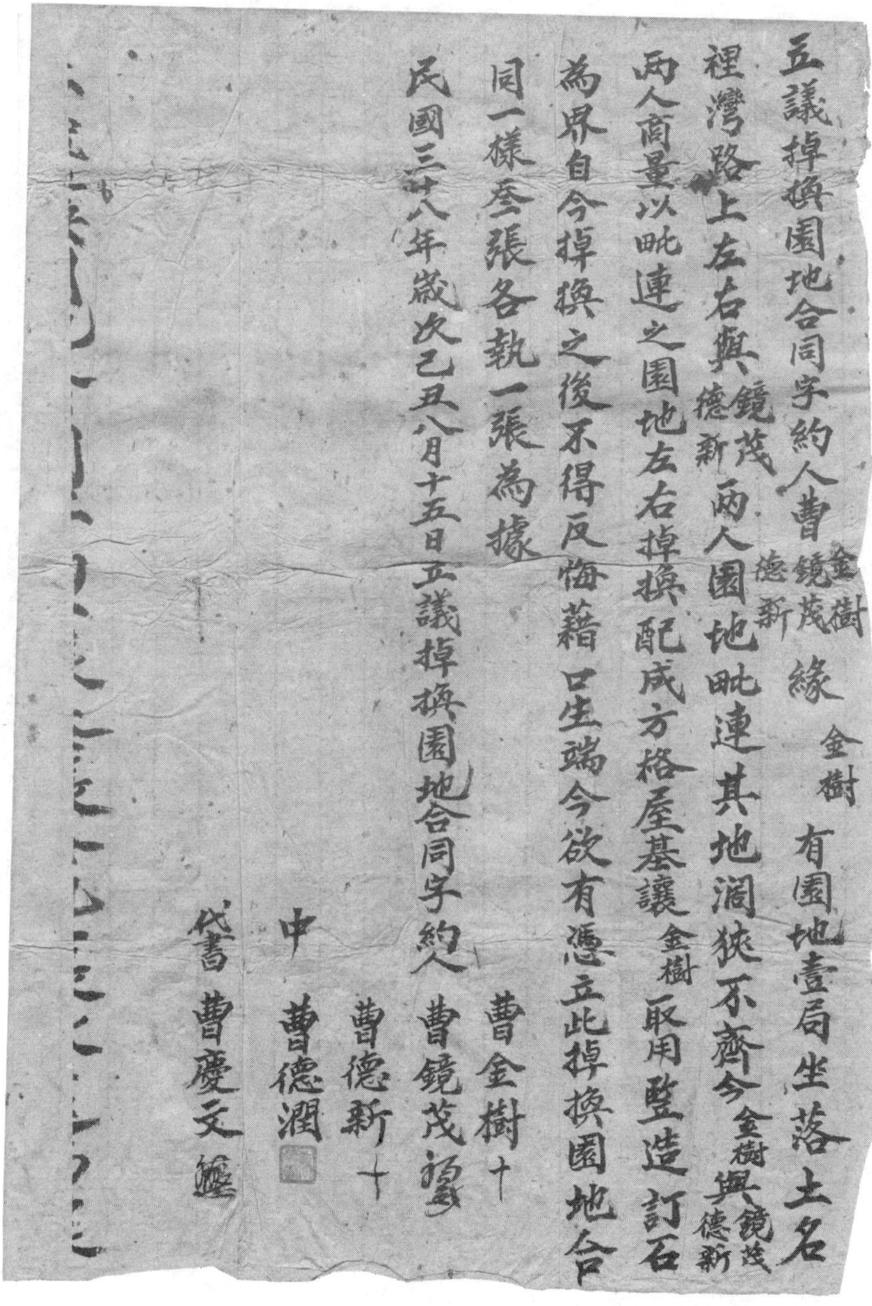

立議掉換園地合同字約人曹金樹鏡茂德新緣金樹有園地壹局坐落土名
裡灣路上左右與鏡茂德新兩人園地毗連其地濶狹不齊今金樹與鏡茂德新
兩人商量以毗連之園地左右掉換配成方格屋基讓金樹取用豎造訂石
為界自今掉換之後不得反悔藉口生端今欲有憑立此掉換園地合
同一樣叁張各執一張為據

民國三十八年歲次己丑八月十五日立議掉換園地合同字約人　曹金樹十
曹鏡茂
曹德新十

中　曹德潤

代書　曹慶文

江湾镇晓容村 112 · 民国三十八年 · 掉换园地合同字约 ·
曹金树换与曹镜茂、曹德新

一九五三年 十月 十五日

通知聯

業主曹根青坐地房屋憑証

費米共計□百卅拾柳行拾壹兩

卅 計算民幣陸萬五千三百廿元 名了

曉容鄉人民委員會主任

公元一九五三年

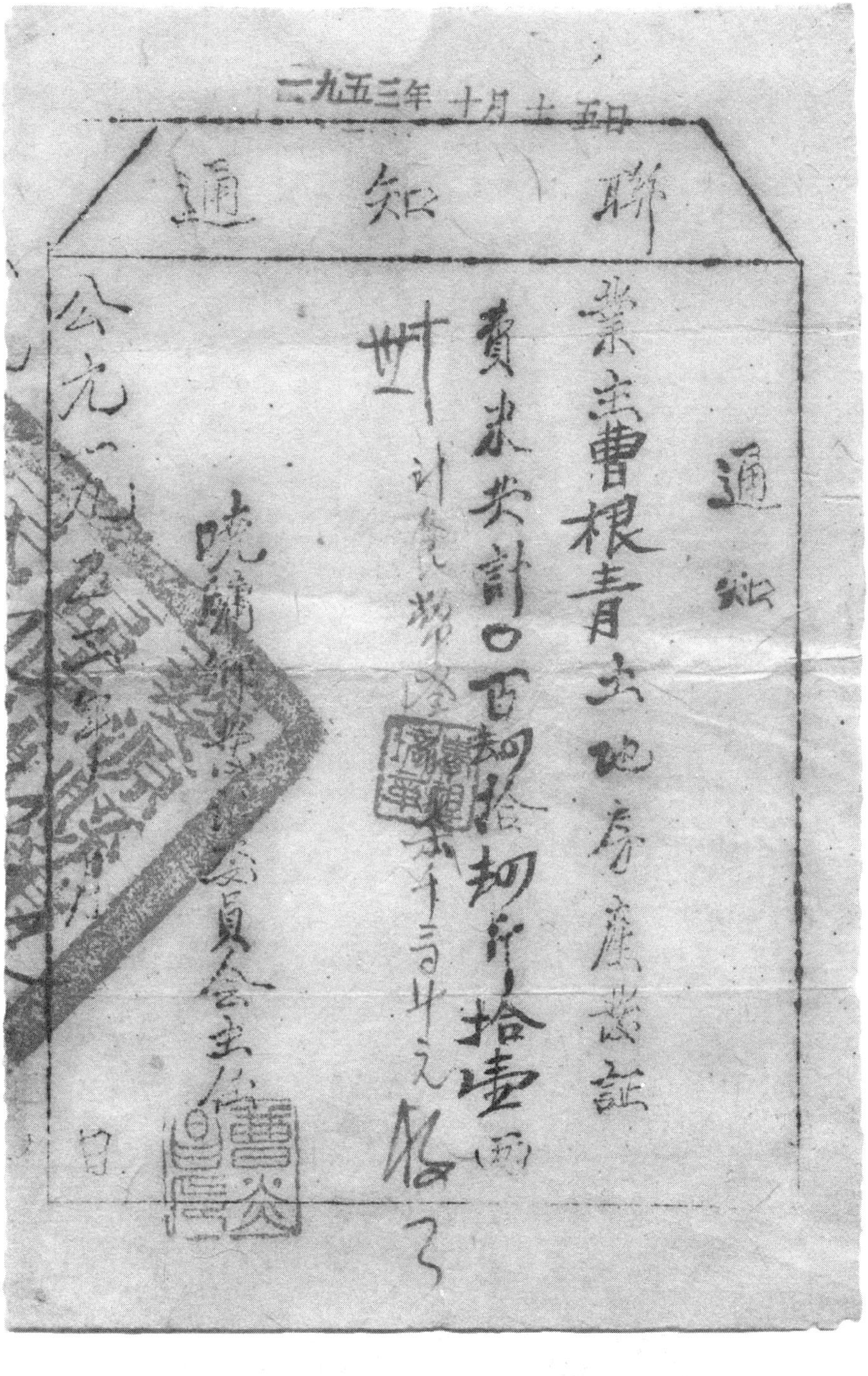

江湾镇晓容村 23·一九五三年·通知联·曹根青

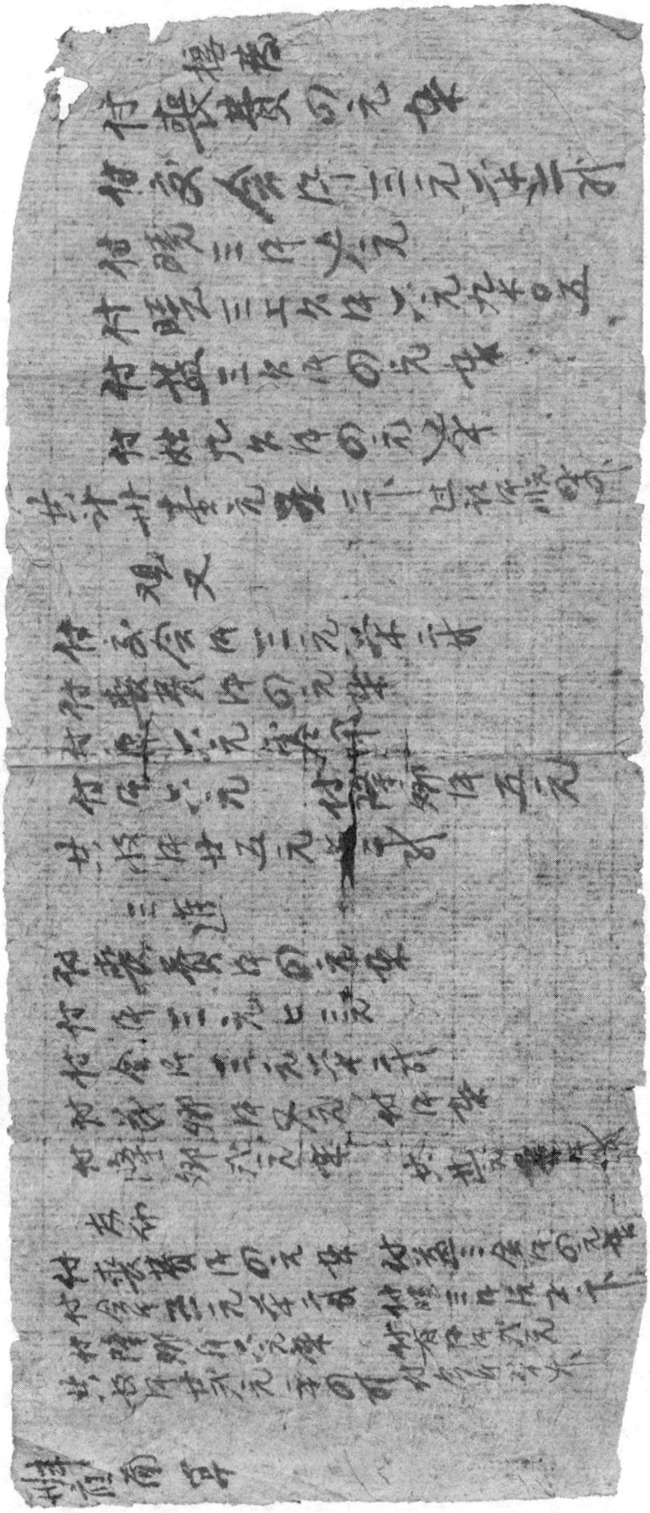

江湾镇晓容村 69 · 账单

江湾镇大潋村 1—47

江湾镇大潋村 1-1 · 雍正二年至乾隆五十二年 · 税粮实征册 · 世昌户

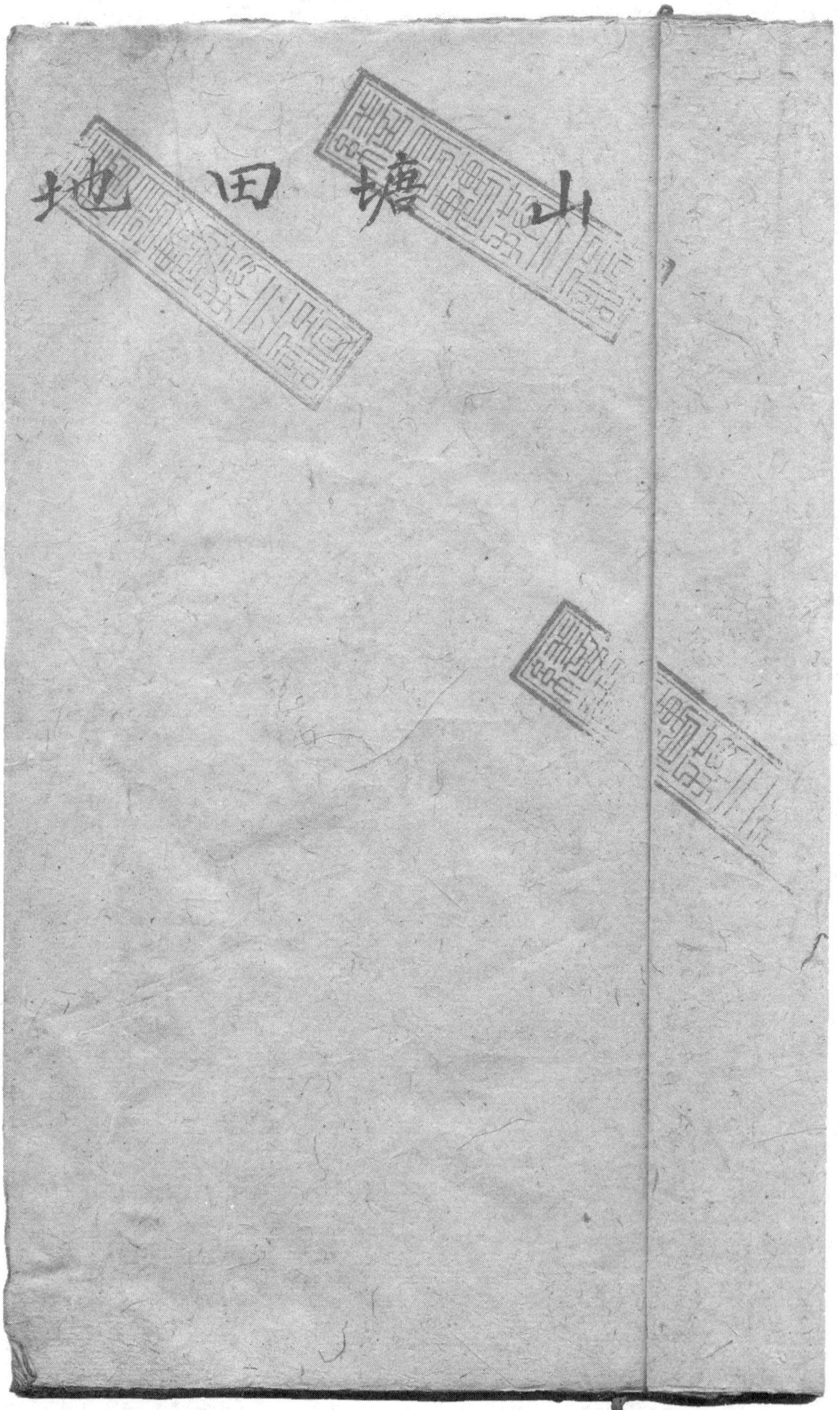

江湾镇大潋村 1–2 · 雍正二年至乾隆五十二年 · 税粮实征册 · 世昌户

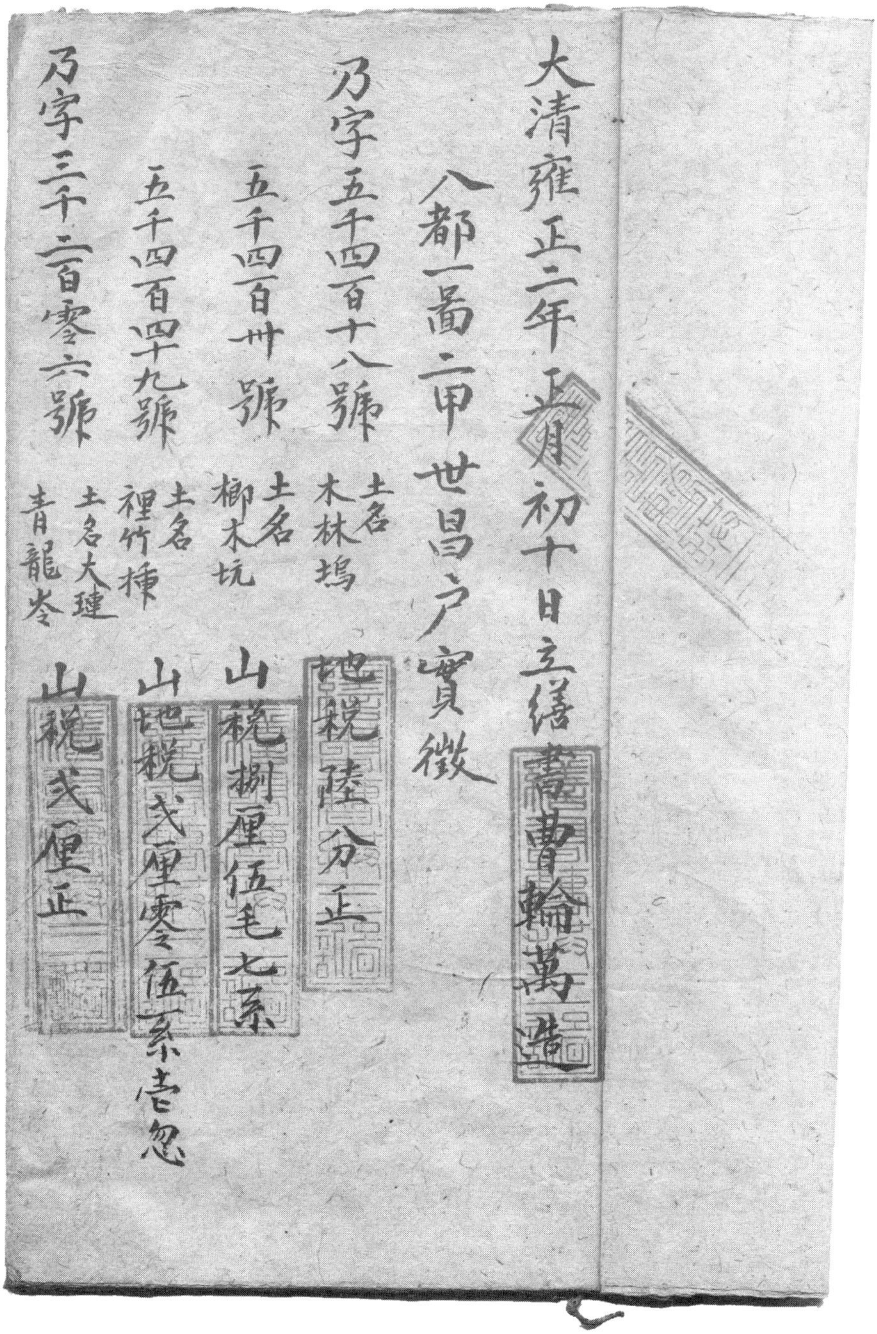

大清雍正二年正月初十日立繕書曹輪萬造
八都一啚二甲世昌户實徵
乃字五千四百十八號 土名木林塢 地稅陸分正
五千四百卌號 土名柳木坑 山稅捌厘伍毛七系
五千四百四十九號 土名裡竹棟 山地稅弍厘零伍系壹忽
乃字三千二百零六號 土名大塍 青龍岺 山稅弍厘正

江湾镇大潋村 1-3 · 雍正二年至乾隆五十二年 · 税粮实征册 · 世昌户

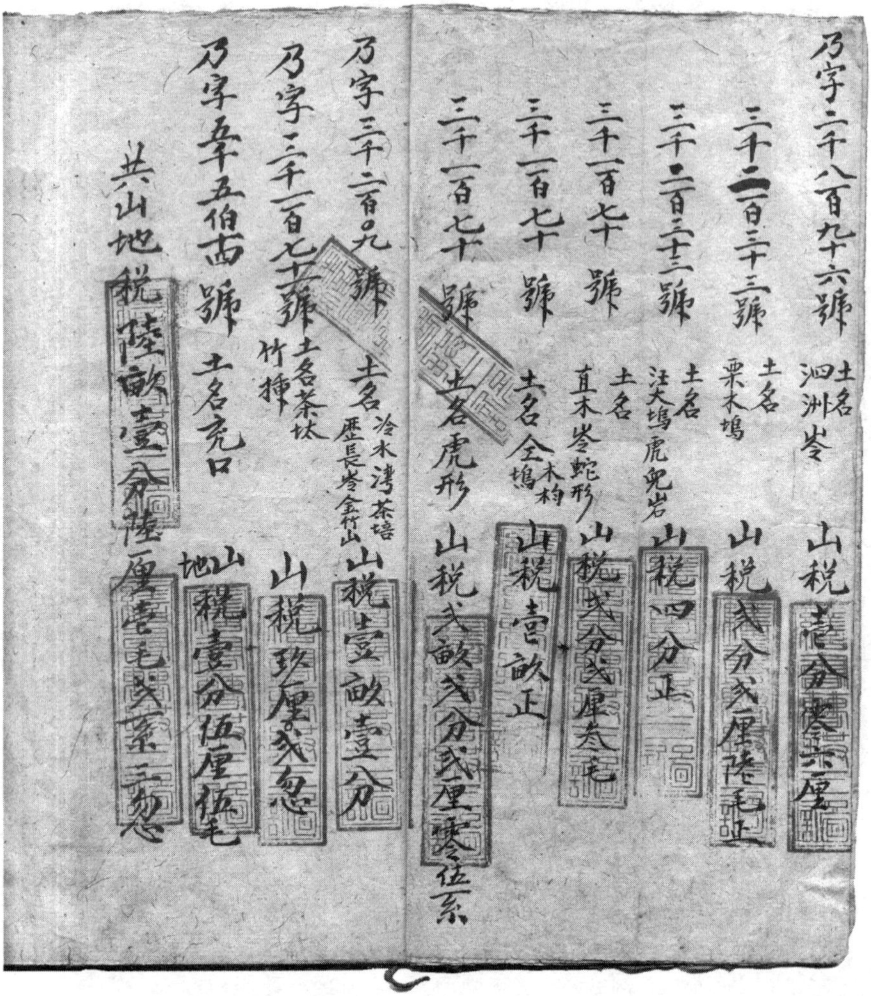
乃字二千八百九十六號 土名泗洲岺 山稅壹分零六釐
三千二百三十三號 土名栗木塢 山稅弍分弍釐陸毛正
三千二百三十三號 土名汪大塢虎兒岩 山稅四分正
三千一百七十號 土名直木岺蛇形 山稅弍分弍釐叁毛
三千一百七十號 土名全塢木杓 山稅壹畝正
三千一百七十號 土名虎形 山稅弍畝弍分弍釐零叁伍系
乃字三千二百○九號 土名冷水湾茶培 歷長岺金竹山 山稅壹畝壹分
乃字三千一百七十六號 土名茶垯竹揷 山稅玖釐弍忽
乃字五千五伯西號 土名充口 山地稅壹分伍釐伍毛
共山地稅陸畝壹分陸釐壹毛弍系三忽

江湾镇大溆村 1-4 · 雍正二年至乾隆五十二年 · 税粮实征册 · 世昌户

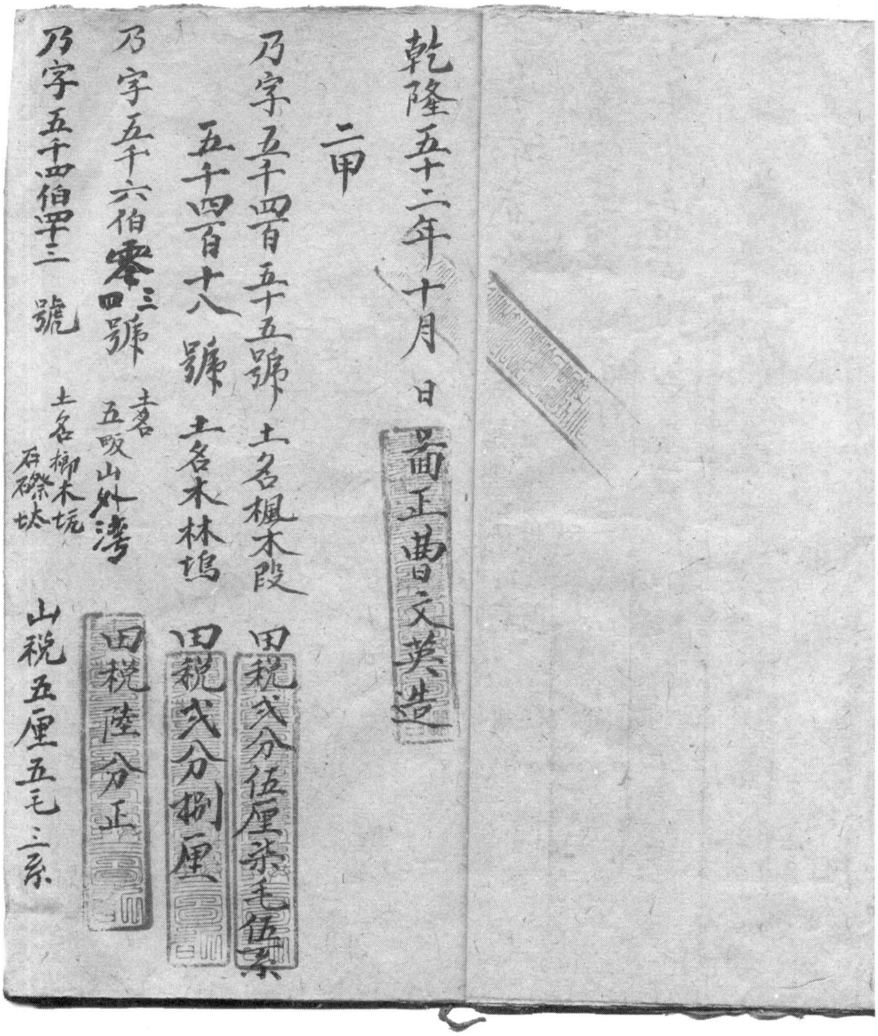
乾隆五十二年十月　日　冊正曹文英造

二甲

乃字五千四百五十五號　土名楓木段　田稅弍分伍厘柒毛伍系

五千四百十八號　土名木林塢　田稅弍分捌厘

乃字五千六伯零三四號　土名五吸山外灣　田稅陸分正

乃字五千四伯四十三號　土名柳木坑石磜坦　山稅五厘五毛三系

江湾镇大潋村 1-5 · 雍正二年至乾隆五十二年 · 税粮实征册 · 世昌户

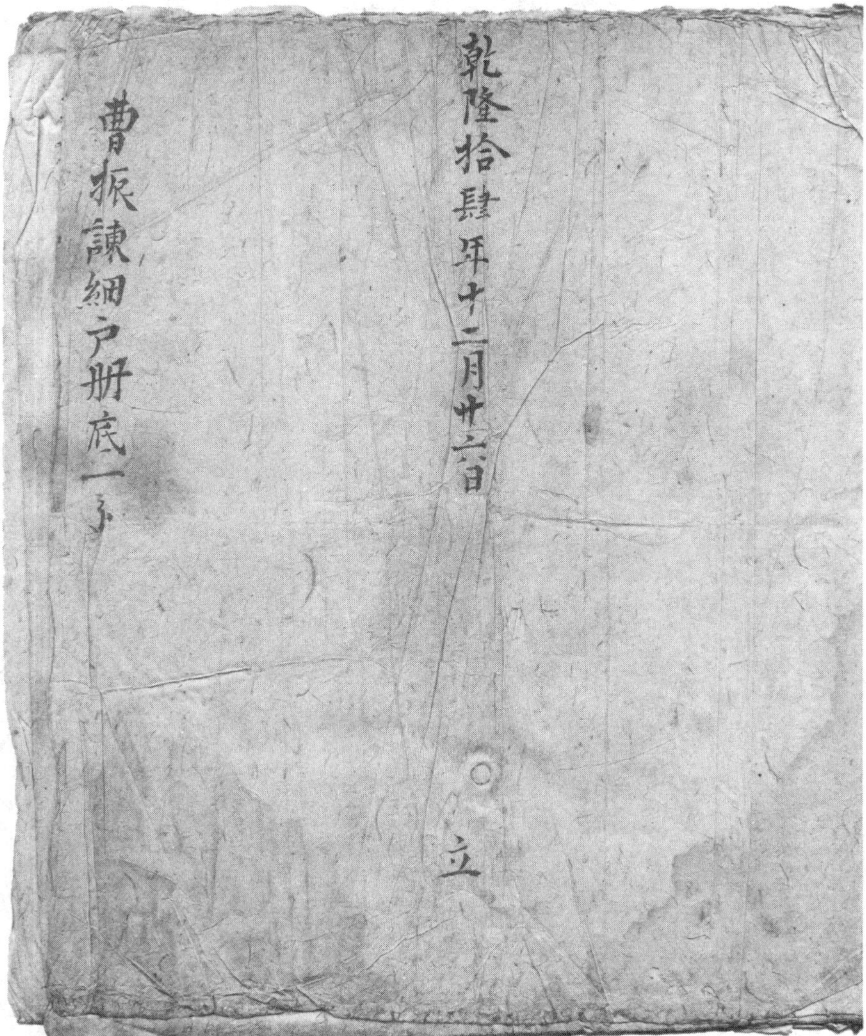

江湾镇大潋村 8-1 · 乾隆十四年 · 税粮实征册 · 曹振谏细户

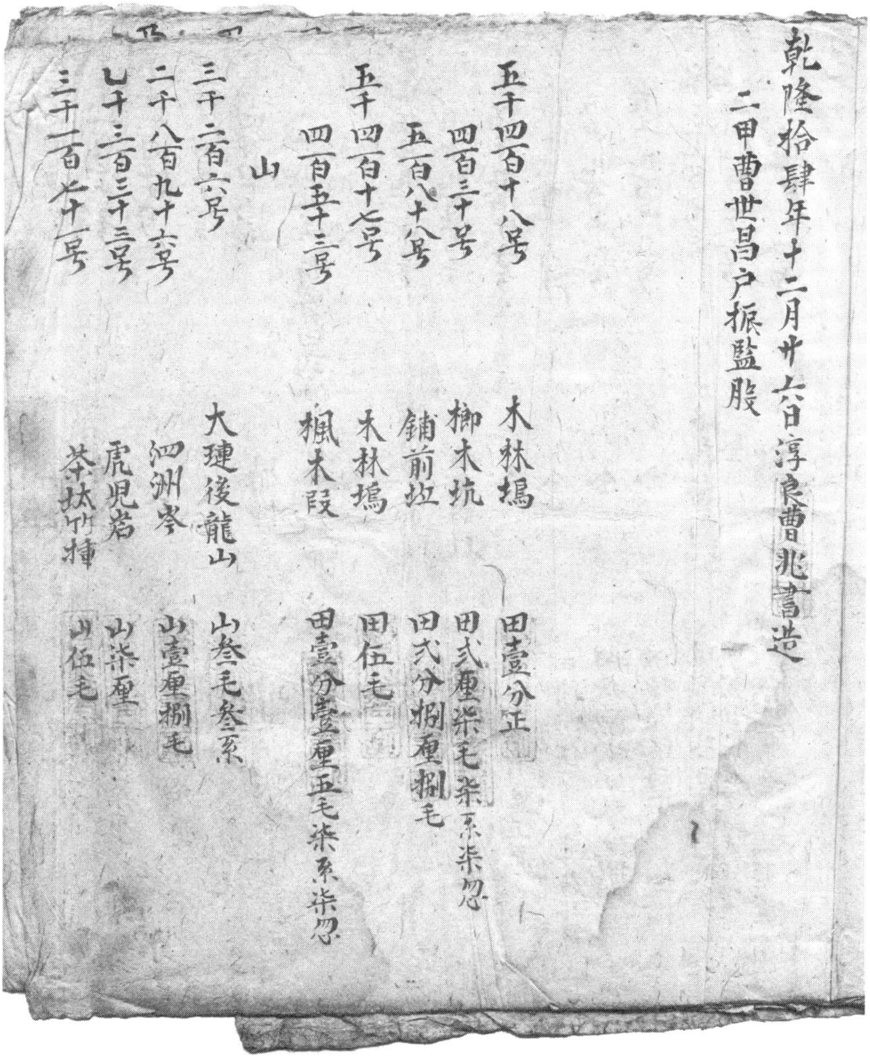

乾隆拾肆年十二月廿六日淳良曹兆書造

二甲曹世昌户振監股

五千四百十八号 木林塢 田壹分正

四百三十号 柳木坑 田弍厘柒毛柒系柒忽

五百八十八号 鋪前坵 田弍分捌厘捌毛

五千四百十七号 木林塢 田伍毛

四百五十三号 楓木段 田壹分壹厘五毛柒系柒忽

山

三千二百六号 大塘後龍山 山叁毛叁系

二千八百九十六号 泗洲岑 山壹厘捌毛

七千三百三十三号 虎兕岩 山柒厘

三千一百七十号 茶妹竹棟 山伍毛

江湾镇大潋村 8-2 · 乾隆十四年 · 税粮实征册 · 曹振谏细户

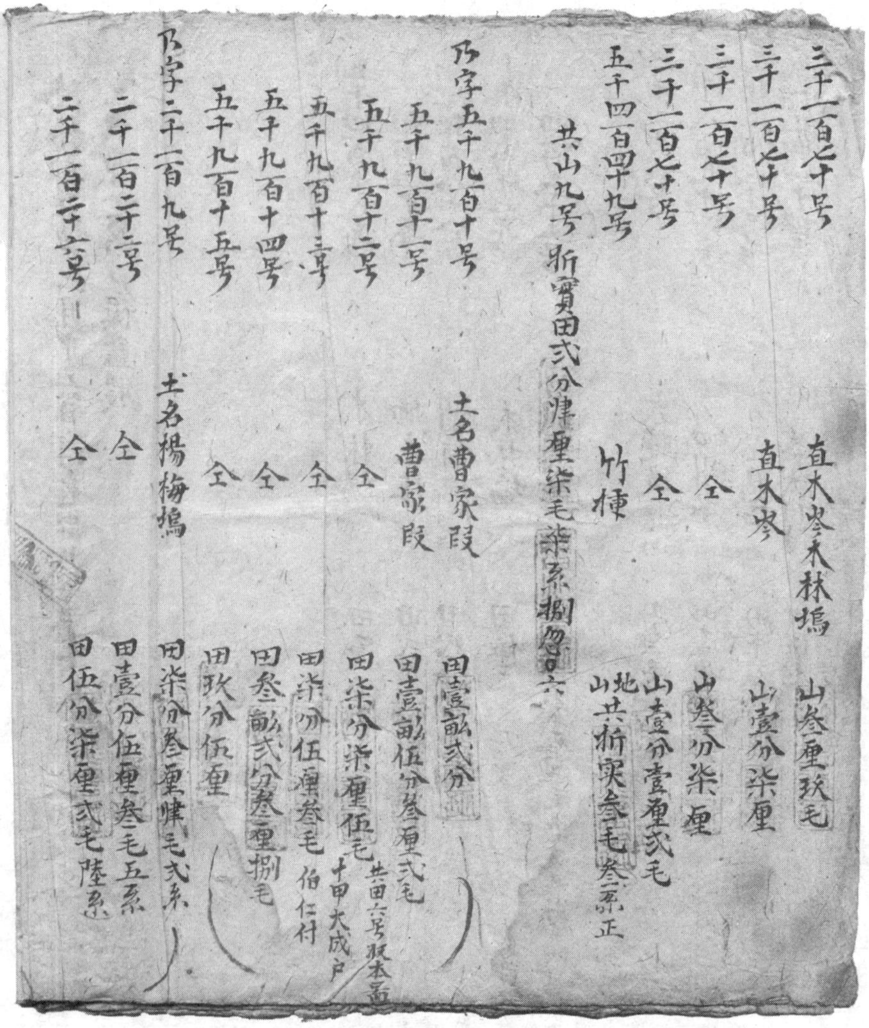
三千一百七十号 直木岑木林塢 山叁厘玖毛
三千一百七十号 直木岑 山壹分柒厘
三千一百七十号 仝 山叁分柒厘
三千一百七十号 仝 山壹分壹厘弍毛
五千四百四十九号 竹棟 地山共折实叁毛叁系正
共山九号 折實田弍分肆厘柒毛柒系捌忽[illegible]六
乃字五千九百十号 土名曹家段 田壹畝弍分
五千九百十一号 曹家段 田壹畝伍分叁厘弍毛
五千九百十二号 仝 田柒分柒厘伍毛 共田六号収本畐
十甲大成户
五千九百十三号 仝 田柒分伍厘叁毛 佰仁付
五千九百十四号 仝 田叁畝弍分叁厘捌毛
五千九百十五号 仝 田玖分伍厘
乃字二千一百九号 土名楊梅塢 田柒分叁厘肆毛弍系
二千一百二十二号 仝 田壹分伍厘叁毛五系
二千一百二十六号 仝 田伍分柒厘弍毛陸系

江湾镇大潋村 8-3 · 乾隆十四年 · 税粮实征册 · 曹振谏细户

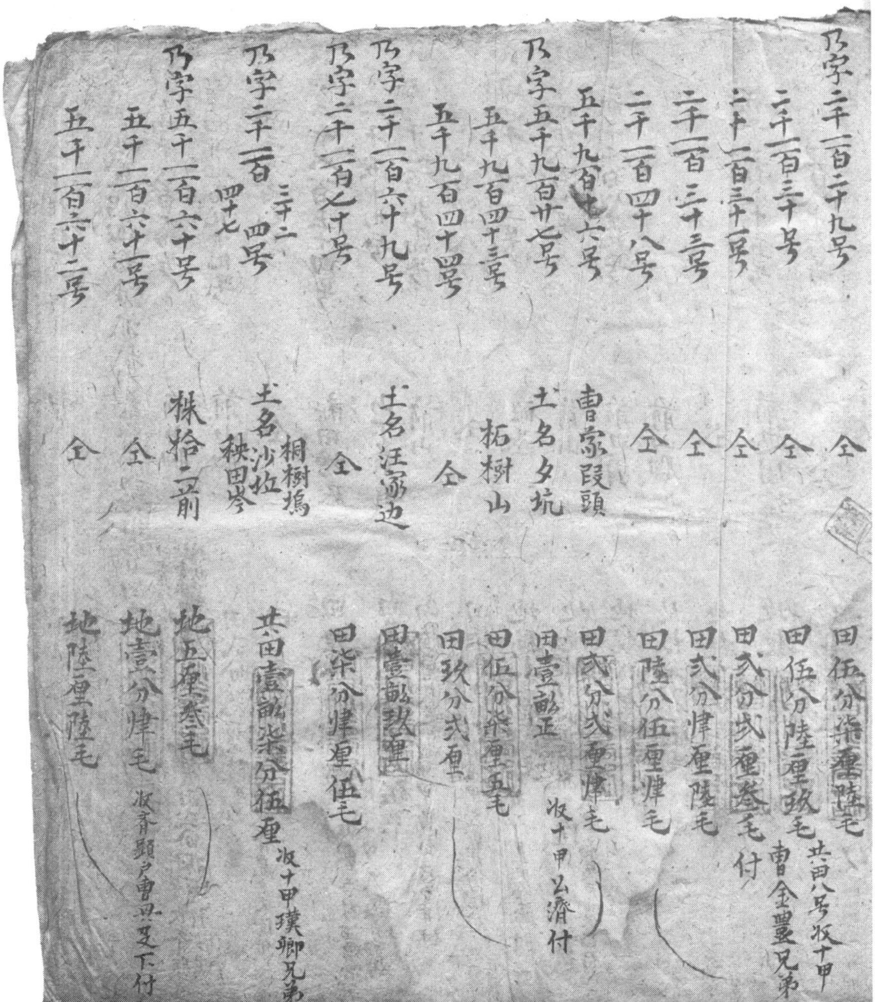
乃字二千一百二十九号　仝　田伍分柒厘陆毛
二千一百三十号　仝　田伍分陆厘玖毛　共田八号收十甲曹金豐兄弟
二千一百三十一号　仝　田贰分贰厘叁毛付
二千一百三十二号　仝　田贰分肆厘陆毛
二千一百四十八号　仝　田陆分伍厘肆毛
五千九百廿六号　曹家段頭　田贰分贰厘肆毛　收十甲亾濟付
乃字五千九百廿七号　土名夕坑　田壹畝正
五千九百四十三号　柘樹山　田伍分柒厘五毛
五千九百四十四号　仝　田玖分贰厘
乃字二千一百六十九号　土名汪家边　田壹畝玖厘
乃字二千一百七十号　仝　田柒分肆厘伍毛
乃字二千一百三十二 四十七 四号　土名沙坵 桐樹塢 秧田岑　共田壹畝柒分伍厘　收十甲璞卿兄弟
乃字五千一百六十号　株榆二前　地五厘叁毛
五千一百六十一号　仝　地壹分肆毛　收齐顯户曹丹叉下付
五千一百六十二号　仝　地陆厘陆毛

江湾镇大潋村 8-4 · 乾隆十四年 · 税粮实征册 · 曹振谏细户

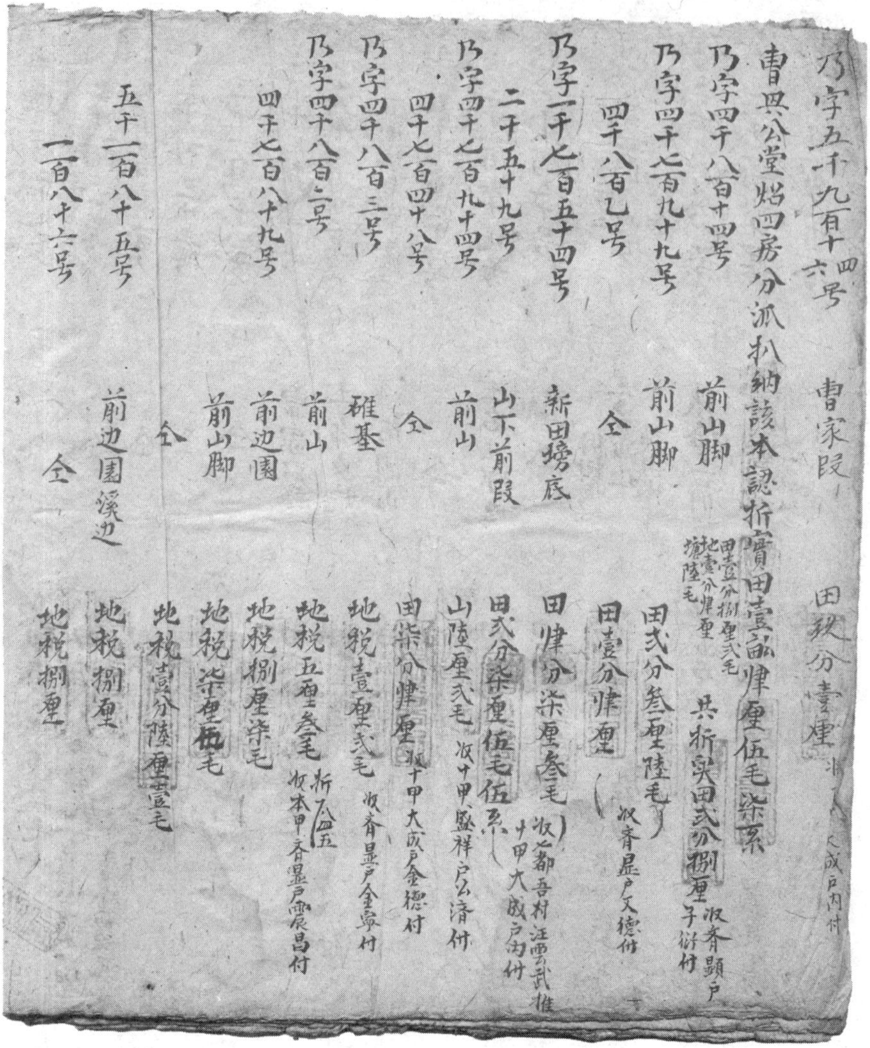

乃字五千九百十四号　曹家段　田玖分壹厘　大成户内付

曹興公堂炤四房分派扒纳該本認折實田壹畝肆厘伍毛柒系

乃字四千八百十四号　前山脚　田壹分捌厘弍毛　地壹分肆厘　塘陸毛　共折实田弍分捌厘　收脊顕户子衍付

乃字四千七百九十九号　前山脚　田弍分叁厘陸毛

四千八百乙号　仝　田壹分肆厘　收脊显户文德付

乃字一千七百五十四号　新田塝底　田肆分柒厘叁毛　收七都吾村汪雲武推

二千五十九号　山下前段　田弍分柒厘伍毛伍系　十甲大成户雨付

乃字四千七百九十四号　前山　山陸厘弍毛　收十甲盛祥户公濟付

四千七百四十八号　仝　田柒分肆厘　收十甲大成户金德付

乃字四千八百三号　碓基　地税壹厘弍毛　收脊显户金象付

乃字四千八百二号　前山　地税五厘叁毛　折伍　收本甲脊显户震昌付

四千七百八十九号　前边园　地税捌厘柒毛

前山脚　地税柒厘伍毛

仝　地税壹分陸厘壹毛

五千一百八十五号　前边园溪边　地税捌厘

一百八十六号　仝　地税捌厘

江湾镇大潋村 8-5 · 乾隆十四年 · 税粮实征册 · 曹振谏细户

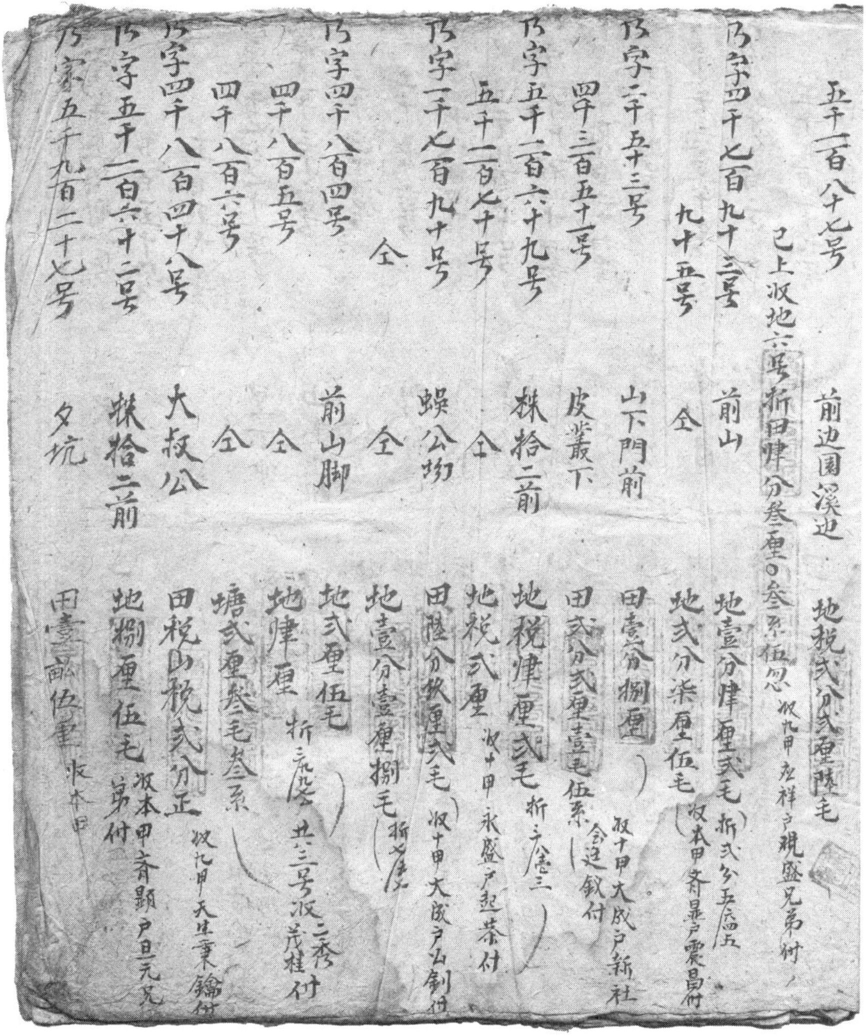
五千一百八十七号　前边园溪边　地税弍分弍厘陆毛
已上收地六号折田肆分叁厘〇叁系伍忽　收九甲应祥户观盛兄弟付
乃字四千七百九十三号　前山　地壹分肆厘弍毛　折弍分五厘五
九十五号　仝　地弍分柒厘伍毛　收本甲斋显户震昌付
乃字二千五十三号　山下门前　田壹分捌厘
四千三百五十一号　皮叢下　田弍分弍厘壹毛伍系　收十甲大成户新社会进钦付
乃字五千一百六十九号　株枱二前　地税肆厘弍毛　折二厘三
五千一百七十号　仝　地税弍厘　收十甲永盛户起恭付
乃字一千七百九十号　蜈公坳　田陆分玖厘弍毛　收十甲大成户弘创付
仝　地壹分壹厘捌毛　折七厘
乃字四千八百四号　前山脚　地弍厘伍毛
四千八百五号　仝　地肆厘　折二厘九　共三号收二秀茂桂付
四千八百六号　仝　塘弍厘叁毛叁系
乃字四千八百四十八号　大叔公　田税山税弍分正　收九甲天生秉镒付
乃字五千二百六十二号　株枱二前　地捌厘伍毛　收本甲斋显户旦元兄弟付
乃字五千九百二十七号　夕坑　田壹亩伍厘　收本甲

江湾镇大潋村 8-6 · 乾隆十四年 · 税粮实征册 · 曹振谏细户

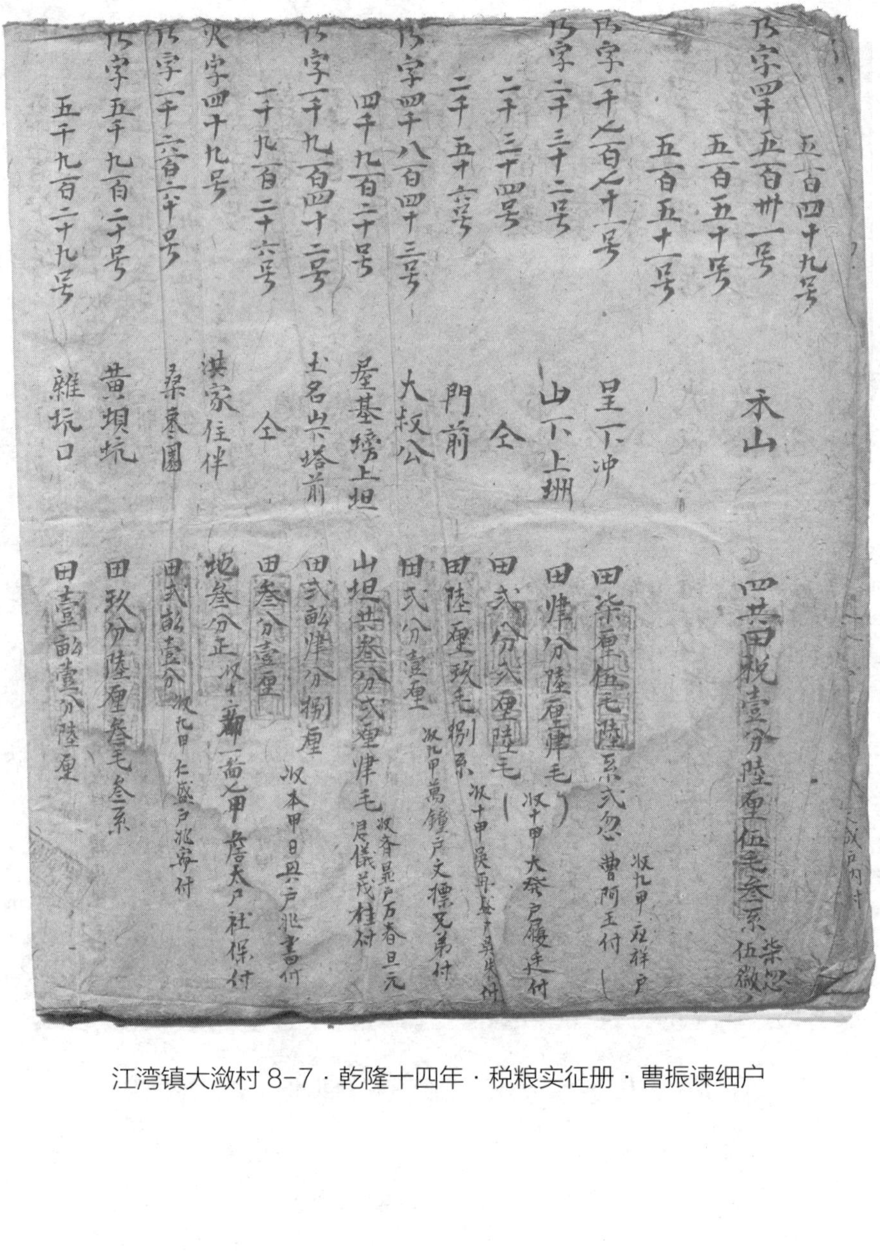

乃字四千五百卌一号
五百四十九号
五百五十号
五百五十一号
禾山
四共田税壹分陆厘伍毛叁系柒忽伍微

乃字一千乙百乙十一号
星下冲
田柒厘伍毛陆系弍忽　收九甲庄祥户曹阿壬付

乃字二千三十二号
山下上坍
田肆分陆厘肆毛　收十甲大本户履夫付

二千三十四号
仝
田弍分弍厘陆毛　收十甲吴再春户吴生付

二千五十六号
門前
田陆厘玖毛捌系　收九甲萬鐘户文標兄弟付

乃字四千八百四十三号
大叔公
田弍分壹厘

四千九百二十号
屋基塝上坦
山坦共叁分弍厘肆毛　收齐昇户万春旦元艮供茂桂付

乃字一千九百四十二号
土名兴塔前
田弍畝肆分捌厘

一千九百二十六号
仝
田叁分壹厘　收本甲日兴户兆書付

欠字四十九号
漢家住伴
地叁分正　收十甲一畝乙甲叁居大户社保付

乃字一千六百六十号
桑枣園
田弍畝壹分　收九甲仁盛户兆寿付

乃字五千九百二十号
黄坝坑
田玖分陆厘叁毛叁系

五千九百二十九号
雑坑口
田壹畝壹分陆厘

江湾镇大潋村 8-7 · 乾隆十四年 · 税粮实征册 · 曹振谏细户

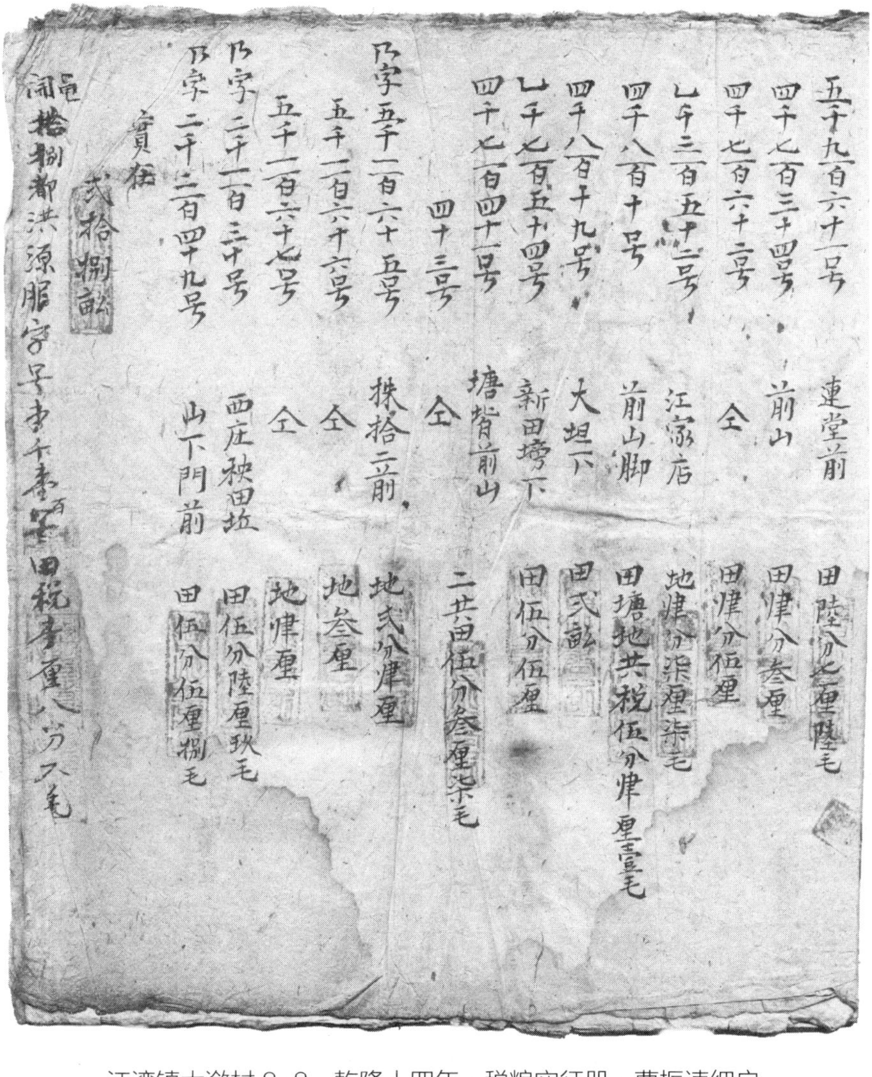
五千九百六十一号 連堂前 田陸分七厘陸毛
四千七百三十四号 前山 田肆分叁厘
四千七百六十二号 仝 田肆分伍厘
山千三百五十二号 江家店 地肆分柒厘柒毛
四千八百十号 前山脚 田塘地共税伍分肆厘壹毛
四千八百十九号 大坦下 田弍厘
山千七百五十四号 新田塝下 田伍分伍厘
四千七百四十一号 塘背前山 二共田伍分叁厘柒毛
四十三号 仝
乃字五千一百六十五号 株拾二前 地弍分肆厘
五千一百六十六号 仝 地叁厘
五千一百六十七号 仝 地肆厘
乃字二千一百三十号 西庄秧田坵 田伍分陸厘玖毛
乃字二千二百四十九号 山下門前 田伍分伍厘捌毛
實在 弍拾捌畝
闭邑拾捌都洪源股字号事千本百算田税壹厘八分八毛

江湾镇大溦村 8-8 · 乾隆十四年 · 税粮实征册 · 曹振谏细户

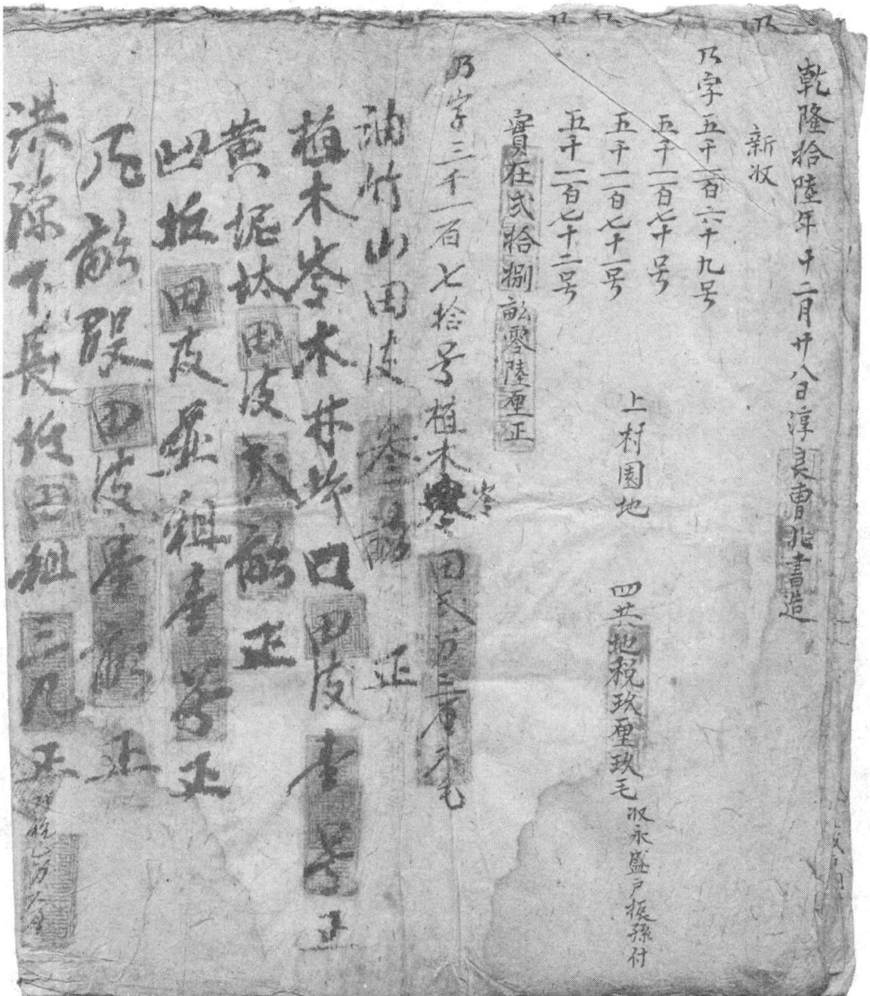

江湾镇大潋村 8-9 · 乾隆十四年 · 税粮实征册 · 曹振谏细户

税伍田皮並租大务正
木苏坪口屋基□□斗立□□

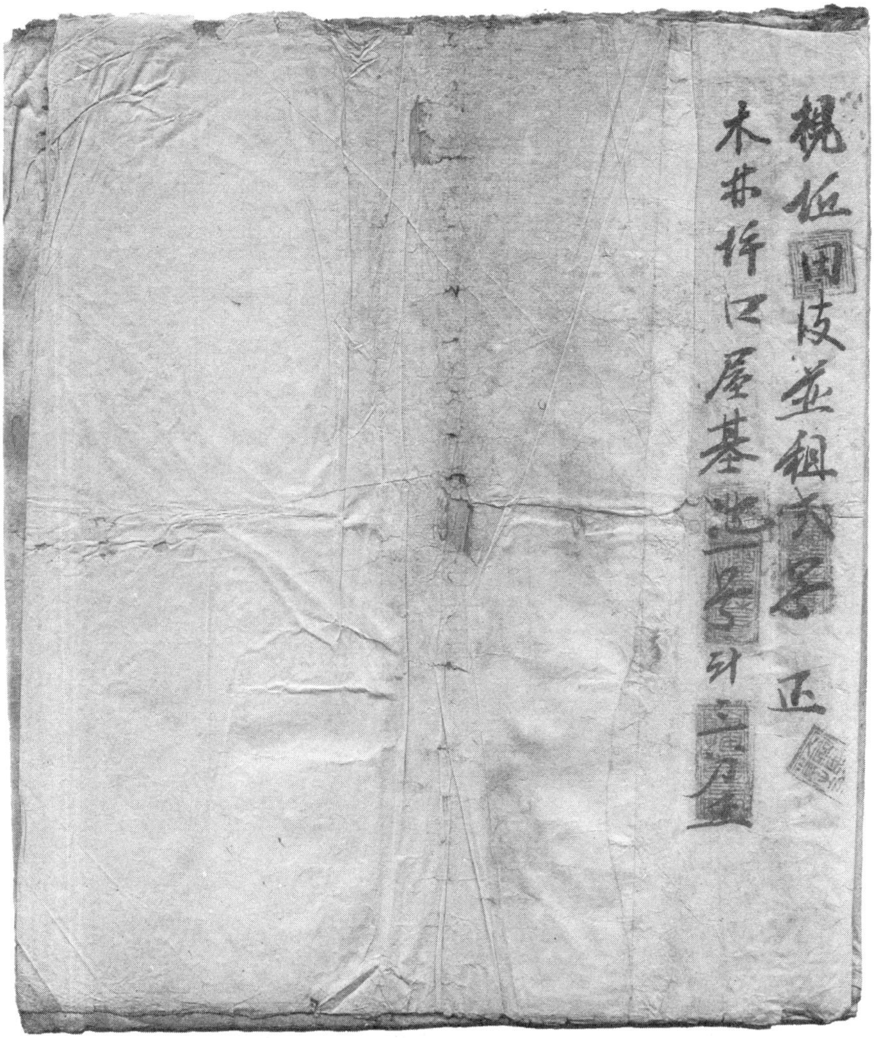

江湾镇大潋村 8-10 · 乾隆十四年 · 税粮实征册 · 曹振谏细户

江湾镇大潋村 5-1 · 嘉庆二十四年 · 税粮实征册 · 詹兆铜户

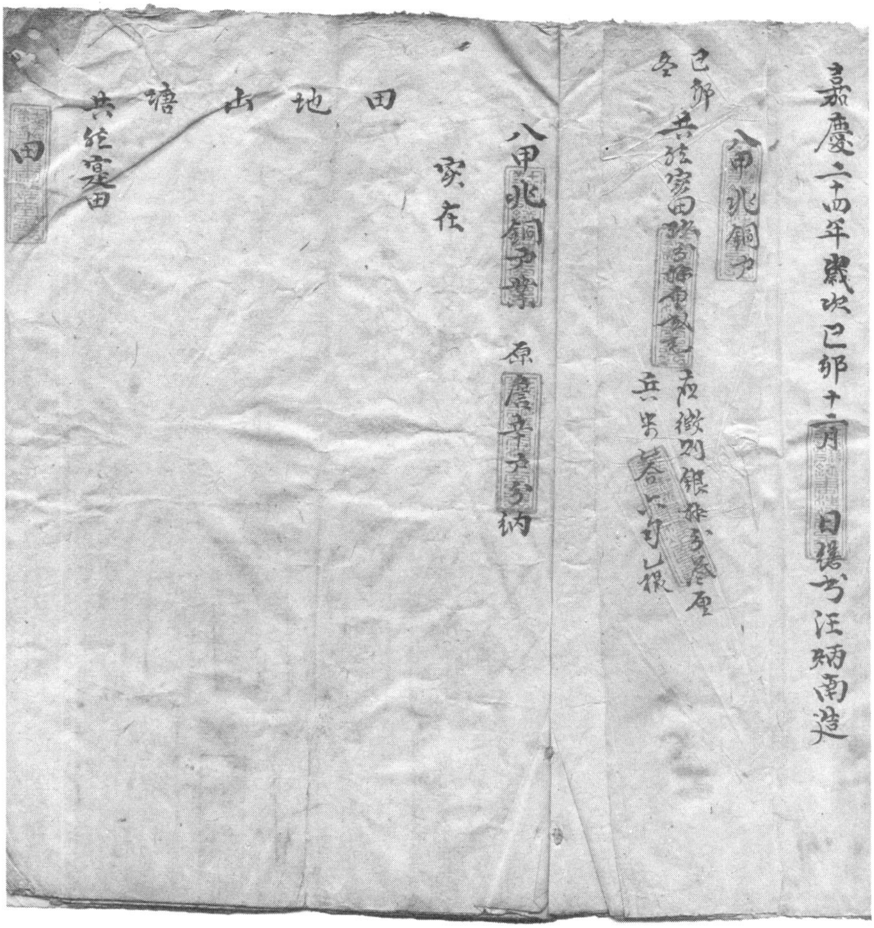
嘉慶二十四年歲次己卯十二月 日謄书汪炳南造
八甲兆铜户
己卯
仝
共該實田
應徵例銀
共米
八甲兆铜户業
原詹辛户分纳
實在
田
地
山
塘
共計實田
田

江湾镇大潋村 5-2 · 嘉庆二十四年 · 税粮实征册 · 詹兆铜户

嘉慶乃字五千六佰○六號 玉坂山 田叁分尾厘 [印]

庚申春收 乃字叁千六百零式 五坂山田壹分伍厘四毫 收稻遠戶付

庚寅冬收 乃字五千四百柒拾式 橫坑塢田捌分式厘正 收早甲光現戶付

己亥春收 乃字五千五百八十三號△前山匕公垣田壹叁厘零叁毫壹五 歲本甲兆旦戶付

乃字叁千一百九十一號 六弘段 田陸厘正 收本甲[?]戊戶付

乃字叁千百叁拾號 六韶段 田[?]壹厘正 收[?]辰戶付

乃字伍千五百余拾號 匕公垣民垣 田税亥壹[?]正 收[?][?]

乃字伍千五百叁拾五號 [?]柴班 田税八分九厘[?]

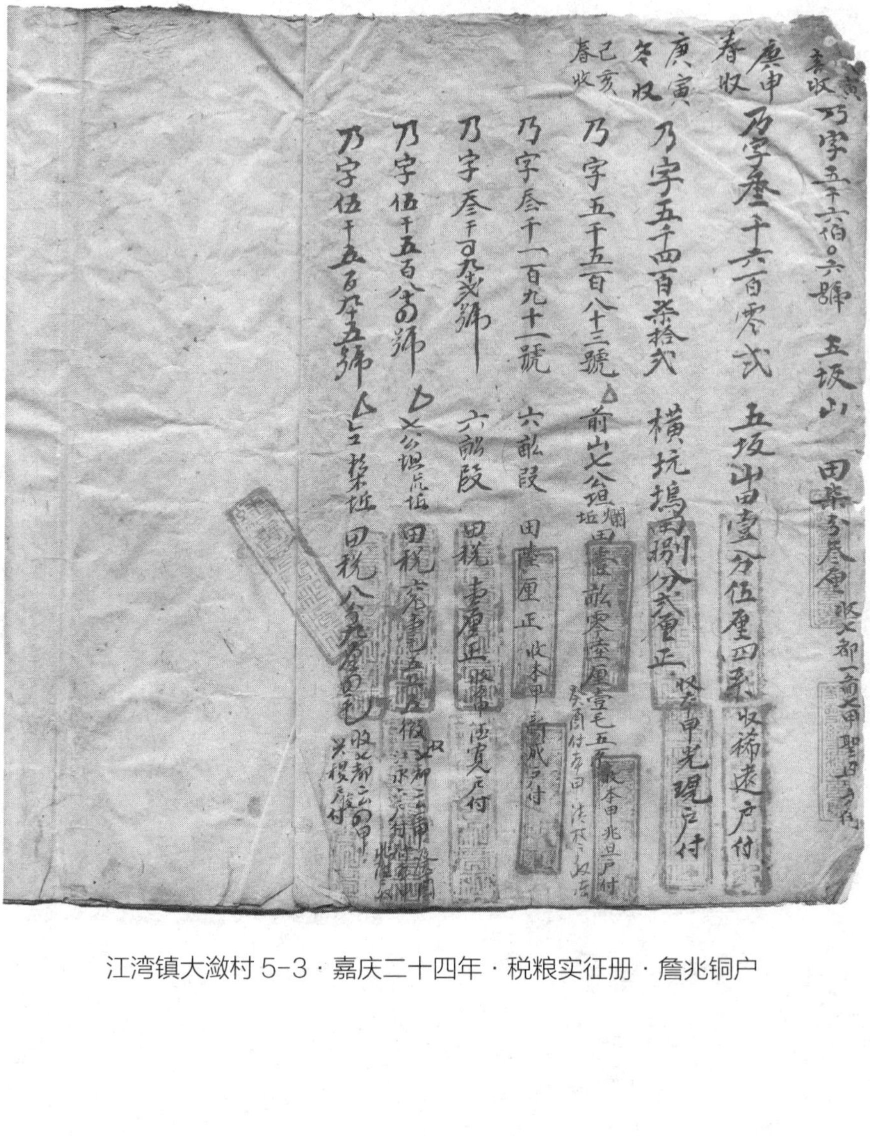

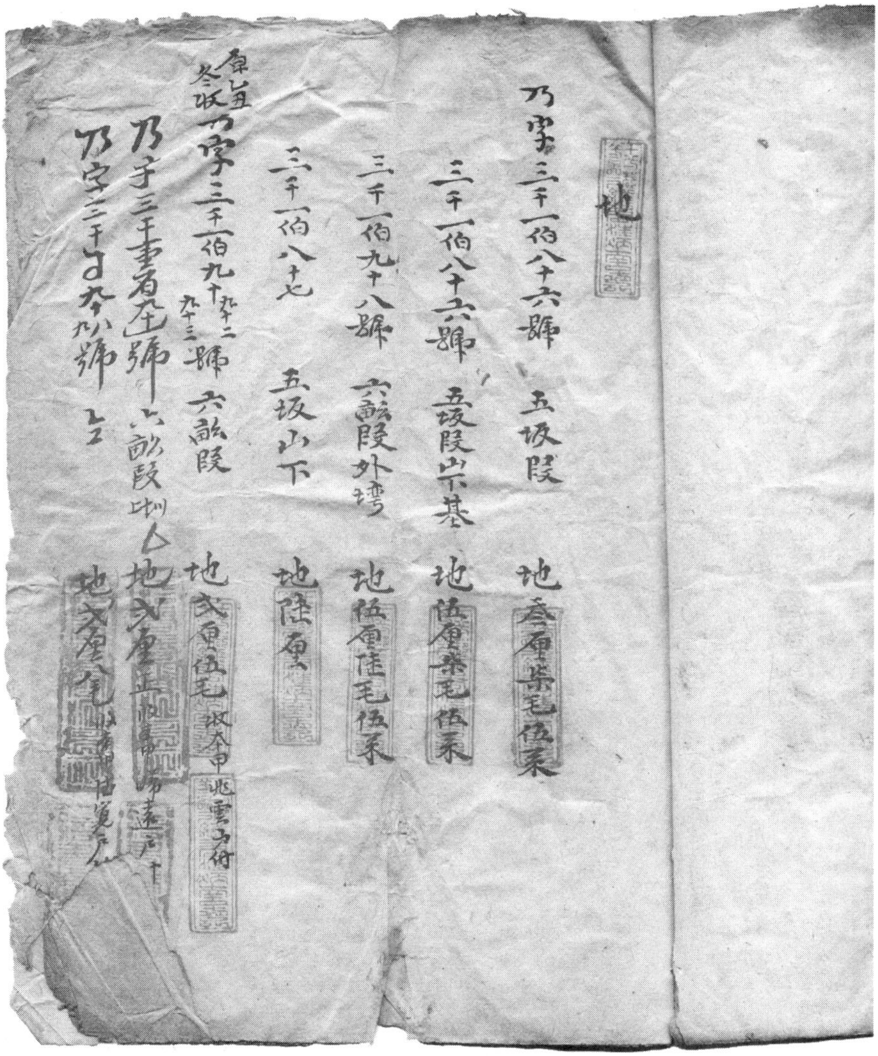

乃字三千一伯八十六號　五坂段　地叁厘柒毛伍系

三千一伯八十六號　五坂段岸基　地伍厘柒毛伍系

三千一伯九十八號　六畝段外塝　地伍厘陸毛伍系

三千一伯八十七　五坂山下　地陸厘

原丘冬收　乃字三千一伯九十　九十二　九十三號　六畝段　地弍厘伍毛　收本甲兆雲戶付

乃字三千壹百〇號　六畝段圳上　地弍厘五　收[illegible]戶十

乃字三千一百八九號　上　地弍厘八毛　收[illegible]戶

江湾镇大潋村 5-4 · 嘉庆二十四年 · 税粮实征册 · 詹兆铜户

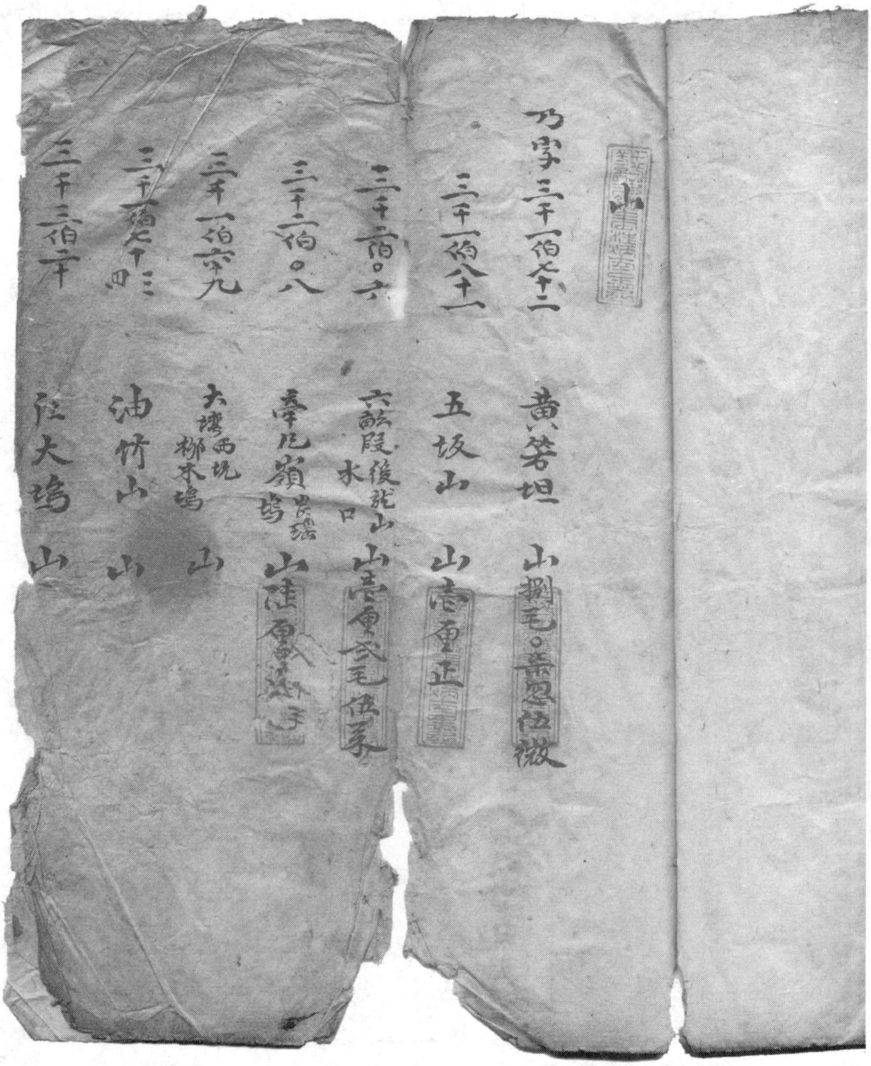
乃字三千一伯七十二　黄𥬃坦　山捌毛〇柒忽伍微
三千一伯八十一　五坂山　山壹重正
三千一伯〇六　六畝段後坑山　水口　山壹重貳毛伍系
三千二伯〇八　牽凡嶺　塢　山陸
三千一伯七九　大塆西坑　柳木塢　山
三千一伯七十三　油竹山　山
三千三伯二十　江大塢　山

江湾镇大潋村 5-5 · 嘉庆二十四年 · 税粮实征册 · 詹兆铜户

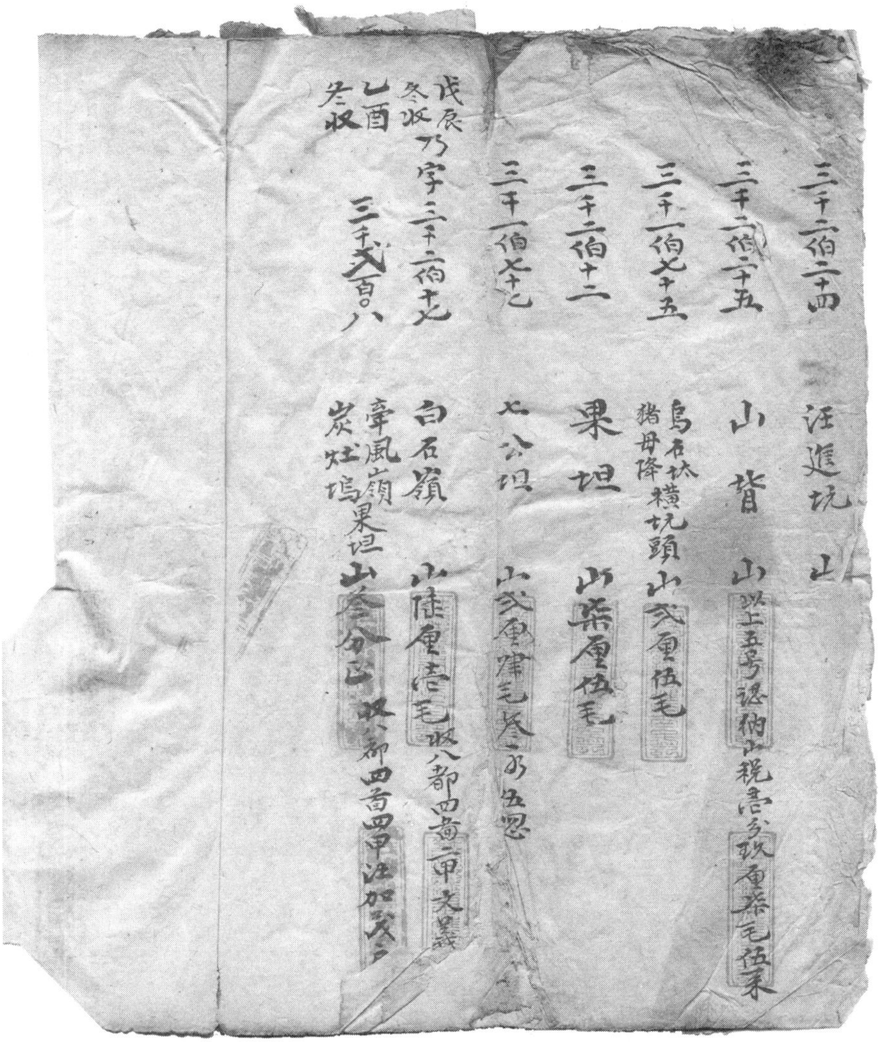

三千二伯二十四　汪進坑　山

三千二伯二十五　山背　山　以上五号認納山税壹分玖厘叁毛伍系

三千一伯七十五　烏石坎横坑頭　猪母降　山弍厘伍毛

三千二伯十二　果坦　山柒厘伍毛

三千一伯七十七　七公坦　山弍厘肆毛叁办伍忽

白石嶺　山陸厘壹毛　收八都四啚二甲文義

戊辰冬收乃字三千二伯十七　章風嶺果坦　山叁分乙　收八都四啚四甲汪加茂

乙酉冬收　三千弍百〇八　炭灶塢

江湾镇大潋村 5-6 · 嘉庆二十四年 · 税粮实征册 · 詹兆铜户

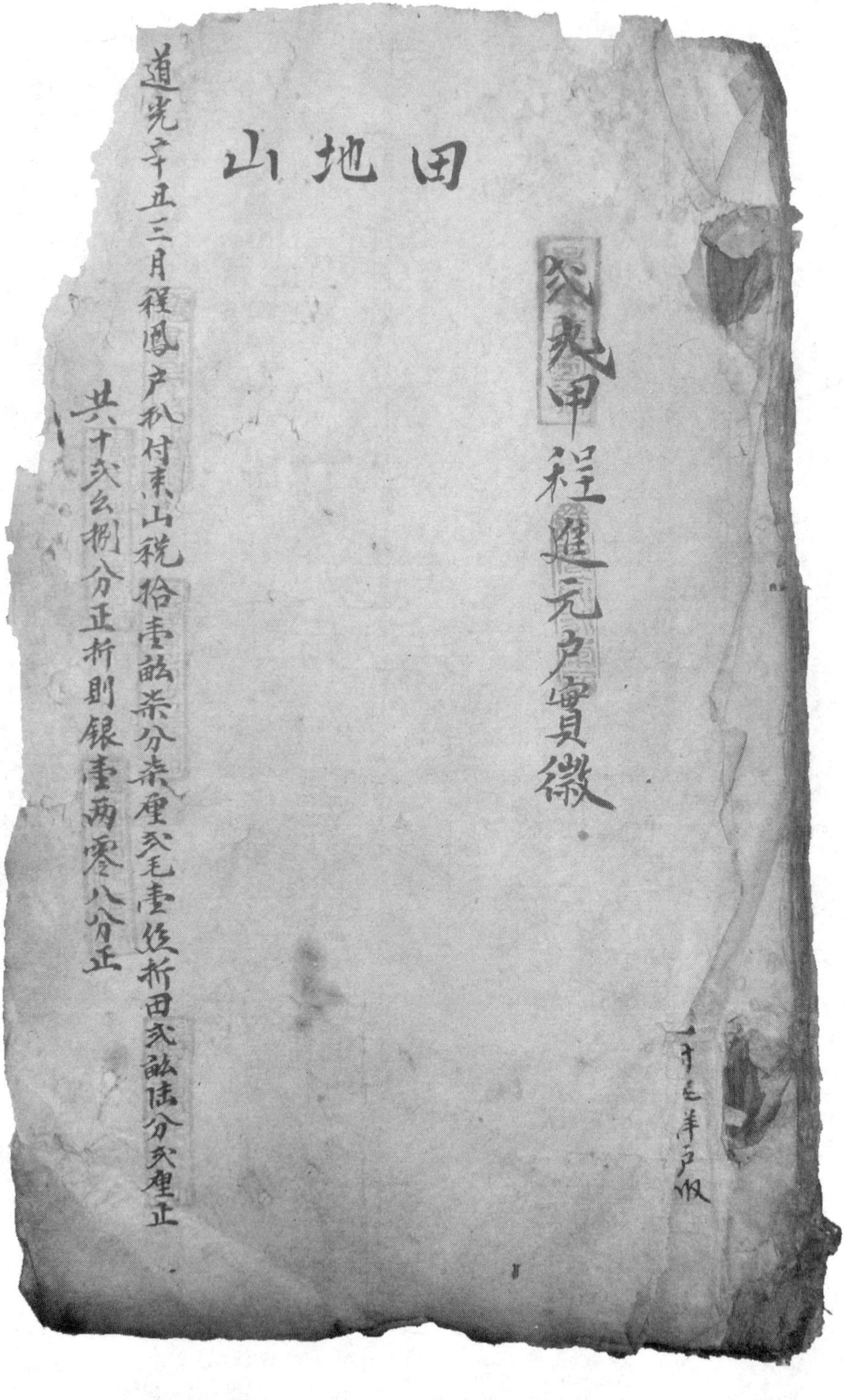
田地山

癸亥甲程進元户實徵

道光辛丑三月程鳳户扒付東山税拾壹畝柒分柒厘弍毛壹絲折田弍畝陆分弍厘正

共十弍厶捌分正折則銀壹两零八分正

江湾镇大潋村 9-1 · 道光年间 · 税粮实征册 · 程进元户

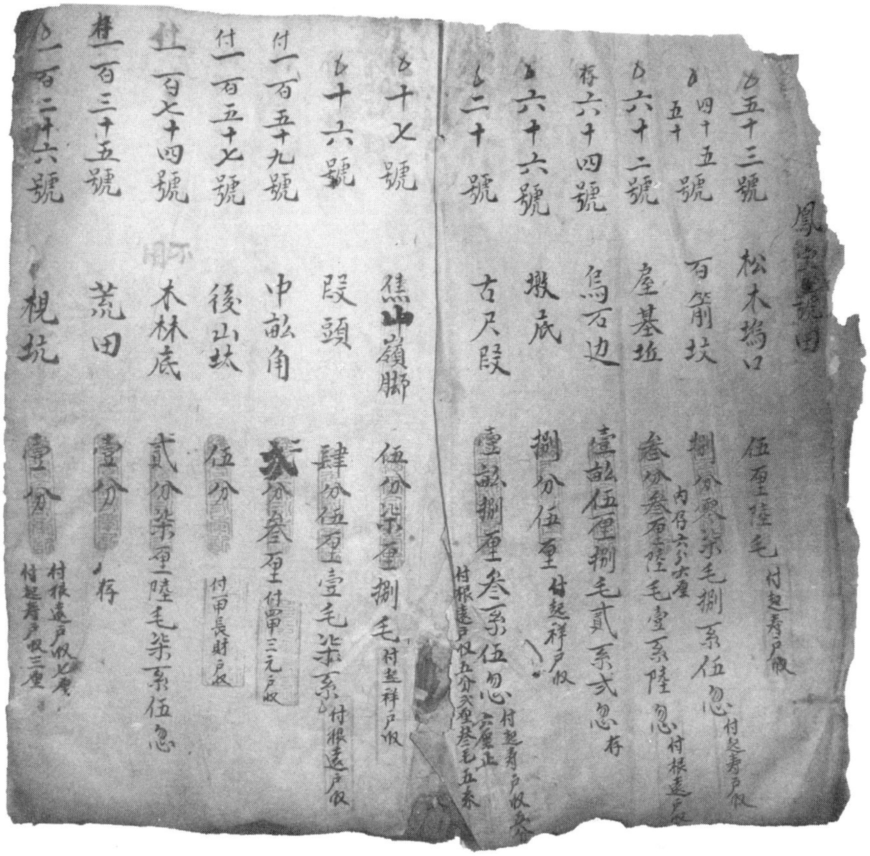

鳳字號田

ㄗ五十三號 松木塢口 伍厘陸毛 付起壽戶收

ㄗ四十五號 百箭坟 捌分零柒毛捌系伍忽 付起壽戶收

ㄗ六十二號 屋基坵 叁分叁厘陸毛壹系陸忽 付根遠戶收 内存六分六厘

存六十四號 烏石边 壹畝伍厘捌毛貳系弍忽 存

ㄗ六十六號 墩底 捌分伍厘 付起祥戶收

ㄗ二十號 古尺[illegible] 壹畝捌厘叁系伍忽 付起壽戶收 付根遠戶收五分六厘

ㄗ十七號 焦山嶺脚 伍分柒厘捌毛 付起祥戶收

ㄗ十六號 段頭 肆分伍厘壹毛柒系 付根遠戶收

付一百五十九號 中畝角 六分叁厘 付甲三元戶收

付一百五十七號 後山坵 伍分 付甲長財戶收

付一百七十四號 木林底 貳分柒厘陸毛柒系伍忽

存一百三十五號 荒田 壹分 存

ㄗ一百二十六號 梘坑 壹分 付根遠戶收七厘 付起壽戶收三厘

江湾镇大潋村 9-2 · 道光年间 · 税粮实征册 · 程进元户

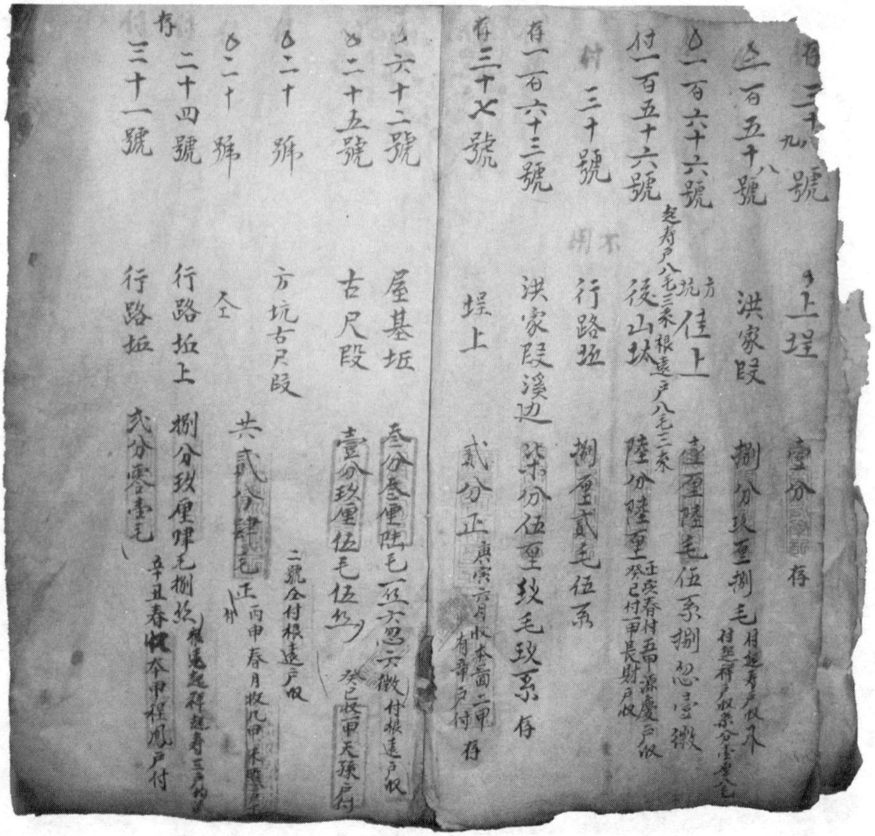

江湾镇大潋村 9-3 · 道光年间 · 税粮实征册 · 程进元户

鳳字號地

付十一號　方坑面前　貳厘弍毛弍系

付七號　焦山嶺脚　肆厘弍毛陸系陸忽陸微弍

付起祥户収

江湾镇大潋村 9-4 · 道光年间 · 税粮实征册 · 程进元户

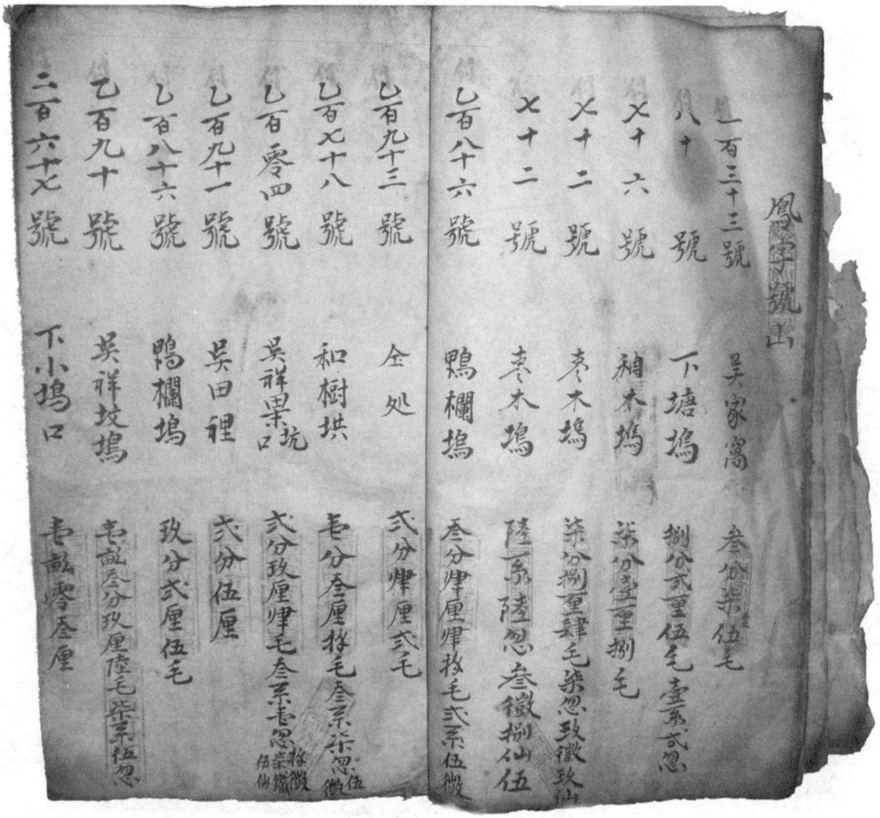

江湾镇大潋村 9-5 · 道光年间 · 税粮实征册 · 程进元户

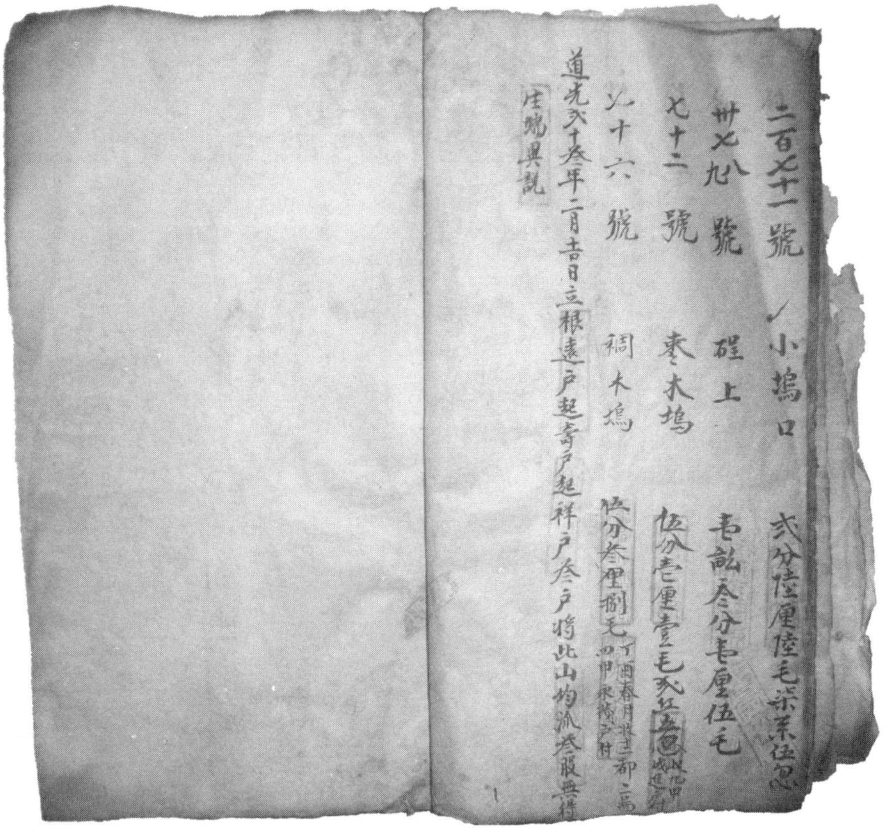
二百七十一號 小塢口 弍分陸厘陸毛柒系伍忽
廿七八九號 碓上 壹畝叁分壹厘伍毛
七十二號 棗木塢
七十六號 祠木塢 伍分叁厘捌毛
道光弍十叁年二月吉日立根遠户起壽户起祥户叁户將此山均派叁股

江湾镇大潋村 9-6 · 道光年间 · 税粮实征册 · 程进元户

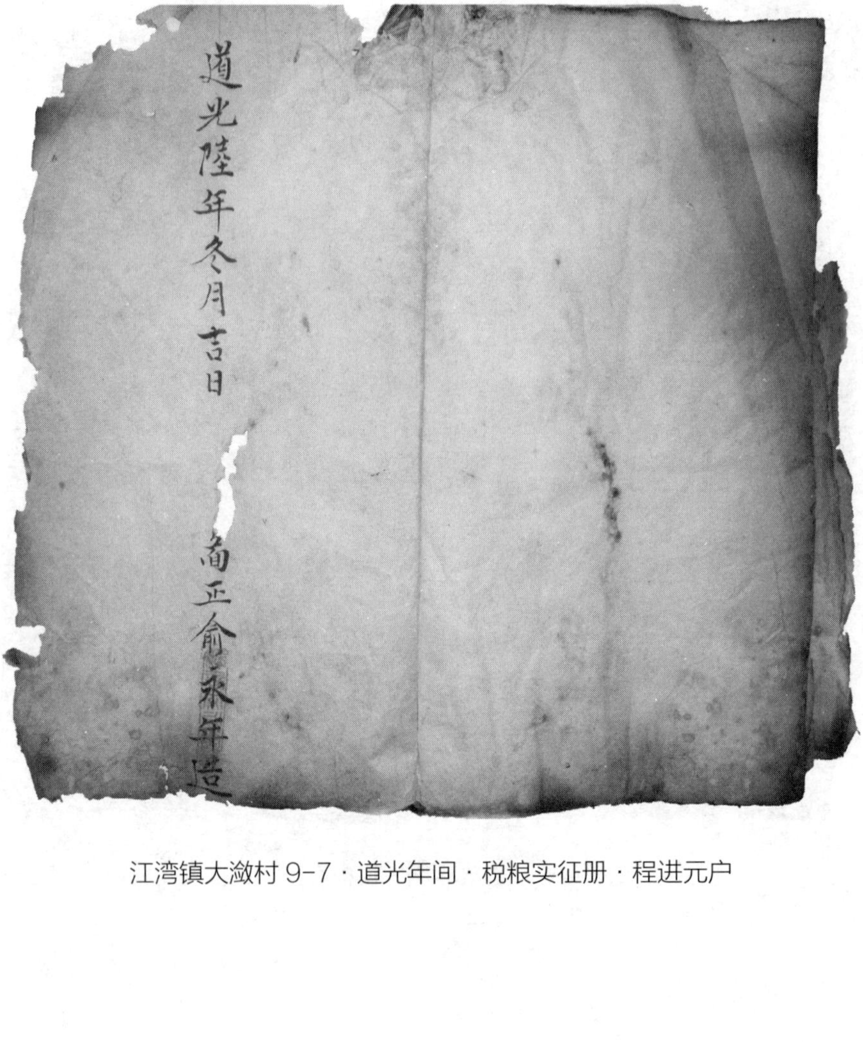

江湾镇大溆村 9-7 · 道光年间 · 税粮实征册 · 程进元户

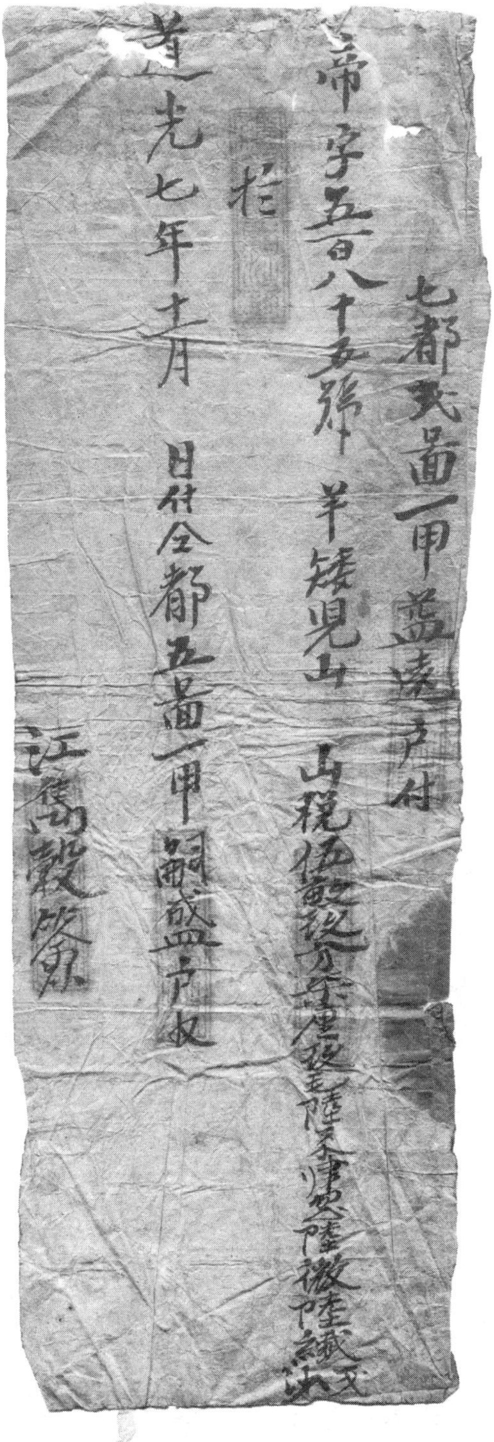

七都弍啚一甲益遠户付
帝字五百八十五号 羊矮見山 山税伍[illegible]
推
道光七年十一月 日付仝都五啚一甲嗣盛户收
江[illegible]

江湾镇大潋村 14 · 道光七年 · 推单 · 益远户付与嗣盛户

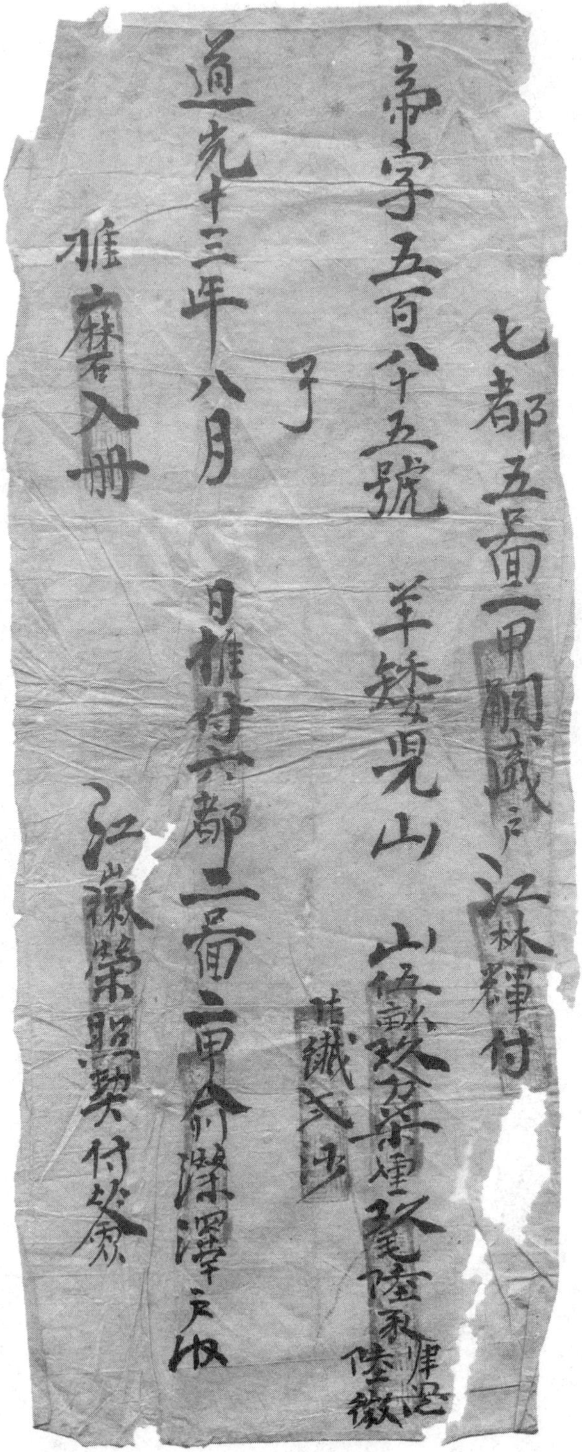
七都五啚一甲嗣盛户、江林輝付
帝字五百八十五號　羊棲見山　山[illegible]
了
道光十三年八月　日推付六都二啚二甲俞渫澤户收
推磨入册　江山徽榮照契付[illegible]

江湾镇大潋村 13 · 道光十三年 · 推单 · 嗣盛户江林辉付与俞渫（？）泽户

立斷骨絕賣山契人江林輝，原身己置有山壹號，坐落土名竿塝見山，係經理李字壹百八十五號，計山稅
伍釐玖毫，又壹號已釐貳毫，其山四至悉照鱗冊為憑，不必細述。今因要用，是身托
中將前山四至之內盡行斷骨絕賣與俞烈光名下承買為業，當面經中議作時值價銀伍兩正。其
銀是身當即收足，其山自今斷骨絕賣之後，悉聽買人隨即過稅管業。未賣之先，與本家內外人
等係已言明，並無重張不明等情。如有，是身自理，不涉買人之事。其稅糧不必另立推單，聽憑本
家七都五圖一甲江嗣誠戶內照數扒納收受無阻。其來祖契與別項相連，不便繳付，日後要用，將出無
辭。恐口無憑，立此斷骨絕賣山契為據。
其山所有苗樹木盡在價內，再批。押
道光十三年五月　日立斷骨絕賣山契人江林輝押
中見房　江殿西押
親書　江旺押
再是契價當即兩相交訖　再批押

江湾镇大汹村 31 · 道光十三年 · 断骨绝卖山契 · 江林辉绝卖与俞烈光

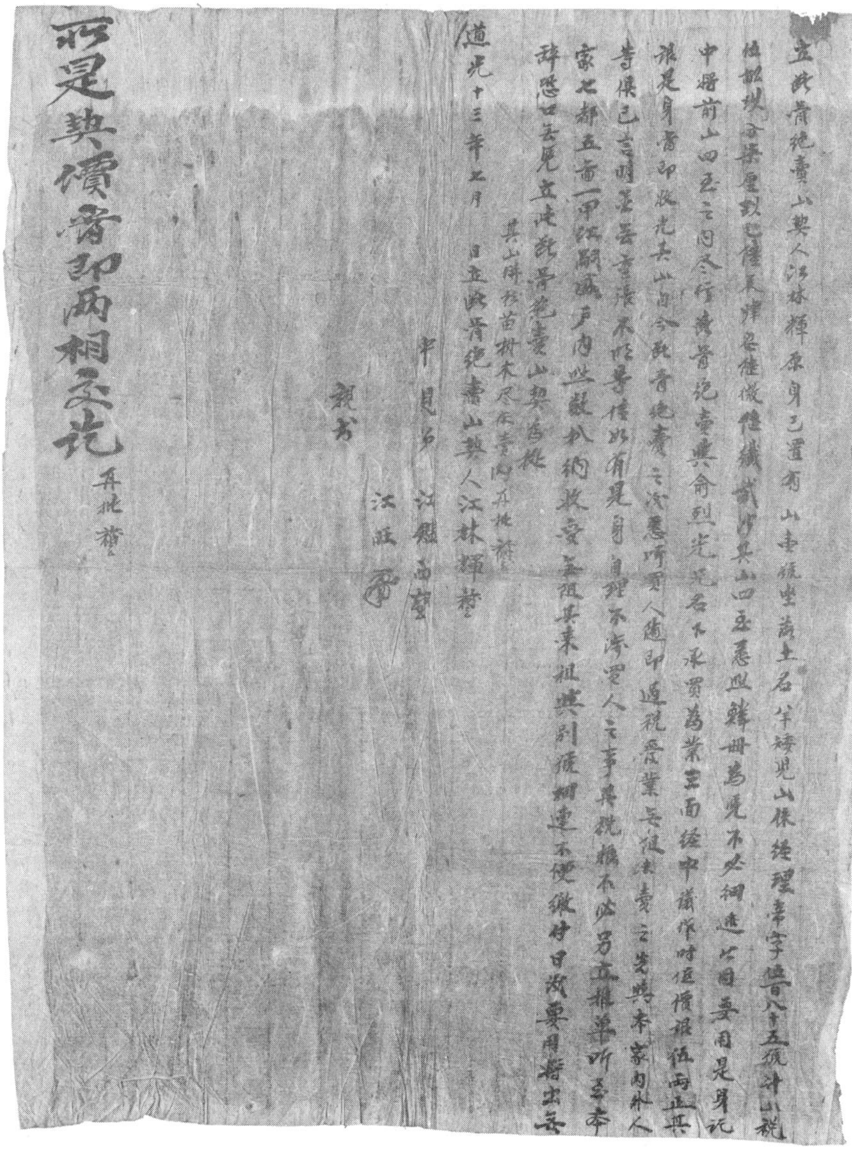

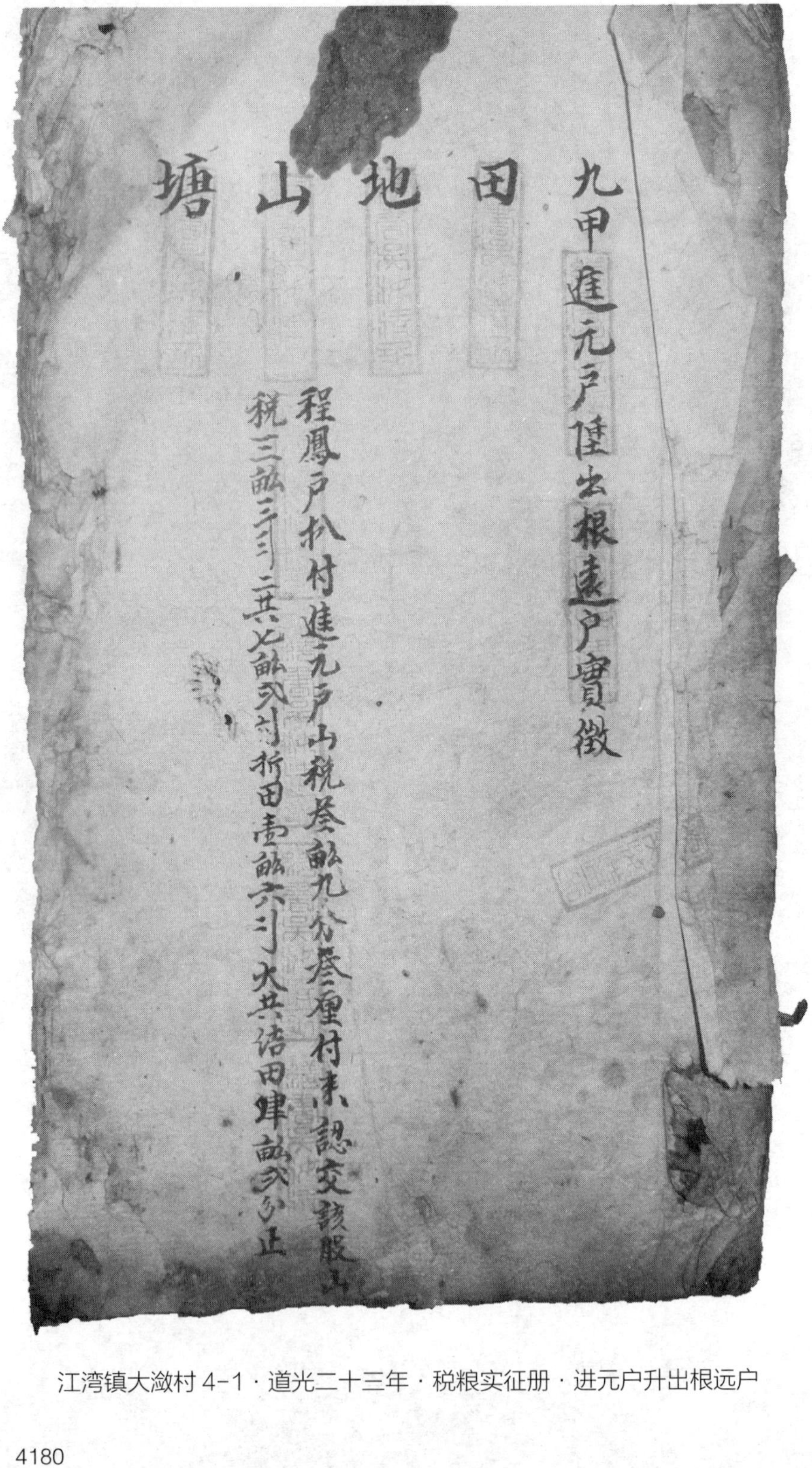
九甲進元戶陞出根遠戶實徵
田地山塘
程鳳戶扒付進元戶山稅叁畝九分叁厘付來認交該股山稅三畝三分三二共七畝弍分折田壹畝六分大共該田肆畝弍分正

江湾镇大潋村 4-1 · 道光二十三年 · 税粮实征册 · 进元户升出根远户

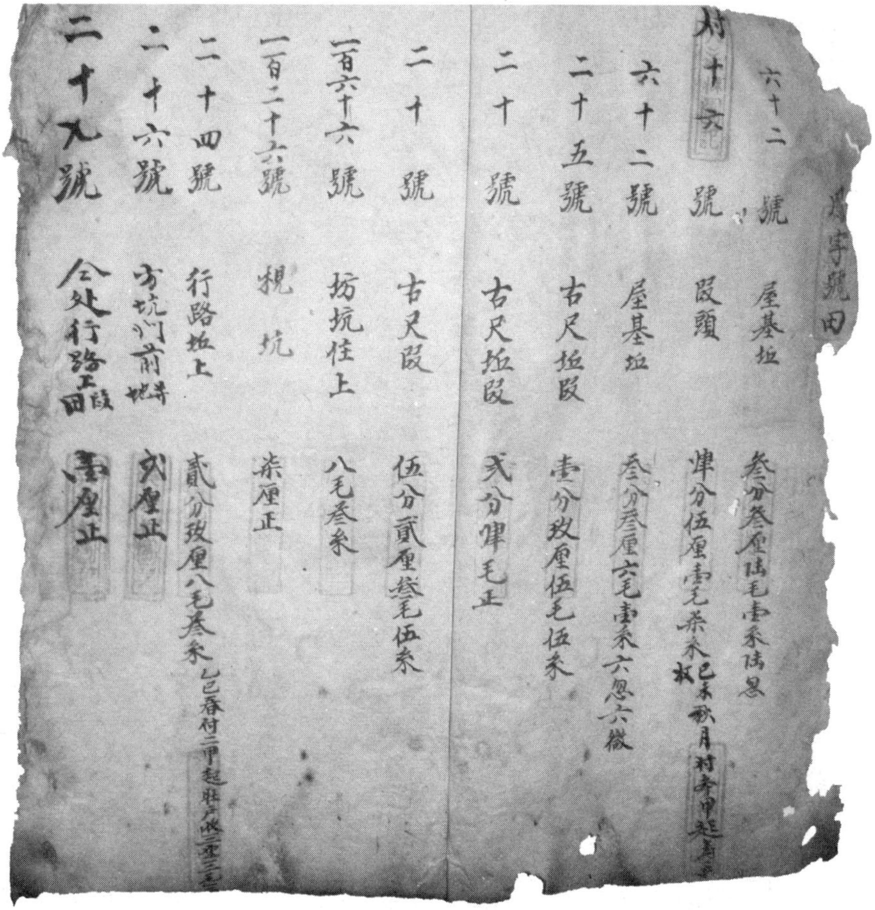

字號田

六十二號 屋基坵 叁分叁厘陆毛壹系陆忽

村十六號 段頭 肆分伍厘壹毛柒系 收 巳未秋月

六十二號 屋基坵 叁分叁厘六毛壹系六忽六微

二十五號 古尺坵段 壹分玖厘伍毛伍系

二十號 古尺坵段 弍分肆毛正

二十號 古尺段 伍分貳厘叁毛伍系

一百六十六號 坊坑住上 八毛叁系

一百二十六號 梘坑 柒厘正

二十四號 行路坵上 貳分玖厘八毛叁系 乙巳春付二甲起

二十六號 方坑門前地井 弍厘正

二十九號 仝处行路下田段 壹厘正

江湾镇大潋村 4-2 · 道光二十三年 · 税粮实征册 · 进元户升出根远户

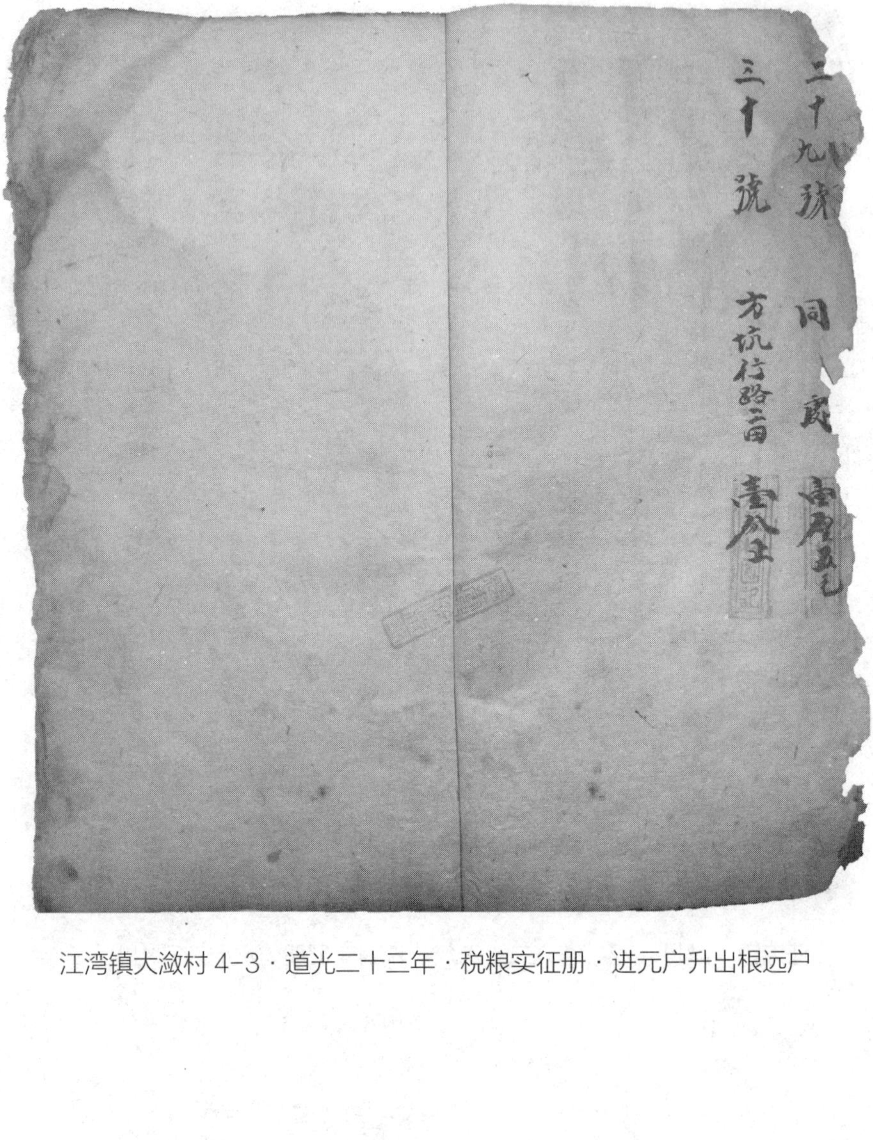

二十九號 同 處 壹厘五毛

三十號 方坑行路亩 壹分五

江湾镇大潋村 4-3 · 道光二十三年 · 税粮实征册 · 进元户升出根远户

鳳字號地
拾壹號 方坑面前 柒毛肆叁
一百六十五號 同处社上 七厘五毛正

江湾镇大溦村 4-4 · 道光二十三年 · 税粮实征册 · 进元户升出根远户

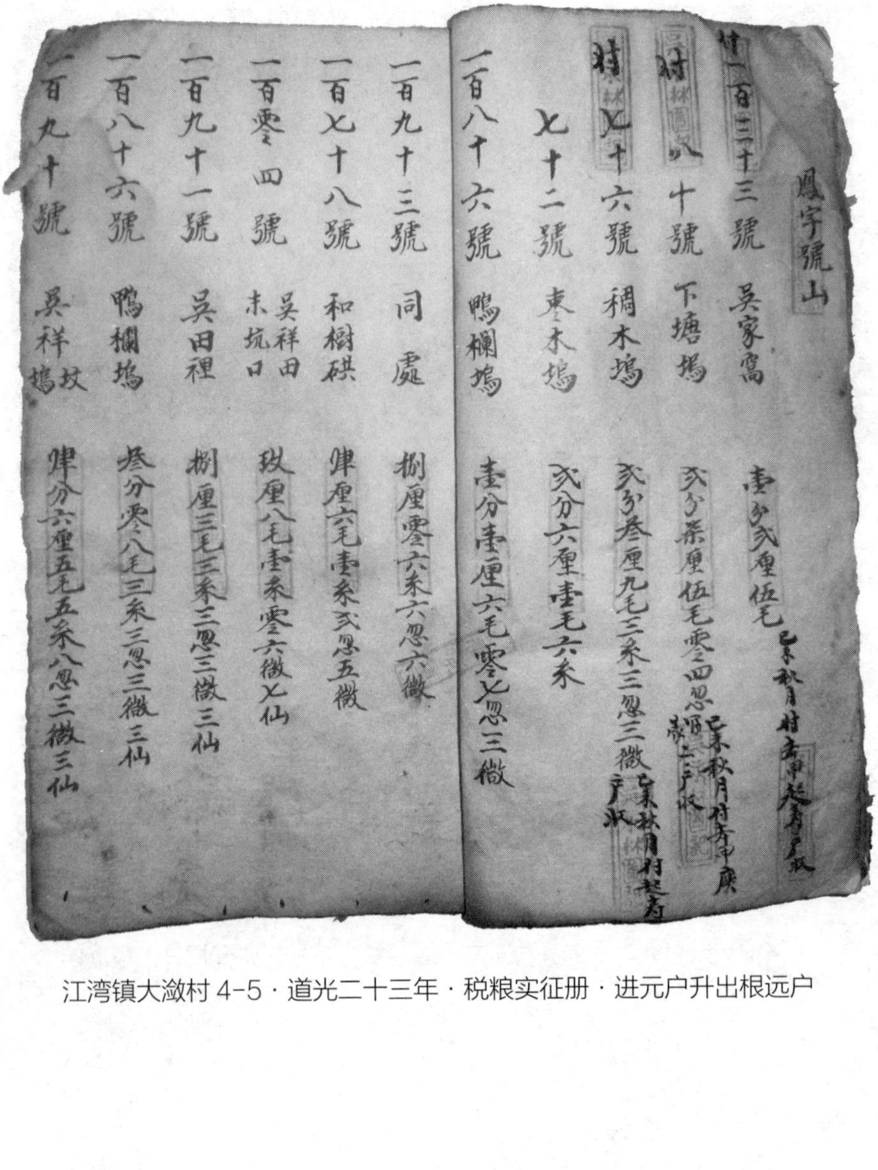

鳳字號山
一百二十三號　吴家窩　壹分貳厘伍毛
八十號　下塘塢　貳分柒厘伍毛零四忽
七十六號　稠木塢　貳分叁厘九毛三系三忽三微
七十二號　棗木塢　貳分六厘壹毛六系
一百八十六號　鴨欄塢　壹分壹厘六毛零七忽三微
一百九十三號　同處　捌厘零六系六忽六微
一百七十八號　和樹碟　肆厘六毛壹系貳忽五微
一百零四號　吴祥田末坑口　玖厘八毛壹系零六微七仙
一百九十一號　吴田裡　捌厘三毛三系三忽三微三仙
一百八十六號　鴨欄塢　叁分零八毛三系三忽三微三仙
一百九十號　吴祥塢坟　肆分六厘五毛五系八忽三微三仙

江湾镇大潋村 4-5 · 道光二十三年 · 税粮实征册 · 进元户升出根远户

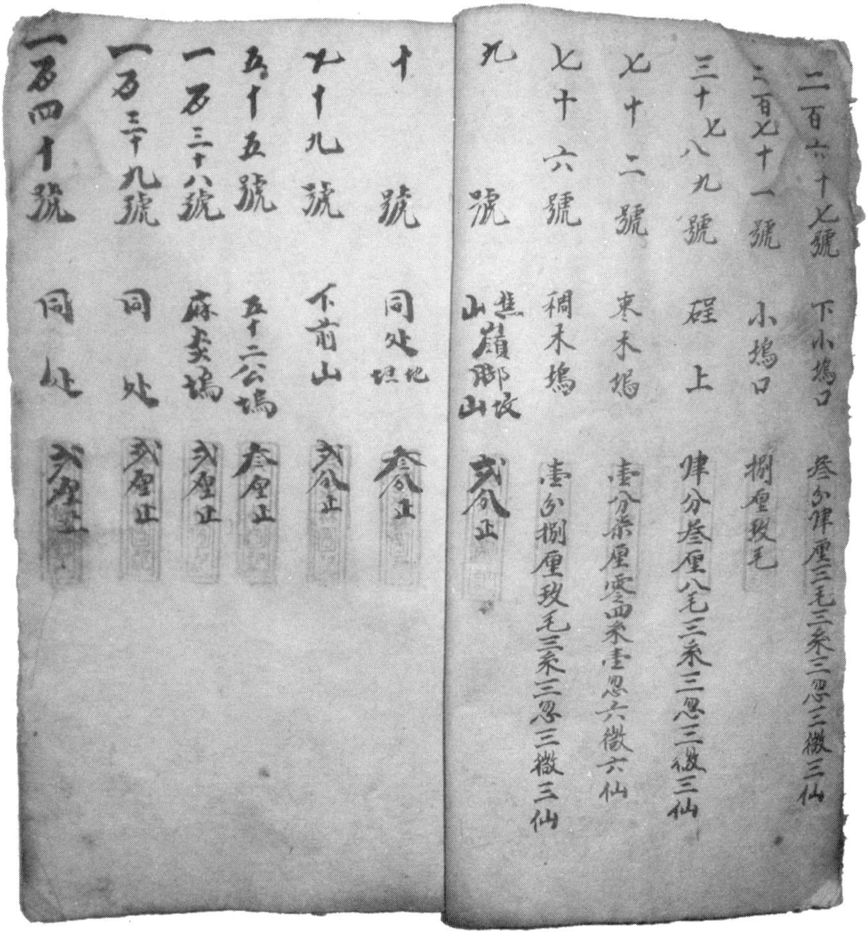
二百六十七號 下小塢口 叁分肆厘三毛三系三忽三微三仙
二百七十一號 小塢口 捌厘玖毛
三十七八九號 硿上 肆分叁厘八毛三系三忽三微三仙
七十二號 枣木塢 壹分柒厘零四系壹忽六微六仙
七十六號 桐木塢 壹分捌厘玖毛三系三忽三微三仙
九號 甚嶺腳坡山 山 貳分正
十號 同处 地坦 叁分正
七十九號 下前山 貳分正
五十五號 五十二公塢 叁厘正
一万三十八號 麻安塢 貳厘正
一万三十九號 同处 貳厘正
一万四十號 同处 叁厘正

江湾镇大潋村 4-6 · 道光二十三年 · 税粮实征册 · 进元户升出根远户

一百三十外山號 吳家窩 式分五厘

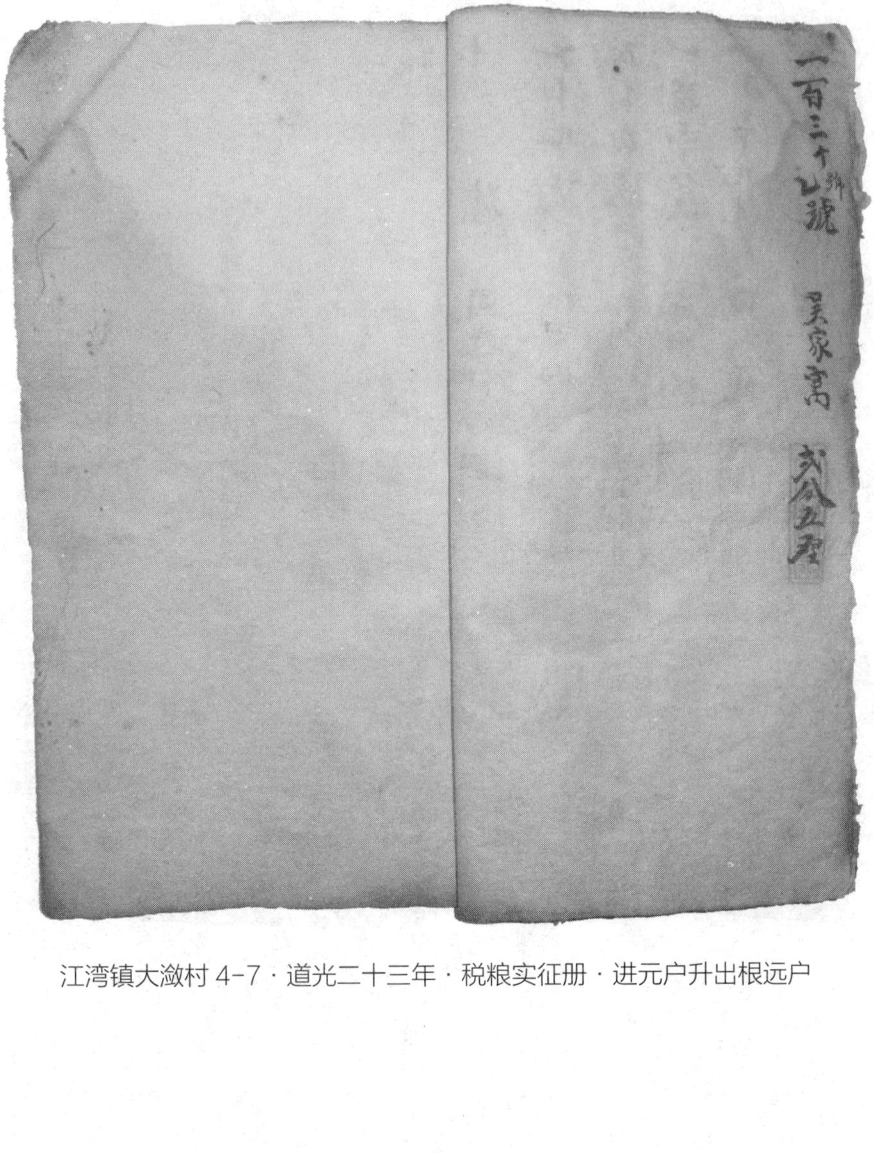

江湾镇大潋村4-7·道光二十三年·税粮实征册·进元户升出根远户

道光弍十三年二月吉日立
繕書吳汝清造

江湾镇大潋村 4-8 · 道光二十三年 · 税粮实征册 · 进元户升出根远户

立自情愿断骨出賣杉松雜木竹园山契人詹光亮今
承父遺分得有竹园山乙號坐落土名張天坟上至頂下至田
塝左至光猎山至嶺直上右至明權竹园為界四至分明今因應
用自情愿托中將竹园山出賣與房侄兄明權名下承買為業
當三面憑中議作時值價洋錢拾員正其洋是身當即收足其
山自今出賣之後一聽買人隨即过手掌養管業出拚無阻未
賣之先支本家内外人等並無重張交易如有不明是身自理
不干買人之事恐口無憑立此自情愿断骨杉松雜木竹园山契
為據 再批照
內添出貴弍字再批照
咸豐弍年拾壹月日立自情愿断骨出賣杉松雜木竹园山契人詹光亮押
胞兄 光杰押
見中 明發押 禎旺押
堂侄 明金押
房兄 光歆押
依書 光年押
所是契價兩相交足 再批照

江湾镇大溆村 41 · 咸丰二年 · 断骨出卖杉松杂木竹园山契 ·
詹光亮卖与房侄兄明权

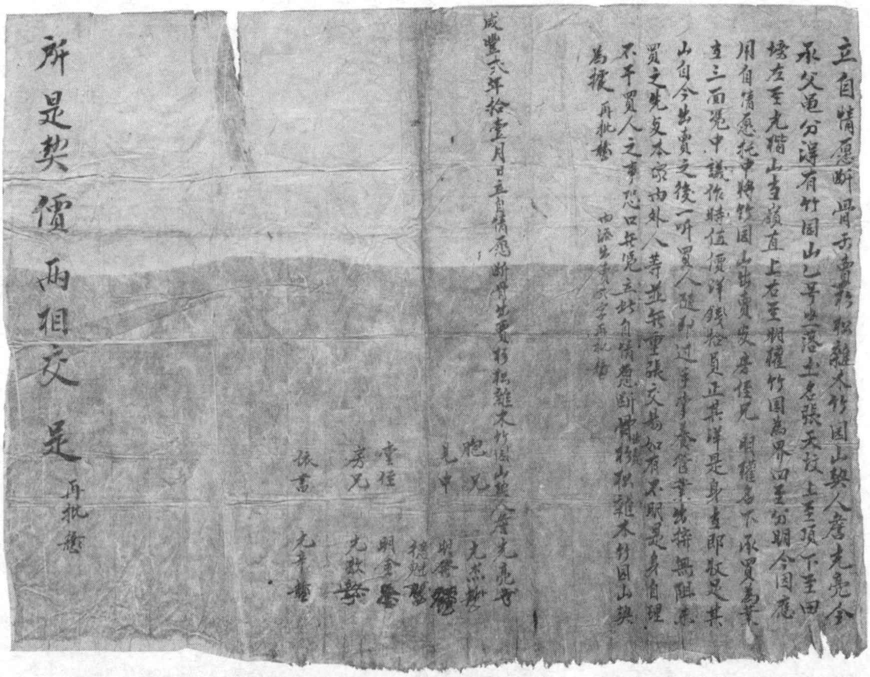

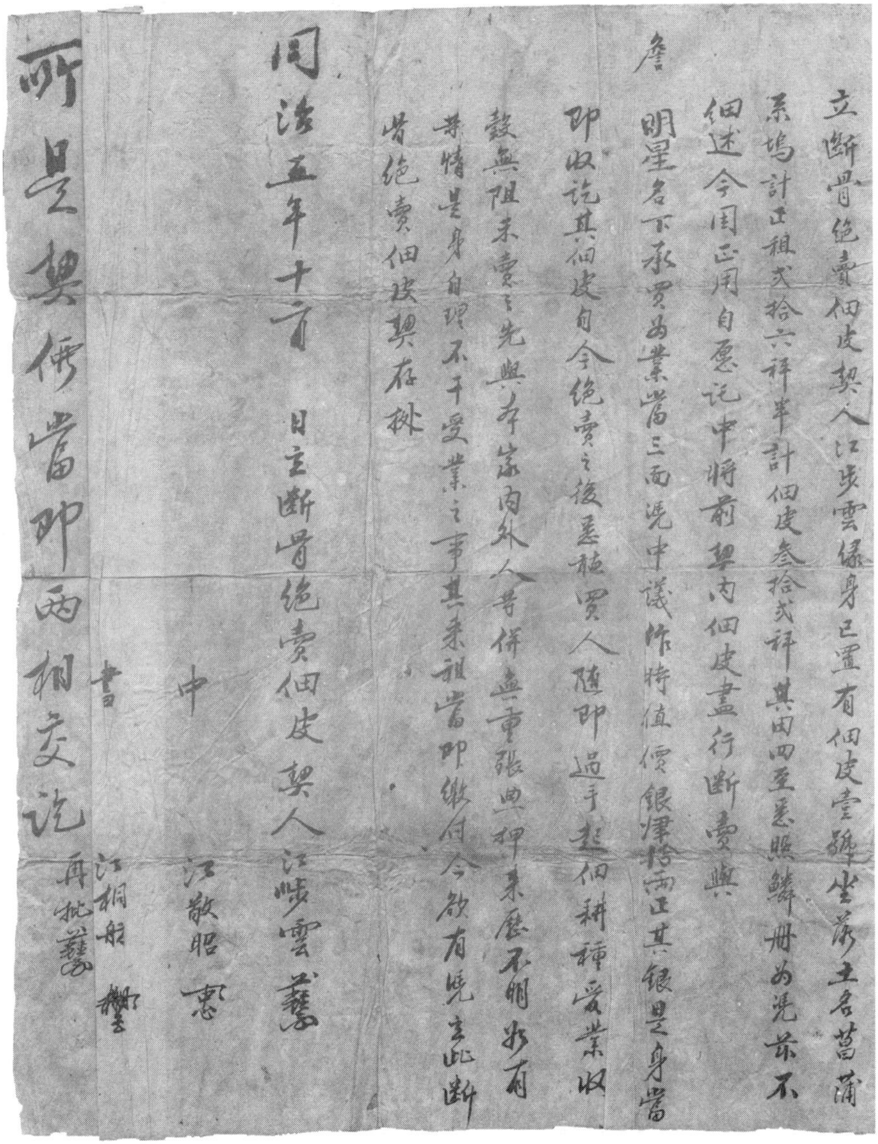
立斷骨絕賣佃皮契人江步雲，緣身已置有佃皮壹號，坐落土名菖蒲系塢，計正租弍拾六秤半，計佃皮叁拾弍秤，其田四至悉照鱗冊為憑，茲不細述。今因正用，自愿託中將前契內佃皮盡行斷賣與
詹
明星名下承買為業。當三面憑中議，作時值價銀洋拾兩正。其銀是身當即收訖。其佃皮自今絕賣之後，悉聽買人隨即過手，起佃耕種管業收獲無阻。未賣之先，與本家內外人等並無重張典押，來歷不明，如有等情，是身自理，不干受業之事。其來租當即繳付。今欲有憑，立此斷骨絕賣佃皮契存據。
同治五年十月　日立斷骨絕賣佃皮契人江步雲（押）
中　江敬昭（押）
書　江桐殷（押）
所是契價當即兩相交訖
再批（押）

江湾镇大潋村 34 · 同治五年 · 断骨绝卖佃皮契 · 江步云卖与詹明星

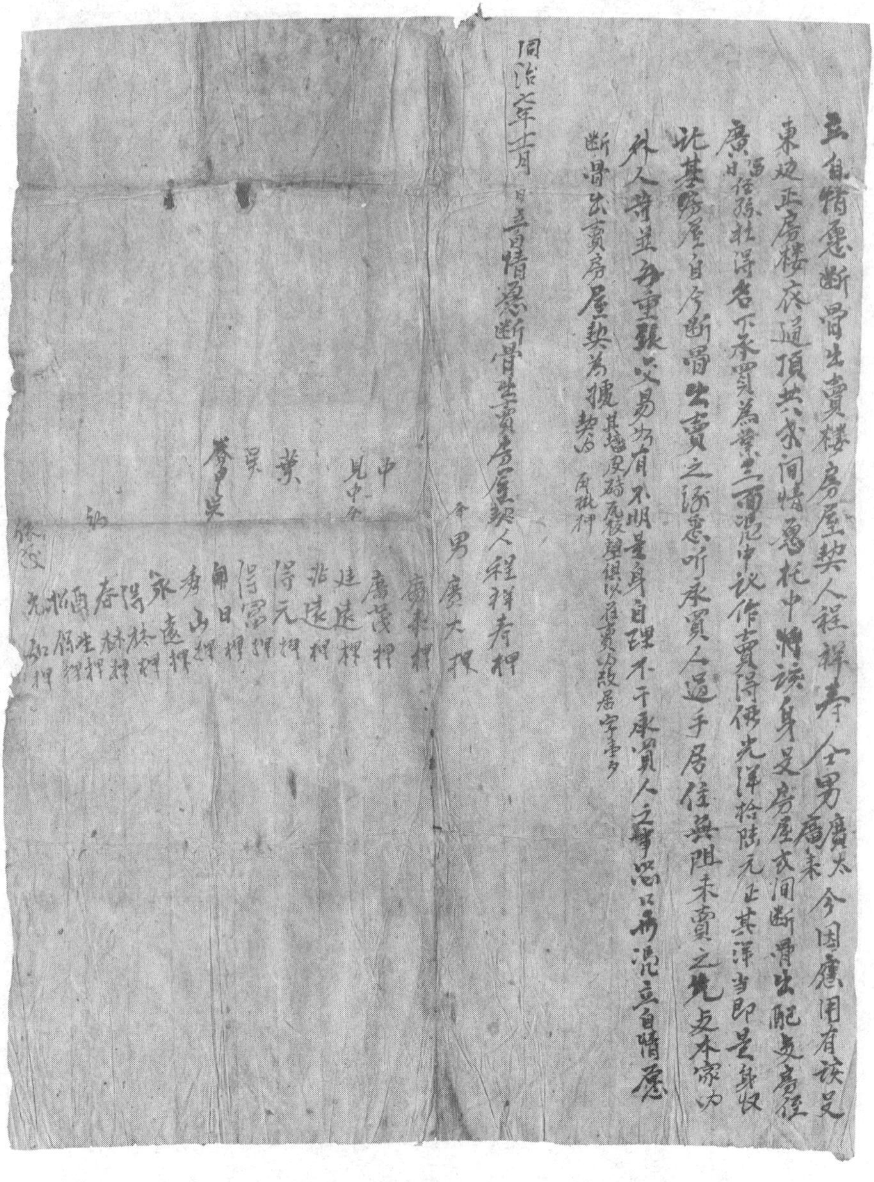

立自情愿断骨出賣樓房屋契人程祥寿仝男廣太、廣来，今因應用有[illegible]足，
東边正房樓[illegible]通頂共弍间，情愿托中将身足房屋弍间断骨出配与房侄
廣富、廣日、侄孙杜得名下承買為業。当三面凭中议作賣得[illegible]光洋拾陆元正，其洋当即是身收
讫。其房屋自今断骨出賣之后，[illegible]听承買人過手居住無阻。未賣之先，与本家內
外人等並無重張交易。如有不明，是身自理，不干承買人之事。恐口無凭，立自情愿
断骨出賣房屋契為據。

同治七年十一月　日立自情愿断骨出賣房屋契人程祥寿押

仝男廣太押

廣来押

江湾镇大潋村 42 · 同治七年 · 断骨出卖楼房屋契 · 程祥寿同男广太、广来配与房侄广富、广日、侄孙杜得

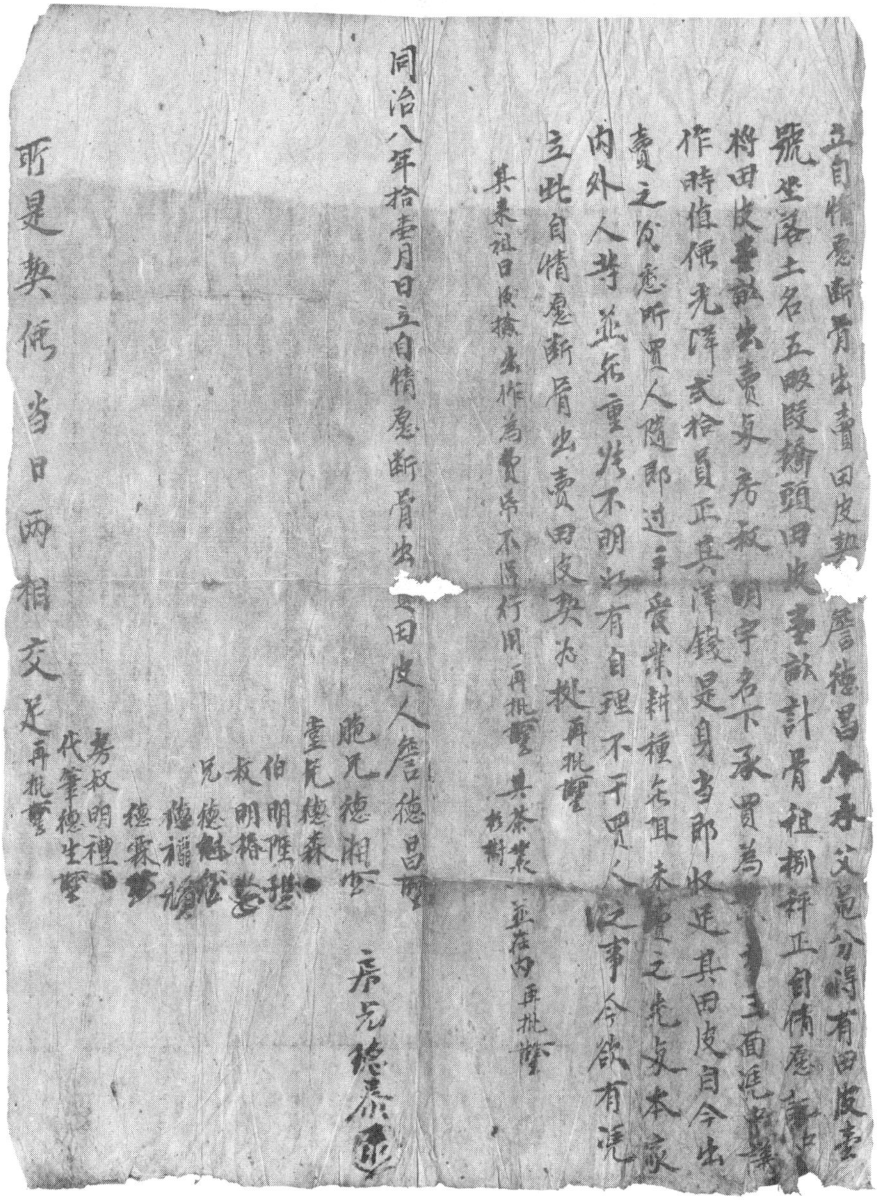
立自情愿断骨出賣田皮契人詹德昌今承父邑分得有田皮壹
號坐落土名五畝段橋頭田皮壹畝計骨租捌秤正自情愿[illegible]
將田皮壹畝出賣与房叔明宇名下承買為業三面憑中
作時值價光洋弍拾員正其洋錢是身当即收足其田皮自今出
賣之後悉听買人隨即过手管業耕種無阻未賣之先與本家
内外人等並無重張不明如有自理不干買人之事今欲有憑
立此自情愿断骨出賣田皮契為據 再批（押）
其来祖田皮據出作為廢紙不得行用 再批（押） 其茶叢杉樹並在内 再批（押）
同治八年拾壹月日立自情愿断骨出賣田皮人詹德昌（押）
胞兄德湘（押）
堂兄德森（押）
伯明陞（押）
叔明椿（押）
兄德魁（押）
德禮（押）
德霖（押）
房兄德泰（押）
房叔明禮（押）
代筆德生（押）
所是契價当日兩相交足 再批（押）

江湾镇大潋村 35 · 同治八年 · 断骨出卖田皮契 · 詹德昌卖与房叔明宇

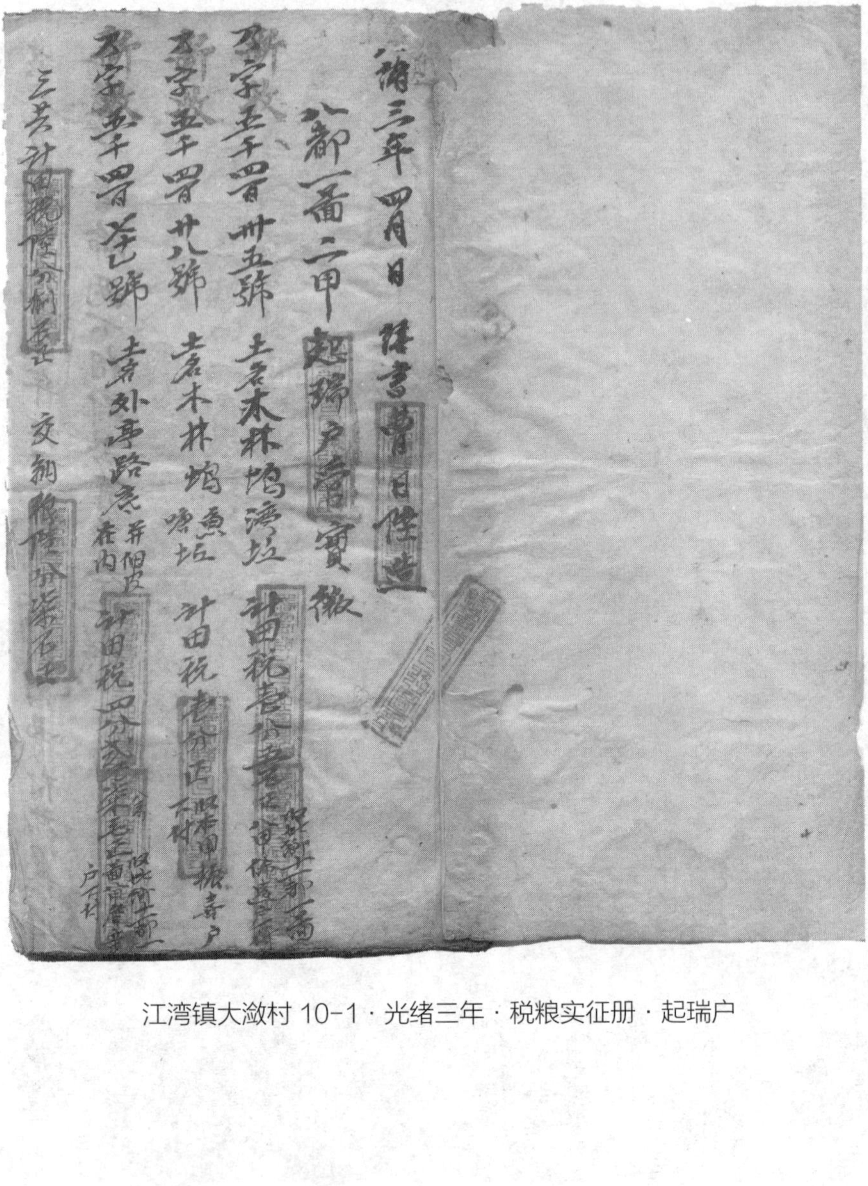

江湾镇大潋村 10-1 · 光绪三年 · 税粮实征册 · 起瑞户

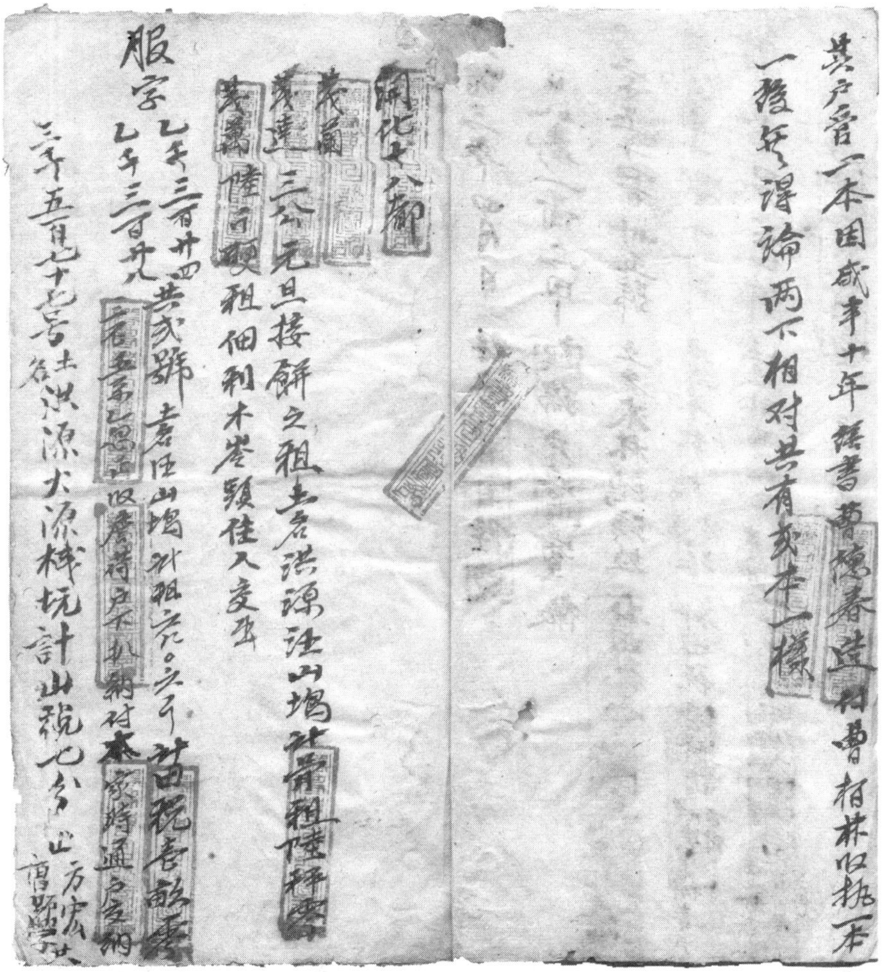

其戶晉一本因咸豐十年經書魯德春造付魯相林收執一本
一發無得論兩不相對共有式本一樣

同化七八都
義蘭
義達　三分　元旦接辭之租　土名洪源汪山塢　計骨租陸秤零
義壽　陸百　硬租佃利不答題佳入交承
服字　乙千三百廿四　共弍號　土名汪山塢　計租六○六斤　計田稅壹畝零
乙千三百廿九
三千五百七十七號　土名洪源大源栈坑　計山稅七分　正

江湾镇大潋村 10-2 · 光绪三年 · 税粮实征册 · 起瑞户

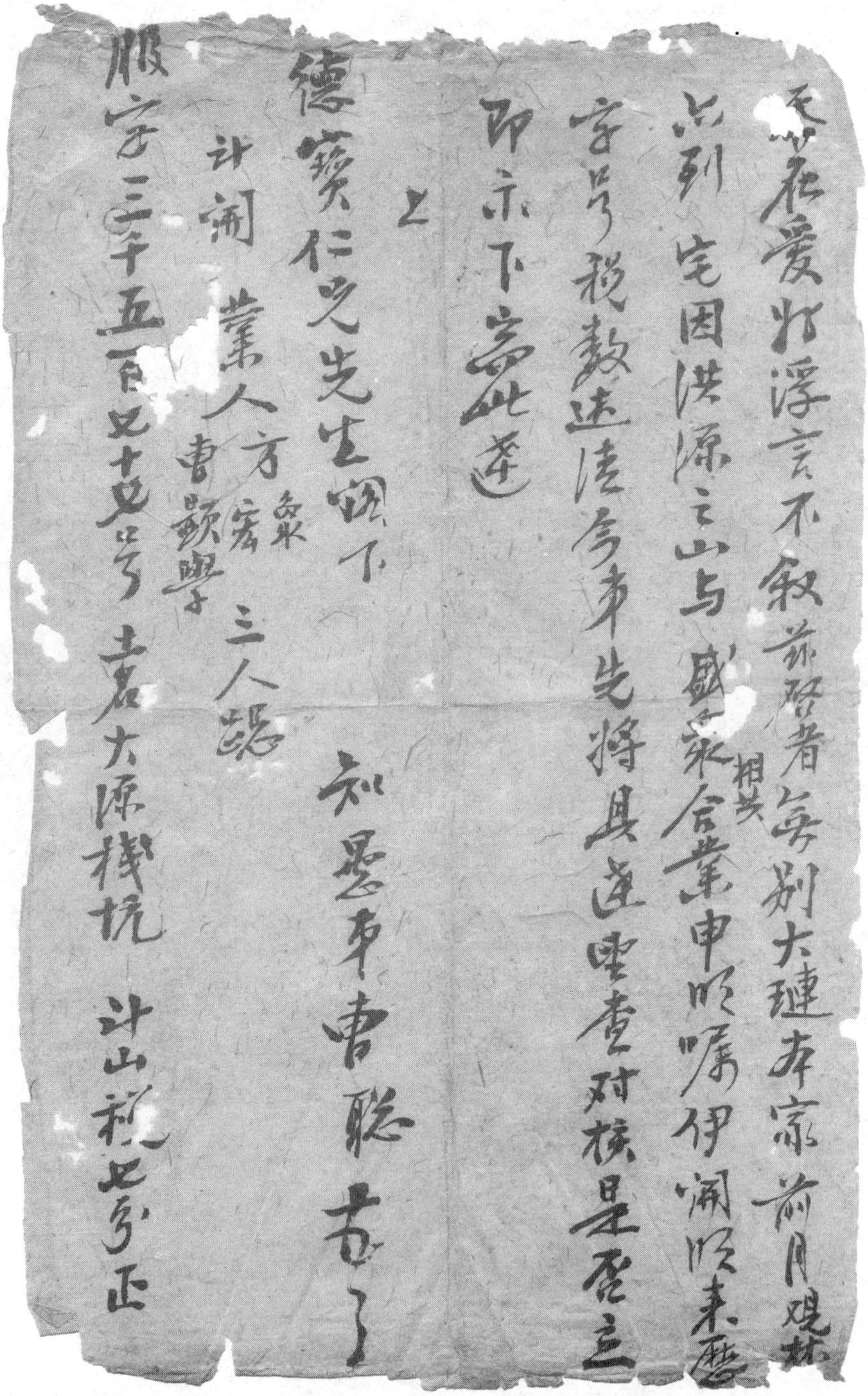

久在愛好浮言不敘茲啓者宴別大璉本家前月娘材
六到宅因洪源之山與盛家相共合業申明據伊開明來歷
字號稅數送清今本先將具述理查對核是否立
即示下爲此奉
上
德賓仁兄先生閣下　知名弟曹聰吉了
計開　業人方寀象　書顯學　三人號
服字三千五百又十又號　土名大源棧坑　計山稅七分正

江湾镇大潋村 10-3 · 光绪三年 · 税粮实征册 · 起瑞户

立自情愿斷骨出賣佃皮契人詹德田，今承父邑分得有佃皮壹号，坐落土名洪源嶺頭欄培底，計骨租陆秤零伍觔，今因正用，自情愿托中將佃皮斷骨出賣與親叔明樹名下承買為業，當三面凭中議作時值價光洋貳拾陆元正，其洋是身當即收足，其田自今出賣之後，一听買人随即过手管業耕種，無阻。未賣之先，與本家内外人等並無重張交易，不明等情，如有，自理，是身承當，不干買人之事。恐口無凭，立此斷骨出賣佃皮契為照。再批：契内加頭字一介。再批（押）

光緒十二年六月　日立自情愿斷骨出賣佃皮契人詹德田（押）

中包兄　德友○

依書　明燊（押）

所是契價當日两相交足。再批（押）

江湾镇大潋村 40 · 光绪十二年 · 断骨出卖佃皮契 · 詹德田卖与亲叔明树

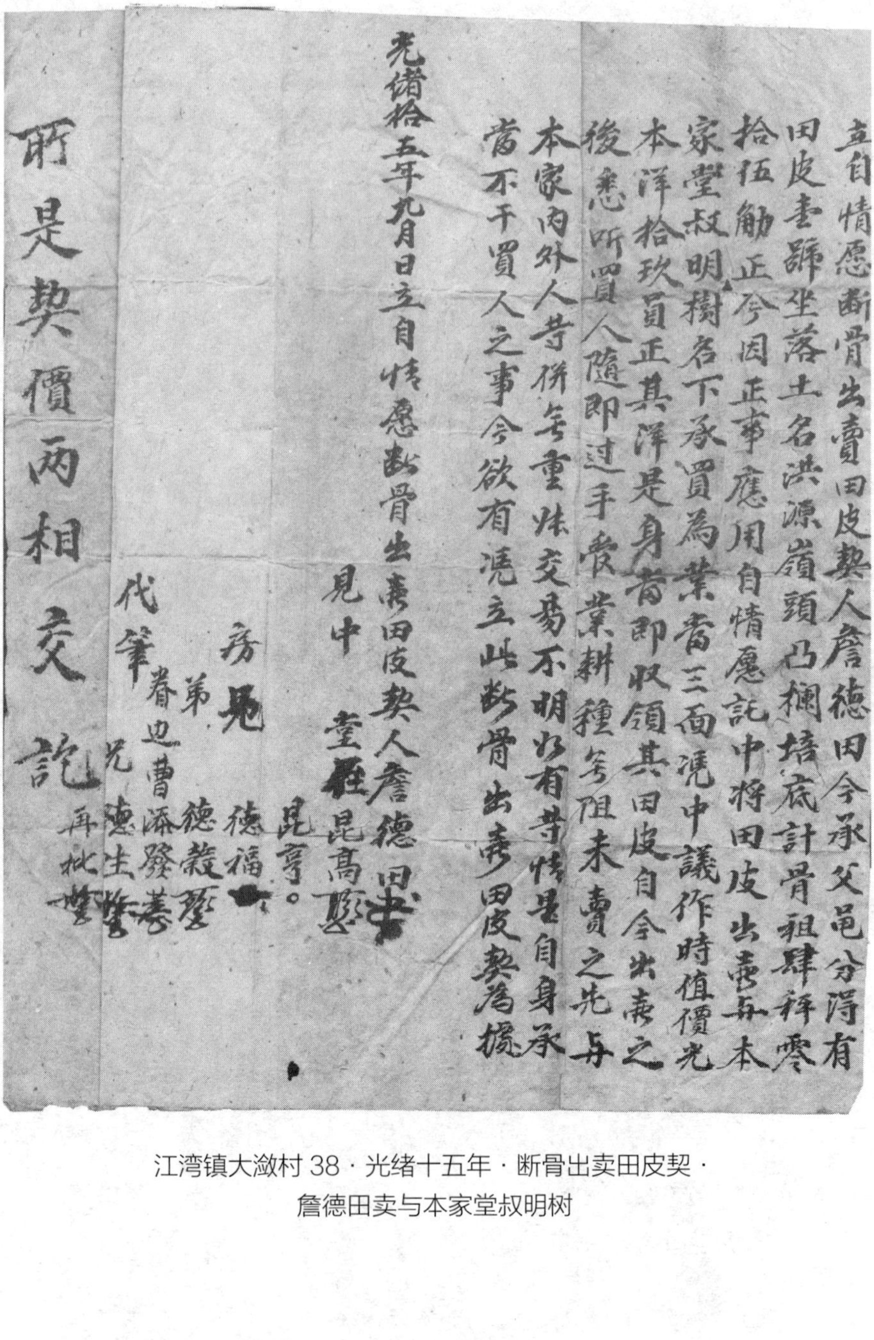

立自情愿斷骨出賣田皮契人詹德田今承父邑分得有
田皮壹號坐落土名洪源嶺頭凸欄培底計骨租肆秤零
拾伍觔正今因正事應用自情愿託中將田皮出賣與本
家堂叔明樹名下承買爲業當三面憑中議作時值價光
本洋拾玖員正其洋是身當即收領其田皮自今出賣之
後悉聽買人隨即過手發業耕種無阻未賣之先與
本家內外人等並無重張交易不明如有等情是自身承
當不干買人之事今欲有憑立此斷骨出賣田皮契爲據

光緒拾五年九月日立自情愿斷骨出賣田皮契人詹德田

見中 堂兄 昆高 昆亨。
房兄 德福
弟 德穀
代筆 眷边曹添發
兄 德生
再批

所是契價兩相交訖

江湾镇大溦村 38 · 光绪十五年 · 断骨出卖田皮契 ·
詹德田卖与本家堂叔明树

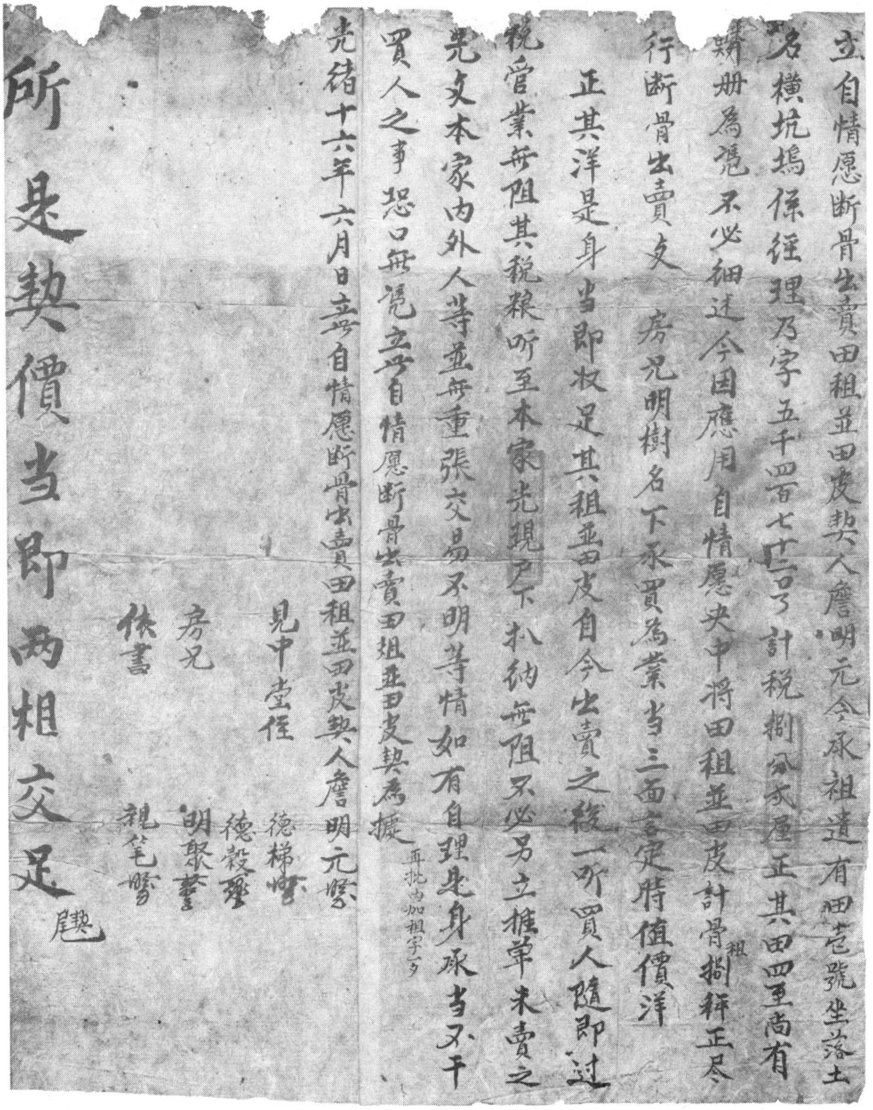
立自情愿断骨出賣田租並田皮契人詹明元，今承祖遺有田，芑號坐落土
名横坑塢，係經理乃字五千四百七十二號，計稅捌分弍厘正，其田四至尚有
鱗册為憑，不必細述。今因應用，自情愿央中將田租並田皮計骨租捌秤正，盡
行斷骨出賣與
房兄明樹名下承買為業，当三面言定時值價洋
正，其洋是身当即收足，其租並田皮自今出賣之後，一听買人隨即过
稅管業無阻，其稅粮听至本家光現户下扒納無阻，不必另立推单，未賣之
先，文本家内外人等並無重張交易，不明等情，如有，自理，是身承当，不干
買人之事。恐口無憑，立此自情愿断骨出賣田租並田皮契為據。
再批：内加租字一个。
光緒十六年六月日立此自情愿断骨出賣田租並田皮契人詹明元（押）
見中 堂侄 德梯（押）
德穀（押）
房兄 明聚（押）
依書 親笔（押）
所是契價当即两相交足（押）

江湾镇大潋村 32 · 光绪十六年 · 断骨出卖田租并田皮契 ·
詹明元卖与房兄明树

江湾镇大潋村 6-1 · 光绪十七年至民国十九年 · 税粮实征册 · 兴桃户

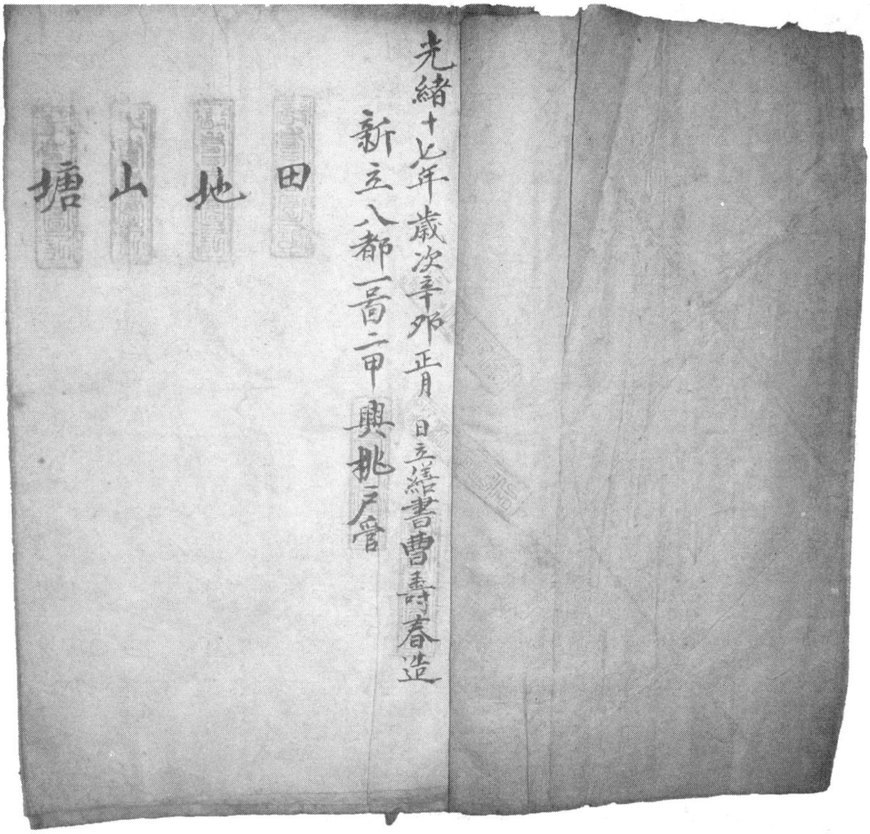
光緒十七年歲次辛卯正月 日立繕書曹壽春造
新立八都一啚二甲興桃戶管
田
地
山
塘
江湾镇大潋村 6-2 · 光绪十七年至民国十九年 · 税粮实征册 · 兴桃户

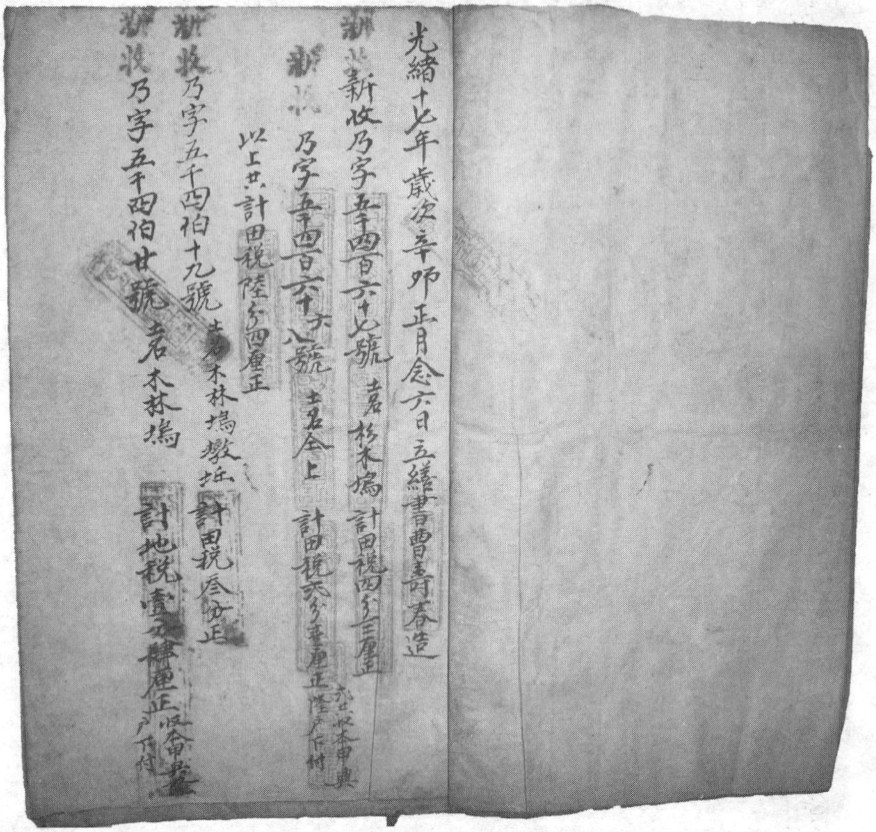

江湾镇大潋村 6-3 · 光绪十七年至民国十九年 · 税粮实征册 · 兴桃户

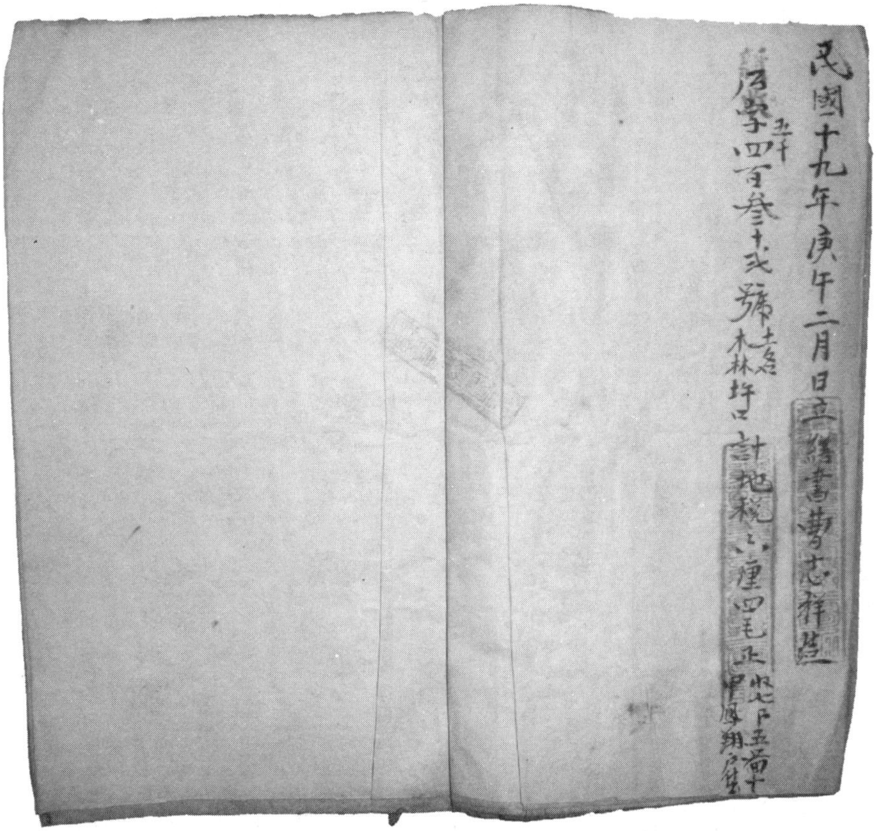

江湾镇大潋村 6-4 · 光绪十七年至民国十九年 · 税粮实征册 · 兴桃户

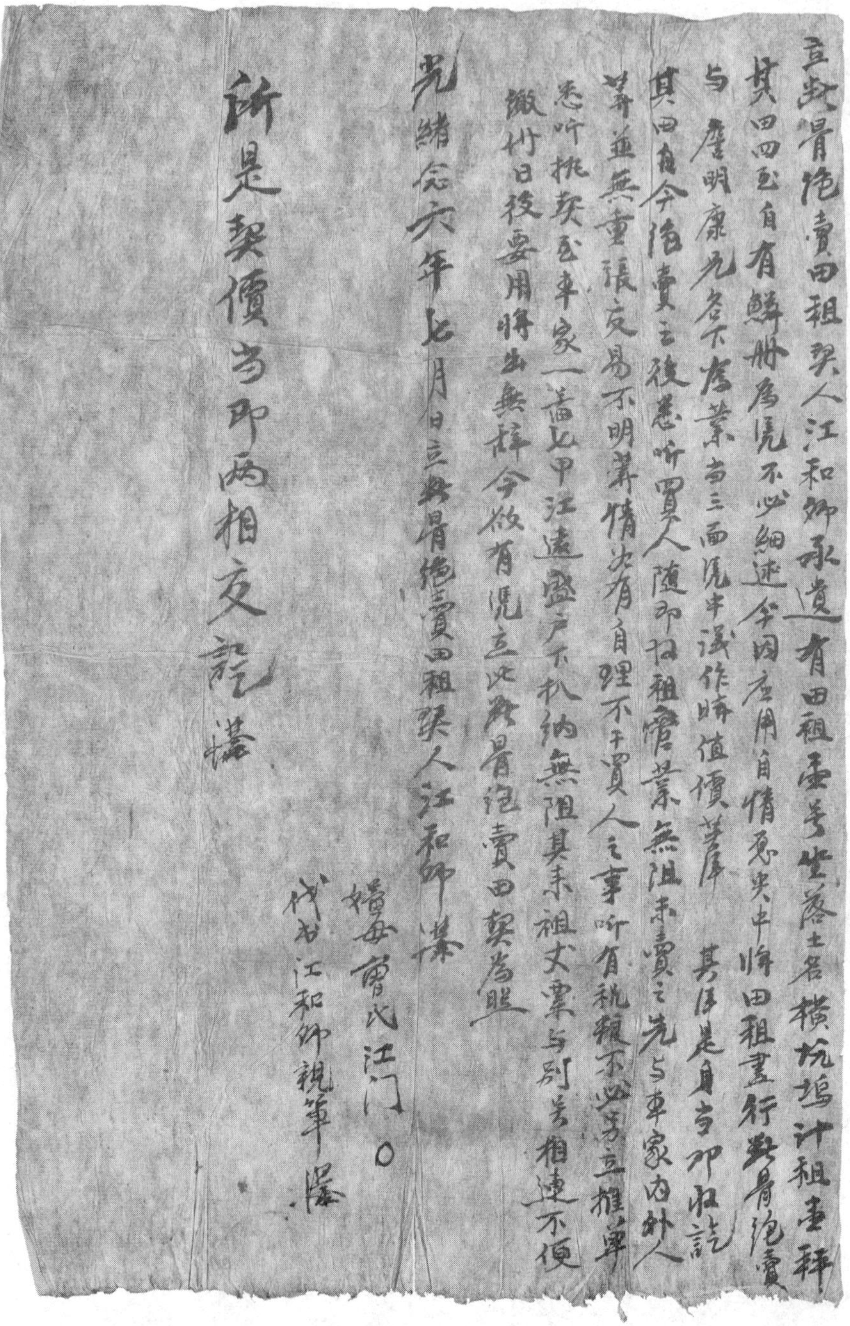
立断骨绝賣田租契人江和师承遺有田租壹号坐落土名横坑塢计租壹秤
其田四至自有鱗册為凭不必細述今因應用自情愿央中将田租尽行断骨绝賣
与詹明康兄名下為業當三面凭中議作時值價英洋　其洋是身当即收訖
其田自今绝賣之後悉听買人随即扫租管業無阻未賣之先与本家内外人
等並無重張交易不明等情如有自理不干買人之事所有税粮不必另立推单
悉听挑契至本家一啚七甲江遠盛户下扒納無阻其未祖文票与别号相連不便
繳付日後要用將出無辞今欲有凭立此断骨绝賣田契為照
光緒念六年七月日立断骨绝賣田租契人江和师（押）
婶母曾氏江門 ○
代书江和师親筆（押）
所是契價当即两相交訖（押）

江湾镇大潋村 37 · 光绪二十六年 · 断骨绝卖田租契 · 江和师绝卖与詹明康兄

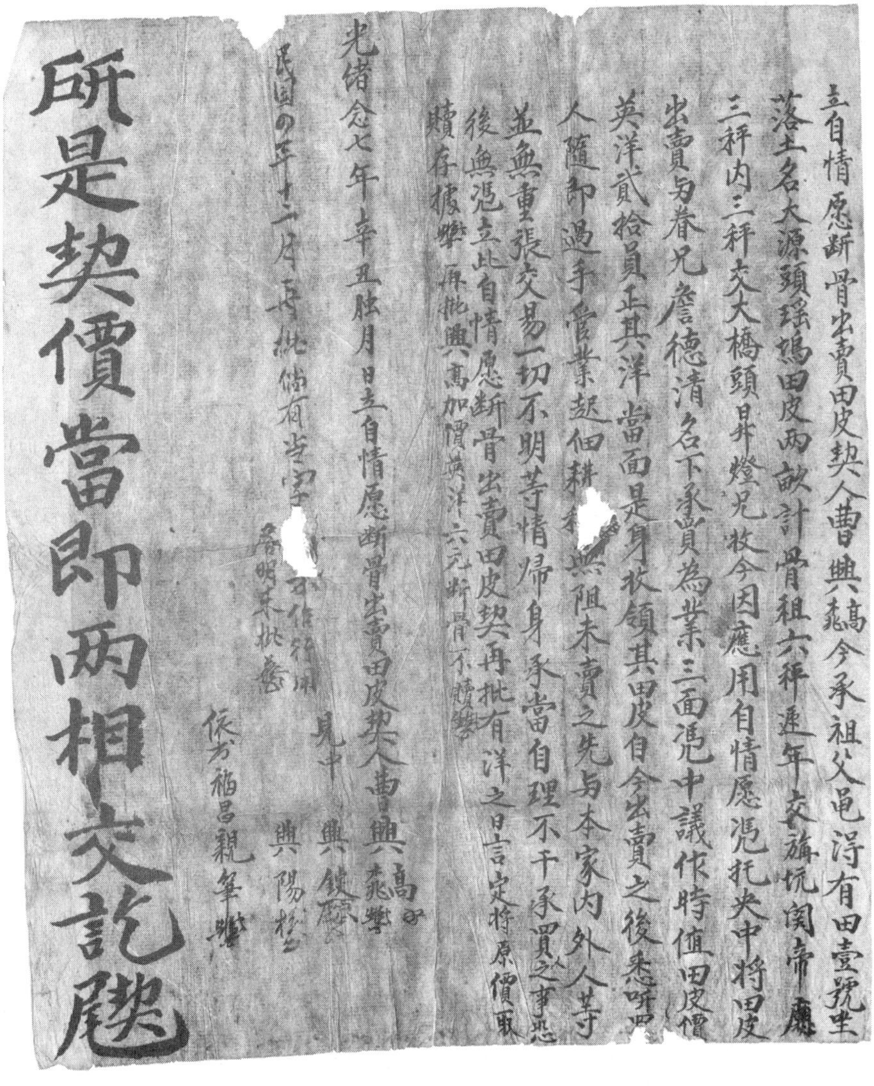

立自情愿断骨出賣田皮契人曹興高、桃，今承祖父邑得有田壹號，坐落土名大源頭瑶鳩田皮兩畝，計骨租六秤，逐年交旛坑閔帝廟三秤，內三秤交大橋頭昇燈兄收。今因應用，自情愿憑托央中將田皮出賣与眷兄詹德清名下承買為業，三面憑中議作時值田皮價英洋貳拾員正。其洋當面是身收領，其田皮自今出賣之後，悉听買人隨即過手管業，起佃耕種，無阻。未賣之先与本家内外人等並無重張交易，一切不明等情，归身承當自理，不干承買之事。恐後無憑，立此自情愿断骨出賣田皮契，再批：有洋之日言定將原價取贖存據。

再批：興高加價英洋六元，断骨不贖。

光绪念七年辛丑脸月　日立自情愿断骨出賣田皮契人曹興高、桃

見中　興鍊、興陽

民国四年十二月吉批：倘有出字[illegible]不作行用。吾明某批

依书　福昌親筆

所是契價當即兩相交訖

江湾镇大潋村 23 · 光绪二十七年 · 断骨出卖田皮契 ·
曹兴高、曹兴桃卖与眷兄詹德清

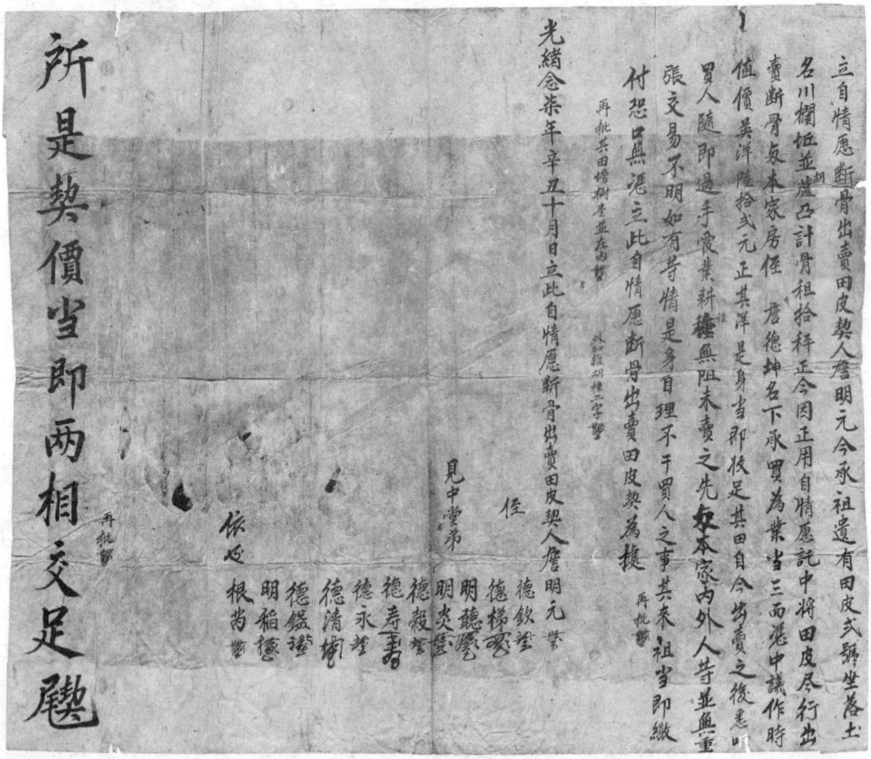

立自情愿断骨出賣田皮契人詹明元今承祖遺有田皮弍號坐落土
名川欄坵並廬凸計骨租拾秤正今因正用自情愿託中將田皮尽行出
賣斷骨與本家房侄詹德坤名下承買為業當三面憑中議作時
值價英洋陸拾弍元正其洋是身當即收足其田自今出賣之後悉听
買人隨即過手管業耕種無阻未賣之先與本家內外人等並無重
張交易不明如有等情是身自理不干買人之事其來祖當即繳
付恐口無憑立此自情愿断骨出賣田皮契為據
再批 照
再批其田塝樹並在内 照
外加雜胡樹二字 照
光緒念柒年辛丑十月日立此自情愿断骨出賣田皮契人詹明元 押
侄 德欽 押
德梯 押
見中堂弟 明聽 押
明炎 押
德毅 押
德寿 押
德永 押
德清 押
德鎰 押
明稻 押
依書 根尚 押
所是契價當即兩相交足 照
再批 照

江湾镇大潋村 33 · 光绪二十七年 · 断骨出卖田皮契 ·
詹明元卖与本家房侄詹德坤

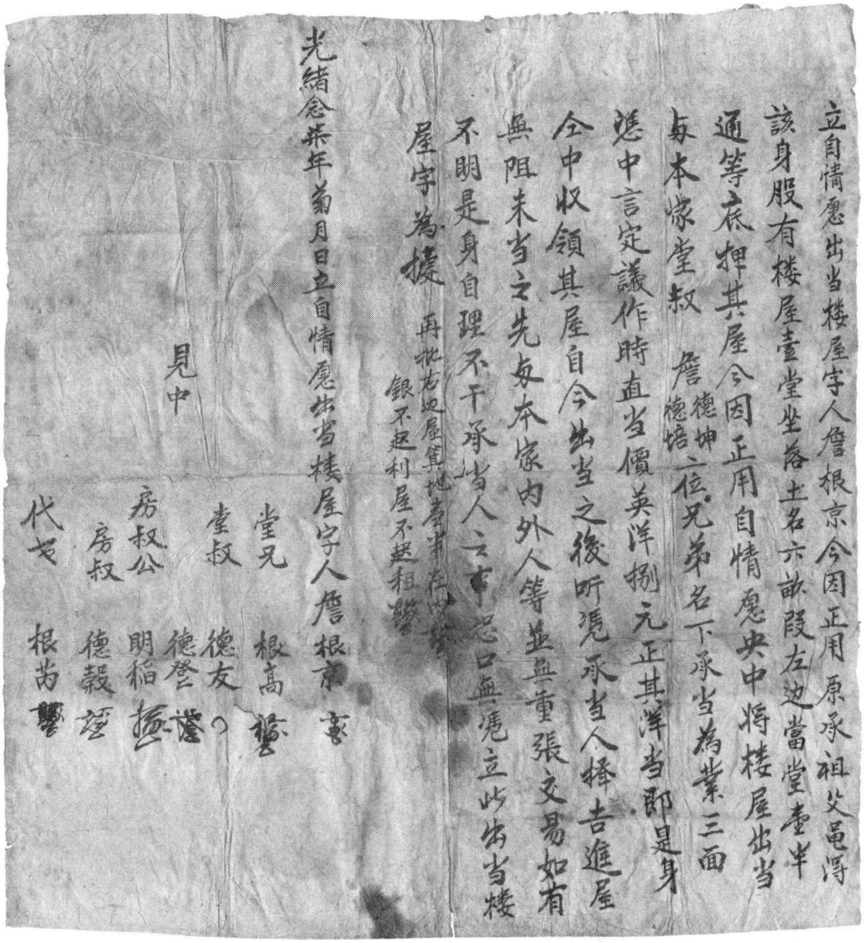
立自情愿出当楼屋字人詹根京今因正用原承祖父邑浮
该身股有楼屋壹堂坐落土名六亩段左边当堂壹半
通等在押其屋今因正用自情愿央中将楼屋出当
与本家堂叔 詹德坤德培二位兄弟名下承当为业三面
凭中言定议作时值当价英洋捌元正其洋当即是身
全中收领其屋自今出当之后听凭承当人择吉进屋
无阻未当之先与本家内外人等并无重张交易如有
不明是身自理不干承当人之事恐口无凭立此出当楼
屋字为据 再批右边屋箕地基并在内
银不起利屋不起租
光绪念柒年菊月日立自情愿出当楼屋字人詹根京
见中 堂兄 根高
堂叔 德友
房叔公 德登 明稻
房叔 德穀
代笔 根茜

江湾镇大潋村 39 · 光绪二十七年 · 出当楼屋字 ·
詹根京当与本家堂叔詹德坤、詹德培

江湾镇大潋村 3-1 · 光绪二十八年 · 税粮实征册 · 詹成宝户

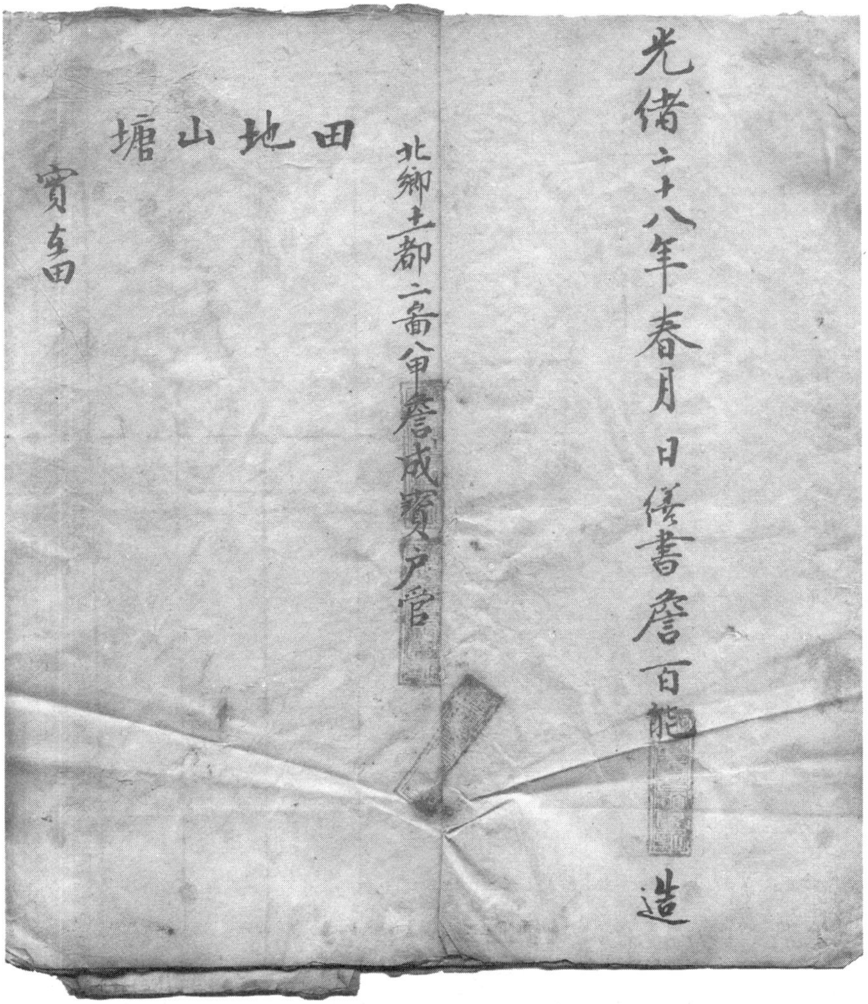
田地山塘
實在田
北鄉土都二啚八甲詹成寶戶管
光緒二十八年春月日經書詹百能造

江湾镇大潋村 3-2 · 光绪二十八年 · 税粮实征册 · 詹成宝户

江湾镇大潋村 3-3 · 光绪二十八年 · 税粮实征册 · 詹成宝户

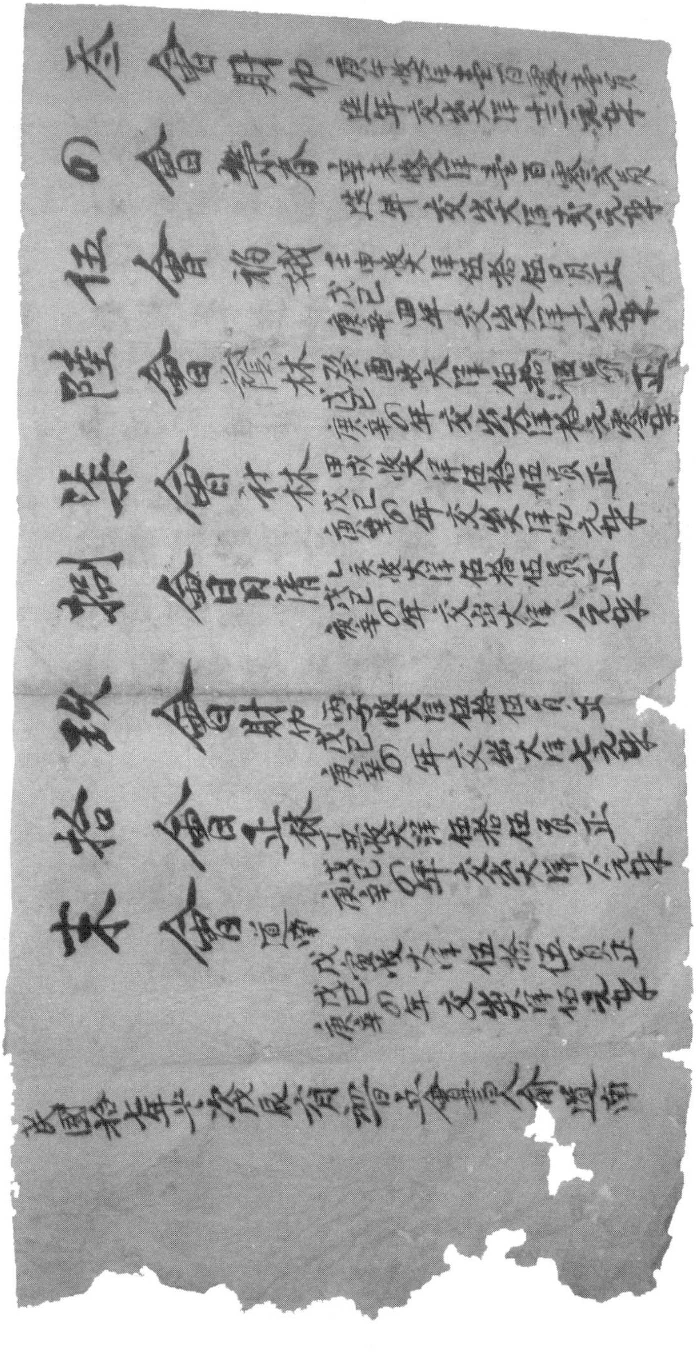

江湾镇大洑村 22 · 民国十七年 · 会书 · 俞道南

叁會 財仂 庚午收大洋壹百零壹員 迭年交出大洋十三元半
の會 榮春 辛未收大洋壹百零弍員 迭年交出大洋弍元半
伍會 裕織 壬申收大洋伍拾伍員正 戊巳庚辛四年交出大洋十六元半
陸會 蔭林 癸酉收大洋伍拾伍員正 戊巳庚辛の年交出大洋拾元零半
柒會 社林 甲戌收大洋伍拾伍員正 戊巳庚辛の年交出大洋九元半
捌會 日清 乙亥收大洋伍拾伍員正 戊巳庚辛の年交出大洋八元半
玖會 財仂 丙子收大洋伍拾伍員正 戊巳庚辛の年交出大洋七元半
拾會 正林 丁丑收大洋伍拾伍員正 戊巳庚辛の年交出大洋六元半
末會 道南 戊寅收大洋伍拾伍員正 戊巳庚辛の年交出大洋伍元半
民國拾七年歲次戊辰月 日立會書人俞道南
江湾镇大潋村 22 · 民国十七年 · 会书 · 俞道南

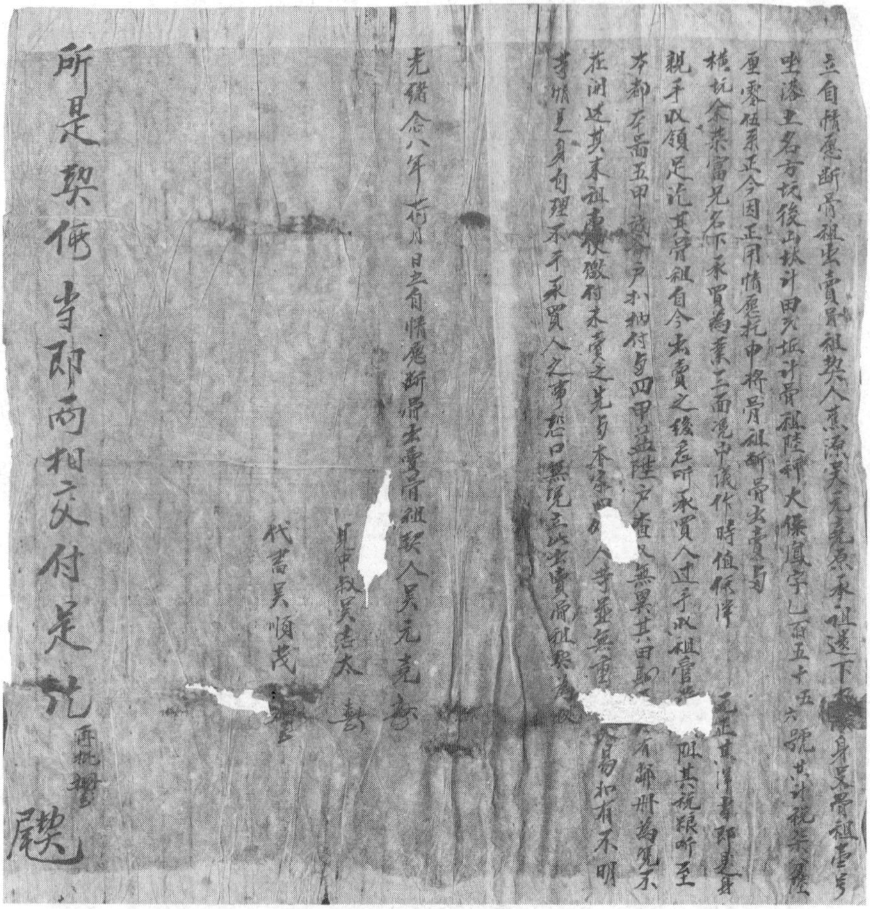
立自情愿断骨租出卖骨租契人蕉源吴元尧，原承祖遗下[illegible]身叉骨租壹号，
坐落土名方坑後山脚，计田弍坵，计骨租陆秤大，系经理宝字乙百五十五、六号，共计税叁厘
重零伍系正。今因正用，情愿托中将骨租断骨出卖与
横坑余荣富兄名下承买为业，三面凭中议作时值价洋[illegible]元正，其洋当即是身
亲手收领足讫。其骨租自今出卖之後，悉听承买人过手收租管[illegible]，[illegible]所其税粮听至
本都本啚五甲[illegible]户下扒纳付与四甲益陆户查収，無異。其田[illegible]有挪册为凭，不
在开送。其未租[illegible]微有未卖之先，与本家[illegible]人等并無重[illegible]交易。如有不明
等情，是身自理，不干承买人之事。恐口無凭，立此出卖骨租契为[illegible]。

光绪念八年荷月 日立自情愿断骨出卖骨租契人吴元尧（押）

凭中叔吴志太（押）

代书吴顺茂（押）

所是契价当即两相交付足讫 再批（押）

[illegible]

江湾镇大潋村 22 · 光绪二十八年 · 断骨出卖骨租契 · 吴元尧卖与余荣富

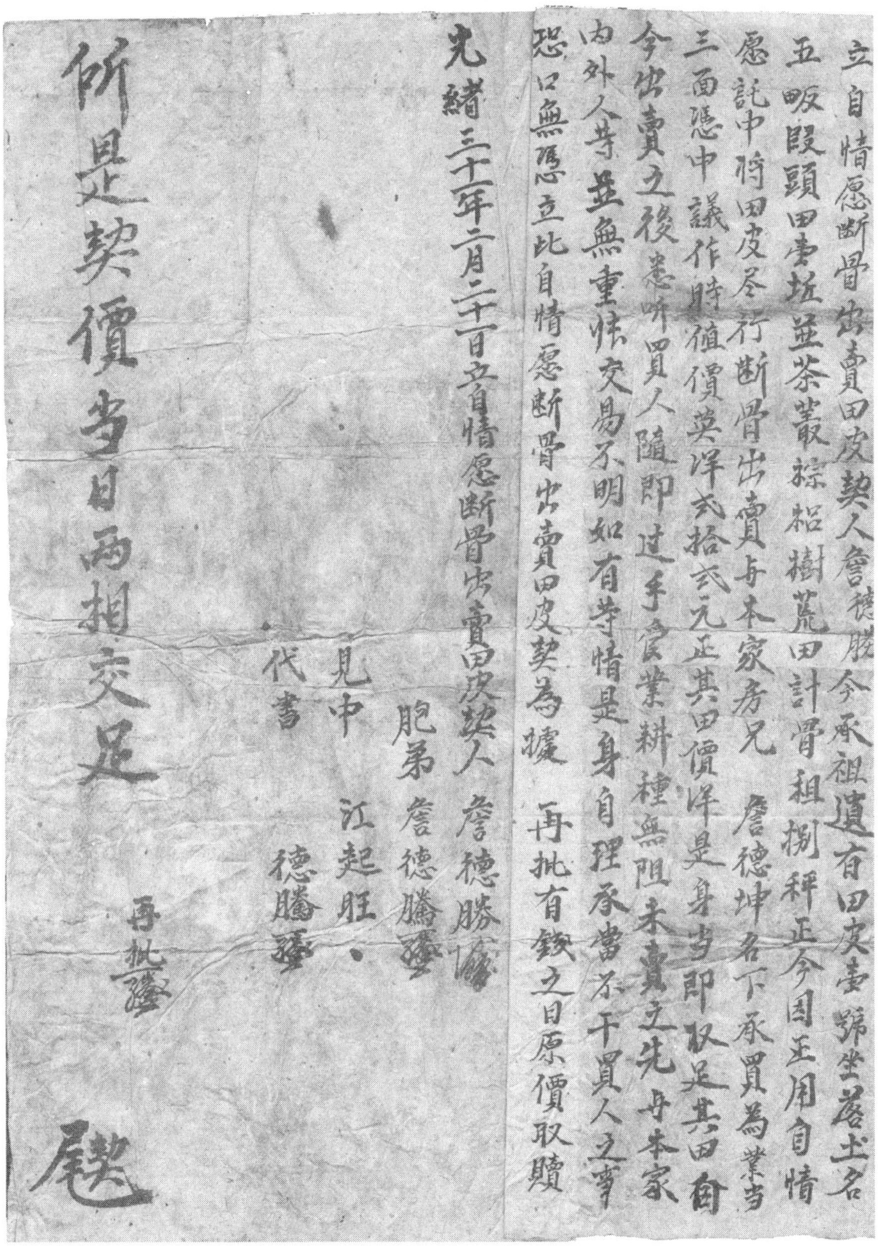

立自情愿断骨出賣田皮契人詹德勝今承祖遺有田皮壹號坐落土名五畈段頭田壹坵并茶叢棕梠樹荒田計骨租捌秤正今因正用自情愿託中將田皮尽行断骨出賣与本家房兄詹德坤名下承買為業当三面憑中議作時值價英洋弍拾弍元正其田價洋是身当即收足其田自今出賣之後悉听買人隨即过手管業耕種無阻未賣之先与本家內外人等並無重情交易不明如有等情是身自理承當不干買人之事恐口無憑立此自情愿断骨出賣田皮契為據

再批有錢之日原價取贖

光緒三十一年二月二十日立自情愿断骨出賣田皮契人 詹德勝（押）

胞弟 詹德騰（押）

見中 江起旺（押）

代書 德騰（押）

所是契價当日兩相交足

再批（押）

江湾镇大潋村 36 · 光绪三十一年 · 断骨出卖田皮契 ·

詹德胜卖与本家房兄詹德坤

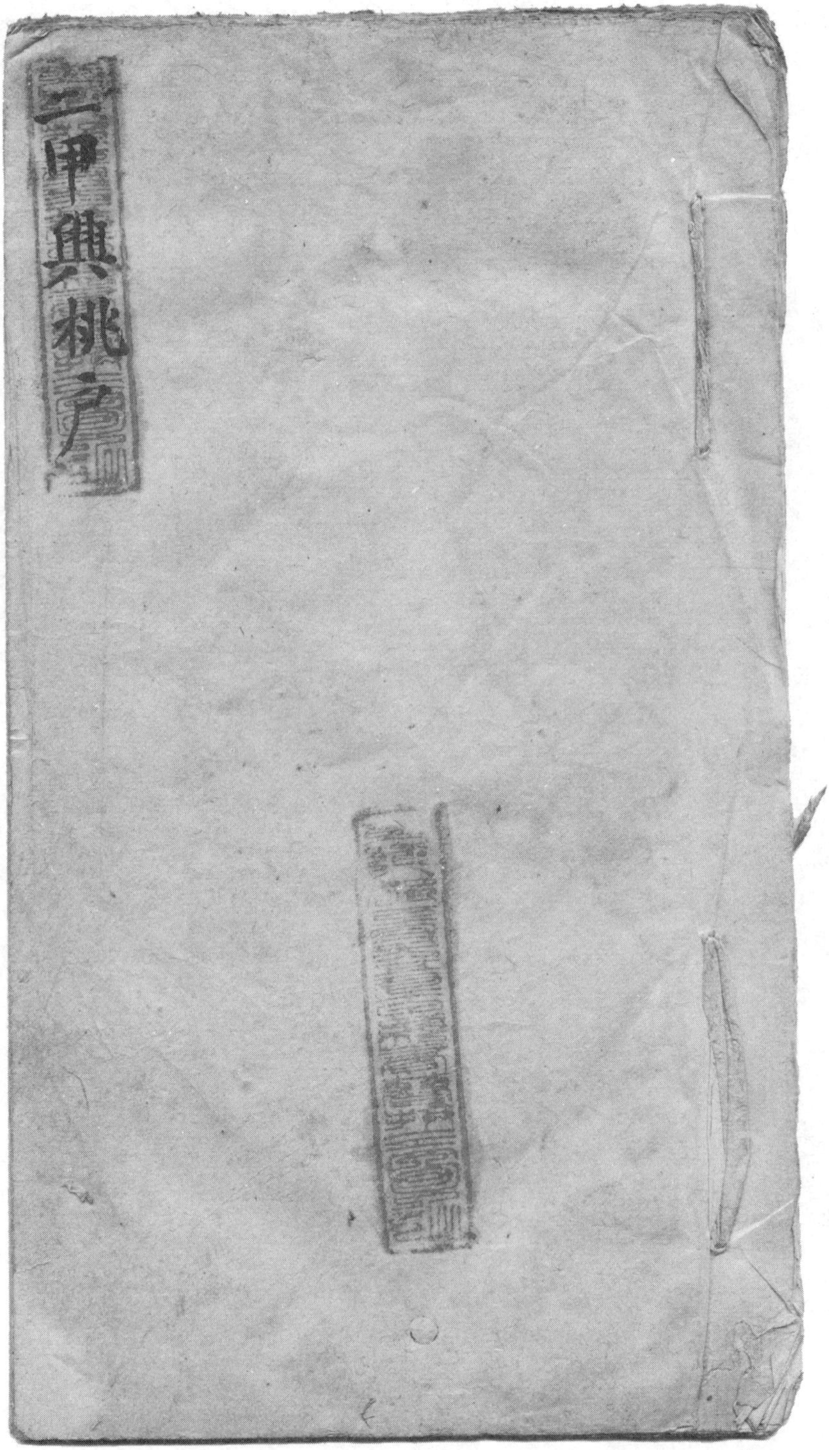

江湾镇大潋村 7-1 · 光绪三十二年 · 税粮实征册 · 兴桃户

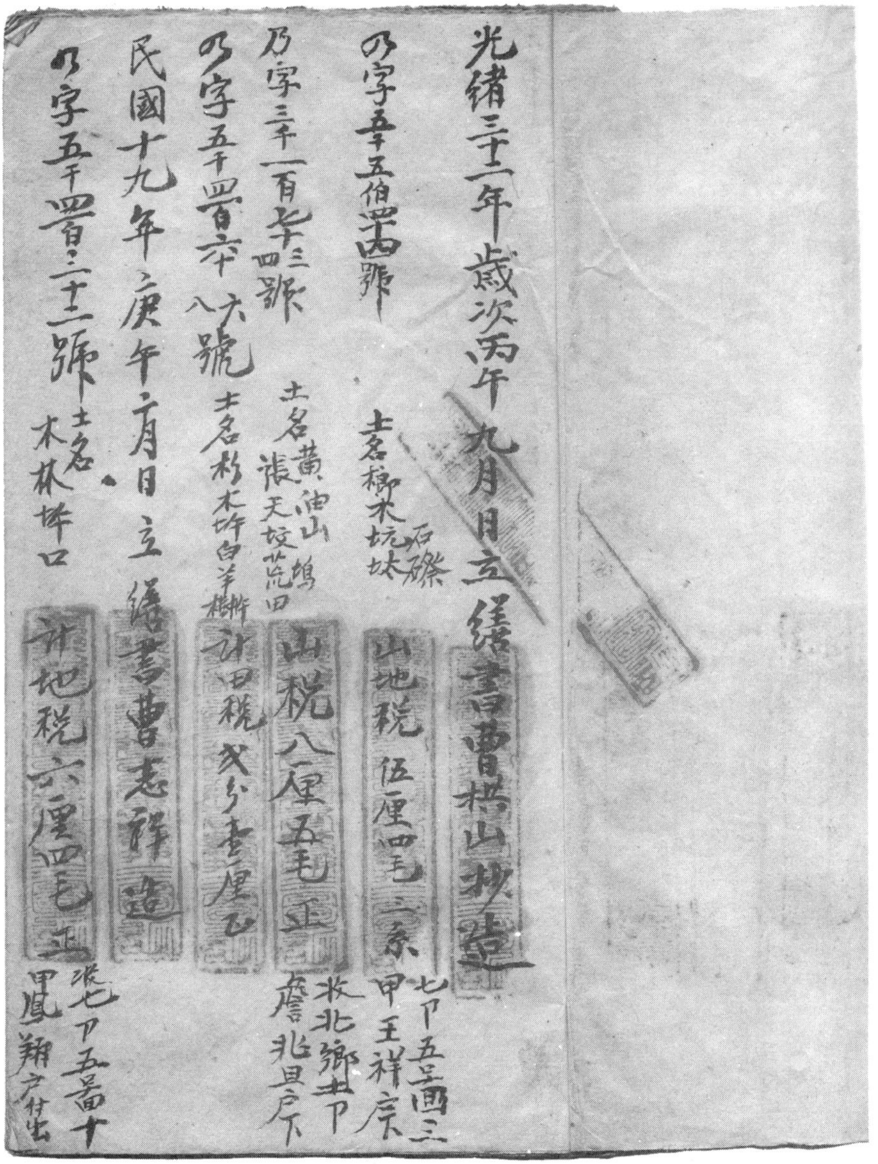
光緒三十二年歲次丙午九月日立繕書曹桂山抄造
乃字五千五伯四十四號 土名柳木坑坛 石磜
山地稅伍厘四毛三系 七ㄗ五呈四三 甲王祥戸
乃字三千一百七十三四號 土名黄油山塢 張天姣荒田
山稅八厘五毛正 水北鄉廿ㄗ 詹兆貝戸下
乃字五千四百六十八六號 土名杉木坪白羊樹坪
計田稅弍分壹厘正
民國十九年庚午六月日立繕書曹志祥造
乃字五千四百三十二號 土名木林坪口
計地稅六厘四毛正 泼七ㄗ五呈四十 甲鳳翔戸付出

江湾镇大潋村 7-2 · 光绪三十二年 · 税粮实征册 · 兴桃户

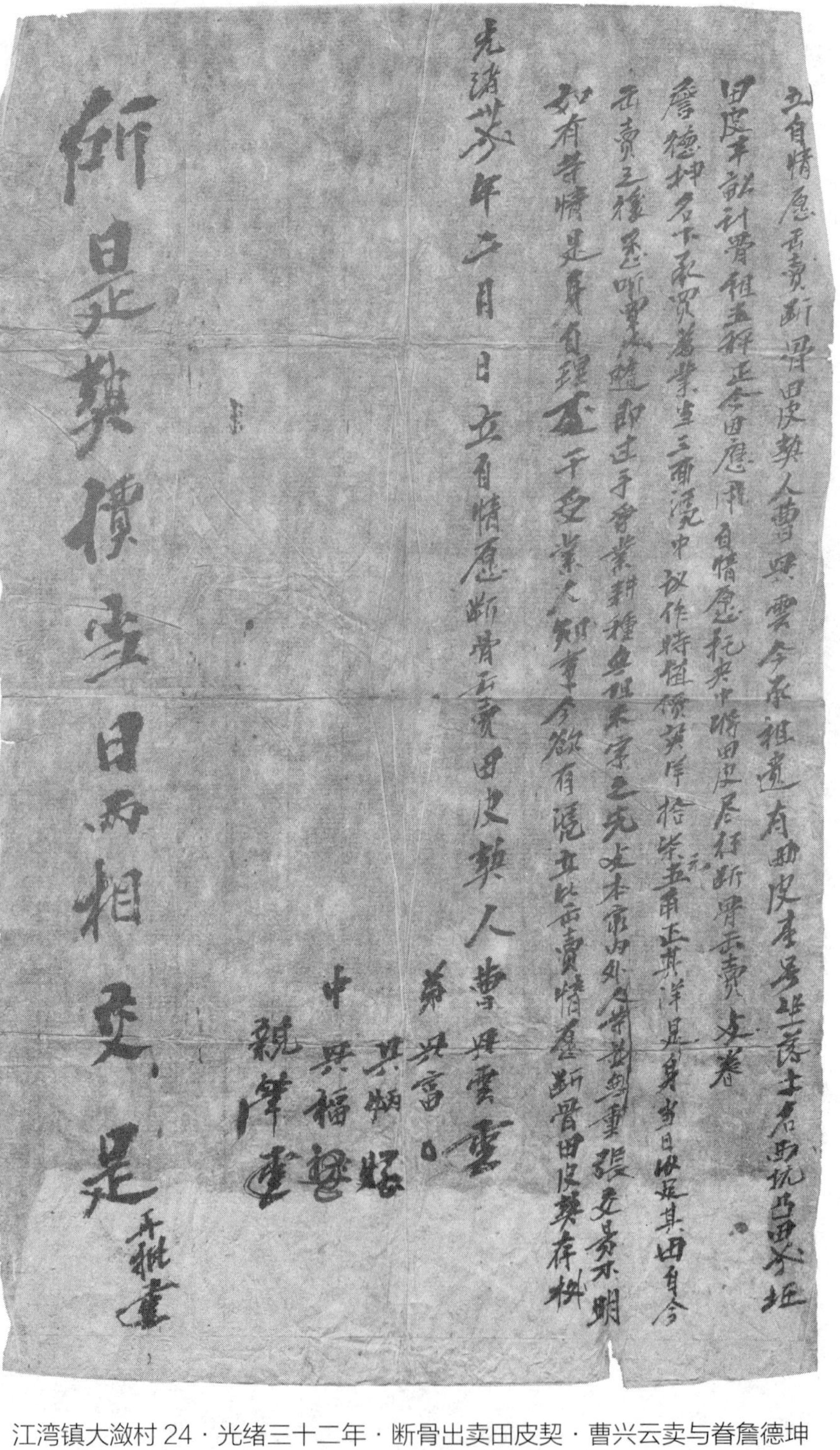

立自情愿出卖断骨田皮契人曹兴云，今承祖遗有田皮壹号，坐落土名西坑口田坵，
田皮十亩，计骨租五秤正，今因应用，自情愿托央中将田皮尽行断骨出卖与族眷
詹德坤名下承买为业，当三面凭中议作时值价英洋拾柒元正，其洋是身当日收足，其田自今
出卖之后，悉听买人随即过手管业耕种，无阻。未卖之先，并本家内外人等无重张，交易不明
如有等情，是身自理，不干受业人之事。今欲有凭，立此出卖情愿断骨田皮契存据。
光绪卅贰年二月 日 立自情愿断骨出卖田皮契人 曹兴云
弟 兴富
中 其炳
兴福
亲笔

断骨契价当日两相交足

江湾镇大潋村 24 · 光绪三十二年 · 断骨出卖田皮契 · 曹兴云卖与眷詹德坤

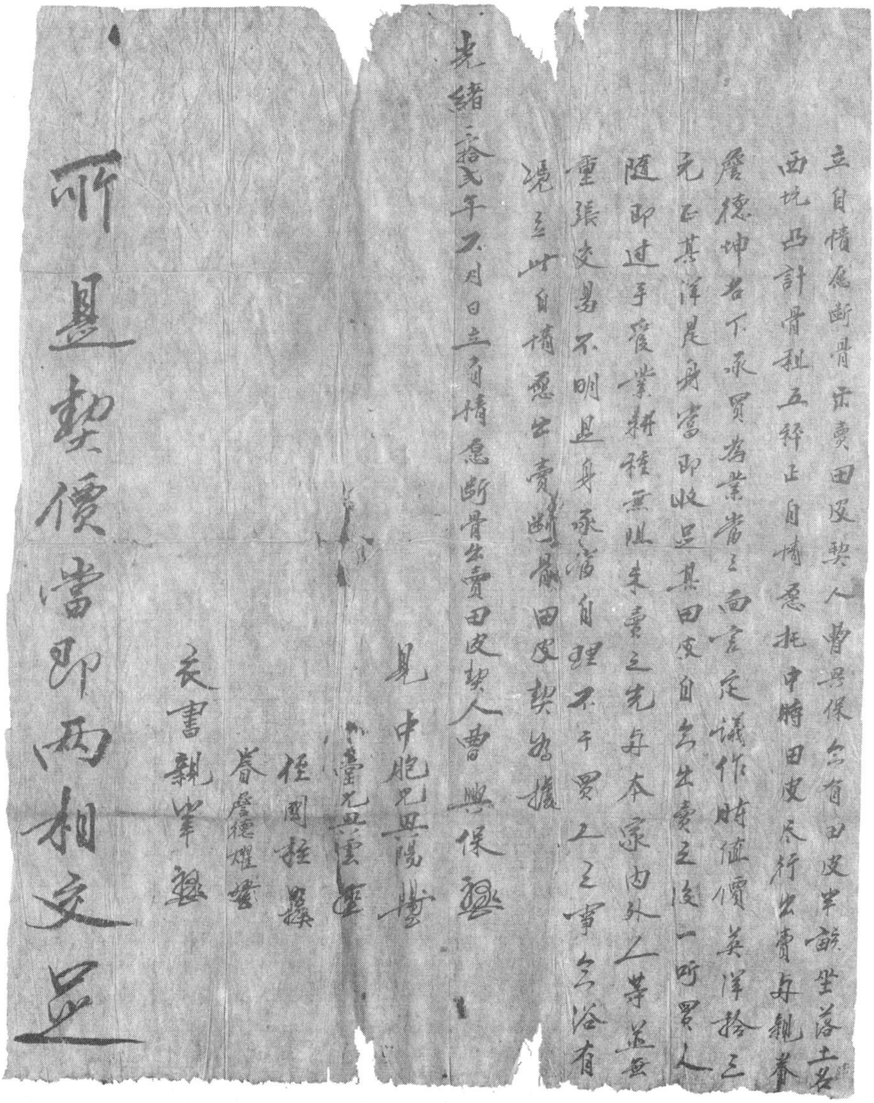

立自情愿断骨出卖田皮契人曹兴保今有田皮半亩坐落土名
西坑凸计骨租五秤正自情愿托中将田皮尽行出卖与亲眷
詹德坤名下承买为业当三面言定议作时值价英洋拾三
元正其洋是身当即收足其田皮自今出卖之后一听买人
随即过手管业耕种无阻未卖之先与本家内外人等并无
重张交易不明是身承当自理不干买人之事今欲有
凭立此自情愿出卖断骨田皮契为据
光绪三拾弍年又月日立自情愿断骨出卖田皮契人曹兴保（押）
见中 胞兄 曹兴阳（押）
堂兄 曹兴云（押）
侄 国柱（押）
眷 詹德煜（押）
代书 亲笔（押）
所是契价当即两相交足

江湾镇大潋村 26 · 光绪三十二年 · 断骨出卖田皮契 · 曹兴保卖与亲眷詹德坤

立自情愿断骨出卖田皮契人詹德勝今承祖遺有田皮壹號坐
落土名玉畈叚頭田壹坵並茶叢棕榴樹杉樹荒田計穀租捌秤
正今因正用道情愿託中將田皮盡行斷骨出賣與本家房兄詹
德坤名下承買為業當三面憑中議作時值價英洋壹兀正其田價洋
是身當即收足其日自今出賣之後聽買人隨即過手愛業耕種無阻
未賣之先與本家內外人等並無重账交易不明等情事身自理承
當不干買人之事□□□起無憑立此自情愿斷□□□□□□
光緒三十二年九月日立自情愿斷骨出賣田皮契人　詹德勝（押）

堂兄　　德富（押）
侄　　　根炎（押）
見中　　德滋唐
　　　　江延旺
代書　　德騰（押）

所是契價当日两相交足　（押）

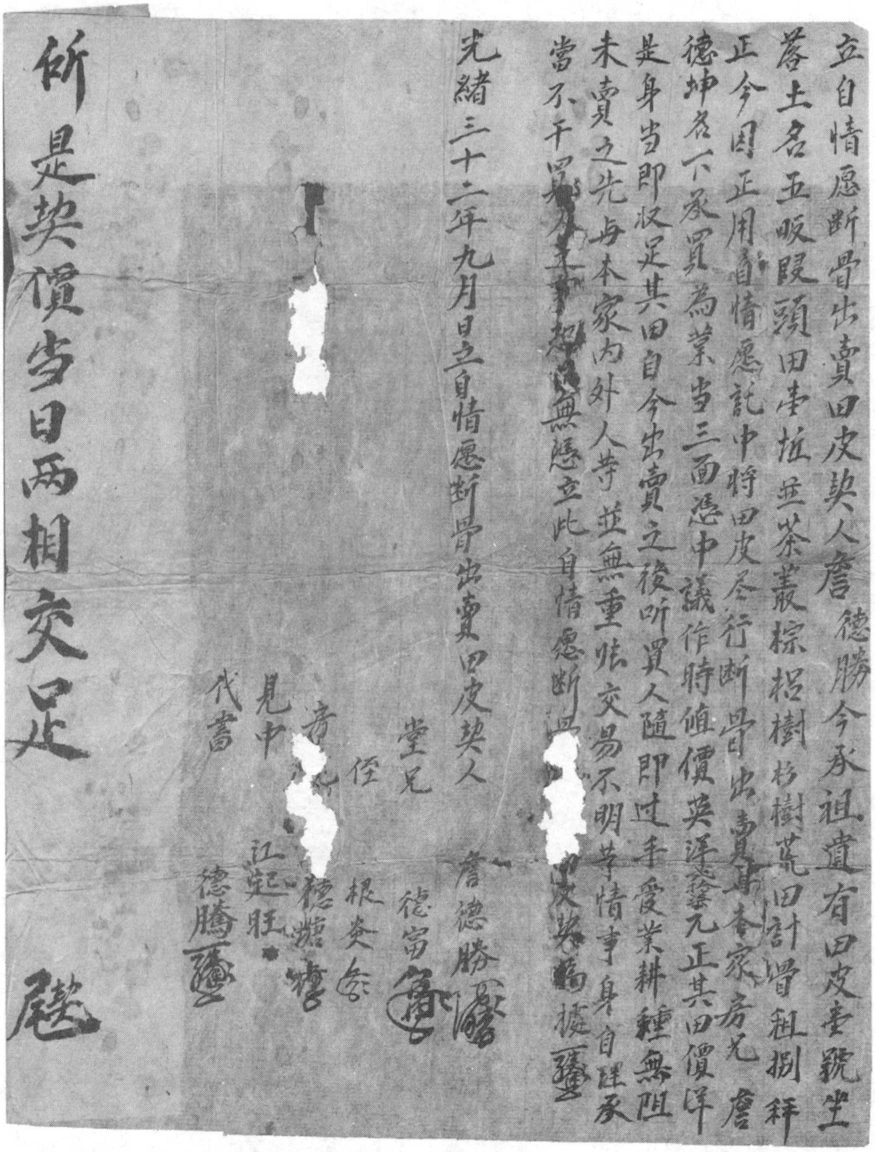

江湾镇大潋村30·光绪三十二年·断骨出卖田皮契·
詹德胜卖与本家房兄詹德坤

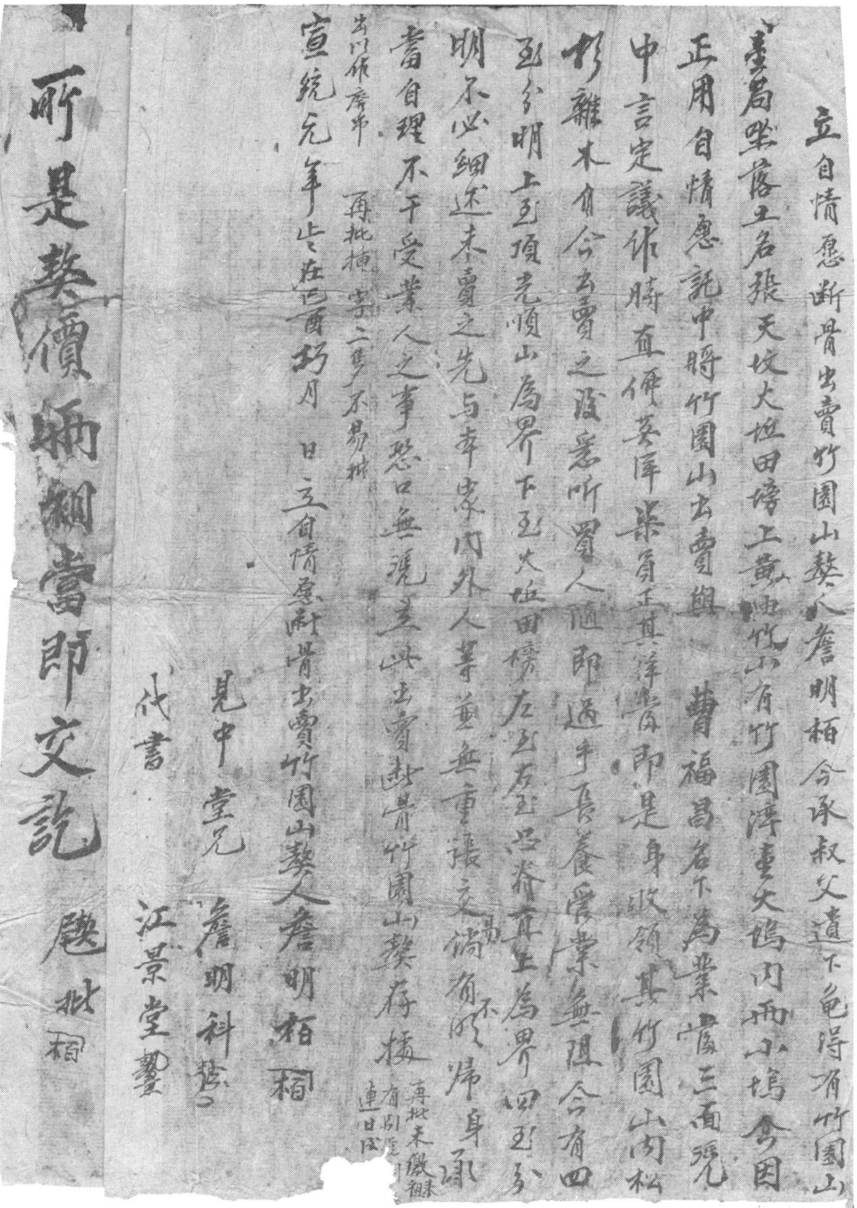

立自情愿断骨出卖竹园山契人詹明栢，今承叔父遗下兑得有竹园山
壹处，坐落土名张天坟大坵田塝上黄泥坑□有竹园浮重大坞内两小坞，今因
正用，自情愿托中将竹园山出卖与　曹福昌名下为业，当三面凭
中言定议作时值价英洋柒员正，其洋当即是身收领，其竹园山内松
杉杂木自今出卖之后，悉听买人随即过手长养管业无阻。今有四
至分明：上至顶光顶山为界，下至大坵田塝，左至右至照脊直上为界，四至分
明，不必细述。未卖之先与本家内外人等并无重张交易，倘有不明，归身承
当，自理不干受业人之事。恐口无凭，立此出卖断骨竹园山契存据。
再批：未缴来脚契，有别□连日□
出门作□中　再批柚字二处不易□
宣统元年岁在己酉　月　日立自情愿断骨出卖竹园山契人詹明栢（押）
见中堂兄　詹明科（押）
代书　江景堂（押）
所是契价两相当即交讫　历批　栢

江湾镇大潋村 29 · 宣统元年 · 断骨出卖竹园山契 · 詹明栢卖与曹福昌

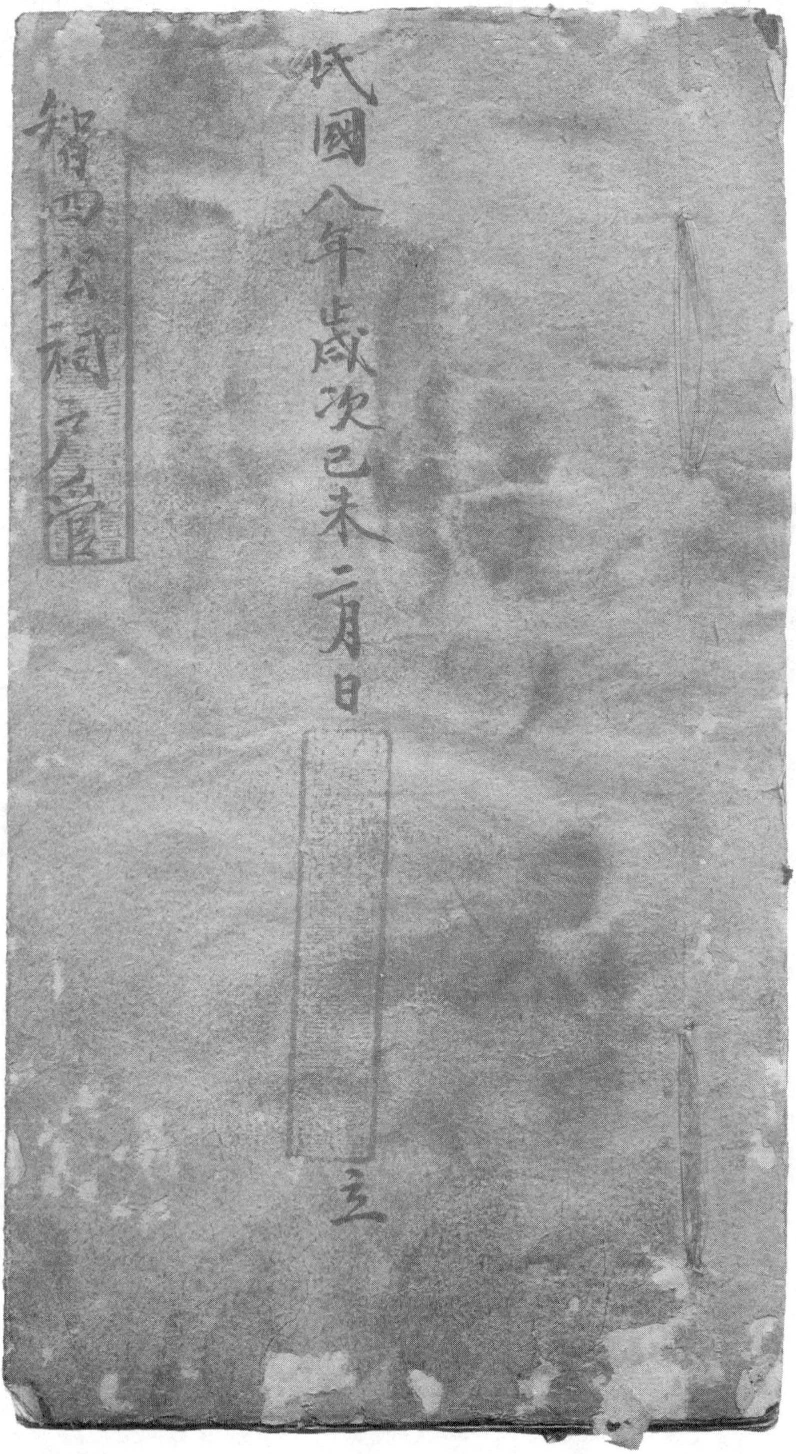

江湾镇大潋村 11-1 · 民国八年 · 税粮实征册 · 智四公祠户管

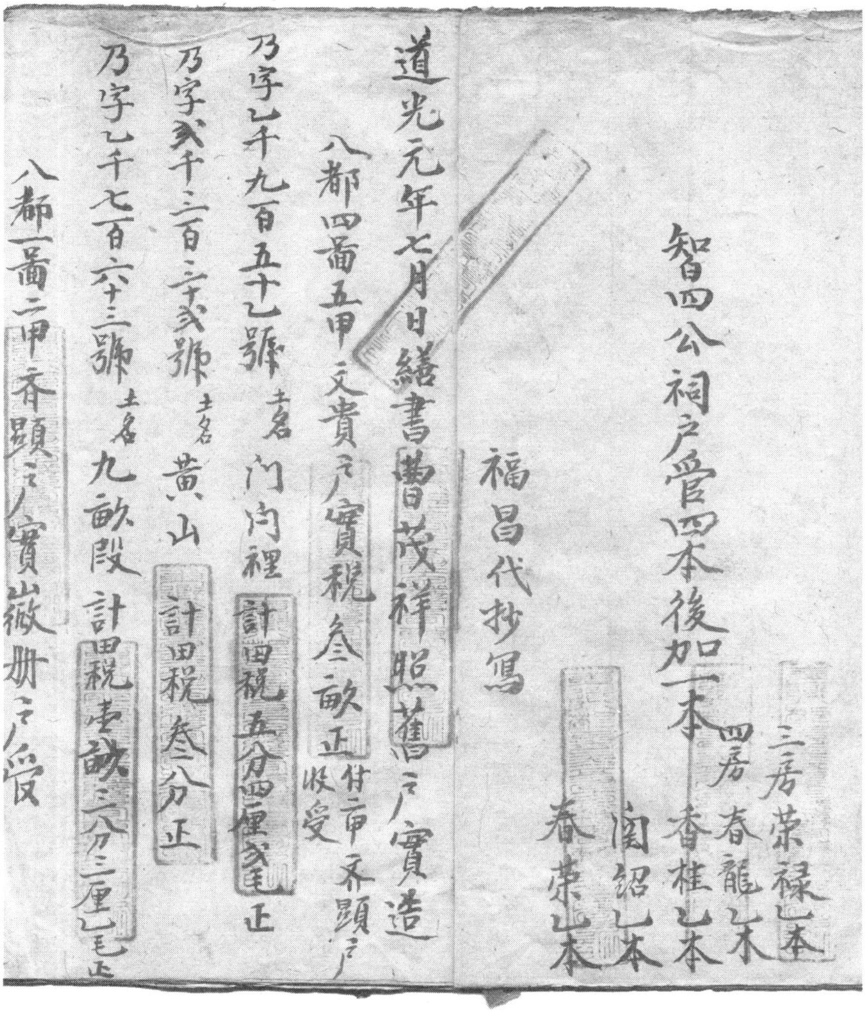

智四公祠户管四本後加一本

三房榮祿乙本

四房春龍乙本

香桂乙本

閏紹乙本

春榮乙本

福昌代抄寫

道光元年七月日繕書曹茂祥照舊户實造

八都四啚五甲文貴户實稅叁畝正 付本甲齐顯户收受

乃字乙千九百五十乙號 土名门内裡 計田稅五分四厘弍毛正

乃字弍千三百二十弍號 土名黃山 計田稅叁分正

乃字乙千七百六十三號 土名九畝段 計田稅壹畝三分三厘乙毛正

八都一啚二甲齐顯户實徵册户管

江湾镇大潋村 11-2 · 民国八年 · 税粮实征册 · 智四公祠户管

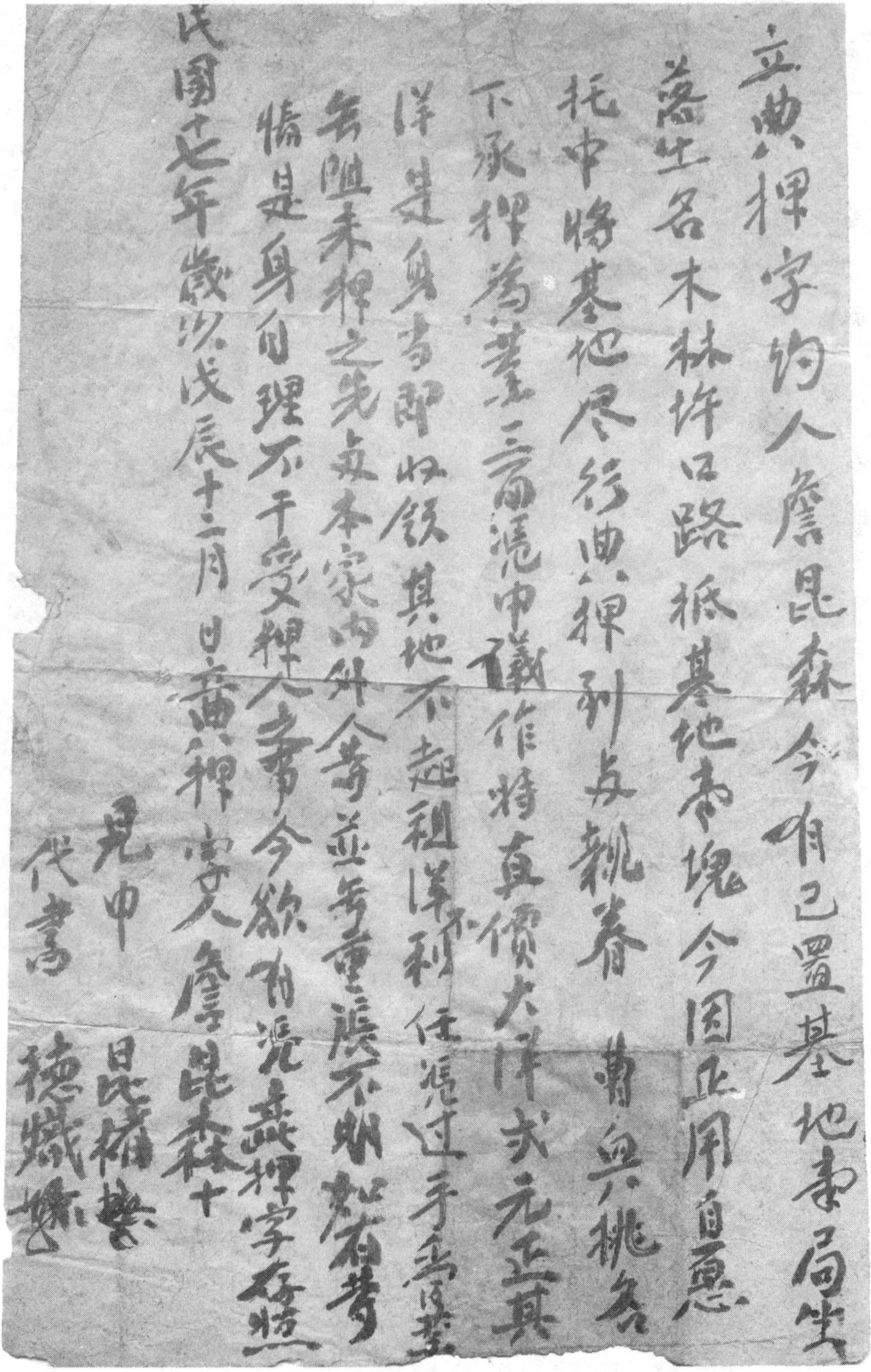
立典押字约人詹昆森今有已置基地壹局坐落土名木林许口路抵基地壹块今因正用自愿托中将基地尽行典押到与亲眷曹兴桃名下承押为业三面凭中议作特直价大洋弍元正其洋是身当即收领其地不起租洋利任凭过手为业无阻未押之先并本家内外人等并无重张不明如有等情是身自理不干受押人之事今欲有凭立此押字存照
民国十七年岁次戊辰十二月 日立典押字人詹昆森十
見中 昆楷
代书 德炽

江湾镇大潋村 19 · 民国十七年 · 典押字约 · 詹昆森典押与亲眷曹兴桃

江湾镇大汾村 21 · 民国十七年 · 会书 · 俞道南

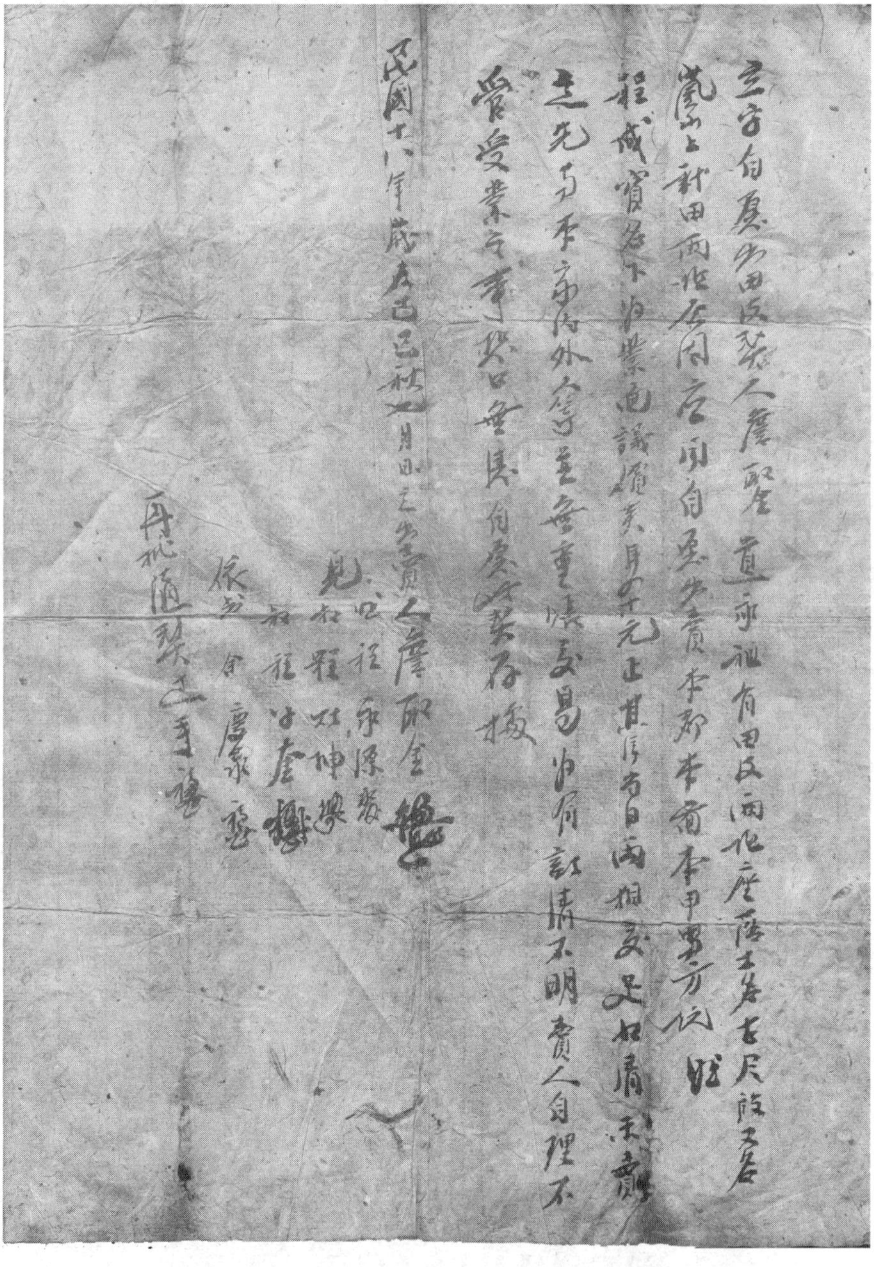

立字自愿出田皮契人詹取金，原承祖有田皮兩处，坐落土名古尺段、又名
嵐山上新田兩处，今因正用，自愿出賣本都本圖本甲東方位
程成賓名下為業，面議價英洋　元正，其洋當日兩相交足。如有未賣
之先，并無內外人等重复交易，如有親疏不明，賣人自理，不
干受業之事。恐口無憑，立此出契存據。
民國十八年歲次己巳秋十一月日立出賣人詹取金（押）
見中　程承源（押）
　　親　程炳坤（押）
　　叔　程作奎（押）
依口代筆　詹承恩（押）
再批退契一并在據

江湾镇大潋村 27 · 民国十八年 · 出田皮契 · 詹取金卖与程成宾

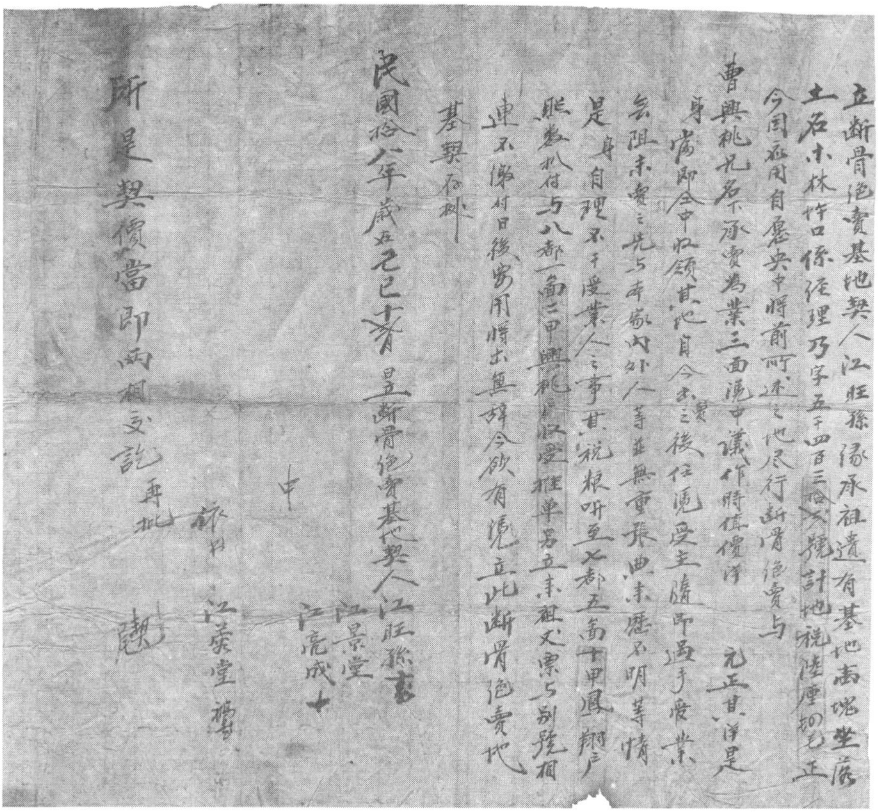

立断骨绝卖基地契人江旺孙，缘承祖遗有基地壹块，坐落
土名小林坑口，係经理乃字五千四百三拾六號，计地税陆厘捌毛正，
今因正用，自愿央中将前所述之地尽行断骨绝卖与
曹兴桃兄名下承买为业，三面凭中议作时值价洋 元正，其洋是
身当即仝中收领。其地自今出卖之后，任凭受主随即过手管业，
无阻。未卖之先与本家内外人等并无重张典卖、来历不明等情，
是身自理，不干受业人之事。其税粮听至七都五图十甲凤翔户
账数扒付与八都一图二甲兴桃户收受推单，另立。来祖文票与别号相
连，不能缴付，日后要用，将出无辞。今欲有凭，立此断骨绝卖地
基契存照。

民国拾八年岁在己巳十二月 日立断骨绝卖基地契人江旺孙（押）

中 江景堂
江亮成（押）

依口代笔 江荣堂（押）

所是契价当即两相交讫，再批。（押）

江湾镇大潋村 43 · 民国十八年 · 断骨绝卖基地契 · 江旺孙卖与曹兴桃兄

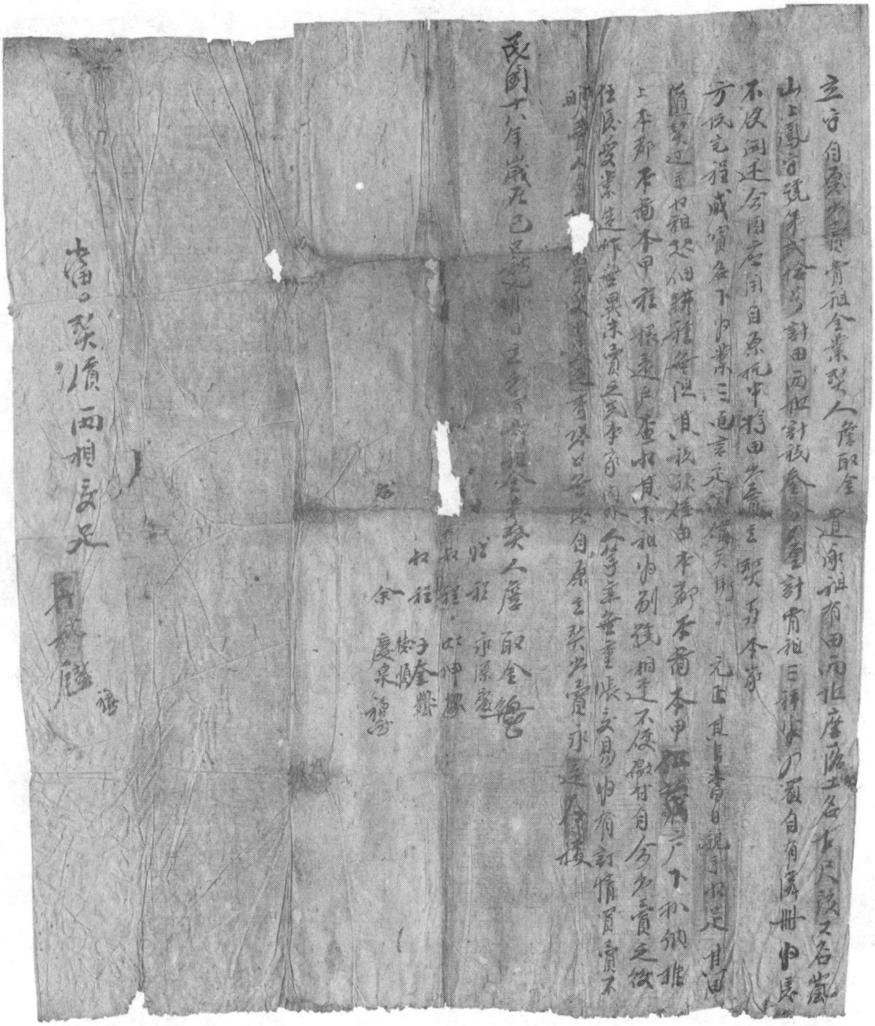

江湾镇大潋村 45 · 民国十八年 · 出卖骨租全业契 · 詹取金卖与程成宾

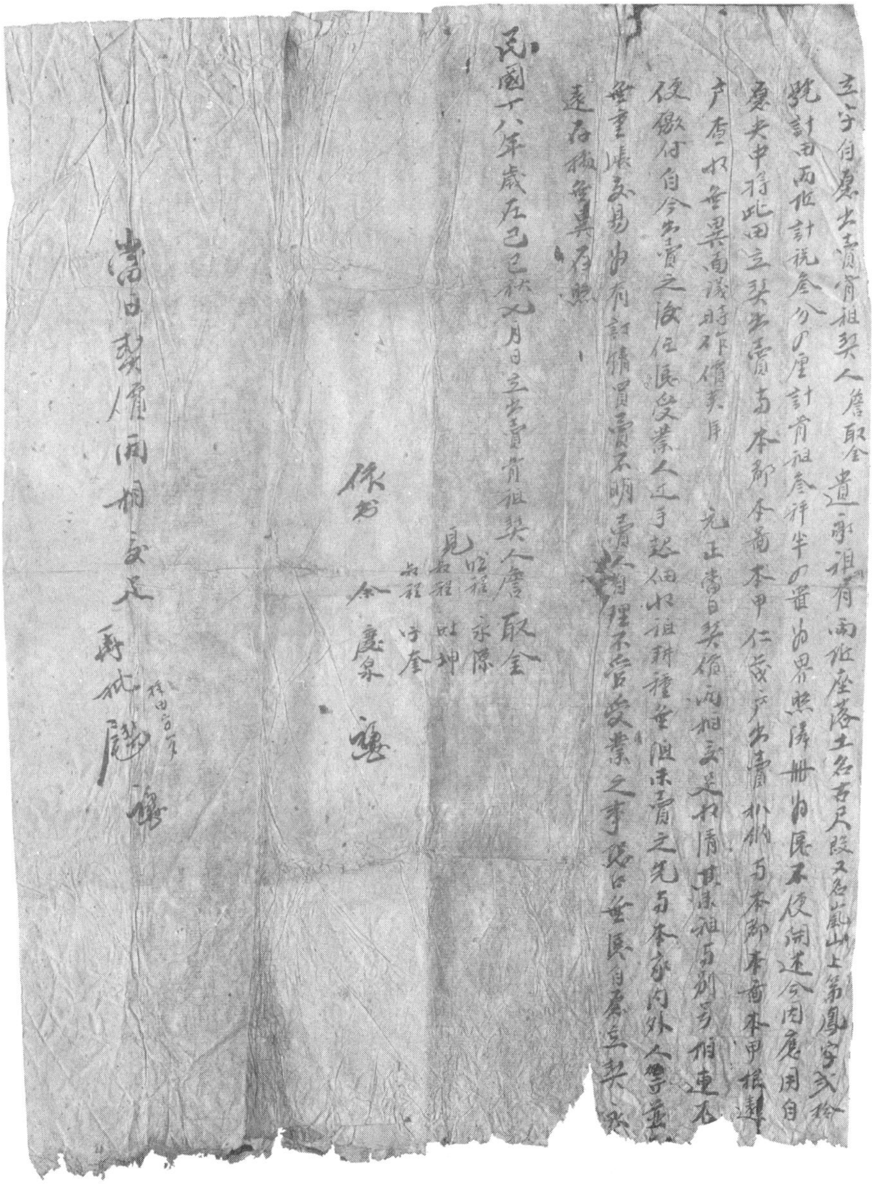

立卖骨租契人詹取金，遗下承祖有两坵，座落土名古尺段，又名山凤山上，第凤字弍拾
號，计田两坵，计税叁分[illegible]厘，计骨租叁秤半，[illegible]为界，照清册为凭，不便开述。今因应用，自
愿央中将此田立契出卖与本都本图本甲仁茂户出卖与本都本图本甲根达
户查收无异，面议时作价洋[illegible]元正，当日契价两相交足，外清，其原租与别家相连，不
便缴付，自今出卖之后，任凭受业人过手起佃收租耕种，无阻。未卖之先与本家内外人等并无
重张交易，如有讹情，买者不明，卖人自理，不管受业之事。恐后无凭，自愿立契，以
远存据，无异存照。

民国十八年岁在己巳秋七月日立出卖骨租契人詹取金

见 旺程 永源 兆程 旺坤 兆程 得奎

依书 余庆泉

当日契价两相交足 再批

江湾镇大潋村 46 · 民国十八年 · 出卖骨租契 · 詹取金卖与仁茂户

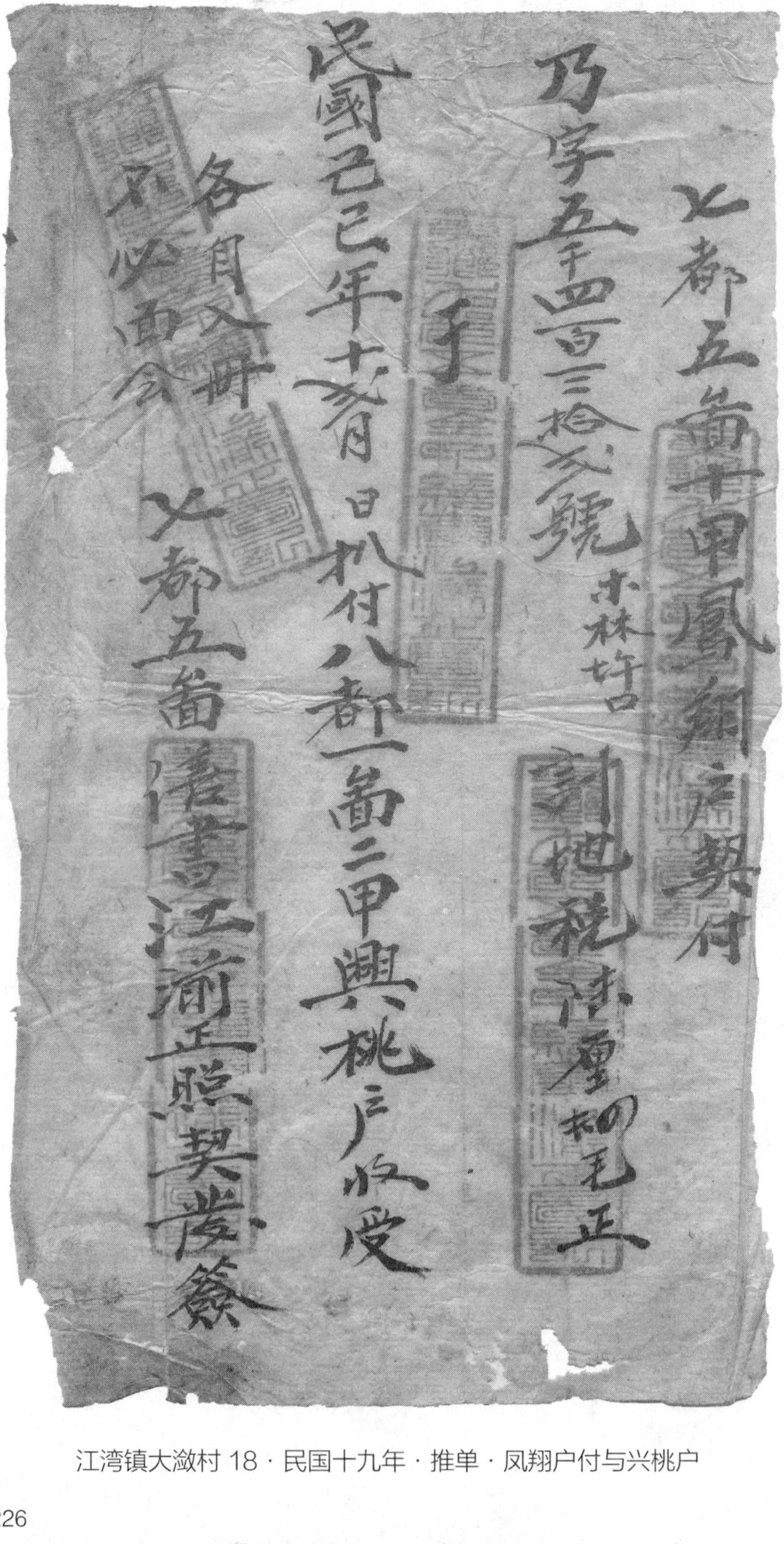
七都五啚十甲鳳翔户契付
乃字五千四百三拾八號 木林坵口
割地税[illegible]毛正
民國己巳年十二月 日 扒付八都一啚二甲興桃户收受
子
各自入冊
不必面会
七都五啚善書江滴正照契發簽

江湾镇大潋村 18 · 民国十九年 · 推单 · 凤翔户付与兴桃户

立自情愿断骨出卖杉苗並山骨契人詹昆生仲今承父业
凤湾友伯父德坤合业杉苗並山骨壹局土名方坑
下塘坞注理係厚字八十號計税弍分正今因正用自情愿
央中將杉苗並山骨尽行断骨出卖与堂兄昆森名下
承買為業當三面憑中議作時值價大洋　正其洋是
身当即收足其杉苗並山骨自今出賣之後任憑受業人
隨即过手長養砍斫扦種無阻未賣之先与本家內外人等
並無重張典押不明如有等情是身自理不干受業人之事
其税粮所至本家仁茂户推付　昆遠户收受無辞恐口無憑
立此自情愿断骨出賣杉苗並山骨契為據
民國十九年歲次庚午八月日立自情愿断骨出賣杉苗並山骨契人詹昆生押
今弟　昆仲押
見中
親笔押
所是契價當日兩相交足契尾
再批據

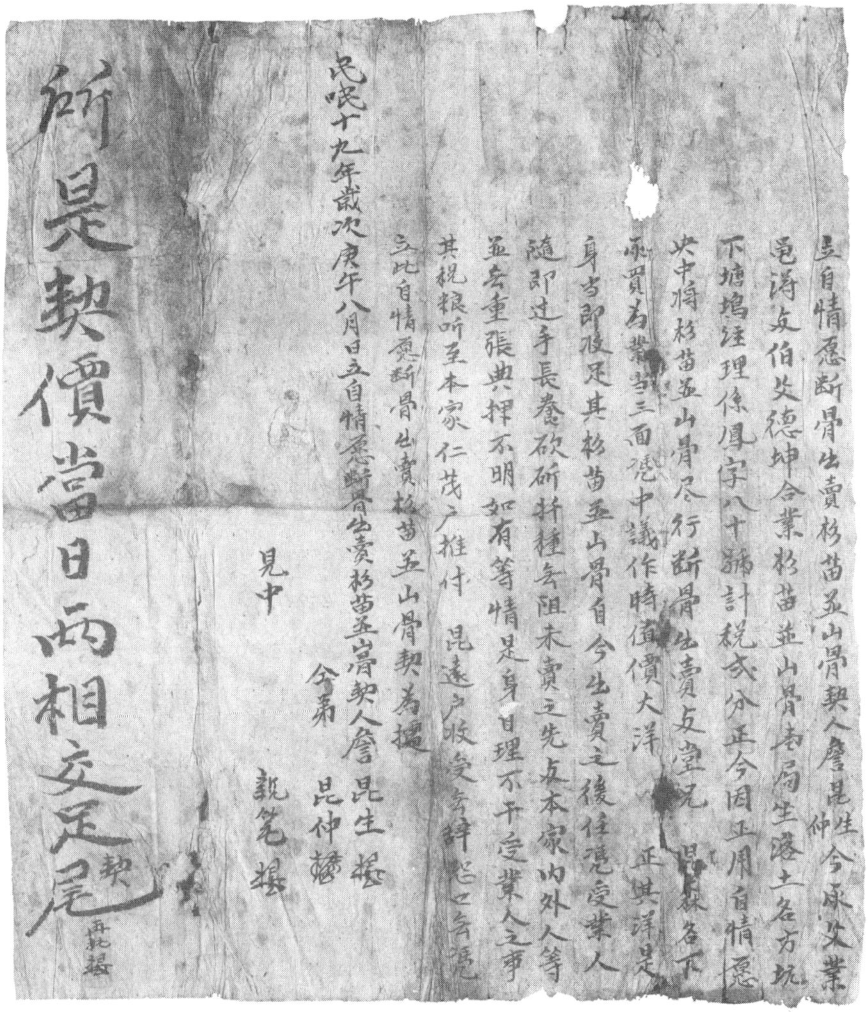

江湾镇大潋村 25 · 民国十九年 · 断骨出卖杉苗并山骨契 ·
詹昆生、詹昆仲卖与堂兄昆森

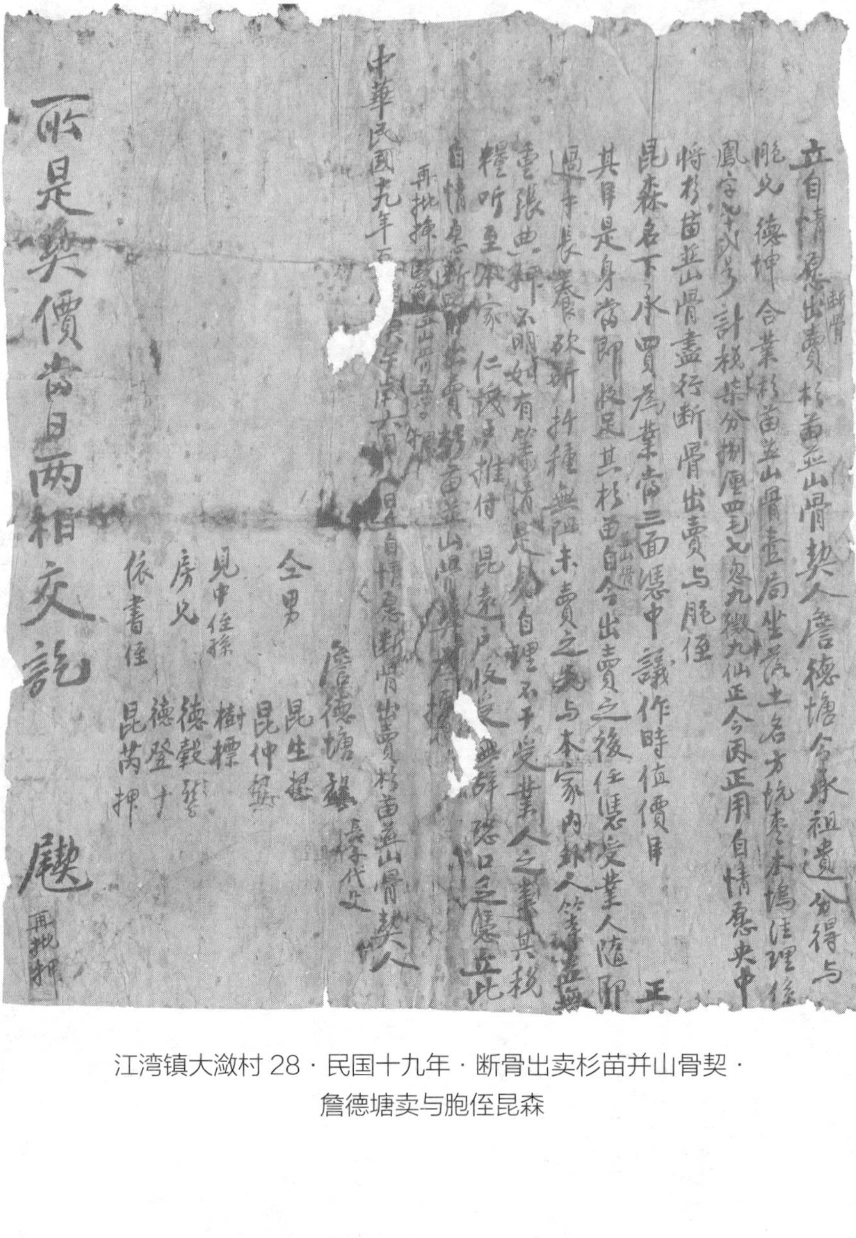

江湾镇大潋村 28 · 民国十九年 · 断骨出卖杉苗并山骨契 ·
詹德塘卖与胞侄昆森

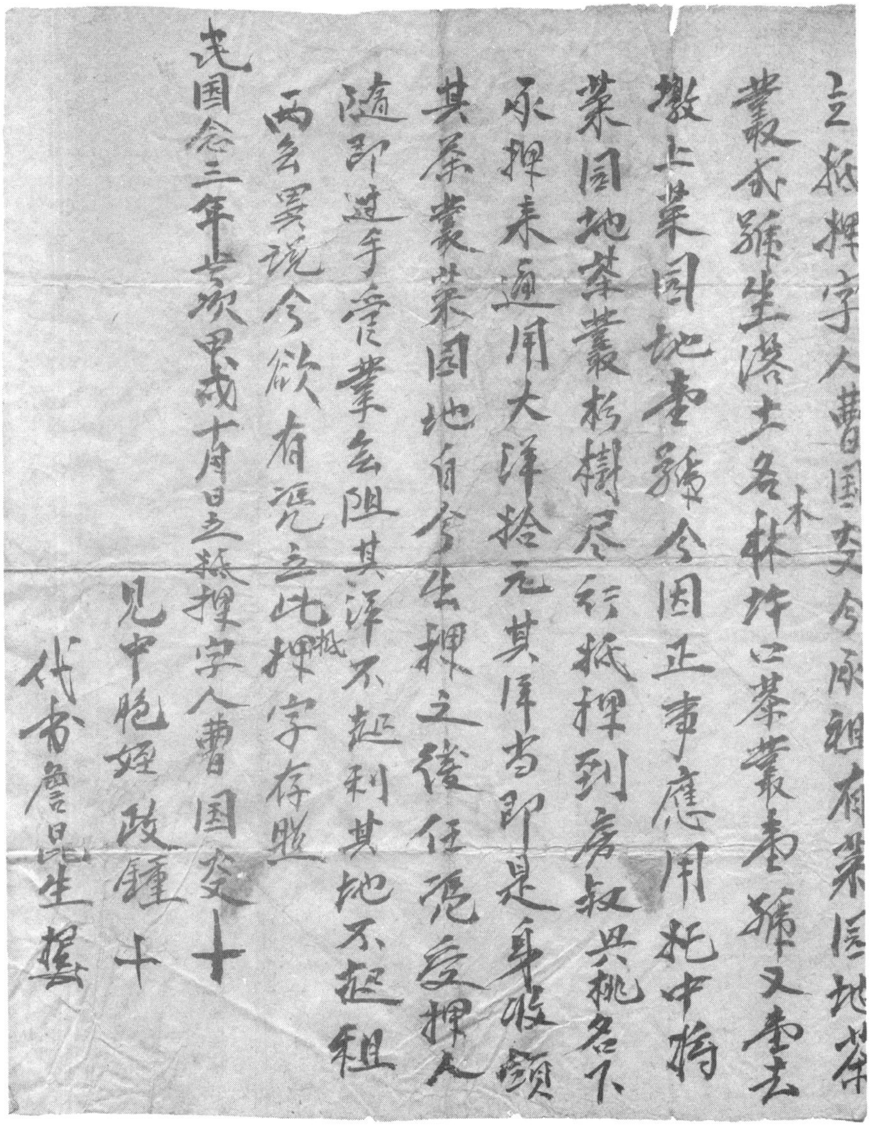
立抵押字人曹国炎今承祖有菜园地茶
丛贰号坐落土名林坑口茶丛壹号又壹
墩上菜园地壹号今因正事应用托中将
菜园地茶丛杉树尽行抵押到房叔兴桃名下
承押来通用大洋拾元其洋当即是身收领
其茶丛菜园地自今出押之后任凭受押人
随即过手管业无阻其洋不起利其地不起租
两无异说今欲有凭立此抵押字存照
民国念三年岁次甲戌十月日立抵押字人曹国炎 十
见中胞侄政锺 十
代书詹昆生 押

江湾镇大潋村 20 · 民国二十三年 · 抵押字 · 曹国炎抵押与房叔曹兴桃

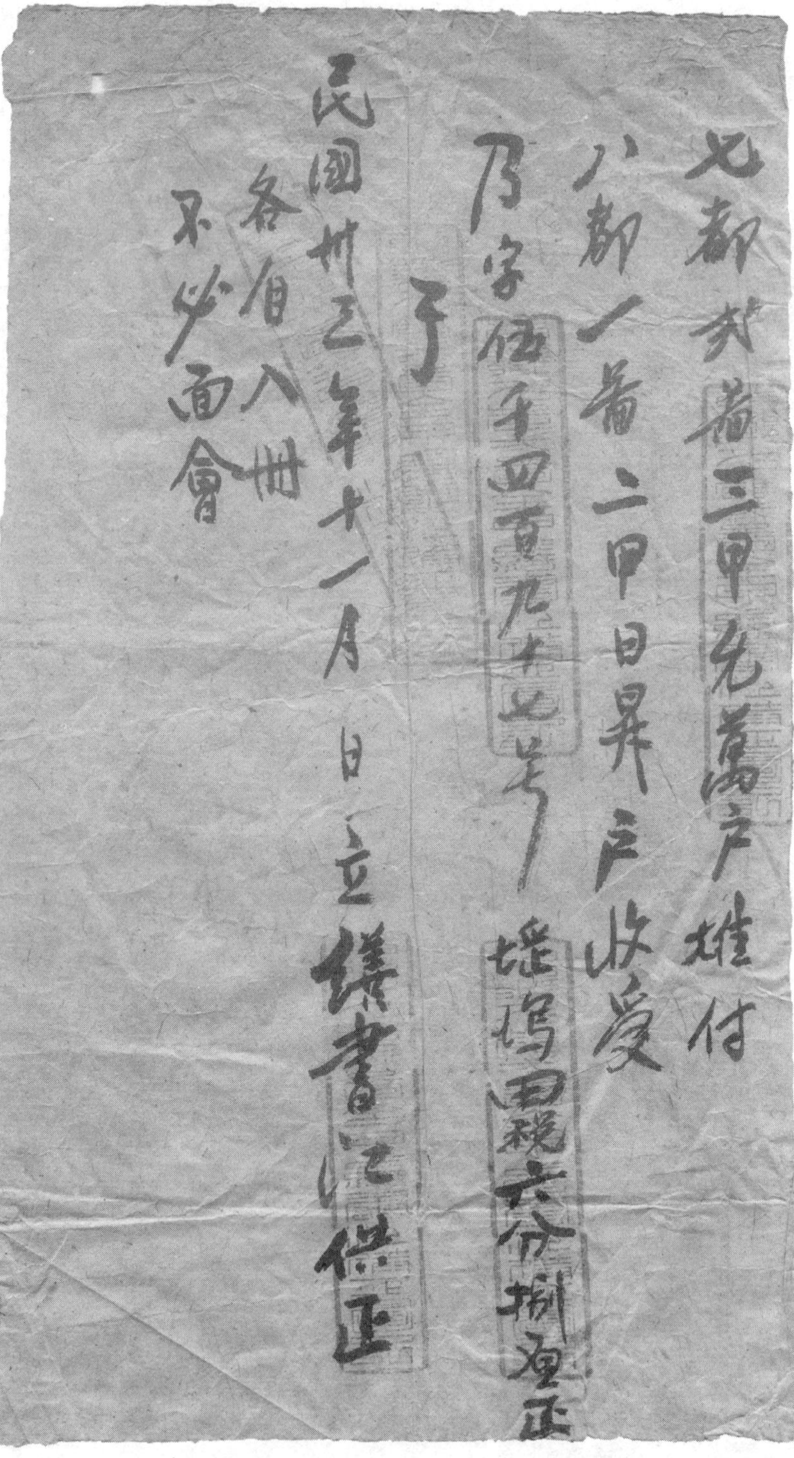

七都贰啚三甲允萬户推付

八都一啚二甲日昇户收受

乃字伍千四百九十七号埏塢田税六分捌厘正

了

民国卅三年十一月　日立[illegible]書汪僎正

各自入册

不必面會

江湾镇大潋村 17 · 民国三十三年 · 推单 · 允万户推付日昇户

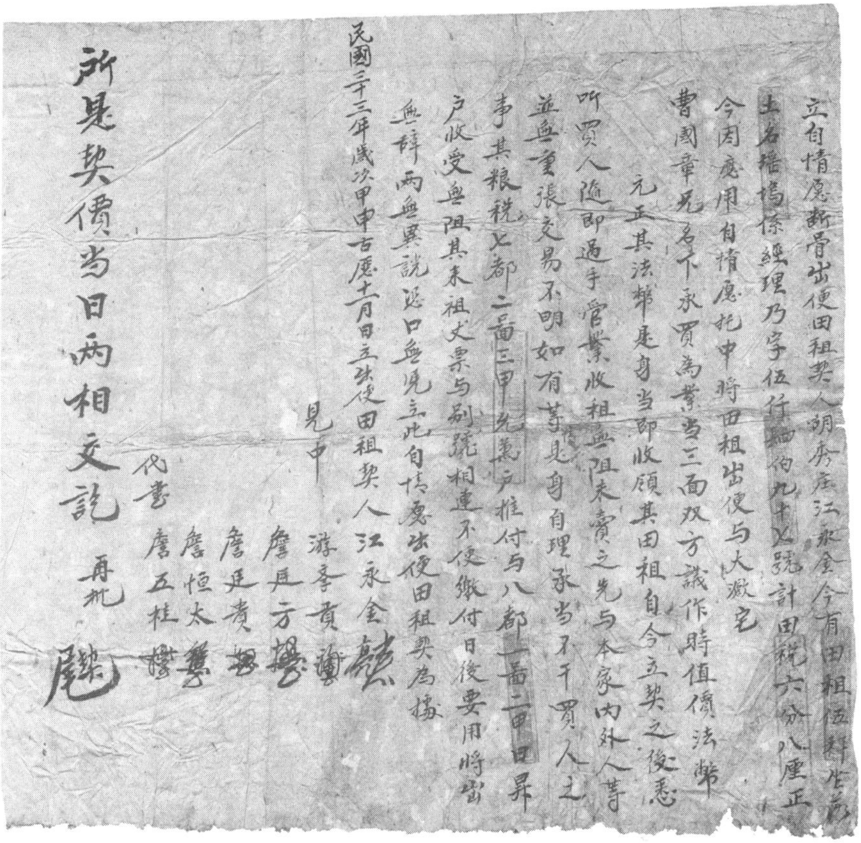

立自情愿断骨出便田租契人胡秀庄江永金今有田租伍秤生彪
土名榴塢係經理乃字伍仟捌伯九十七號計田税六分八厘正
今因應用自情愿托中將田租出便与大溦宅
曹國章兄名下永買爲業当三面双方議作時值價法幣
元正其法幣是身当即收領其田租自今立契之後悉
听買人随即過手管業收租無阻未賣之先与本家内外人等
並無重張交易不明如有等情是身自理承当不干買人之
事其粮税七都二啚三甲兆蒿户推付与八都一啚二甲田昇
户收受無阻其來祖文票与別號相連不便繳付日後要用將出
無辞兩無異説恐口無凭立此自情愿出便田租契爲據
民國三十三年歲次甲申古歷十月日立出便田租契人 江永金（押）
見中 游亭貴（押）
詹廷方（押）
詹廷貴（押）
詹恒太（押）
代書 詹五桂（押）
所是契價当日兩相交訖 再批（押）

江湾镇大潋村 44 · 民国三十三年 · 断骨出便田租契 ·
胡秀庄、江永金出便与曹国章

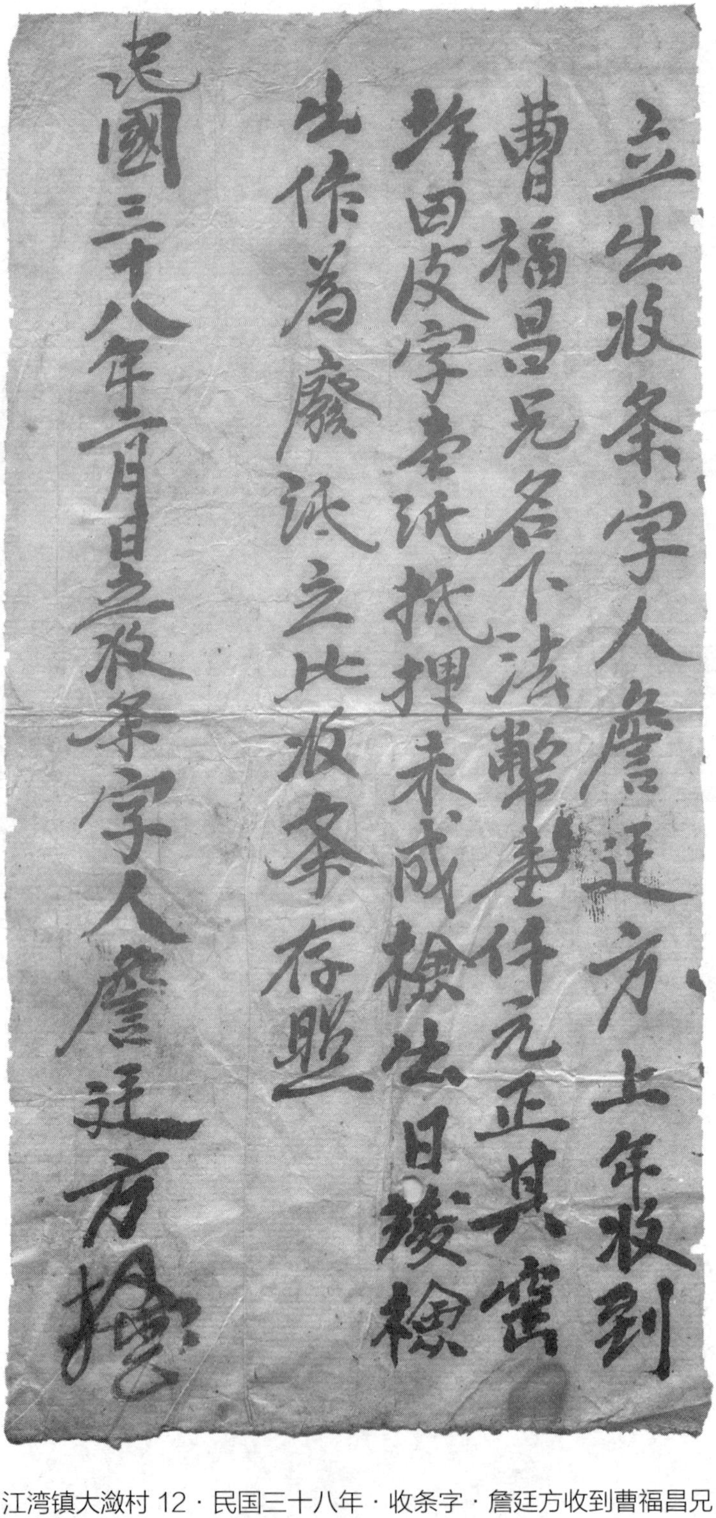
立出收条字人詹廷方上年收到
曹福昌兄名下法幣叁仟元正其當
許田皮字壹紙抵押未成檢出日後檢
出作為廢紙之此收条存照
民國三十八年二月日立收条字人詹廷方押

江湾镇大潋村 12 · 民国三十八年 · 收条字 · 詹廷方收到曹福昌兄

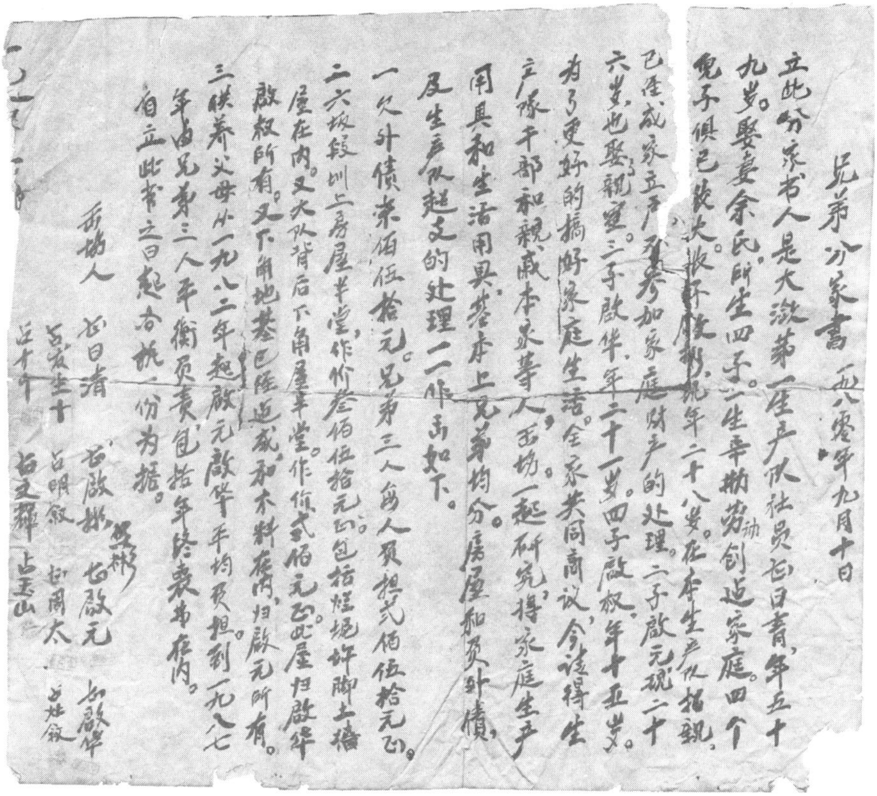

兄弟分家书 一九八零年九月十日

立此分家书人是大溦第一生产队社员屯日青，年五十九岁。娶妻余氏，所生四子。一生辛勤劳动创造家庭。四个儿子俱已长大。长子啟彬，现年二十八岁。在本生产队招亲。已经成家立户，另参加家庭财产的处理。二子啟元，现二十六岁，也娶亲了。三子啟华，年二十一岁。四子啟叔，年十五岁。为了更好的搞好家庭生活。全家共同商议，今请得生产队干部和亲戚本家等人，出场一起研究，将家庭生产用具和生活用具，基本上兄弟均分。房屋和负外债，及生产队超支的处理一一作出如下。

一欠外债柒佰伍拾元。兄弟三人每人负担贰佰伍拾元正。

二六坂段圳上房屋半堂，作价叁佰伍拾元正。包括灶堰炉脚土墙屋在内。又大队背后下角屋半堂，作价贰佰元正。此屋归啟华啟叔所有。又下角地基已经造成，和木料在内，归啟元所有。

三供养父母从一九八二年起，啟元啟华平均负担，到一九八七年由兄弟三人平衡负责，包括年终衰弟在内。

自立此书之日起，各执一份为据。

在场人 屯日青 屯啟彬 屯啟元 屯啟华

屯发生 屯明叙 屯周太 屯灶叙

屯十竹 屯文辉 屯玉山

[illegible]

江湾镇大溦村 47 · 一九八〇年 · 兄弟分家书

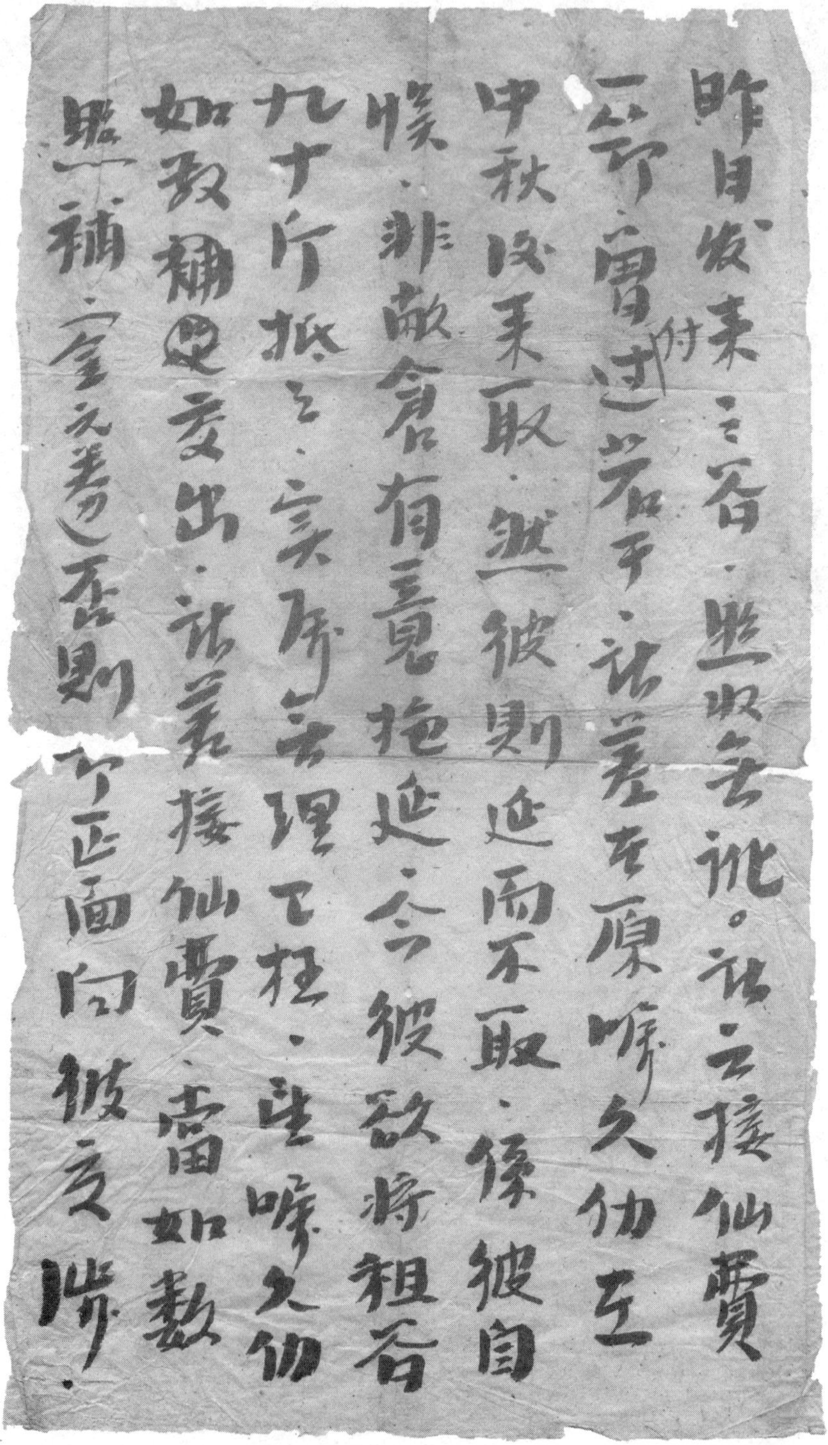
昨日收来之谷，照收无讹。訪之接仙貴
一向曾付过岁如平，訪着在原除欠佃之
中秋收来一取，然一彼則延而不取，係彼自
悮，非敢倉君有意拖延。今彼欲将租谷
九十斤抵之，实除无理下枉，且除欠佃
如数耕田交出，訪着接仙貴當如數
照一補，（全文寿过）否則仰正面向彼交除。

江湾镇大汾村 15 · 供词

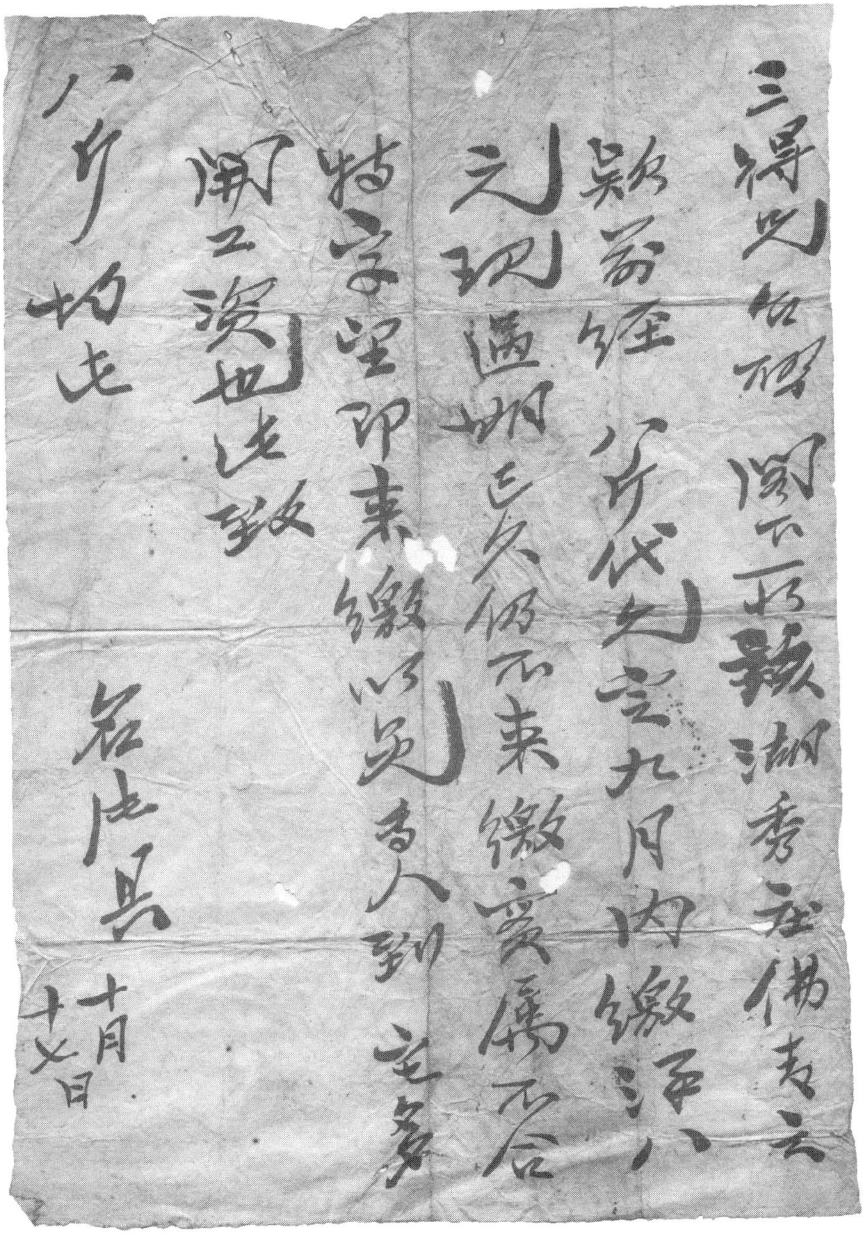

三得兄台照 閣下一所啟湖秀在佛表云
款前經八斤代兄定九月內繳清八
元現過期已久仍不來繳實屬不合
特字望即來繳以免專人到迎
閣下資也此致
八斤均老
启生具
十月十七日

江湾镇大潋村 16 · 书信 · ☐寄与三得兄

江湾镇胡溪村 1—40

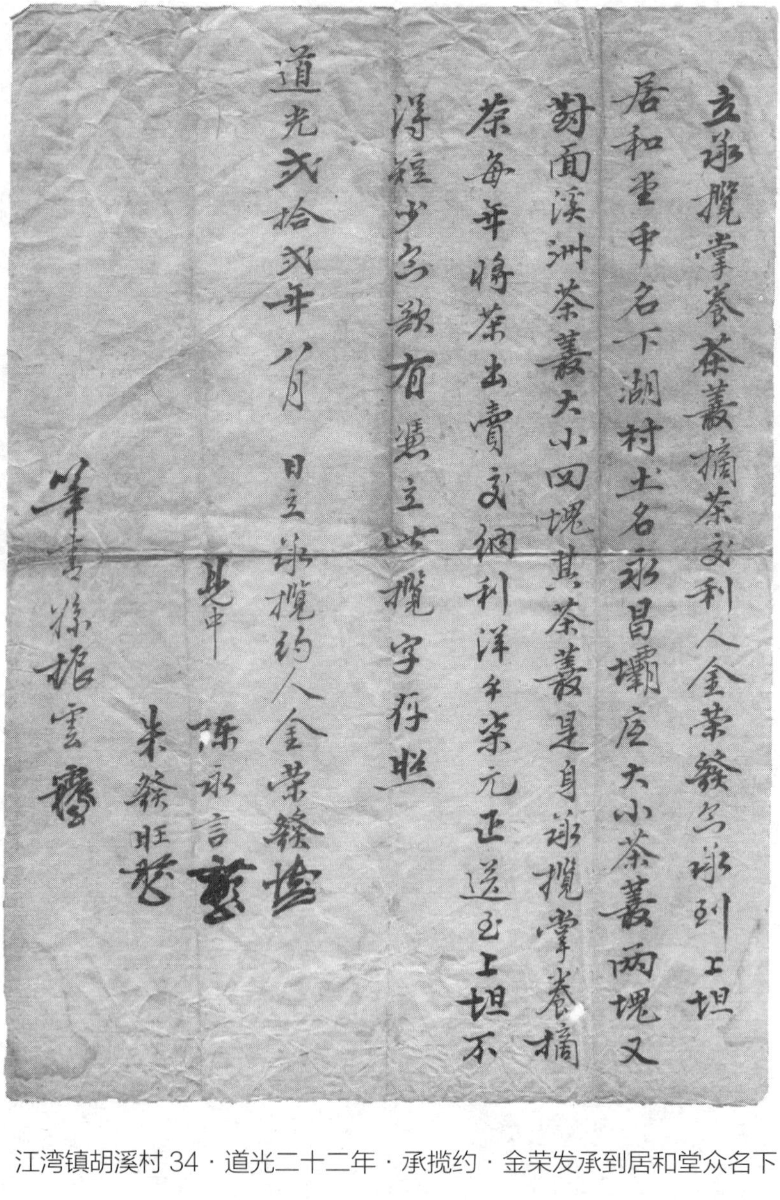

立承攬掌養茶叢摘茶交利人金榮發今承到上坦
居和堂眾名下湖村土名永昌壩底大小茶叢兩塊又
對面溪洲茶叢大小四塊其茶叢是身承攬掌養摘
茶每年將茶出賣交納利洋廿柒元正送至上坦不
得短少分款有憑立此攬字存照
道光弍拾弍年八月　日立承攬約人金榮發（押）
見中　陳永言（押）
朱發旺（押）
筆書　徐振雲（押）

江湾镇胡溪村 34 · 道光二十二年 · 承揽约 · 金荣发承到居和堂众名下

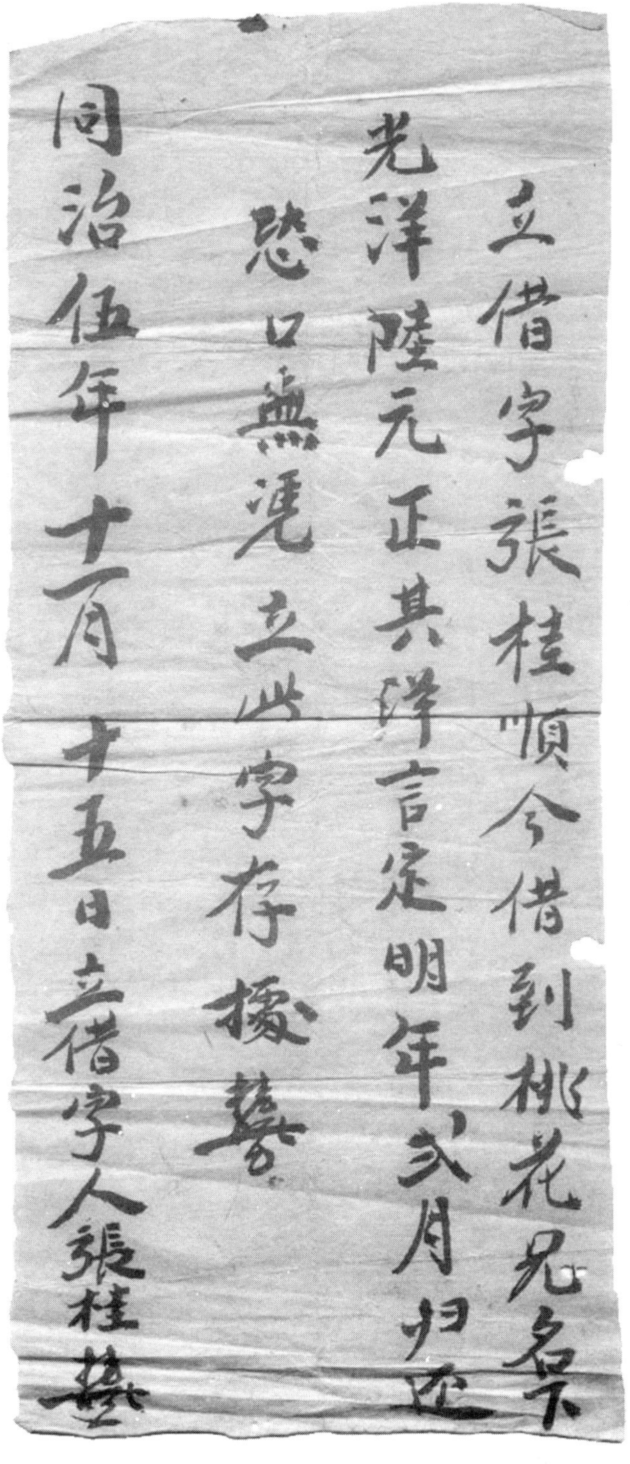
立借字張桂順今借到桃花兄名下
光洋陸元正其洋言定明年弍月归还
恐口無凭立此字存據
同治伍年十月十五日立借字人張桂[illegible]

江湾镇胡溪村 1 · 同治五年 · 借字 · 张桂顺借到桃花兄

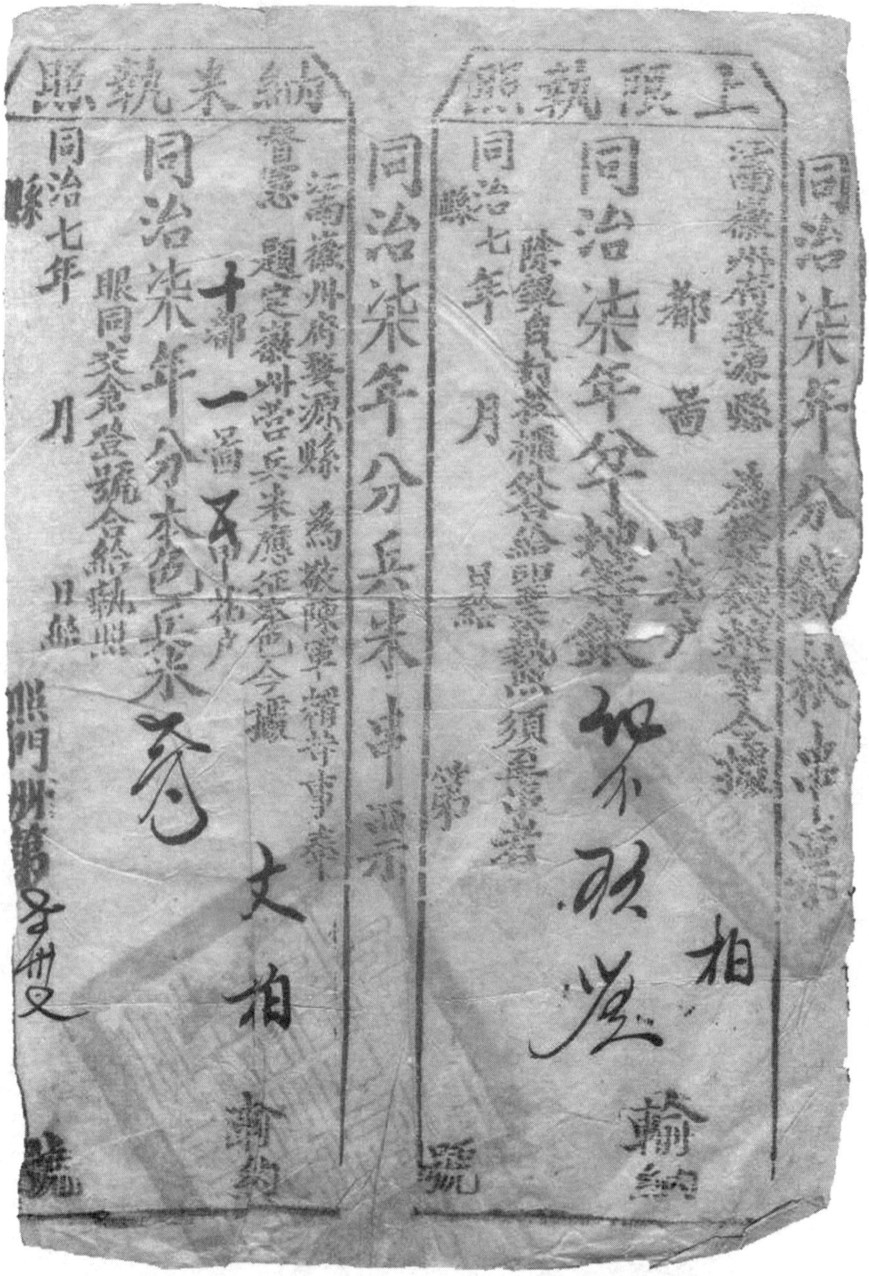

上忙執照

徽州府婺源縣 為徵收錢糧事 今據

都 圖

同治柒年分

陸續自封投櫃 給照 須至執照者

同治七年 月 日給

第 號

柏

輸納

納米執照

江南徽州府婺源縣 為 奉

督憲 題定徽州營兵米應徵本色今據

十都一圖 甲 花户

同治柒年分本色兵米

文柏

輸納

眼同交倉登號合給執照

同治七年 月 日給

第 號

江湾镇胡溪村 23 · 同治七年 · 纳米执照 · 文柏

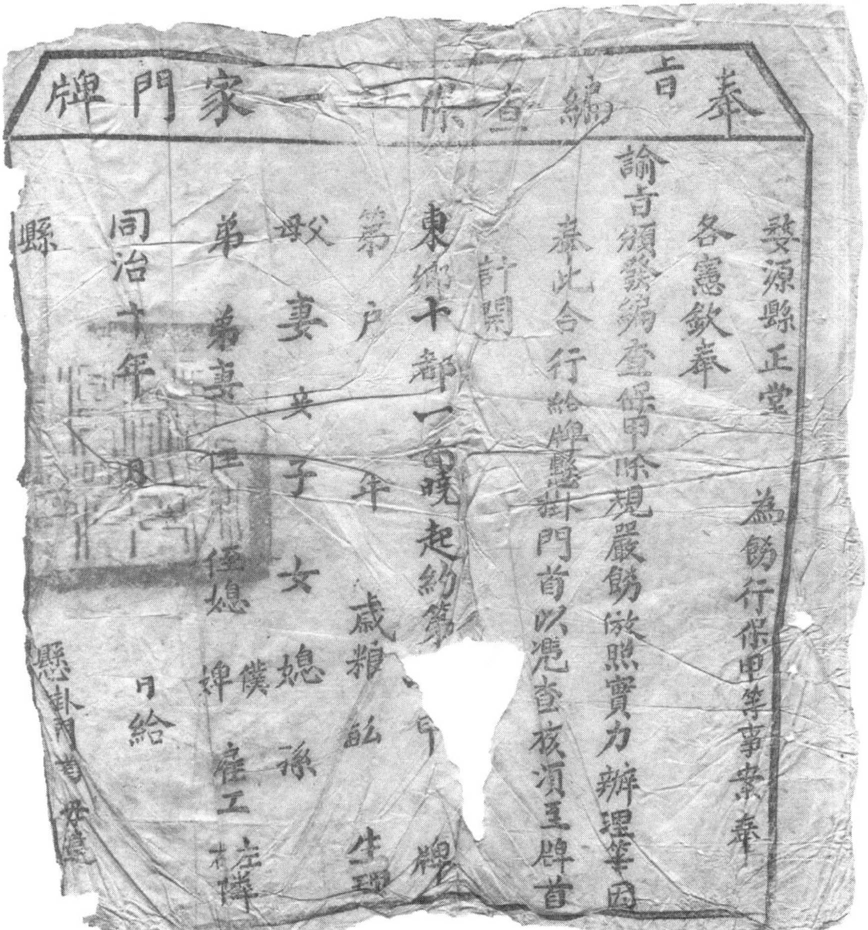

奉旨編查保甲一家門牌

婺源縣正堂　為飭行保甲等事案奉

各憲欽奉

諭旨頒發編查保甲條規嚴飭依照實力辦理等因

奉此合行給牌懸掛門首以憑查核須至牌者

計開

東鄉十都一圖　號起約第　甲　牌

第　戶　年　歲　賴舡　生理

父　妻　子　女　媳　孫

弟　弟妻　侄　侄媳　僕　婢　雇工　左右鄰

同治十年　月　日給

縣

懸掛門首[illegible]

江湾镇胡溪村 13 · 同治十年 · 门牌

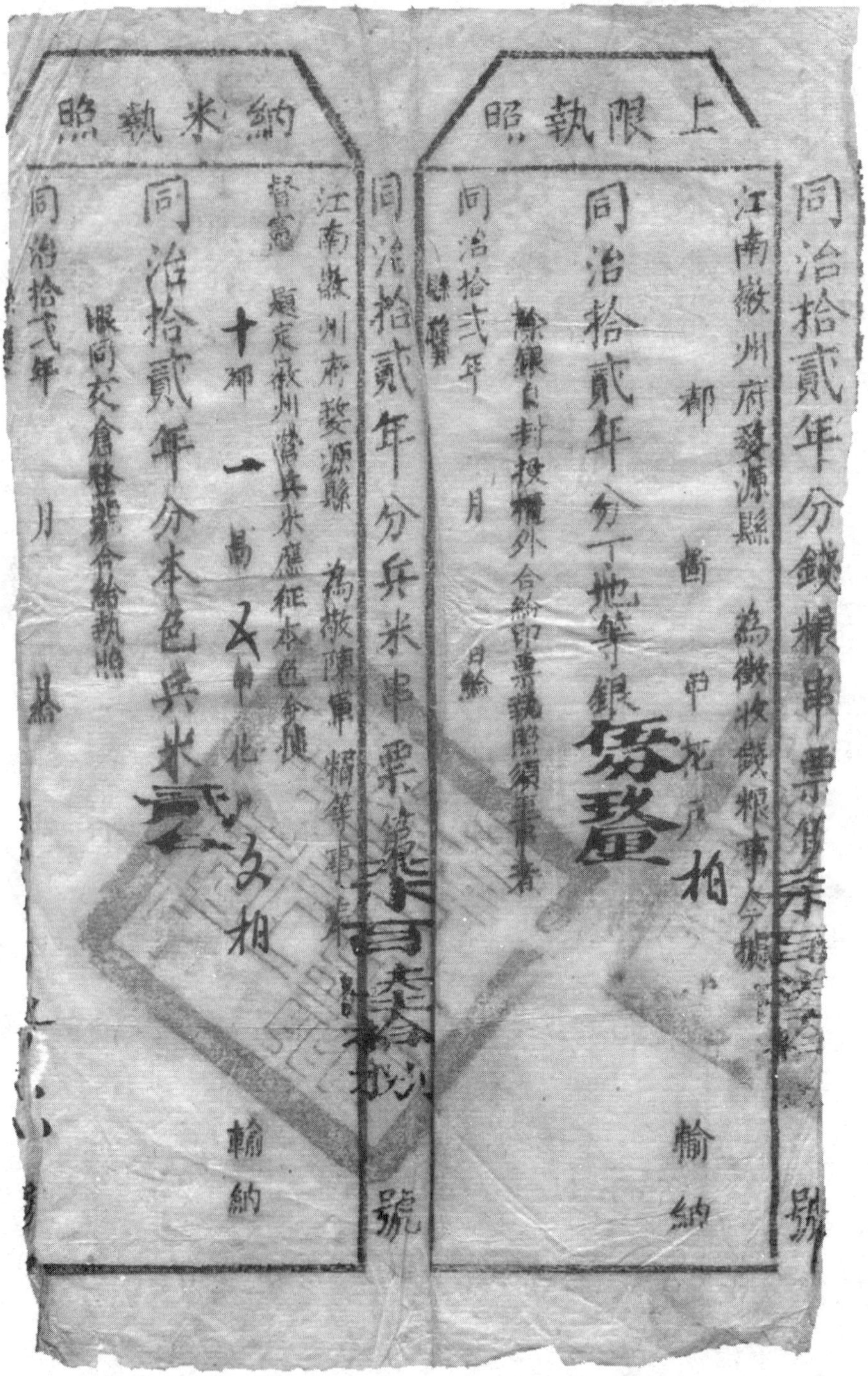
同治拾貳年分錢粮串票 號

上限執照

江南徽州府婺源縣 為徵收錢粮事今據
都 啚 甲 花戶 柏 輸納
同治拾貳年分丁地等銀
除銀自封投櫃外合給印票執照須至票者
同治拾弍年 月 日給

同治拾貳年分兵米串票 號

納米執照

江南徽州府婺源縣 為徵陳軍糈等事
督憲題定徽州營兵米應征本色今據
十都 一啚 文 柏 輸納
同治拾貳年分本色兵米貳
縣同交倉斗合給執照
同治拾弍年 月 日給

江湾镇胡溪村 31 · 同治十二年 · 纳米执照 · 文柏

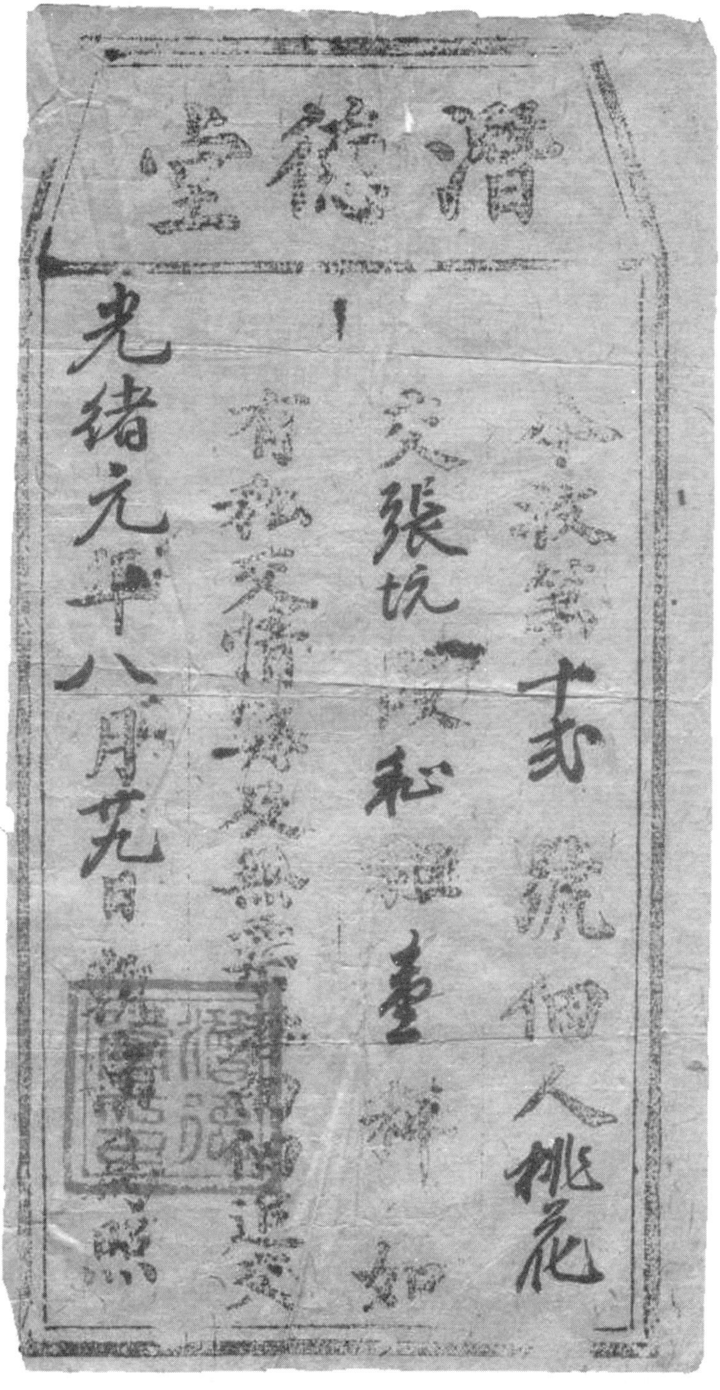

江湾镇胡溪村 12 · 光绪元年 · 佃约 · 桃花

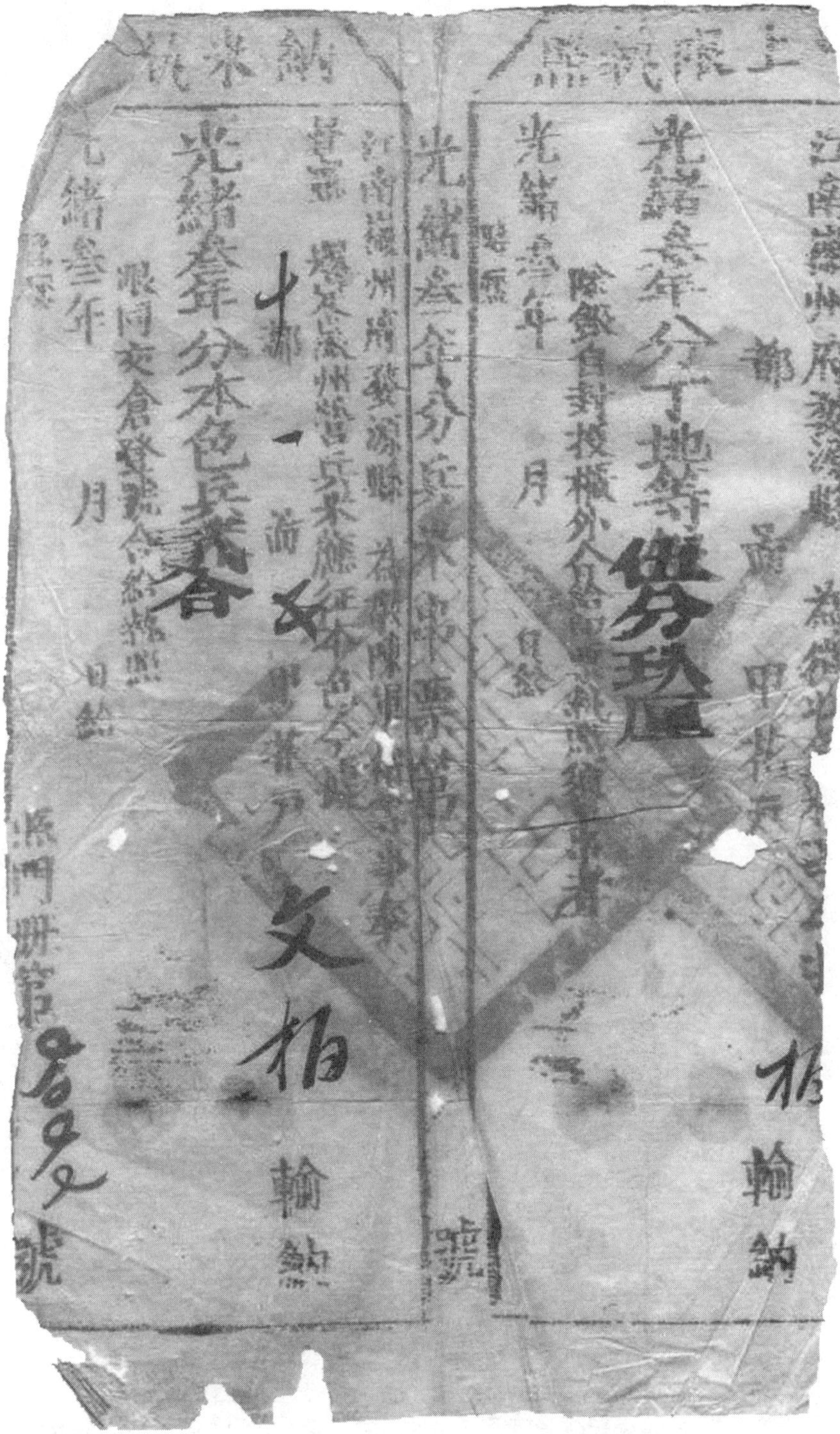

江湾镇胡溪村 21 · 光绪三年 · 纳米执照 · 文柏

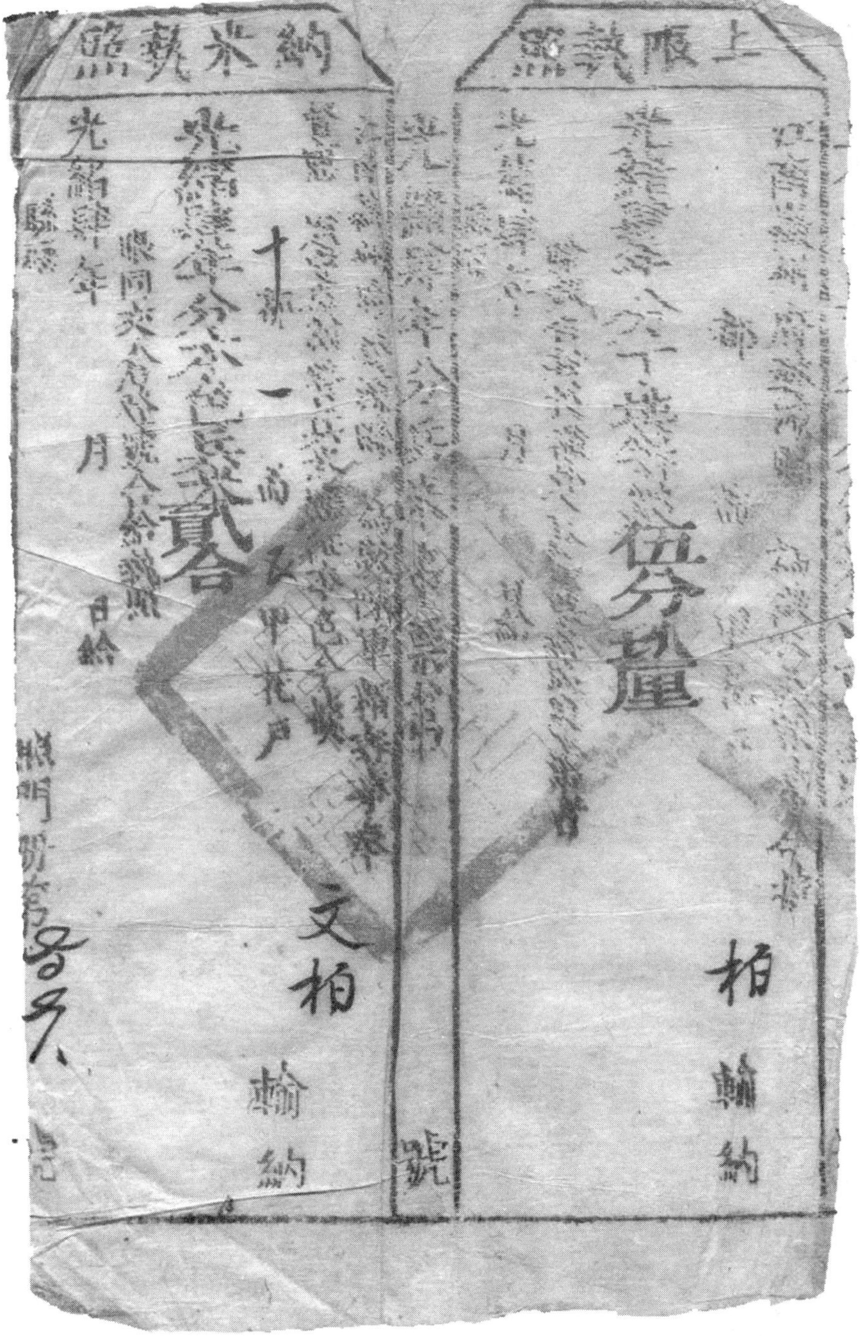
納米執照
上限執照
文柏
輸納
柏
輸納

江湾镇胡溪村 29 · 光绪四年 · 纳米执照 · 文柏

納米執照

光緒伍年分本色兵米串票第　號

江南徽州府婺源縣　為徵陳留糧等事　奉

督憲 題定徽州營兵米應征本色今據

十都一圖 ＊甲花户

光緒伍年分本色兵米 ＊

一眼同交倉登簿合給執照

光緒五年　月　日給

正農執照

光緒伍年分丁地等銀票第　號

江南徽州府婺源縣　為飭收銀糧事合

＊甲花户

光緒伍年分丁地等銀 ＊

除繳身封投櫃外合給印票執照須至票者

光緒五年　月　日給

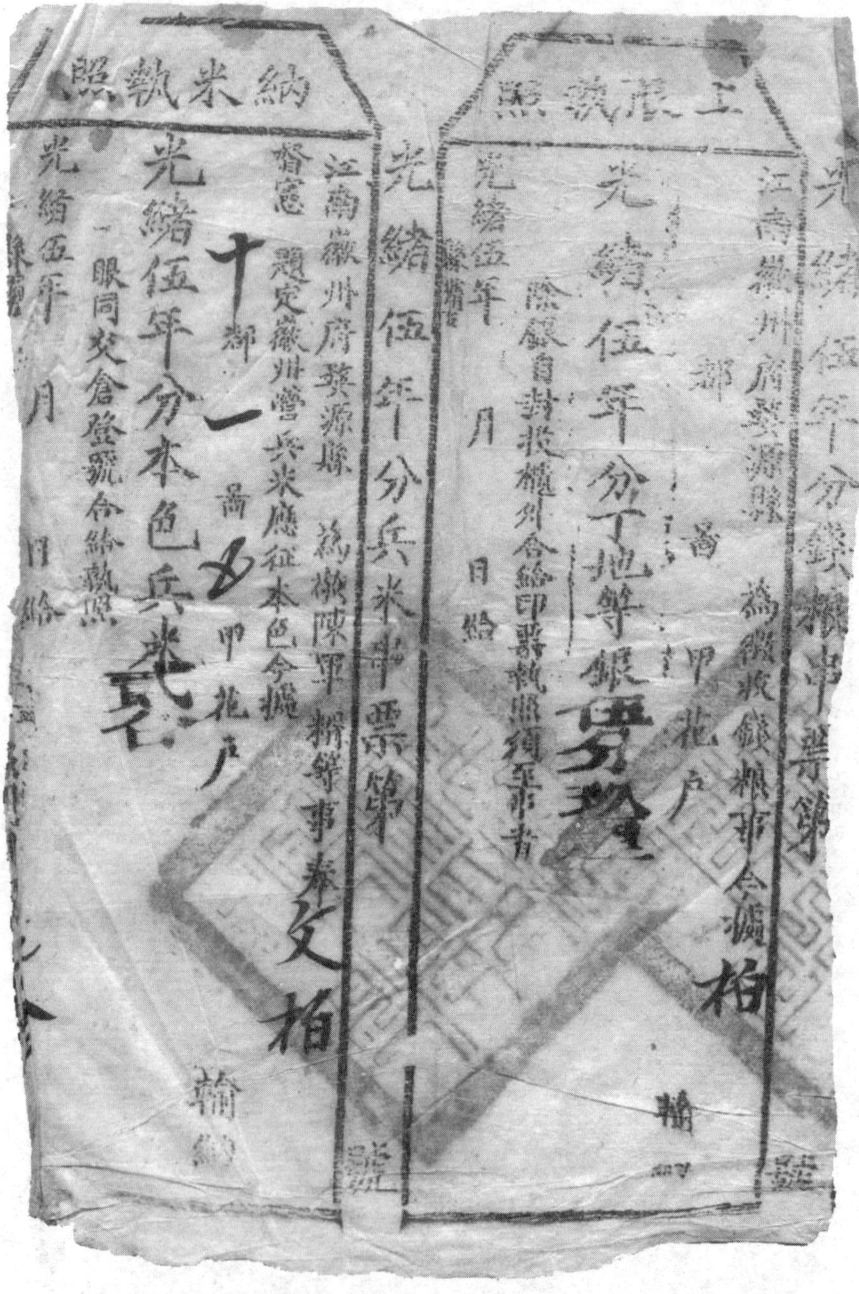

江湾镇胡溪村 6 · 光绪五年 · 纳米执照 · 文柏

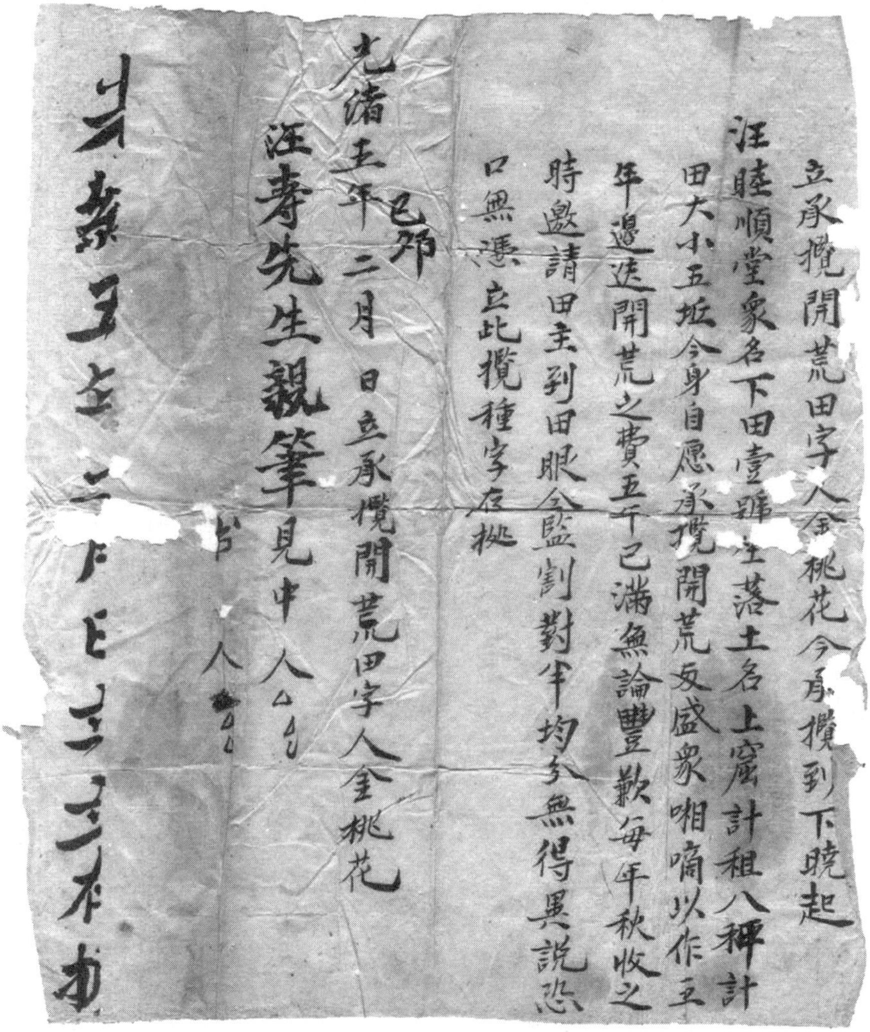

立承攬開荒田字人金桃花今承攬到下曉起
汪睦順堂衆名下田壹號坐落土名上塢計租八秤計
田大小五坵今身自願承攬開荒安盛衆咱嘀以作五
年過後開荒之費五年已滿無論豐歉每年秋收之
時邀請田主到田眼全監割對半均分無得異說恐
口無憑立此攬種字存照
光緒五年己卯二月　日立承攬開荒田字人金桃花
汪壽先生親筆　見中人

江湾镇胡溪村 35 · 光绪五年 · 承揽开荒田约 · 金桃花承揽到汪睦顺堂众

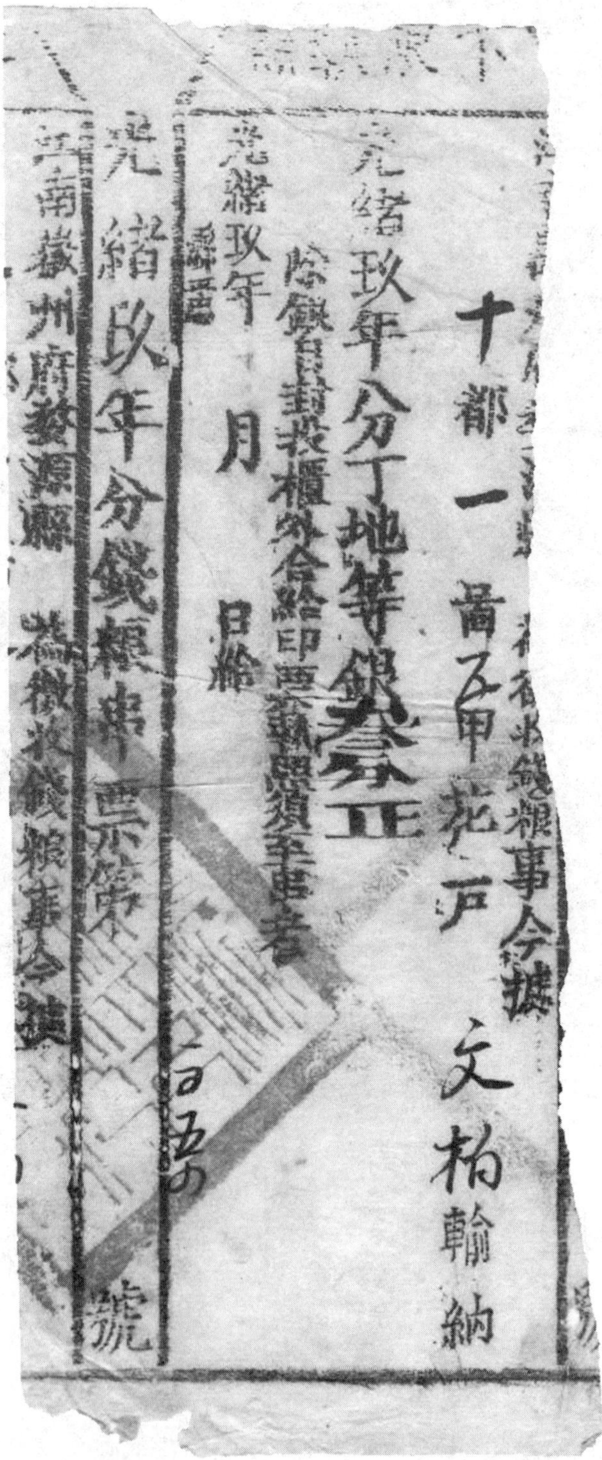

江南徽州府婺源縣 為徵收錢糧事今據

十都一圖乙甲程户 文柏 輸納

光緒玖年分丁地等銀叁 正

除銀已封投櫃外合給印票執照須至票者

光緒玖年 月 日給

光緒玖年分錢糧串票 第 百五 號

江南徽州府婺源縣 為徵收錢糧事今據

江湾镇胡溪村 9 · 光绪九年 · 纳米执照 · 文柏

州府婺源縣為徵收兵米事奉
題定徽州營兵米應征本色令據
十都一圖五甲　戶　文柏輸納
光緒玖年分本色兵米貳合
照同交倉登號合給執照
光緒玖年　月　日給

江湾镇胡溪村 10 · 光绪九年 · 纳米执照 · 文柏

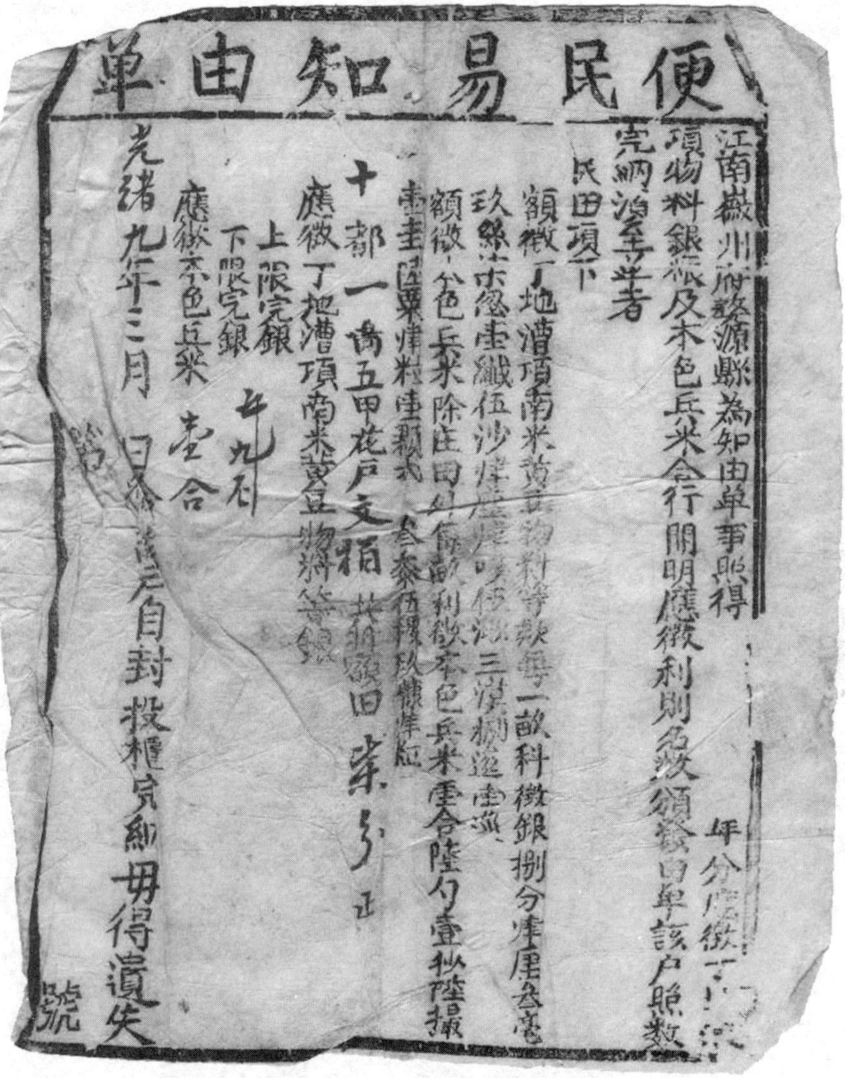

便民易知由單

江南徽州府婺源縣為知由單事照得

項物料銀兩及本色兵米合行開明應徵則例給發由單該戶照數

完納須至單者

年分應徵丁地

民田項下

額徵丁地漕項南米黃豆物料等款每一畝科徵銀捌分肆厘叁毫

玖絲柒忽叁纖伍沙肆塵肆渺伍漠三漠捌逡壹巡

額徵本色兵米除莊田外每畝科徵本色兵米壹合陸勺壹抄陸撮

壹圭壹粟肆粒壹顆弍參黍伍稷玖糠肆粃

十都一圖五甲花戶文栢 共額田 柒分 正

應徵丁地漕項南米黃豆物料等銀

應徵本色兵米 壹合

上限完銀 年 九厘

下限完銀

光緒九年三月 日給 自封投櫃完納毋得遺失

第 號

江湾镇胡溪村 16 · 光绪九年 · 便民易知由单 · 文柏

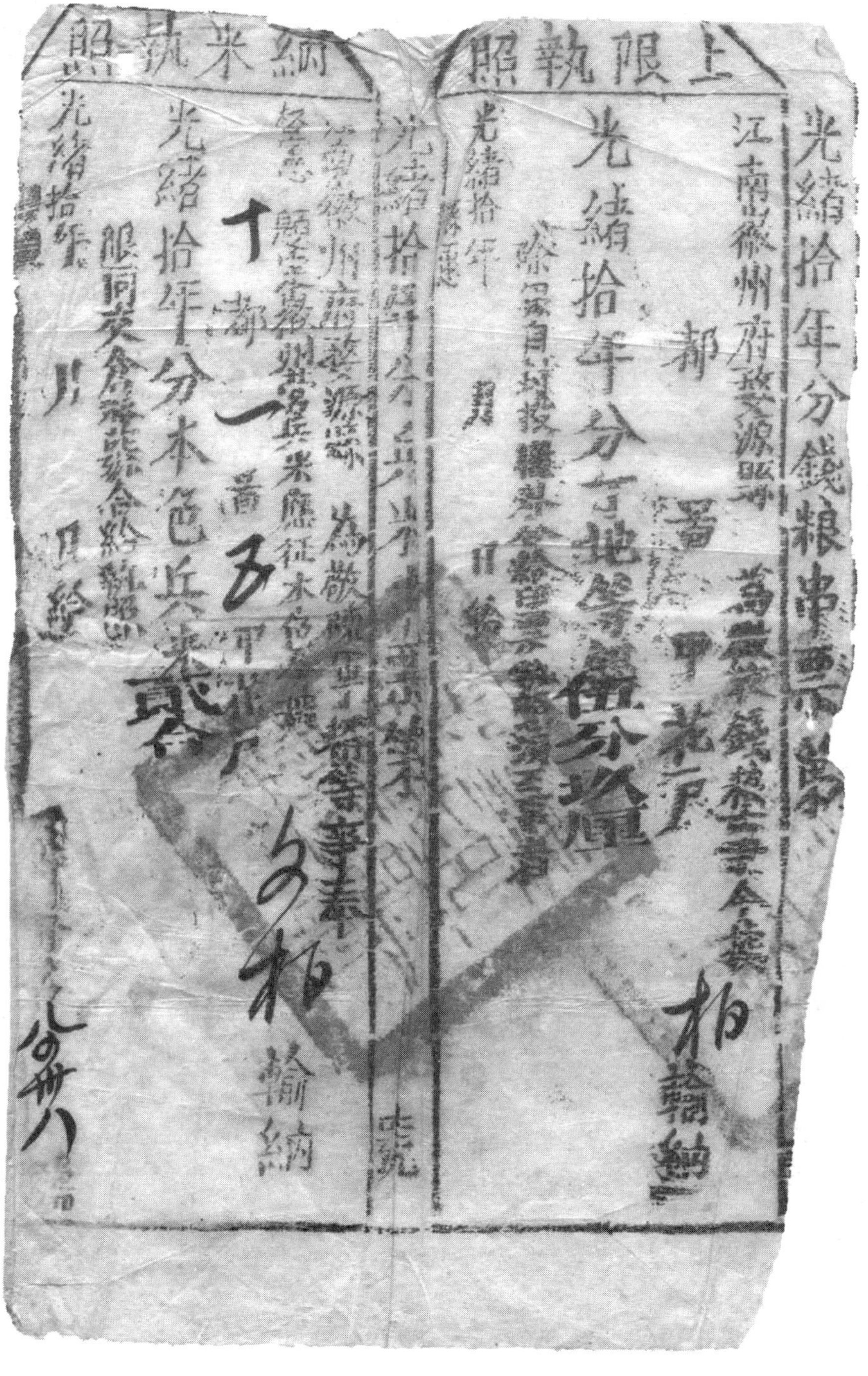

江湾镇胡溪村 32 · 光绪十年 · 纳米执照 · 文柏

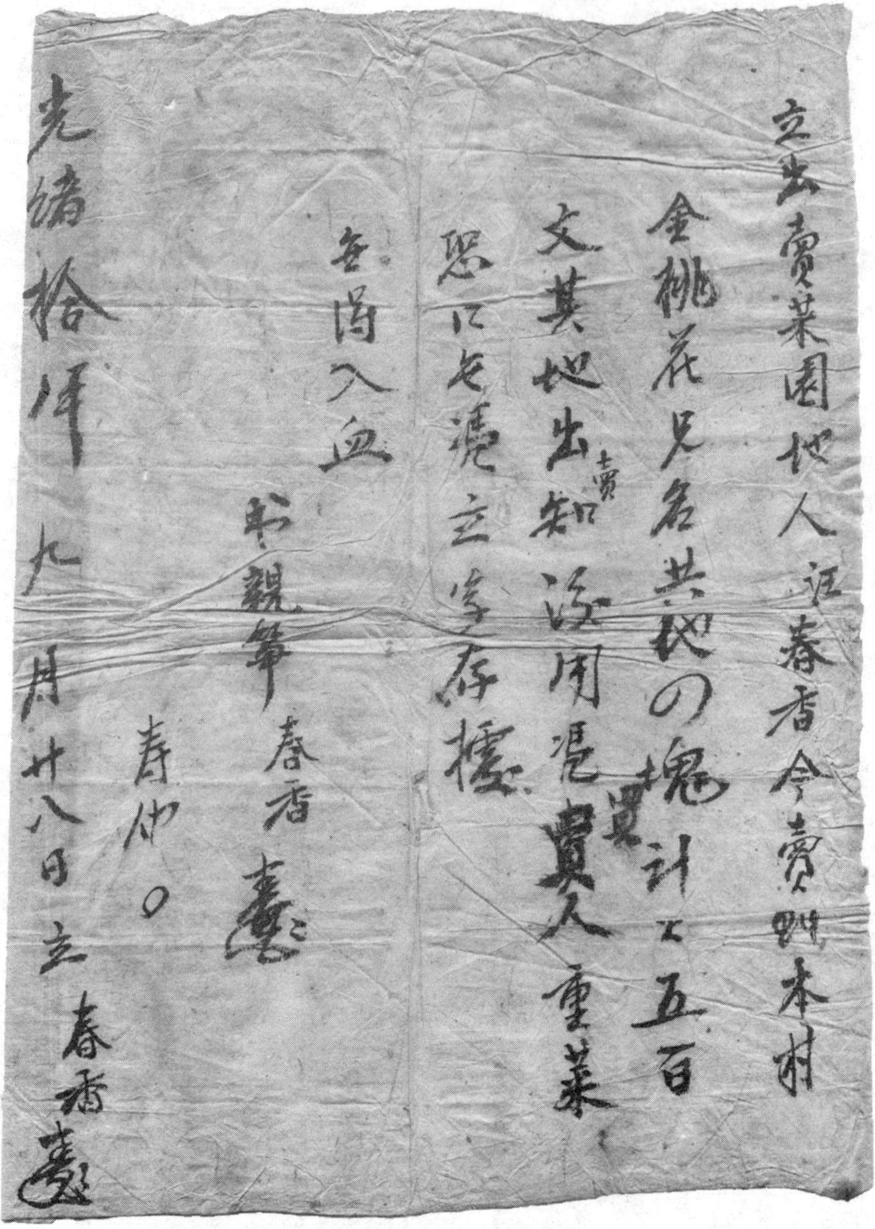
立出賣菜園地人汪春香今賣與本村
金桃花兄名共地四塊買計〻五百
文其地出賣知該用凭買賣人重菜
恐口無凭立字存據
全尚入血
書親筆　春香（押）
壽仲〇
光緒拾年九月廿八日立　春香（押）

江湾镇胡溪村 38 · 光绪十年 · 出卖菜园地 · 汪春香卖与金桃花

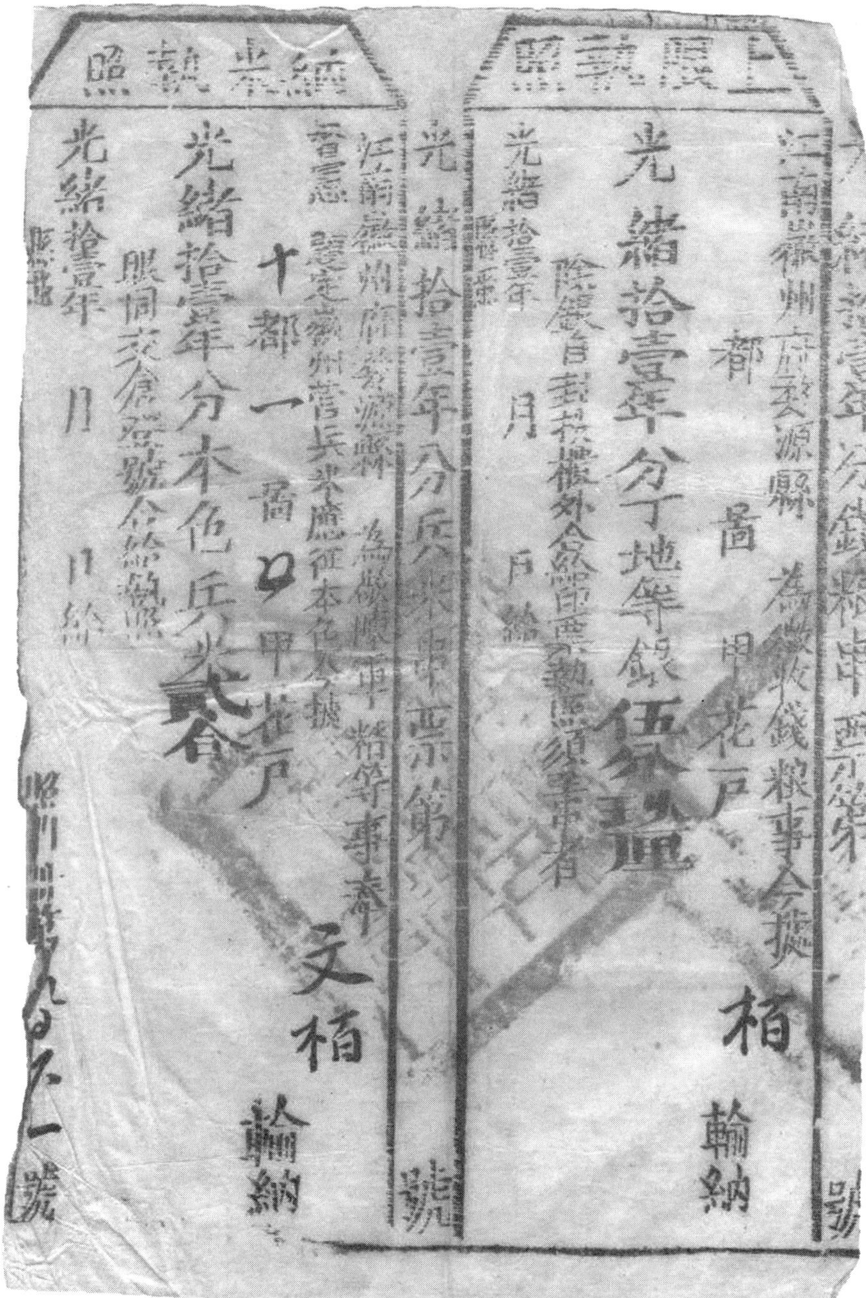

光緒拾壹年分錢粮串票第 號

上限執照

江南徽州府婺源縣 為徵收錢粮事今據 都 啚 甲 花戶 柏 輸納

光緒拾壹年分丁地等銀伍[illegible]壹釐

除[illegible]自封投櫃外合給[illegible]須至[illegible]者

光緒拾壹年 月 戶給

光緒拾壹年分兵米串票第 號

納米執照

江南徽州府婺源縣 為徵收兵米糈等事奉

[illegible]憲 題定徽州營兵米應征本色米石抵[illegible]

十都一啚[illegible]甲 花戶 文柏 輸納

光緒拾壹年分本色兵米貳合

照同交倉存號合給執照

光緒拾壹年 月 日給

照[illegible]號

江湾镇胡溪村 25 · 光绪十一年 · 纳米执照 · 文柏

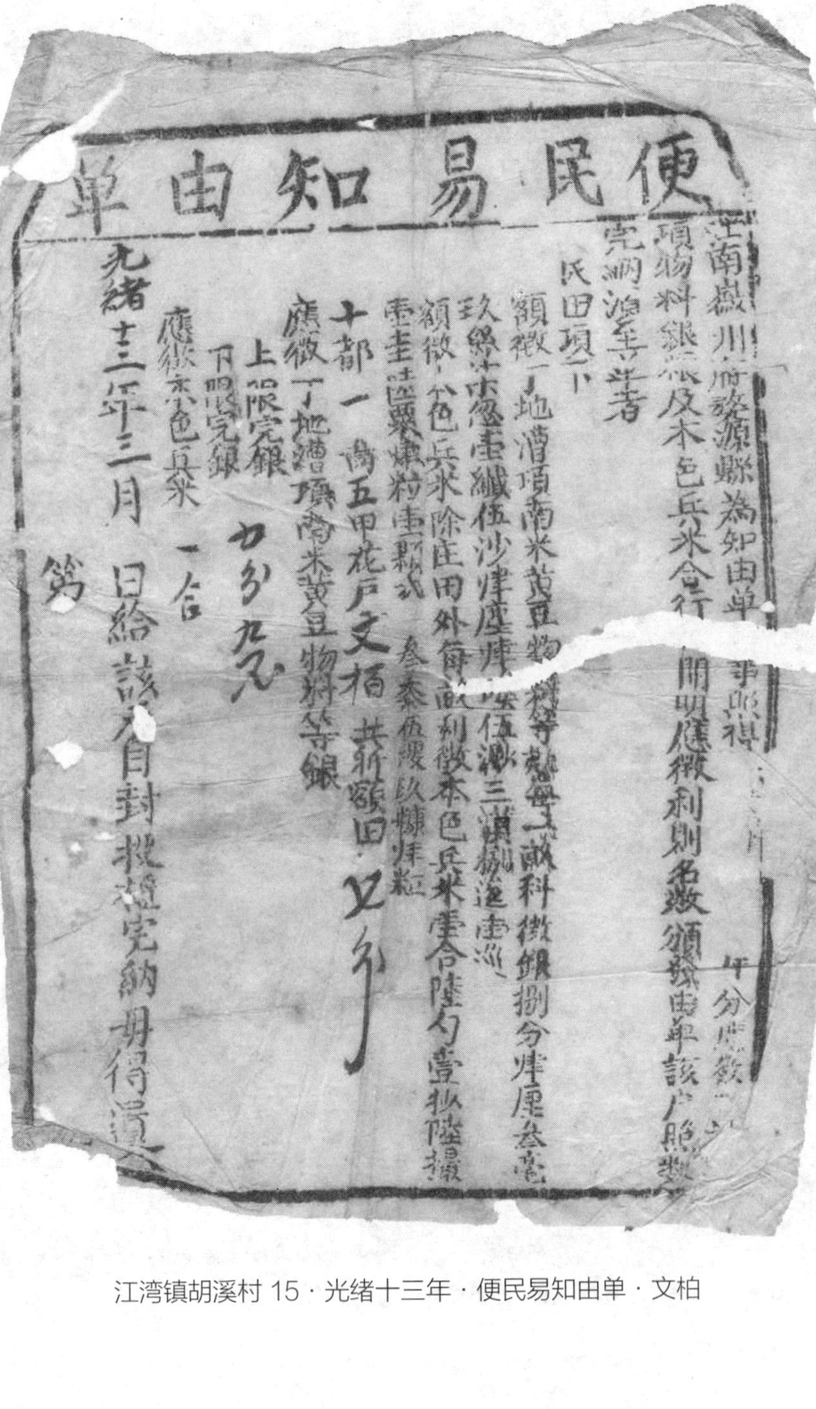

便民易知由单

江南徽州府婺源县为知由单事照得……年分应征……
项物料银米及本色兵米合行开明应征则例分数颁给由单该户照数
完纳须至单者

民田项下
额征丁地漕项南米黄豆物料等银每亩科征银捌分肆厘叁毫
……
额征本色兵米除庄田外每亩利征本色兵米壹合陆勺壹抄陆撮
……

十都一图五甲花户文柏 共折额田
应征丁地漕项南米黄豆物料等银
上限完银
下限完银
应征本色兵米 一合

光绪十三年三月 日给该户自封投柜完纳毋得迟误

江湾镇胡溪村 15 · 光绪十三年 · 便民易知由单 · 文柏

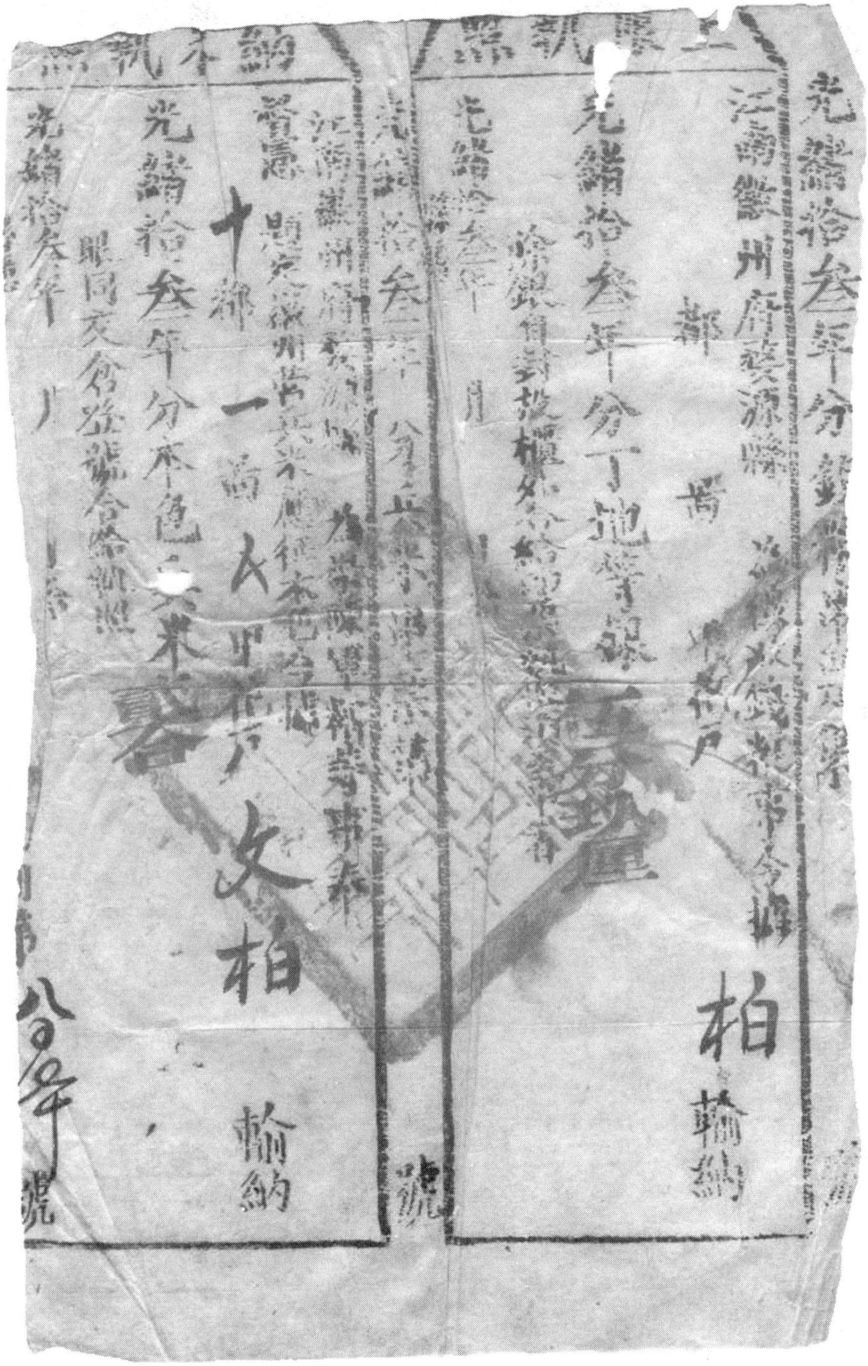

江湾镇胡溪村 20 · 光绪十三年 · 纳米执照 · 文柏

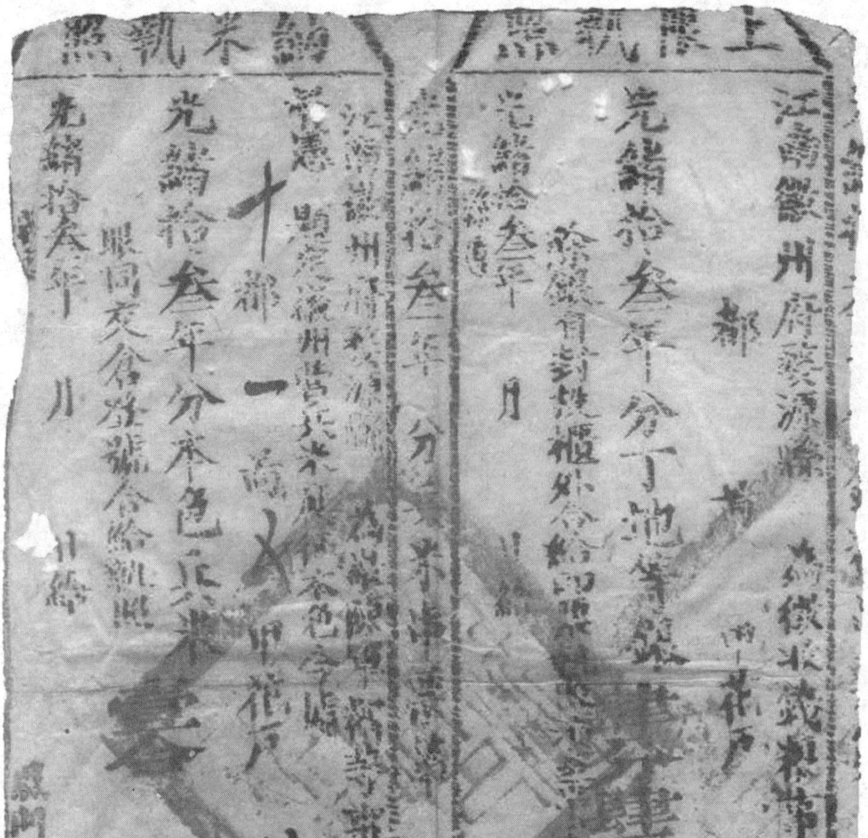
上限執照
江南徽州府婺源縣
光緒拾叁年分丁地
生 輸納
光緒拾叁年 月 日給
納米執照
光緒拾叁年分本色兵米
十都 一圖 五甲 花戶 榮生 輸納
光緒拾叁年 月 日給

江湾镇胡溪村 33 · 光绪十三年 · 纳米执照 · 荣生

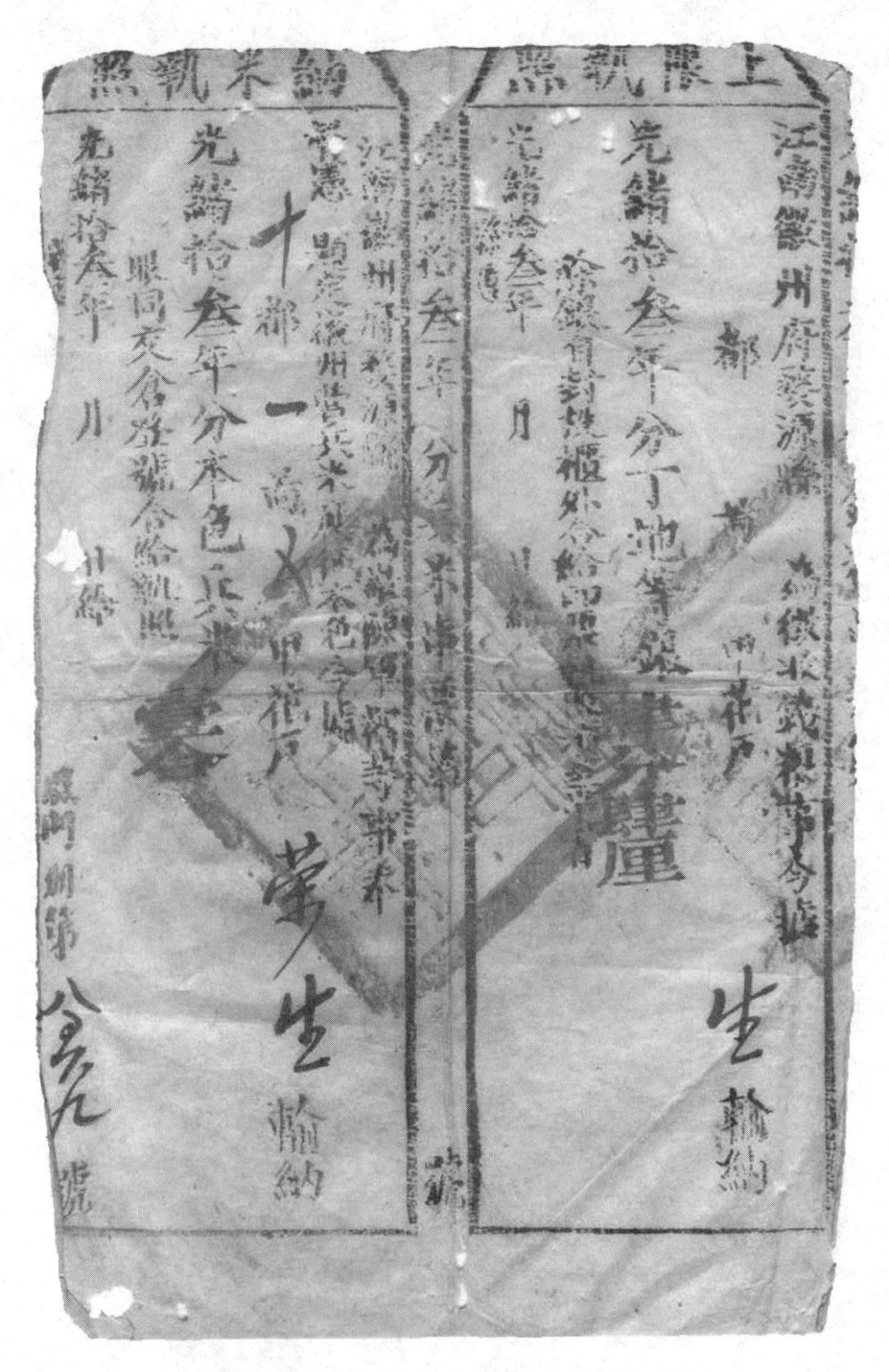

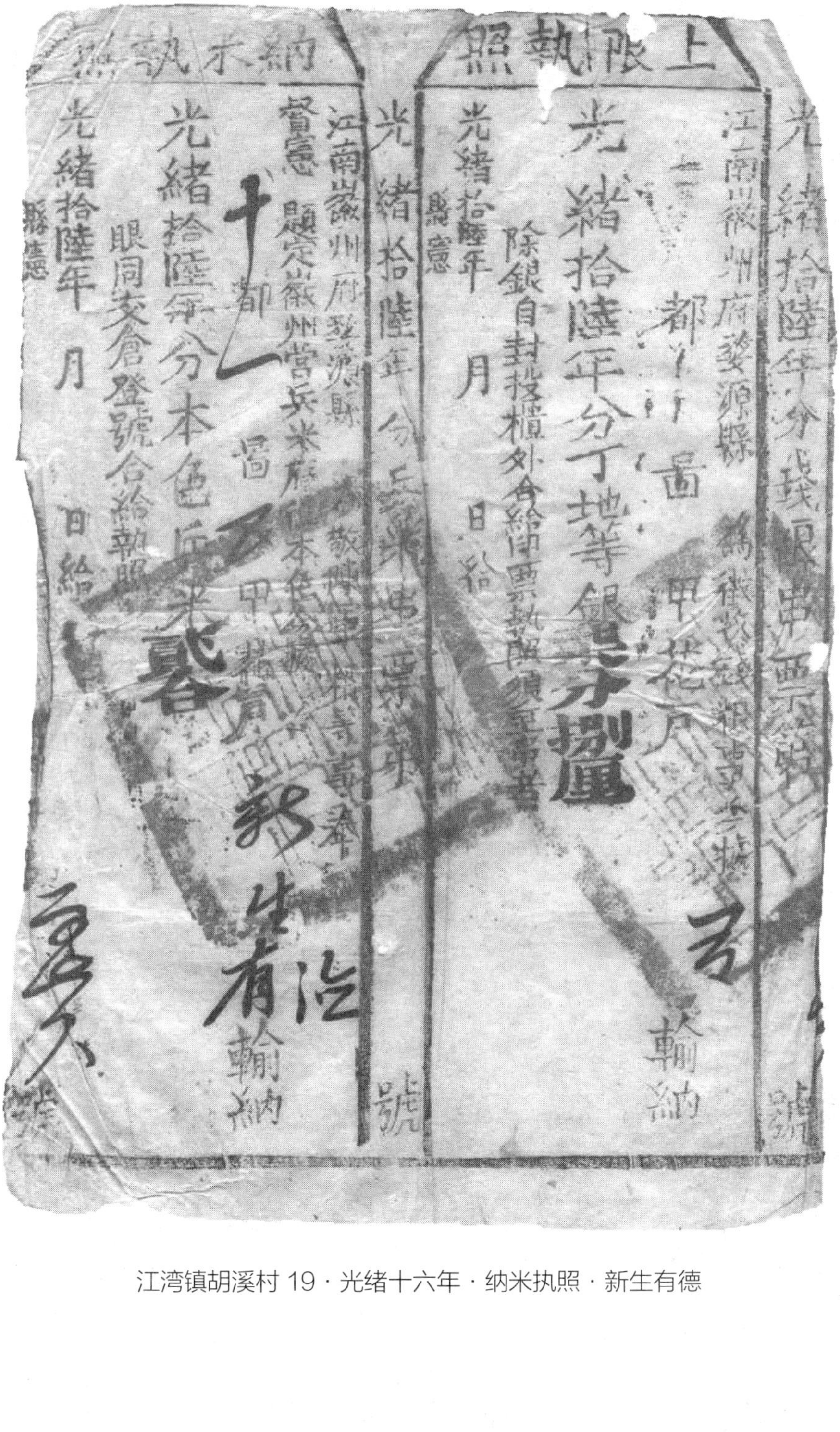

上限執照

光緒拾陸年分丁地等銀

除銀自封投櫃外合給兩票

光緒拾陸年　月　日給

納米執照

江南徽州府婺源縣

督憲題定徽州營兵米

光緒拾陸年分本色兵米

十　都　圖　甲

新生有德

眼同交倉登號合給執照

光緒拾陸年　月　日給

江湾镇胡溪村 19 · 光绪十六年 · 纳米执照 · 新生有德

納米執照

江南徽州府婺源縣 都 圖 甲 花戶 柏 輸納

光緒拾柒年分丁地等銀 壹分正

除銀自封投櫃外合給印票執照

光緒拾柒年 月 日給

光緒拾柒年分 米 號

江南徽州府婺源縣 督憲 徽州營兵米 十 都 一 圖 五 甲 花戶 文柏 輸納

光緒拾柒年分本色兵米 貳合

眼同交倉登號合給執照

光緒拾柒年 初 月 給

號

江湾镇胡溪村 7 · 光绪十七年 · 纳米执照 · 文柏

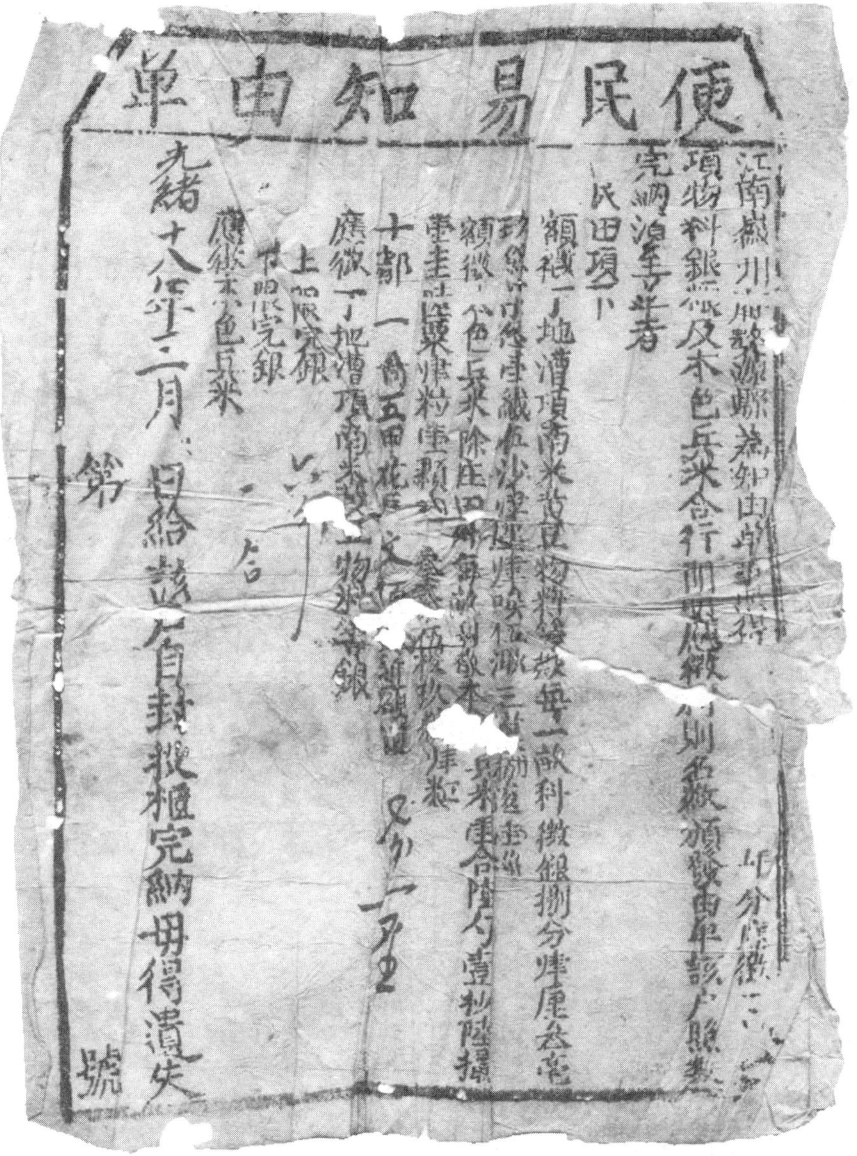

便民易知由单

江南徽州府婺源县为给由单事照得[illegible]
项物料银并征及米色兵米合行刊刻易知[illegible]则各款须发由单该户照数
完纳须至单者
民田项下
额征丁地漕项南米并[illegible]物料[illegible]每一亩科征银捌分肆厘叁毫
[illegible]
额征[illegible]色兵米除[illegible]每亩[illegible]
[illegible]
十都 一图五甲花户 [illegible] 又分一厘
应征丁地漕项南米并[illegible]物料[illegible]银
上限完银
下限完银
应征米色兵米
光绪十八年十二月 日给 [illegible]自封投柜完纳毋得遗失
第 号

江湾镇胡溪村 26 · 光绪十八年 · 便民易知由单 · 文柏

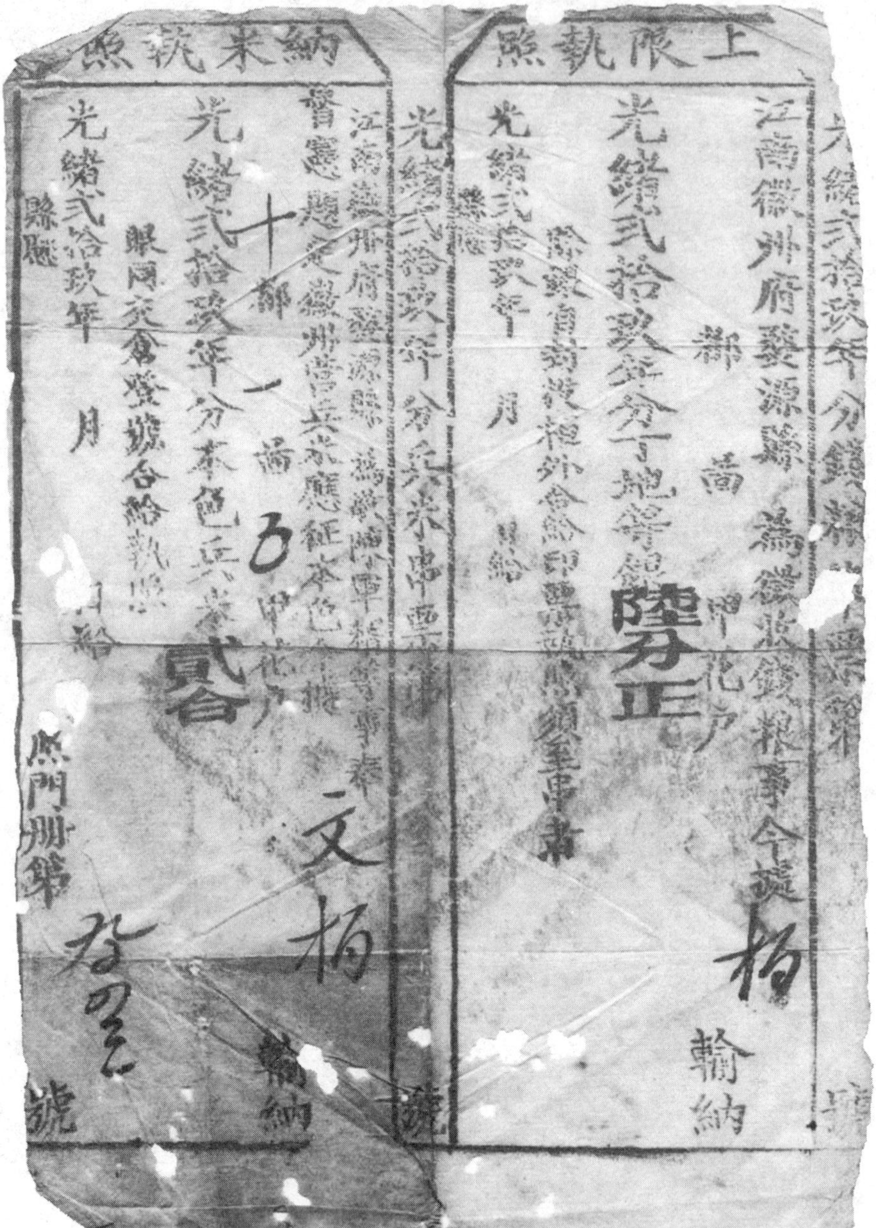

江湾镇胡溪村 24 · 光绪二十年 · 纳米执照 · 文柏

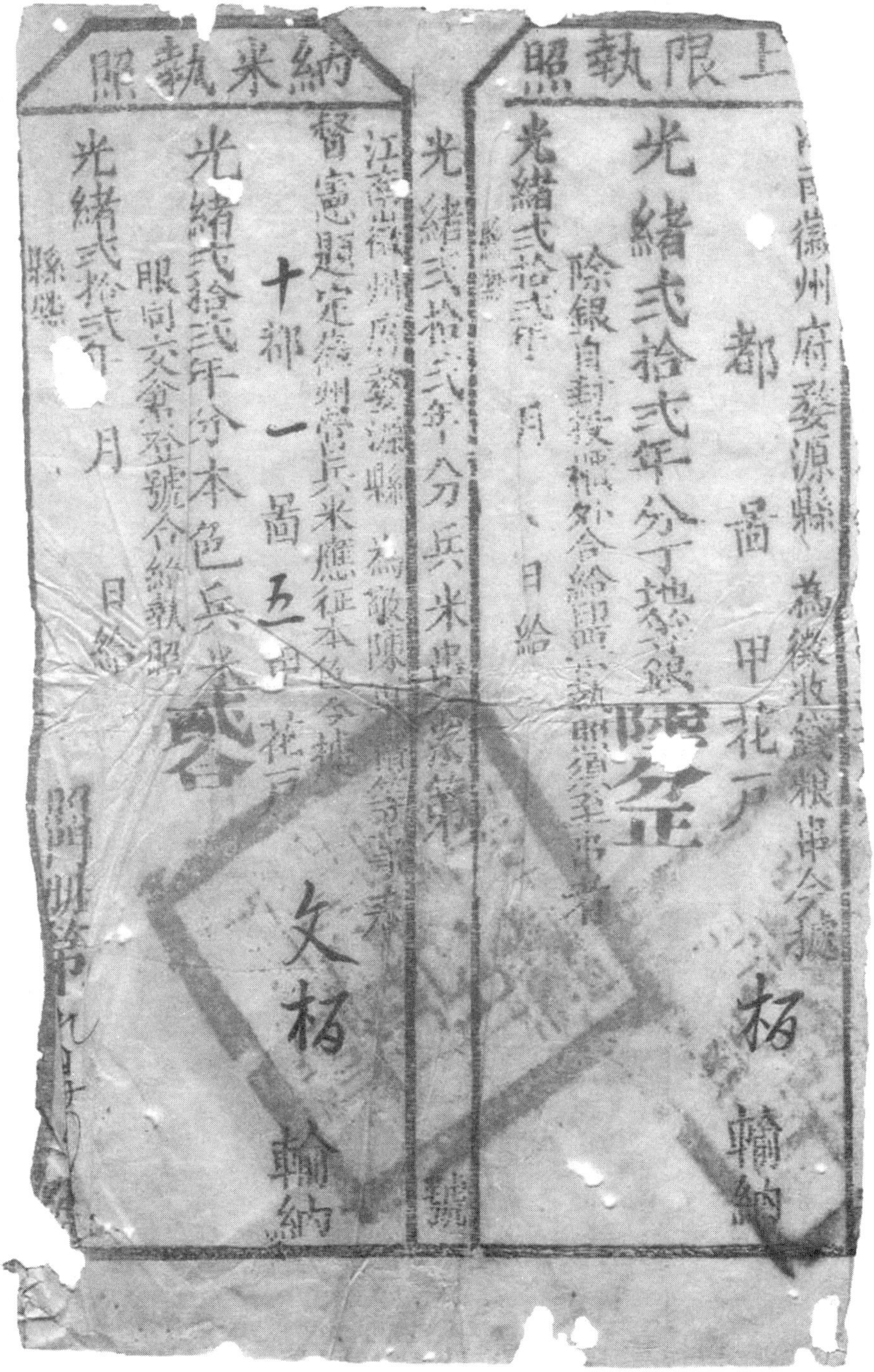
上限執照

江南徽州府婺源縣 為徵收錢糧串令據

都 圖 甲 花戶 柏 輸納

光緒弍拾弍年分丁地銀

除銀自封投櫃外合給印票執照須至票者

光緒弍拾弍年 月 日給

縣給

光緒弍拾弍年分兵米

號

納米執照

江南徽州府婺源縣 為欽陳

督憲題定徽州營兵米應征本色令據

十都 一圖 五甲 花戶 文柏 輸納

光緒弍拾弍年分本色兵米

照司交簽登號合給執照

光緒弍拾弍年 月 日給

縣給

江湾镇胡溪村 22 · 光绪二十二年 · 纳米执照 · 文柏

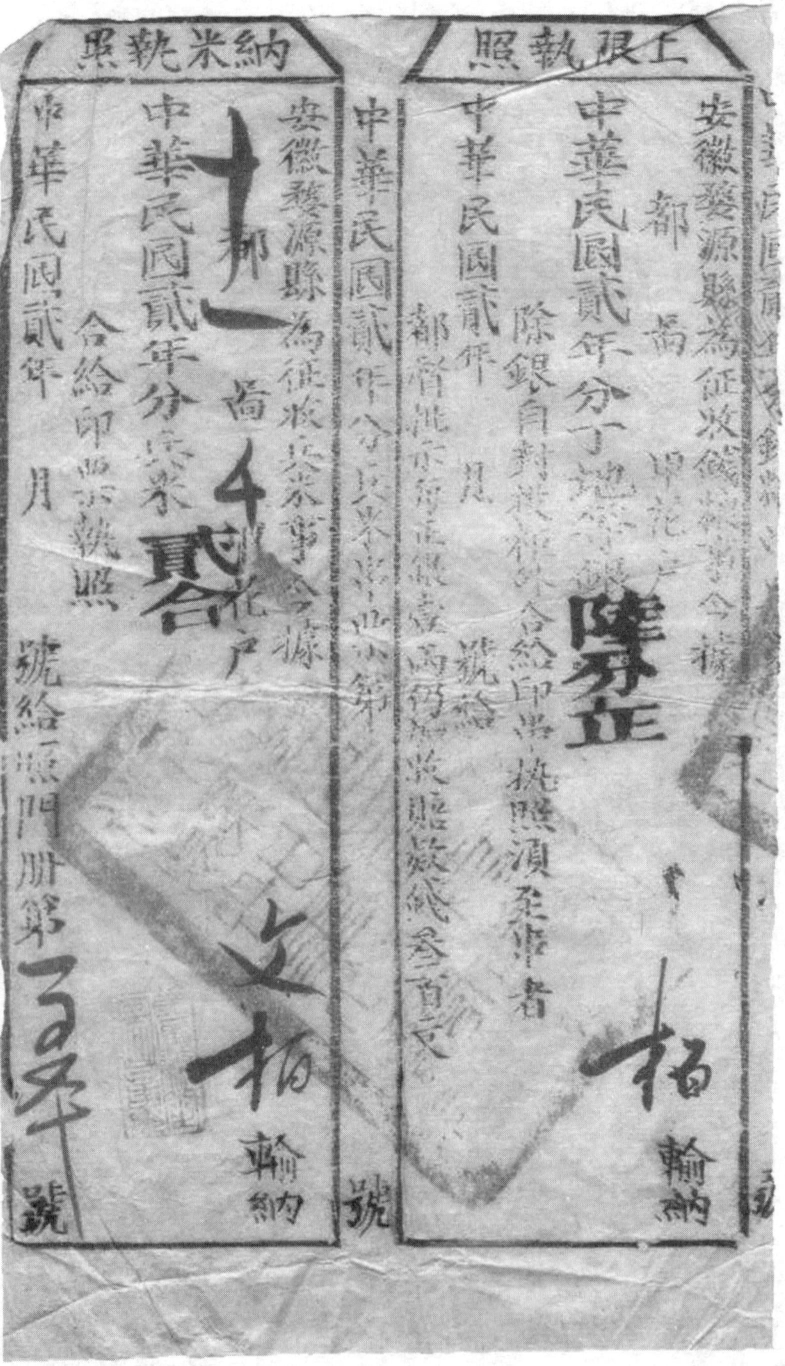

上限執照
安徽婺源縣為征收錢糧事今據
都 圖 甲花户
中華民國貳年分丁地錢糧
除銀自封投櫃外合給印串執照須至串者
中華民國貳年 月 號給
柏 輸納

納米執照
安徽婺源縣為徵收兵米事今據
十一都 圖 4甲花户
文柏 輸納
中華民國貳年分兵米 貳合
合給印串執照
中華民國貳年 月 號給一照門册第 號

江湾镇胡溪村 11 · 民国二年 · 纳米执照 · 文柏

立出賣字人王社進因中溪茶叕(?)今
要用膦茶便金再釵無下叫至分明東
至再釵自己南至再釵自己西至保生北
至進計过錢行文正當即自己收領
立此茶叕字存廬爲據

民國八年拾月初九日出賣茶字人王社進
代筆人孫傍文樣

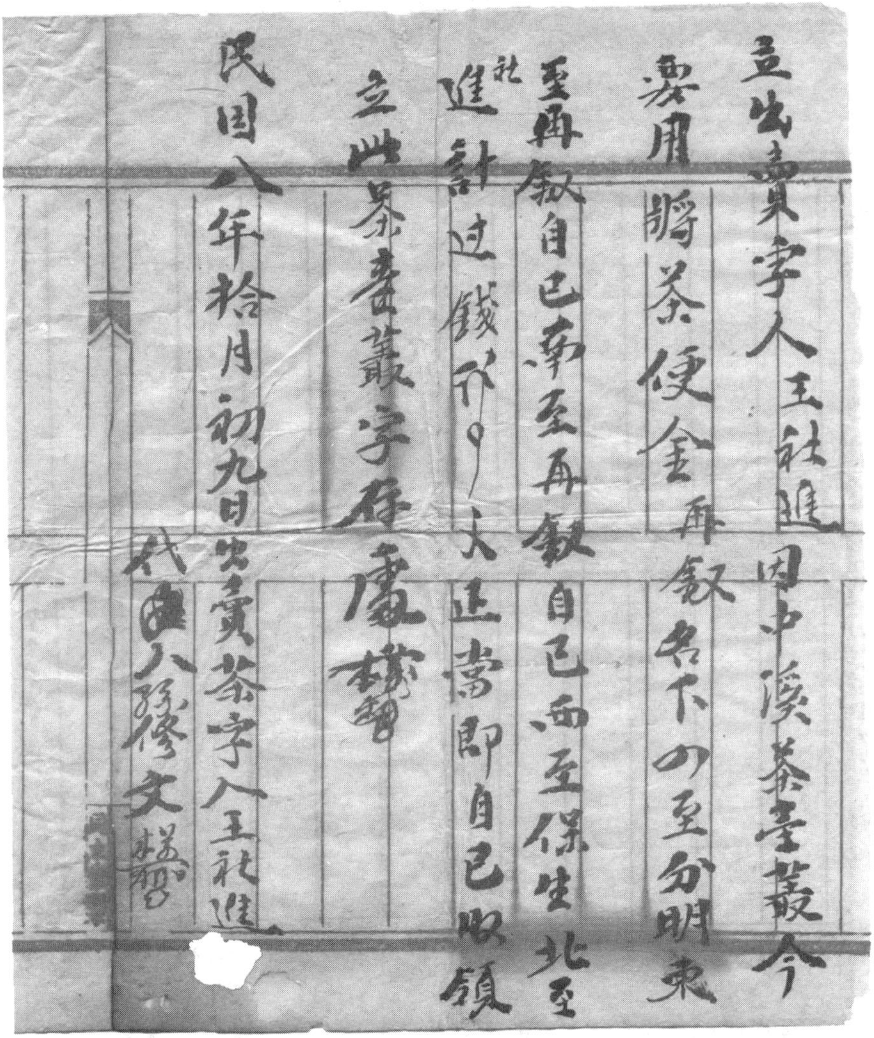

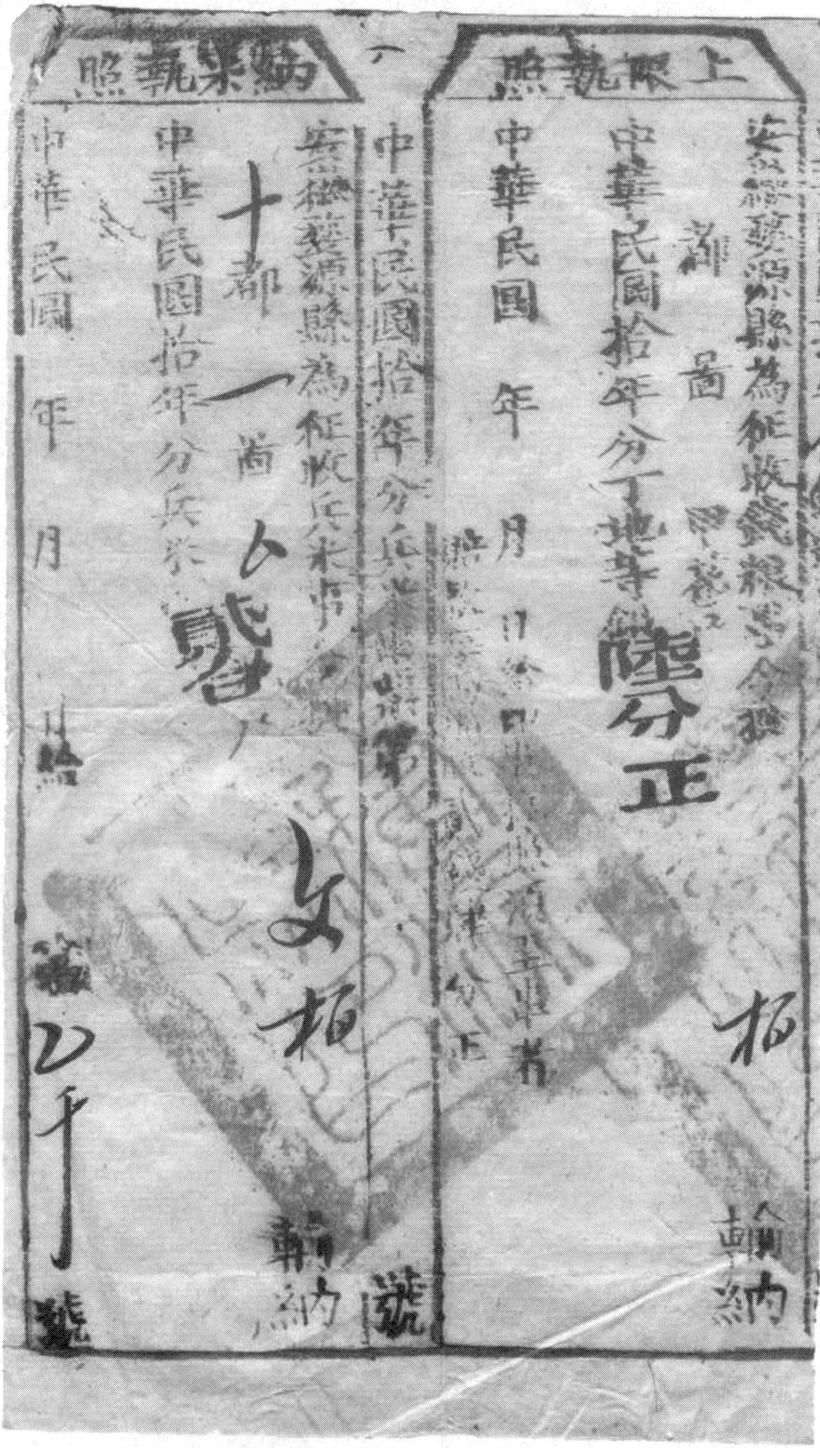
上限執照

安徽省婺源縣為征收錢糧事今據

都　啚　甲戶

中華民國拾年分丁地等銀陸分正

柏

輸納

中華民國　年　月　日給

兵米執照

中華民國拾年分兵米

安徽省婺源縣為征收兵米事

十都　一啚

中華民國拾年分兵米

文柏

輸納

中華民國　年　月　日給

乙千　號

江湾镇胡溪村 8 · 民国十年 · 纳米执照 · 文柏

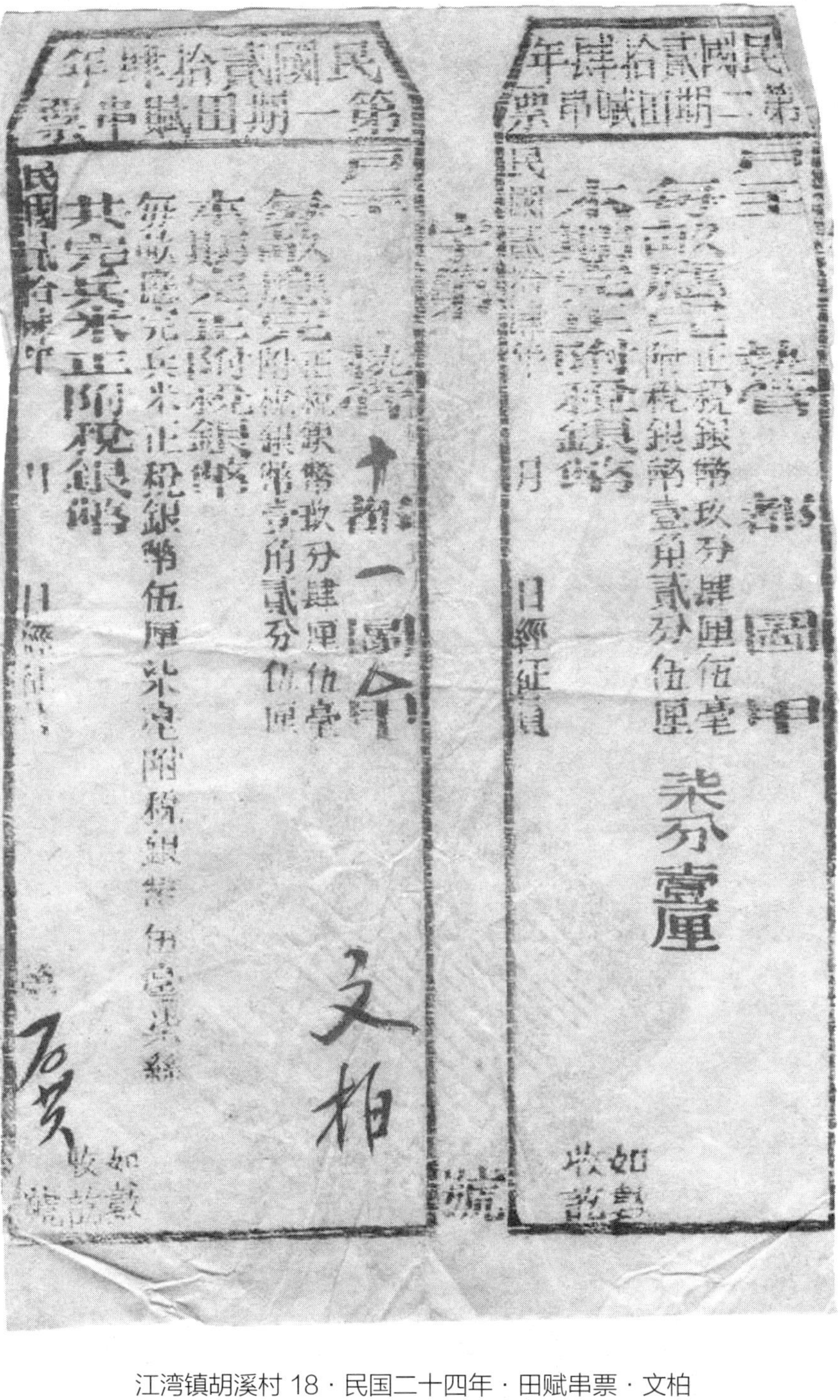
民國貳拾肆年 第一期田賦串票

民國貳拾肆年 第二期田賦串票

江湾镇胡溪村 18 · 民国二十四年 · 田赋串票 · 文柏

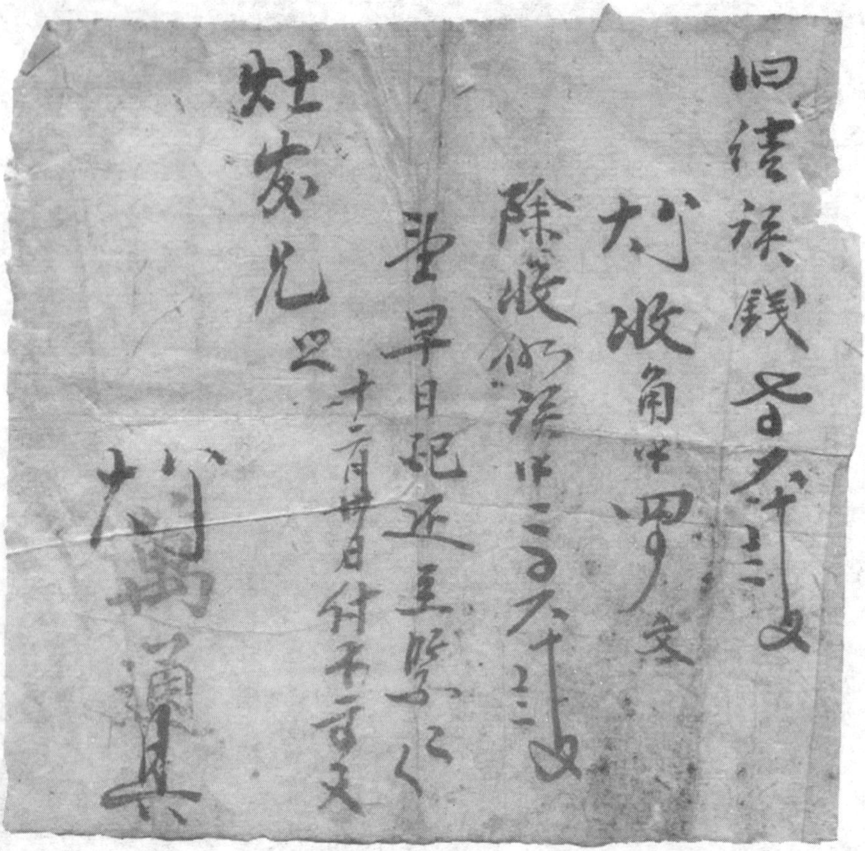

江湾镇胡溪村 2 · 收据 · 灶发

里字山号讓交永業林祀谷
壹百卅贰斤，除收尚欠祀九斤，
下不為例，当給收条山照。
大富佃旦 癸丑 [illegible] 樂泰

江湾镇胡溪村 3 · 收据

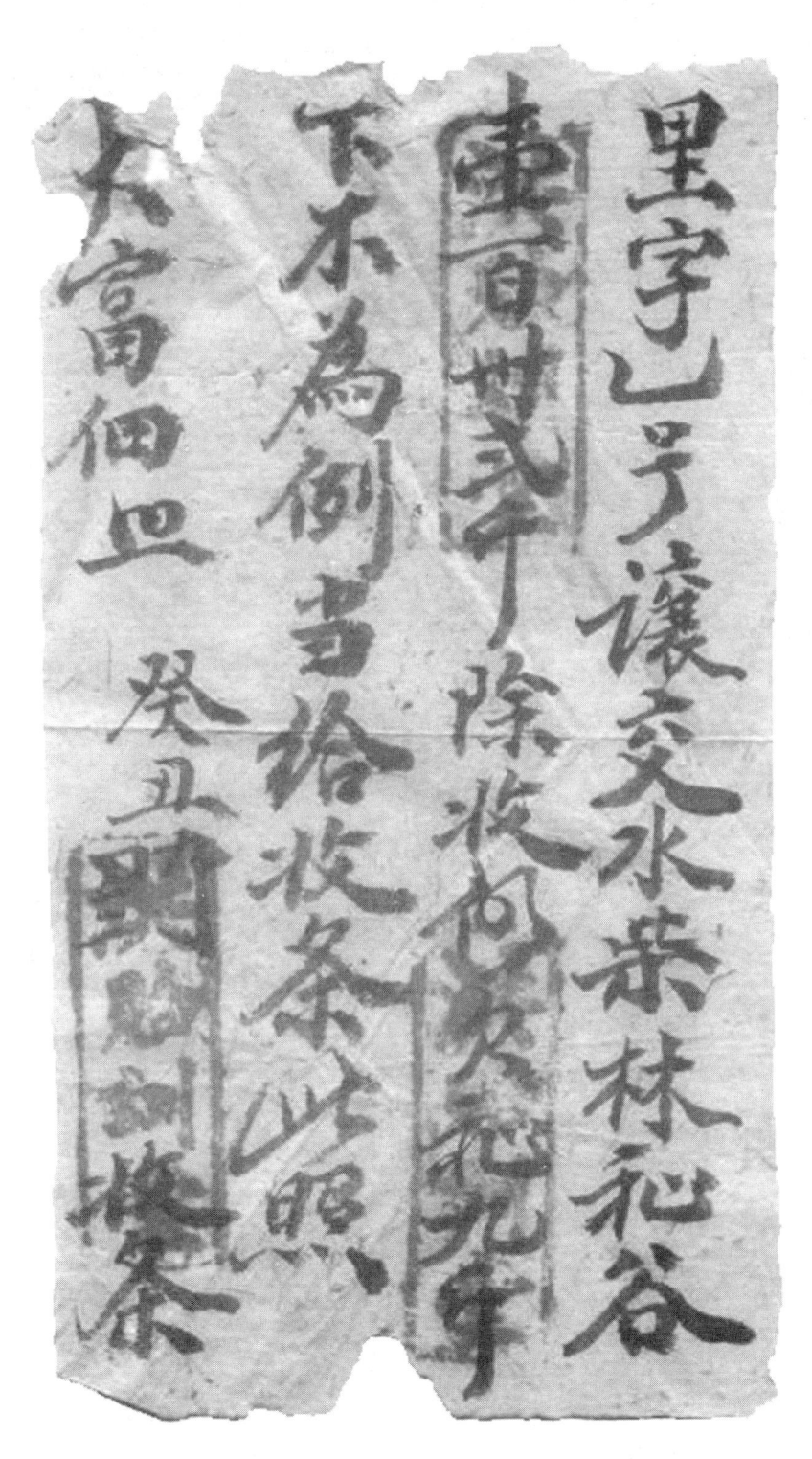

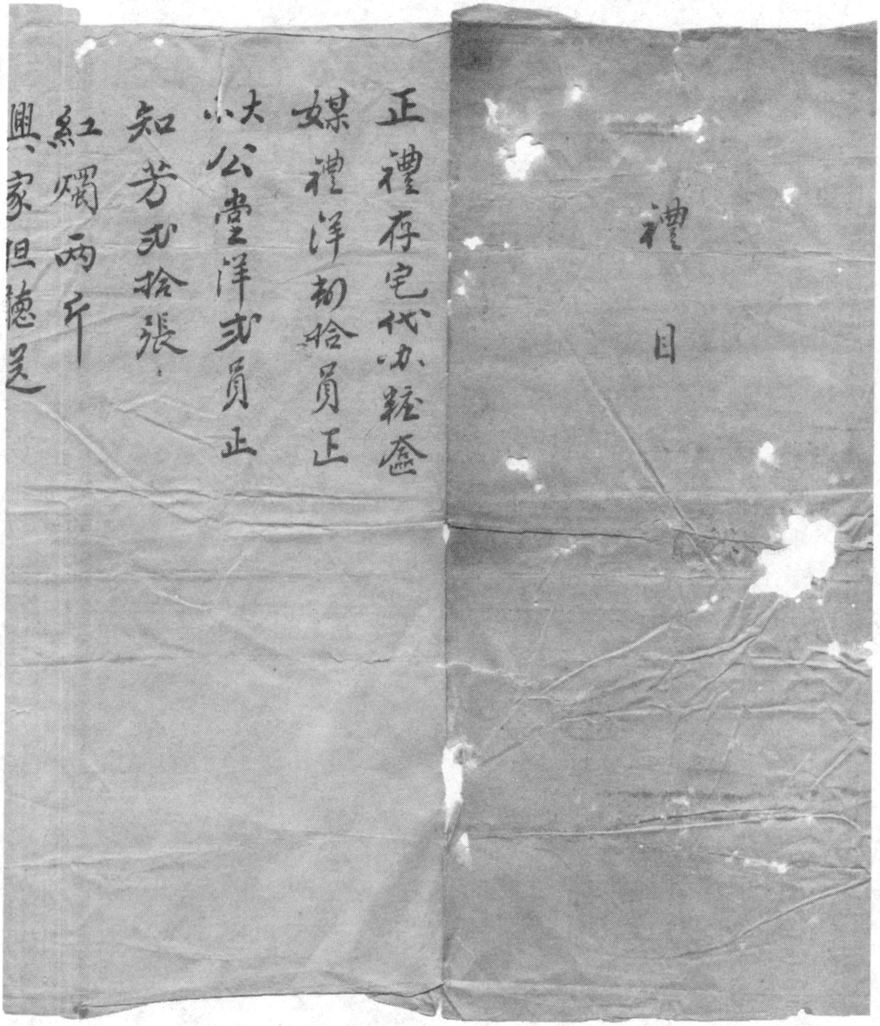
禮目

正禮存宅代办粧奩
媒禮洋捌拾員正
大小公堂洋弍員正
知芳弍拾張
紅燭兩斤
興、家但聽送

江湾镇胡溪村 36 · 礼目

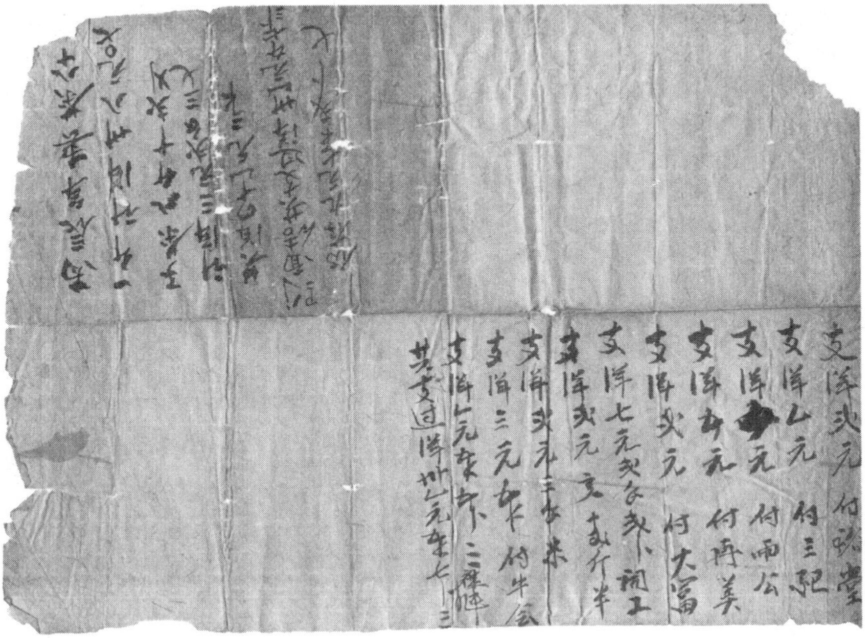

江湾镇胡溪村 39 · 流水账

嫁娶結婚上立吉日期

一笪本年拾壹月初九日嫁娶結婚夫
菱行嫁申時新人入門廚時樣行嫁大吉 局敢支
卯未申時入門有貴人本月土星合天德月德青龍道
卯時合玉堂黃道辰時合閏卯吉神末辰申時有青龍
黃道天乙貴人太陽星到會一卯時合明堂黃道貴人朝朝
　　　左辛亥　年丁卯　　　兩陰不將　行嫁白虎不犯
　　　右己辰　月壬子　　　不犯　雷霆白虎不犯嫁娶用書
　　　　　　　日庚午　　　朔不犯　翀婚周堂不犯離窠不犯上
再䄂式卯不沖盾　　時己卯　　歌䯻朱雀不犯　红紗殺不犯
丁火䏻生巳土　　　　　　　不犯　不須些妣
用大吉　若雲啟　菱行庚辰擄恉巳盾
此後啟漢子時可　冠笄已印
作蜀三日冠笄
俟令緒斉明復漢入門甲申
　　　　　　汪
　　　　　　記

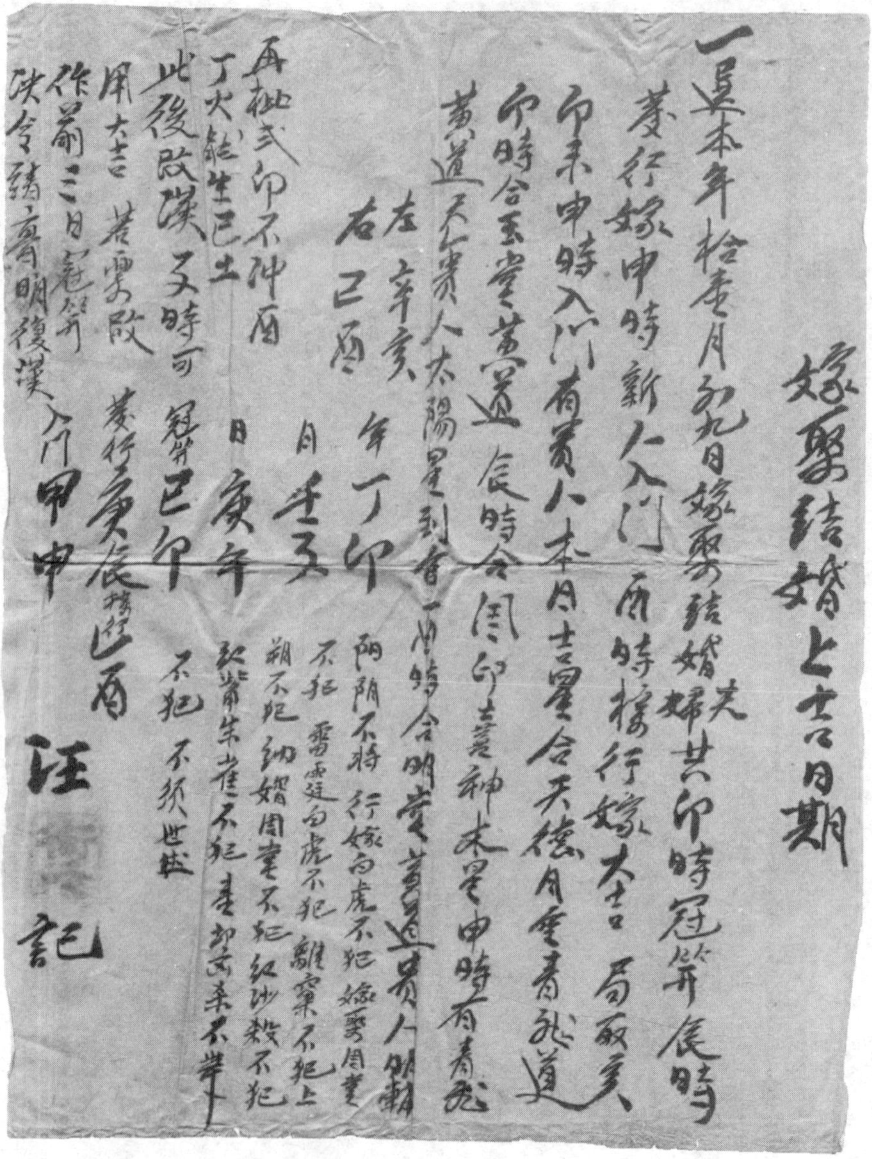

江湾镇胡溪村 40 · 结婚吉期 · 汪记

江湾镇下金田 1—5

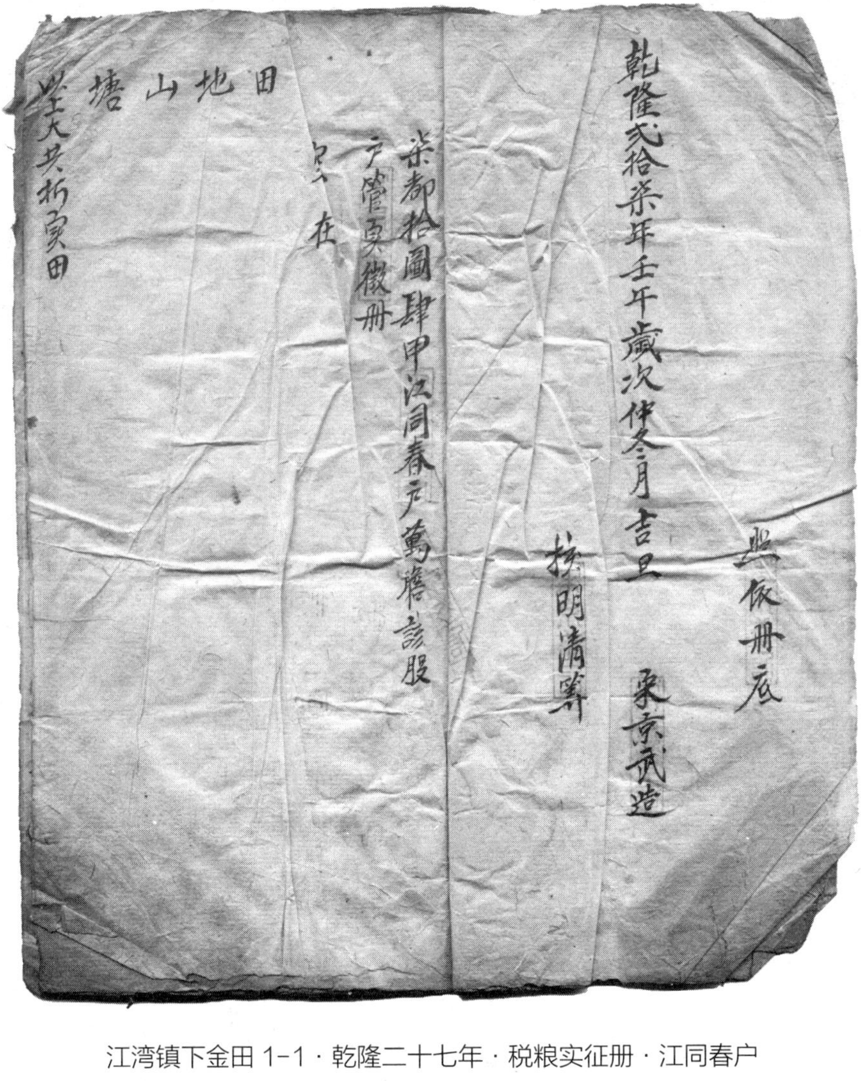

江湾镇下金田 1-1 · 乾隆二十七年 · 税粮实征册 · 江同春户

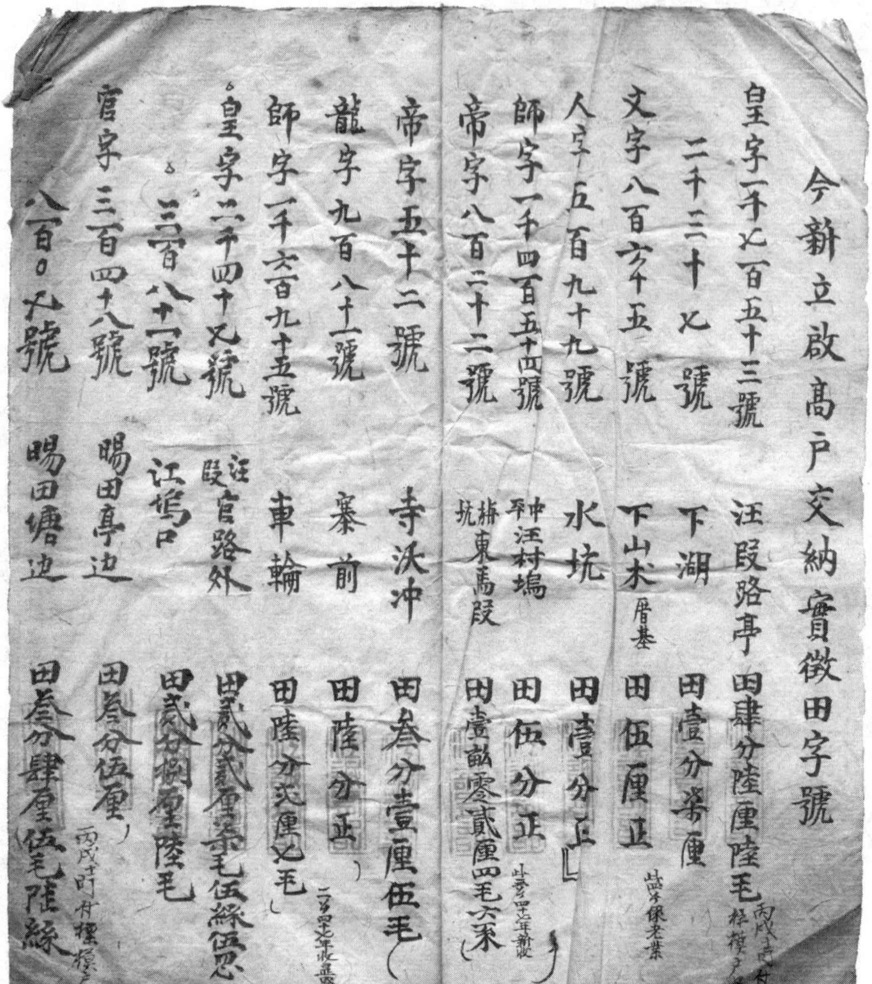

今新立啟高户交納實徵田字號

皇字一千七百五十三號 汪段路亭 田肆分陸厘陸毛 丙戌十一月付 枉模户收

二千三十七號 下湖 田壹分柒厘 嵗十保老業

文字八百六十五號 下山木 厝基 田伍厘正

人字五百九十九號 水坑 田壹分正

師字一千四百五十四號 中平 汪村塢 田伍分正 廿五年四十七年新收

帝字八百二十二號 排坑 東高段 田壹畝零貳厘四毛六系

帝字五十二號 寺沃冲 田叁分壹厘伍毛

龍字九百八十一號 寨前 田陸分正 二十四十七年收並興户

師字一千六百九十五號 車輪 田陸分六厘七毛

皇字二千四十七號 汪段 官路外 田貳分貳厘柒毛伍絲伍忽

三百八十一號 江塢口 田貳分捌厘陸毛

官字三百四十八號 暘田亭边 田叁分伍厘

八百〇九號 暘田塘边 田叁分肆厘伍毛陸絲 丙戌十一月付樘模户收

江湾镇下金田 1-2 · 乾隆二十七年 · 税粮实征册 · 江同春户

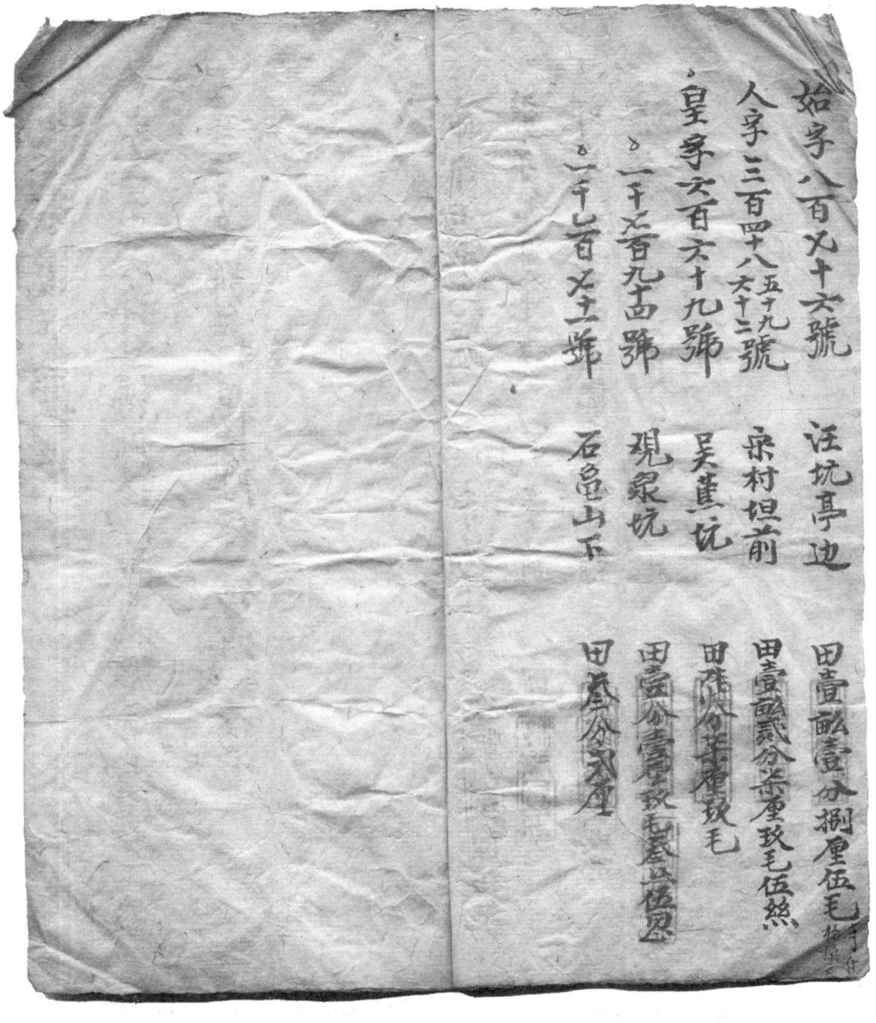

始字八百七十六號　汪坑亭边　田壹畝壹分捌厘伍毛

人字三百四十八、五十九、六十二號　宋村坦前　田壹畝貳分柒厘玖毛伍絲

皇字六百六十九號　吴莨坑　田柒分柒厘玖毛

〇一千七百九十四號　觀象坑　田壹分壹厘玖毛叁絲伍忽

〇一千七百七十一號　石邑山下　田叁分貳厘

江湾镇下金田 1-3 · 乾隆二十七年 · 税粮实征册 · 江同春户

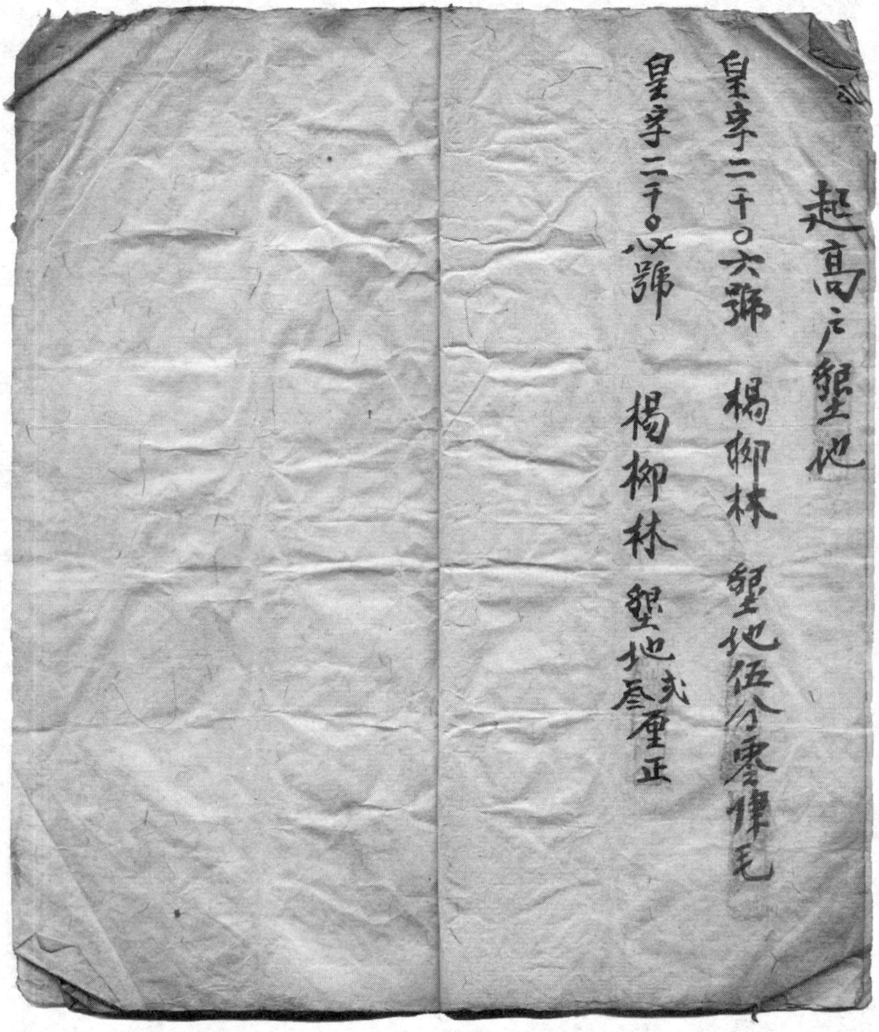

起高户墾地

皇字二千〇六號　楊柳林　墾地伍分零肆毛

皇字二千〇八號　楊柳林　墾地叁弍厘正

江湾镇下金田 1-4 · 乾隆二十七年 · 税粮实征册 · 江同春户

地

制字二百六十五號　金鵝抱卵　地壹厘陸毛陸系陸忽伍微

官字九百三十號　青山下　地税壹厘正

文字一千八百三十二號　湖坦　地伍分捌厘玖毛

皇字二千七百九十三號　下塘頭　地壹毛陸系陸忽陸微伍纖

一千六百十九號　山沖口上边　地税伍毛正

江湾镇下金田 1–5 · 乾隆二十七年 · 税粮实征册 · 江同春户

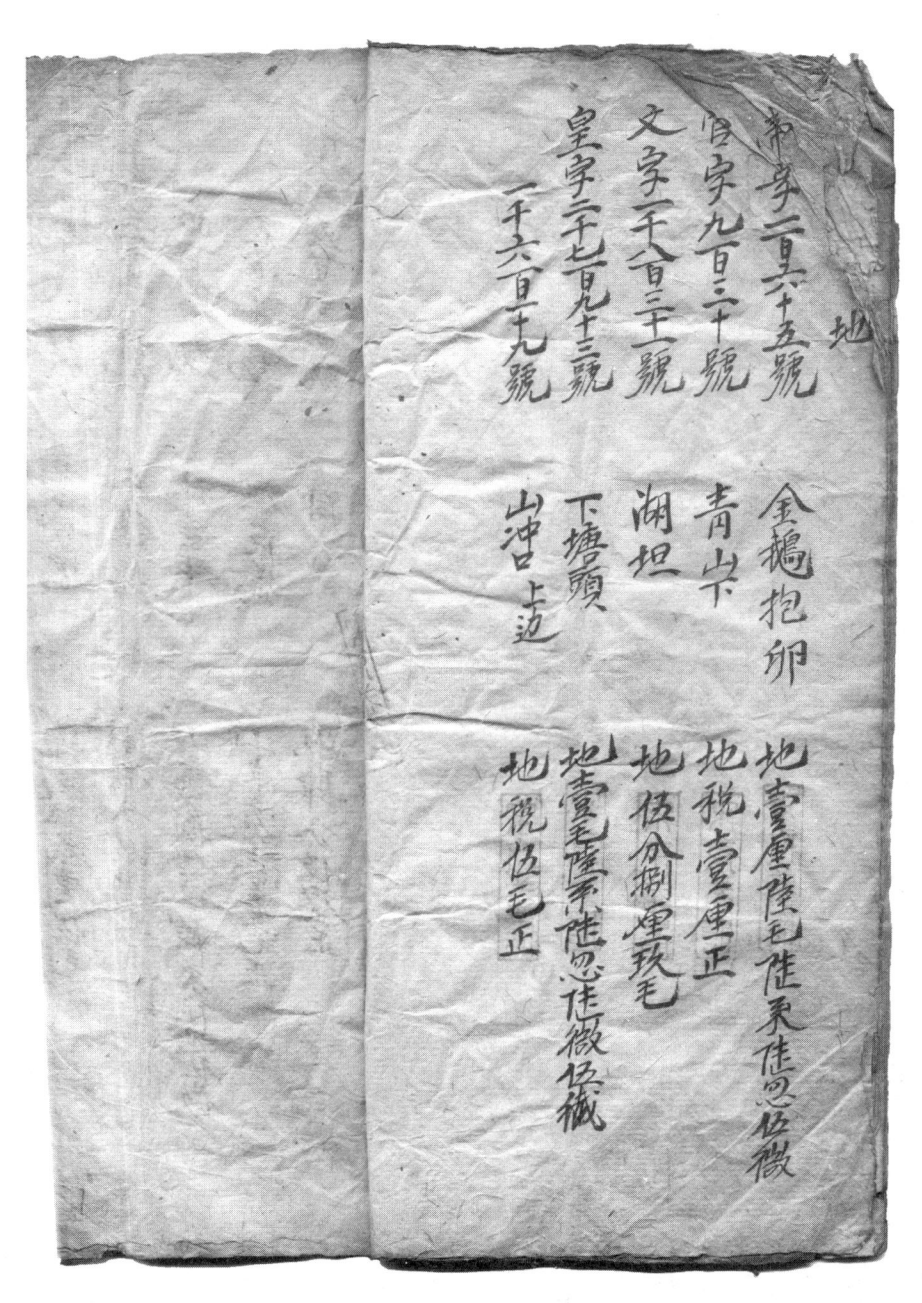

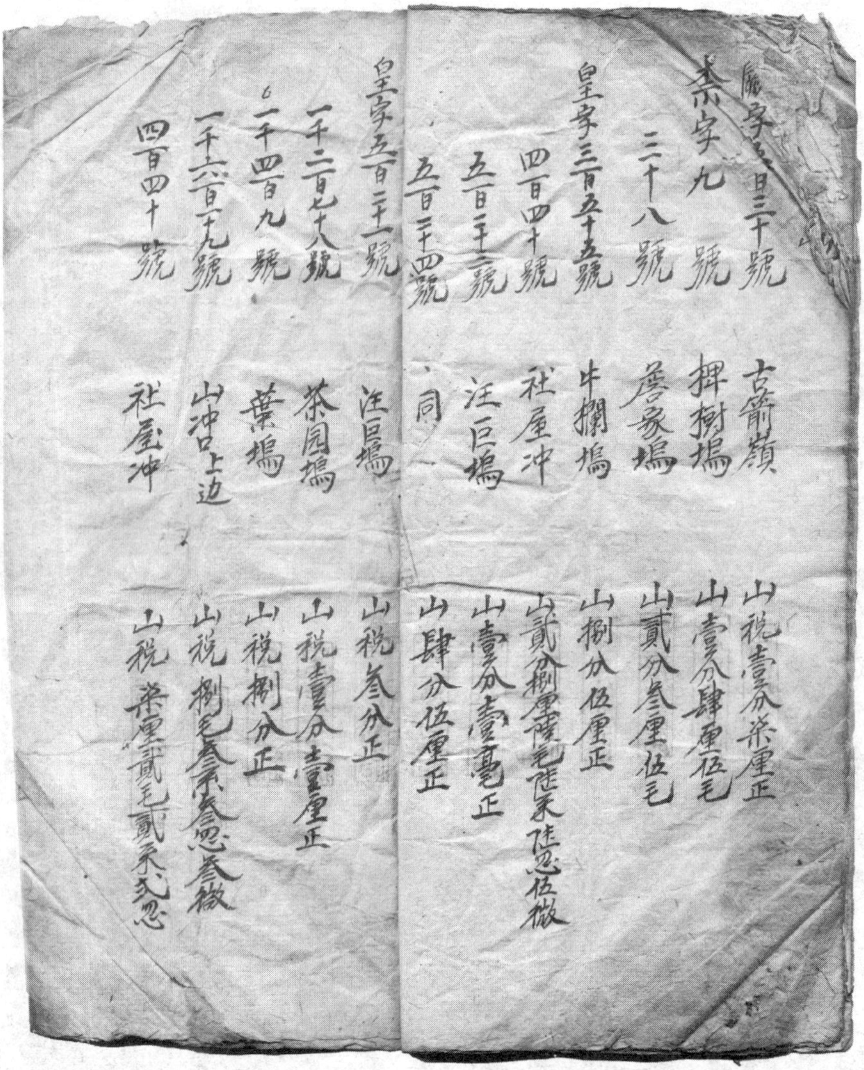
盈字三百三十號　古箭嶺　山稅壹分柒厘正
恭字九號　押樹塢　山壹分肆厘伍毛
三十八號　詹家塢　山貳分叁厘伍毛
皇字三百五十五號　牛欄塢　山捌分伍厘正
四百四十號　社屋冲　山貳分捌厘陸毛陸系陸忽伍微
五百三十三號　汪巨塢　山壹分壹毫正
五百三十四號　同　山肆分伍厘正
皇字五百三十一號　汪巨塢　山稅叁分正
一千二百七十八號　茶園塢　山稅壹分壹厘正
一千四百九號　葉塢　山稅捌分正
一千六百十九號　山冲口上边　山稅捌毛叁系叁忽叁微
四百四十號　社屋冲　山稅柒厘貳毛貳系弍忽

江湾镇下金田 1-6 · 乾隆二十七年 · 税粮实征册 · 江同春户

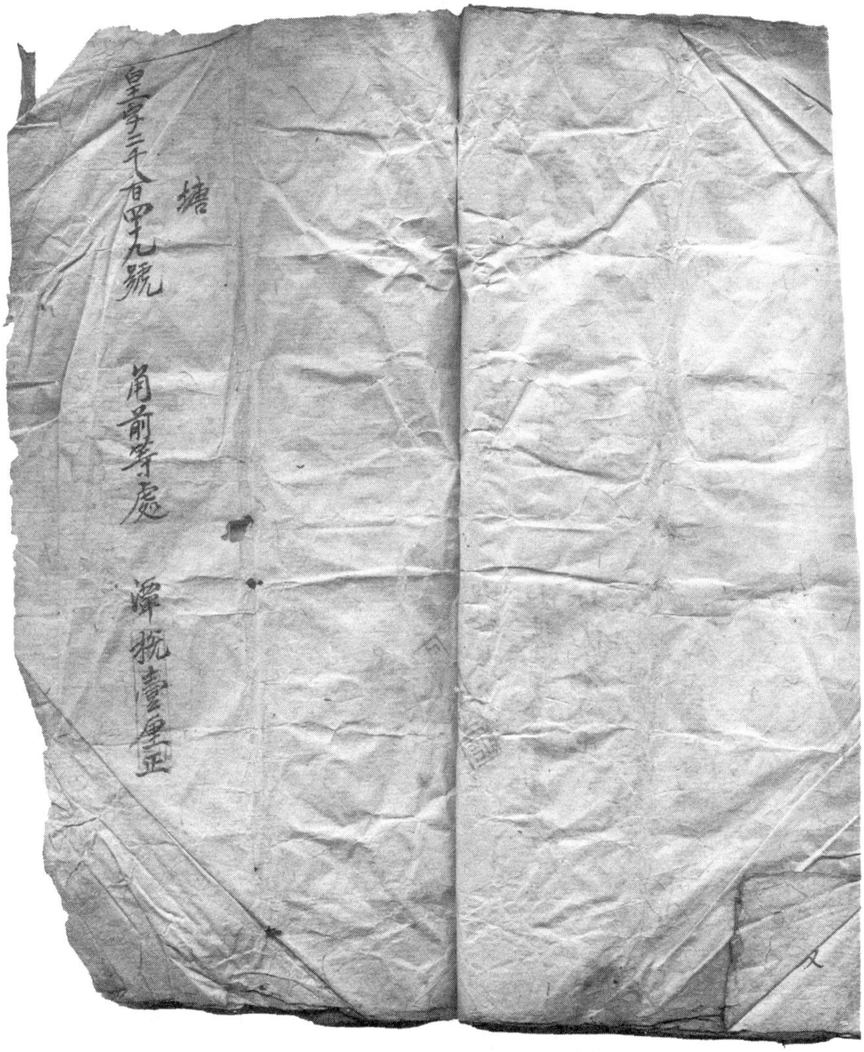

江湾镇下金田 1-7 · 乾隆二十七年 · 税粮实征册 · 江同春户

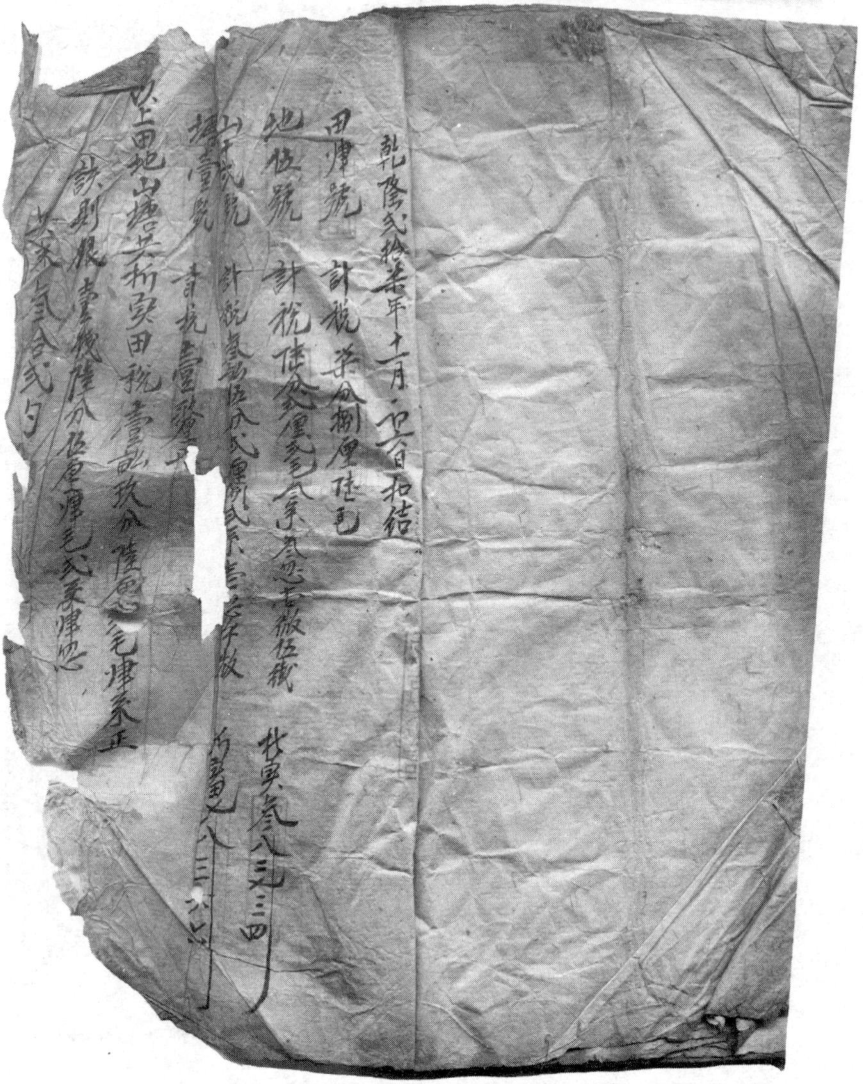
乾隆贰拾柒年十二月 日 扣结
田肆號 計税柒分捌厘陆毛
地伍號 計税陆分叁厘[illegible]伍微
山[illegible]號 計税[illegible]
塘壹號 計税壹厘[illegible]
以上田地山塘共折實田税壹畝玖分陆厘[illegible]毛肆系正
該則銀壹錢陆分伍厘肆毛[illegible]
[illegible]米[illegible]合[illegible]勺

江湾镇下金田 1-8 · 乾隆二十七年 · 税粮实征册 · 江同春户

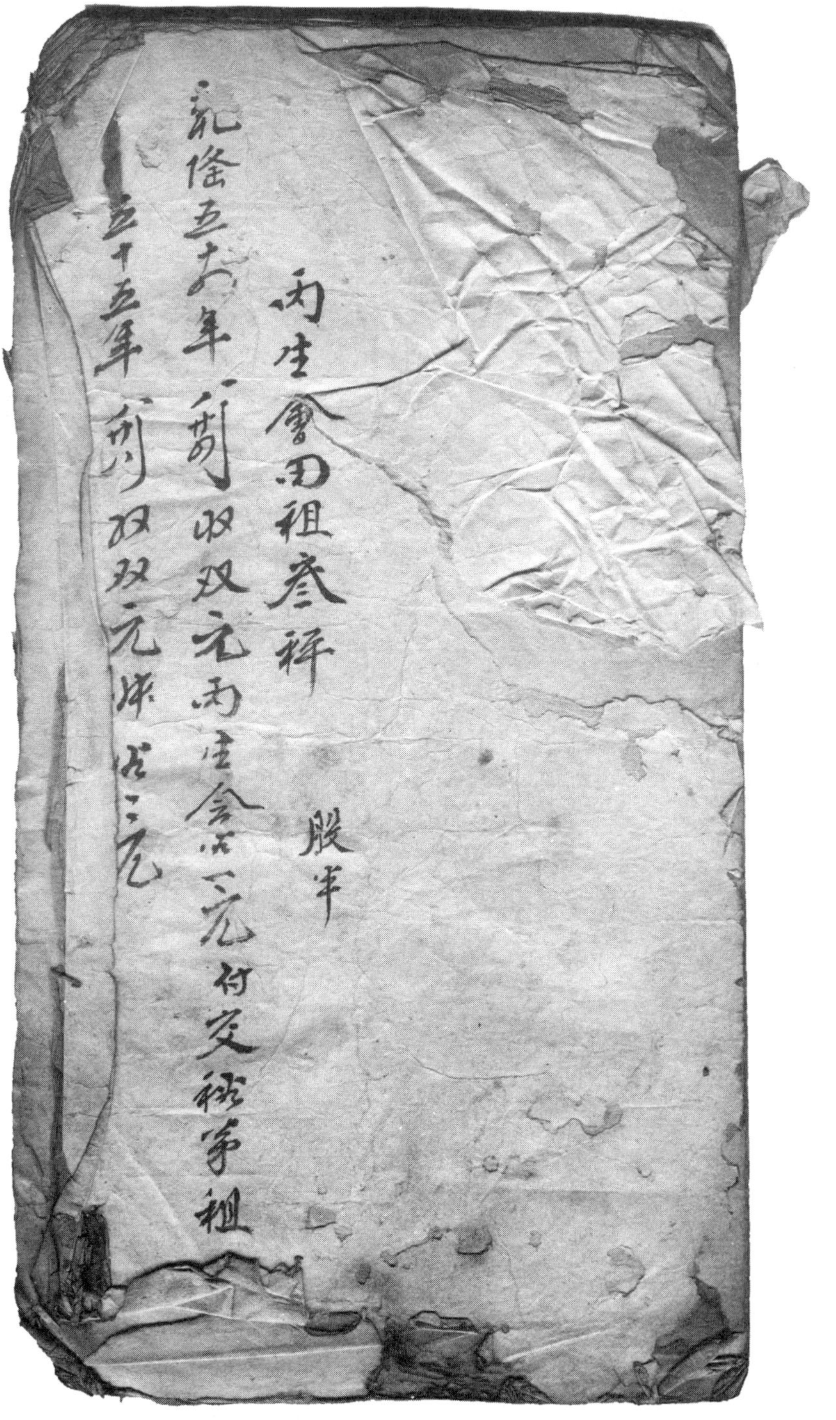
丙生會田租叁秤 股半
乾隆五十年 [illegible] 收双元 丙生会米一元 付交税等租
五十五年 [illegible] 收双元 米 [illegible] 二元

江湾镇下金田 3-1 · 乾隆四十七年至嘉庆元年 · 税粮实征册 · 黄广兴户

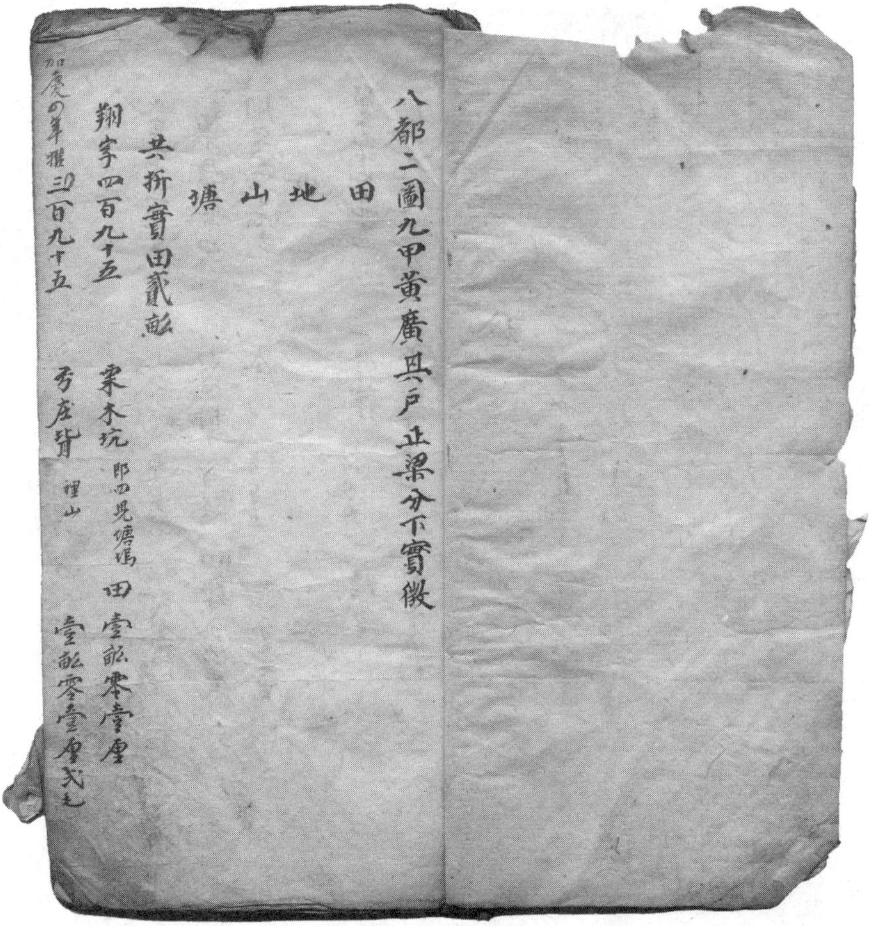

八都二圖九甲黄廣興戶正梁分下實徵

田

地

山

塘

共折實田貳畝

翔字四百九十五

嘉慶四年撥三百九十五

栗木坑 即四見塘塢 田壹畝零壹厘

旁庄背 裡山 壹畝零壹厘弍毛

江湾镇下金田 3-2 · 乾隆四十七年至嘉庆元年 · 税粮实征册 · 黄广兴户

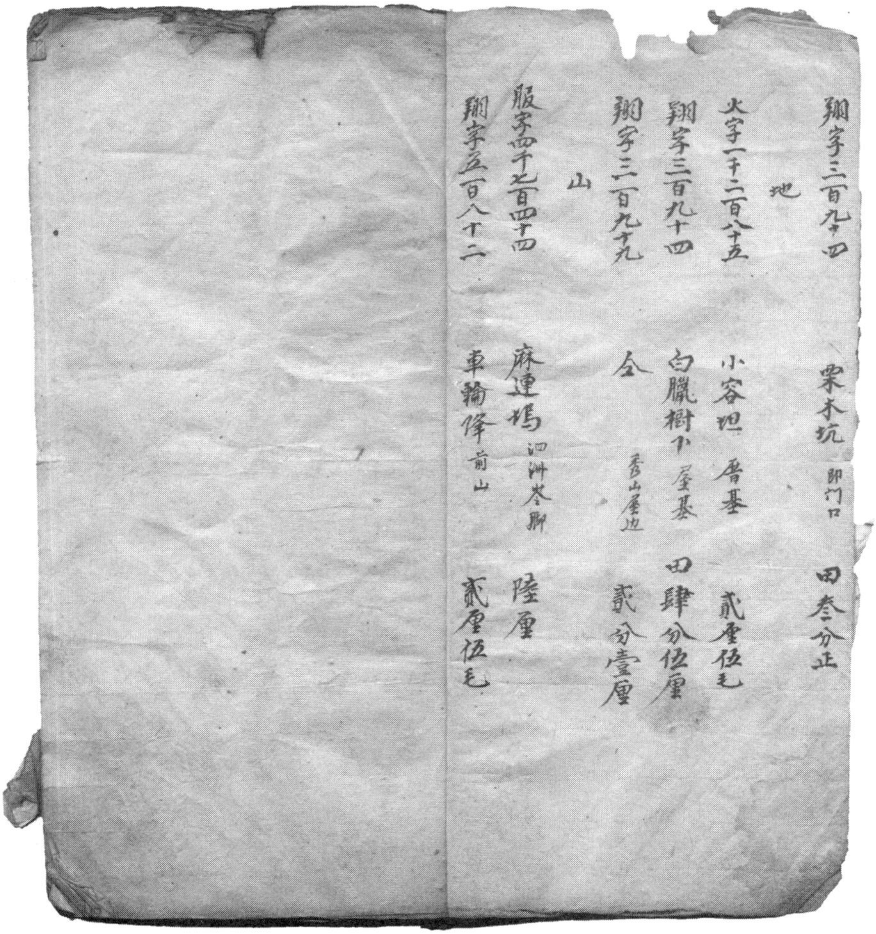
翔字三百九十四　栗木坑　脚门口　田叁分正
地
大字一千二百八十五　小容坦　屋基　贰厘伍毛
翔字三百九十四　白臘樹下　屋基　田肆分伍厘
翔字三百九十九　仝　香山屋边　贰分壹厘
山
服字四千七百四十四　麻連塢　泗洲茶脚　陸厘
翔字五百八十二　車輪降　前山　贰厘伍毛

江湾镇下金田 3-3 · 乾隆四十七年至嘉庆元年 · 税粮实征册 · 黄广兴户

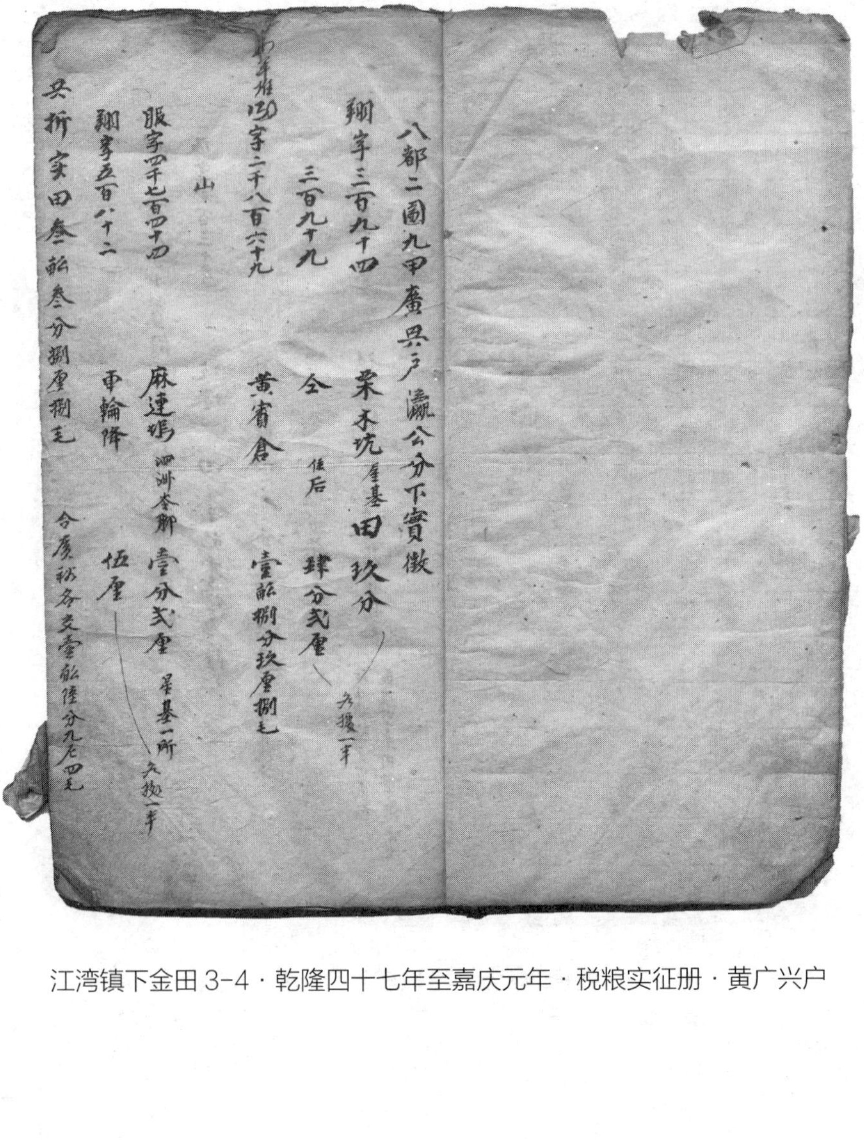
八都二圖九甲廣興户瀛公分下實徵
鄉字三百九十四　粟木坑　屋基　田玖分　九拨一半
三百九十九　仝　住后　肆分弍厘
廿年推[illegible]字二千八百六十九　黄省倉　壹畆捌分玖厘捌毛
山
服字四千七百四十四　麻連塘　泗洲苍脚　壹分弍厘　屋基一所
鄉字五百八十二　車輪降　伍厘　九拨一半
共折实田叁畆叁分捌厘捌毛
合廣秘各支壹畆陸分九厘四毛

江湾镇下金田 3-4 · 乾隆四十七年至嘉庆元年 · 税粮实征册 · 黄广兴户

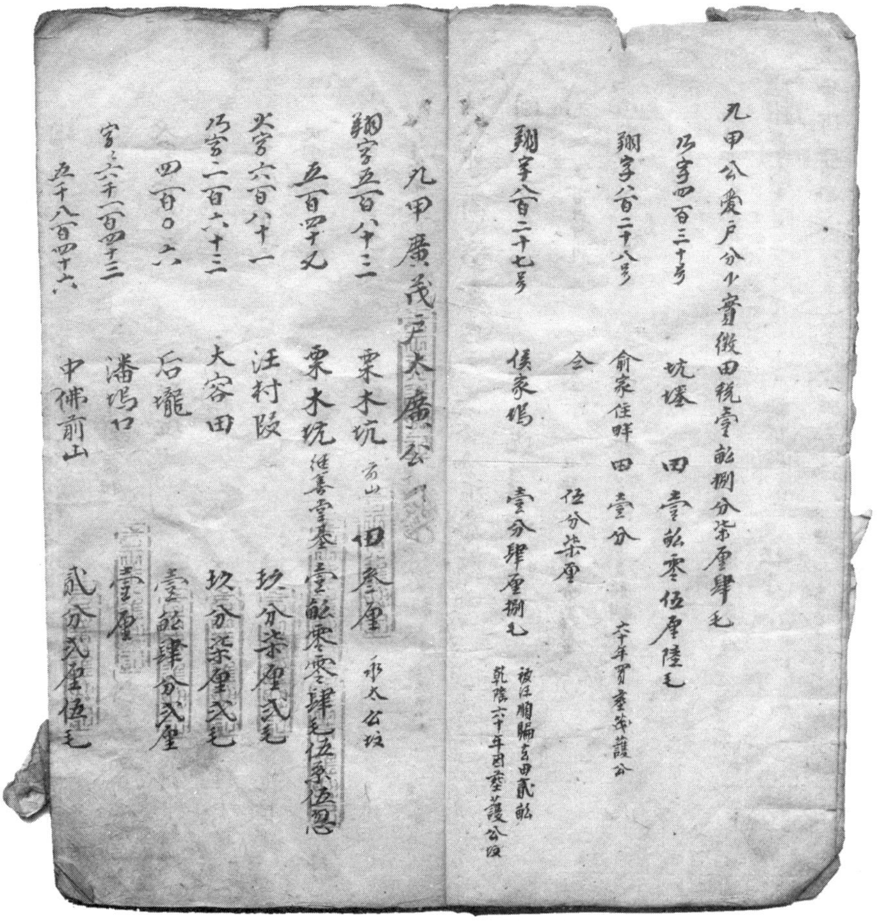

九甲公爱户分少實徵田税壹畝捌分柒厘肆毛
巧字四百三十号 坑塝 田 壹畝零伍厘陸毛
翔字八百二十八号 俞家住畔 田 壹分
公 伍分柒厘
六十年買臺茂護公
翔字八百二十七号 侯家塢 壹分肆厘捌毛
被汪朋騙去田贰畝
乾隆六十年因臺護公族

九甲 廣茂户 太廣公
翔字五百八十三 粟木坑 前山 田叁厘 承太公坟
五百四十九 粟木坑 继善堂基 壹畝零零肆毛伍系伍忽
火字六百八十一 汪村段 玖分柒厘贰毛
巧字二百六十三 大容田 玖分柒厘贰毛
四百〇六 后壠 壹畝肆分贰厘
字六千一百四十三 潘塢口 壹厘
五千八百四十六 中佛前山 贰分贰厘伍毛

江湾镇下金田 3-5 · 乾隆四十七年至嘉庆元年 · 税粮实征册 · 黄广兴户

荒田叚

翔字四百分九

翔五百七十五 柒厘伍毛 論中輸

火字一百分九 前山祖坟 護祖 肆分陸厘玖毛 護平輸

乃字二百0九 大蒜㘰 壹弦零伍厘 謹中輸

乃字六千一百二十 山根 壹弦伍分叁厘 護平輸

火字六千一百二十五 汪培 陸分叁厘柒厘 瀍中輸

火字四千二百七十 程鳴 壹弦弍分壹厘 浤中金祥共

字六千一百九十 下椎溪弦 志分玖厘捌毛 天稻輸

字四千九百四十 杜栗坑 壹弦壹分隆厘 淇中輸

翔字五百叁十五 范家山 陸分弍厘玖毛 泼中输

字三千五百三十二 卜田坑 壹分叁厘肆毛 湊中翰

一百0四 石冲頭 弍分叁厘陸厘 謹中輸

五十二分 吕庄背 叁分玖厘 任翰

三百七十分 麻椿鳴 叁分珍厘弍毛 到甲翰

二百五十一 南山卿 壹分玖厘柒毛 天油翰

吕庄然 弍分玖厘柒毛 天輕輸

大容田 弍分弍厘肆毛捌系伍惑微天麟

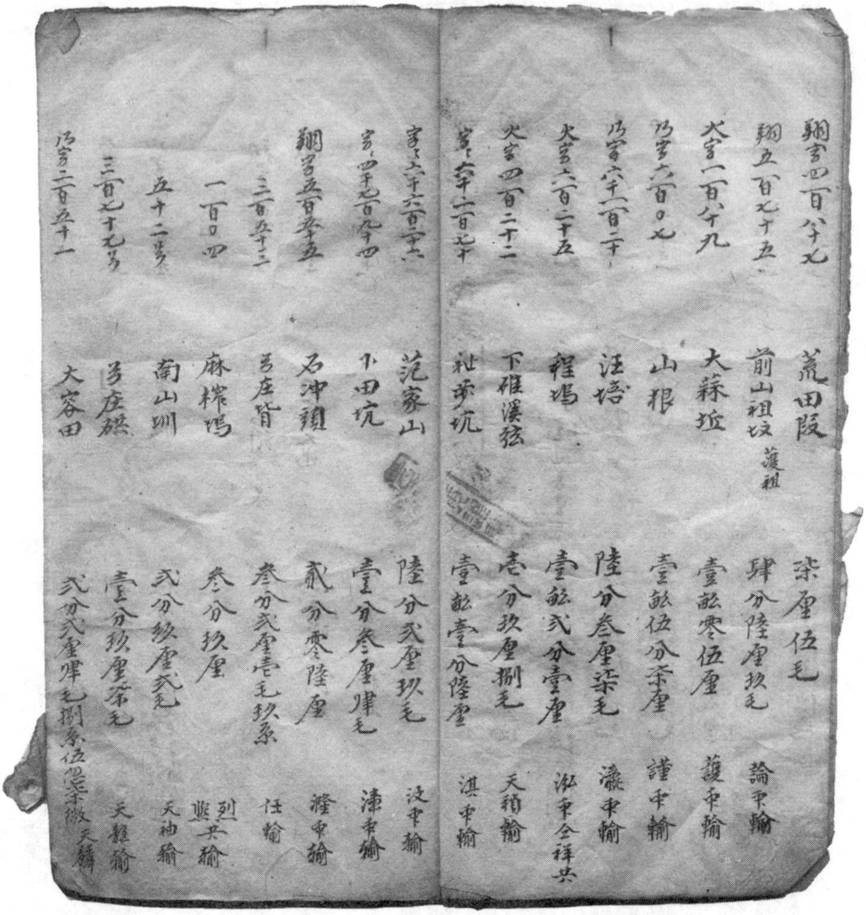

江湾镇下金田3-6·乾隆四十七年至嘉庆元年·税粮实征册·黄广兴户

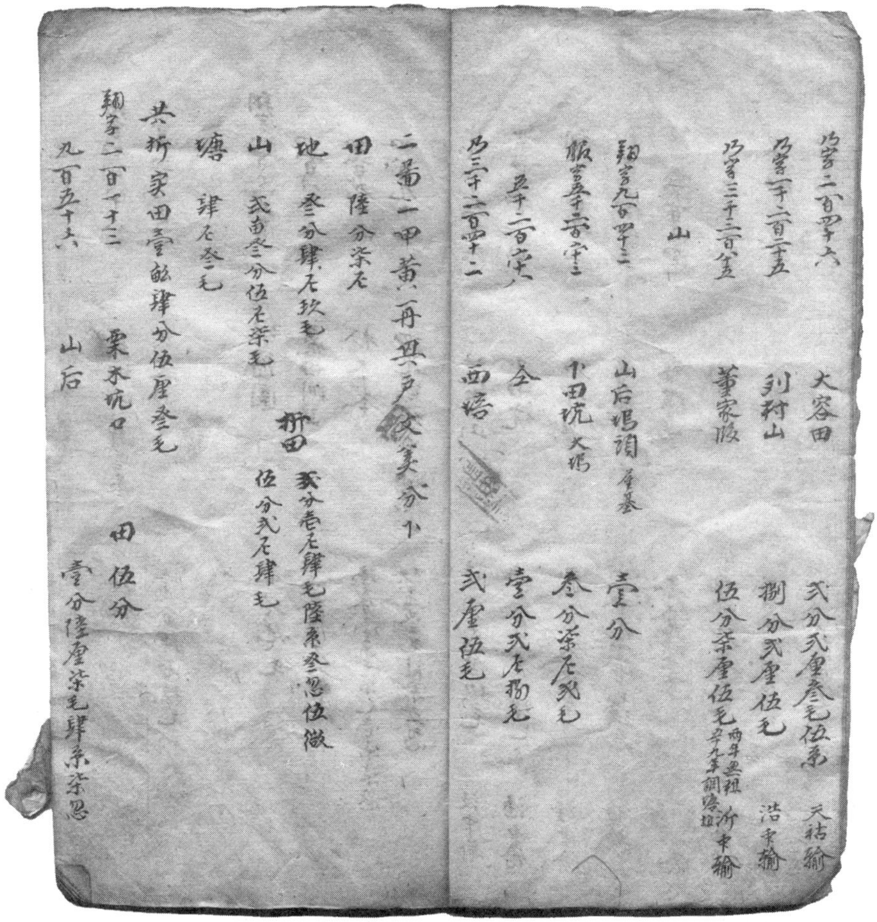
乃字二百四十六 大容田 弍分弍厘叁毛伍系 天祐输
乃字一千二百二十五 刘村山 捌分弍厘伍毛 浩光输
乃字三千二百八十五 董家塅 伍分柒厘伍毛 沂中输
山
鞠字九百四十三 山后塢頭 屋基 壹分
服字五千壹百十三 下田坑 大塢 叁分柒厘弍毛
五千二百四十八 仝 壹分弍厘捌毛
乃三千二百四十二 西塘 弍厘伍毛
二啚二甲黄廣興户收实分下
田 陸分柒厘
地 叁分肆厘玖毛 折田 弍分叁厘肆毛陸系叁忽伍微
山 弍亩叁分伍厘柒毛 伍分弍厘肆毛
塘 肆厘叁毛
共折实田壹畝肆分伍厘叁毛
鞠字二百七十三 栗木坑口 田 伍分
九百五十六 山后 壹分陸厘柒毛肆系柒忽

江湾镇下金田 3-7 · 乾隆四十七年至嘉庆元年 · 税粮实征册 · 黄广兴户

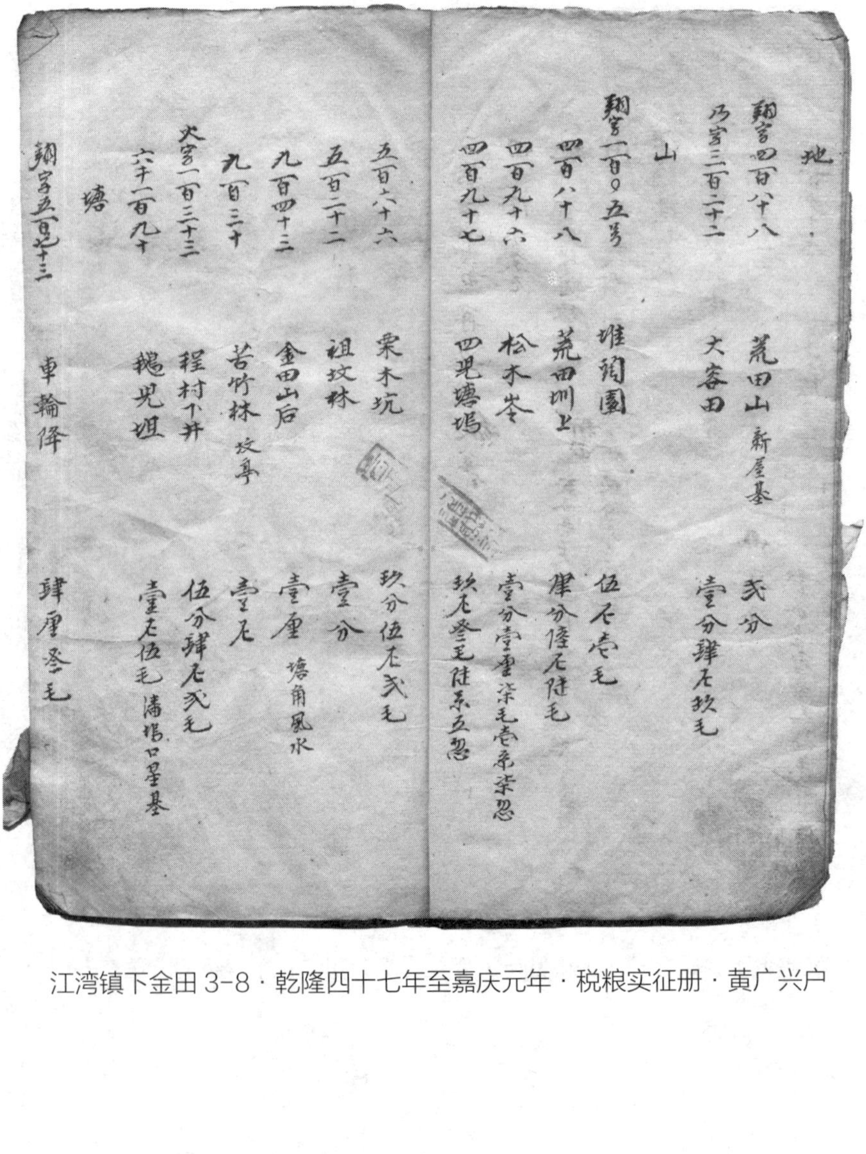
地
翔字四百八十八 荒田山 新屋基 贰分
乃字三百二十二 大塆田 壹分肆厘玖毛
山
翔字一百〇五号 堆䂫園 伍厘壹毛
四百八十八 荒田圳上 肆分陆厘陆毛
四百九十六 松木岺 壹分壹厘柒毛壹系柒忽
四百九十七 四児塘塢 玖厘叁毛陆系五忽
五百六十六 栗木坑 玖分伍厘贰毛
五百二十二 祖坟林 壹分
九百四十三 金田山后 壹厘 塘角風水
九百三十 苦竹林 坟亭 壹厘
火字一百三十三 程村下井 伍分肆厘贰毛
六十一百九十 䑛児坦 壹厘伍毛 滿堨口屋基
塘
翔字五百七十三 車輪降 肆厘叁毛

江湾镇下金田 3-8 · 乾隆四十七年至嘉庆元年 · 税粮实征册 · 黄广兴户

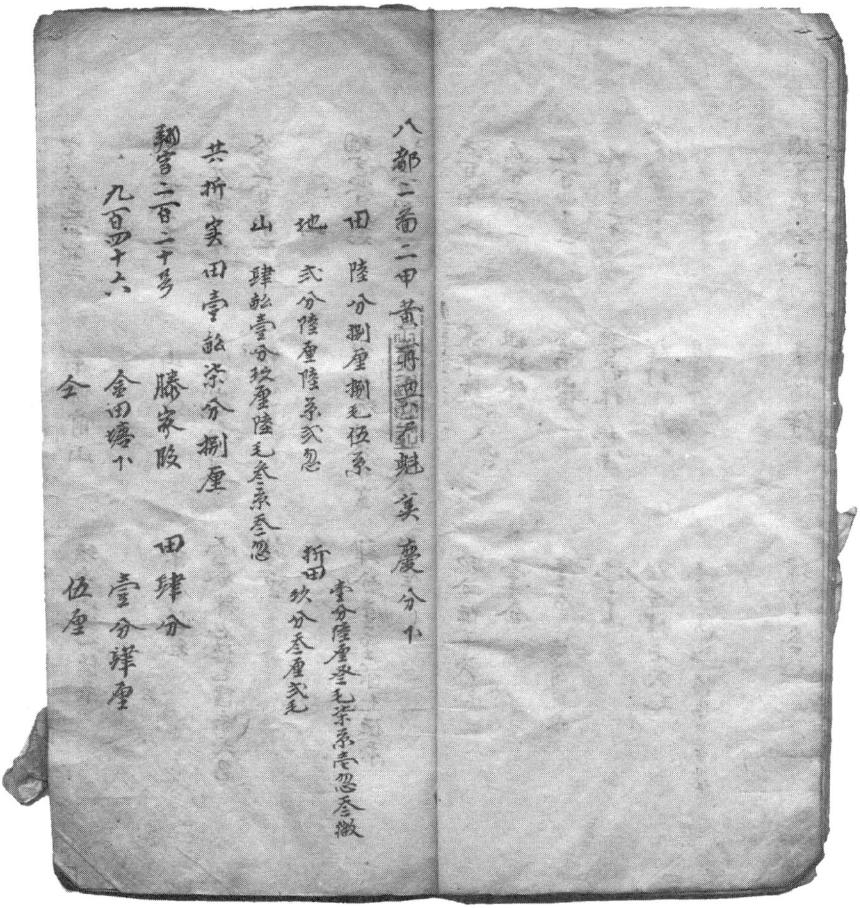

江湾镇下金田 3-9 · 乾隆四十七年至嘉庆元年 · 税粮实征册 · 黄广兴户

字字五千七百七十三　中佛前山　玖厘捌毛伍系
地
翔九百三十二　山后　柒厘伍毛
九百四十三　小塢坔　詹基　壹分肆厘伍毛陸系弍忽
火字一百六十七　程村下井　肆厘
山
翔字四百二十七　栗木坑外冷水窟　肆分壹厘柒毛伍系
四百四十一　栗木坑胡芦塢　伍厘
四百九十七　四晃塘塢　弍分捌厘玖系伍忽
四百五十　栗木坑褒降　伍厘
五百芗　栗木坑　叁分叁厘叁毛叁系叁忽
九百三十　苦竹林　叁分叁厘柒系柒忽
九百三十一　山后塘边大水坑　叁分壹厘弍毛
九百三十八　山后茅塘　弍厘捌毛伍系弍忽
九百四十三　金田山后　壹畝捌分捌厘伍毛陸系肆忽
四百二十芗　栗木坑　伍厘

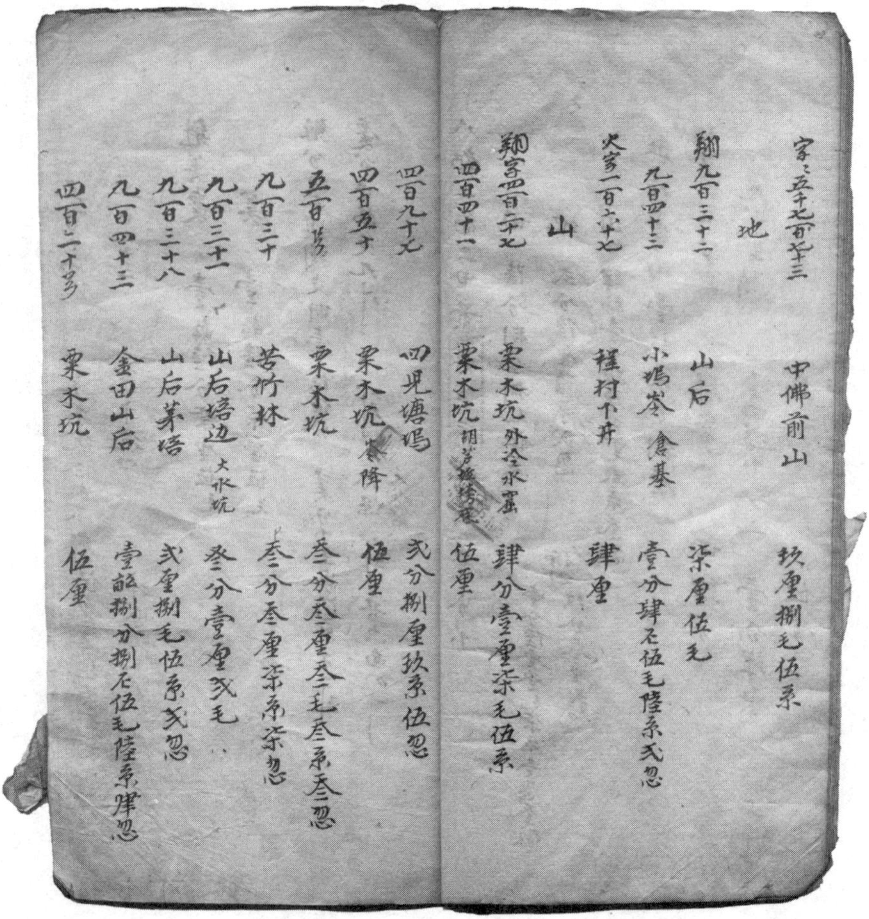

江湾镇下金田 3-10 · 乾隆四十七年至嘉庆元年 · 税粮实征册 · 黄广兴户

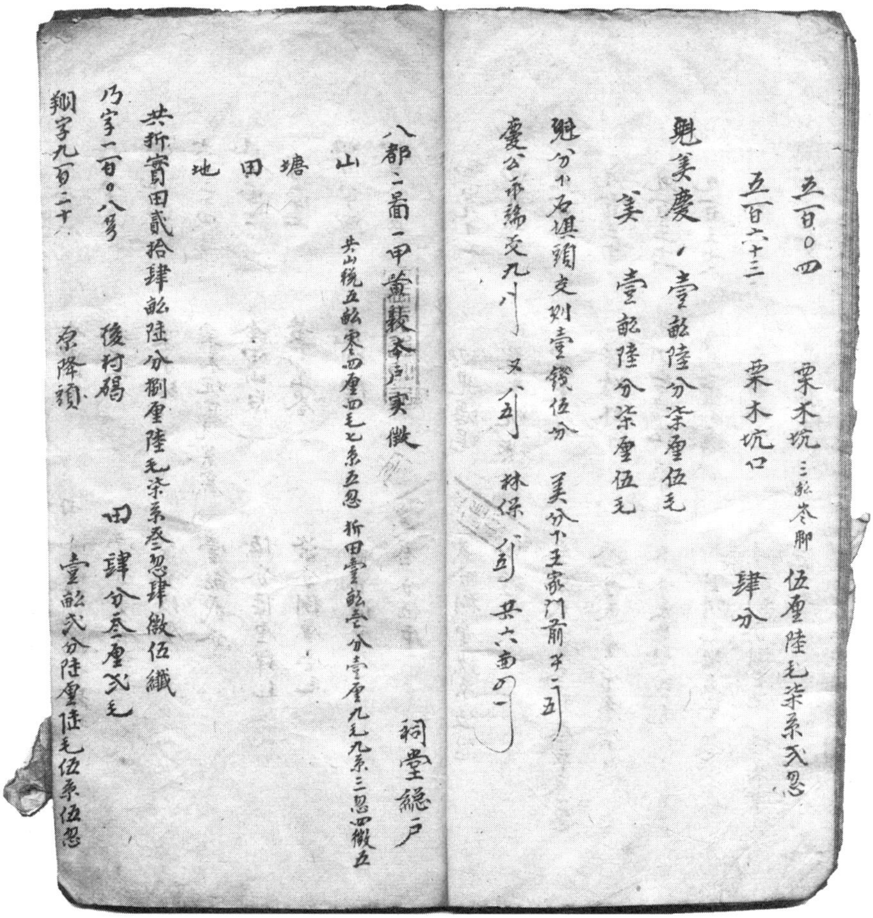

五百〇四 栗木坑 三畝叁厘 伍厘陸毛柒系贰忽

五百六十三 栗木坑口 肆分

魁美慶 壹畝陸分柒厘伍毛

美 壹畝陸分柒厘伍毛

魁分下石堪頭支刈壹錢伍分 美分下王家门前乎二五

慶公承稿支九八 又八五 林保八五 共六両〇一

八都二啚一甲黄積本户实徵 祠堂總户

山 共山税五畝零四厘四毛七系五忽 折田壹畝叁分壹厘九毛九系三忽四微五

塘

田

地

共折實田貳拾肆畝陸分捌厘陸毛柒系叁忽肆微伍纖

乃字一百〇八号 後村碣 田肆分叁厘贰毛

綱字九百二十 泉降頭 壹畝贰分陸厘陸毛伍系伍忽

江湾镇下金田 3-11 · 乾隆四十七年至嘉庆元年 · 税粮实征册 · 黄广兴户

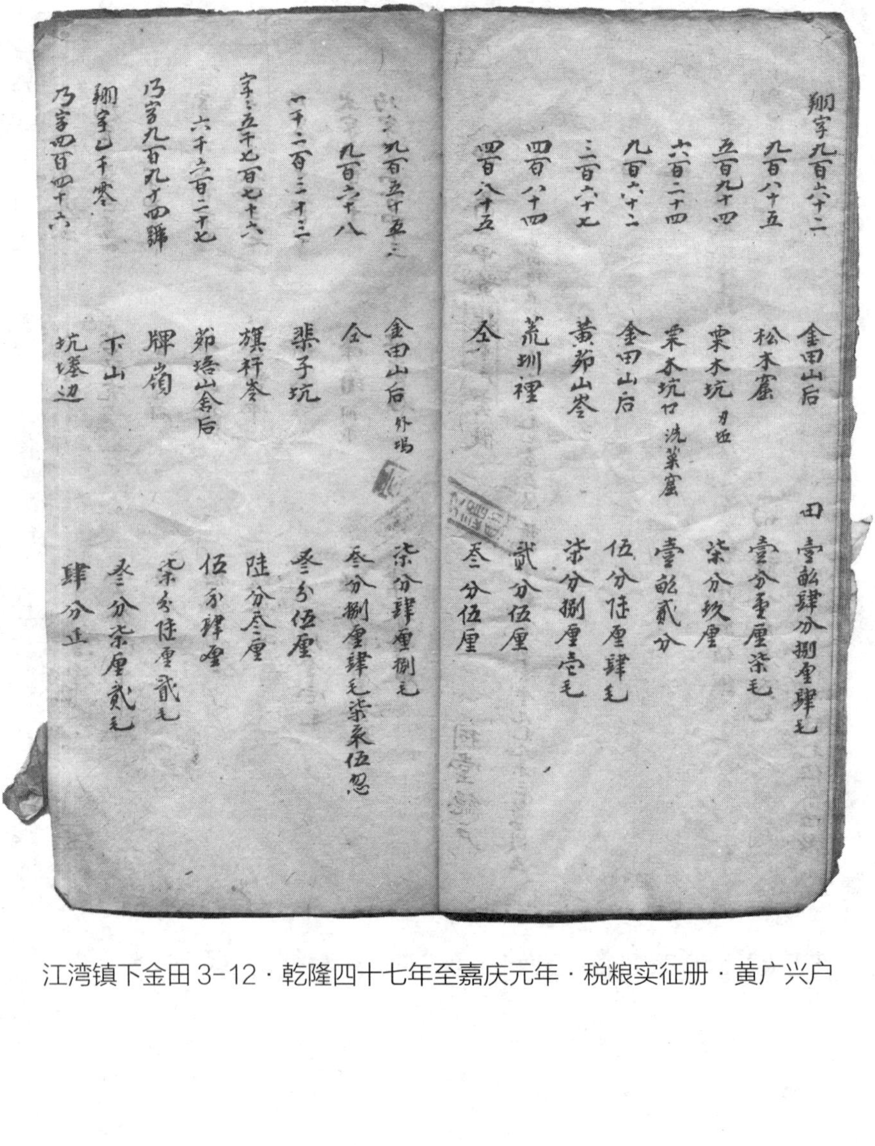

翔字九百六十二 金田山后 田 壹畝肆分捌厘肆毛
九百八十五 松木塞 壹分壹厘柒毛
五百九十四 栗木坑 口丘 柒分玖厘
六百二十四 栗木坑口 洗菜塞 壹畝贰分
九百六十二 金田山后 伍分陆厘肆毛
三百六十七 黄茆山坔 柒分捌厘壹毛
四百八十四 荒圳里 贰分伍厘
四百八十五 仝 叁分伍厘

以字九百五十五 金田山后 外塅 柒分肆厘捌毛
九百六十八 仝 叁分捌厘肆毛柒系伍忽
一千二百三十三 桊子坑 叁分伍厘
宇字五千七百七十六 旗杆坔 陆分叁厘
六千六百二十七 茆塔山舍后 伍分肆厘
乃字九百九十四號 脾嶺 柒分陆厘贰毛
翔字七千零 下山 叁分柒厘贰毛
乃字四百四十六 坑壕边 肆分正

江湾镇下金田 3-12 · 乾隆四十七年至嘉庆元年 · 税粮实征册 · 黄广兴户

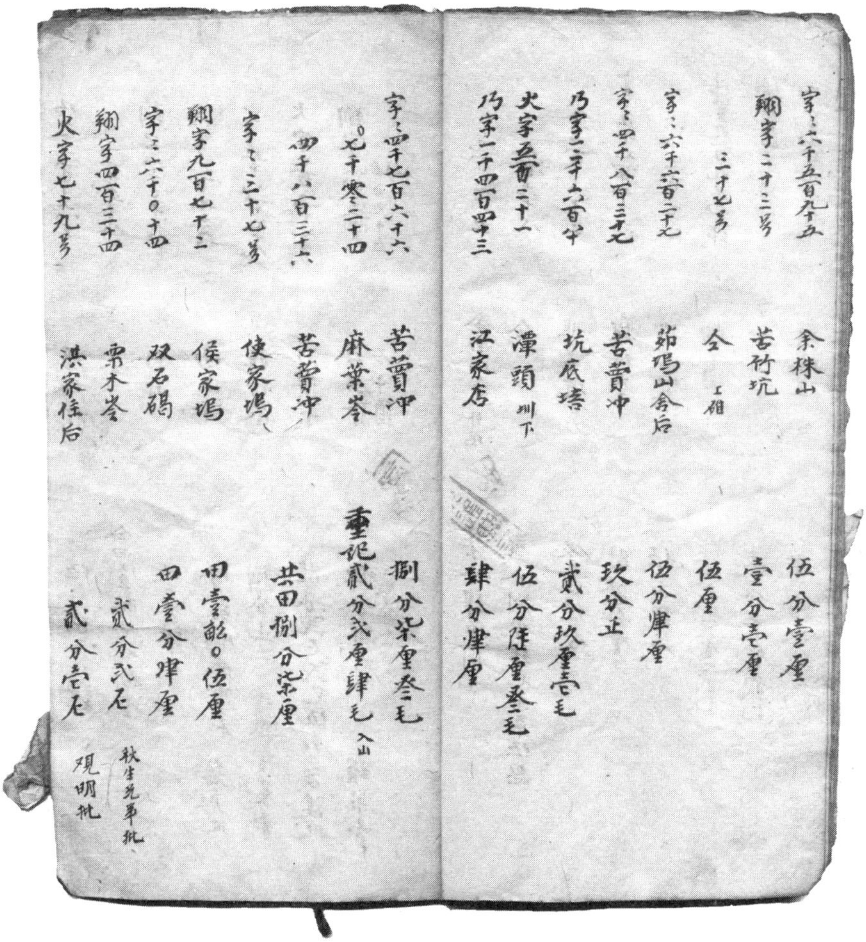

字〻六千五百九十五　余株山　伍分壹厘
翔字二十三号　苦竹坑　壹分壱厘
三十七号　仝　伍厘
字〻六千六百二十九　茆塢山舍后　伍分肆厘
字〻四千八百三十九　苦蕒冲　玖分正
乃字二千六百廿　坑底塝　贰分玖厘壱毛
火字五百二十一　潭頭　圳下　伍分陆厘叁毛
乃字一千四百四十三　江家店　肆分肆厘

字〻四千七百六十六　苦蕒冲　捌分柒厘叁毛
乜千零二十四　麻業坔　重記贰分弍厘肆毛　入山
四千八百三十六　苦蕒冲　共田捌分柒厘
字〻三十七号　使家塢
賴字九百七十二　侯家塢　田壹畝〇伍厘
字〻六千〇十四　双石碣　田壹分肆厘
翔字四百三十四　亭木坔　贰分弍石
火字七十九号　洪家住后　贰分壱石

觀明批
秋生光華批

江湾镇下金田 3-13 · 乾隆四十七年至嘉庆元年 · 税粮实征册 · 黄广兴户

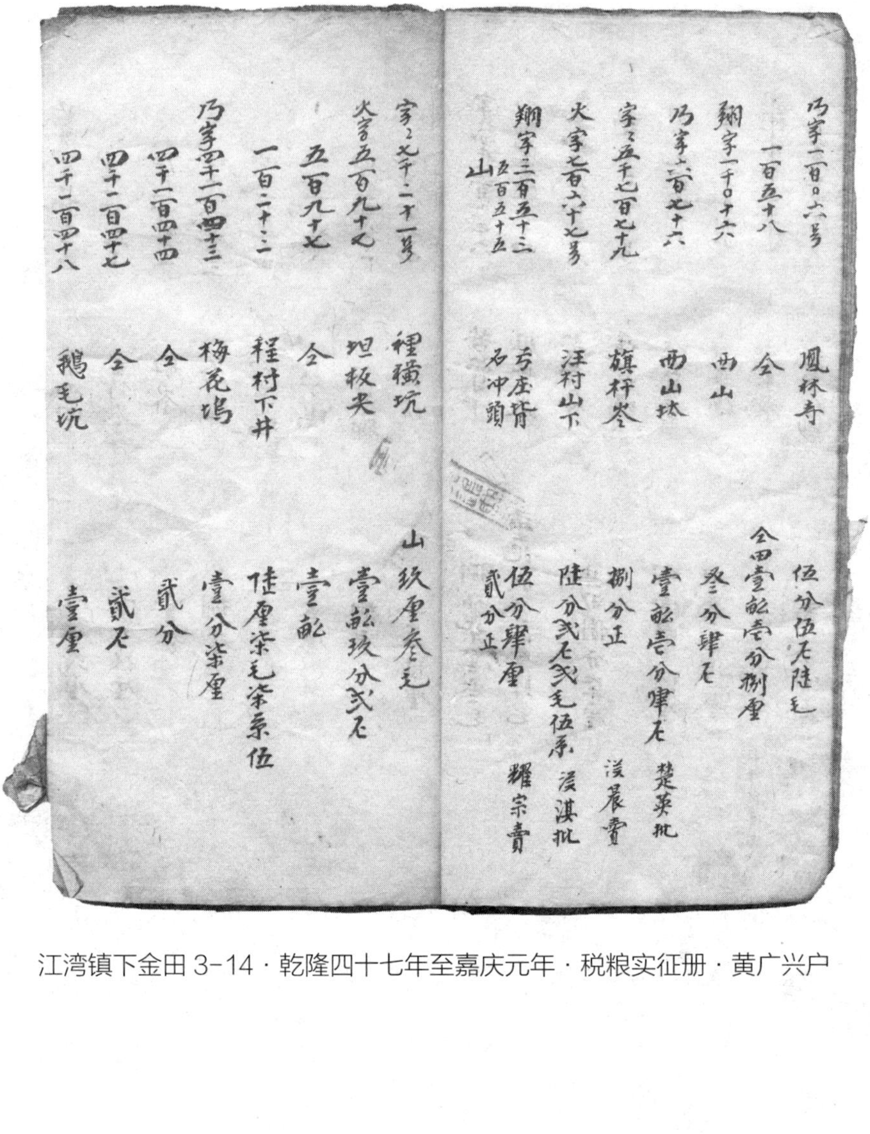
乃字二百〇六号 鳳林寺 伍分伍厘陆毛
一百五十八 仝 仝田壹畝壹分捌厘
翔字一千〇十六 西山 叁分肆厘
乃字六百七十六 西山坑 壹畝壹分肆厘 楚英批
字〻五千七百七十九 旗杆岑 捌分正 淡晨賣
火字七百六十七号 汪村山下 陆分贰厘贰毛伍系 淡淇批
翔字三百五十三 弓庄背 伍分肆厘 耀宗賣
山 五百五十五 石冲頭 贰分正
字〻七千二十一号 裡横坑 山 玖厘叁毛
火字五百九十七 坦板央 壹畝玖分贰厘
五百九十七 仝 壹畝
一百二十二 程村下井 陆厘柒毛柒系伍
乃字四千一百四十三 梅花坞 壹分柒厘
四千一百四十四 仝 贰分
四千一百四十七 仝 贰厘
四千一百四十八 鵝毛坑 壹厘

江湾镇下金田 3-14 · 乾隆四十七年至嘉庆元年 · 税粮实征册 · 黄广兴户

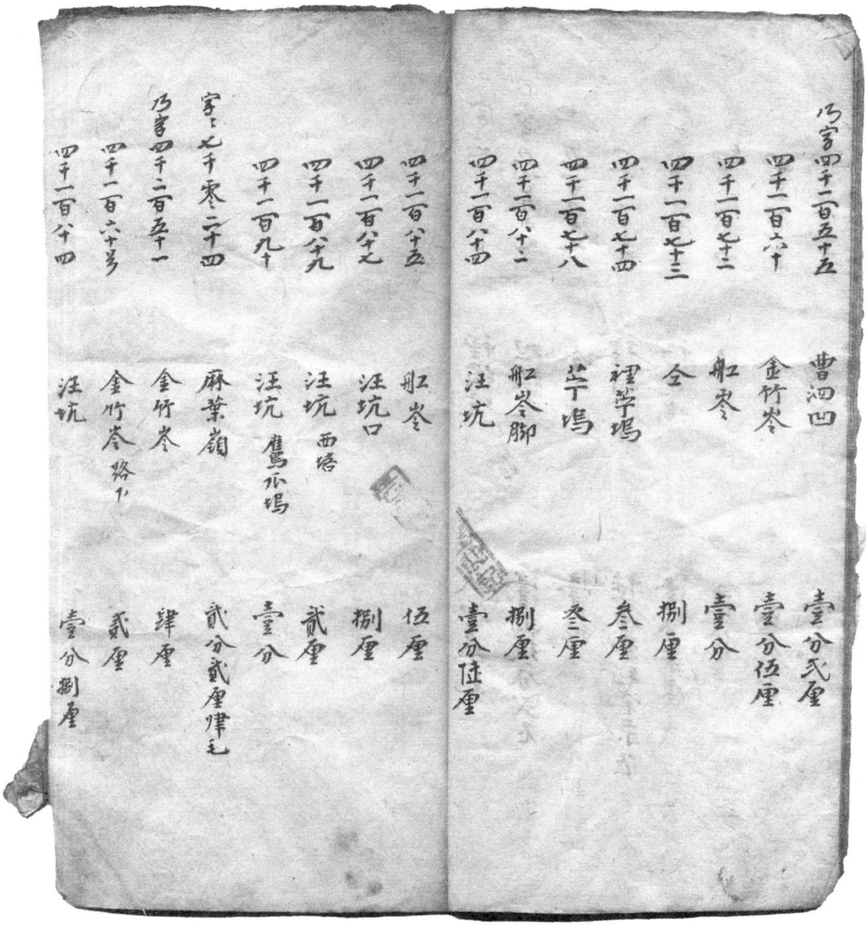

乃字四千二百五十五　曹泗四　壹分弍厘
四千二百六十　金竹岑　壹分伍厘
四千一百七十二　船岑　壹分
四千一百七十三　仝　捌厘
四千一百七十四　裡竿塢　叁厘
四千一百七十八　竿丁塢　叁厘
四千一百八十一　船岑脚　捌厘
四千一百八十四　汪坑　壹分陆厘

四千一百八十五　船岑　伍厘
四千一百八十七　汪坑口　捌厘
四千一百八十九　汪坑　西塔　贰厘
四千一百九十　汪坑　鸕爪塢　壹分
字々七千零々二十四　麻葉嶺　贰分贰厘肆毛
乃字四千二百五十一　金竹岑　肆厘
四千一百六十三　金竹岑　路下　贰厘
四千一百八十四　汪坑　壹分捌厘

江湾镇下金田 3-15 · 乾隆四十七年至嘉庆元年 · 税粮实征册 · 黄广兴户

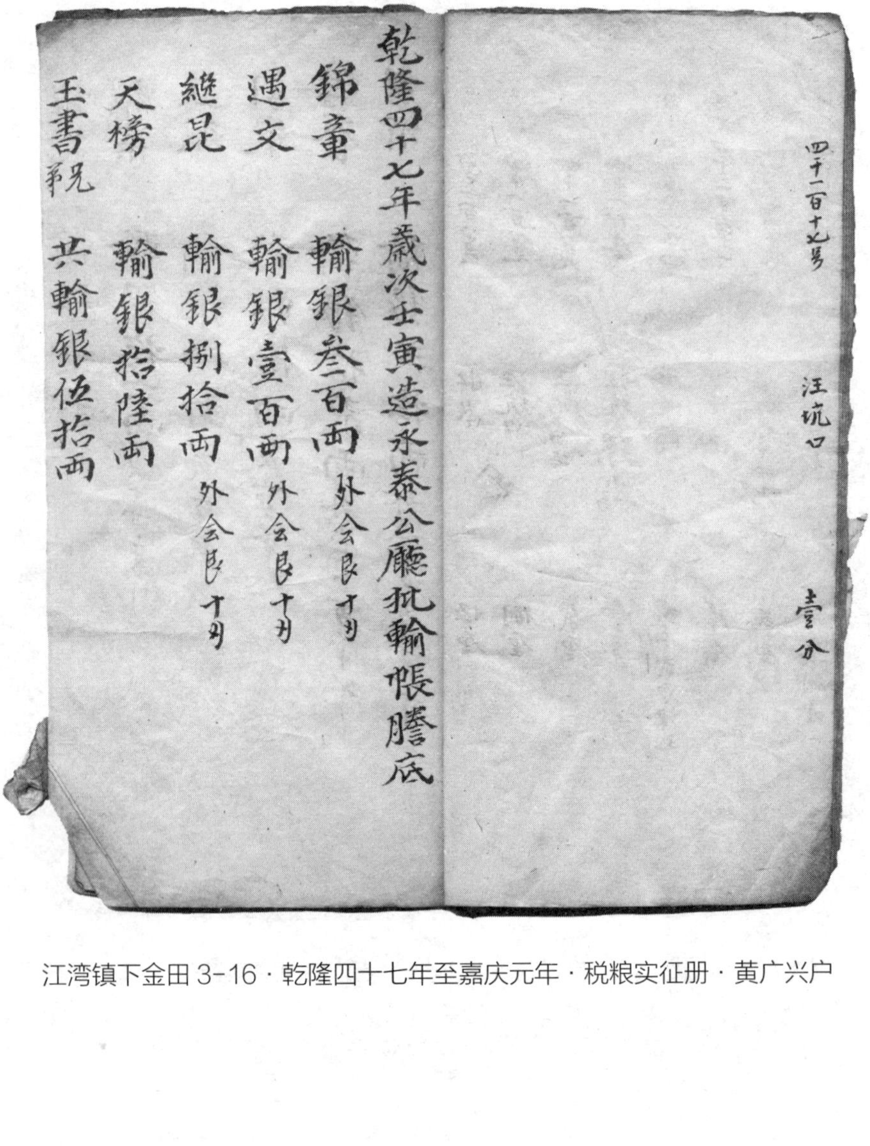
四千二百十九号
汪坑口
壹分

乾隆四十七年歲次壬寅造永泰公廳扒輸帳謄底
錦章 輸銀叁百両 外会艮十月
遇文 輸銀壹百両 外会艮十月
繼昆 輸銀捌拾両 外会艮十月
天榜 輸銀拾陸両
玉書弟兄 共輸銀伍拾両

江湾镇下金田 3-16 · 乾隆四十七年至嘉庆元年 · 税粮实征册 · 黄广兴户

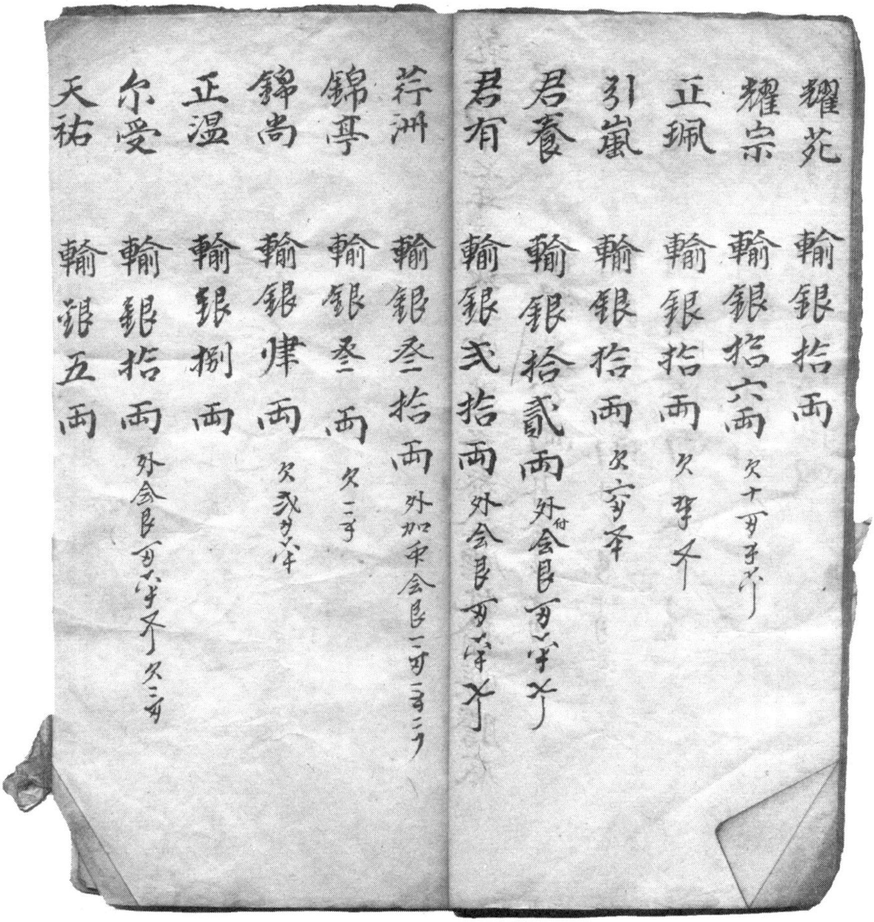

耀苑 輸銀拾両

耀宗 輸銀拾六両 欠十两五钱

正珮 輸銀拾両 欠五分

引嵐 輸銀拾両 欠六分

君養 輸銀拾貳両 外付会艮两半分

君有 輸銀弍拾両 外会艮两半分

荇洲 輸銀叁拾両 外加平会艮一两二钱二分

錦亭 輸銀叁両 欠二钱

錦尚 輸銀肆両 欠弍分八厘

正溫 輸銀捌両

尒受 輸銀拾両 外会艮两八钱五分 欠三两

天祐 輸銀五両

江湾镇下金田 3-17 · 乾隆四十七年至嘉庆元年 · 税粮实征册 · 黄广兴户

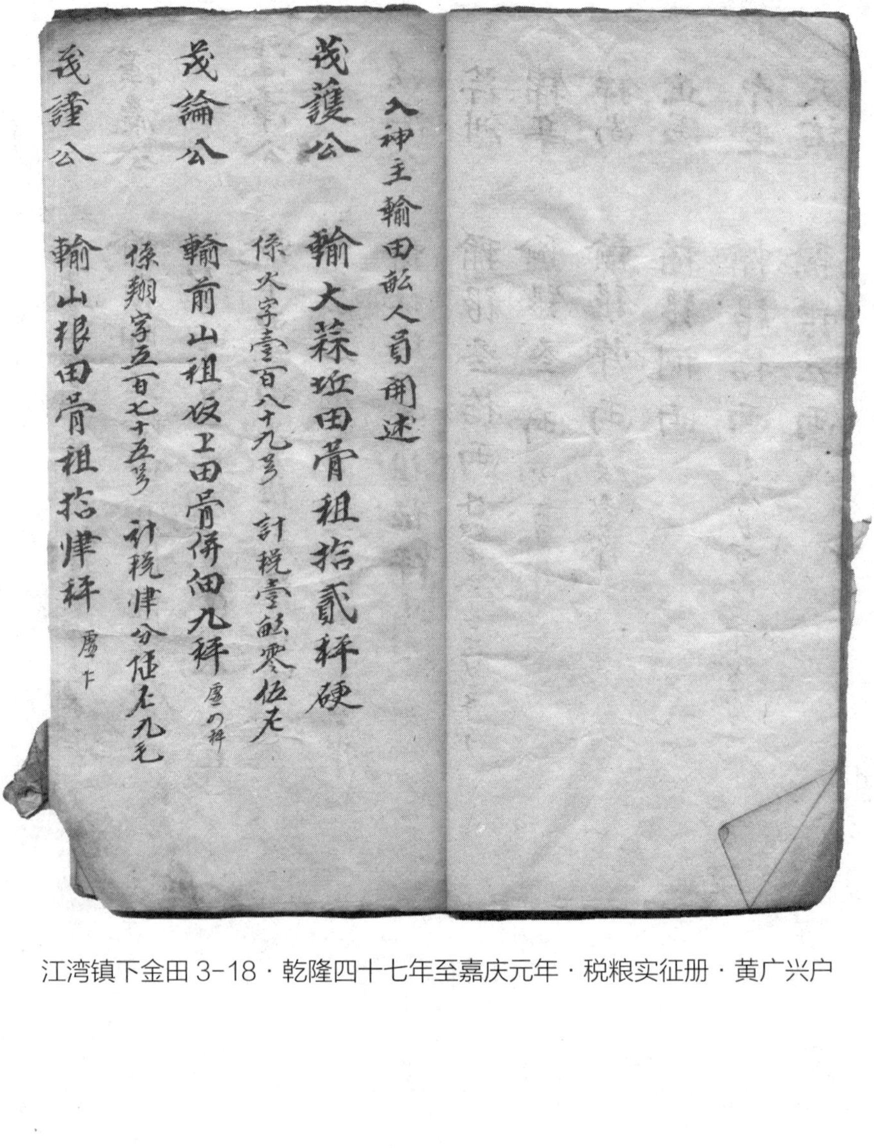
入神主輸田畝人員開述
茂護公　輸大蒜垅田骨租拾貳秤硬
係火字壹百八十九号　計稅壹畝零伍厘
茂論公　輸前山祖坟上田骨併佃九秤　壓四秤
係翔字五百七十五号　計稅肆分伍厘九毛
茂謹公　輸山垠田骨租拾肆秤　壓下

江湾镇下金田 3-18 · 乾隆四十七年至嘉庆元年 · 税粮实征册 · 黄广兴户

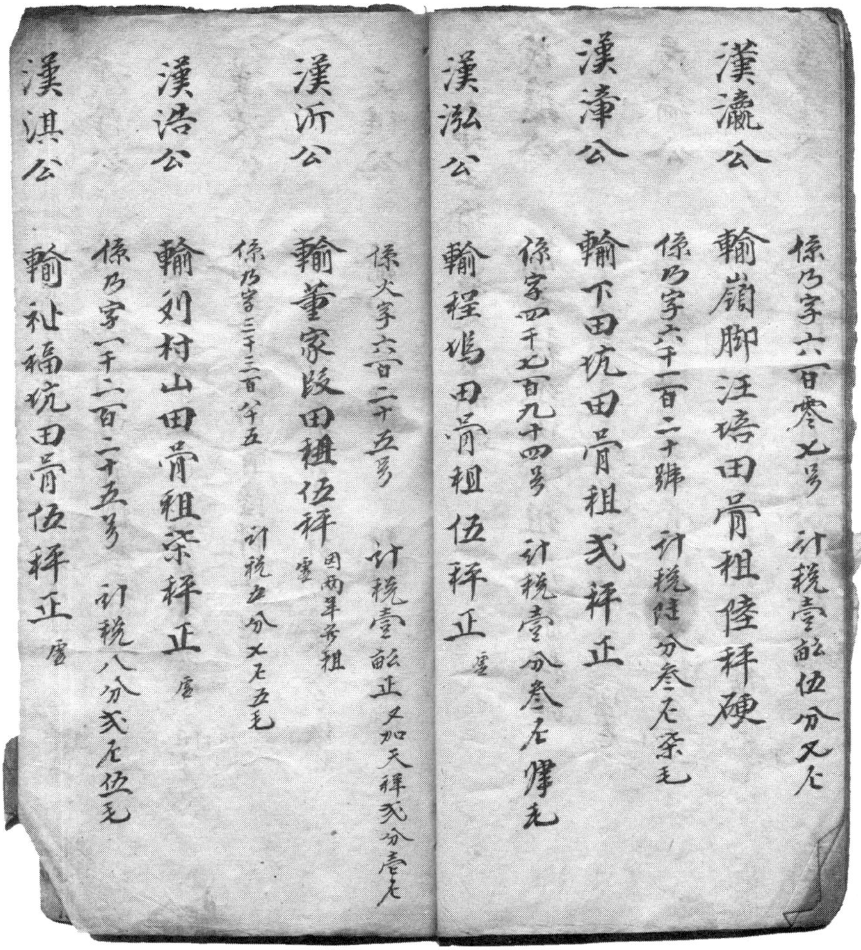
係乃字六百零七號 計稅壹畝伍分又尺
漢瀛公 輸嶺脚汪墙田骨租陸秤硬
係乃字六千一百二十肆 計稅陸分叁尺柒毛
漢漳公 輸下田坑田骨租弍秤正
係字四千七百九十四號 計稅壹分叁尺肆毛
漢泓公 輸程塢田骨租伍秤正
係火字六百二十五號 計稅壹畝正 又加天祥弍分壹尺
漢沂公 輸董家段田租伍秤 因丙午歲租
係乃字三千三百八十五 計稅五分又尺五毛
漢浩公 輸刘村山田骨租柒秤正
係乃字一千六百二十五號 計稅八分弍尺伍毛
漢淇公 輸社福坑田骨伍秤正

江湾镇下金田 3-19 · 乾隆四十七年至嘉庆元年 · 税粮实征册 · 黄广兴户

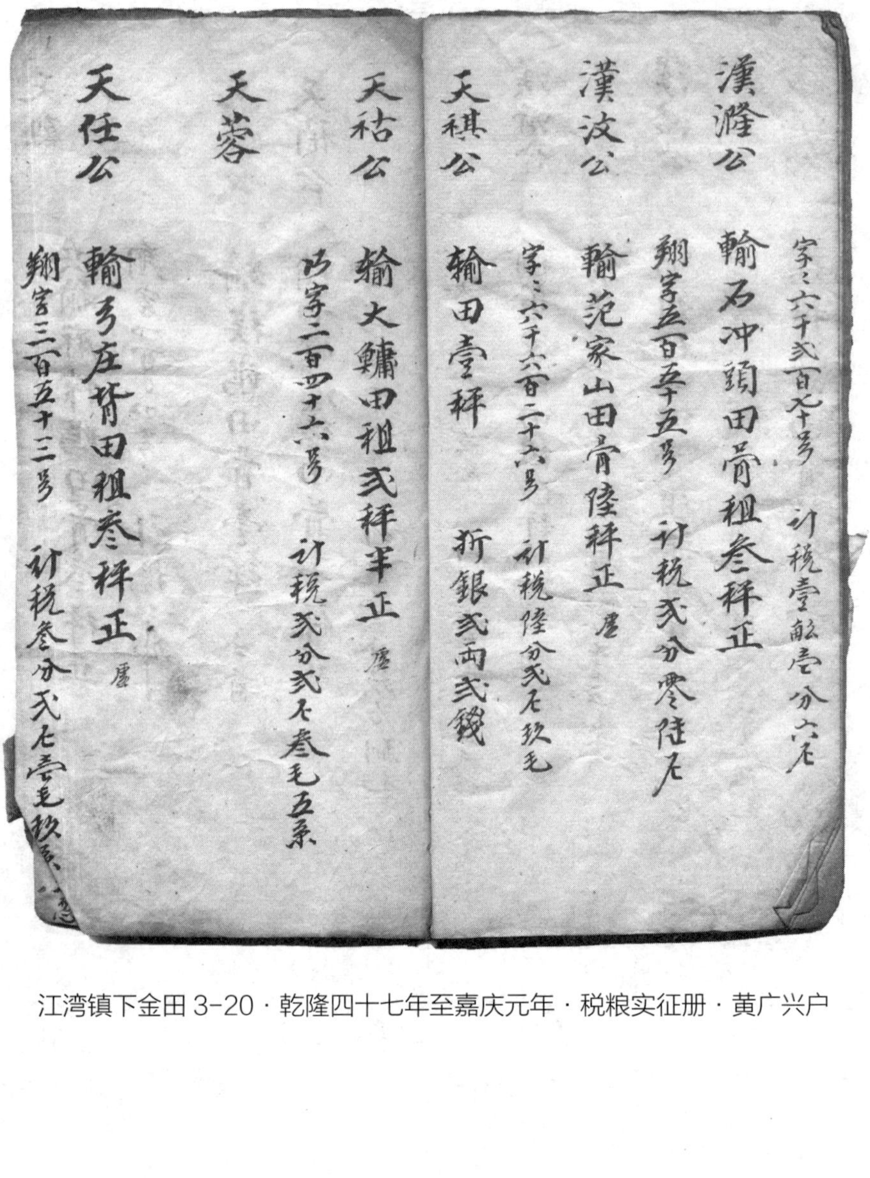

字〻六千弍百七十号　計稅壹畝壹分六厘

漢灉公　輸石冲頭田骨租叁秤正

翔字五百卆五号　計稅弍分零陸厘

漢汶公　輸范家山田骨陸秤正　居

字〻六千六百二十六号　計稅陸分弍厘玖毛

天祺公　輸田壹秤　折銀弍両弍錢

天祜公　輸大鏞田租弍秤半正　居

乃字二百四十六号　計稅弍分弍厘叁毛五系

天蓉

天任公　輸子庄背田租叁秤正　居

翔字三百五十三号　計稅叁分弍厘壹毛玖系

江湾镇下金田 3-20 · 乾隆四十七年至嘉庆元年 · 税粮实征册 · 黄广兴户

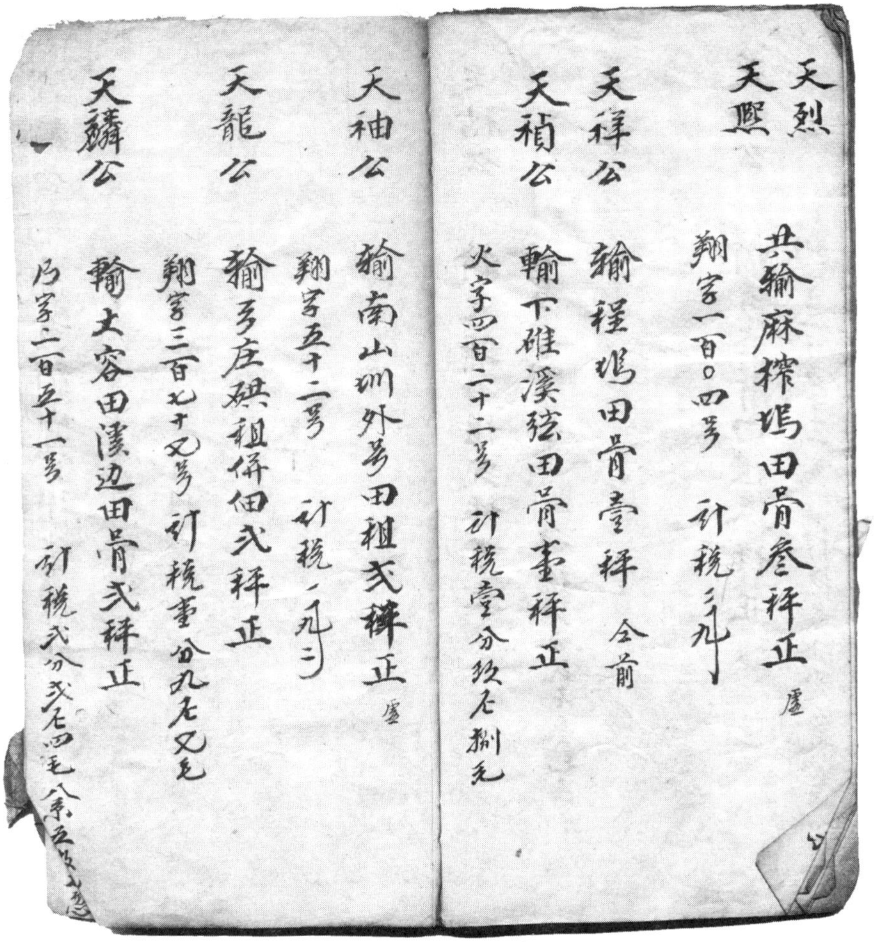
天烈
天熙　共输麻榨塢田骨叁秤正　歷
翔字一百〇四号　计税三九
天祥公　输程塢田骨壹秤　仝前
天禎公　输下碓溪弦田骨叁秤正
火字四百二十二号　计税壹分玖厘捌毛
天袖公　输南山圳外号田租弍秤正　歷
翔字五十二号　计税一九三
天龍公　输乡庄棋祖併佃弍秤正
翔字三百七十又号　计税叁分九厘又毛
天麟公　输丈容田溪边田骨弍秤正
乃字二百五十一号　计税弍分弍厘四毛八系五忽

江湾镇下金田 3-21 · 乾隆四十七年至嘉庆元年 · 税粮实征册 · 黄广兴户

漢深公 瀚黃頭山骨租柒秤正
栗木坑中段骨租叁秤硬 穀出抵銀
侯家塢 骨租九秤

嘉慶元年歲次丙辰正月 日囤正黃尊五

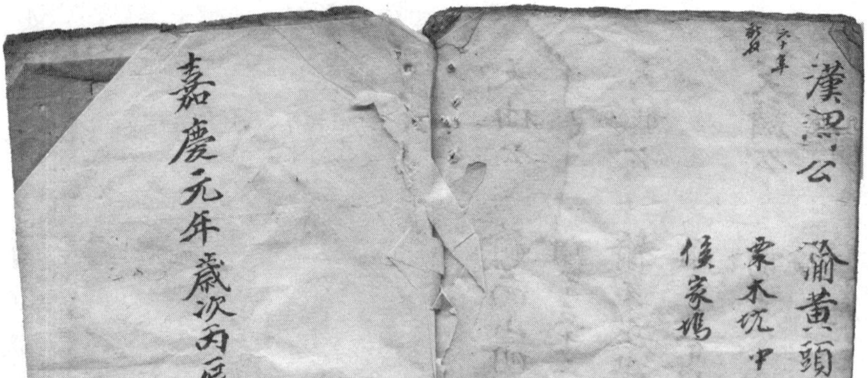

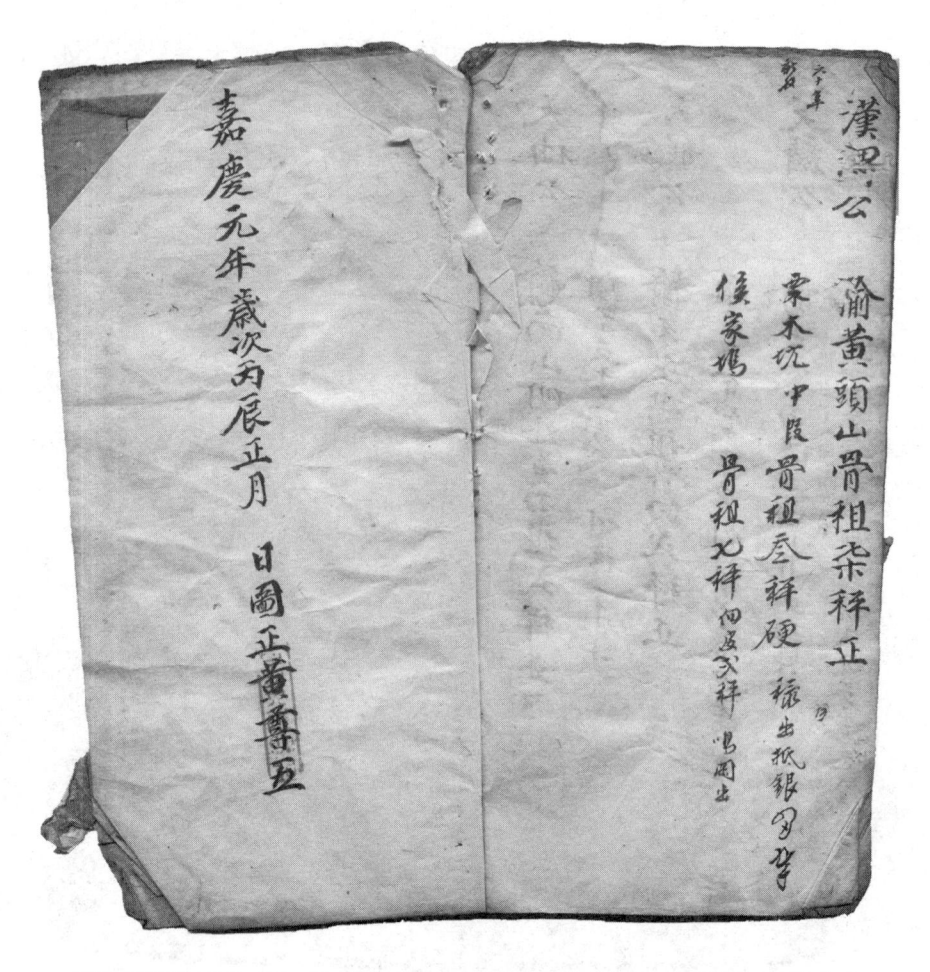

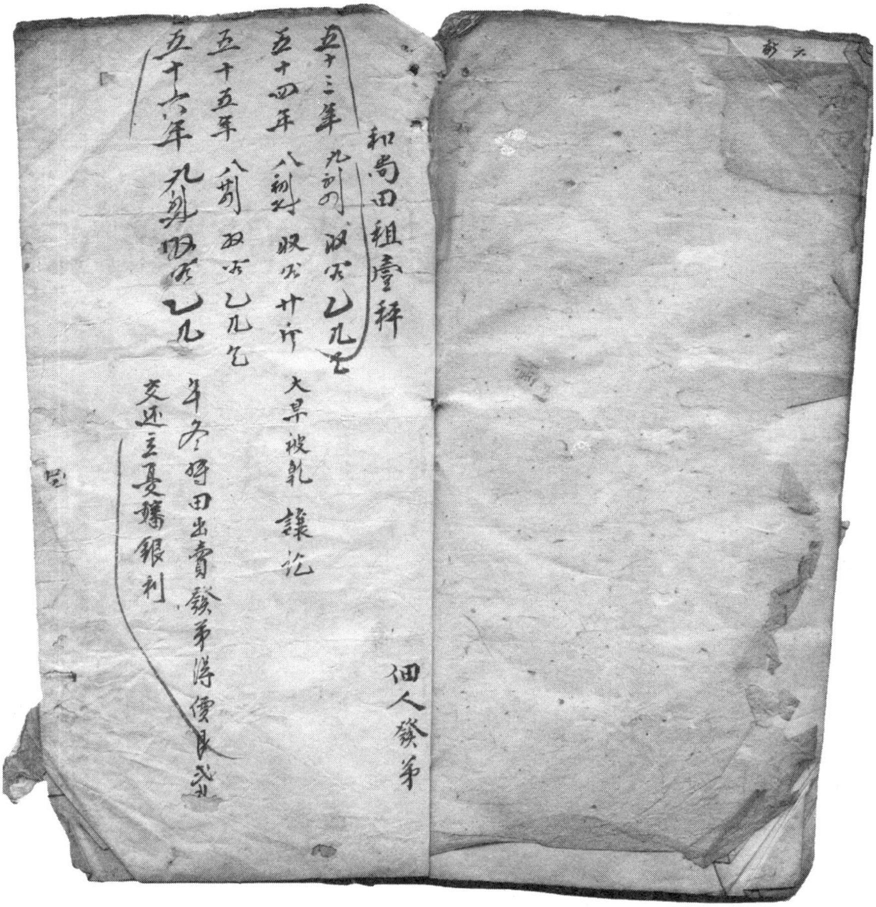

江湾镇下金田 3-23 · 乾隆四十七年至嘉庆元年 · 税粮实征册 · 黄广兴户

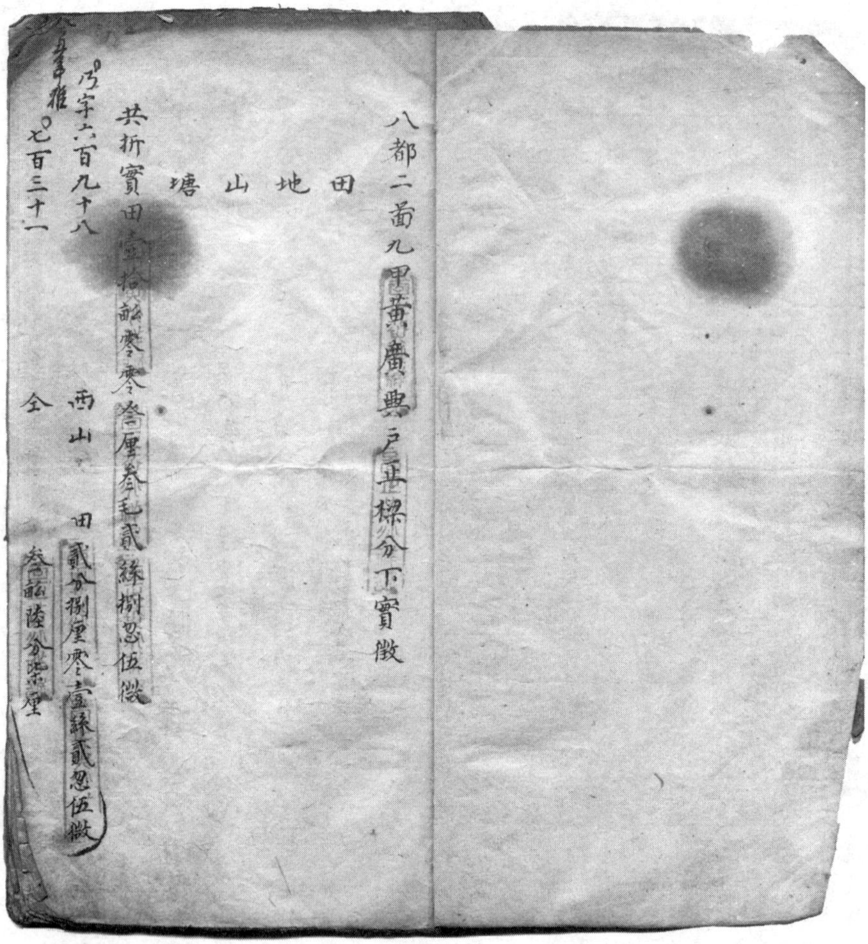
八都二啚九甲黄廣興户共標分下實徵
田
地
山
塘
共折實田壹拾畝零零叁厘叁毛貳絲捌忽伍微
乃字六百九十八 西山 田 貳分捌厘零壹絲貳忽伍微
雅 七百三十一 仝 叁畝陸分柒厘

江湾镇下金田 5-1 · 乾隆五十四年 · 税粮实征册 · 黄广兴户

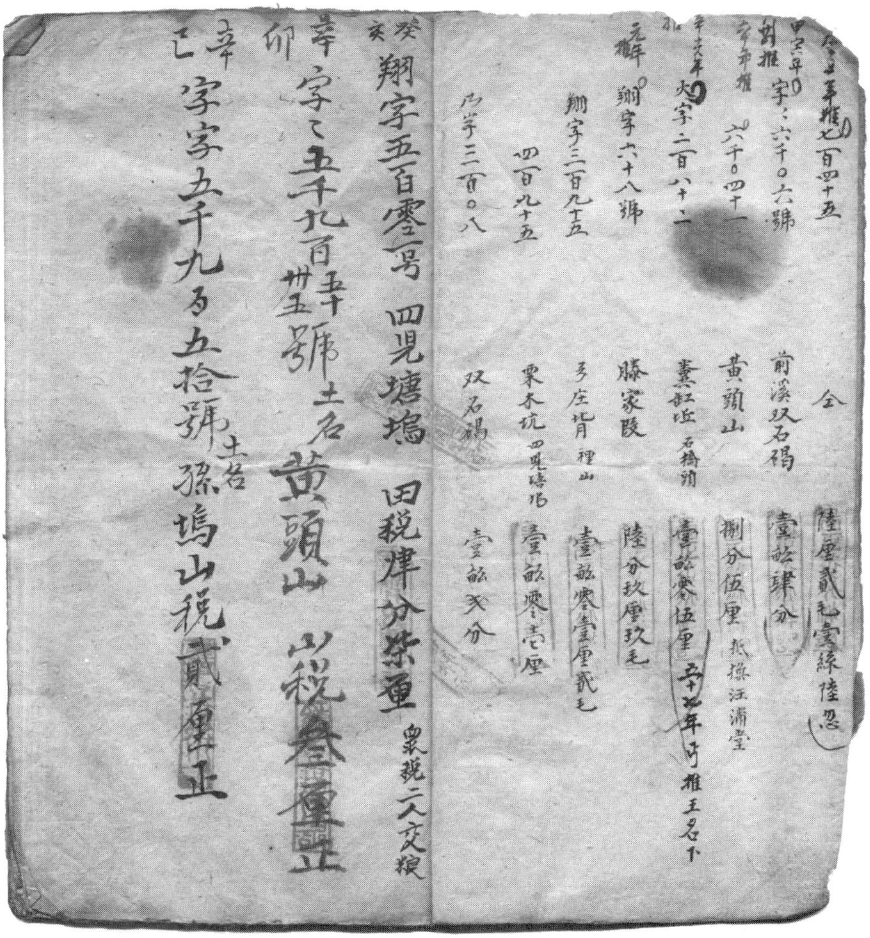

江湾镇下金田 5-2 · 乾隆五十四年 · 税粮实征册 · 黄广兴户

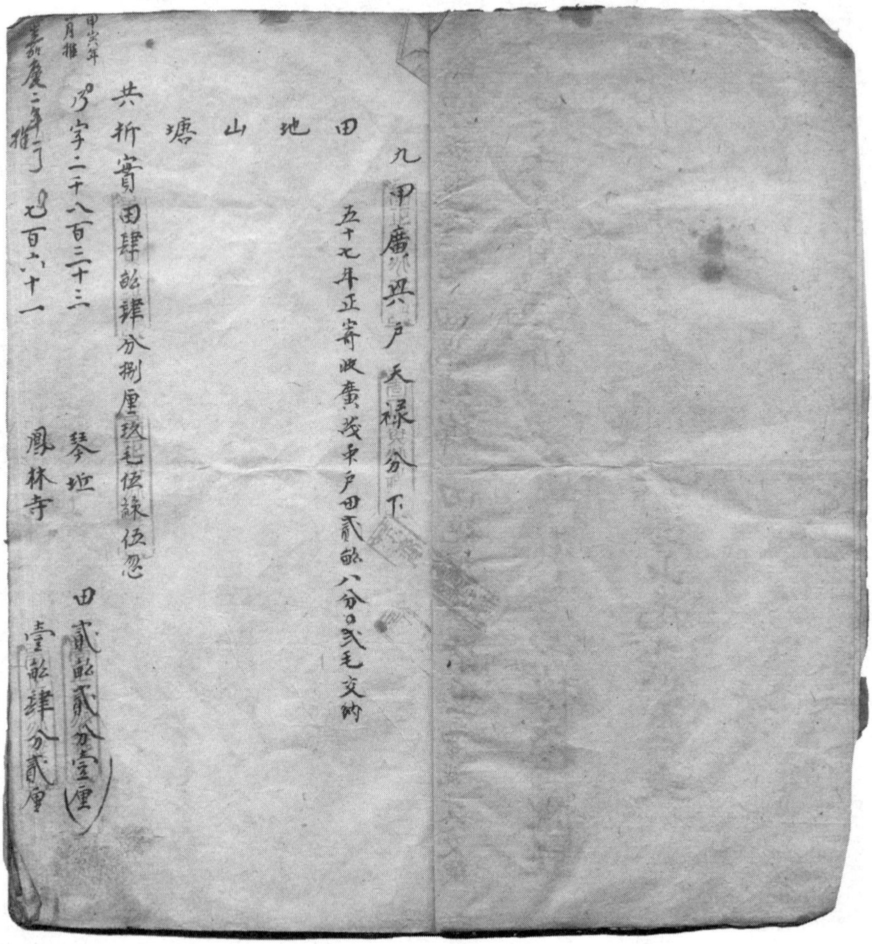
九甲廣興戶 天祿分下
五十七年正寄收黃茂東戶田貳畝八分□弍毛交納
田 地 山 塘
共折實田肆畝肆分捌厘玖毛伍絲伍忽
乃字二千八百三十三 琴垭 田貳畝貳分壹厘
甲寅年□月推
嘉慶二年推了 乜百六十一 鳳林寺 壹畝肆分貳厘

江湾镇下金田 5-3 · 乾隆五十四年 · 税粮实征册 · 黄广兴户

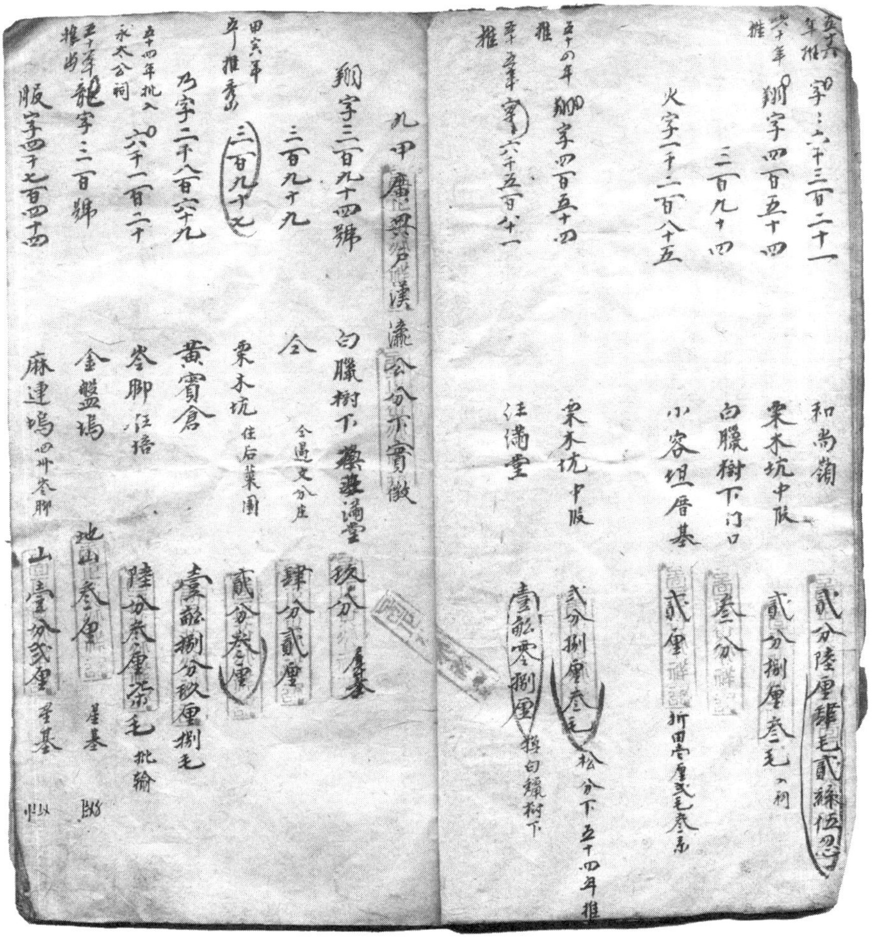

江湾镇下金田 5-4 · 乾隆五十四年 · 税粮实征册 · 黄广兴户

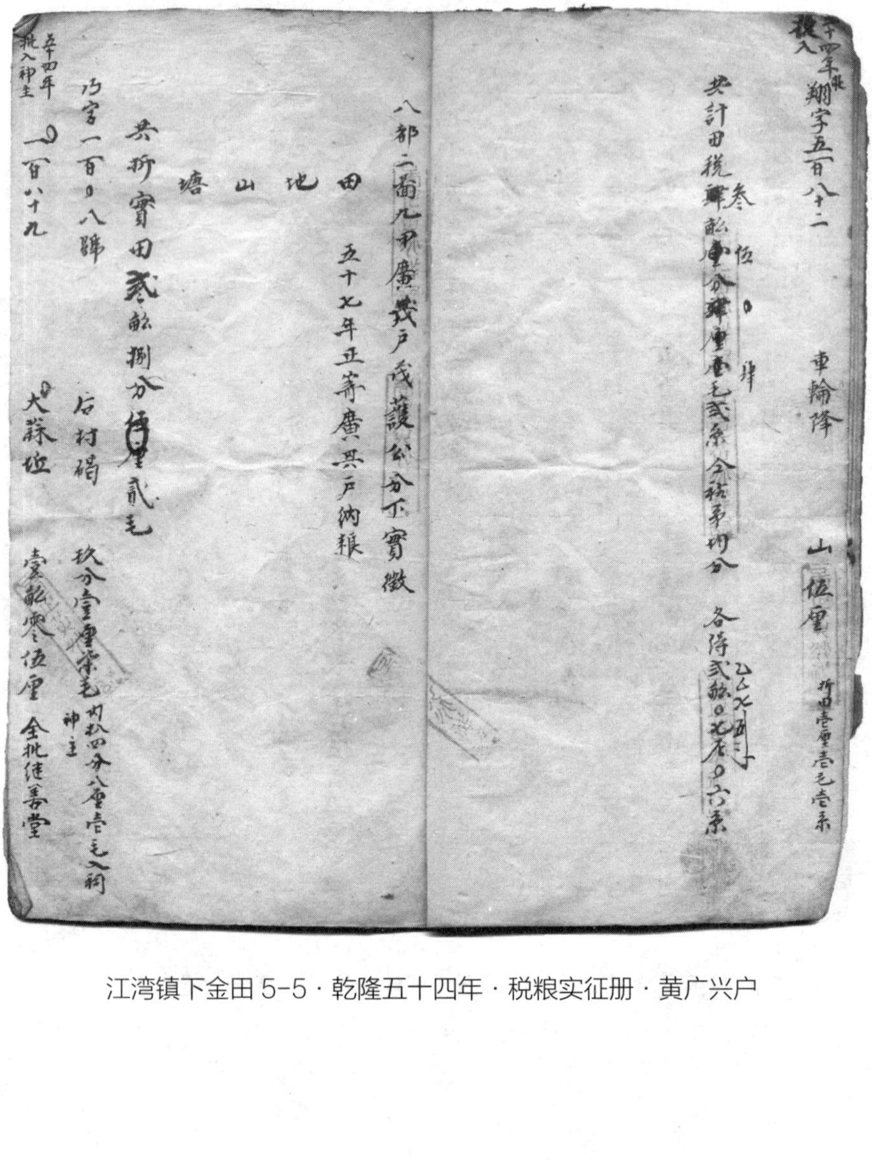

江湾镇下金田 5-5 · 乾隆五十四年 · 税粮实征册 · 黄广兴户

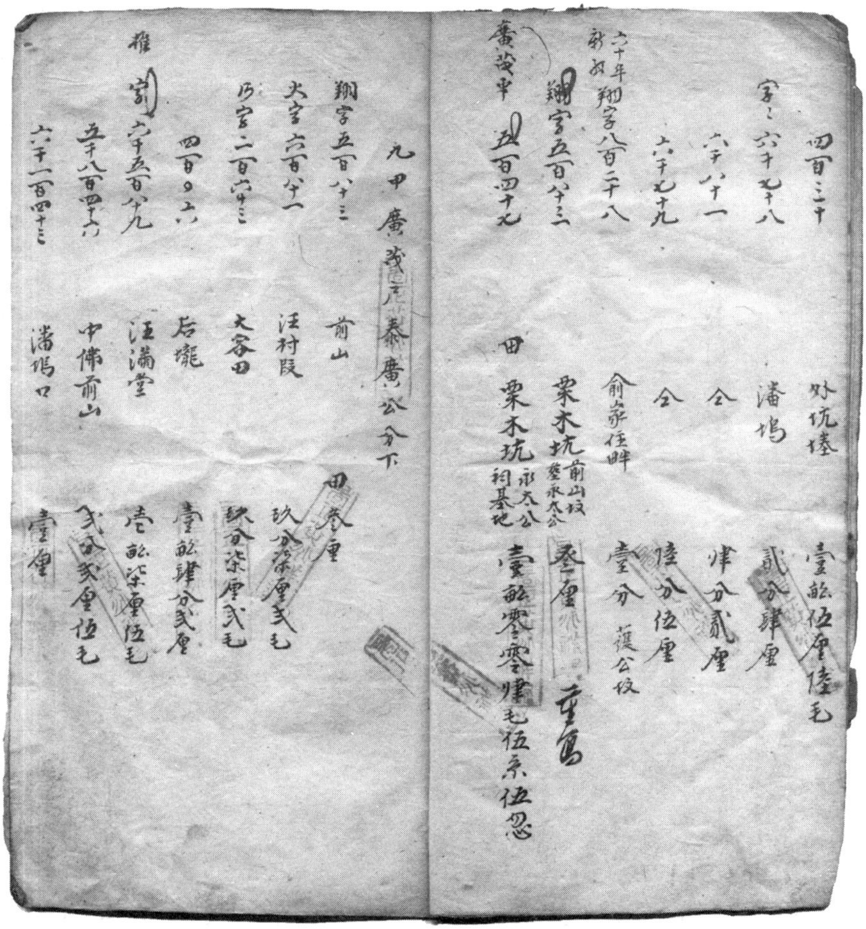

四百三十 外坑塆 壹畝伍厘陸毛
字二六千七十八 潘塢 貳分肆厘
六千八十一 仝 肆分貳厘
六千七十九 仝 陸分伍厘
六十年翔字八百二十八 新收 俞家住畔 壹分 護公坟
翔字五百八十三 栗木坑 前山坟 鑿永太公 叁厘 垂富
廣發甲 五百四十九 田 栗木坑 永太公祠基地 壹畝零零肆毛伍系伍忽

九甲廣茂泰廣公分下
翔字五百八十三 前山 田叁厘
大字六百廿一 汪村段 玖分柒厘貳毛
乃字二百六十三 大容田 玖分柒厘貳毛
四百〇六 后塆 壹畝肆分貳厘
割 六千五百六十九 汪滿堂 壹畝柒厘伍毛
五千八百四十六 中佛前山 貳分貳厘伍毛
雜 六千一百四十三 潘塢口 壹厘

江湾镇下金田 5-6 · 乾隆五十四年 · 税粮实征册 · 黄广兴户

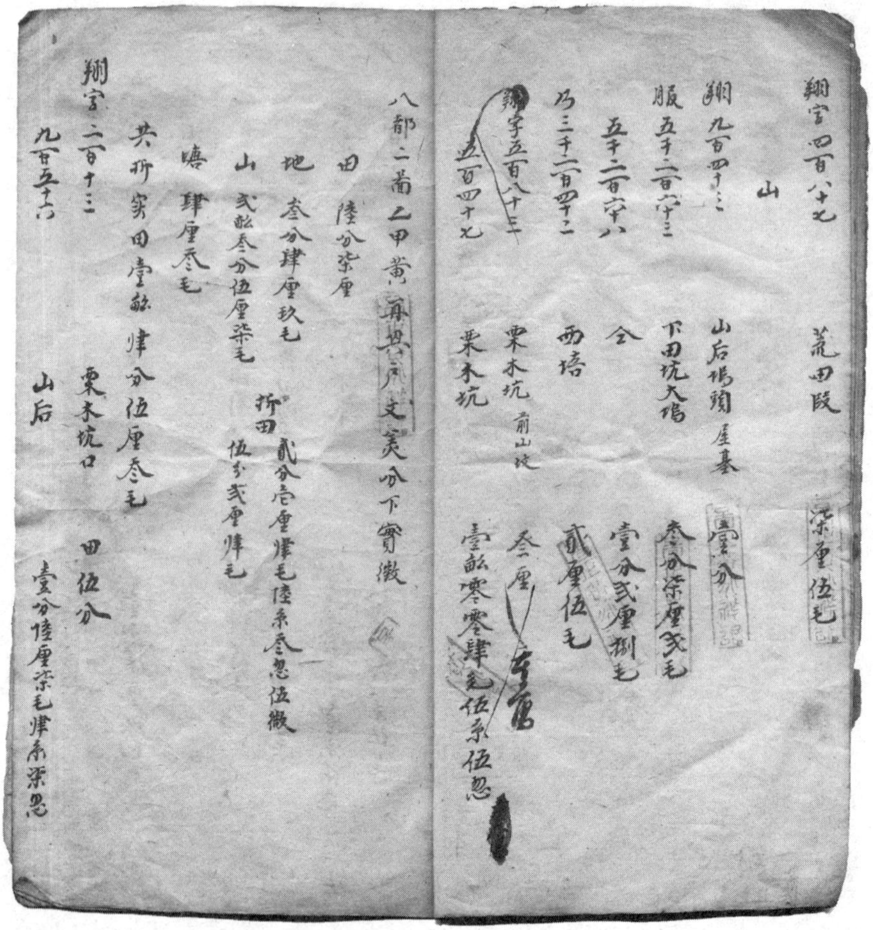
翔字四百八十七 荒田段 柒厘伍毛
山
翔九百四十三 山后塥頭 屋基 壹分
服五千二百六十三 下田坑大塥 叁分柒厘贰毛
五千二百六十八 仝 壹分贰厘捌毛
乃三千二百四十二 西培 贰厘伍毛
翔字五百八十二 栗木坑 前山坡 叁厘
五百四十七 栗木坑 壹畝零零肆毛伍系伍忽

八都二啚二甲黄广兴户文寔分下實徵
田 陆分柒厘
地 叁分肆厘玖毛
山 贰畝叁分伍厘柒毛 折田 贰分壹厘肆毛陆系叁忽伍微
塘 肆厘叁毛 伍分贰厘肆毛
共折實田壹畝肆分伍厘叁毛
翔字二百十三 栗木坑口 田伍分
九百五十六 山后 壹分陆厘柒毛肆系柒忽

江湾镇下金田 5-7 · 乾隆五十四年 · 税粮实征册 · 黄广兴户

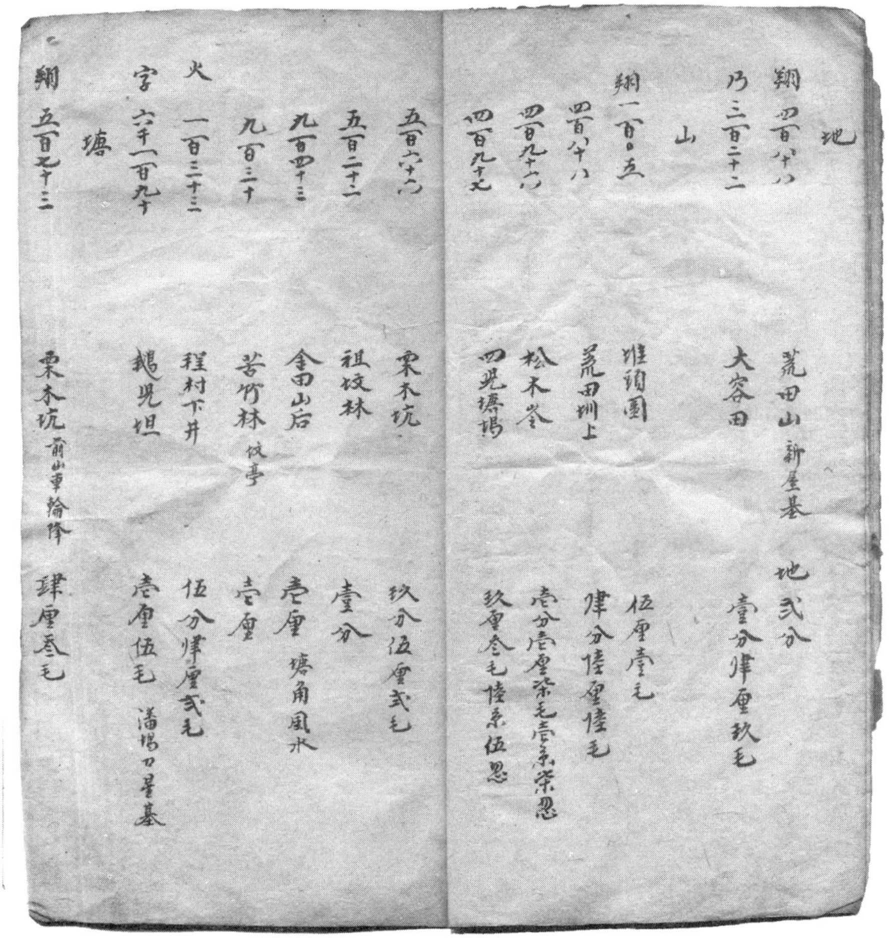
地
翔 四百八十八 荒田山 新屋基 地貳分
乃 三百二十二 大容田 壹分肆厘玖毛
山
翔 一百〇五 堆頭園 伍厘壹毛
四百八十八 荒田圳上 肆分陸厘陸毛
四百九十六 松木岺 壹分壹厘柒毛壹系柒忽
四百九十七 四見塘塢 玖厘叁毛陸系伍忽
五百六十六 栗木坑 玖分伍厘貳毛
五百二十二 祖坟林 壹分
九百四十三 金田山后 壹厘 塘角風水
九百三十 苦竹林 坟亭 壹厘
火 一百三十三 程村下井 伍分肆厘貳毛
字 六千一百九十 鵝兒坦 壹厘伍毛 潘塢口屋基
塘
翔 五百九十三 栗木坑 前山車輪降 肆厘叁毛

江湾镇下金田 5-8 · 乾隆五十四年 · 税粮实征册 · 黄广兴户

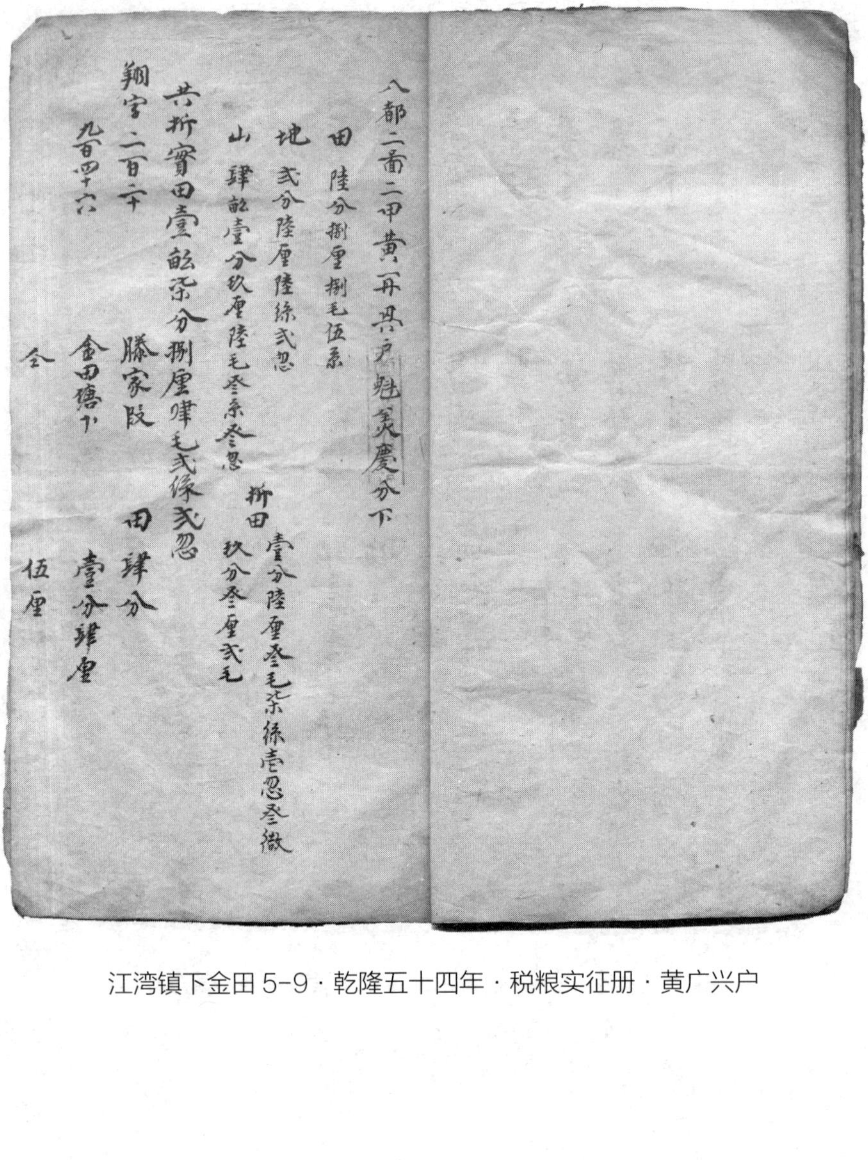
八都二畨二甲黄再典户魁美慶分下
田 陸分捌厘捌毛伍系
地 贰分陸厘陸絲贰忽
山 肆畝壹分玖厘陸毛叁系叁忽
折田 壹分陸厘叁毛柒絲壹忽叁微
折田 玖分叁厘贰毛
共折實田壹畝柒分捌厘肆毛贰絲贰忽
翔字二百六十 滕家段 田肆分
九百四十六 金田塘下 壹分肆厘
仝 伍厘

江湾镇下金田 5-9 · 乾隆五十四年 · 税粮实征册 · 黄广兴户

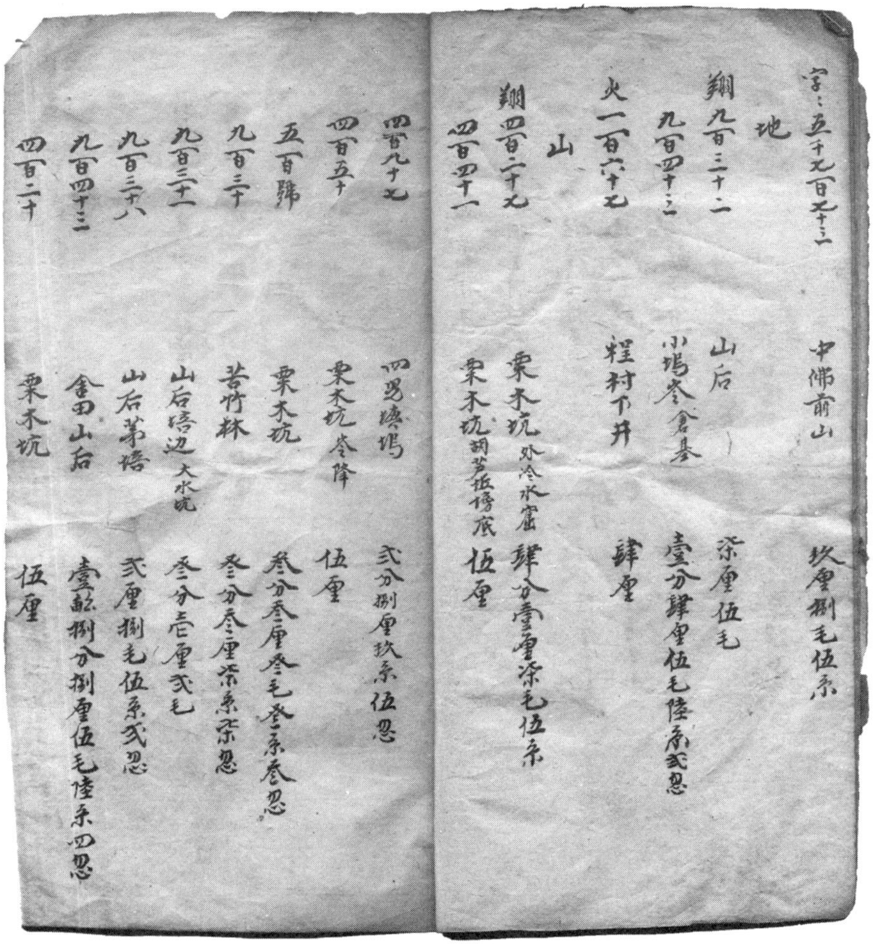
字：五千九百五十三 中佛前山 玖厘捌毛伍系
地 山后 柒厘伍毛
翔九百三十二
九百四十二 小塢坌（倉基） 壹分肆厘伍毛陆系贰忽
火一百六十九 程村下井 肆厘
山
翔四百二十九 粟木坑 外冷水窟 肆分壹厘柒毛伍系
四百四十一 粟木坑 胡茅坵塝底 伍厘
四百九十九 四塢塝塢 贰分捌厘玖系伍忽
四百五十 粟木坑坌降 伍厘
五百肆 粟木坑 叁分叁厘叁毛叁系叁忽
九百三十 苦竹林 叁分叁厘柒系柒忽
九百三十一 山后塝边 大水坑 叁分壹厘贰毛
九百三十八 山后茅塝 贰厘捌毛伍系贰忽
九百四十三 金田山后 壹畝捌分捌厘伍毛陆系四忽
四百二十 粟木坑 伍厘

江湾镇下金田 5-10 · 乾隆五十四年 · 税粮实征册 · 黄广兴户

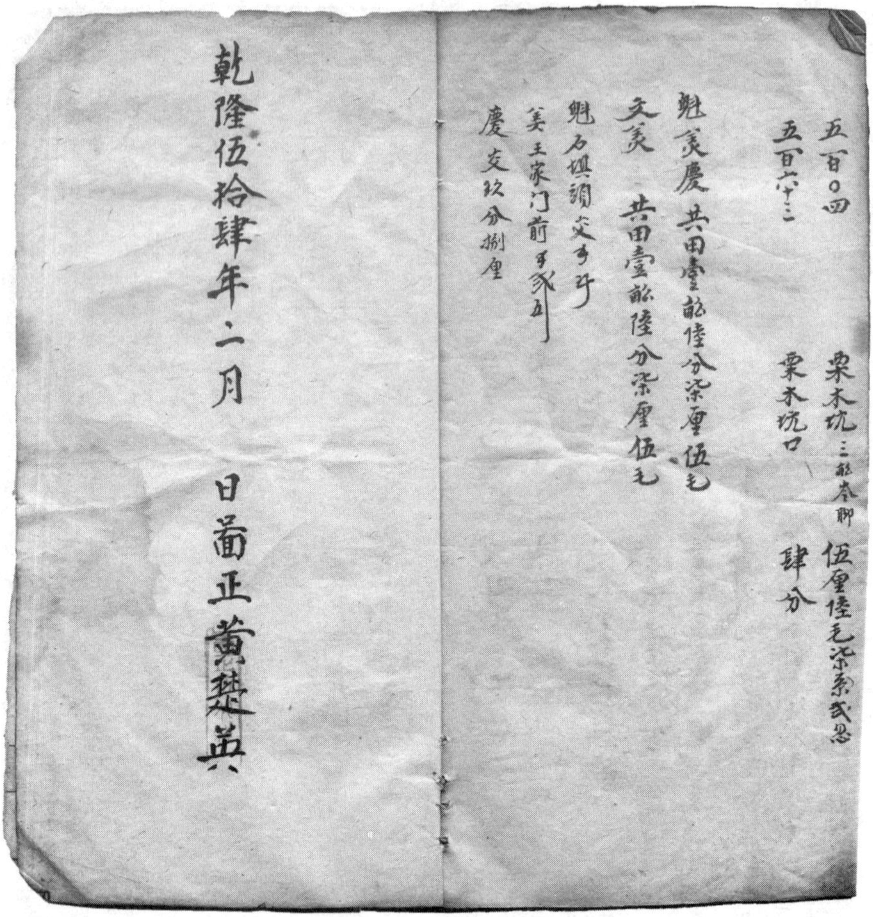

五百〇四 栗木坑 三畝本卿 伍厘陸毛柒系貳忽

五百六十二 栗木坑口 肆分

魁美慶 共田壹畝陸分柒厘伍毛

文美 共田壹畝陸分柒厘伍毛

魁石塅頭交与汗

美王家门前乎彩五

慶交玖分捌厘

乾隆伍拾肆年二月 日圖正黃楚英

江湾镇下金田 5-11 · 乾隆五十四年 · 税粮实征册 · 黄广兴户

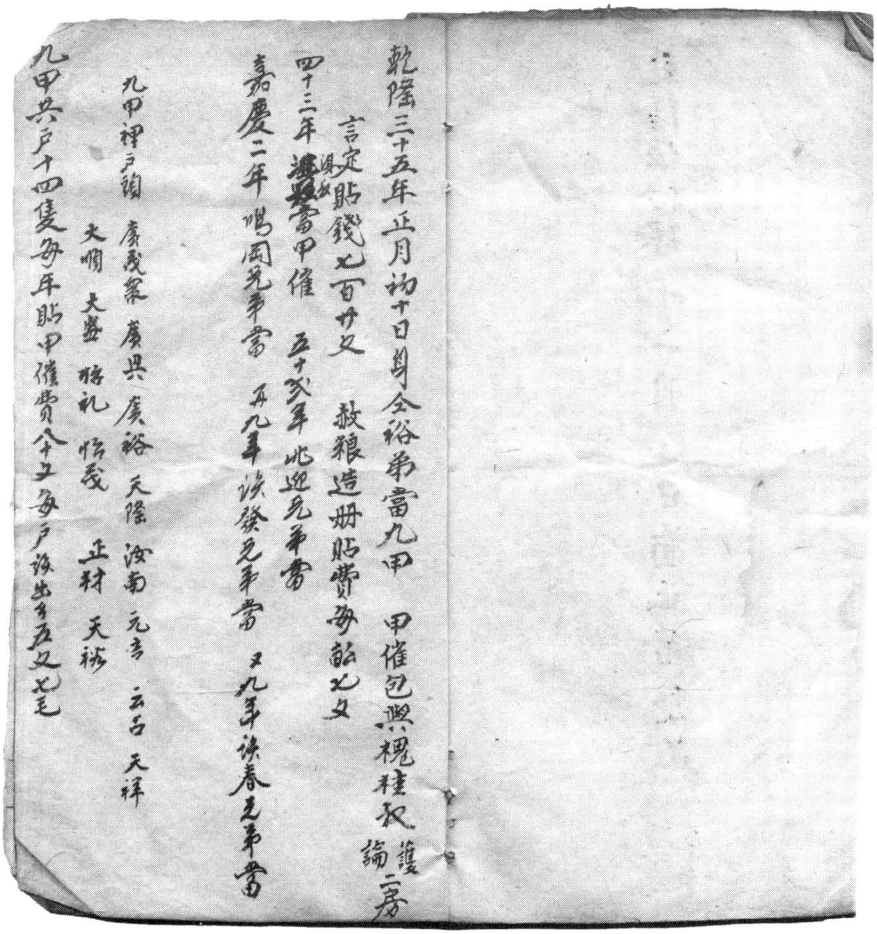
乾隆三十五年正月初十日身全裕弟當九甲　甲催包與槐桂叔　護論二房
言定貼錢七百廿文　赦糧造册貼費每畝七文
四十三年淵叔當甲催　五十戊年兆迎兄弟當
嘉慶二年鳴岡兄弟當　再九年談發兄弟當　又九年談春兄弟當
九甲裡戶頭　廣義衆　廣興　廣裕　天隆　汝南　元吉　云吉　天祥
大順　大盛　聯礼　悟義　正財　天祿
九甲共戶十四隻每年貼甲催費八十五每戶該出錢五文七毛

江湾镇下金田 5-12 · 乾隆五十四年 · 税粮实征册 · 黄广兴户

江湾镇下金田 4-1 · 同治十三年 · 税粮实征册 · 顺和户黄福祺

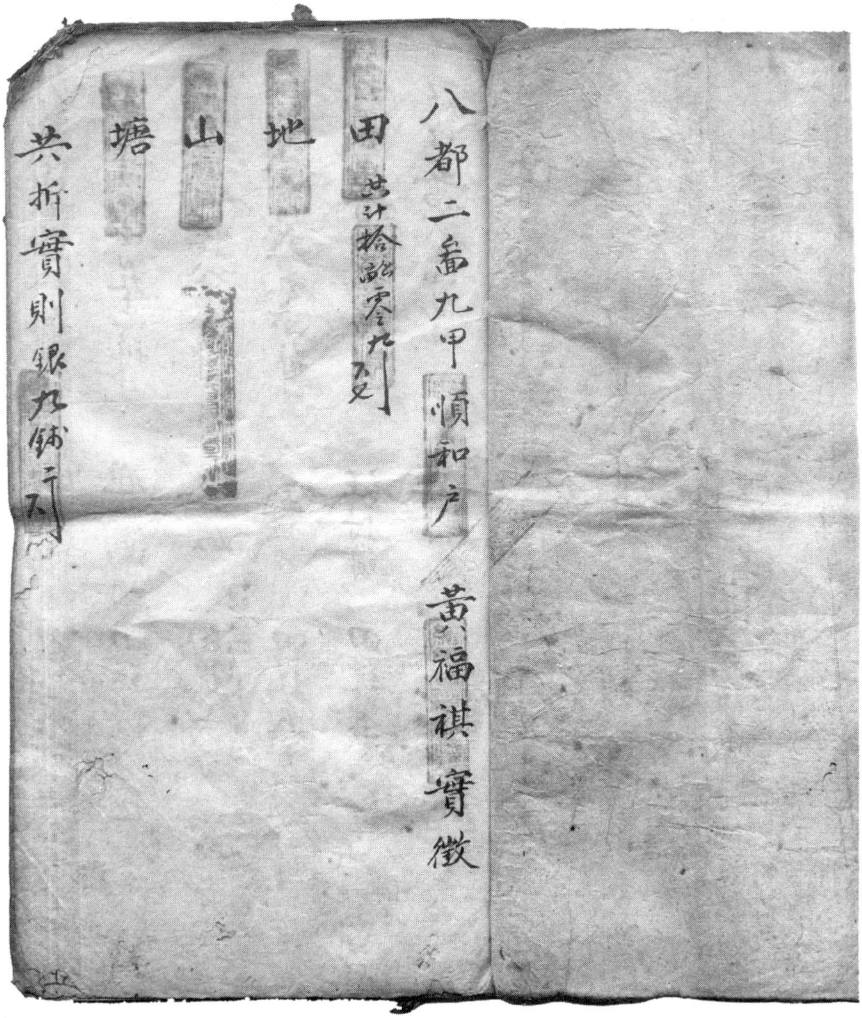
八都二啚九甲順和户

黄福祺實徵

田 共计拾畝零九[illegible]

地

山

塘

共折實則銀九錢二[illegible]

江湾镇下金田 4-2 · 同治十三年 · 税粮实征册 · 顺和户黄福祺

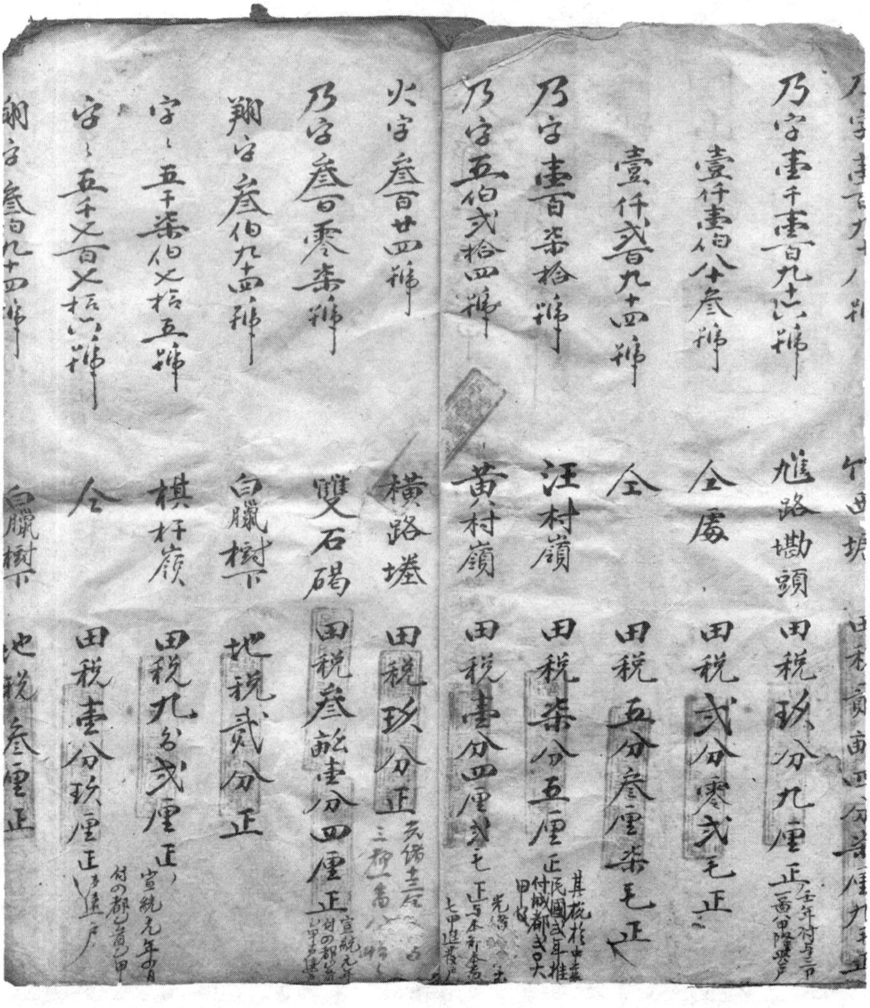
乃字壹百九十八號 竹园坵 田税壹畝四分柒厘九毛正

乃字壹千壹百九十六號 樵路墈頭 田税玖分九厘正

壹仟壹伯八十叁號 仝處 田税弍分零弍毛正

壹仟弍百九十四號 仝 田税五分叁厘柒毛正

乃字壹百柒拾號 汪村嶺 田税柒分五厘正

乃字五伯弍拾四號 黄村嶺 田税壹分四厘弍毛正

火字叁百廿四號 横路墈 田税玖分正

乃字叁百零柒號 雙石碣 田税叁畝壹分四厘正

翔字叁伯九十四號 白臘樹下 地税貳分正

字字五千柒伯又拾五號 棋杆嶺 田税九分弍厘正

字字五千又百又拾六號 仝 田税壹分玖厘正

翔字叁伯九十四號 白臘樹下 地税叁厘正

江湾镇下金田 4-3 · 同治十三年 · 税粮实征册 · 顺和户黄福祺

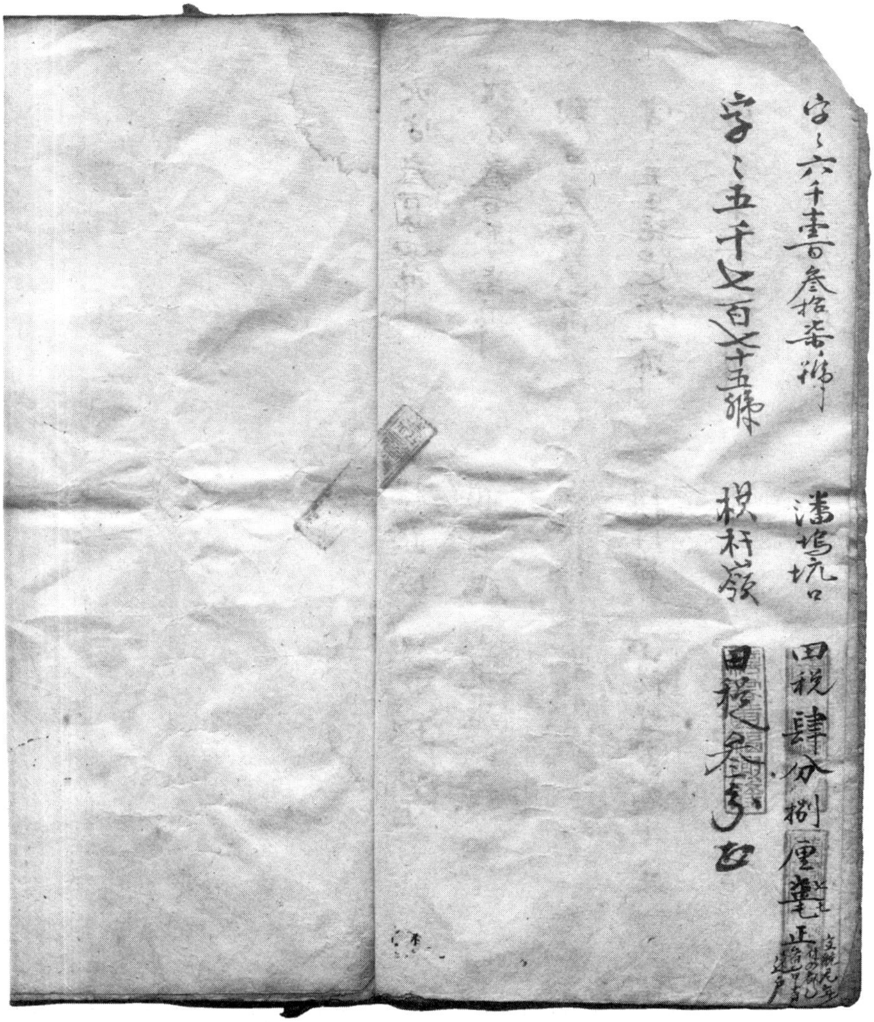

江湾镇下金田 4-4 · 同治十三年 · 税粮实征册 · 顺和户黄福祺

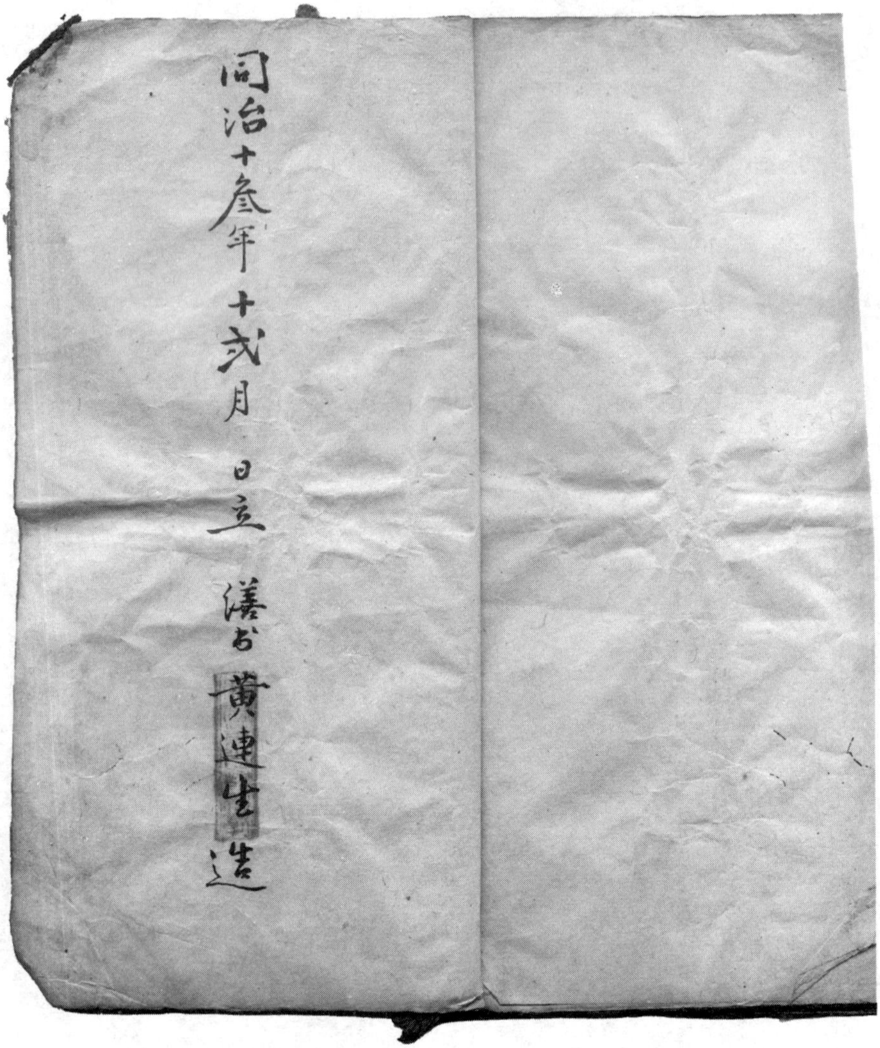

江湾镇下金田 4-5 · 同治十三年 · 税粮实征册 · 顺和户黄福祺

江湾镇下金田 2-1 · 光绪十六年 · 流水账 · 松轩氏记

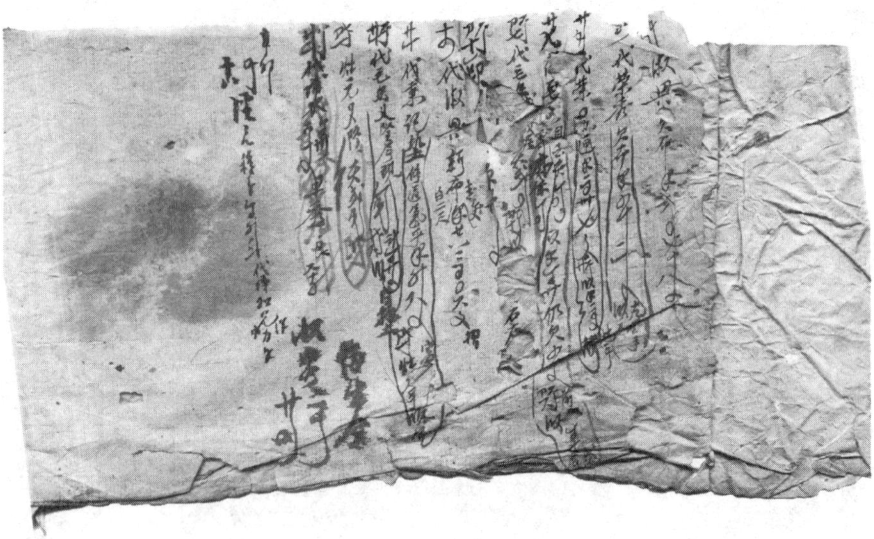

江湾镇下金田 2-2 · 光绪十六年 · 流水账 · 松轩氏记

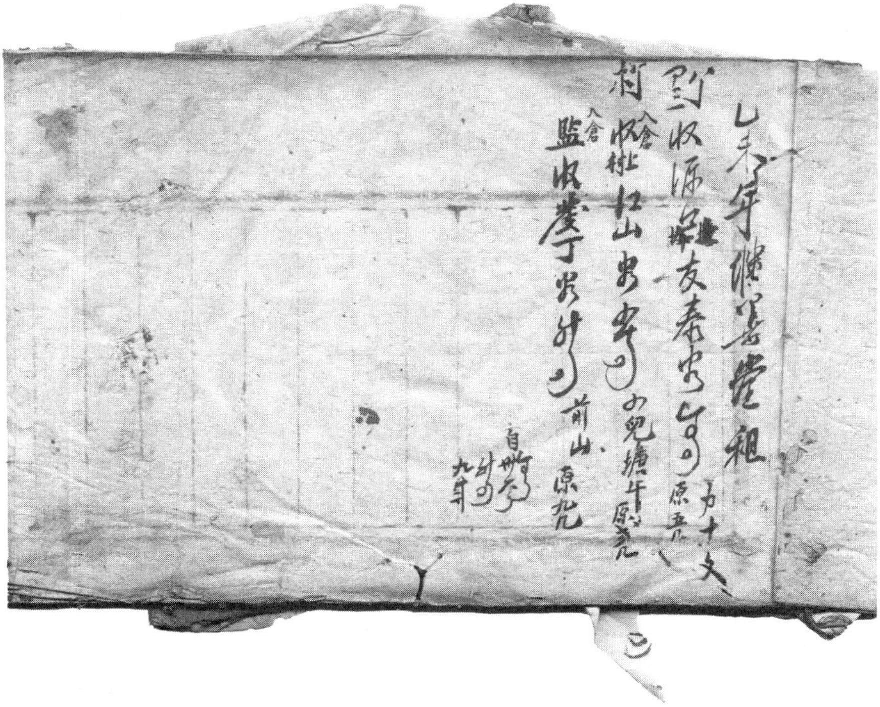

江湾镇下金田 2-3 · 光绪十六年 · 流水账 · 松轩氏记

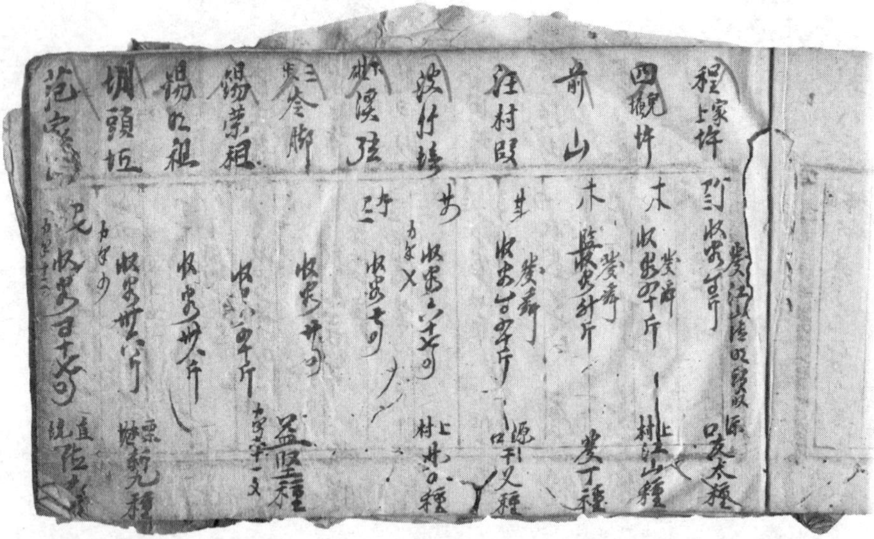

江湾镇下金田 2-4 · 光绪十六年 · 流水账 · 松轩氏记

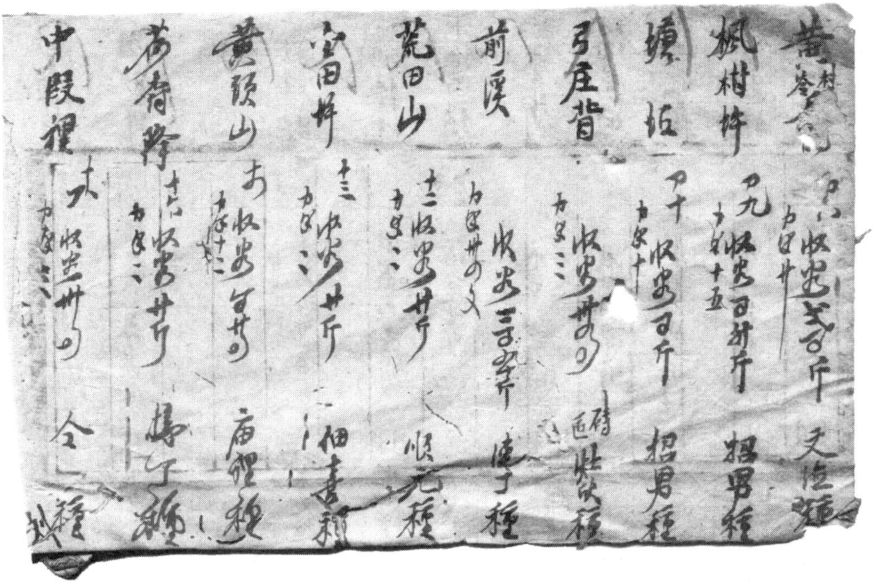

江湾镇下金田 2-5 · 光绪十六年 · 流水账 · 松轩氏记

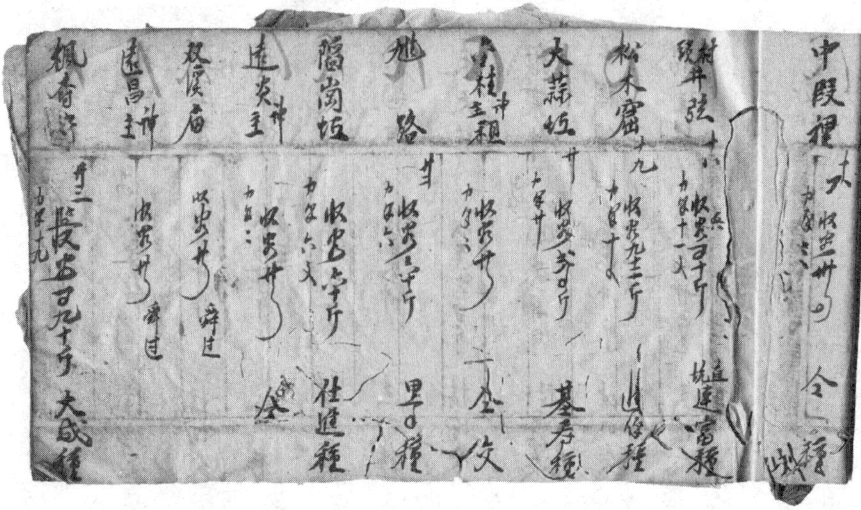

江湾镇下金田 2-6 · 光绪十六年 · 流水账 · 松轩氏记

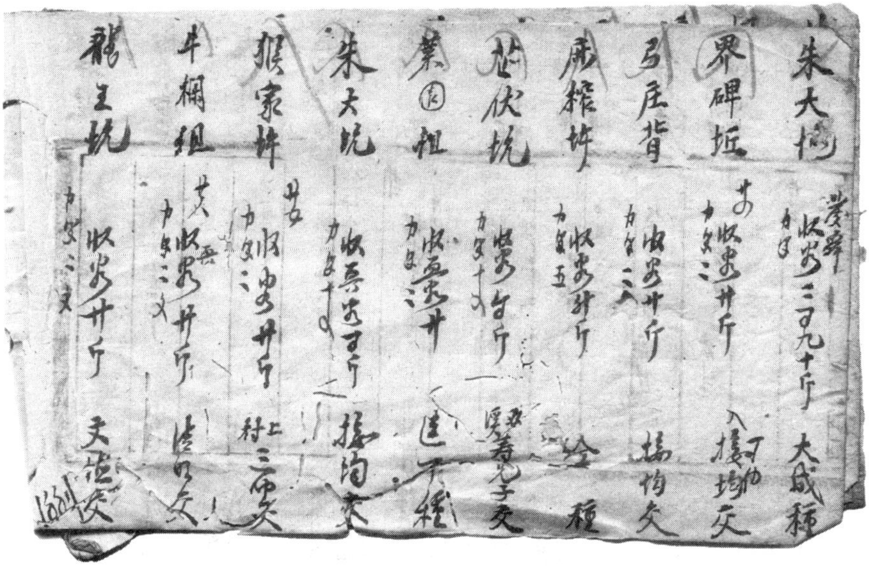

江湾镇下金田 2-7 · 光绪十六年 · 流水账 · 松轩氏记

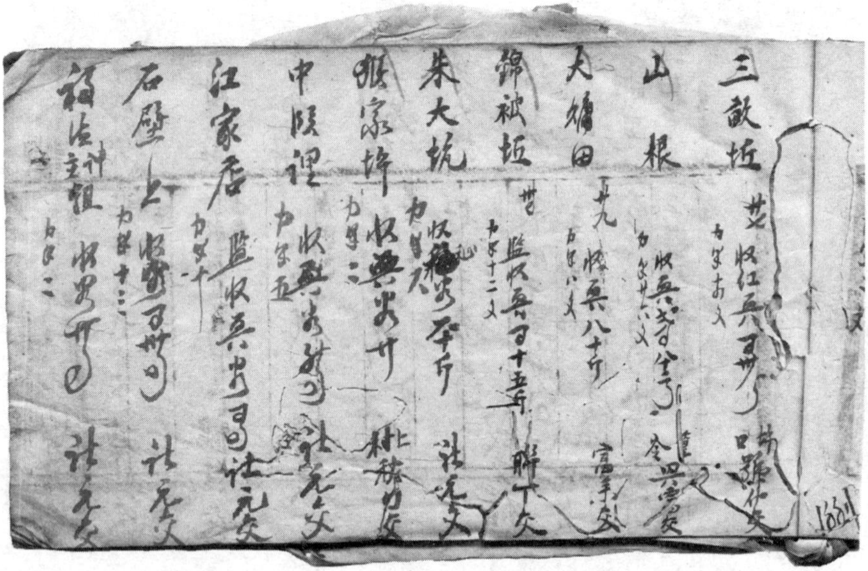

江湾镇下金田 2-8 · 光绪十六年 · 流水账 · 松轩氏记

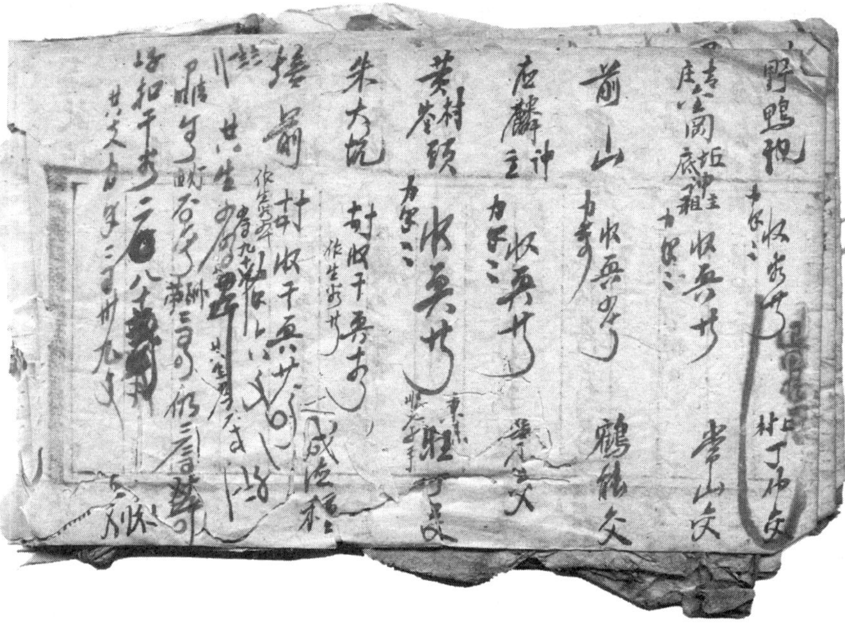

江湾镇下金田 2-9 · 光绪十六年 · 流水账 · 松轩氏记

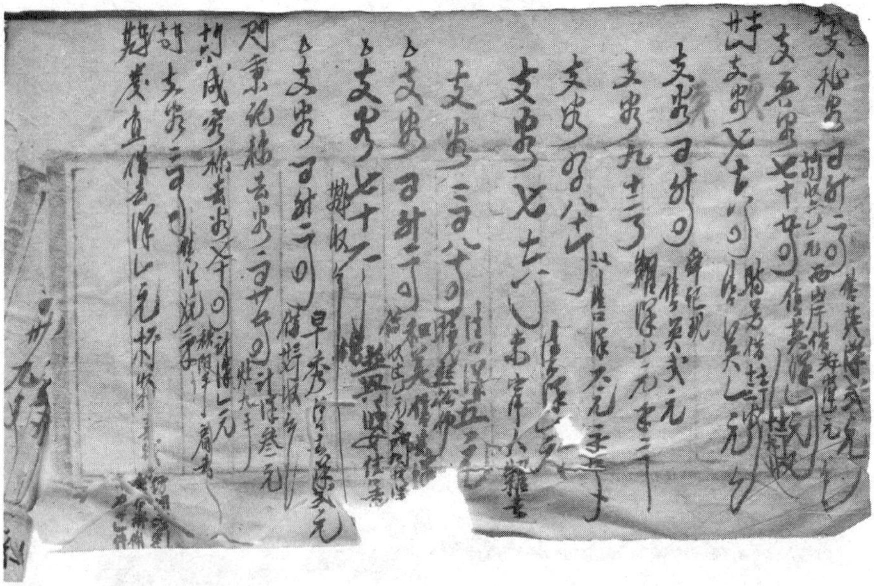

江湾镇下金田 2-10 · 光绪十六年 · 流水账 · 松轩氏记

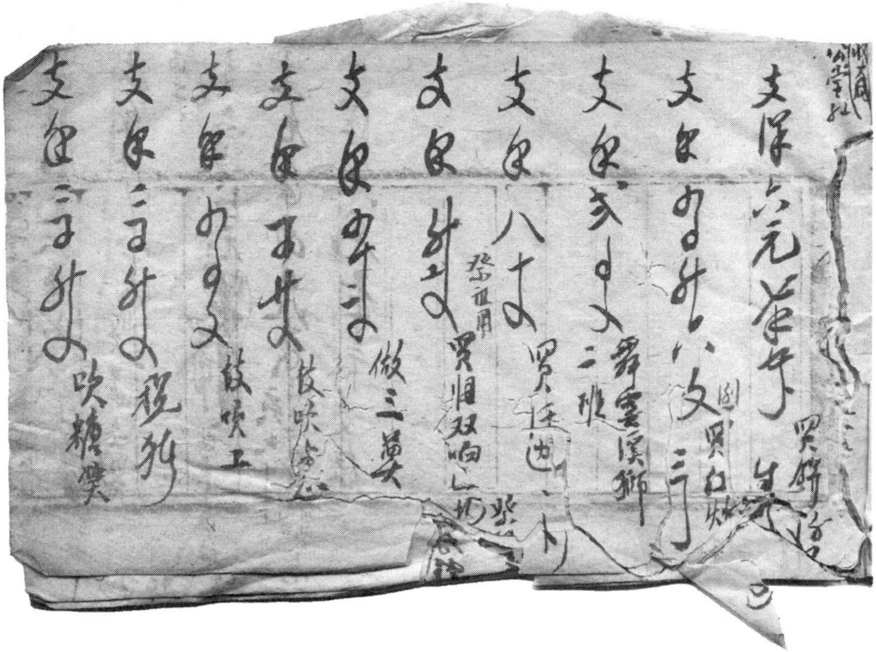

江湾镇下金田 2-11 · 光绪十六年 · 流水账 · 松轩氏记

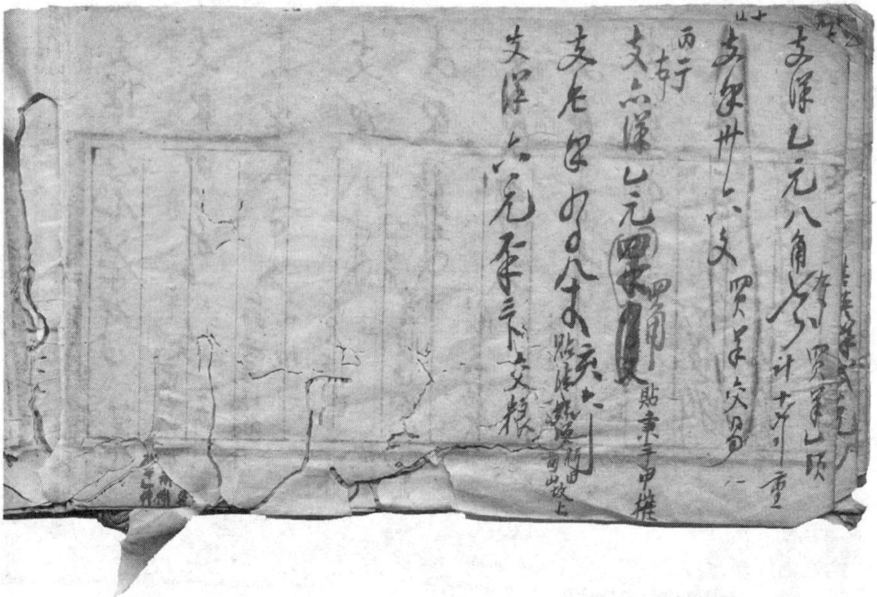

江湾镇下金田 2-12 · 光绪十六年 · 流水账 · 松轩氏记

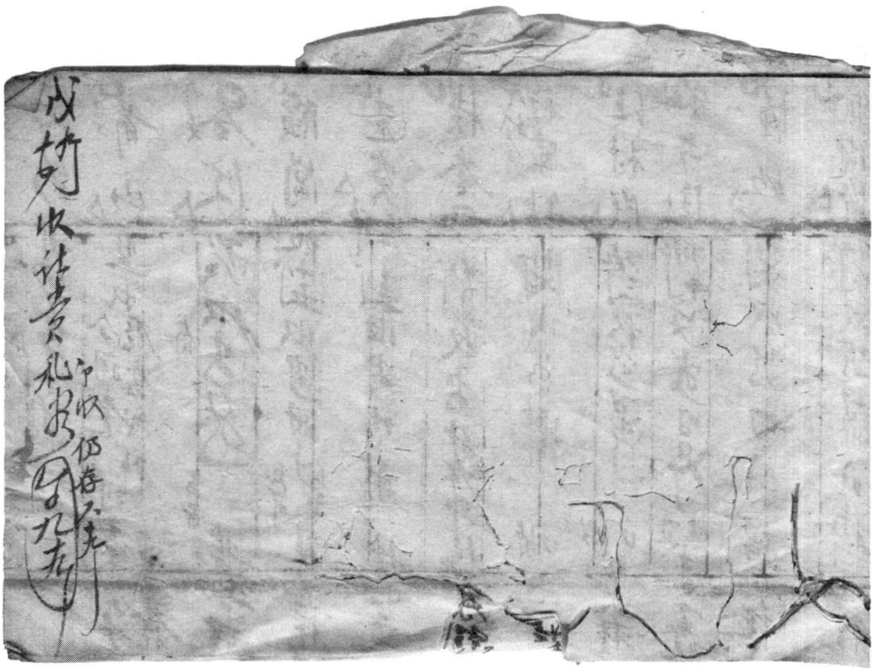

江湾镇下金田 2-13 · 光绪十六年 · 流水账 · 松轩氏记

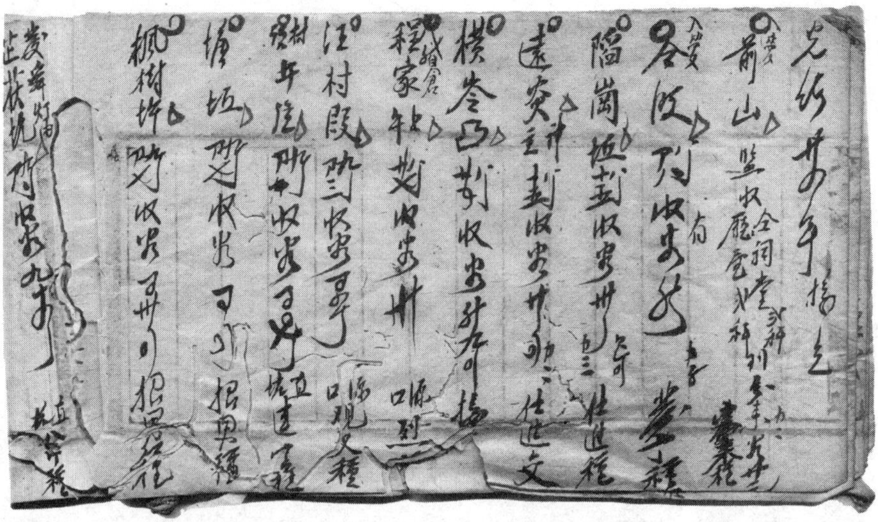

江湾镇下金田 2-14 · 光绪十六年 · 流水账 · 松轩氏记

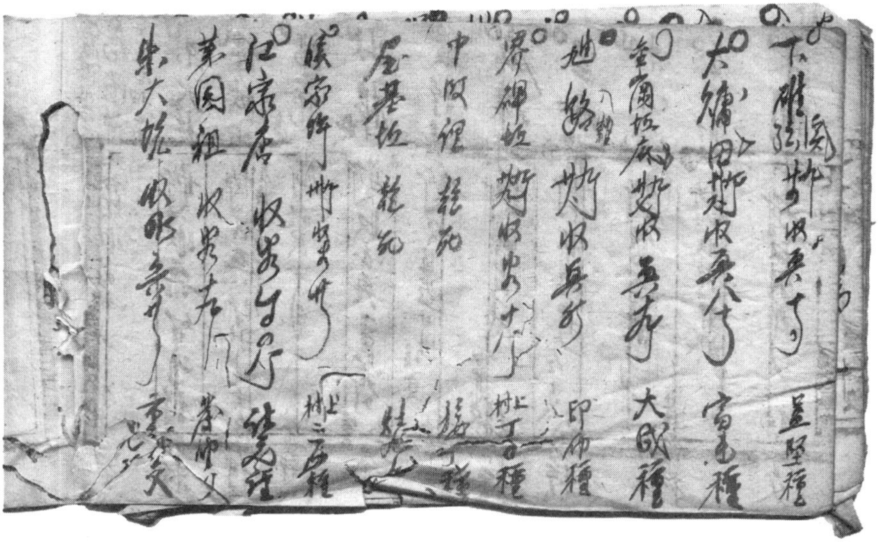

江湾镇下金田 2-15 · 光绪十六年 · 流水账 · 松轩氏记

收助基洋九元捌佰陌
收增基洋拾之付铣
收云助米洋貳付说
收新加米洋玖付说
收增基洋貳之
收助基洋五之
收立帝会洋の之

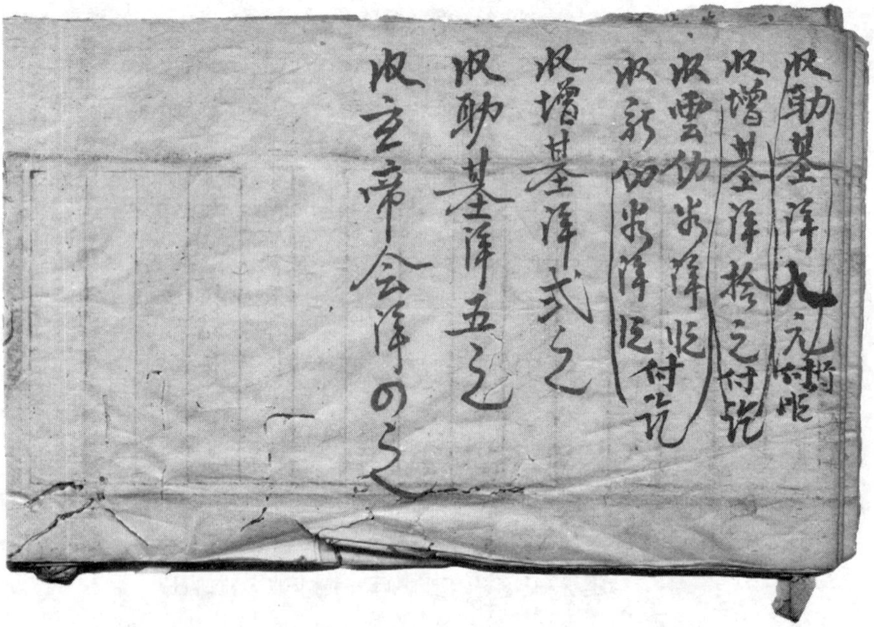

江湾镇下金田 2-16·光绪十六年·流水账·松轩氏记

中華民國弍年弍月十二日扦塋
三次塋父親黄福祺月落烏江
土名竹西塘田塝之樟樹衣計樟樹叁
僧溪泉大和尚扦血形月落烏
江寅山申向兼寅壬庚申十二日未時字左
被曉鏞曹福旺今登门再三伊许將
田塝并樟樹弍丈作賣自身名下
所以托中言明做ㄜ合同弍纸各
人各执一纸均全一樣其田塝并樟
樹計價英洋弍之其洋鄧典托中
江篤樹先生同侄中人將英洋弍元之交与曉鏞曹福旺細久字至今親手
汪蒸云先生
黄炳书先生
江述堂先生
收領其田塝左右以樾自ㄜ
之後并樟樹統ㄟ自身守業各
曹禮年千曹姓日後不得生端

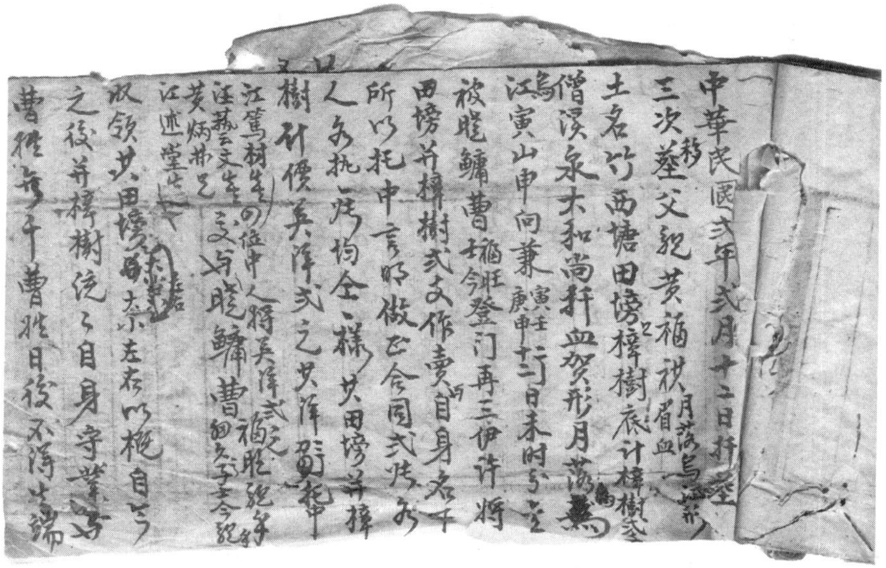

江湾镇下金田 2-17 · 光绪十六年 · 流水账 · 松轩氏记

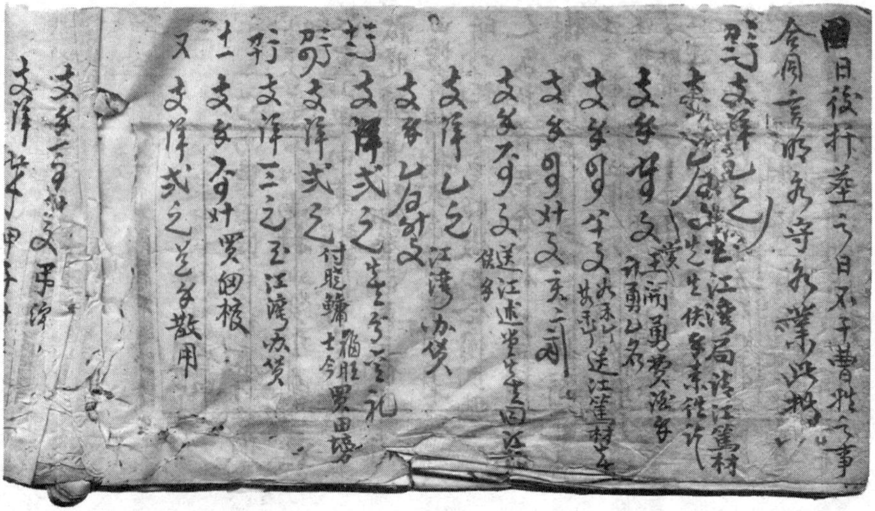

江湾镇下金田 2-18 · 光绪十六年 · 流水账 · 松轩氏记

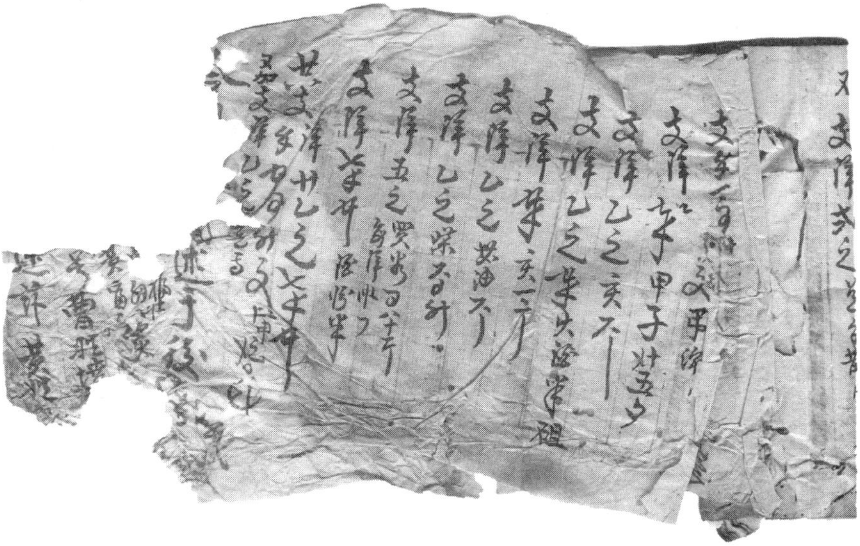

江湾镇下金田 2-19 · 光绪十六年 · 流水账 · 松轩氏记

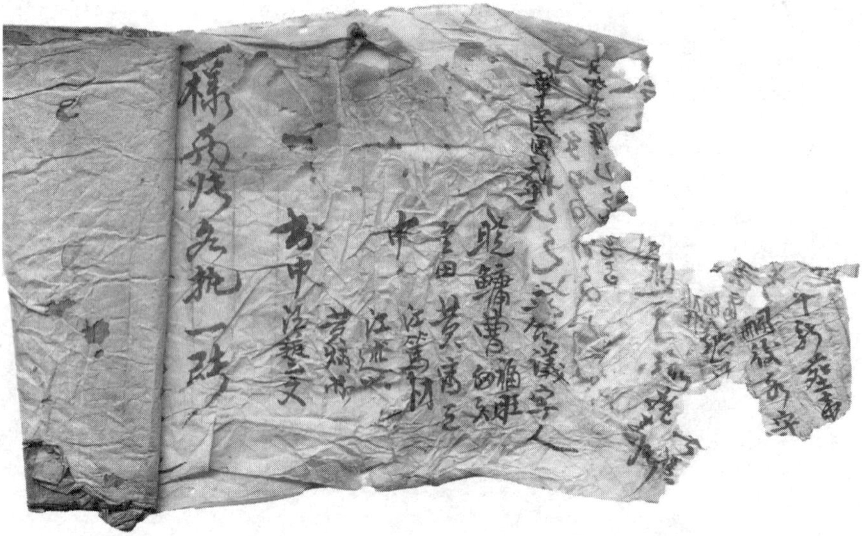

江湾镇下金田 2-20 · 光绪十六年 · 流水账 · 松轩氏记

江湾镇下晓起村汪姓 1—78

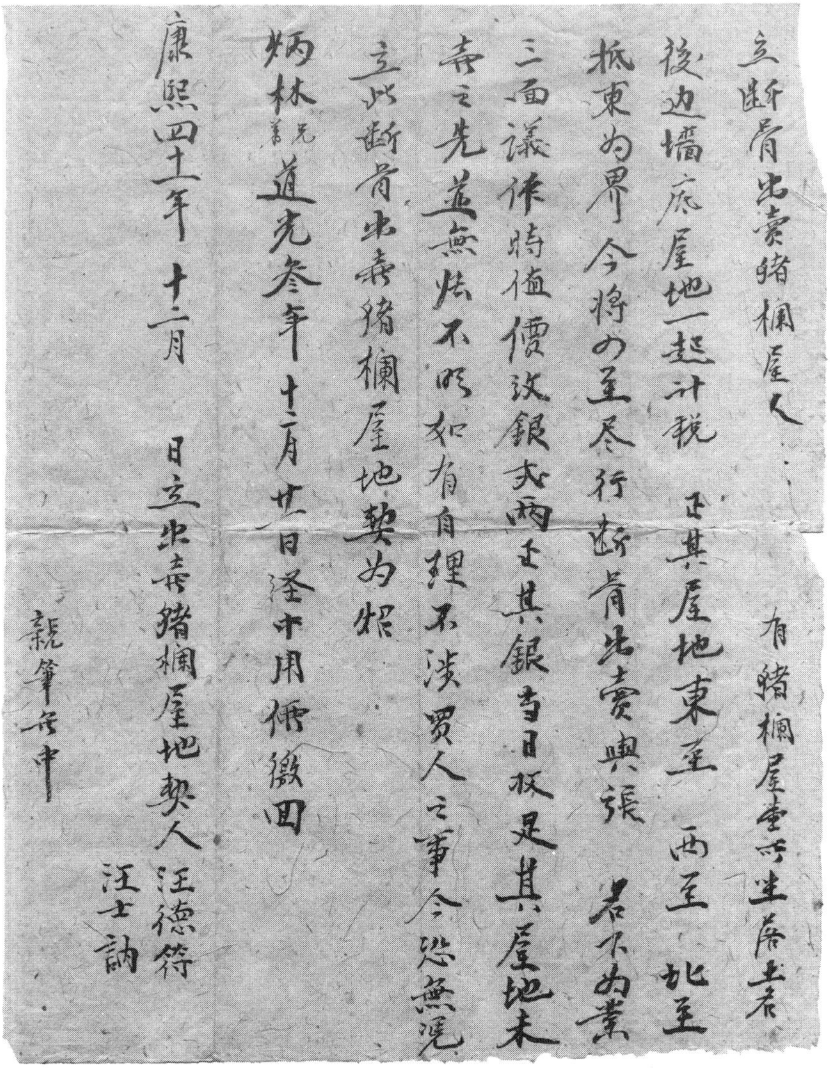

立断骨出賣猪欄屋人　　有猪欄屋壹所坐落土名
後边墙底屋地一起计税　正其屋地東至　西至　北至
抵東为界今将四至尽行断骨出賣與張　名下为業
三面議作時值價紋銀弍兩正其銀當日收足其屋地未
賣之先並無姑不明如有自理不涉買人之事今恐無憑
立此断骨出賣猪欄屋地契为炤
炳林叢兄道光叁年十二月廿日逕中用價徽回
康熙四十一年十二月　日立出賣猪欄屋地契人汪德符
汪士訥
親筆無中

江湾镇下晓起村汪姓 44 · 康熙四十一年 · 断骨出卖猪栏屋地契 ·
汪德符、汪士讷卖与张□

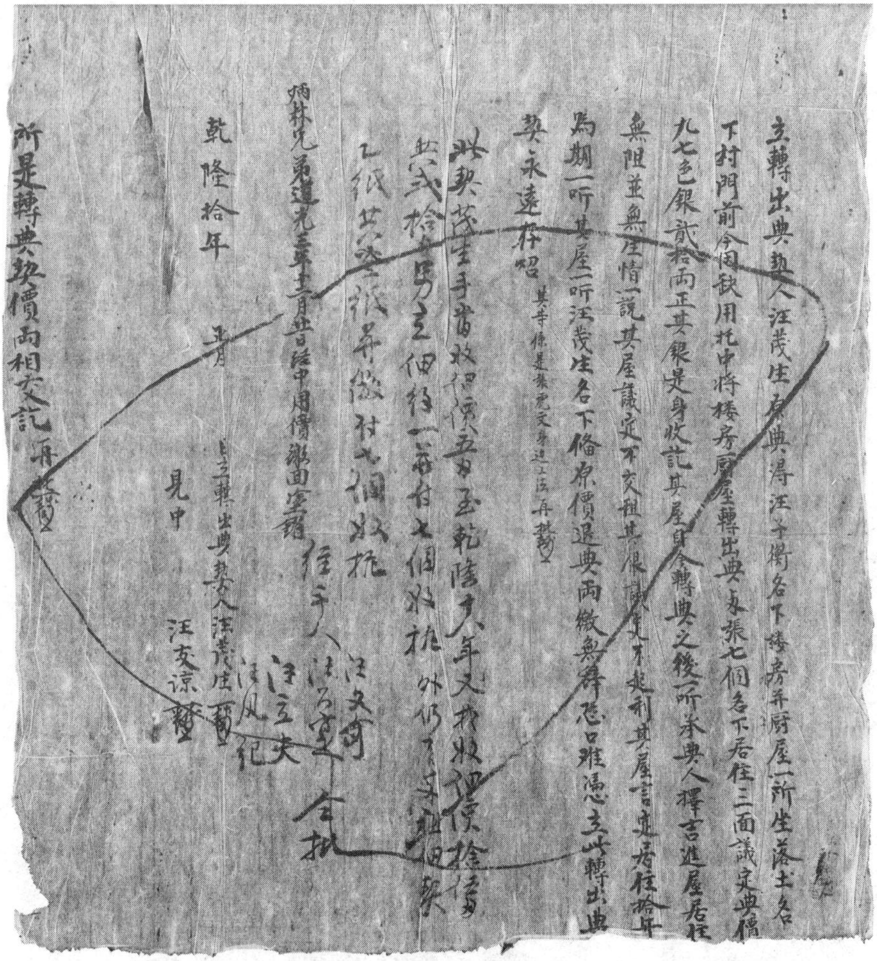

江湾镇下晓起村汪姓 60 · 乾隆十年 · 出典契 · 汪茂生典与张七個

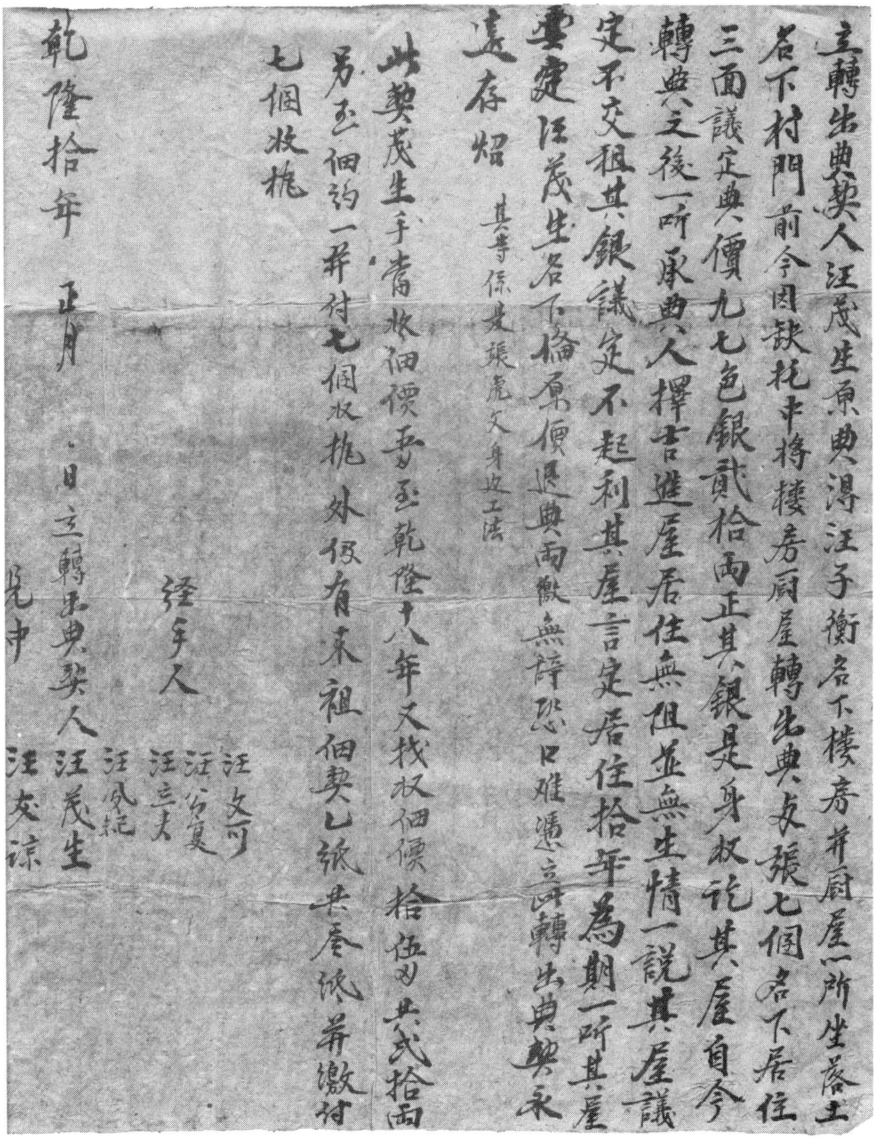

立轉出典契人汪茂生原典得汪子衡名下樓房并廚屋一所坐落土名下村門前今因缺托中將樓房廚屋轉出典與張七個名下居住三面議定典價九七色銀貳拾兩正其銀是身收訖其屋自今轉典之後一所承典人擇吉進屋居住無阻並無生情一說其屋議定不交租其銀議定不起利其屋言定居住拾年為期一所其屋要贖汪茂生名下備原價退典兩願無辭恐口難憑立此轉出典契永遠存炤　其亨係表張虎文身收工法

此契茂生手書收佃價要至乾隆十八年又找收佃價拾伍兩共貳拾兩另立佃約一并付七個收執外仍有來祖佃契乙紙共叁紙并繳付七個收執

乾隆拾年正月　日立轉出典契人汪茂生

經手人　汪文可　汪公宴　汪立大　汪鳳起

見中　汪友諒

江湾镇下晓起村汪姓 78 · 乾隆十年 · 出典转契 · 汪茂生典与张七个

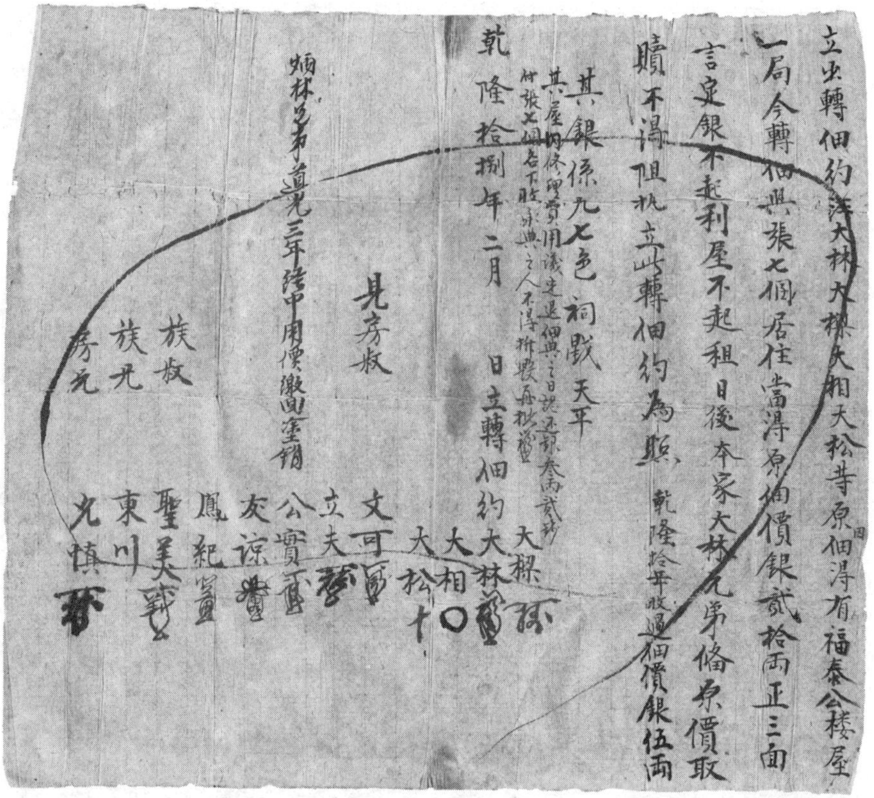

立出轉佃約汪大林大樑大相大松等原佃得有福泰公樓屋一局今轉佃與張七佪居住當得原佃價銀貳拾兩正三面言定銀不起利屋不起租日後本家大林兄弟備原價取贖不得阻執立此轉佃約為照

乾隆拾年收過佃價銀伍兩

其銀係九七色 祠戥 天平

其屋内修理費用議定退佃與之日照還訖參兩貳錢付張七佪名下收承佃之人不得拆毀再批

乾隆拾捌年二月 日立轉佃約 大林 大樑 大相 大松

見房叔 文可 立夫 公實 友諒 鳳紀 聖美 東川 允慎

族叔 族兄 房兄

烟林邑弟道光三年請中用價繳回塗銷

江湾镇下晓起村汪姓 56 · 乾隆十八年 · 出转佃约 ·
汪大林、大樑、大相、大松等转佃与张七佪

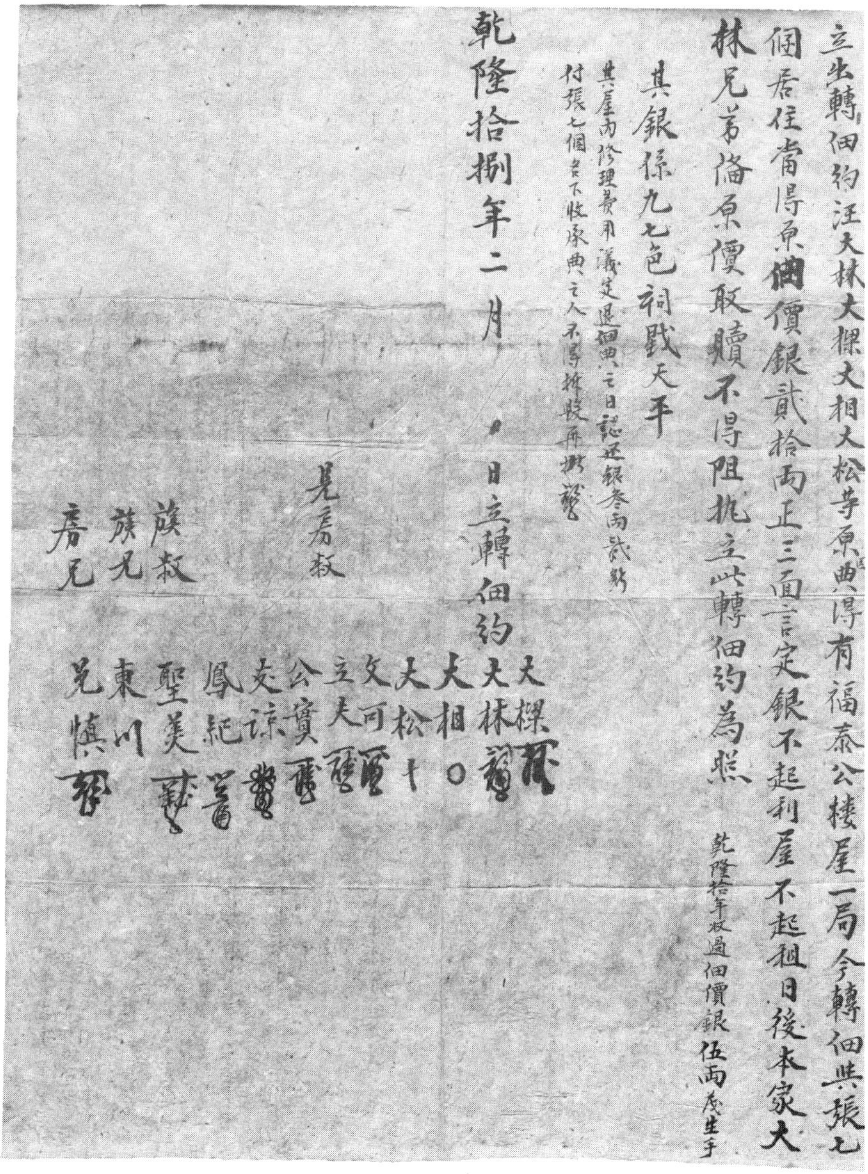

立出轉佃約汪大林大樑大相大松等原典得有福泰公樓屋一局今轉佃與張七個居住當得原佃價銀貳拾兩正三面言定銀不起利屋不起租日後本家大林兄弟備原價取贖不得阻執立此轉佃約為照

乾隆拾年收過佃價銀伍兩 慶生手

其銀係九七色祠戥天平

其屋內修理費用議定退佃典之日認還銀叁兩貳錢付張七個名下收承典之人不得拆毀再批

乾隆拾捌年二月 日立轉佃約 大樑 大林 大相 大松 文可 立賢 公諒 鳳紀 聖美 東川 見慎

見房叔

族叔

族兄

房兄

江湾镇下晓起村汪姓62·乾隆十八年·出转佃约·

汪大林、大樑、大相、大松等转与张七個

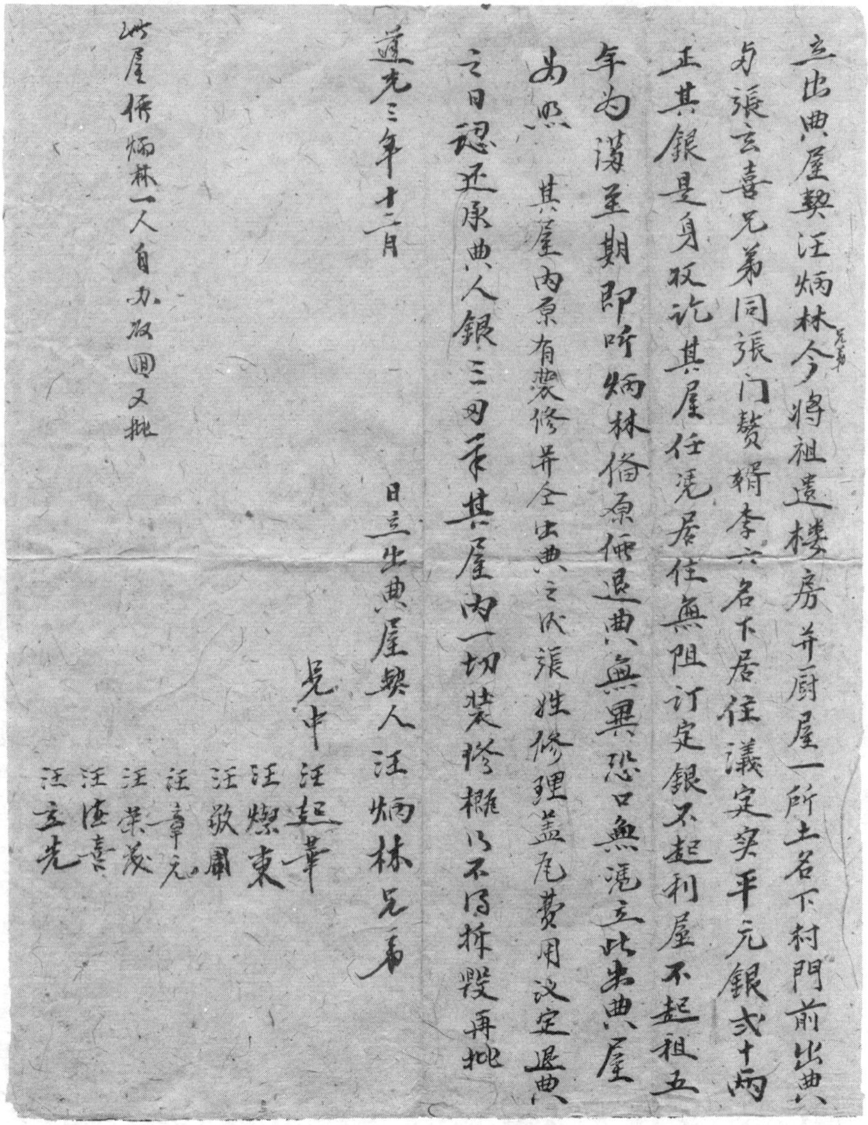
立出典屋契汪炳林今兄弟将祖遗楼房并厨屋一所土名下村門前出典
与張玄喜兄弟同張门贅婿李六名下居住議定实平元銀式十两
正其銀是身收訖其屋任凭居住無阻訂定銀不起利屋不起租五
年为滿至期即听炳林備原價退典無異恐口無凭立此出典屋
契為照　其屋内原有装修并全出典之後張姓修理盖瓦費用議定退典
之日認还承典人銀三两正其屋内一切装修概乃不得拆毁再批
道光三年十二月　日立出典屋契人汪炳林兄弟
見中　汪起華
汪燦東
汪欽鳳
汪章元
汪榮茂
汪德喜
汪立先
此屋係炳林一人自办取回又批

江湾镇下晓起村汪姓 46 · 道光三年 · 出典屋契 ·
汪炳林兄弟典与张玄喜兄弟同张门赘婿李六

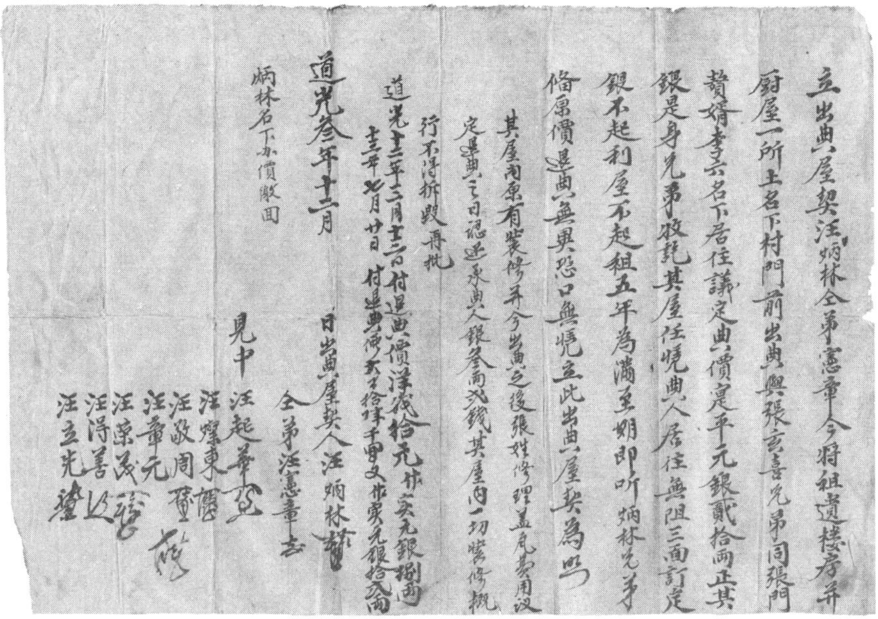
立出典屋契汪炳林仝弟憲章，今將祖遺樓房并廚屋一所，土名下村門前，出典與張玄喜兄弟同張門贅婿李六名下居住，議定典價足平元銀貳拾兩正。其銀是身兄弟收訖，其屋任憑典人居住無阻。三面訂定銀不起利，屋不起租，五年為滿，至期即聽炳林兄弟備原價退典無異。恐口無憑，立此出典屋契為照。

其屋內原有裝修并今出典之後張姓修理盖瓦費用，設定退典之日認還承典人銀叁兩弍錢。其屋內一切裝修概行不得拆毀。再批。

道光十二年二月十二日付退典價洋錢拾元，作實元銀捌兩。

十三年九月廿日付退典價大錢拾肆千四百文，作實元銀拾弍兩。

道光叁年十二月　日出典屋契人　汪炳林

仝弟　汪憲章

見中　汪起華　汪燦東　汪啟周　汪章元　汪榮茂　汪浔善　汪立光

炳林名下加價墩田

江湾镇下晓起村汪姓 53 · 道光三年 · 出典房契 ·

汪炳林同弟宪章典与张玄喜兄弟同张门赘婿李六

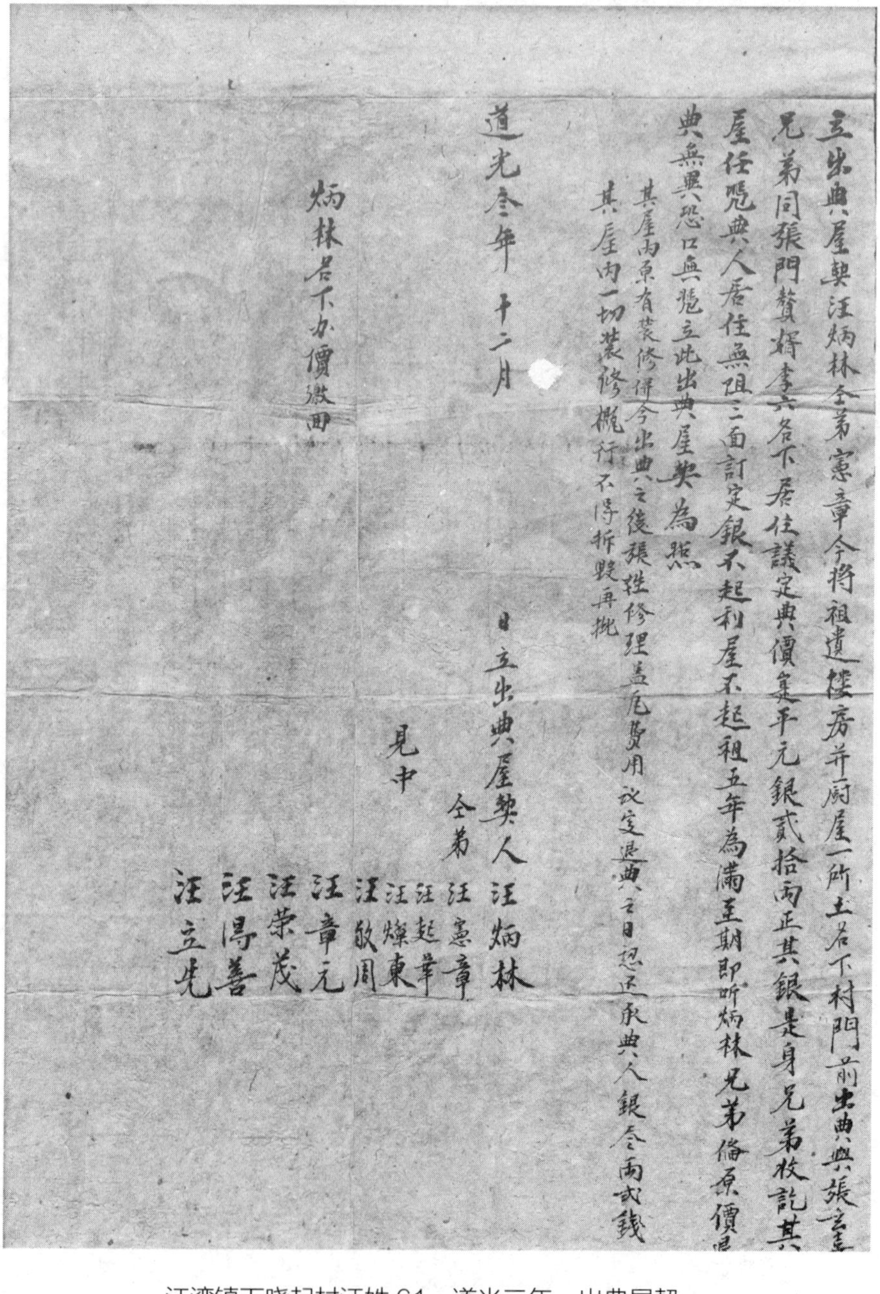
立出典屋契汪炳林仝弟宪章今將祖遺樓房并廚屋一所土名下村門前出典與張玄喜
兄弟同張門贅婿李六名下居住議定典價足平元銀貳拾兩正其銀是身兄弟收訖其
屋任憑典人居住無阻三面訂定銀不起利屋不起租五年為滿至期即听炳林兄弟備原價贖
典無異恐口無憑立此出典屋契為照
其屋內原有裝修俟今出典之後張姓修理並危費用议定退典之日照還承典人銀叁兩弍錢
其屋內一切裝修概行不得拆毀再批
道光叁年十二月 日立出典屋契人汪炳林
仝弟 汪宪章
見中 汪起華
汪燦東
汪啟周
汪章元
汪榮茂
汪渴善
汪立先
炳林名下加價繳回

江湾镇下晓起村汪姓 61 · 道光三年 · 出典屋契 ·
汪炳林同弟宪章典与张玄喜兄弟张门赘婿李六

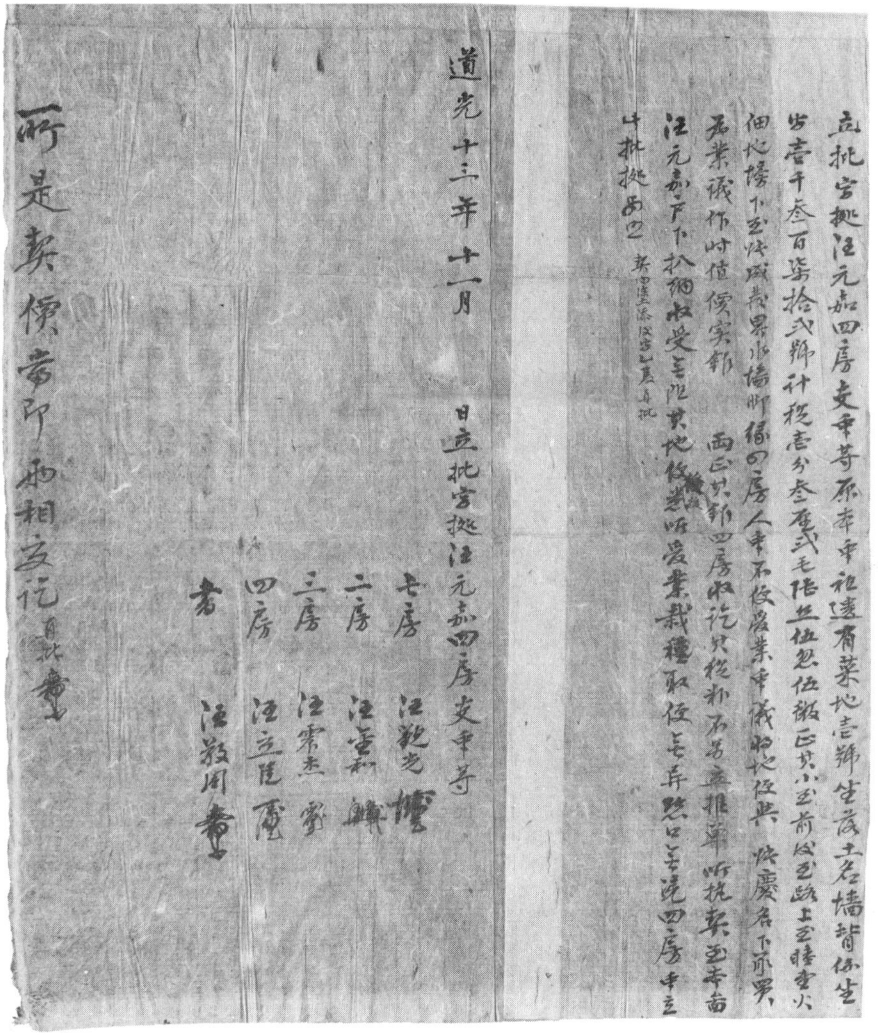

立批字據汪元嘉四房支眾等原承祖遺有菜地壹號坐落土名墻背係坐
字壹千叁百柒拾弍號計稅壹分叁厘弍毛張丘伍忽伍微正其小至前及至路上至塍塆火
佃地塝下至坟塚並果水墻腳係四房人眾不便管業眾議將地便與 張慶名下承買
為業議作時值價實錢 兩正其錢四房收訖其稅亦不另立推單所批契並本面
汪元嘉戶下扒納收受無阻其地任憑張慶管業栽種取便無異恐口無憑立此四房眾立
此批據為照 其田塘添便字一概在批

道光十三年十一月 日立批字據汪元嘉四房支眾等

七房 汪觀光

二房 汪富和

三房 汪需杰

四房 汪立隆

書 汪毅周

所是契價當即兩相交訖 自批

江湾镇下晓起村汪姓 73 · 道光十三年 · 批字据 · 汪元嘉四房支众等卖与张庆

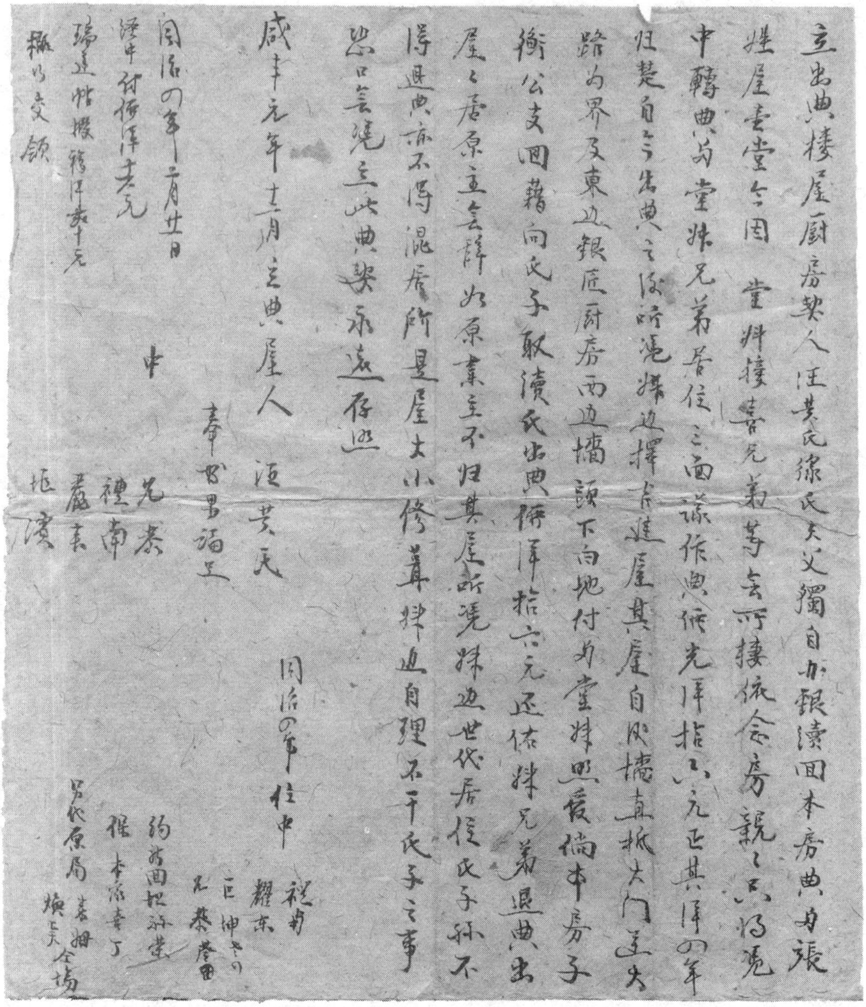

立出典楼屋厨房契人汪黄氏缘氏夫文独自加银赎回本房典与张
姓屋壹堂今因　堂叔接喜兄弟等无所接依念房亲之只得凭
中转典与堂叔兄弟居住三面议作典价光洋拾元正其洋四年
归楚自今出典之后所凭叔边择吉进屋其屋自照墙直抵大门至大
路为界及东边银匠厨房西边墙头下向地付与堂叔照发偏中房子
衖公支回赎向氏子取赎氏出典价洋拾六元还依叔兄弟退典出
屋之居原立无辞如原业主不归其屋所凭叔边世代居住氏子孙不
得退典亦不得混屋所是屋大小修葺叔边自理不干氏子之事
恐口无凭立此典契永远存照

同治四年　往中　祖荫　耀东　巨坤　先泰

咸丰元年十二月立典屋人汪黄氏
奉书男福生

中　先泰　礼南　蔼表　垣　濬

同治四年十二月廿日
凭中付价洋十元
瑞廷 [illegible]
[illegible]文领

江湾镇下晓起村汪姓 45 · 咸丰元年 · 出典楼屋厨房契 ·
汪黄氏典与堂叔兄弟

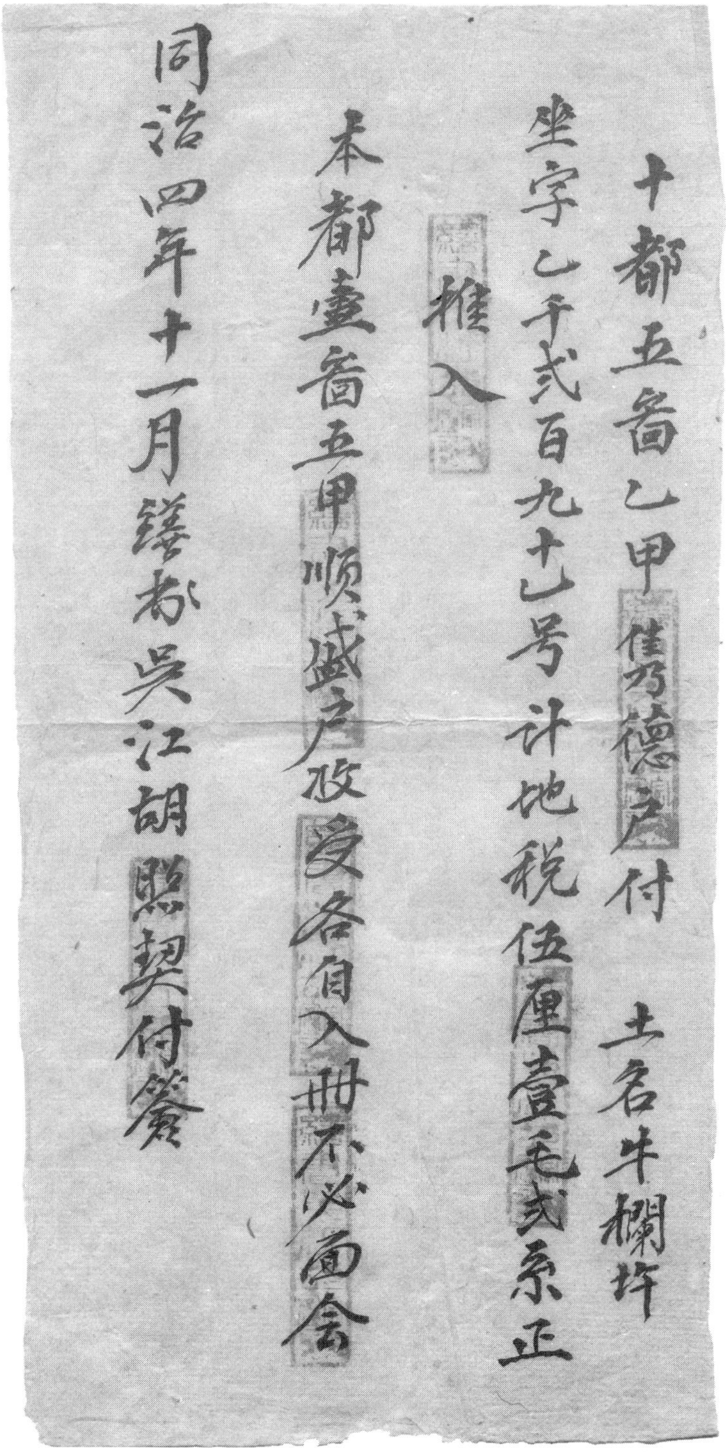

十都五啚乙甲隽德户付　土名牛欄坵

坐字乙千弍百九十山号计地税伍厘壹毛弍系正

推入

本都壹啚五甲顺盛户收受各自入册不必面会

同治四年十一月缮书吴江胡照契付签

江湾镇下晓起村汪姓 7 · 同治四年 · 推单 · 隽德户付入顺盛户

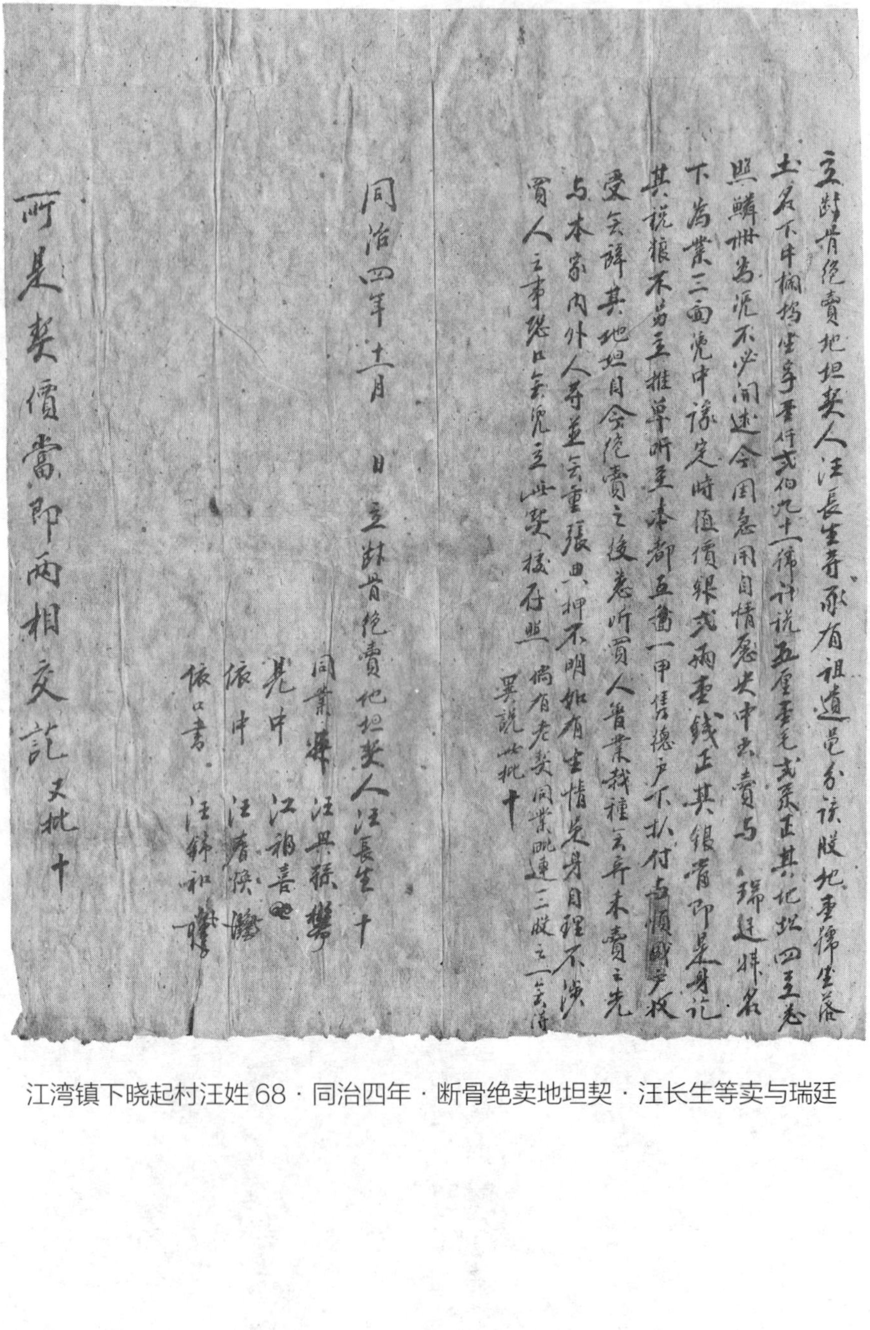

立断骨绝卖地坦契人汪长生等承有祖遗己分该股地壹号坐落土名下牛栏塆坐字壹仟贰佰九十一号计税五厘壹毛贰系正其地坦四至悉照鳞册为凭不必开述今因急用自情愿央中出卖与瑞廷弟名下为业三面凭中议定时值价银贰两壹钱正其银当即是身领讫其税粮不另立推单听至本都五图一甲售德户下扒付与顺户收受无辞其地坦自今绝卖之后悉听买人管业栽种无异未卖之先与本家内外人等并无重张典押不明如有生情是身自理不涉买人之事恐口无凭立此契存照 倘有老契同业毗连二股之一无得异说 此批 十

同治四年十二月 日立断骨绝卖地坦契人汪长生 十

同业侄 汪典禄 押

凭中 江福喜 押

依中 汪应焕 押

依口书 汪锦和 押

所是契价当即两相交讫 又批 十

江湾镇下晓起村汪姓 68 · 同治四年 · 断骨绝卖地坦契 · 汪长生等卖与瑞廷

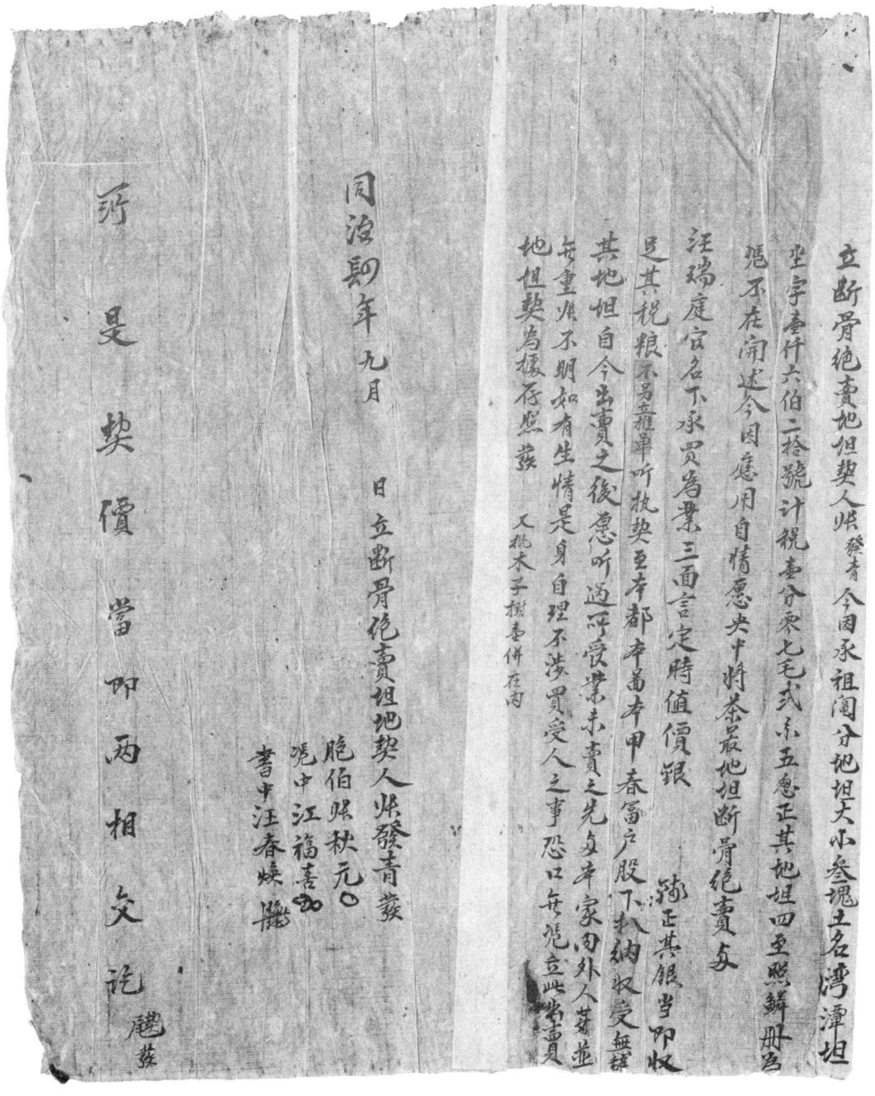

立断骨绝賣地坦契人張發青，今因承祖阄分地坦大小叁塊，土名湾潭坦，坐字叁仟六伯二拾號，計稅叁分零七毛弍系五忽正。其地坦四至照鱗册為憑，不在開述。今因應用，自情愿央中將茶叢地坦断骨绝賣与汪瑞庭官名下承買為業。三面言定時值價銀　　正，其銀当即收足。其稅粮不另立推单，听執契至本都本啚本甲春富户股下扒納收受無辞。其地坦自今出賣之後，悉听過手受業。未賣之先，與本家內外人等並無重張不明。如有生情，是身自理，不涉買受人之事。恐口無憑，立此断骨賣地坦契為據存照。

又桃木子樹壹併在內

同治肆年九月　日　立断骨绝賣坦地契人張發青

胞伯　張秋元

憑中　江福喜

書中　汪春煥

所是契價當即兩相交訖

江湾镇下晓起村汪姓 70 · 同治四年 · 断骨绝卖坦地契 · 张发青卖与汪瑞庭

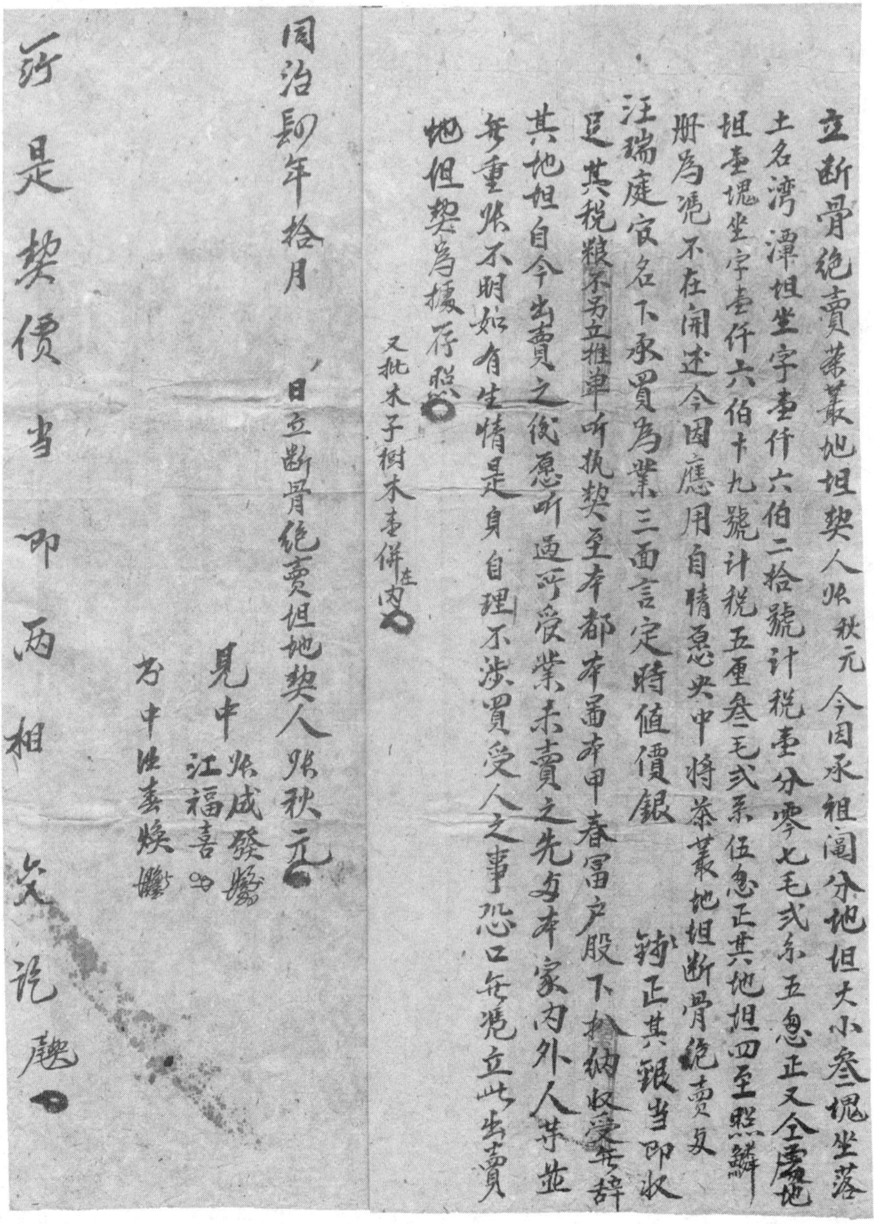
立断骨绝賣菜叢地坦契人张秋元，今因承祖阄分地坦大小叁塊，坐落土名湾潭坦，坐字壹仟六伯二拾號，計税壹分零七毛弍系五忽正；又仝處地坦壹塊，坐字壹仟六伯十九號，計税五厘叁毛弍系伍忽正。其地坦四至照鱗册為憑，不在開述。今因應用，自情愿央中將菜叢地坦断骨絶賣与汪瑞庭官名下承買為業，三面言定時值價銀　銙正。其銀当即收足。其税粮不另立推单，听执契至本都本啚本甲春富户股下扒纳收受，無辞。其地坦自今出賣之後，恿听遇手受業。未賣之先，与本家内外人等並無重張不明。如有生情，是身自理，不涉買受人之事。恐口無憑，立此出賣地坦契為據存照。

又批：木子樹木壹併在内。

同治肆年拾月　日立断骨絶賣坦地契人张秋元

見中　张成發　江福喜

方中张麦焕

所是契價当即兩相交訖。

江湾镇下晓起村汪姓 75 · 同治四年 · 断骨绝卖菜丛地坦契 · 张秋元卖与汪瑞庭

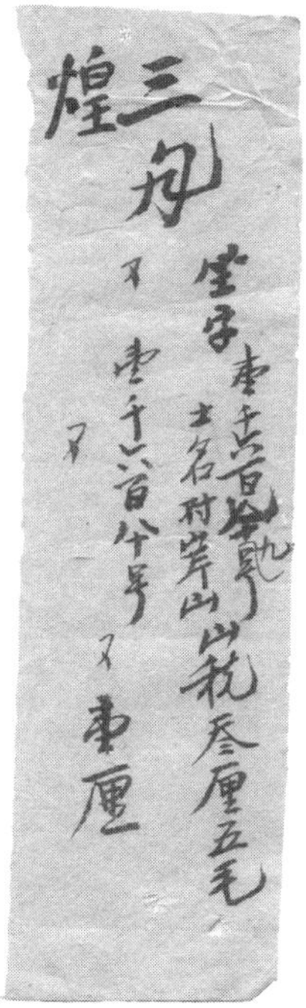

三角煌

坐字壹千六百[illegible]號　土名村岸山　山税叁厘五毛

又　壹千六百八十号　又　壹厘

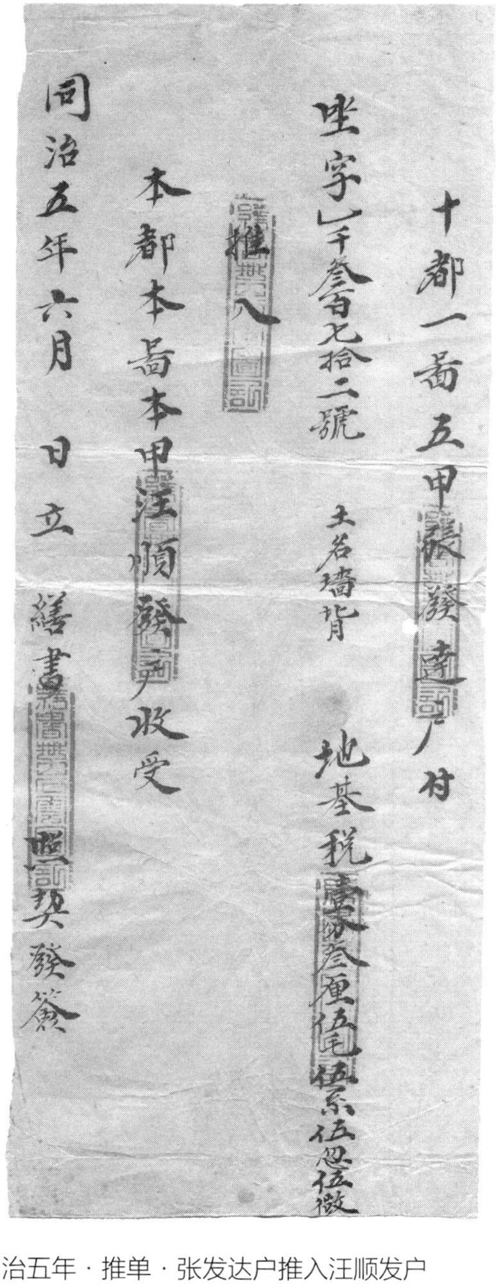

十都一啚五甲張發達户　村

坐字一千叁百七拾二號　土名墻背　地基税壹分叁厘伍毛伍系伍忽伍微

推入

本都本啚本甲汪順發户收受

同治五年六月　日立　繕書照契發簽

江湾镇下晓起村汪姓 10 · 同治五年 · 推单 · 张发达户推入汪顺发户

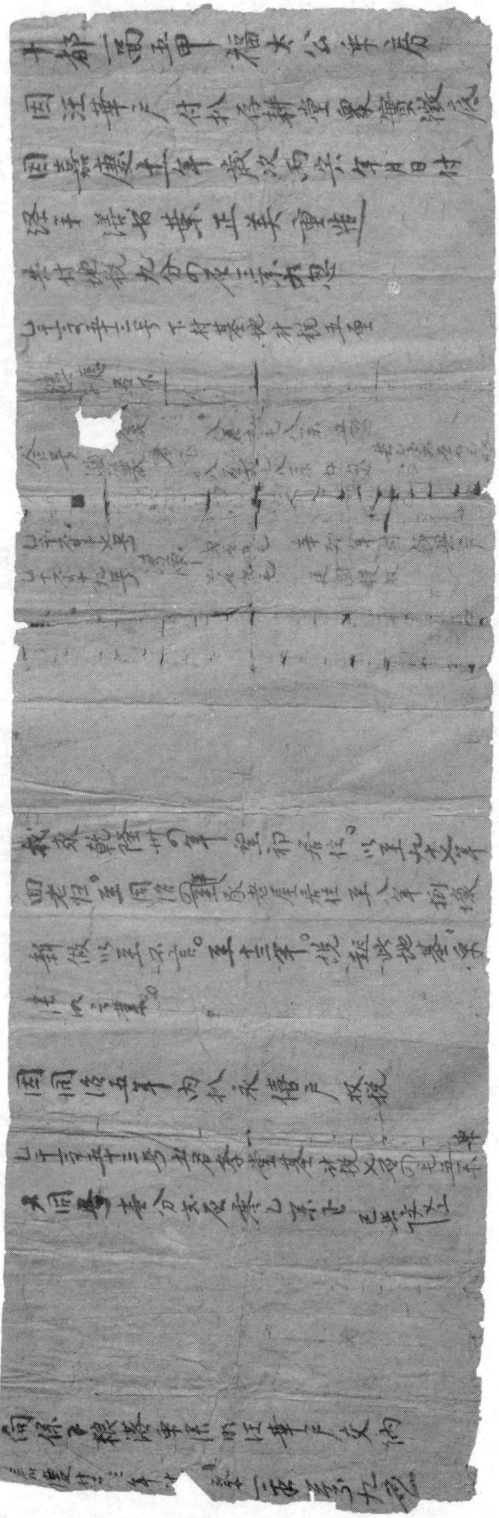

江湾镇下晓起村汪姓 55 · 同治五年 · 流水账

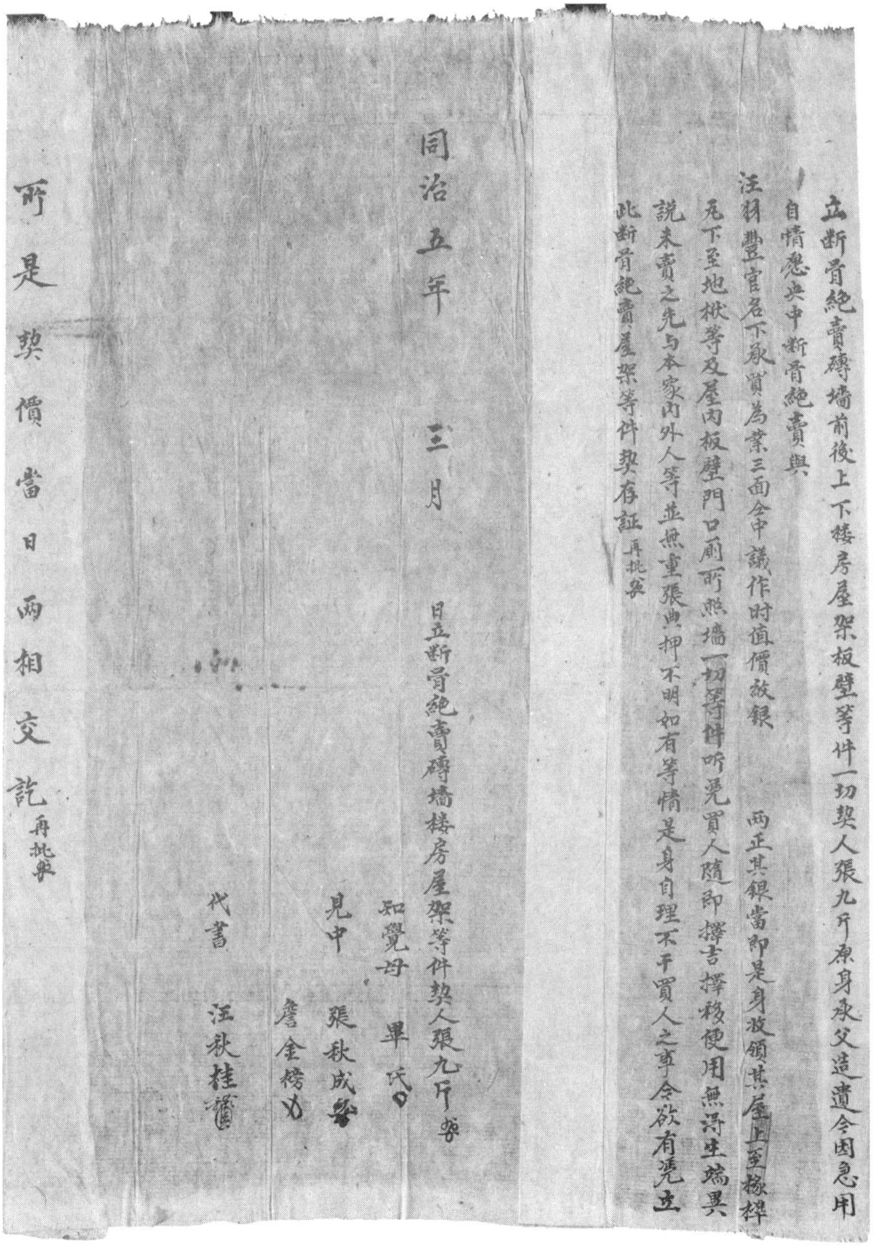

立斷骨絕賣磚墻前後上下楼房屋架板壁等件一切契人張九斤原身承父造遺今因急用
自情愿央中斷骨絕賣與
汪羽豐官名下承買為業三面全中議作时值價紋银　两正其银當即是身收領其屋上至椽桷
瓦下至地栿等及屋内板壁門口廁所照墻一切等件聽凴買人随即擇吉搬移使用無得生端異
說未賣之先与本家内外人等並無重張典押不明如有等情是身自理不干買人之事今欲有凴立
此斷骨絕賣屋架等件契存証　再批與

同治五年　三月　日立斷骨絕賣磚墻楼房屋架等件契人張九斤
知覺母　畢氏
見中　張秋成
詹金榜
代書　汪秋桂

所是契價當日兩相交訖　再批與

江湾镇下晓起村汪姓 64 · 同治五年 · 断骨绝卖砖墙、上下楼房屋架板壁等件契 · 张九斤卖与汪羽丰

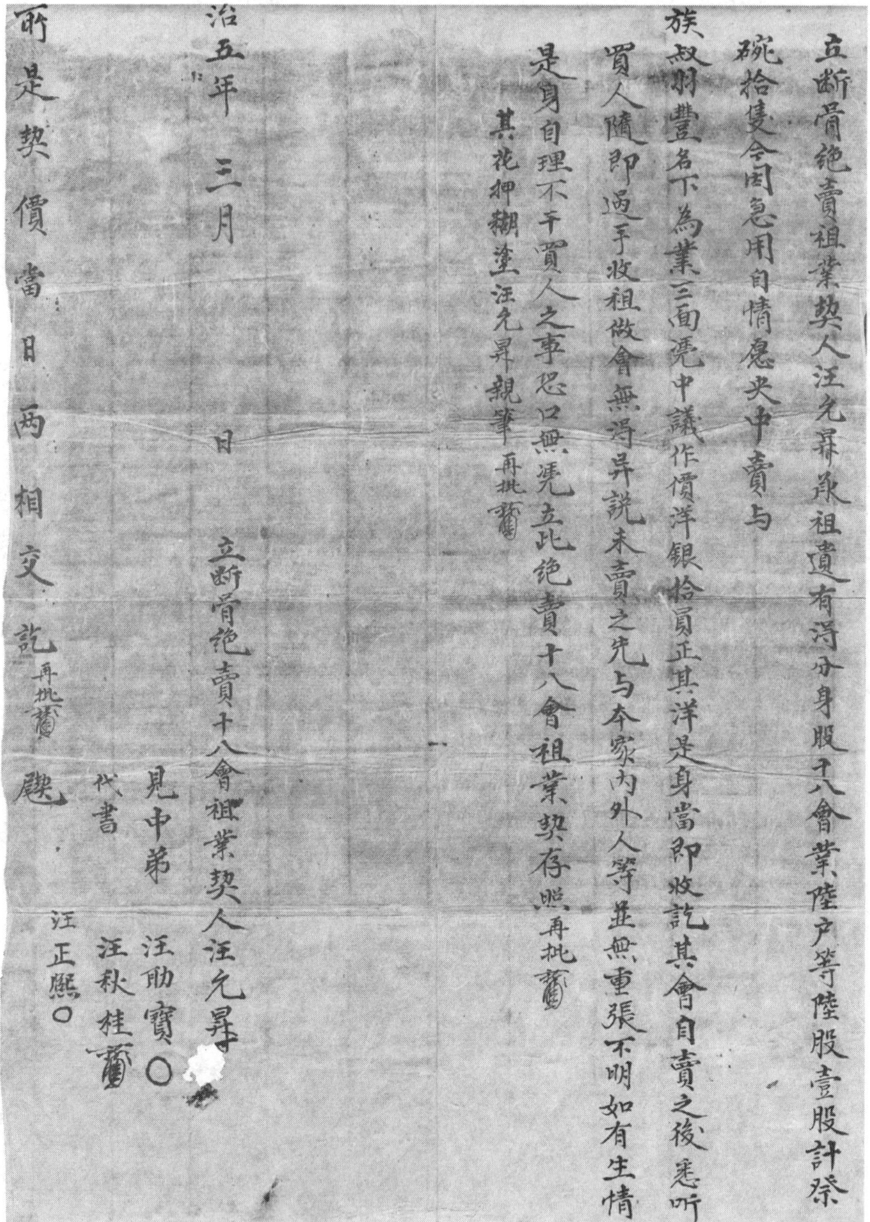
立断骨绝賣祖業契人汪允昇承祖遺有得分身股十八會業、陸户等陸股壹股計祭
碗拾隻，今因急用，自情愿央中賣与
族叔羽豐名下為業，三面凴中議作價洋銀拾員正，其洋是身當即收訖，其會自賣之後，悉听
買人随即過手收租做會，無得异説。未賣之先，与本家内外人等並無重張不明，如有生情
是身自理，不干買人之事。恐口無凴，立此绝賣十八會祖業契存照。再批（押）
其花押糊塗，汪允昇親筆。再批（押）
治五年三月　日　立断骨绝賣十八會祖業契人汪允昇（押）
見中弟　汪肋寶〇
代書　汪秋桂（押）
汪正熙〇
所是契價當日两相交訖。再批（押）（押）

江湾镇下晓起村汪姓 65 · 同治五年 · 断骨绝卖祖业契 · 汪允昇卖与族叔羽丰

十都四啚七甲尚利户付

坐字乙千零八番號 下村门前 地税毫六絲弍忽柒微正

推入

本都一啚五甲順盛户收

各自入册

不必面會

同治六年四月 日立推書 江洛源照契付簽

江湾镇下晓起村汪姓 11 · 同治六年 · 推单 · 尚利户推入顺盛户

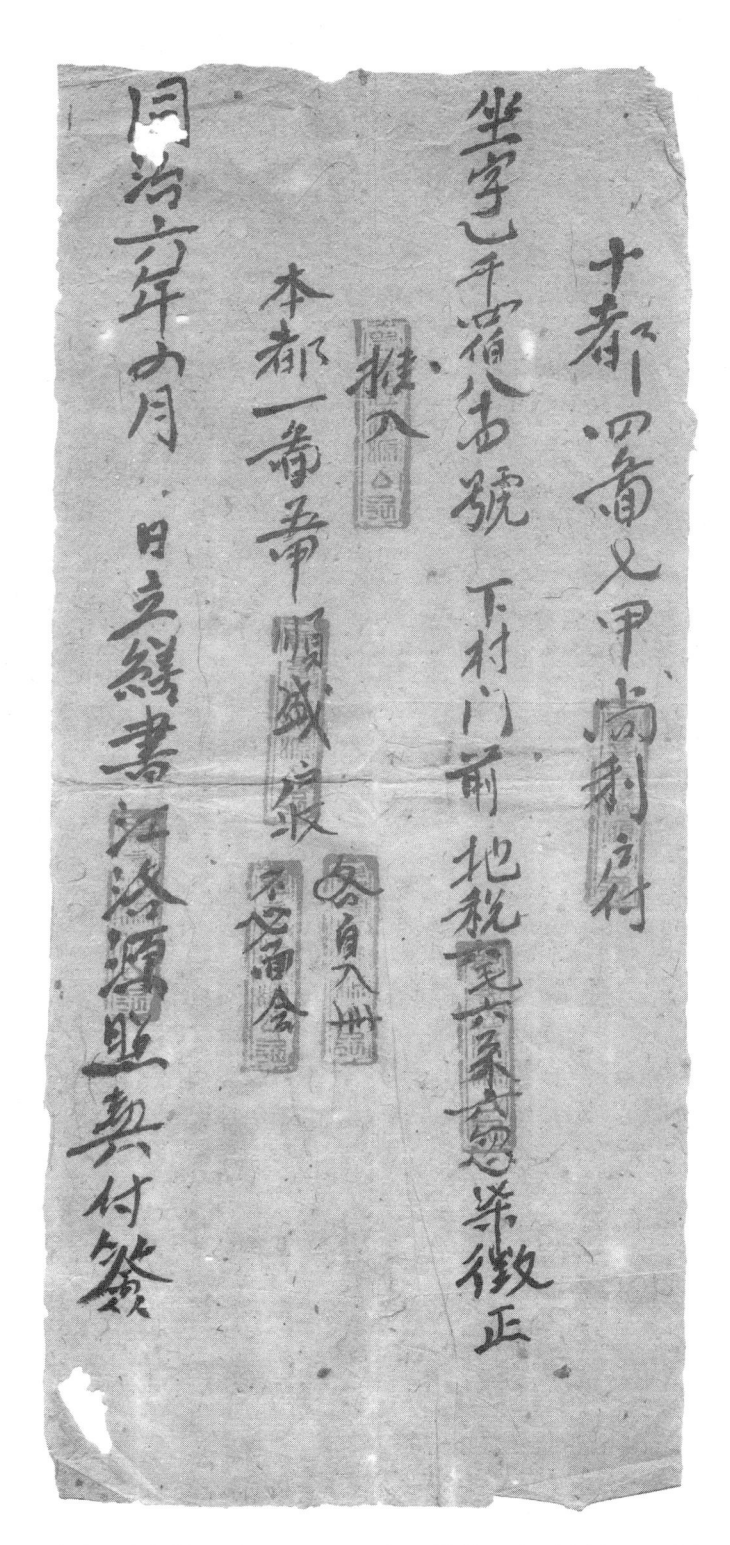

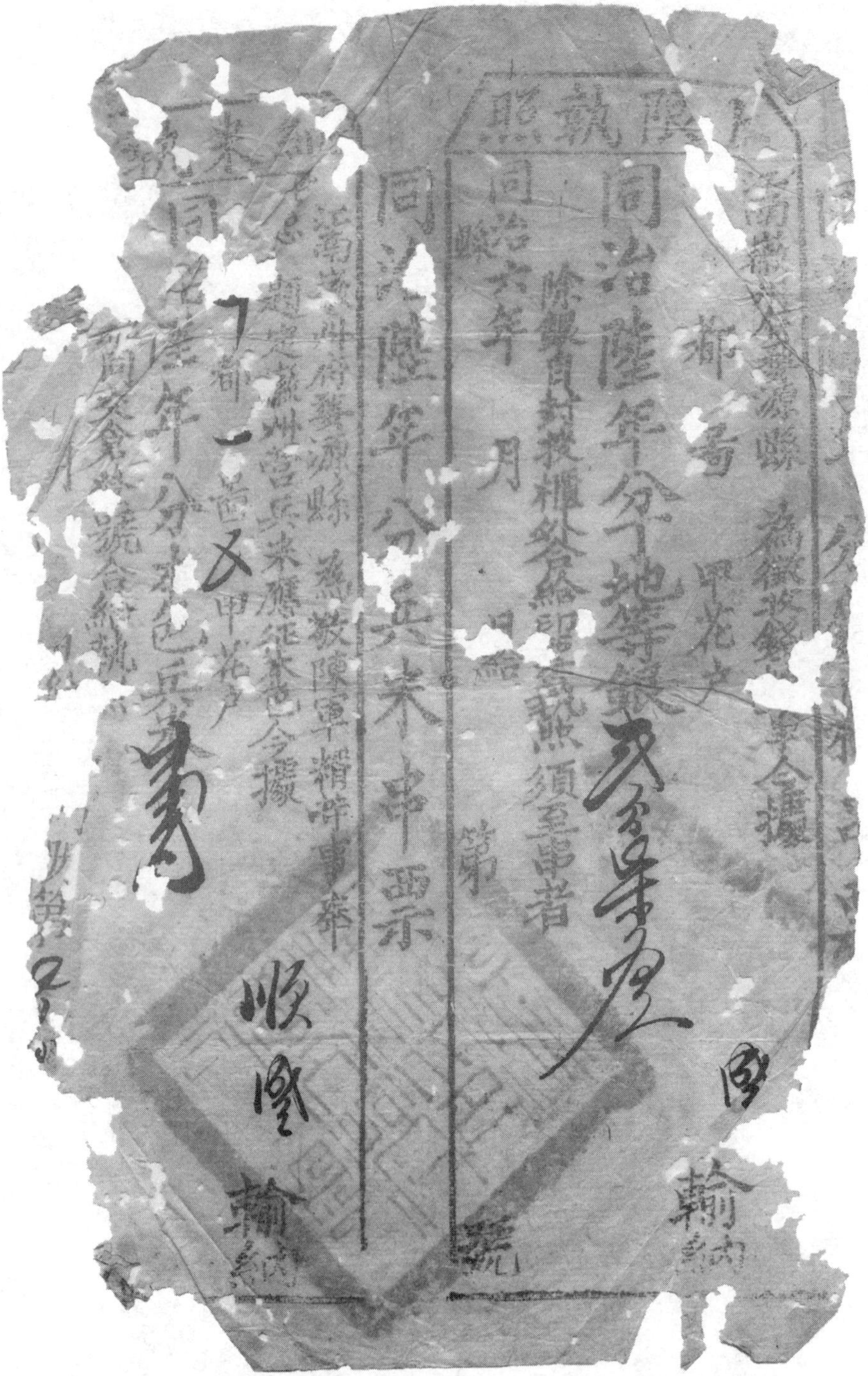
同治陸年分丁地等銀
同治六年　月　日給　第　號
同治陸年分兵米串票

江湾镇下晓起村汪姓 14 · 同治六年 · 纳米执照 · 顺盛

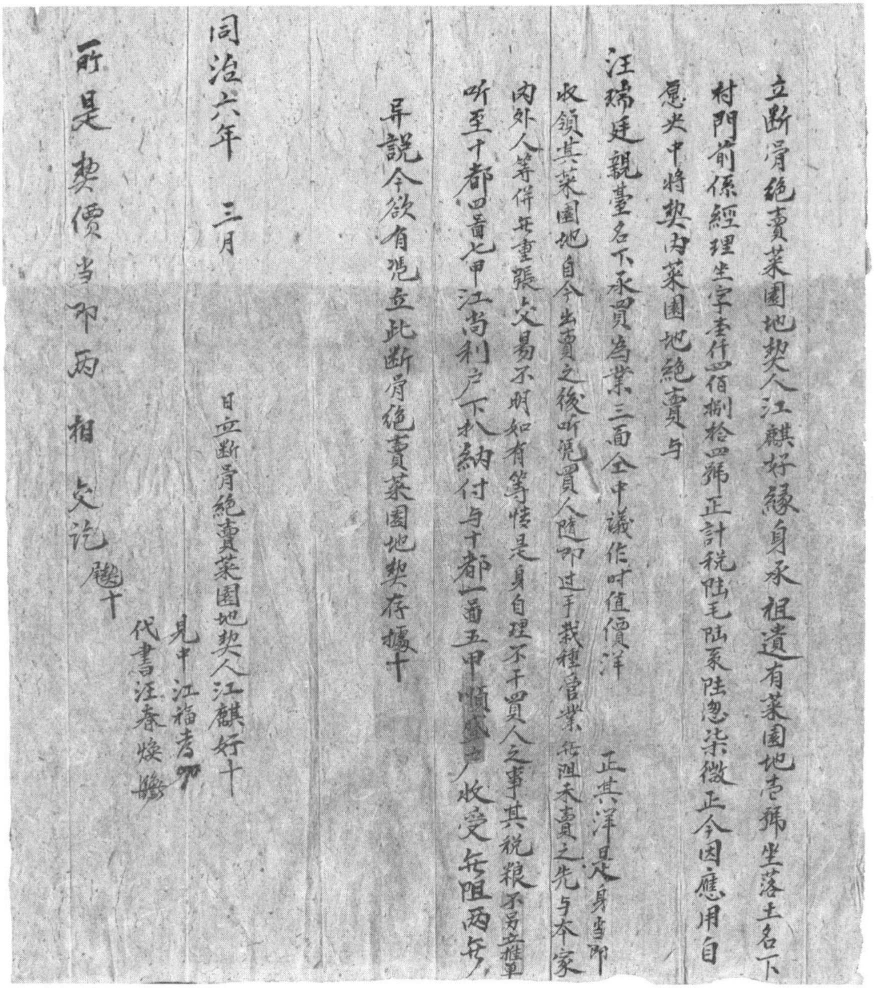

立断骨絶賣菜園地契人江麒好緣身承祖遺有菜園地壹號坐落土名下
村門前係經理生字壹仟四佰捌拾四號正計税陆毛陆豕陆忽柒微正今因應用自
愿央中將契内菜園地絶賣与
汪瑞廷親臺名下承買為業三面仝中議作时值價洋　正其洋是身当即
收領其菜園地自今出賣之後听凭買人随即过手栽種管業無阻未賣之先与本家
内外人等併無重張交易不明如有等情是身自理不干買人之事其税粮不另立推單
听至十都四啚七甲江尚利户下扒納付与十都一啚五甲順盛户收受無阻兩無
异說今欲有凭立此断骨絶賣菜園地契存據十
同治六年　三月　日立断骨絶賣菜園地契人江麒好十
見中　江福吉
代書　汪春焕
所是契價当即兩相交訖十

江湾镇下晓起村汪姓 76 · 同治六年 · 断骨绝卖菜园地契 ·
江麟好卖与汪瑞廷

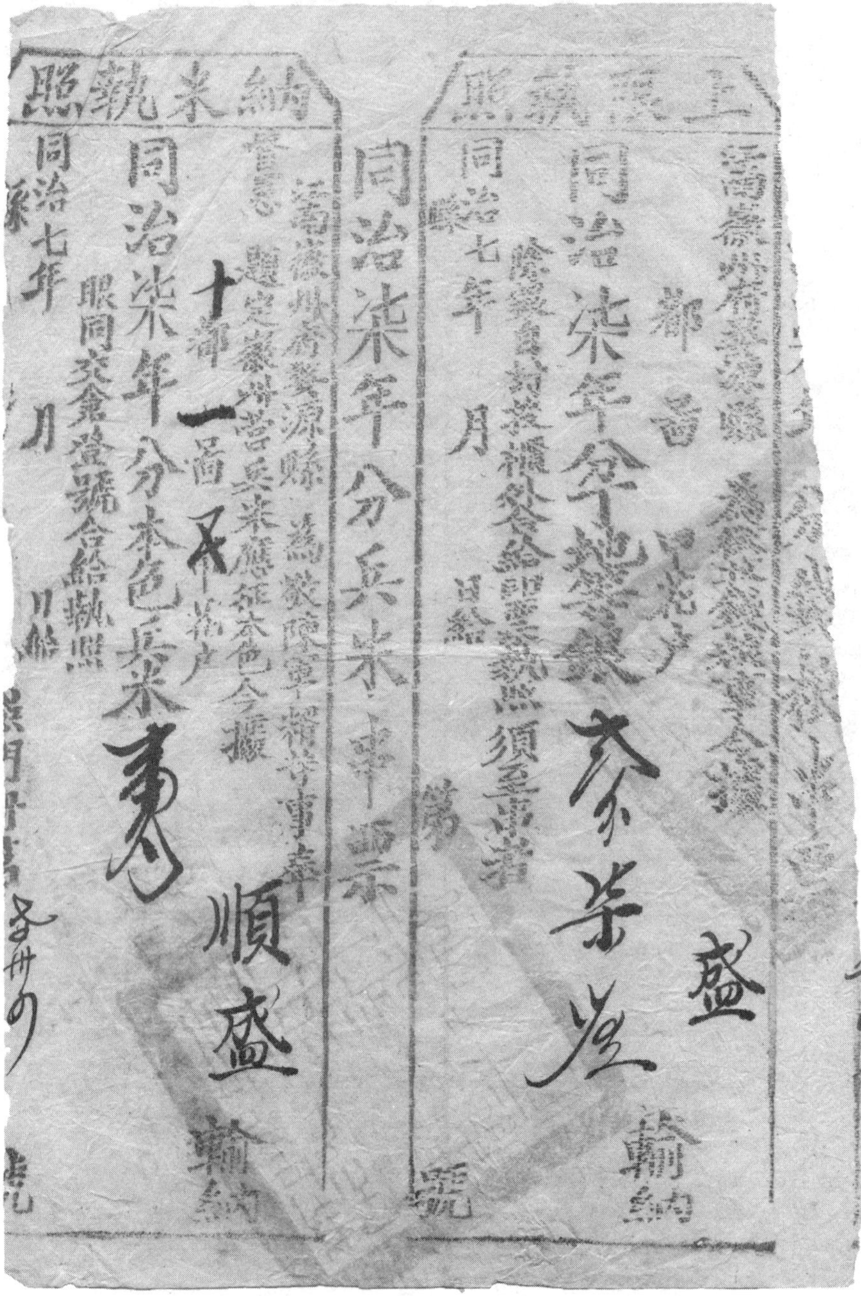

江湾镇下晓起村汪姓 21 · 同治七年 · 纳米执照 · 顺盛

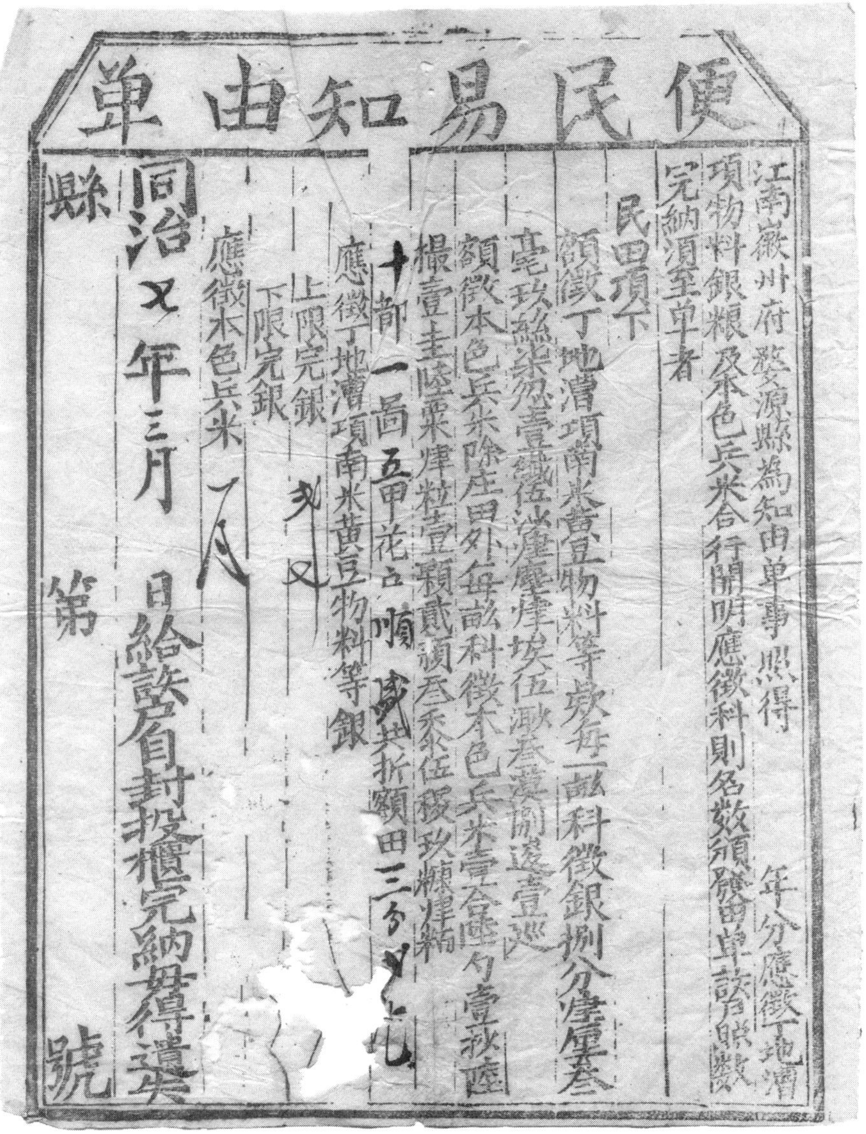

便民易知由單

江南徽州府婺源縣為知由單事照得　年分應徵丁地漕項物料銀糧及本色兵米合行開明應徵科則名數須發由單該戶照數完納須至單者

民田項下

額徵丁地漕項南米黄豆物料等款每一畝科徵銀捌分肆厘叁毫玖絲柒忽壹纖伍微塵肆埃伍渺叁漠捌逡壹巡

額徵本色兵米除庄田外每畝科徵本色兵米壹合肆勺壹秋陸撮壹圭陸粟肆粒壹顆貳顆叁黍伍稷玖糠肆粃

十都一啚五甲花户順盛共折額田三分[illegible]七

應徵丁地漕項南米黄豆物料等銀

上限完銀 [illegible]

下限完銀

應徵本色兵米 [illegible]

同治七年三月　日給發自封投櫃完納毋得遺失

縣　第　號

江湾镇下晓起村汪姓 37 · 同治七年 · 便民易知由单 · 顺盛

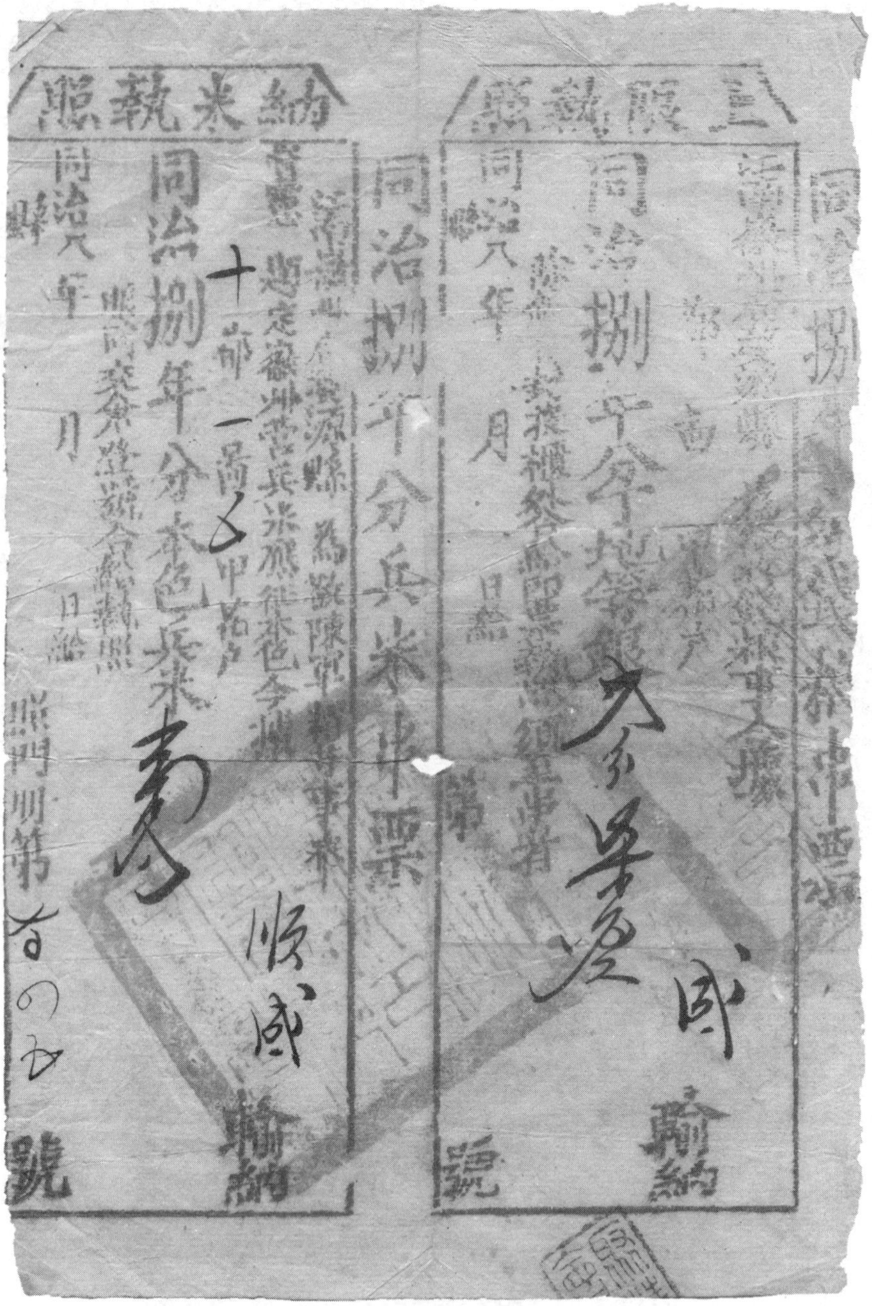

納米執照

同治捌年分本色兵米

十都一啚乙甲 户

順盛

輸納

號

同治捌年分兵米串票

同治捌年分

輸納

號

江湾镇下晓起村汪姓 16 · 同治八年 · 纳米执照 · 顺盛

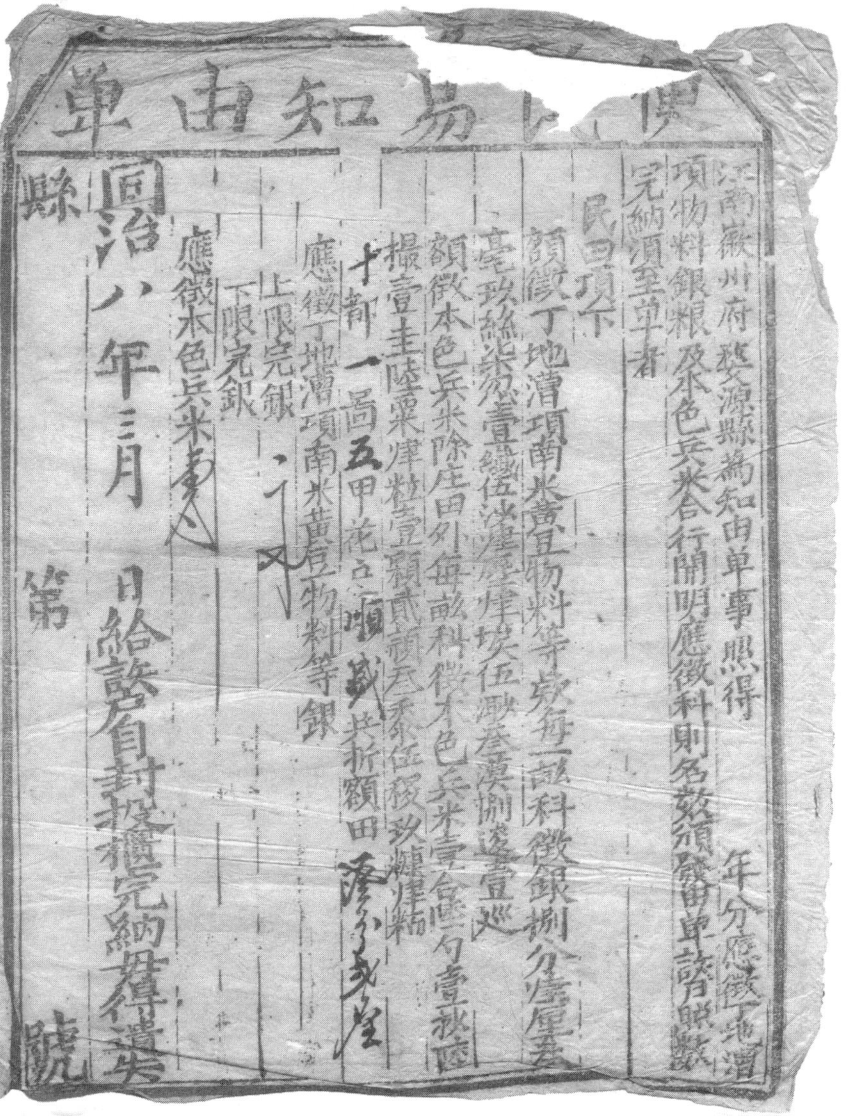

便民易知由單

江南徽州府婺源縣為知由單事照得　年分應徵丁地漕項物料銀糧及本色兵米合行開明應徵科則名數須發由單諭爾照數完納須至單者

民田項下

額徵丁地漕項南米黃豆物料等款每畝科徵銀捌分陸厘叁毫玖絲柒忽壹微伍塵肆埃伍渺叁漠捌逡壹巡

額徵本色兵米除庄田外每畝科徵本色兵米壹合陸勺壹抄陸撮壹圭陸粟肆粒壹顆貳顆叁黍伍稷玖糠肆粞

十都一圖五甲花戶順盛　兵折額田

應徵丁地漕項南米黃豆物料等銀

上限完銀

下限完銀

應徵本色兵米

同治八年三月　日給諭各自封投櫃完納毋得遺失

縣　第　號

江湾镇下晓起村汪姓 42 · 同治八年 · 便民易知由单 · 顺盛

十都五啚一甲大成

生字山千二百五十三號　下村基地稅陸厘捌毛柒系伍忽正

推入

本都一啚五甲汪順發户收　各自入册　不必面会

治九年十一月　日立繕書　吳江胡照契蔆簽

江湾镇下晓起村汪姓 8 · 同治九年 · 推单 · 大成户推入汪顺发户

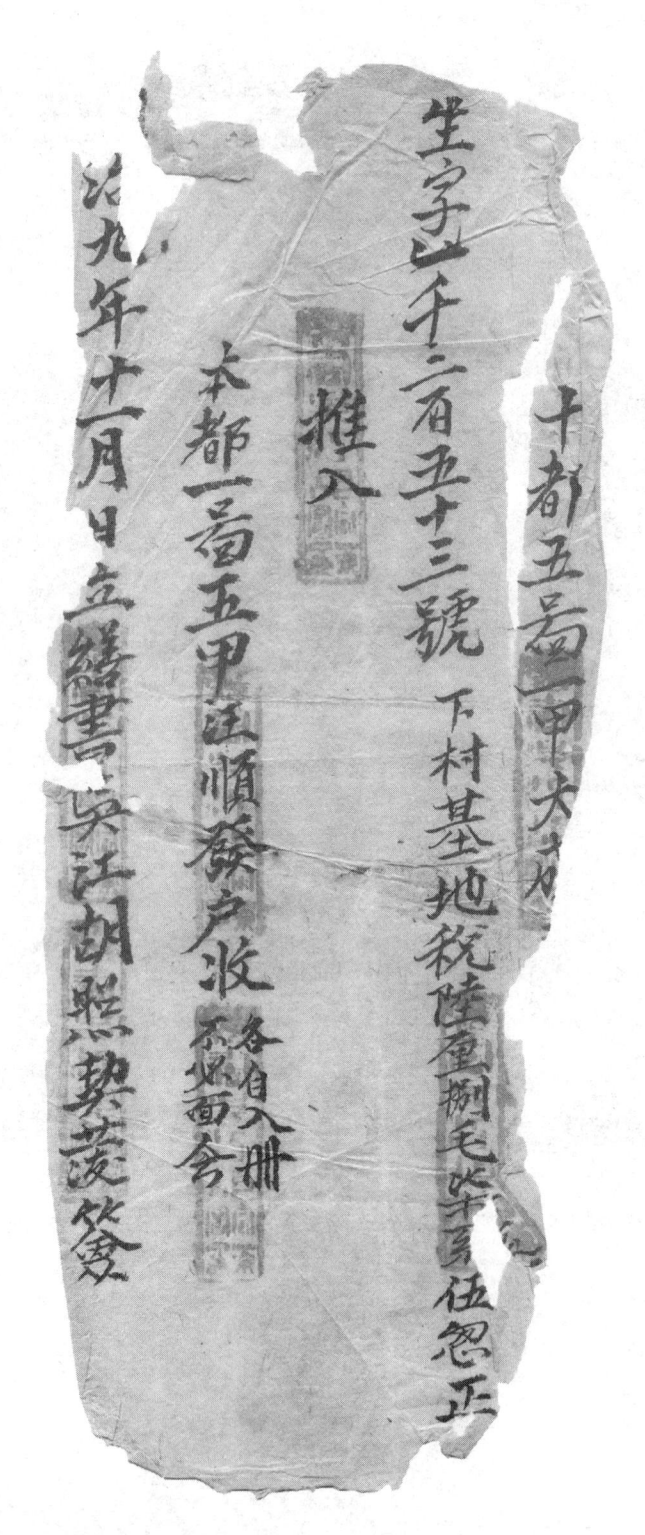

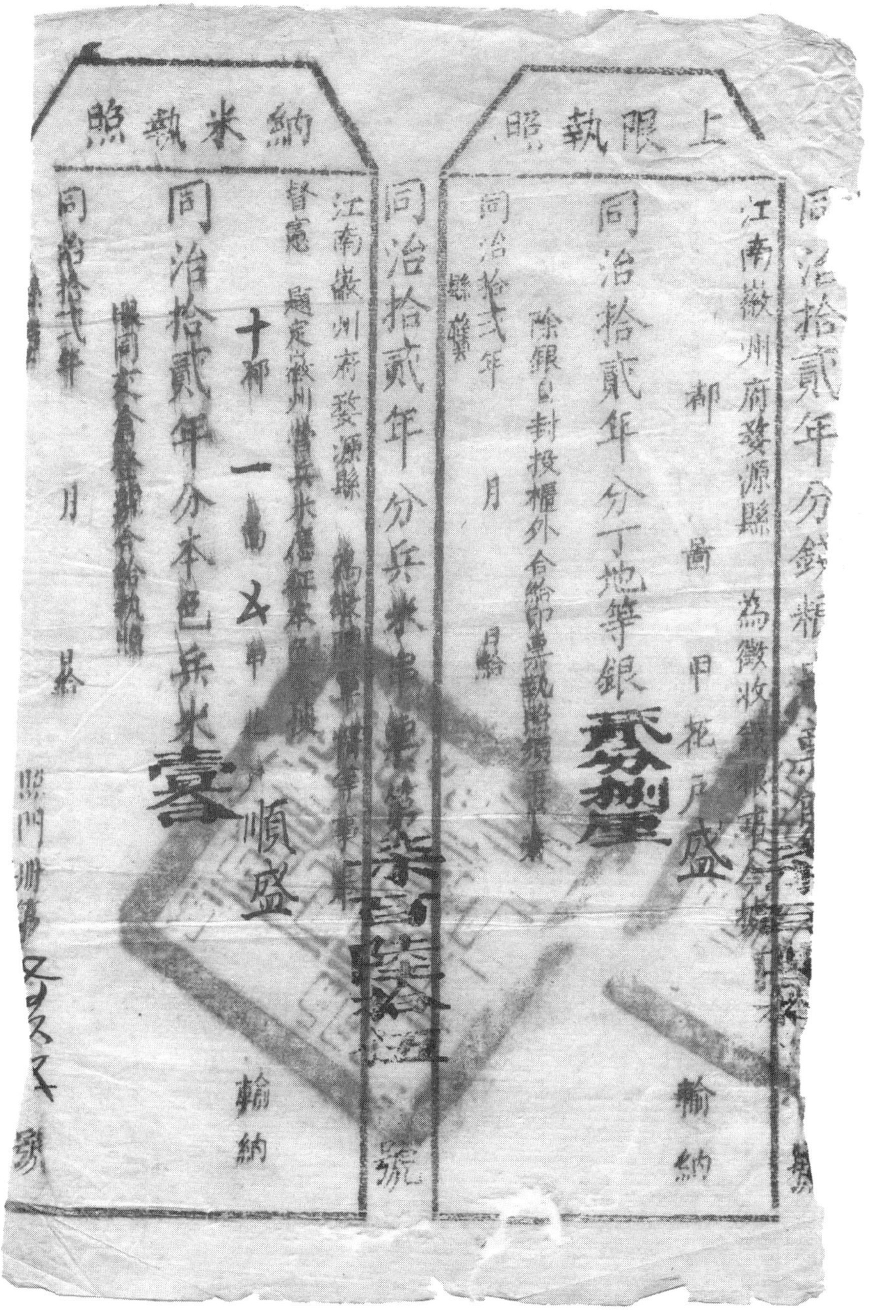

上限執照

江南徽州府婺源縣 為徵收

都 圖 甲 花戶盛

同治拾貳年分丁地等銀

除銀□封投櫃外合給印票執照

同治拾貳年 月 日給

輸納

納米執照

江南徽州府婺源縣

十都 一圖 五甲 順盛

同治拾貳年分本色兵米

同治拾貳年 月 日給

輸納

江湾镇下晓起村汪姓 19 · 同治十二年 · 纳米执照 · 顺盛

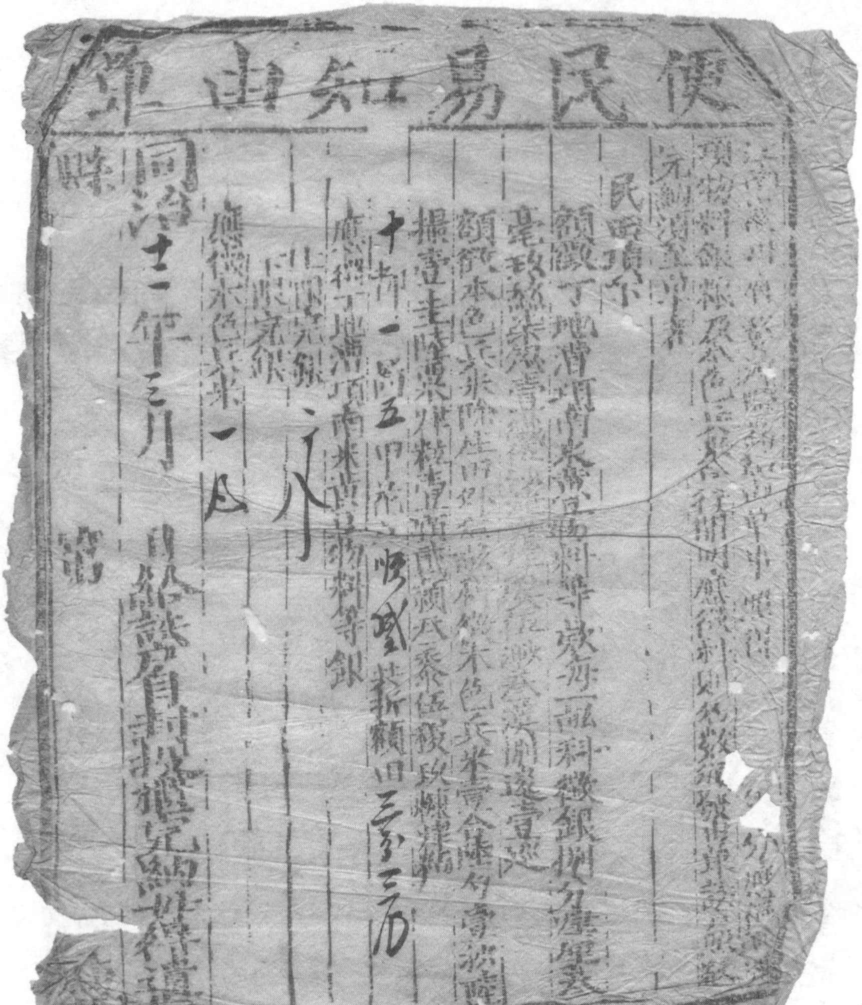

江湾镇下晓起村汪姓 38 · 同治十二年 · 便民易知由单 · 顺盛

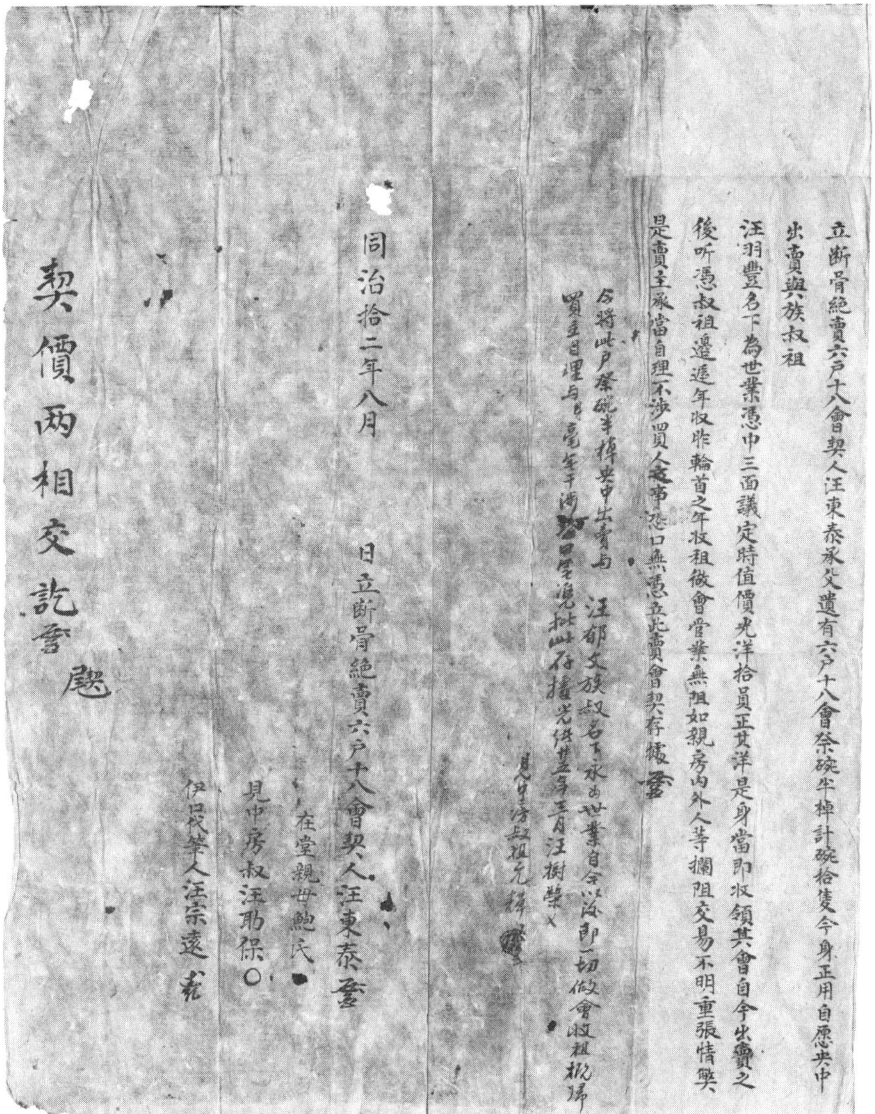
立断骨絶賣六户十八會契人汪東泰承父遺有六户十八會祭碗半棹計碗拾隻今身正用自愿央中
出賣與族叔祖
汪羽豐名下為世業憑中三面議定時值價光洋拾員正其洋是身當即收領其會自今出賣之
後听憑叔祖遞遞年收胙輪首之年收租做會管業無阻如親房內外人等攔阻交易不明重張情弊
是賣主承當自理不涉買人之事恐口無憑立此賣會契存據
見中房叔祖允祥
今将此户祭碗半棹央中出賣与 汪郁文族叔名下永為世業自今以後即一切做會收租概歸
買主自理与身毫無干涉[illegible]口無憑批此存據 光緒廿五年三月 汪樹[illegible]
同治拾二年八月 日立断骨絶賣六户十八會契人汪東泰
在堂親母鮑氏
見中房叔汪助保
代筆人汪宗遠
契價兩相交訖

江湾镇下晓起村汪姓 77 · 同治十二年 · 断骨绝卖六户十八会契 · 汪东泰卖与汪羽丰

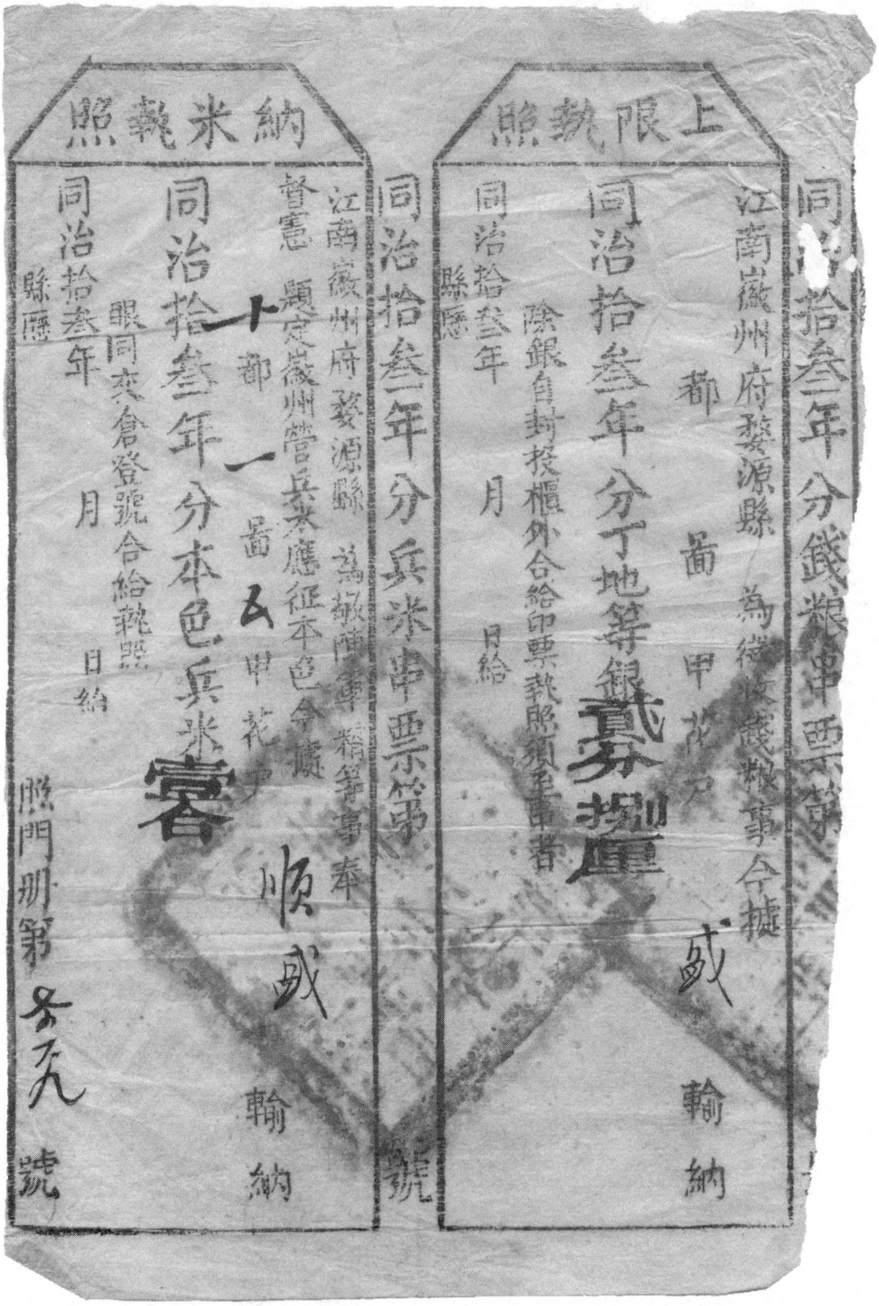

江湾镇下晓起村汪姓 18 · 同治十三年 · 纳米执照 · 顺盛

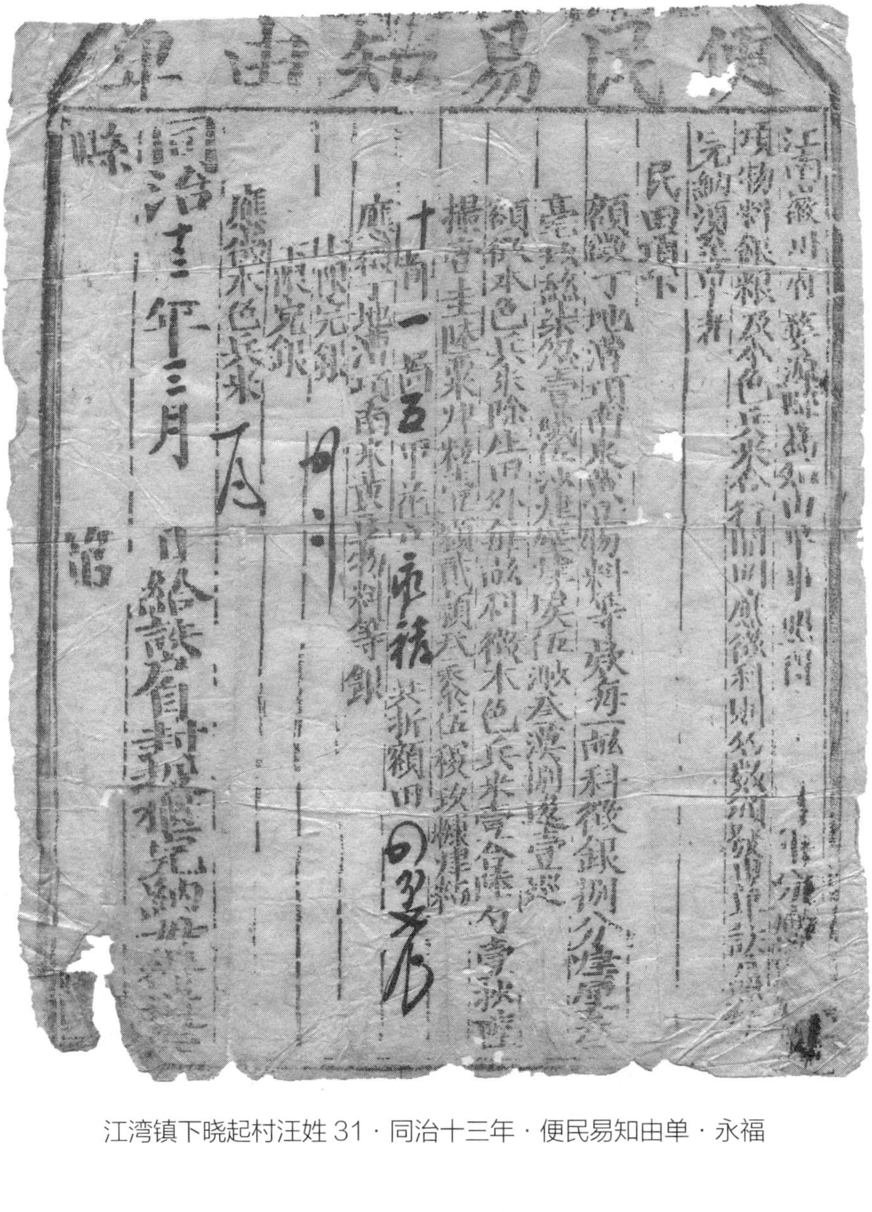

便民易知由單

民田壹則

額徵丁地漕項南米黃絹物料等款

應納丁地漕項南米黃絹物料等銀

上限完銀

下限完銀

應徵本色兵米

同治十三年三月　日給

江湾镇下晓起村汪姓 31 · 同治十三年 · 便民易知由单 · 永福

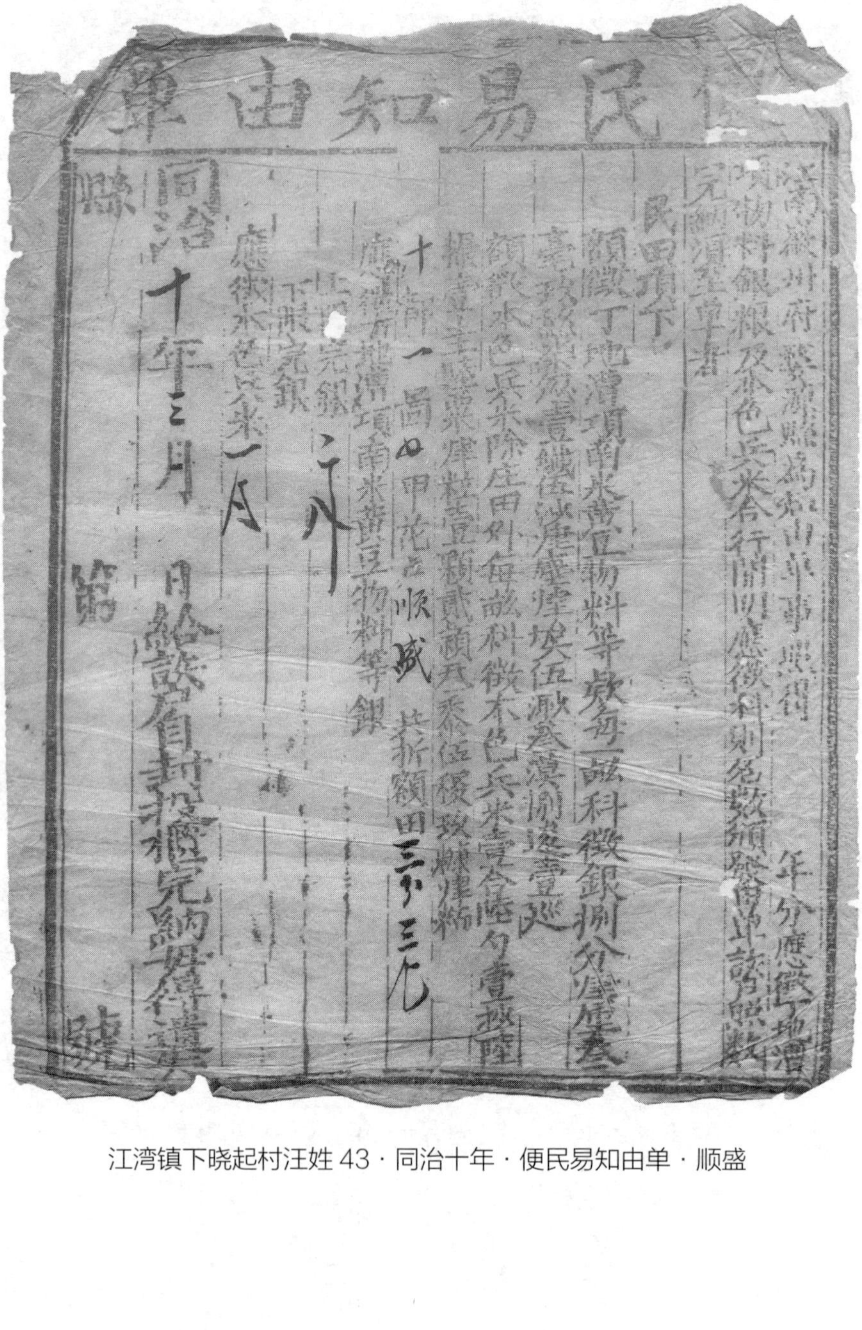

便民易知由單

江南徽州府婺源縣為給由單事照得[illegible]年分應徵地漕項物料銀糧及本色兵米合行開明應徵科則名數須照單上該納照數完納須至單者

民田每畝下

額徵丁地漕項南米黄豆物料等款每畝科徵銀捌分陸釐叁毫玖絲[illegible]壹纖伍沙[illegible]塵[illegible]埃伍渺叁漠捌逡壹巡

額徵本色兵米除庄田外每畝科徵本色兵米壹合陸勺壹抄陸撮[illegible]

十都一圖四甲[illegible]户順盛 共折額田三分三厘

應徵丁地漕項南米黄豆物料等銀

上忙完銀 二分八

下忙完銀

應徵本色兵米一合

同治十年三月 日給 該户自封投櫃完納毋得遺漏

縣 第 號

江湾镇下晓起村汪姓 43 · 同治十年 · 便民易知由单 · 顺盛

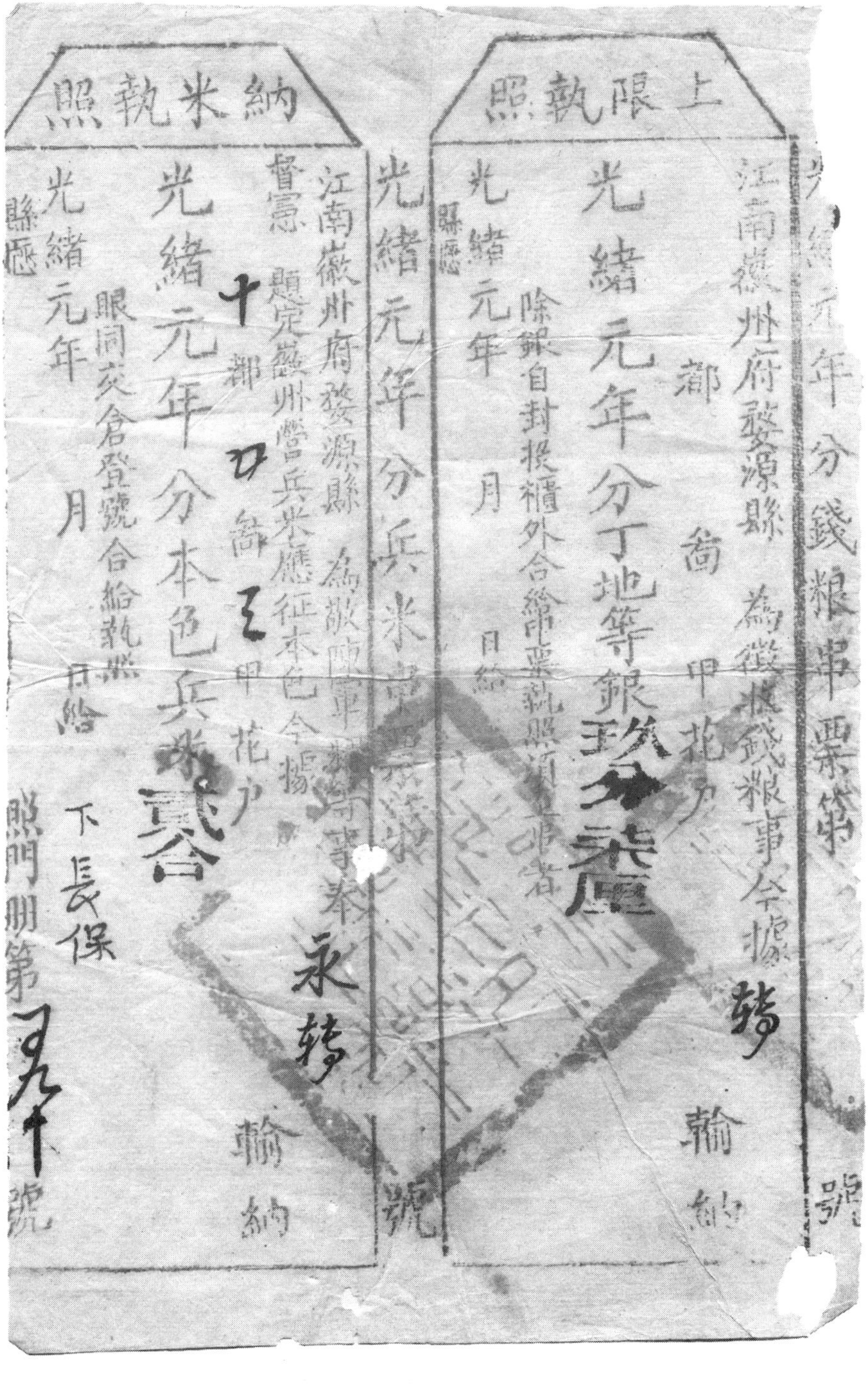

上限執照

江南徽州府婺源縣 為徵收錢粮事 今據 都 啚 甲 花戶 永轉 輸納
光緒元年分丁地等銀 [illegible] 除銀自封投櫃外合給串票執照須至串者
光緒元年 月 日給
縣廳
光緒元年分兵米串票第 號

納米執照

江南徽州府婺源縣 為敬陳[illegible]等事 奉
督憲 題定徽州營兵米應征本色 今據 十四都 啚 王 甲 花戶 永轉 輸納
光緒元年分本色兵米貳合
眼同交倉登號合給執照
光緒元年 月 日給
縣廳
下長保
照門冊第五千號

光緒[illegible]元年分錢粮串票第[illegible]號

江湾镇下晓起村汪姓 13 · 光绪元年 · 纳米执照 · 永转

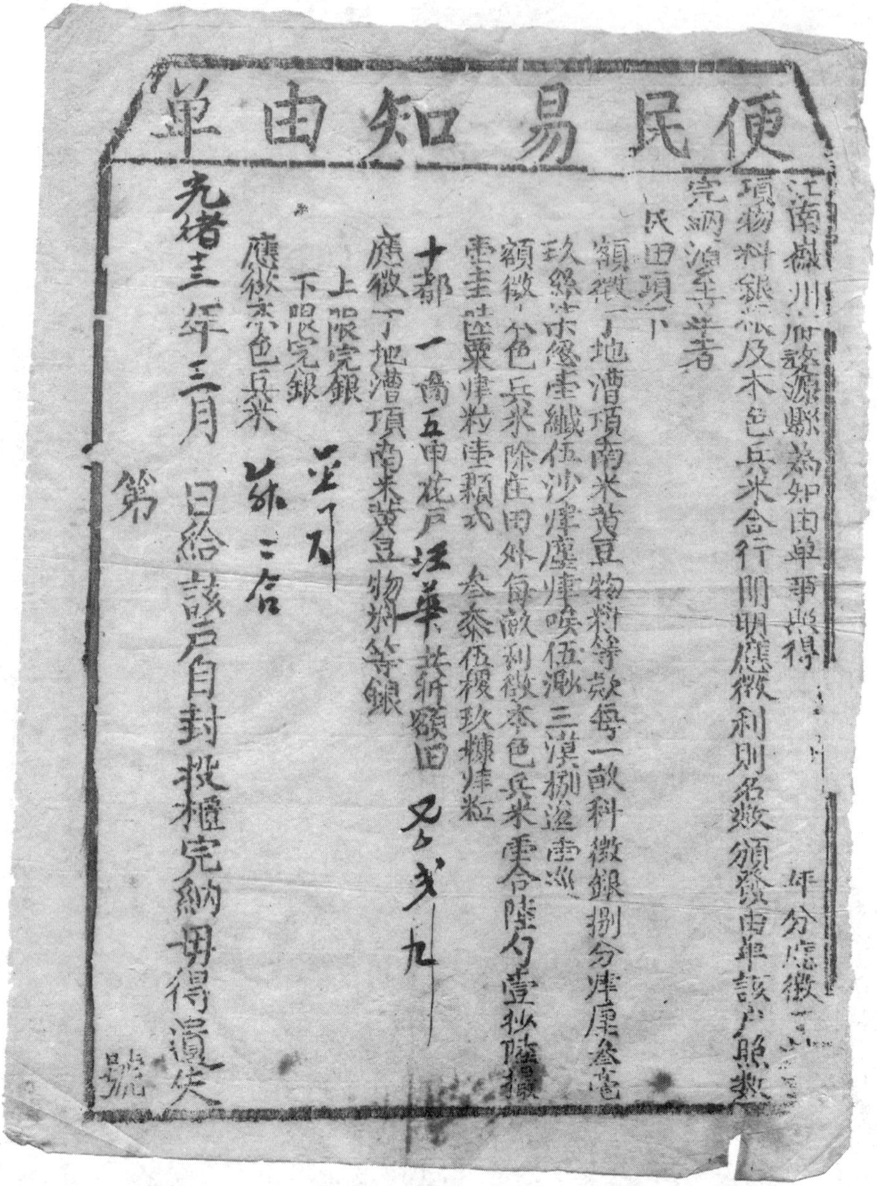
便民易知由单
江南徽州府婺源县为知由单事照得　　年分应征一
项物料银米及本色兵米合行开明应征则例名数颁发由单该户照数
完纳须至单者
民田项下
额征一地漕项南米黄豆物料等款每一亩科征银捌分肆厘叁毫
玖丝柒忽壹纖伍沙肆尘肆埃伍渺三漠捌逡壹巡
额征本色兵米除庄田外每亩科征本色兵米壹合陆勺壹抄陆撮
壹圭肆粟肆粒壹颗式　叁黍伍稷玖糠肆粃
十都一图五甲花户汪华共新额田　又2戈九
应征丁地漕项南米黄豆物料等银
上限完银　[illegible]
下限完银　[illegible]
应征本色兵米　[illegible]
光绪三年三月　日给该户自封投柜完纳毋得遗失
第　号

江湾镇下晓起村汪姓 30 · 光绪三年 · 便民易知由单 · 汪华

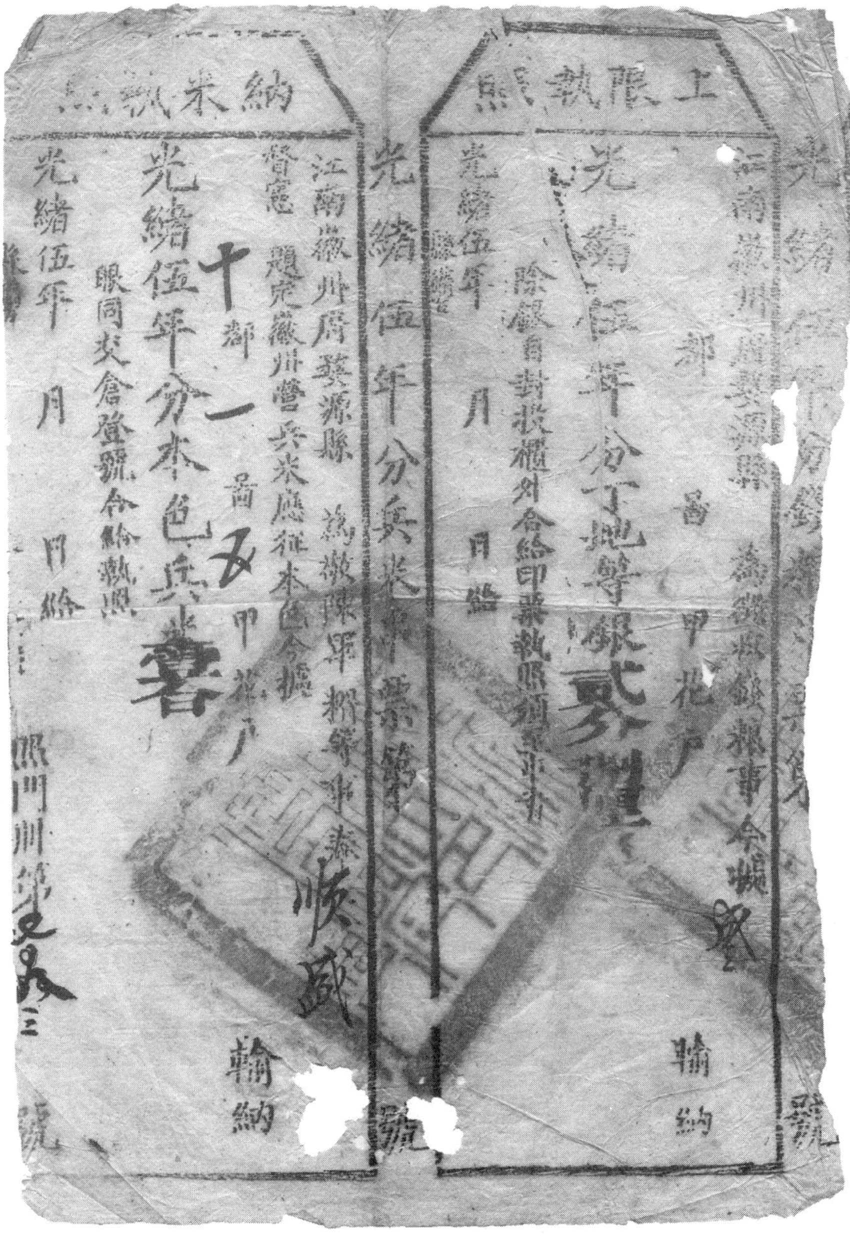

江湾镇下晓起村汪姓 27 · 光绪五年 · 纳米执照 · 顺盛

上限執照
光緒捌年分丁
光緒捌年 月 日給
納米執照
江南徽州府婺源縣
光緒捌年分本色正兌米
十都一圖
光緒捌年 月 日給

江湾镇下晓起村汪姓 23 · 光绪八年 · 纳米执照 · 顺盛

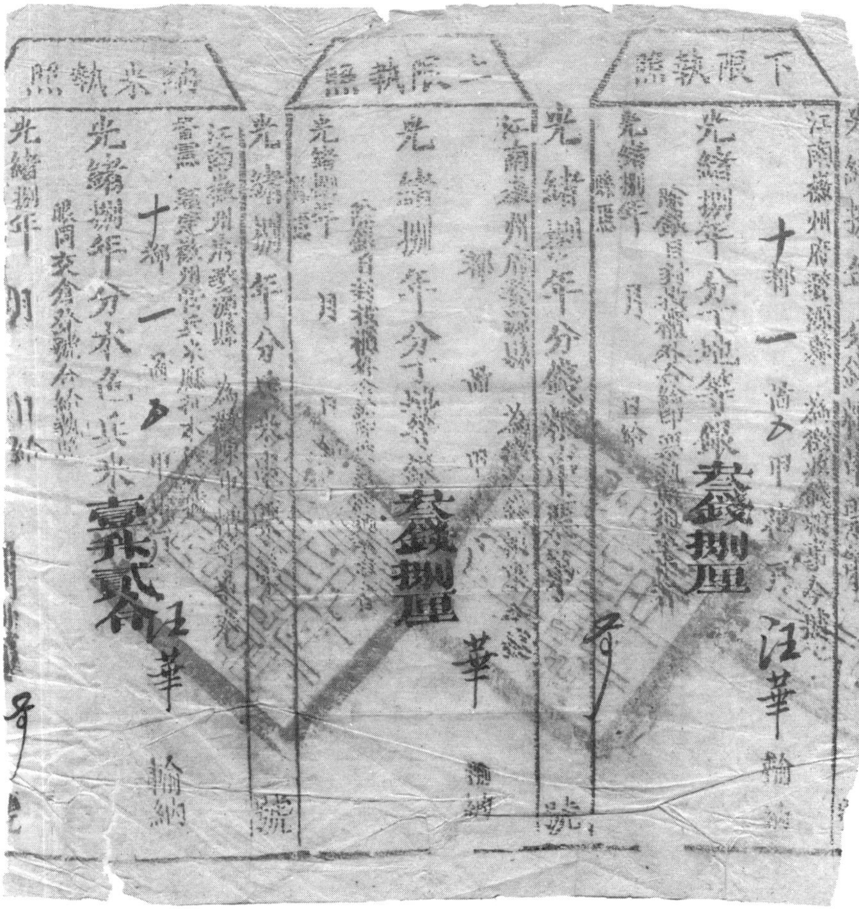

江湾镇下晓起村汪姓 24 · 光绪八年 · 纳米执照 · 汪华

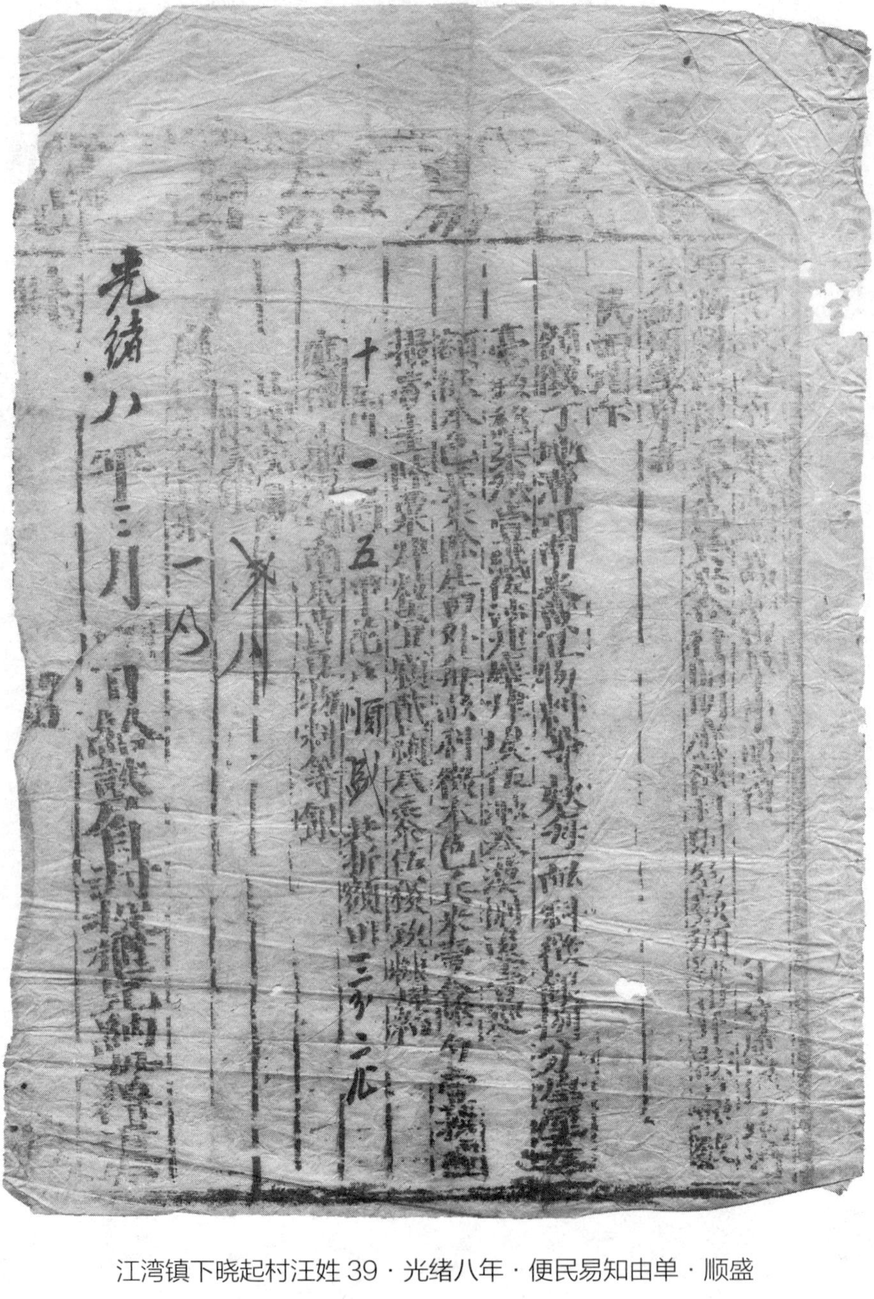

江湾镇下晓起村汪姓 39 · 光绪八年 · 便民易知由单 · 顺盛

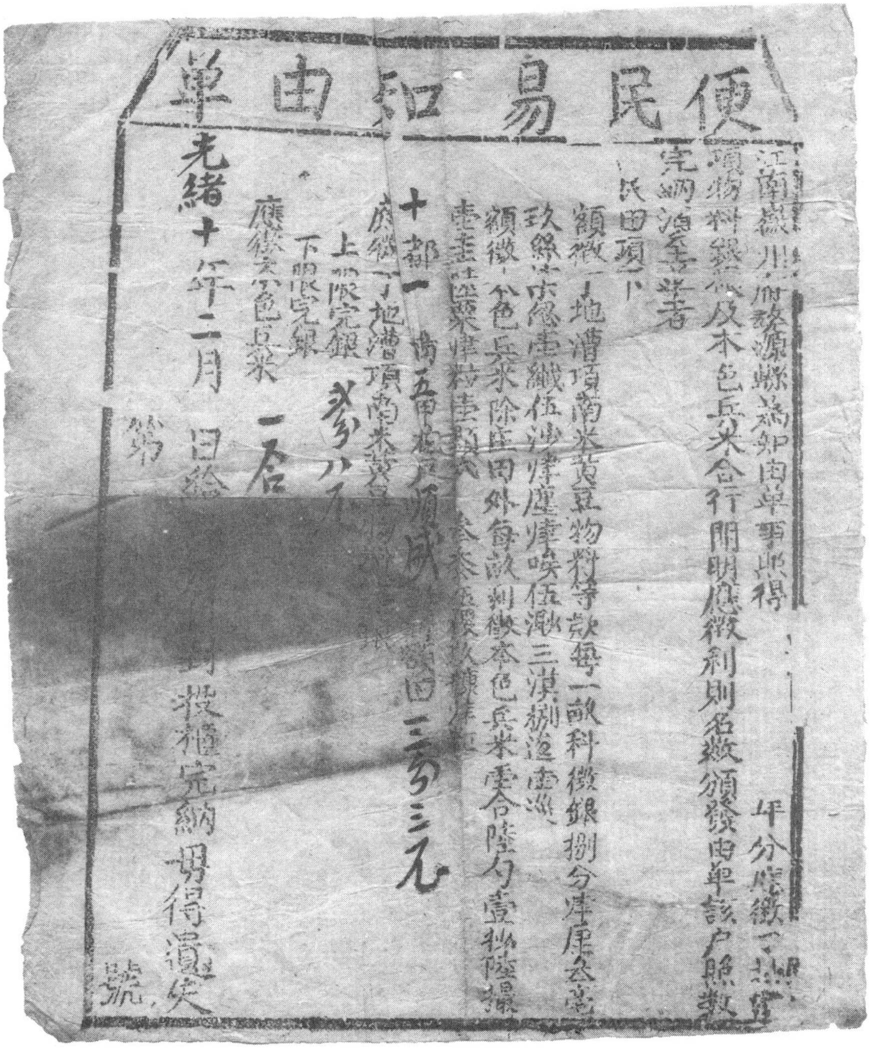

江湾镇下晓起村汪姓 35 · 光绪十年 · 便民易知由单 · 顺盛

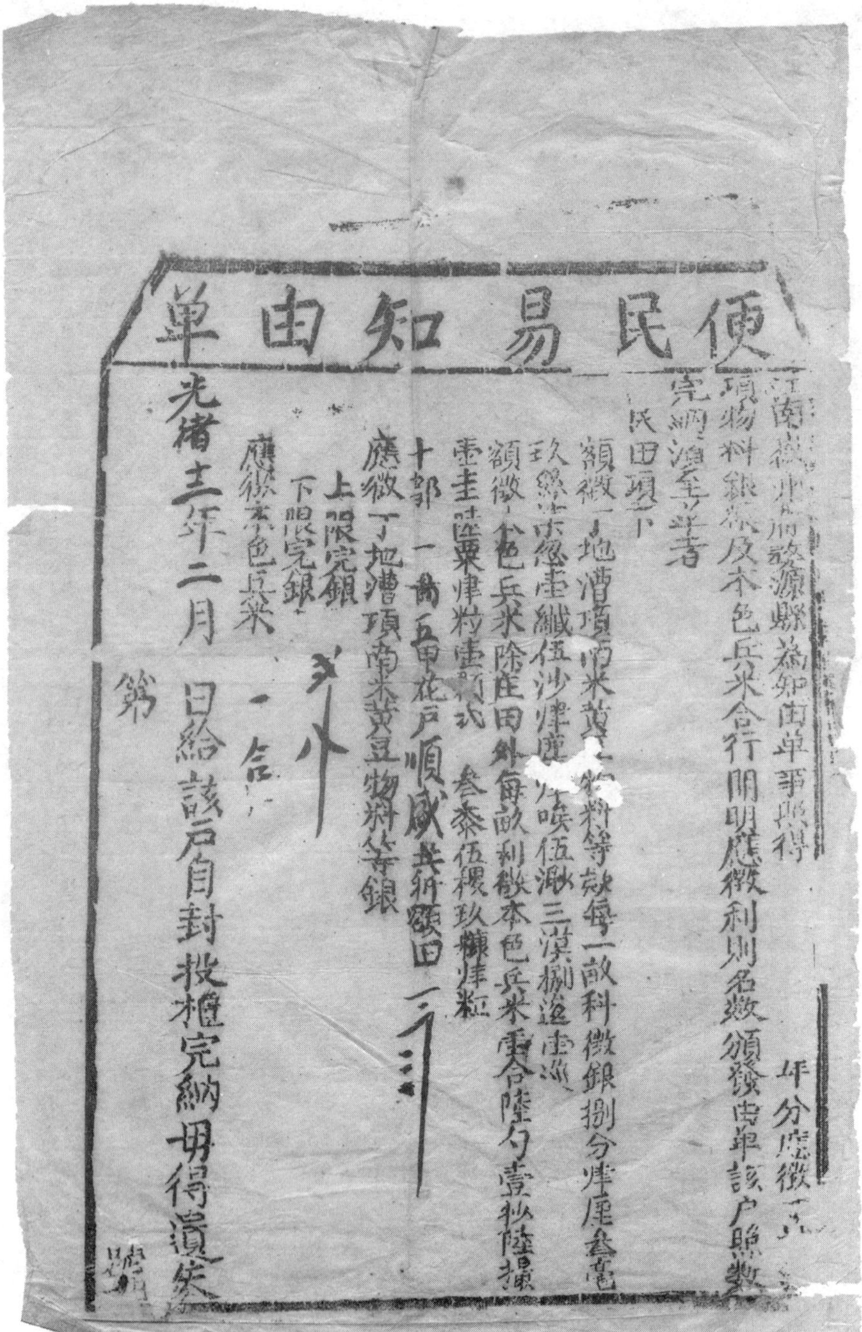
便民易知由单

江南徽州府婺源县为知由单事照得 年分应征一
项物料银两及本色兵米合行开明应征利则名数须发由单该户照数
完纳漕米等着
民田项下
额征一地漕项南米黄豆物料等款每一亩科征银捌分肆厘叁毫
玖丝柒忽叁微伍沙肆尘伍渺三漠捌逡
额征本色兵米除庄田外每亩科征本色兵米壹合陆勺壹抄陆撮
壹圭肆粟肆粒 叁黍伍稷玖糠肆粒
十部一图五甲花户顺盛共计额田一三三
应征丁地漕项南米黄豆物料等银
上限完银
下限完银
应征本色兵米 一合
光绪十二年二月 日给该户自封投柜完纳毋得遗失
第 号

江湾镇下晓起村汪姓 34 · 光绪十二年 · 便民易知由单 · 顺盛

江南徽州府婺源縣為歲收錢糧串会據順

光緒貳拾叁年分地丁銀叁伍

都 圖 甲 花戶

除銀自封投櫃外合給串票執照須車申者

光緒貳拾叁年 月 日給

光緒貳拾叁年分兵米串票第 號

江南徽州府婺源縣為敬陳軍糈等事

督憲題定徽州營兵米應征本色今據

十 都 一 圖 乙 甲 花戶 益順

光緒貳拾叁年分本色兵米

眼同交委秤登號合給執照

光緒貳拾叁年 月 日給

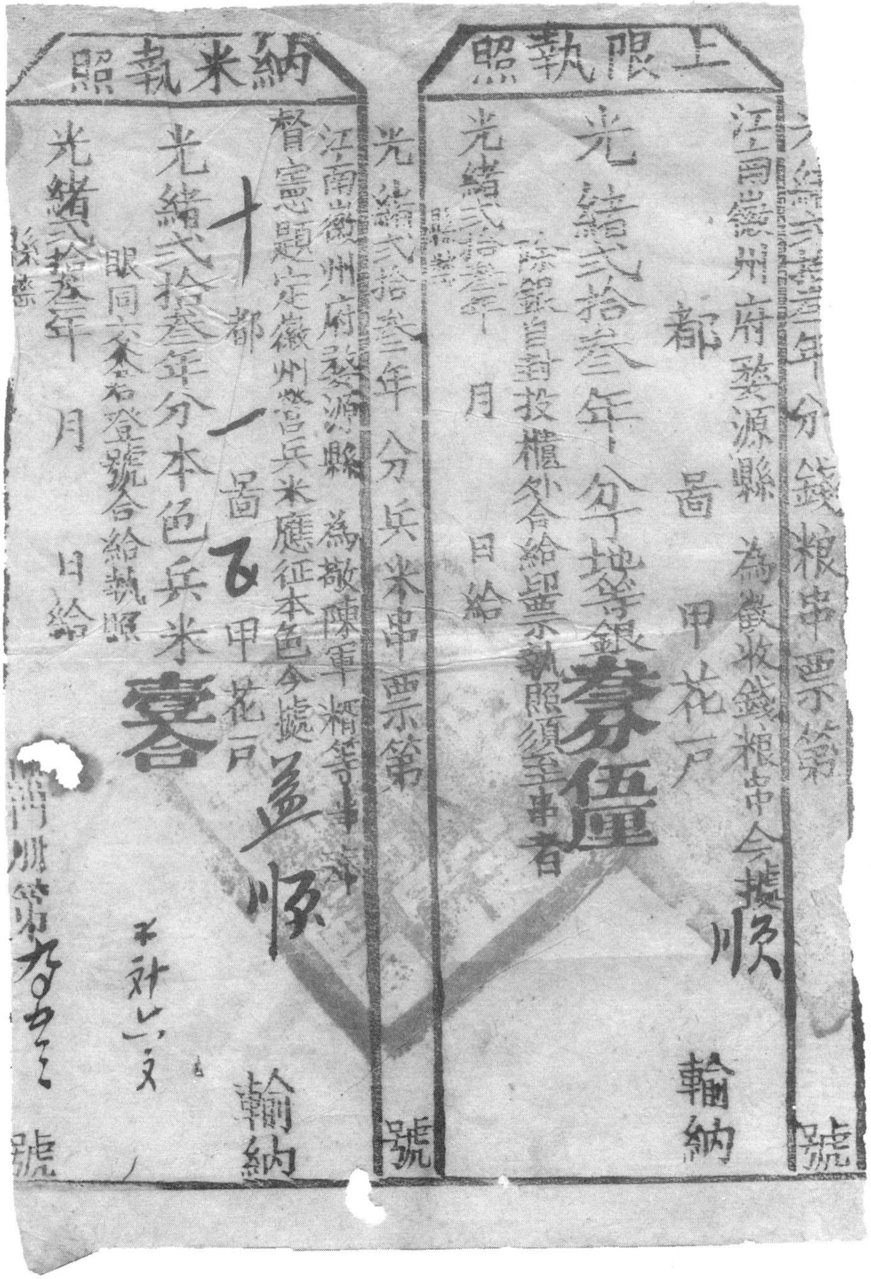

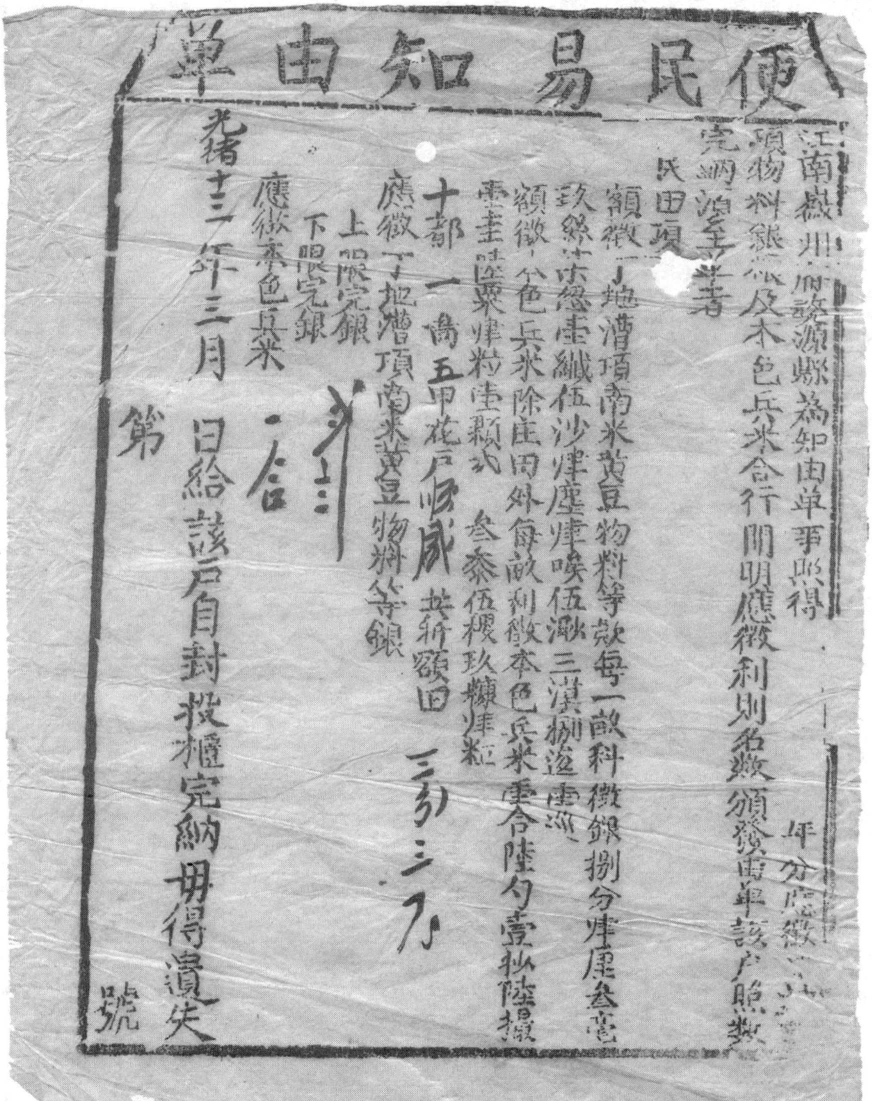

便民易知由单

江南徽州府婺源县為知由单事照得　年分應徵[illegible]
項物料銀兩及本色兵米合行開明應徵則例數目發由单該户照數
完納須至单者

民田項

額徵丁地漕項南米黄豆物料等款每一畝科徵銀捌分肆厘叁毫
玖絲柒忽壹纖伍沙肆塵肆埃伍渺三漠捌逡壹巡
額徵本色兵米除庄田外每畝科徵本色兵米壹合陸勺壹抄陸撮
壹圭肆粟肆粒肆顆式叁黍伍稷玖糠肆粃

十都一圖五甲花户順盛　共熟額田　三分三厘
應徵丁地漕項南米黄豆物料等銀
上限完銀　[illegible]
下限完銀
應徵本色兵米　一合

光緒十三年三月　日給該户自封投櫃完納毋得遺失

第　號

江湾镇下晓起村汪姓 40 · 光绪十三年 · 便民易知由单 · 顺盛

具状词人汪厶厶等

控为势劈坟臂生死两害跌 公验明哭叩 星究事

被汪春焕等

证身曾祖永裕公安葬土名竹园山自乾隆至今历久无异旧腊春焕

诞吉图利势恃公子王虎凭恶强劈身祖坟左臂改造厝基惨害

祖坟仅离尺许身见情湯火投鸣文会约保知事以身家税据呈览

理阻比蒙公验证焕恃行尊势豪不但藐中抗据并率虎子乌

人众殴孤身藏迫身家已业税据又蒙公救证尤骇先发制人

江湾镇下晓起村汪姓 1-i · 光绪十五年 · 具状词 · 汪□□等告汪春焕等（第一面）

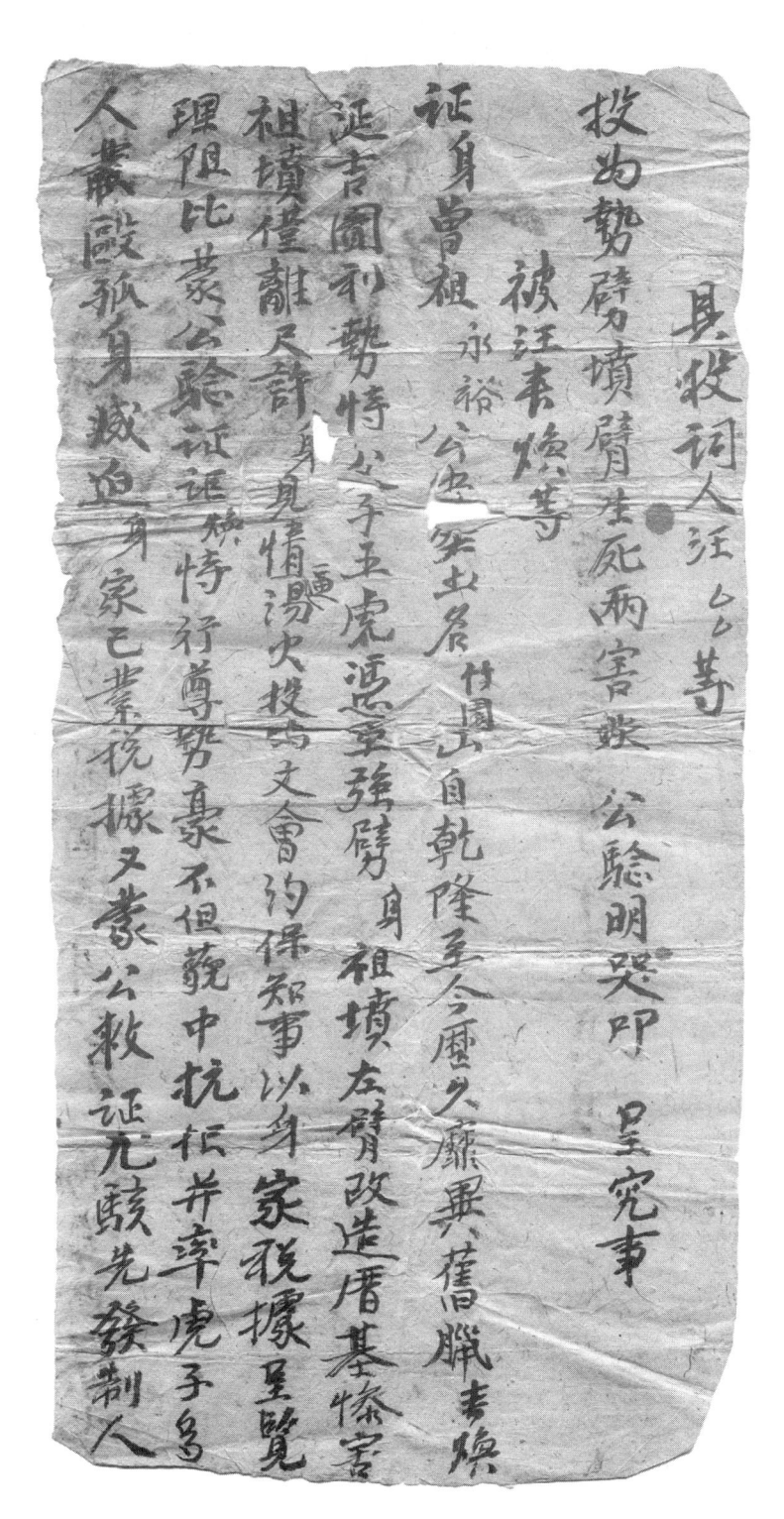

以霸產滅祀等謊詞投訴希圖網倡身君屋鴣等業似此

戕祖充霸生死兩害哭叩

袁洵先生尊前施行

光緒十五年六月十三　具

江湾镇下晓起村汪姓 1–ii · 光绪十五年 · 具状词 · 汪□□等告汪春焕（第二面）

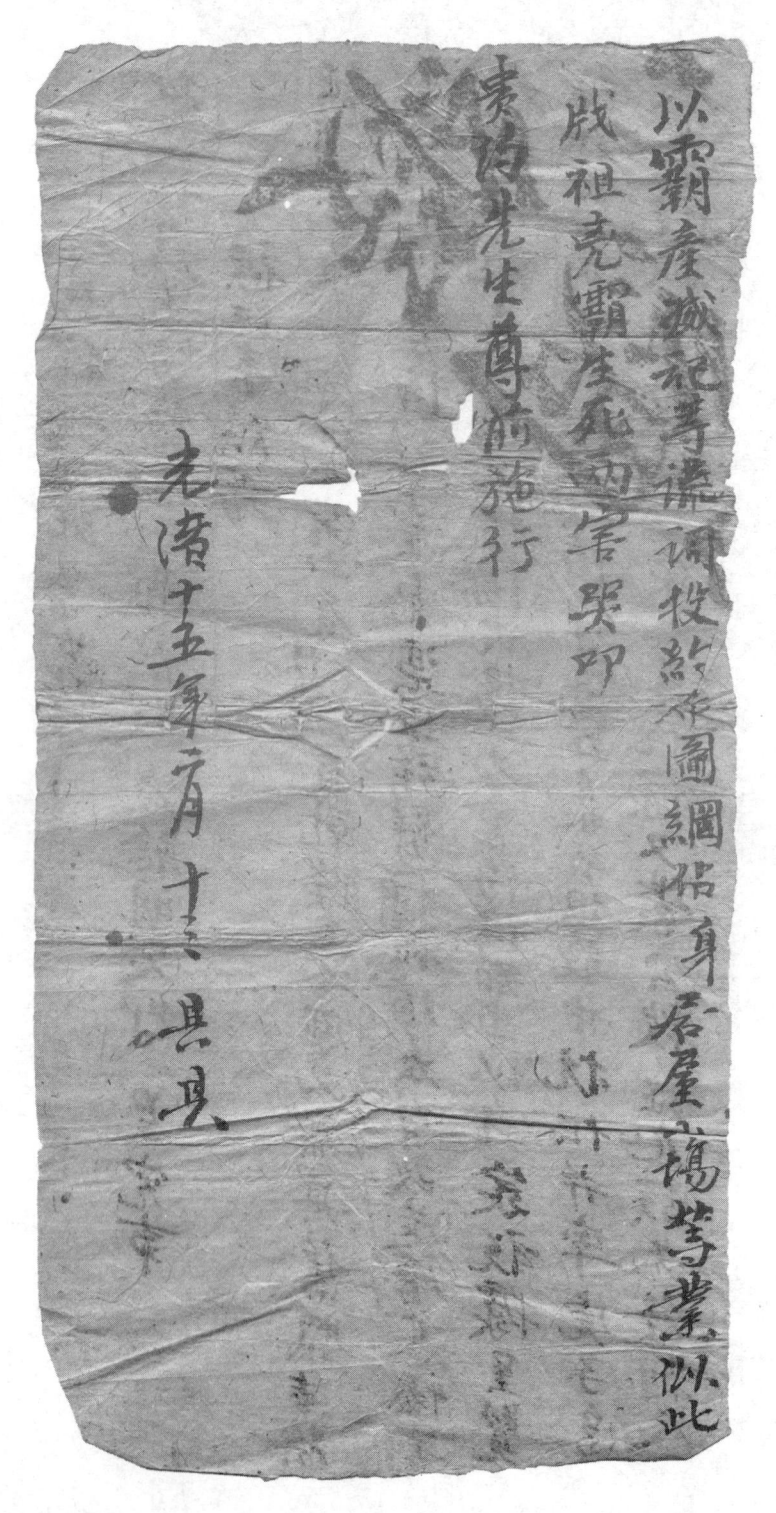

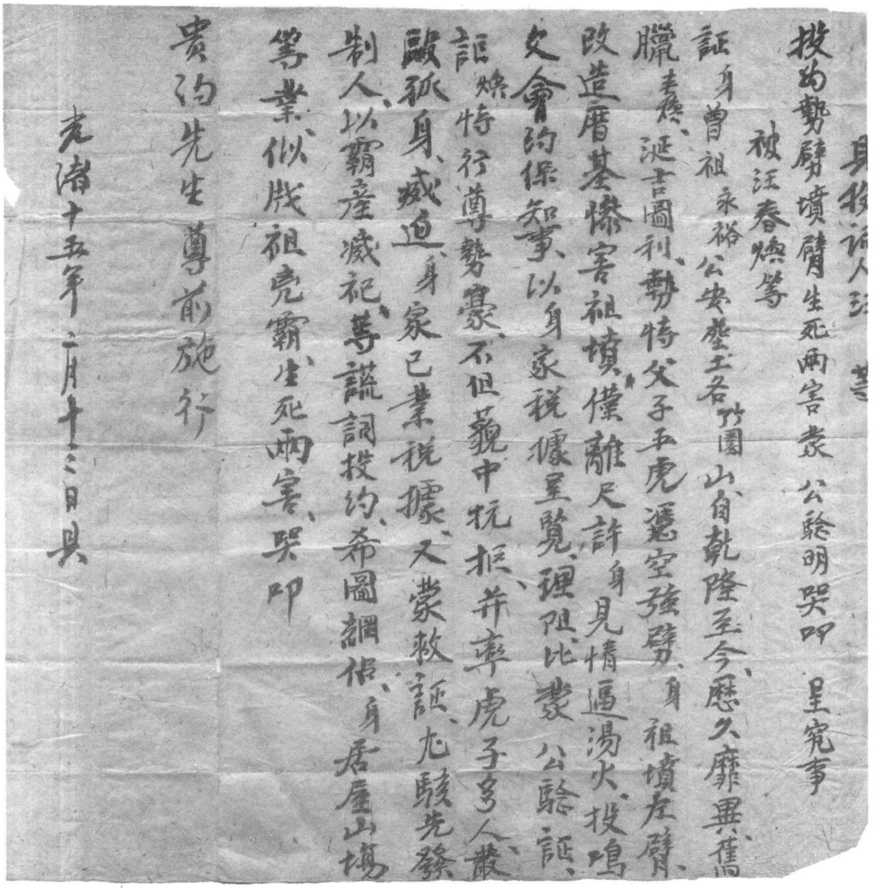

具投詞人汪□　等

投約勢劈墳劈生死兩害叛　公驗明哭叩　星究事

被汪春煥等

証　身曾祖永裕公安塋土名竹園山，自乾隆至今，歷久靡異，舊

臘春煥、涎吉圖利，勢恃父子五虎，遷空強劈，身祖墳左臂，

改造厝基，慘害祖墳，僅離尺許，身見情逼湯火，投鳴

文會約保知事，以身家稅據呈覽，理阻比叛　公驗証，

証　煥恃行尊勢豪，不但藐中抗投，并率虎子多人，欺

藐孤身，威逼身家已業稅據，又蒙赦証，尤駭先發

制人，以霸產滅祀等謊詞投約，希圖翻供，身居屋山場

等業，似此祖壳霸，生死兩害，哭叩

貴約先生尊前施行

光緒十五年二月十三日具

江湾镇下晓起村汪姓 2 · 光绪十五年 · 具状词 · 汪⊠等告汪春焕等

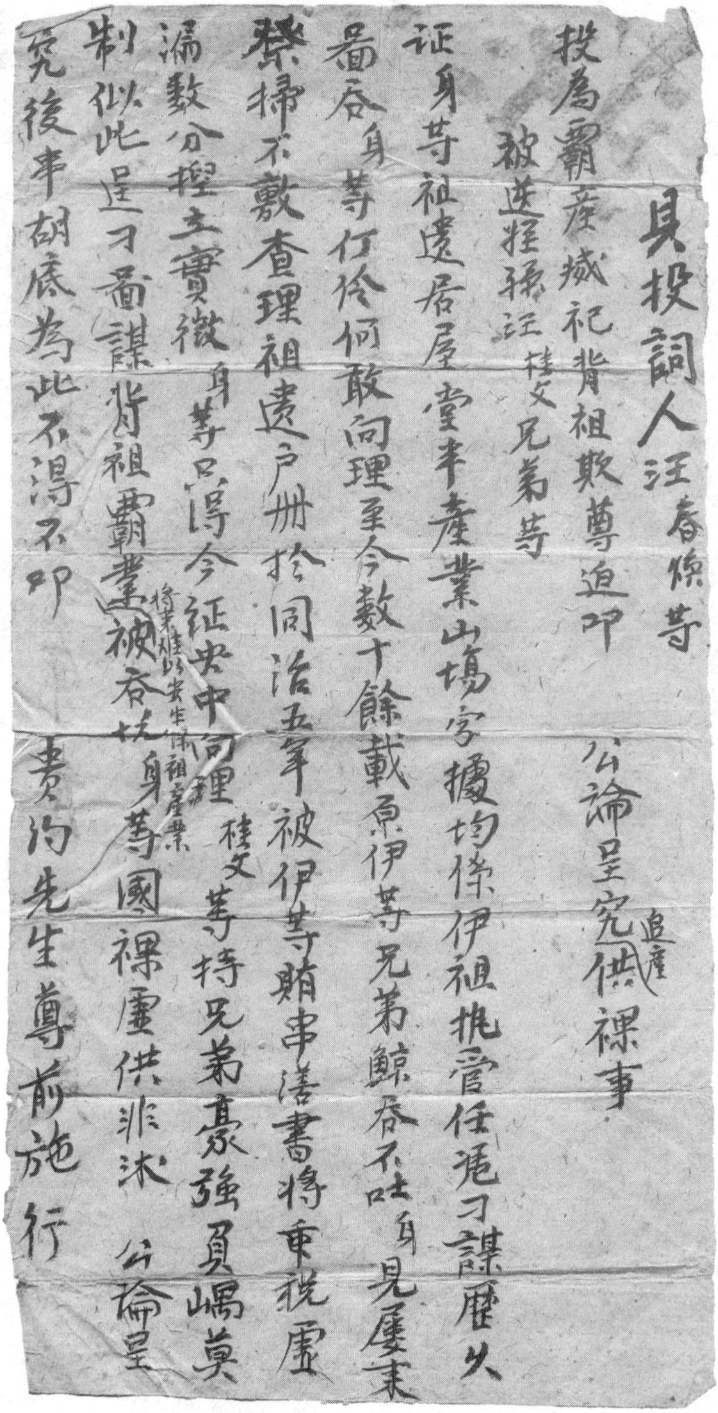
具投詞人汪春煥等
投為霸產滅祀背祖欺尊迫叩公論呈究追產供課事
被逆侄孫汪桂文兄弟等
証身等祖遺居屋堂串產業山塲字據均係伊祖執管任随刁謀歷久
置吞身等仃伶何敢向理至今數十餘載原伊等兄弟鯨吞不吐身見屢來
禁掃不敷查理祖遺戶冊於同治五年被伊等賄串洁書將垂稅處
漏數分撥立實徵身等只得今經安中劃理桂文等恃兄弟豪強負嵎莫
制似此逞刁霸謀背祖霸業將業雖經安生保祖產業被吞坑身等國課屢供非沐公論呈
究後事胡底為此不得不叩貴汐先生尊前施行

江湾镇下晓起村汪姓 3-i · 光绪十五年 · 具状词 ·
汪春焕等告汪桂文兄弟等（第一面）

光绪十五年　月　初八日具

江湾镇下晓起村汪姓 3-ii · 光绪十五年 · 具状词 ·
汪春焕等告汪桂文兄弟等（第二面）

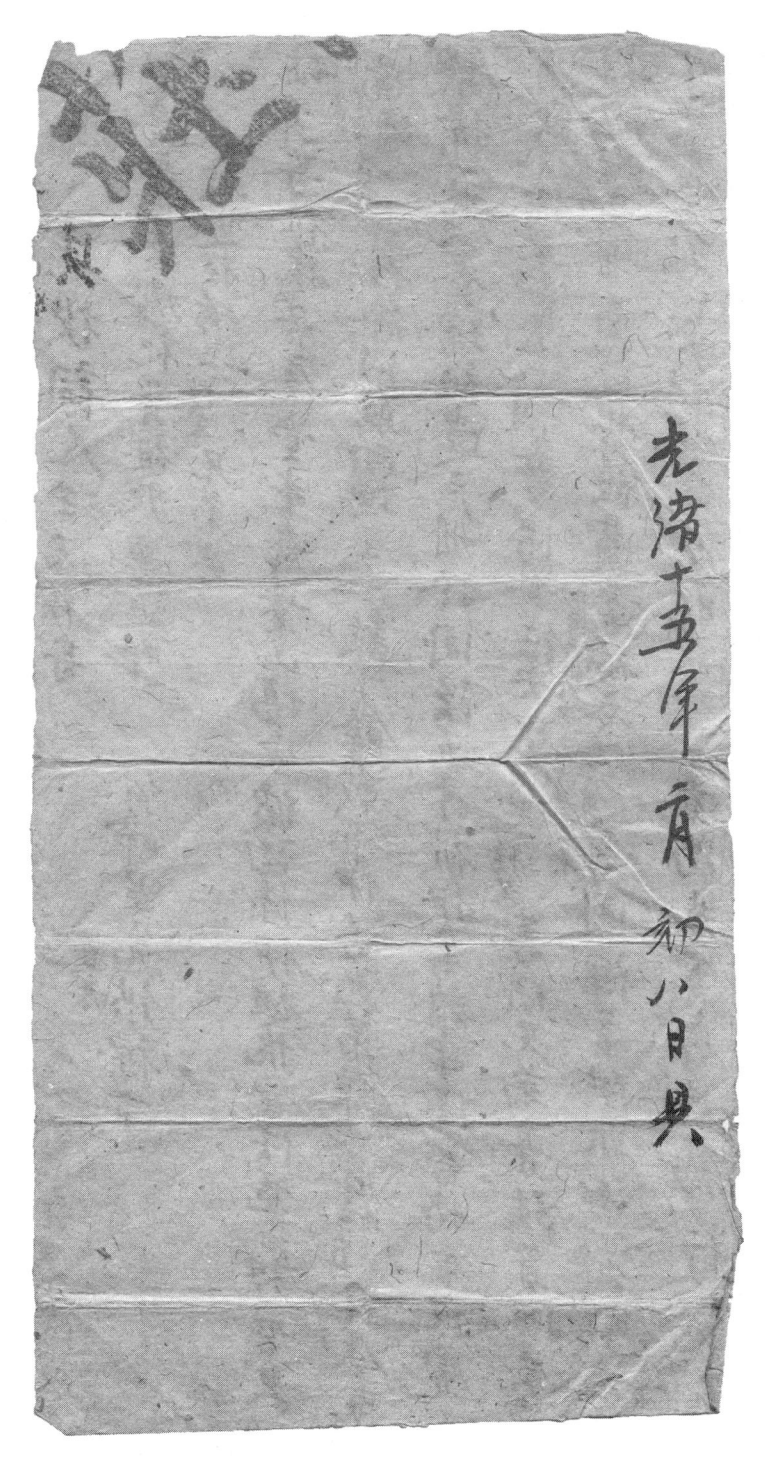

立租屋约人汪ㄙㄙ今租到
汪ㄙㄙ名下三间楼屋内取西边楼底房
壹所併堂前通行出入又取屋後厨
房壹间三面言定周年租金英洋弍
元正上下两季交清不得欠少如有异说
[illegible]是三年为满一并缴租约为凭日後
不得争論恐口無凭立此租约为据
又批押租英洋[illegible]文存照
光绪十五年六月日立租屋约人汪ㄙㄙ
见中人 ㄙㄙ

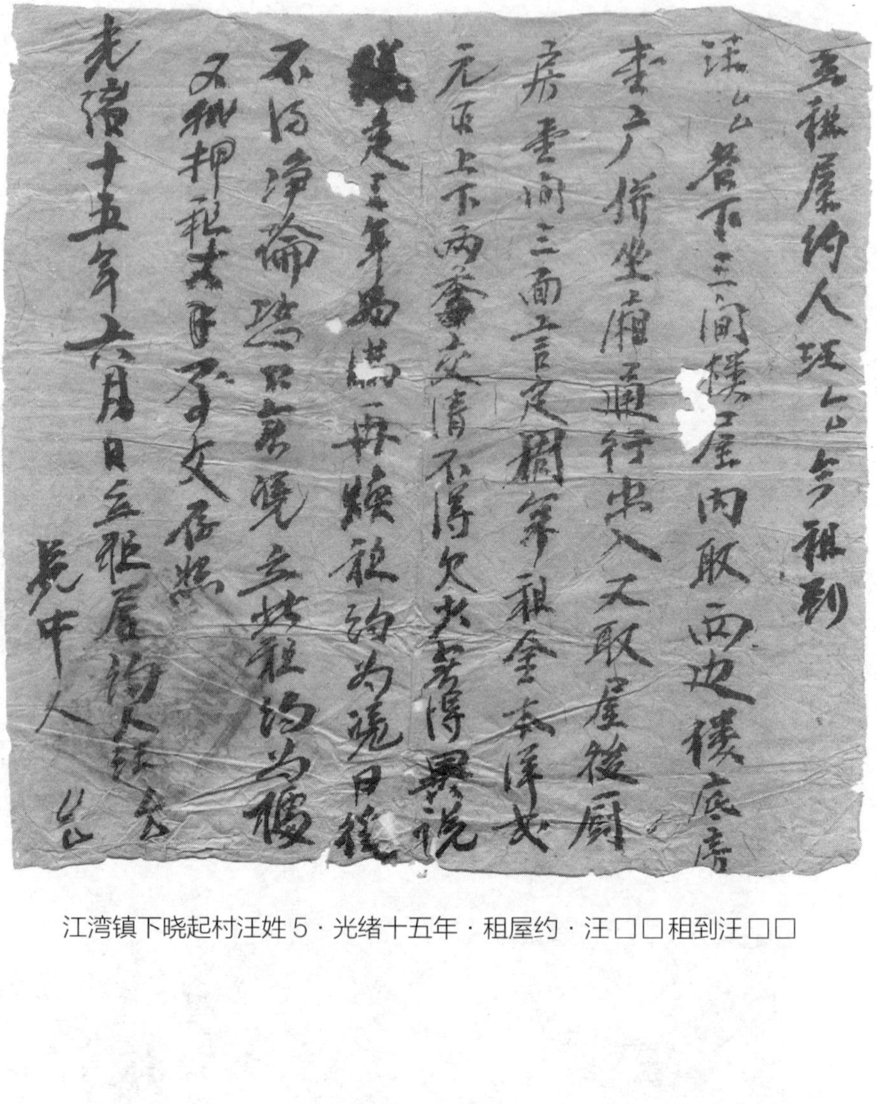

江湾镇下晓起村汪姓5·光绪十五年·租屋约·汪□□租到汪□□

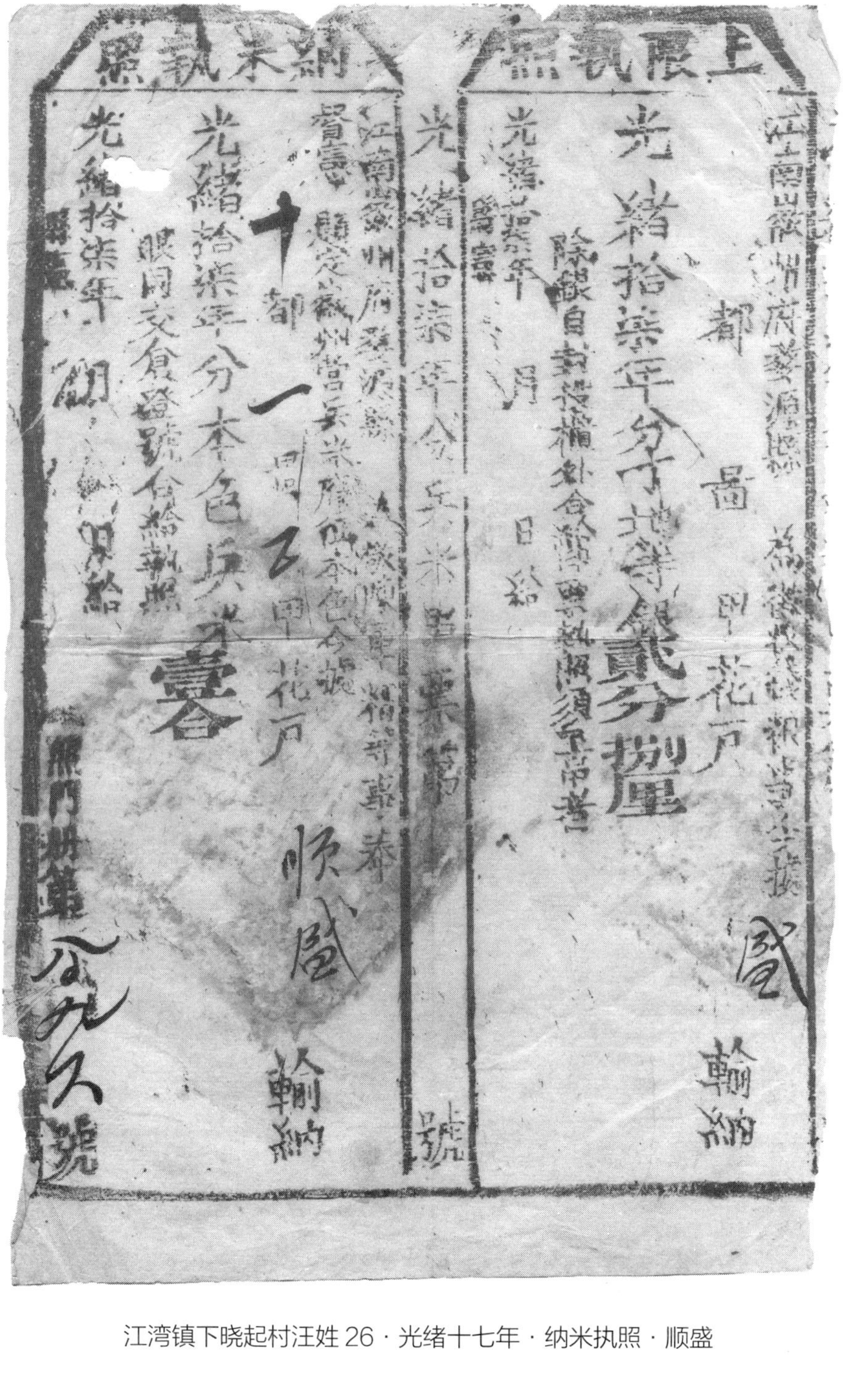
上限執照
江南徽州府婺源縣
都 啚 甲 花戶
盛
輸納
光緒拾柒年分
貳分撥壓
光緒拾柒年 月 日給
號
納米執照
江南徽州府婺源縣
光緒拾柒年分本色兵米壹合
十都 一啚 五甲 花戶 順盛
輸納
眼同交倉登號給執照
光緒拾柒年 月 日給
號

江湾镇下晓起村汪姓 26 · 光绪十七年 · 纳米执照 · 顺盛

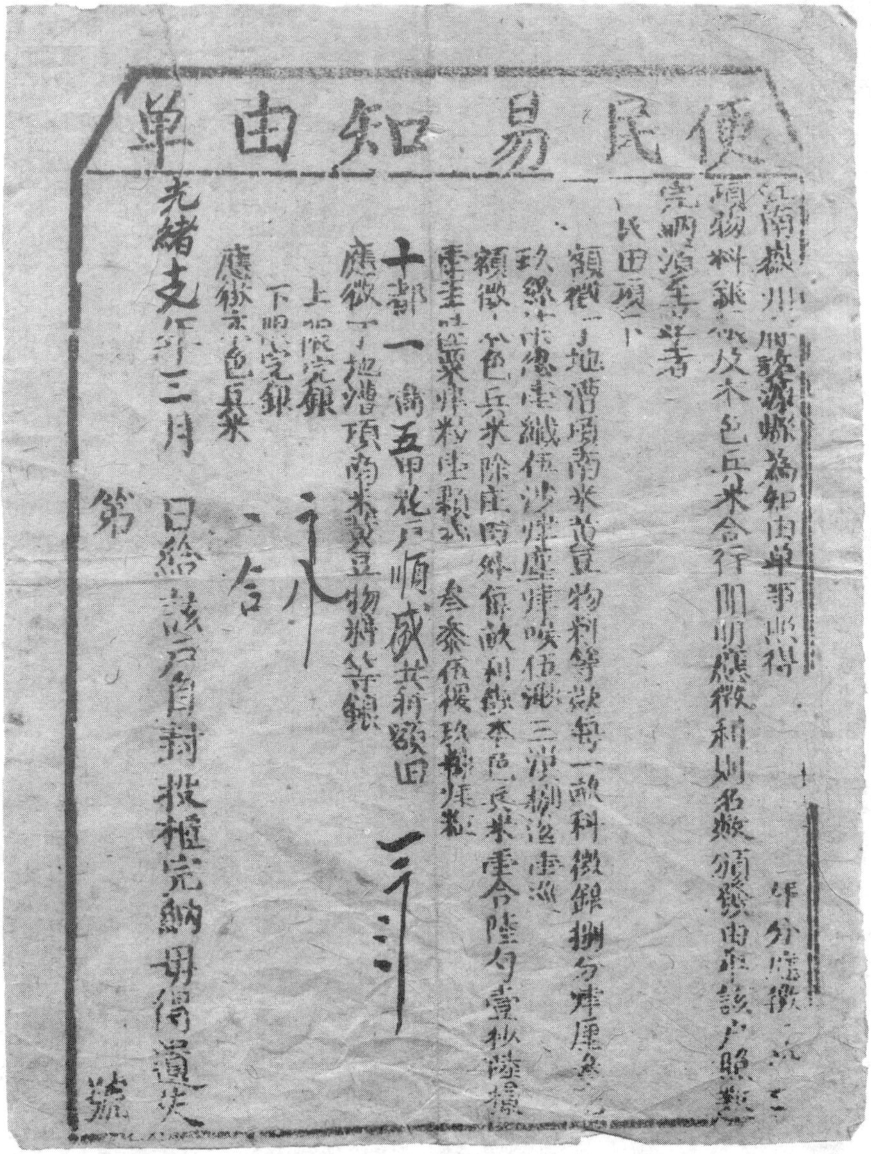

便民易知由單

江南歙州婺源縣為知由單事照得
額徵料銀穀及本色兵米合行開明應徵科則名數頒發由單俾該戶照數
完納沒毋掛悮者

一民田項下
額徵一地漕項南米黃豆物料等款每一畝科徵銀捌分庫厘參
玖絲沐總米纖伍沙摩塵埃唉伍滅三漸捌迄盡巡
額徵一色兵米除莊田外併歛開繳本色民米零合陸勺壹秒陸撮
重壬瑳絮伜粒坒顆弒 叁泰係援玖麴瑳蠶

十都一圖五甲花戶順成共額徵田
應徵丁地漕項南米黃豆物料等銀 元八合二三
上限完銀 元
應徵本色兵米 一合
下限完銀

光緒支年三月   日給該戶自封投櫃完納毋得遺失

第　　　　號

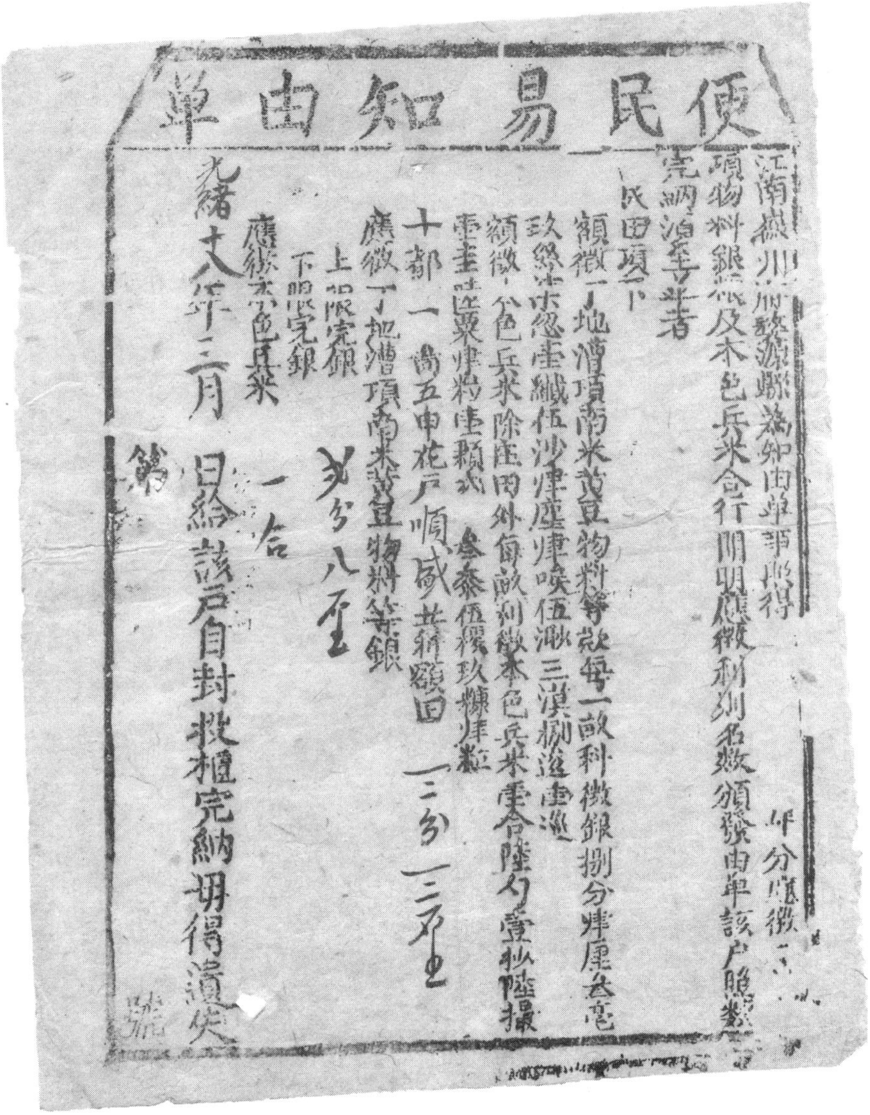
便民易知由單

江南徽州府婺源縣為知由單事照得[illegible]
項物料銀兩及本色兵米合行開明應徵科則名數須發由單該户照數
完納須至單者

[illegible]年分應徵[illegible]

民田項下

額徵一地漕項南米荳豆物料等款每一畝科徵銀捌分肆厘五毫
玖絲柒忽壹微伍沙肆塵肆埃伍渺三漠捌逡壹巡

額徵本色兵米除匪田外每畝科徵本色兵米壹合陸勺壹抄陸撮
壹圭肆粟肆粒肆顆式 叁黍伍稷玖糠肆粒

十都一啚五甲花户 順盛 共計額田 一三分一三厘五

應徵丁地漕項南米荳豆物料等銀 七分八厘

上忙限完銀

下忙限完銀

應徵本色兵米 一合

光緒十八年三月 日給該户自封投櫃完納毋得遺失

第 號

江湾镇下晓起村汪姓 32 · 光绪十八年 · 便民易知由单 · 顺盛

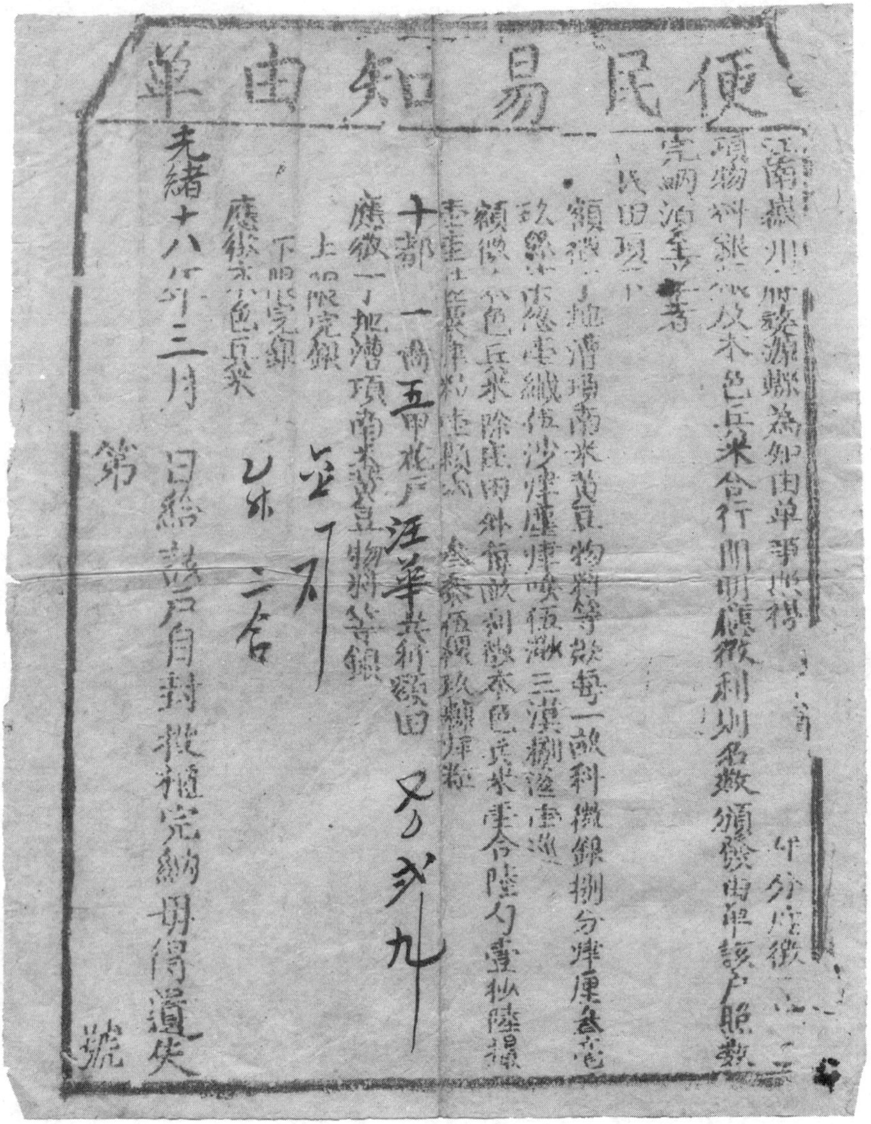

江湾镇下晓起村汪姓 36 · 光绪十八年 · 便民易知由单 · 汪华

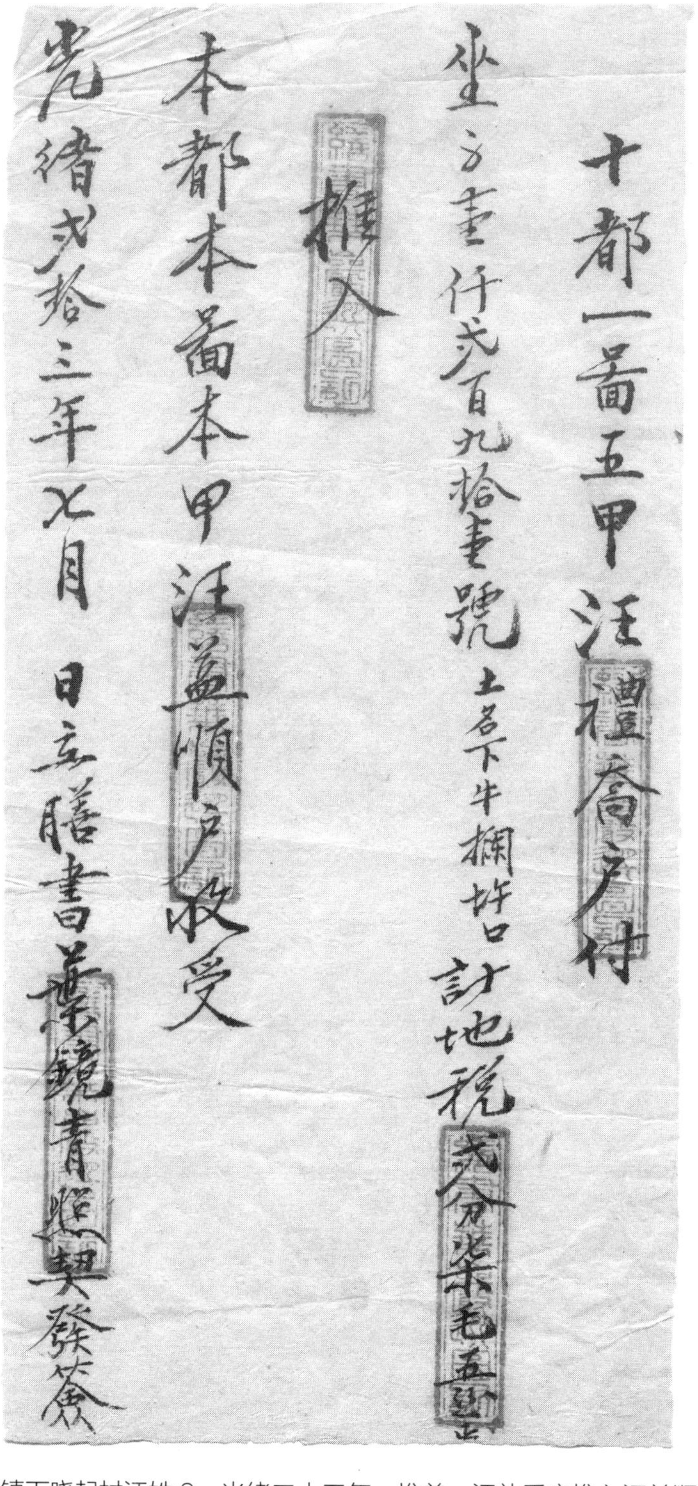

十都一啚五甲汪禮喬户付
坐方壹仟弍百九拾壹號 土名下牛欄坵口 計地稅弍分柒毛五絲
推入
本都本啚本甲汪益順户收受
光緒弍拾三年七月 日立膳書汪鏡青憑契發簽

江湾镇下晓起村汪姓 9 · 光绪二十三年 · 推单 · 汪礼乔户推入汪益顺户

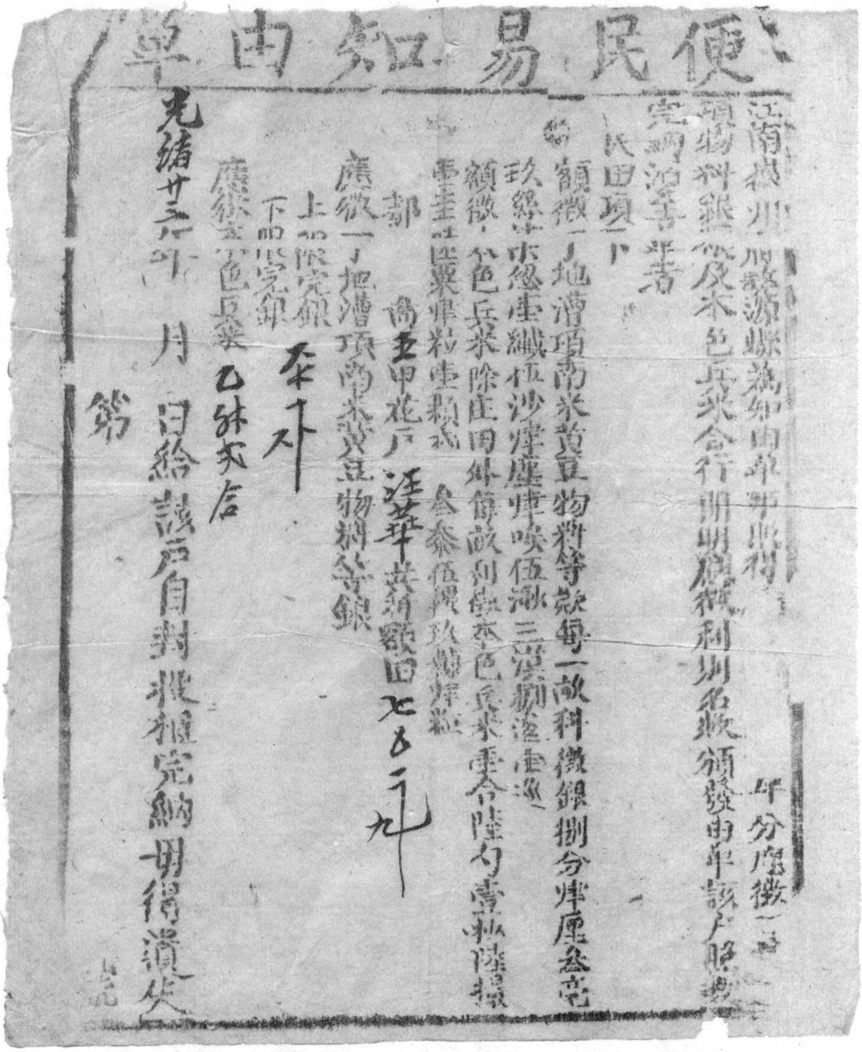

便民易知由单

江南徽州府婺源县为知由单事照得额粮料银征收本色兵米合行册明应征科则名数颁发由单该户照数完纳须至单者

年分应徵一

民田项下

额徵一则地漕项南米黄豆物料等款每一亩科徵银捌分肆厘叁毫玖丝柒忽叁微……沙肆尘肆埃伍渺三漠捌逡壹巡

额徵本色兵米除庄田外每亩则徵本色兵米壹合陆勺壹抄陆撮……粟肆粒壹颗贰 叁黍伍稷玖糠肆粒

都 图 五甲花户 汪华 共计额田七亩二分九

应徵一则地漕项南米黄豆物料等银

上限完银

下限完银

应徵本色兵米

光绪廿三年 月 日给 该户自封投柜完纳毋得遗失

第 号

江湾镇下晓起村汪姓 29 · 光绪二十三年 · 便民易知由单 · 汪华

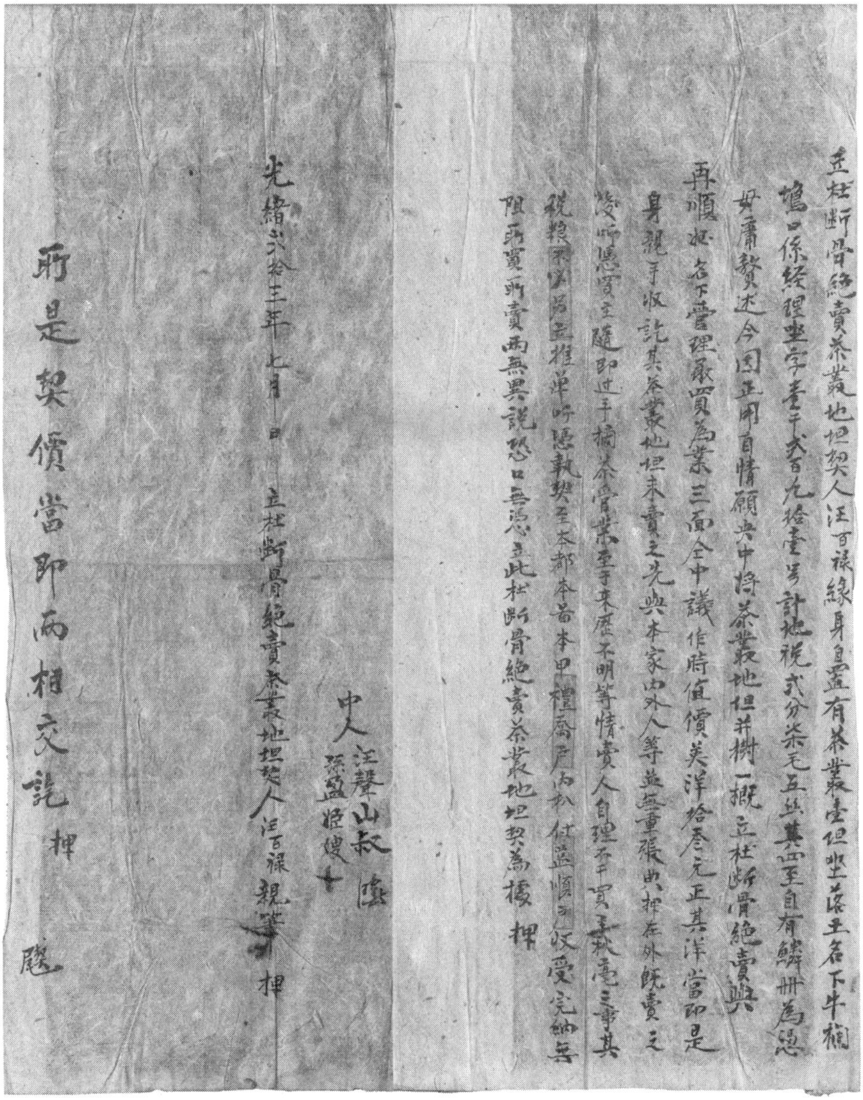

立杜斷骨絕賣茶叢地坦契人汪百祿，緣身自置有茶叢壹坦，坐落土名下牛欄塢口，係經理惠字壹千弍百九拾壹號，計地税弍分柒毛五丝，其四至自有鱗册為憑，毋庸贅述。今因正用，自情願央中將茶叢地坦并樹一概立杜斷骨絕賣與再順叔名下營理取買為業，三面仝中議作時值價英洋拾叁元正。其洋當即是身親手收訖。其茶叢地坦未賣之先，與本家内外人等並無重張典押。在外既賣之後，所憑買主隨即過手摘茶管業。如有來歷不明等情，賣人自理，不干買主之事。其税糧不必另立推單，所恳執契至本都本圖本甲禮喬户内扒付汪再順户内收受完納無阻。所買所賣，兩無異説。恐口無憑，立此杜斷骨絕賣茶叢地坦契為據。押

光緒弍拾三年七月　日　立杜斷骨絕賣茶叢地坦契人汪百祿親筆　押

中人　汪聲山叔　押

孫盈煜嫂　十

所是契價當即兩相交訖　押

訖

江湾镇下晓起村汪姓 71 · 光绪二十三年 · 断骨绝卖茶丛地坦契 ·
汪百禄卖与再顺叔

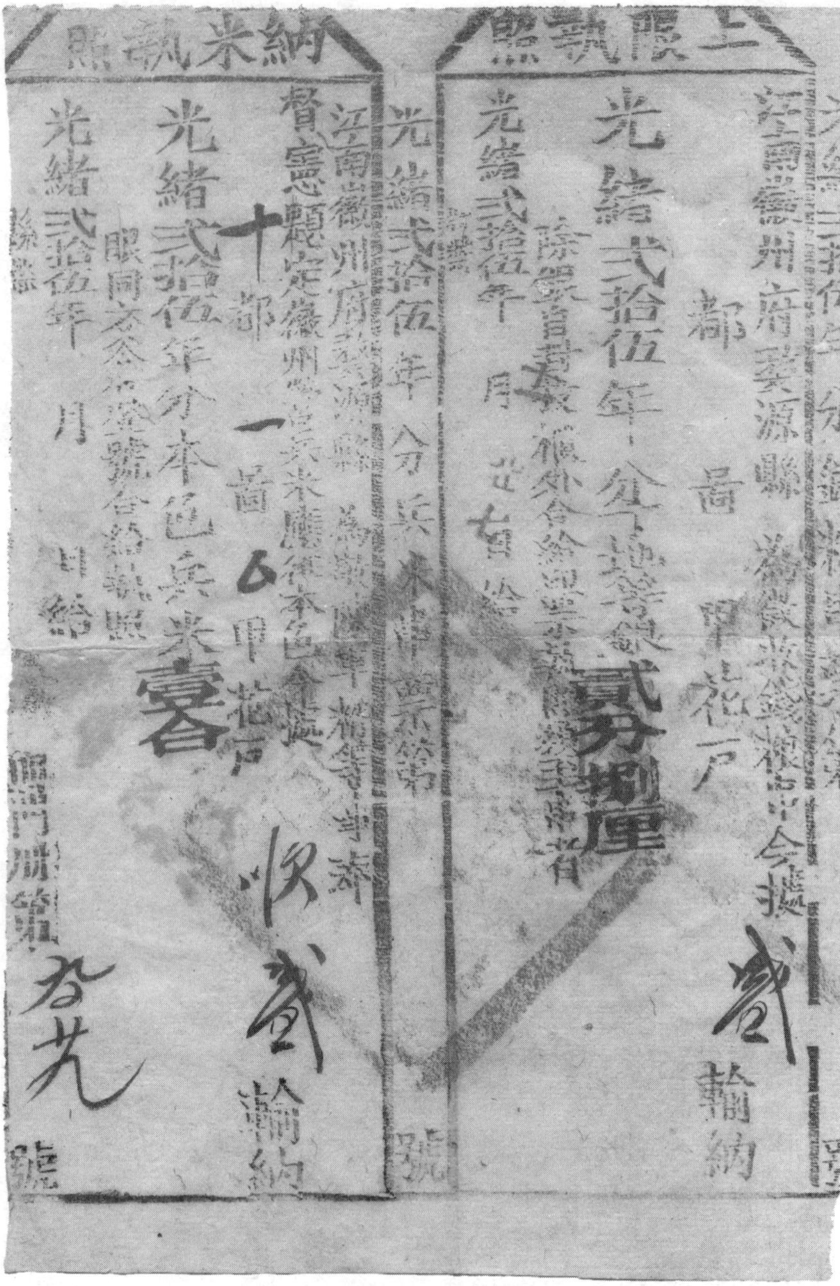

江湾镇下晓起村汪姓 15 · 光绪二十五年 · 纳米执照 · 顺盛

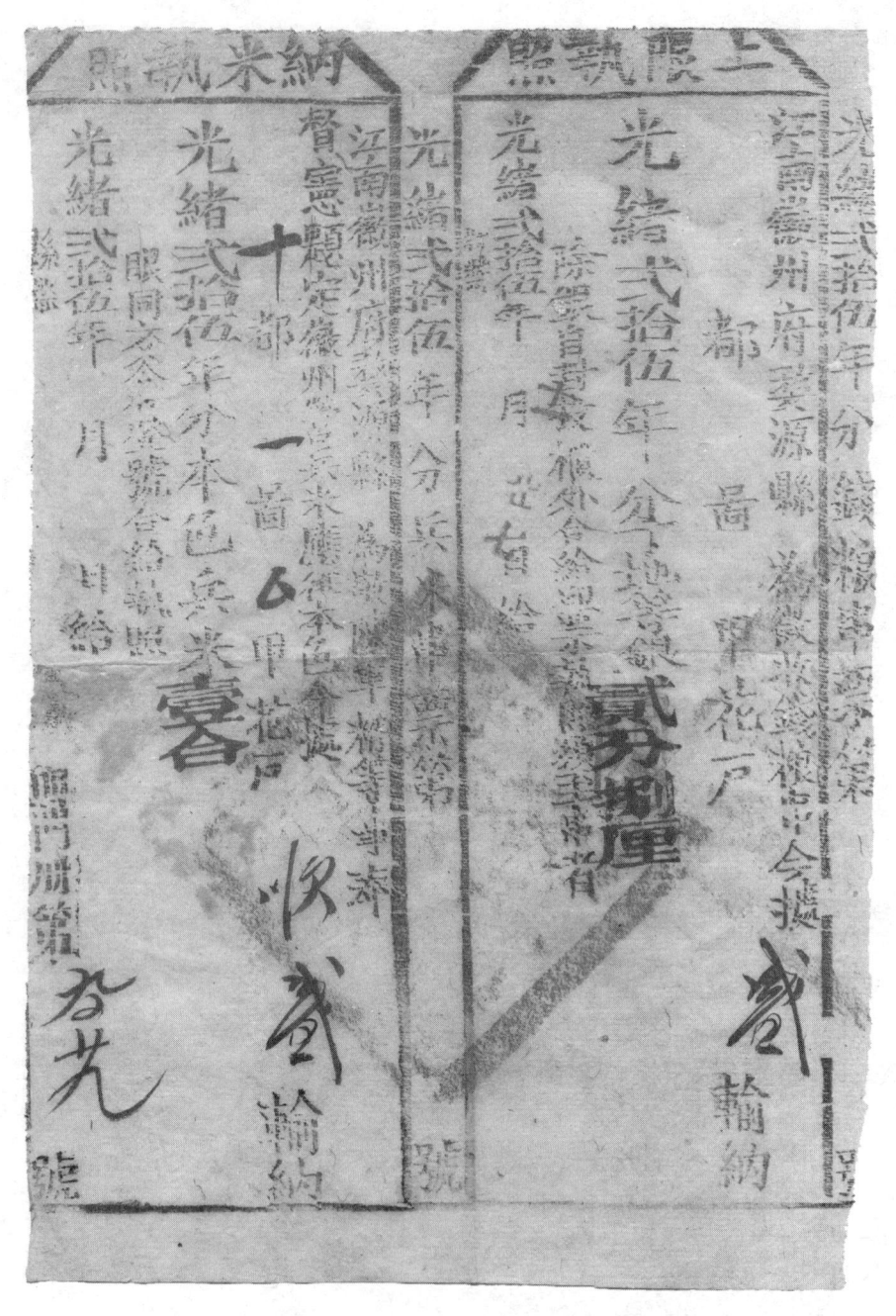

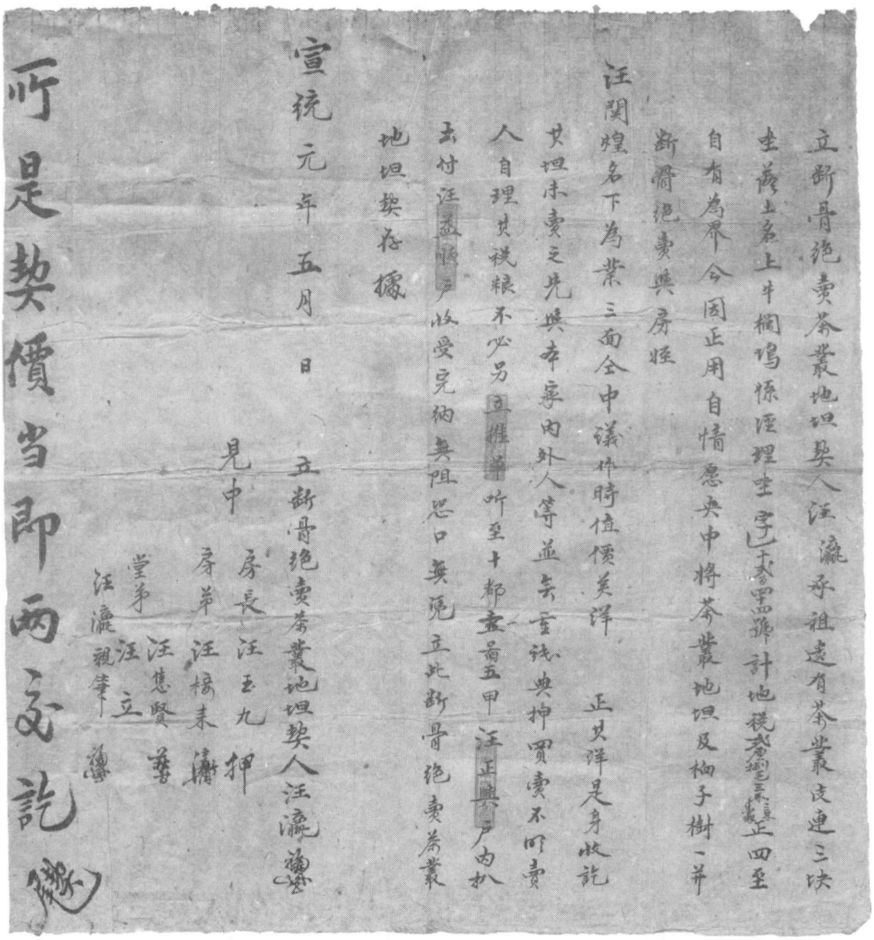

立斷骨絕賣茶叢地坦契人汪瀛，承祖遺有茶叢壹連三块，坐落土名上斗榈塢，係經理坐字[illegible]號，計地稅[illegible]，四至自有為界。今因正用，自情愿央中將茶叢地坦及柏子樹一并斷骨絕賣與房侄汪関煌名下為業，三面仝中議作時值價英洋[illegible]正，其洋是身收訖。其坦未賣之先，與本家內外人等並無重張典押，買賣不明，賣人自理。其稅粮不必另立推單，聽至十都五啚五甲汪正興戶內扒去付汪孟順戶收受完納無阻。恐口無憑，立此斷骨絕賣茶叢地坦契存據。

宣統元年五月　日　立斷骨絕賣茶叢地坦契人汪瀛（押）

見中　房長汪玉九（押）

房弟汪[illegible]（押）

堂弟汪集賢（押）

汪瀛親筆（押）

所是契價當即兩交訖（押）

江湾镇下晓起村汪姓 66 · 宣统元年 · 断骨绝卖茶丛地坦契 · 汪瀛卖与汪关煌

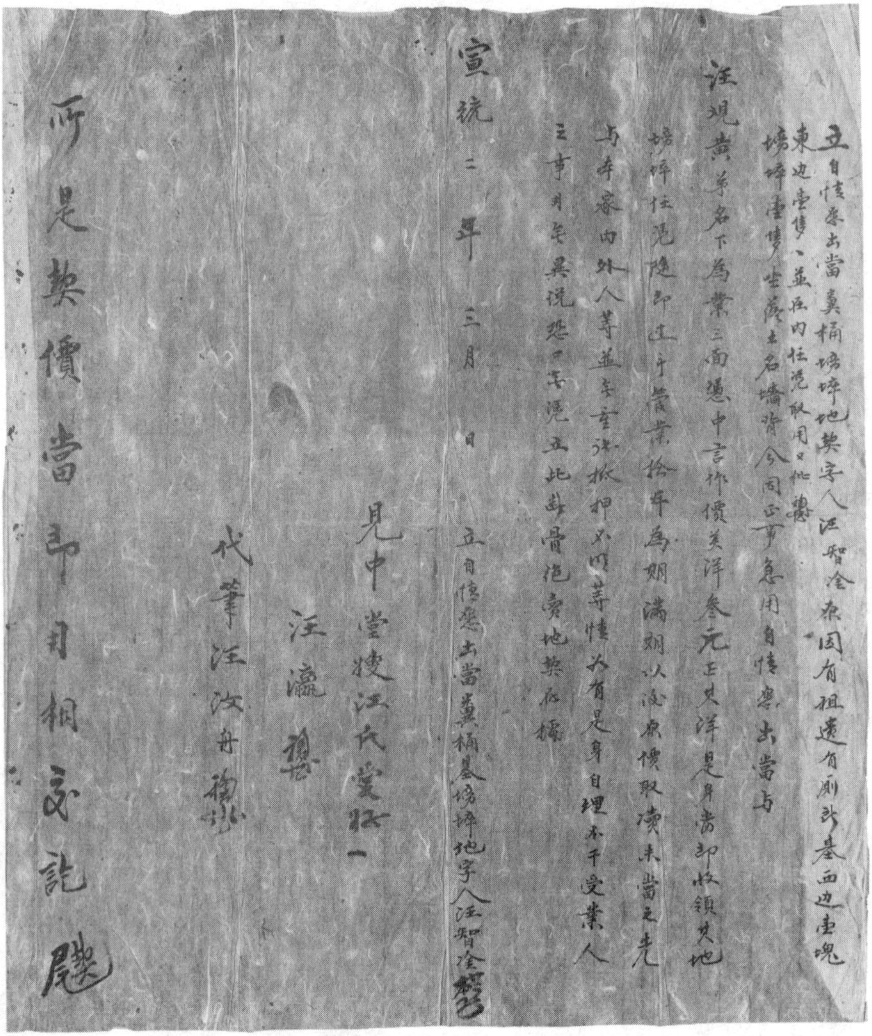
立自情愿出當糞桶塝埣地契字人汪智淦原因有祖遺有厠弍基西边壹塊
東边壹隻，並在内任凭取用日地糞
塝埣壹隻坐落土名墙背今因正事急用自情愿出當与
汪观黄弟名下為業三面憑中言作價英洋叁元正其洋是身當即收領其地
塝埣任凭随即过手管業拾年為期满期以後原價取赎未當之先
与本家内外人等並無重張交易不明等情如有是身自理不干受業人
之事自今無異说恐口無凭立此出當糞地契存據
宣統二年三月　日　立自情愿出當糞桶基塝埣地字人汪智淦（押）
見中　堂嫂江氏（押）
汪瀛（押）
代筆汪汝舟（押）
所是契價當即付相交訖（押）

江湾镇下晓起村汪姓 58 · 宣统二年 · 出当粪桶塝埣地契 ·
汪智淦当与汪观黄

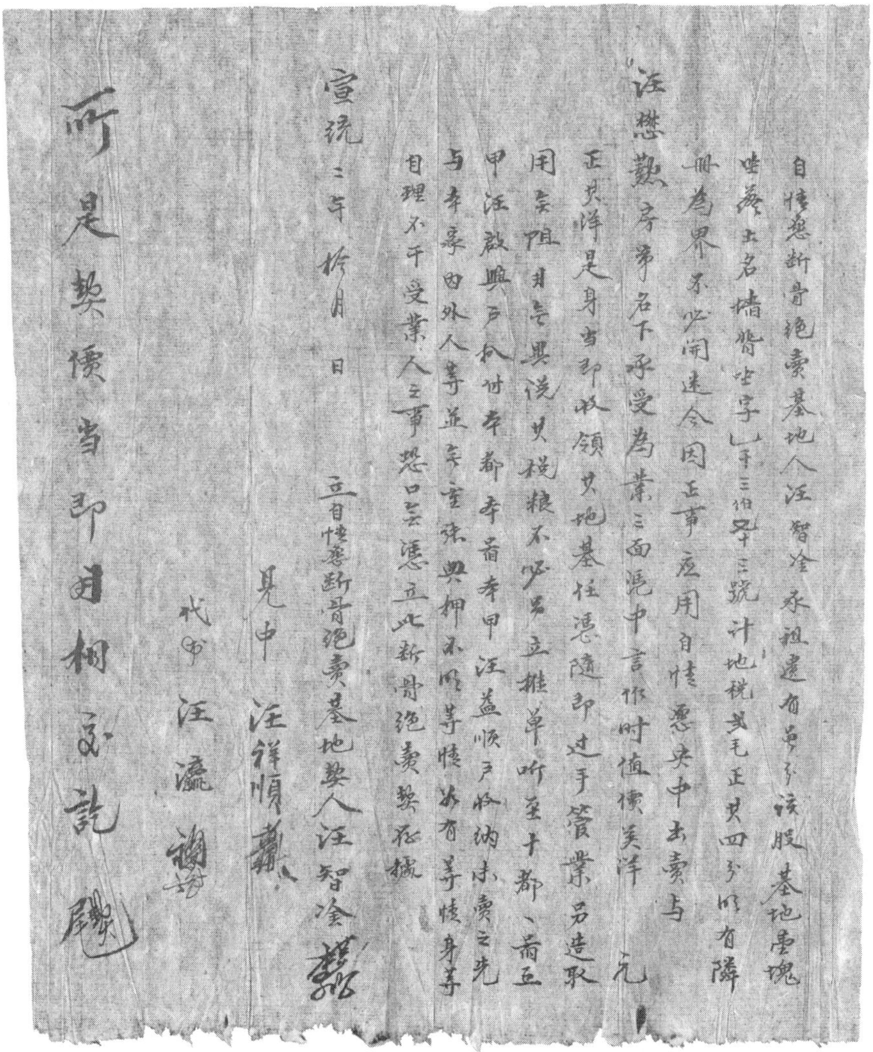
自情愿断骨绝卖基地人汪智淦，承祖遗有分得该股基地壹块，
坐落土名墙背，坐字一千三伯四十三號，计地税贰毛正，其四至所有隣
册为界，不必開述。今因正事应用，自情愿央中出卖与
汪懋勳房弟名下承受為業，三面憑中言作时值價英洋 元
正，其洋是身当即收领，其地基任凭随即过手管業，另造取
用無阻。目今興從，其税粮不必另立推单，听至十都一啚五
甲汪啟興户扒付本都本啚本甲汪益顺户收纳。未卖之先
与本家内外人等並無重張典押不明等情，如有等情，身等
自理，不干受業人之事。恐口無憑，立此断骨绝卖契存據。
宣统二年 拾月 日 立自情愿断骨绝卖基地契人汪智淦（押）
見中 汪祥順（押）
代筆 汪瀛（押）
所是契價当即兩相交訖（押）

江湾镇下晓起村汪姓 72 · 宣统二年 · 断骨绝卖基地契 ·
汪智淦卖与汪懋勳

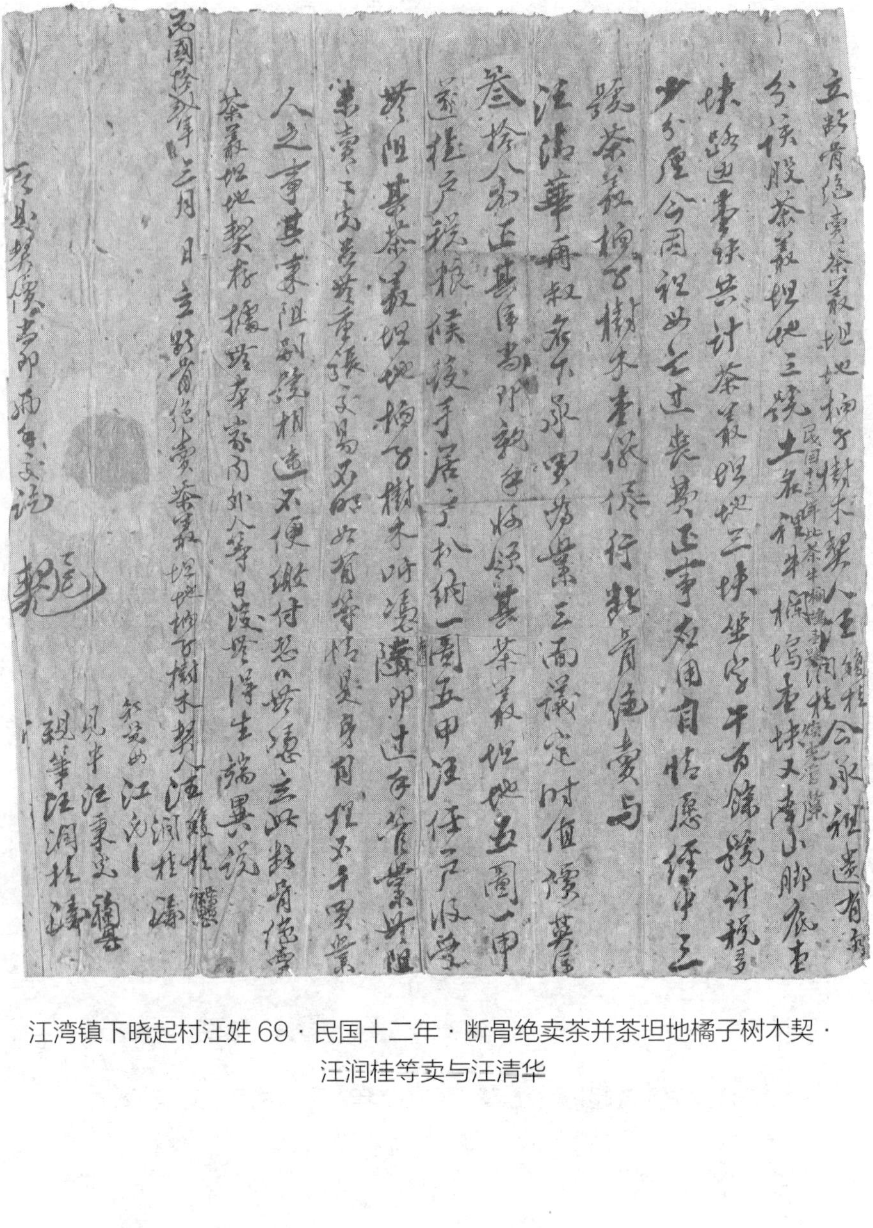

立断骨绝卖茶叢坦地橘子树木契人汪锦桂仝众祖遗有
分该股茶叢坦地三号，土名[illegible]脚底上（民国十三年此茶坦橘树归润桂锦桂管业）
块路边上块，共计茶叢坦地三块，坐字[illegible]号，计税多
少分厘，今因要钱应用，自情愿将其三
号茶叢橘子树木尽行断骨绝卖与
汪清华两叔名下承买为业，三面议定时值价英洋
叁拾[illegible]元正，其洋当即亲手收领，其茶叢坦地并园一甲
并推户税粮候接手居户扒纳，[illegible]在甲汪仕户收[illegible]
并其茶叢坦地橘子树木即凭即过手管业，无阻
业卖之先，并无重张交易，不明如有等情，是身自理，不干买业
人之事，其业[illegible]路相远不便缴付，恐口无凭，立此断骨绝卖
茶叢坦地契存据，再本家内外人等日后毋得生端异说
民国拾贰年[illegible]月 日 立断骨绝卖茶叢坦地橘子树木契人汪锦桂（押）
汪润桂（押）
知见 江[illegible]
凤中 汪秉文（押）
亲笔 汪润桂（押）
再此契价当即[illegible]交讫
契

江湾镇下晓起村汪姓 69 · 民国十二年 · 断骨绝卖茶并茶坦地橘子树木契 · 汪润桂等卖与汪清华

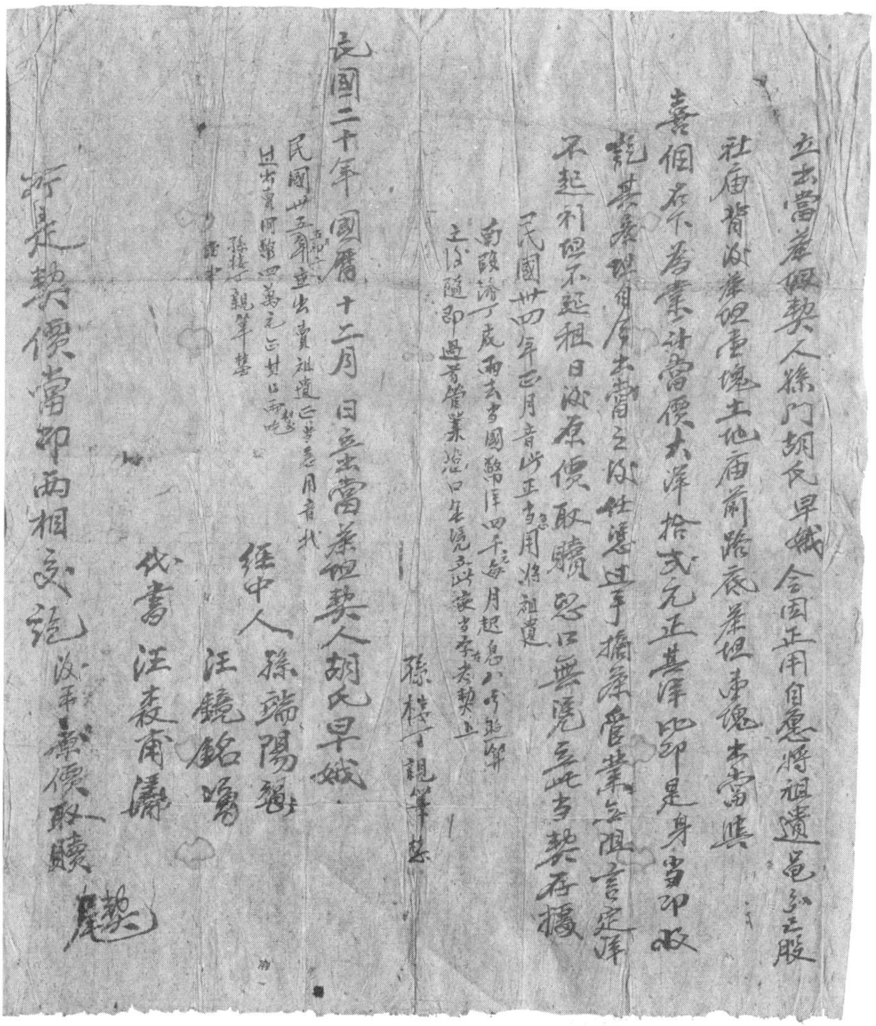

立出當茶坦契人孫門胡氏早娥 今因正用自愿將祖遺[illegible]正股
社廟背後茶坦壹塊土地廟前路底茶坦壹塊出當與
喜佪名下爲業 計當價大洋拾弍元正 其洋比即是身當即收
訖 其茶坦自今出當之後 任憑过手摘茶管業 無阻 言定洋
不起利 坦不起租 日後原價取贖 恐口無凴 立此當契存據
民國卅四年正月[illegible]
[illegible]
孫樓丁親筆
民國二十年國曆十二月 日立出當茶坦契人胡氏早娥
民國卅五年[illegible]立出賣[illegible]
孫樓丁親筆
經中人 孫瑞陽 汪鏡銘
代書 汪袁甫
折是契價當即兩相交訖 後手[illegible]取贖
契

江湾镇下晓起村汪姓 59 · 民国二十年 · 出当茶坦契 · 孙门胡氏早娥当与喜佪

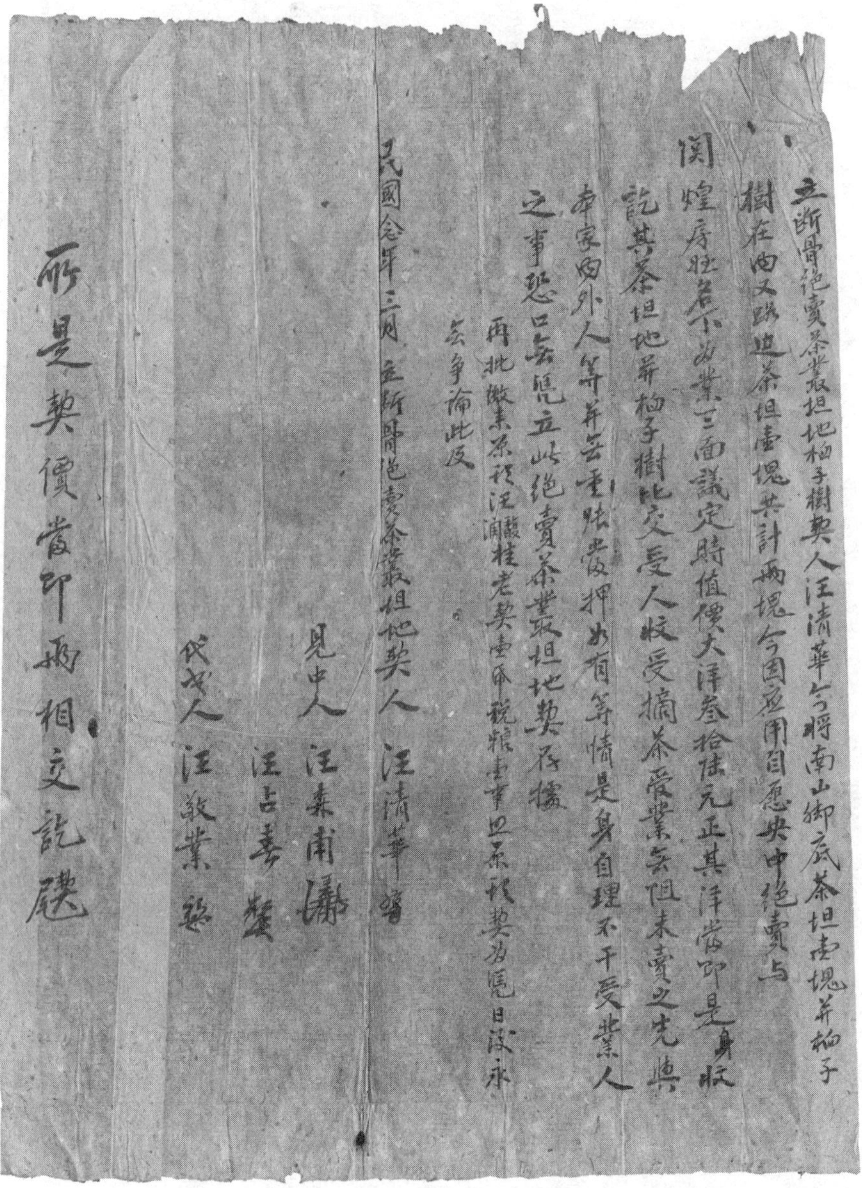

立断骨绝賣茶叢坦地柏子樹契人汪清華今将南山御底茶坦壹塊并柏子
樹在西又路邊茶坦壹塊共計兩塊今因应用自愿央中绝賣与
関煌房短名下為業三面議定時值價大洋叁拾陆元正其洋当即是身收
訖其茶坦地并柏子樹比交受人收受摘茶管業無阻未賣之先與
本家内外人等并無重張當押如有等情是身自理不干受業人
之事恐口無憑立此绝賣茶叢坦地契存據
再批繳来原該汪澗桂老契壹紙税粮壹事照原税契為憑日後永
無争論此炤

民國念年三月　立断骨绝賣茶叢坦地契人　汪清華　押
見中人　汪森甫　押
汪古壽　押
代筆人　汪敦業　押

所是契價當即兩相交訖

江湾镇下晓起村汪姓 74 · 民国二十年 · 断骨绝卖茶丛坦地柏子树契 ·
汪清华卖与关煌

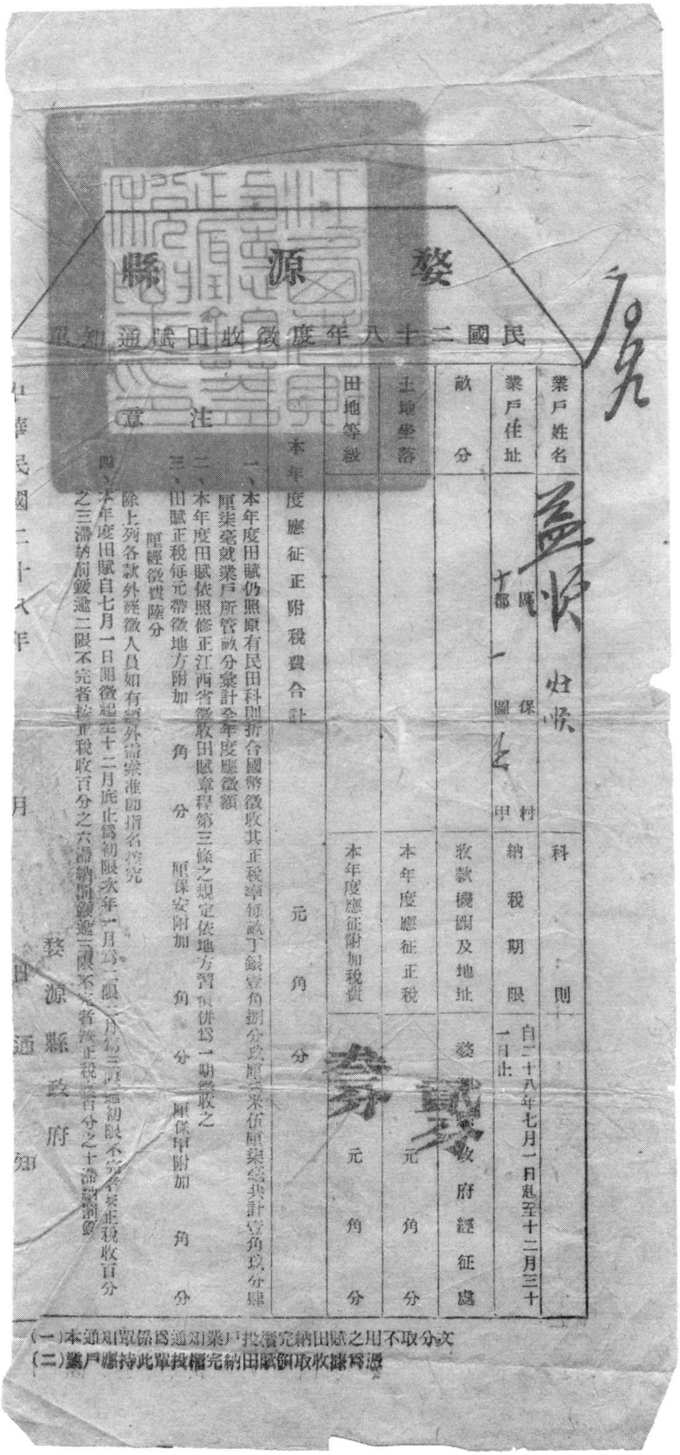

婺源縣

民國二十八年度徵收田賦通知單

業戶姓名	益順	科則
業戶住址	十都 區 保 一圖 村 甲	納税期限 自二十八年七月一日起至十二月三十一日止
畝分		收款機關及地址 婺源縣政府經征處
土地坐落		本年度應征正税 元 角 分
田地等級		本年度應征附加税費 元 角 分
本年度應征正附税費合計 元 角 分		

注意

一、本年度田賦仍照原有民田科則折合國幣徵收其正税率每畝丁銀壹角捌分玖厘[illegible]米伍厘渠毫共計壹角玖分肆厘柒毫就業戶所管畝分彙計全年度應徵額

二、本年度田賦依照修正江西省徵收田賦章程第三條之規定依地方習慣併為一期徵收之

三、田賦正税每元帶徵地方附加 角 分 厘保安附加 角 分 厘保甲附加 角 分 厘經徵費陸分

除上列各款外經徵人員如有額外需索准即指名控究

四、本年度田賦自七月一日開徵起至十二月底止為初限次年一月為二限[illegible]月為三限逾初限不完者按正税收百分之三滯納罰鍰逾二限不完者按正税收百分之六滯納罰鍰逾三限不完者按正税收百分之十滯納罰鍰

中華民國二十八年 月 日

婺源縣政府

田賦通知

(一)本通知單係為通知業戶投繳完納田賦之用不取分文

(二)業戶應持此單投櫃完納田賦領取收據為憑

江湾镇下晓起村汪姓 12 · 民国二十八年 · 征收田税收据 · 益顺

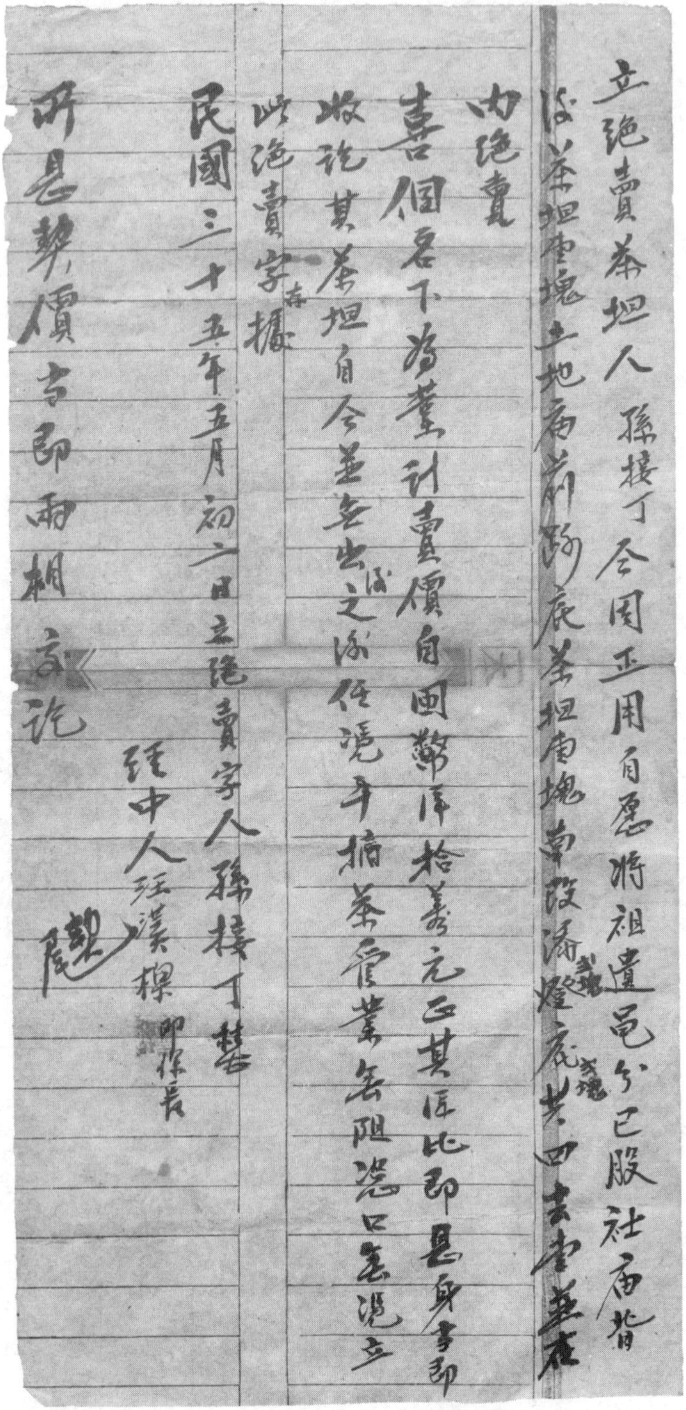
立绝賣茶坦人孫接丁今因正用自愿將祖遺邑分已股社庙背後茶坦壹塊土地庙前路底茶坦壹塊曹設源之貳塊燈底弍塊共四塊出賣無存出绝賣喜佃名下為業計賣價自國幣洋拾萬元正其價比即是身手即收訖其茶坦自今並無出之後任憑手摘茶管業無阻恐口無憑立此绝賣字存據
民國三十五年五月初二日立绝賣字人孫接丁押
經中人汪漢樑押 保長
所是契價当即兩相交訖

江湾镇下晓起村汪姓 54 · 民国三十五年 · 绝卖茶坦契 ·
孙接丁绝卖与喜佃

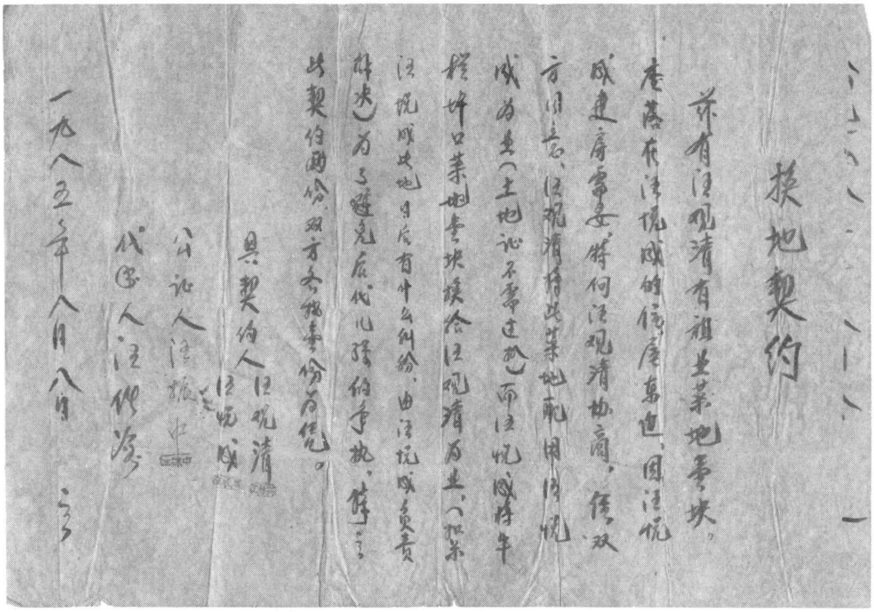

换地契约

兹有汪观清有祖业菜地壹块，座落在汪观成的住屋东边，因汪观成建房需要，特向汪观清协商，经双方同意，汪观清将此菜地配用给汪观成为业（土地证不牵连于），而汪观成将牛栏坪口菜地壹块换给汪观清为业，（把茶汪观成此地日后有什么纠纷，由汪观成负责解决）为了避免后代儿孙纷争执，特立此契约两份，双方各执壹份为凭。

具契约人 汪观清

汪观成

公证人 汪振中

代笔人 汪继济

一九八五年八月八日 立

江湾镇下晓起村汪姓 63 · 一九八五年 · 换地契约 · 汪观清换与汪观成

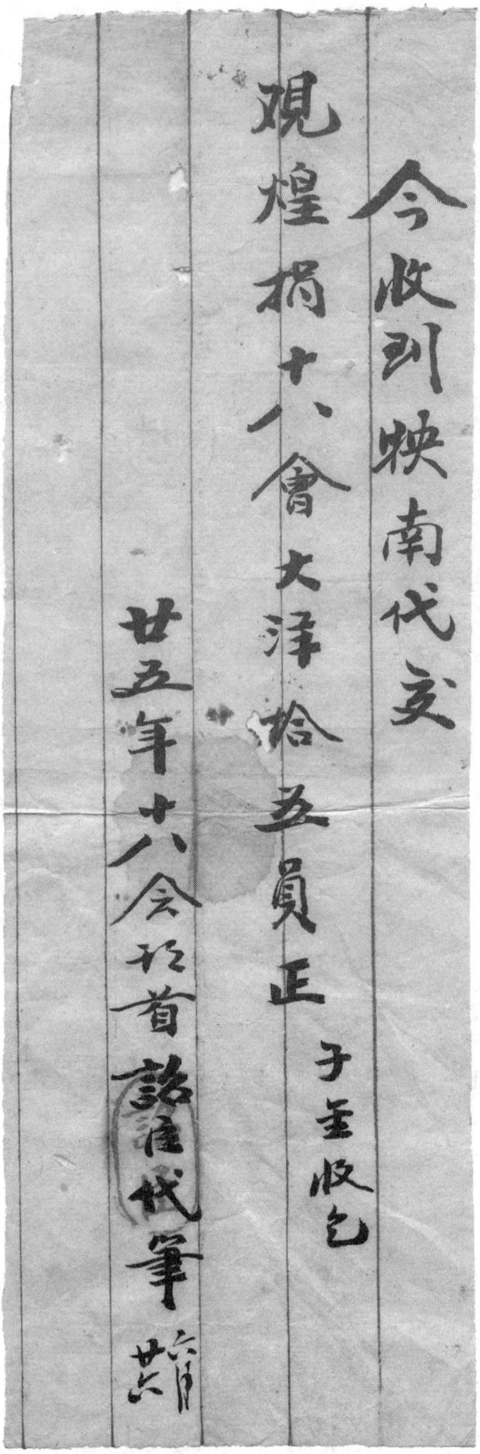
今收到映南代交
覌煌捐十八會大洋拾五員正
子金收乞
廿五年十八会经首詔臣代筆
六月廿六

江湾镇下晓起村汪姓 4 · 收据 · 诏臣收到映南

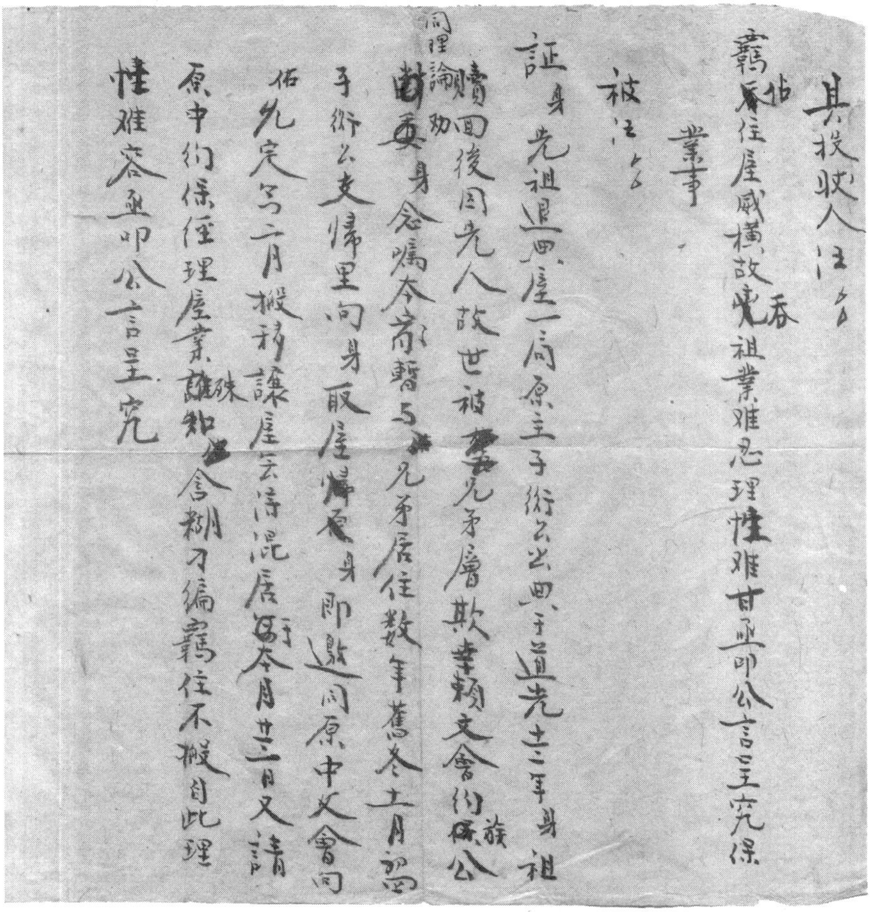
具投状人汪□
竊佔住屋威横故春祖業难忍理惟难甘亟叩公言呈究保
業事
被汪□
証身 先祖退回屋一间原主子衍□出回于道光十二年身祖
續回後因先人故世被[illegible]兄弟層欺[illegible]賴文會衍族保公
同理論勸 斷要身念属本家暫与[illegible]兄弟居住数年舊冬十一月邀
手衍□支帰里向身取屋帰还身即邀同原中文會向
佑允定今二月搬移讓屋云清混居至本月廿三日又請
原中衍保任理屋業殊知[illegible]含糊刁編竊住不搬自此理
惟难容亟叩公言呈究

江湾镇下晓起村汪姓 6 · 具状词 · 汪□□告汪□□

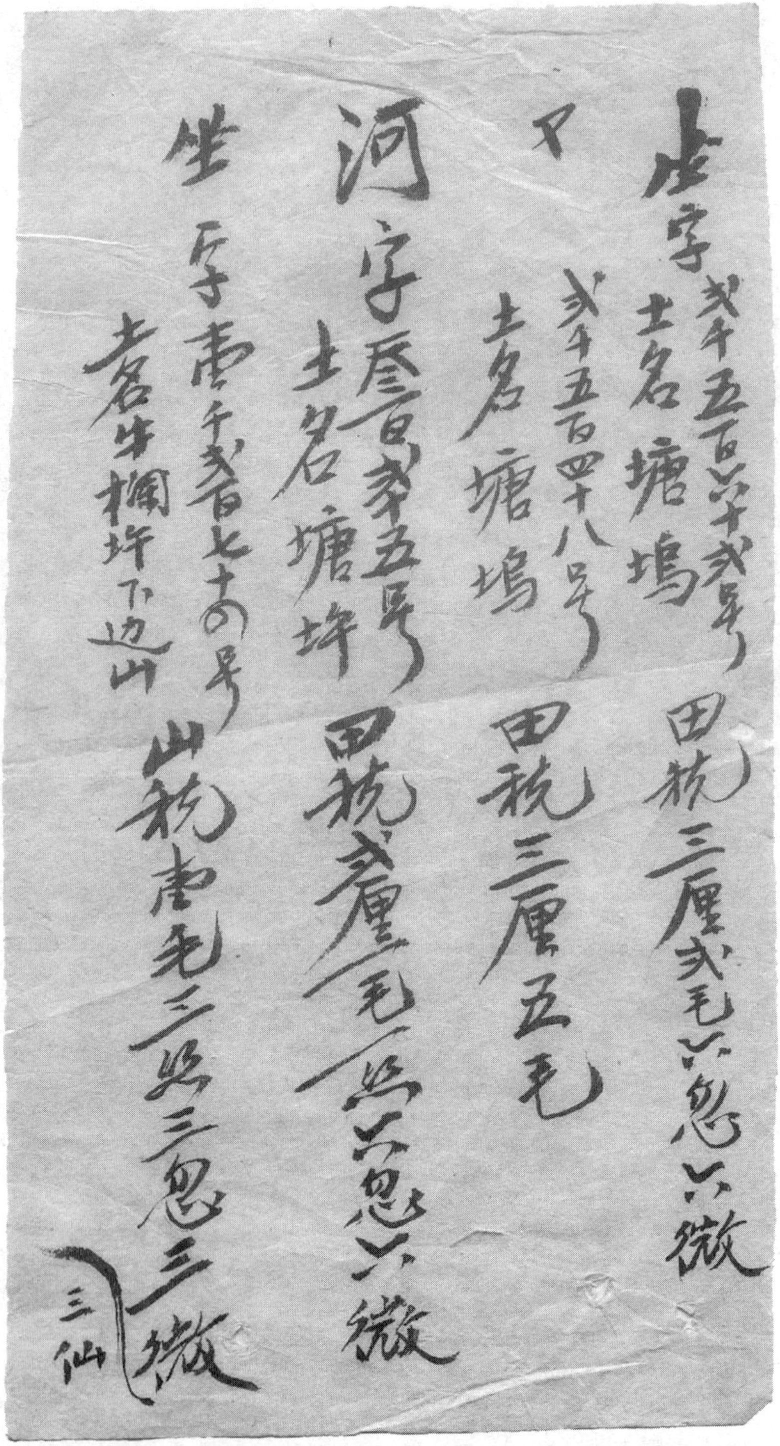
出字贰千五百六十贰号 土名塘坞 田税三厘贰毛六忽六微
又 贰千五百四十八号 土名塘坞 田税三厘五毛
河字叁百贰拾五号 土名塘坪 田税贰厘一毛一丝六忽六微
坐字壹千贰百七十四号 土名牛栏坪下边山 山税壹毛三丝三忽三微
三仙

江湾镇下晓起村汪姓 47 · 田税单

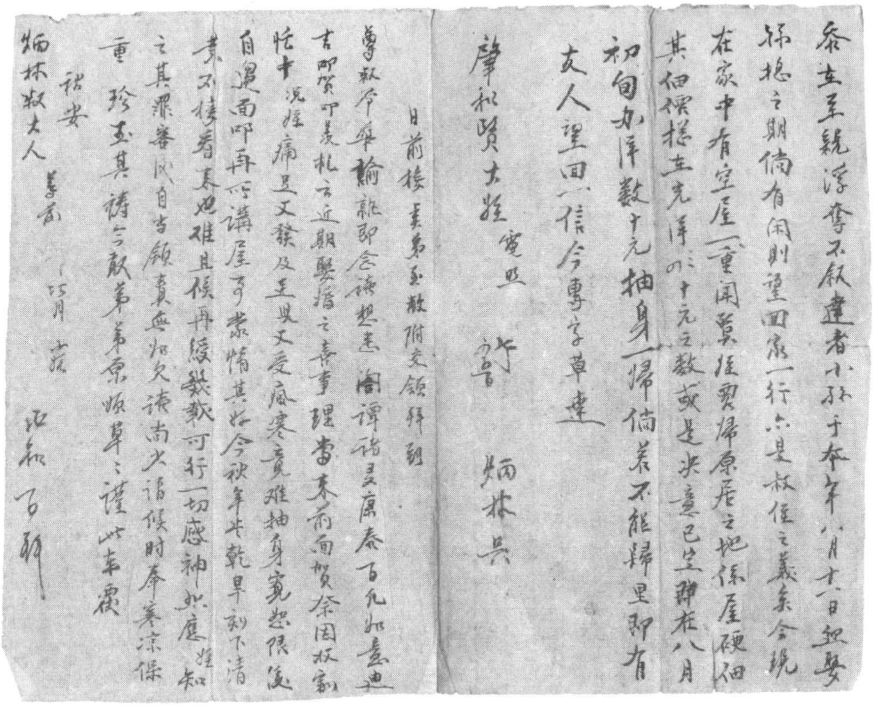

系在羊毓浮奉不叙达者小孙于本年八月十八日迎娶
孙媳之期倘有闲则望回家一行亦是叔侄之义矣今规
在家中有空屋一重闲置任要归原居之地係屋硬佃
其佃价总在光洋八十元之数或是决意已定聊在八月
初旬如洋数十元抽身一归倘若不能归里即有
友人望回一信今专字草达
肇和贤大侄 电照
许音
炳林具

日前接 来书函敬附交领拜阅
尊叔介华谕就即念读想悉阁谭讳灵康泰百凡如意连
吉卯贺叩表札云近期娶媳之喜事理当来前面贺奈因叔家
忙中况侄痛足又发及至或又受风寒实难抽身实想限后
自思面叩再所讲屋可素情其好今秋年岁乾旱刻下清
素不接看来也难且候再续几欵可行一切感神如意侄知
之其罪善从自当领责无如欠谦尚火请候时奉寒凉保
重珍玉其请今献萧萧察烦草草谨此奉覆
福安
炳林叔大人 尊前
八月十六日 侄肇和 百拜

江湾镇下晓起村汪姓 48 · 书信 · 炳林

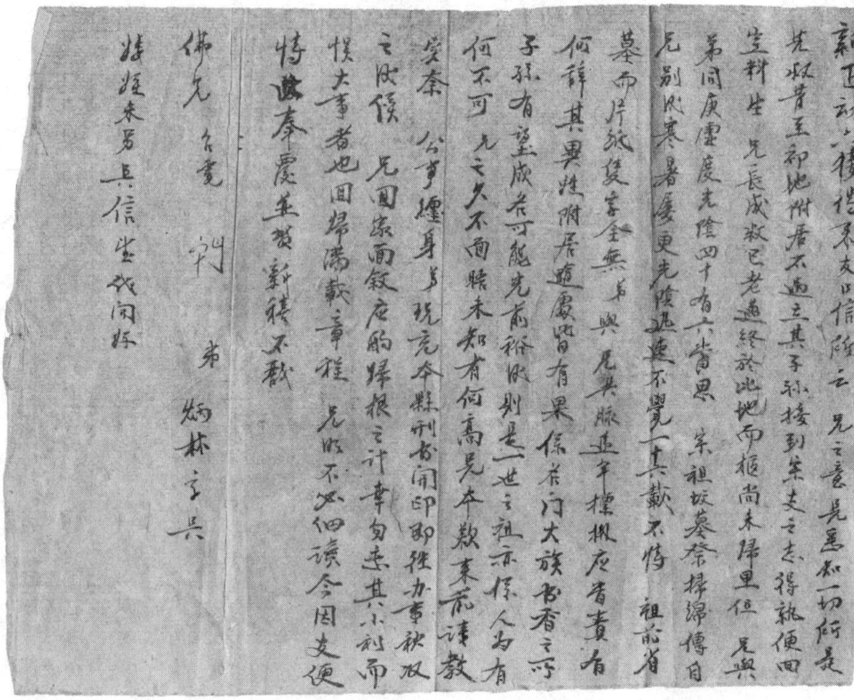

新正初六接得本支口信所云 兄之意 是恩知一切所是
先叔昔至祁地附居不過立其子孫接到本支之志得執便回
生料生 兄長成叙已老逝終於此地而柩尚未歸里但 兄與
弟同庚虚度光陰四十有六背思 宗祖坟墓祭掃歸傳自
兄別欤寒暑屢更光陰迅速不覺一十五載不惜 祖前省
墓而片紙隻字全無寄與 兄其脉近年撑拟應肯責有
何辭其異姓附居遍處皆有果係名門大族書香之可
子孫有望成名可能光前裕後則是一世之祖亦係人為有
何不可 兄之久不面晤未知有何高見本欸東流請教
安奉 公事纏身乞 貺充本縣刑書開印即往办事秋收
之候 兄回家面叙應的歸根之計章旬志其小利而
悞大事者也回歸满載章程 兄收不必细讀今因支便
特此奉覆並賀新禧不戴
佛兄 台鉴 [illegible] 弟 炳林 字具
特娃来另具信坐我问好

江湾镇下晓起村汪姓 49 · 书信 · 炳林

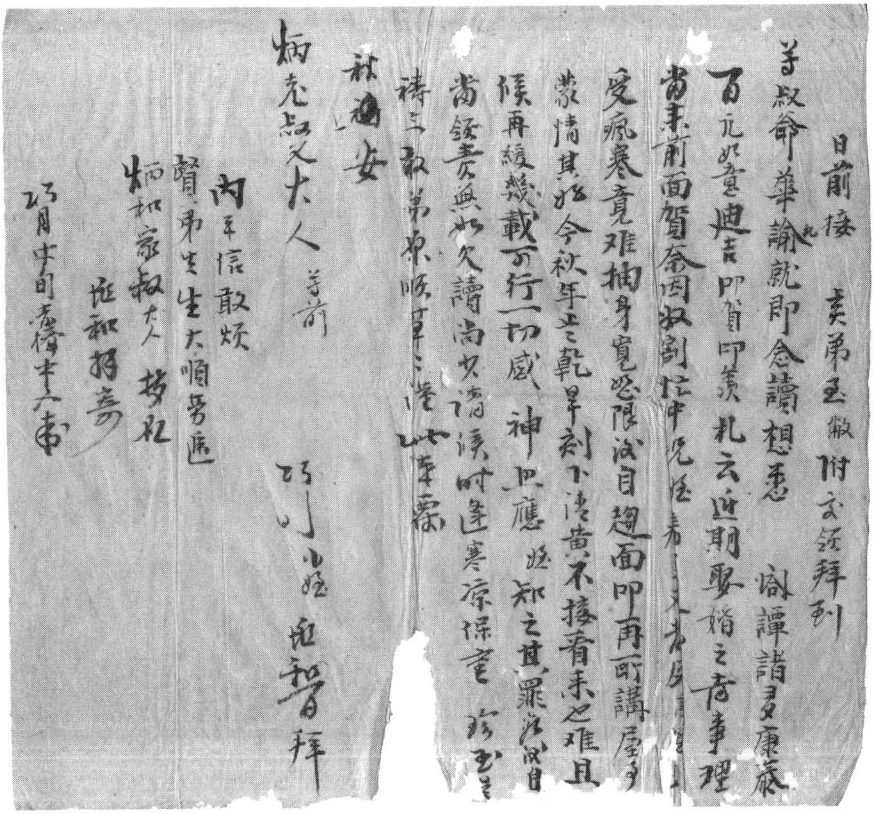

日前接 奚弟五叔附来钱拜到
并叔爷华谕，就即念读，想悉 尊体谭诸事康泰
百凡如意，遥吉即贺即庆。札云近期娶婚之喜事，理
当来前面贺，奈因叔侄[illegible]中况侄寿[illegible]
受疯寒，竟难抽身，宽恕限设自趋面叩，再可讲屋事
蒙情其侄今秋年岁乾旱，刻下渍黄不接，看来也难，且
候再缓几载可行，一切感 神叩应 侄知之甚，罪派设自
尚钱责无如欠请尚欠请 候时逢寒凉保重 珍玉[illegible]
祷之敢 弟东[illegible]草[illegible]准[illegible]
福安
炳允叔父大人 尊前
巧月 小侄 兆和 百拜

内平信敢烦
贤弟先生大顺带达
炳和家叔大人 [illegible]
兆和[illegible]
巧月中旬[illegible]十六日

江湾镇下晓起村汪姓 50 · 书信 · 兆和寄与炳允叔

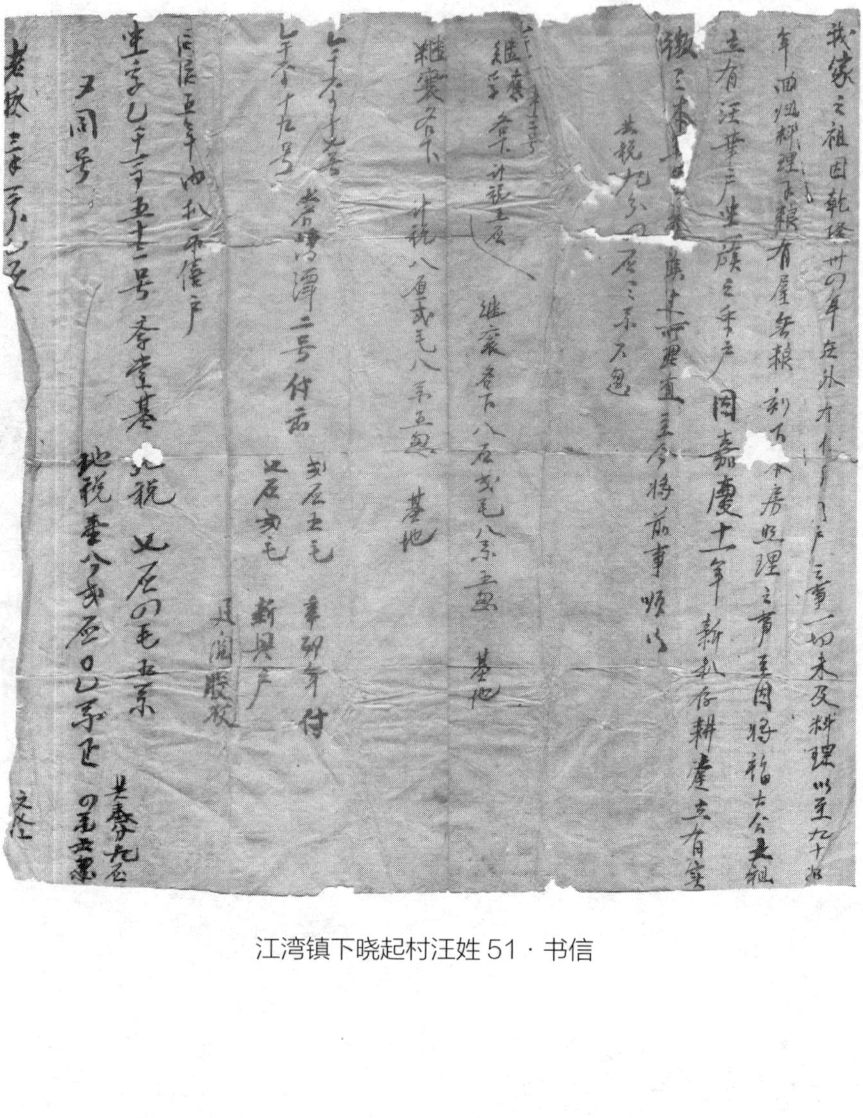

江湾镇下晓起村汪姓 51 · 书信

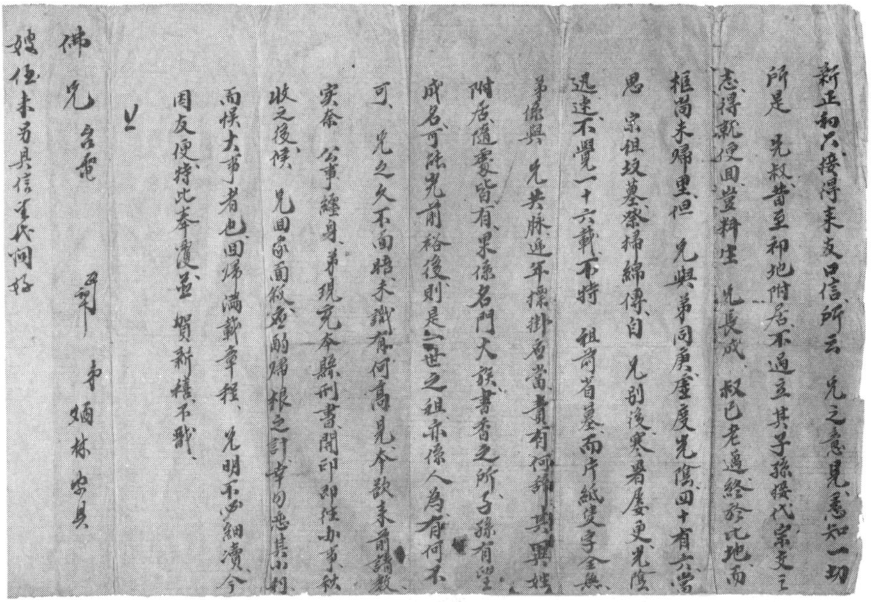

新正初六，接得來支日信，所云 兄之意見，悉知一切
所是 兄叔昔至祁地附居，不過立其子孫接代宗支之
志，得就便回，豈料生 兄長成 叔已老邁，終於此地，而
柩尚未歸里，但 兄與弟同庚，屢度光陰四十有六，嘗
思 宗祖坟墓，祭掃綿傳，自 兄别後，寒暑屢更，光陰
迅速，不覺一十六載，不特 祖尚者墓而片紙隻字全無，
弟係與 兄共脉，近年[illegible]掛念，當責有何[illegible]其異姓
附居，隨處皆有，果係名門大族，書香之所，子孫有望
成名，可保光前裕後，則是六世之祖，亦係人為，有何不
可。 兄之久不回籍，未識有何高見，今欵來前請教
實奈 公事纏身，弟現充本縣刑書，開印即往办事，秋
收之後，候 兄回家面叙，再酌歸根之計，幸勿忽其小料
而悮大事者也，回歸滿載章程， 兄明不必細讀，今
因友便，特此奉覆，并 賀新禧，不戩，
上
佛兄 台電
[illegible]弟 姻林 安具
嫂侄未另具信，并代問好

江湾镇下晓起村汪姓 52 · 书信

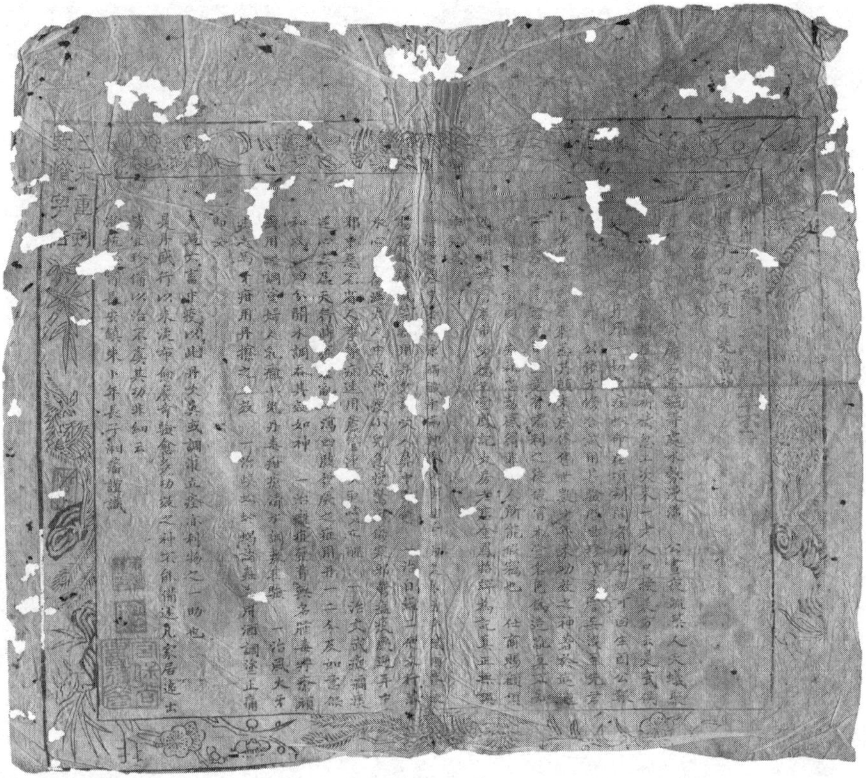

江湾镇下晓起村汪姓 57 · 族谱序文

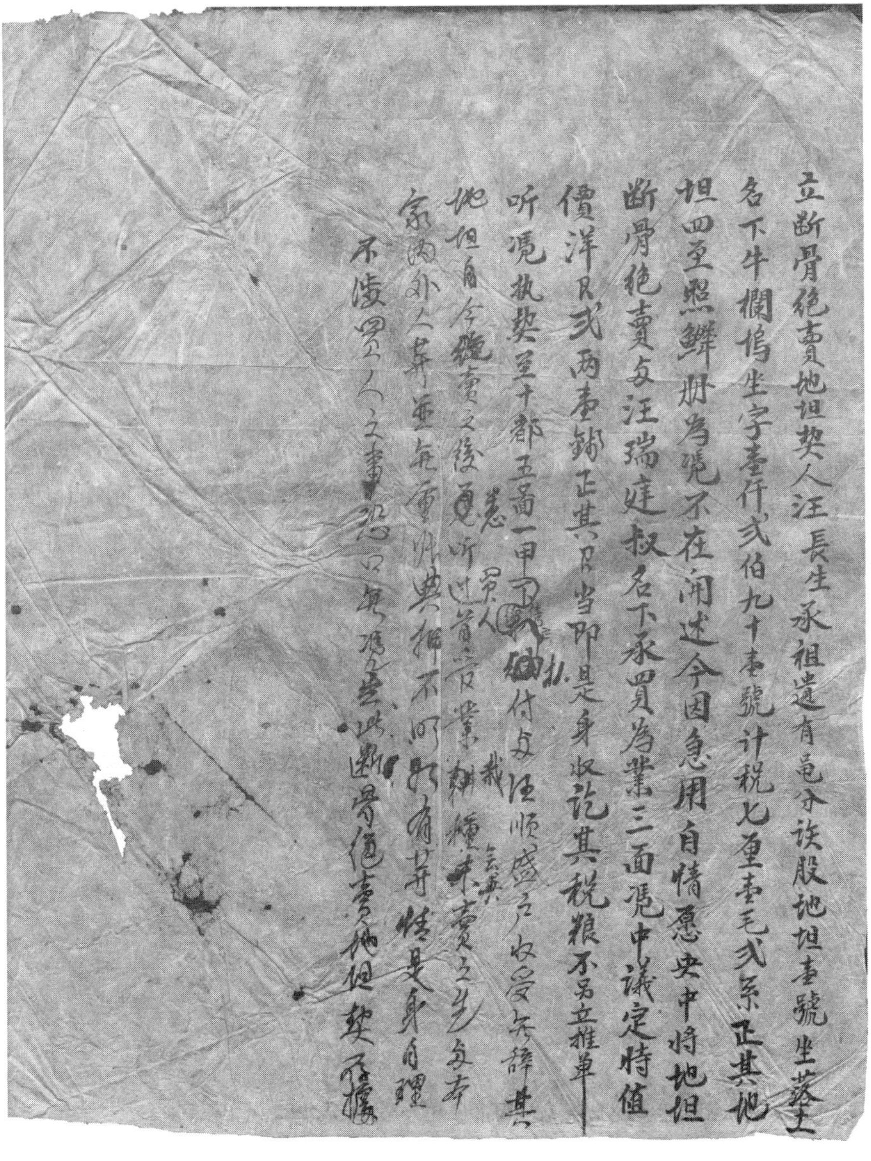
立斷骨絶賣地坦契人汪長生承祖遺有邑分該股地坦壹號坐落土
名下牛欄塢坐字壹仟弍伯九十壹號計税七厘壹毛弍系正其地
坦四至照鱗册為凭不在开述今因急用自情愿央中將地坦
斷骨絶賣与汪瑞庭叔名下承買為業三面凭中議定特值
價洋乃弍兩壹錢正其乃当即是身收訖其税粮不另立推单
听凭執契至十都五啚一甲汪惟立户推付与汪顺盛户收受无辞其
地坦自今斷賣之後悉听買人過管為業耕種栽插未賣之先与本
家内外人等並無重張典押不明等情是身自理
不涉買人之事恐口無凭立此斷骨絶賣地坦契存據

江湾镇下晓起村汪姓 67 · 断骨绝卖地坦契 · 汪长生卖与汪瑞庭